회사 실무에 힘을 주는

한글 2007

회사 실무에 힘을 주는 **한글 2007**

초판 1쇄 발행 | 2009년 8월 20일
초판 9쇄 발행 | 2015년 3월 5일

지은이 | 이소연(두드림기획)
발행인 | 이상만
발행처 | 정보문화사
주 소 | 서울 종로구 동숭동 1-81
전 화 | (02)3673-0037~9 (편집부) (02)3673-0114 (대)
팩 스 | (02)3673-0260
등 록 | 제1-1013호
ISBN | 978-89-5674-468-1

도서 문의 및 A/S 지원
정보문화사 홈페이지 | http://www.infopub.co.kr
저자 홈페이지 | http://www.edodream.com

정보문화사
Information Publishing Group

회사 실무에
힘을 주는

한글 2007

| 이소연(두드림기획) 지음 |

한글 워드프로세서는 80년대 중반부터 도스용 1.0 버전을 시작으로 우리나라의 대표적인 워드프로세서로 자리매김하고 있습니다. 특히 윈도우용 버전으로 들어오면서 그 기능은 전문 DTP 프로그램 못지 않은 많은 기능을 가지게 되었습니다. 국내에서 PC를 이용하여 작업하는 사용자 중 한글 워드프로세서를 모르는 사용자는 아마도 없을 것입니다. 이처럼 한글은 우리나라의 대표적인 워드프로세서인 만큼 고어(古語)를 입력할 수 있는 기능과 업무에서 많이 사용되는 문서 등을 제공하고 있습니다.

이제는 워드프로세서가 단순히 텍스트 편집만을 지원하고 있지는 않습니다. 좀 더 세련되고 간편하게 작업할 수 있도록 많은 기능들이 준비되어 있습니다. 그러나 편집을 전문으로 하지 않는 일반 사용자는 그렇게 많은 기능을 접할 기회가 별로 없습니다. 개인이 사용할 수 있는 간단한 문서 입력이나 편집, 업무에서 사용하는 간단한 양식부터 복잡한 양식까지 몇 개의 기능만으로 충분히 만들 수 있고 사용하는 데 그리 어려움이 없습니다. 그러나 논문을 작성하거나 보고서를 작성할 때는 좀 더 많은 명령이 필요하며 조판의 지식까지 알아야 합니다.

많은 사용자들이 자신이 알고 있는 명령을 조합하고 문서를 작성하지만 새로운 기능을 익혀 시간과 노력을 줄이려고 노력하지 않습니다. 워드프로세서의 실력은 저절로 얻어지는 게 아닙니다. 문서를 만들면서 10번에 걸쳐 완성되던 작업이 5번으로 완성되었다면 시간과 노력은 절반으로 줄어들면서 능률도 두 배로 오를 것입니다.

이 책은 한글 2007의 모든 기능을 설명하려고 노력하지 않았습니다. 실무에서 꼭 필요한 기능만을 간추려 만들고자 하는 문서를 효율적으로 작성할 수 있도록 심혈을 기울였습니다. 실제 기능을 익히는 데 도움이 되는 대표적인 서식을 예문으로 실었기 때문에 사용자는 한글 2007의 기능을 익히면서 자연스럽게 문서를 작성할 수 있습니다.

저자 이소연(두드림 기획)

이 책에서 사용된 예제 파일 및 완성 파일은 정보문화사 홈페이지(http://www.infopub.co.kr)의 통합자료실에서 다운로드 받을 수 있습니다.

01 정보문화사 홈페이지(http://www.infopub.co.kr)의 통합자료실에 접속합니다. 하단 [SEARCH]의 검색란에 책 제목을 입력하고 [검색] 버튼을 클릭합니다.

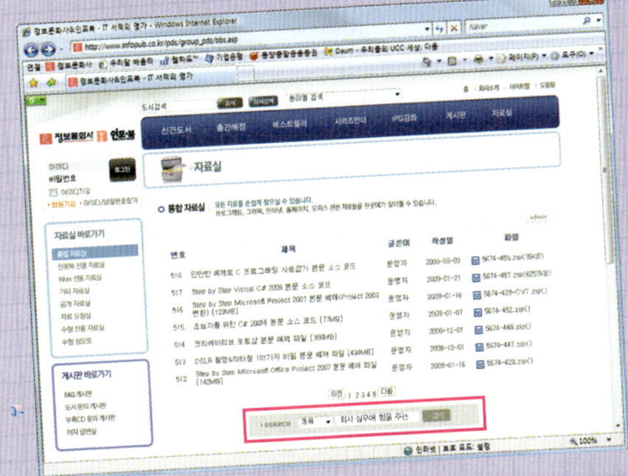

02 검색 화면이 나타나면 [파일]에서 예제 파일을 클릭하여 다운로드합니다.

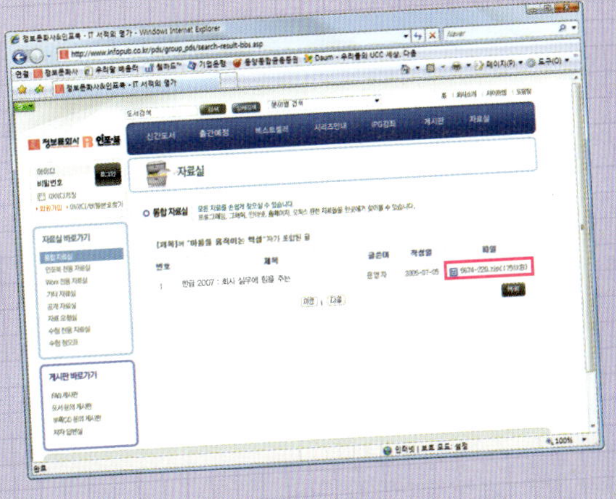

이 책에서 다루는 실무 문서를 미리 살펴볼까요? 실무 문서는 실제 업무에서 많이 사용되고 있는 10가지 실무 문서를 처음부터 끝까지 따라하면서 작성할 수 있도록 구성되어 있습니다. 이 책에서 설명하는 기본 기능과 활용 기능을 이해한다면 어떤 문서든지 쉽게 작성할 수 있습니다.

★ 기안용지

기안이란 어떤 하나의 안건을 처리하기 위하여 정해진 기안 양식에 문안을 작성하는 것을 말합니다. 기안의 내용은 간단명료하게 1면만으로 처리할 수 있도록 작성해야 하며, 내용이 길어지면 첨부나 뒷면을 이용할 수 있습니다.

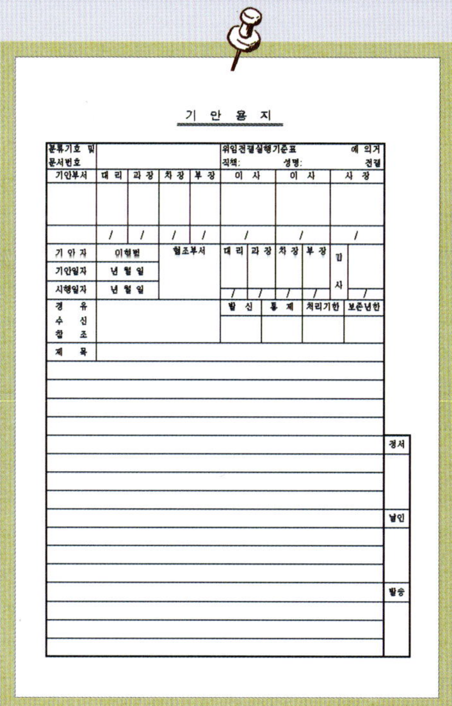

★ 간이 영수증

비용 증빙자료로 사용할 수 있는 양식으로써 공급받는 자와 공급
자 2장으로 구성됩니다. 사업의 규모나 종류에 따라 계산서의 작성
능력이 부족하거나 또는 그 작성의 필요성이 크게 요구되지 않는
경우에 사용할 수 있도록 계산서보다 간편하게 만든 양식입니다.

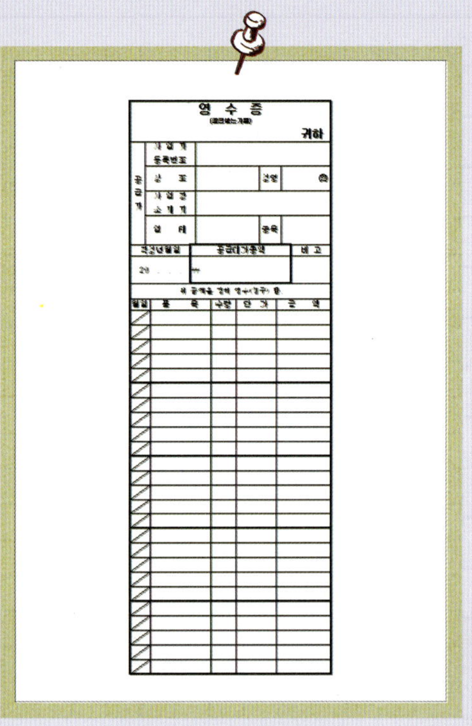

★ 견적서

견적서는 장래에 있을 거래를 위하여 재화나 용역을 공급하고자 하
는 쪽에서 각종 경비를 포함시켜 그 가격을 미리 산출하고 내용을
구체적으로 기재하여 잠재 고객에게 제시하는 제안서류입니다. 거
래할 품목과 단가, 금액 등을 입력하면 자동으로 합계가 계산되도록
만들었습니다.

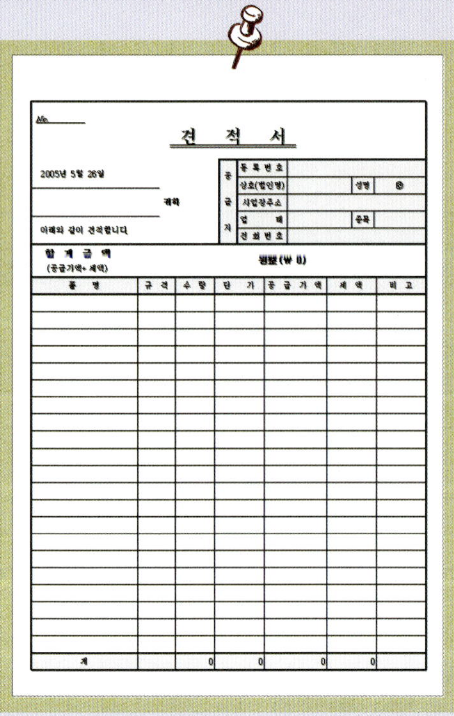

★ 거래명세표

거래명세표나 거래명세서는 물품이나 서비스 공급에 따른 품목, 규격, 수량, 단가, 금액 등의 거래내역을 기록하는 양식입니다. 거래처에 제출하는 것은 거래명세서입니다. 여기에서는 날짜 및 품목 등을 입력하고 수량이나 단가, 금액은 자동으로 계산되도록 만들었습니다.

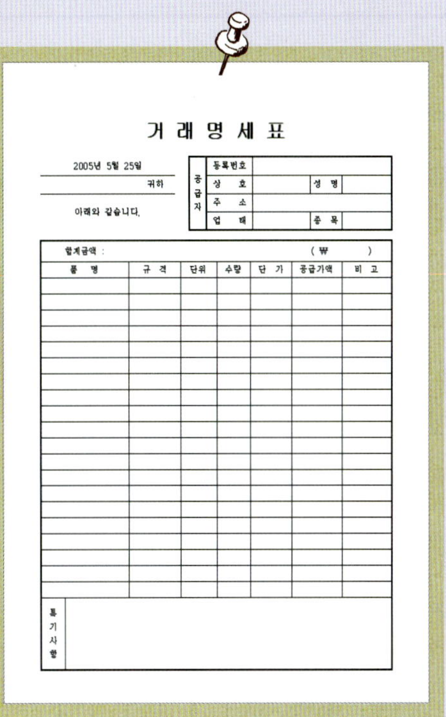

★ 지출결의서

지출결의서는 회사에서 어떤 용도로 얼마의 자금을 집행하겠다고 보고하여 자금집행을 결정하는 서류입니다. 지출내역과 금액 등을 입력하면 자동으로 계산되도록 하였고, 또한 날짜도 오늘 날짜가 자동으로 입력되도록 하였습니다. 다양한 지출결의서 양식이 있지만 가장 일반적으로 사용되는 지출결의서 양식입니다.

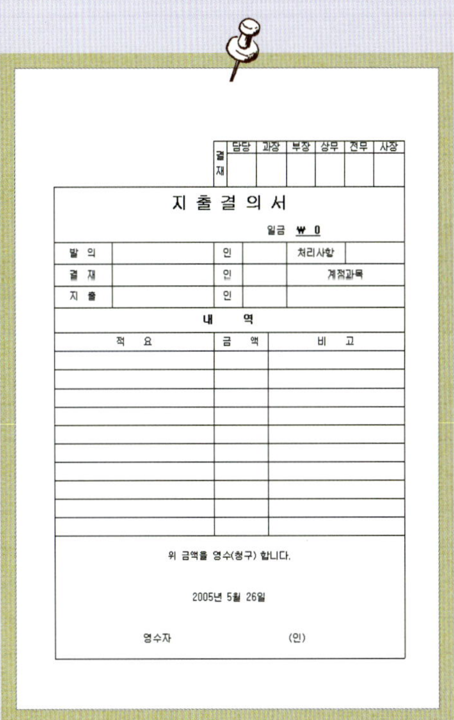

★ 간편장부

개인사업자가 수입과 지출의 내용을 쉽게 작성할 수 있도록 만든
가계부 수준의 장부입니다. 이것은 1999년부터 신설된 규정으로
복식기장을 하기 어려운 일정규모 미만의 개인 사업자들을 위한
것입니다. 여기에서는 거래한 내역의 금액을 자동으로 계산하여
표시되도록 하였습니다.

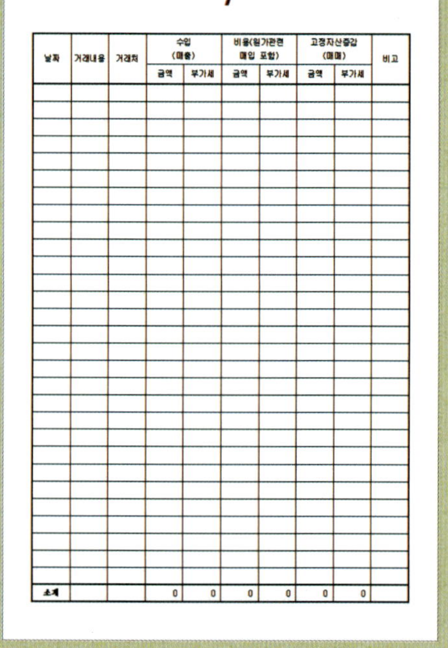

★ 업무일지

금일 업무 사항과 진행 및 예정 사항 등의 내용을 기재하는 양식입
니다. 업무일지는 날마다 작성하는 일일 업무일지와 주간 단위로
작성하는 업무일지가 있습니다. 여기에서는 일일 업무일지를 만들
어 보고 약간의 변형으로 주간 업무일지로도 가능합니다. 또한 금
일 근무 중 특이사항이나 업무개선에 대한 아이디어 등도 작성할
수 있습니다.

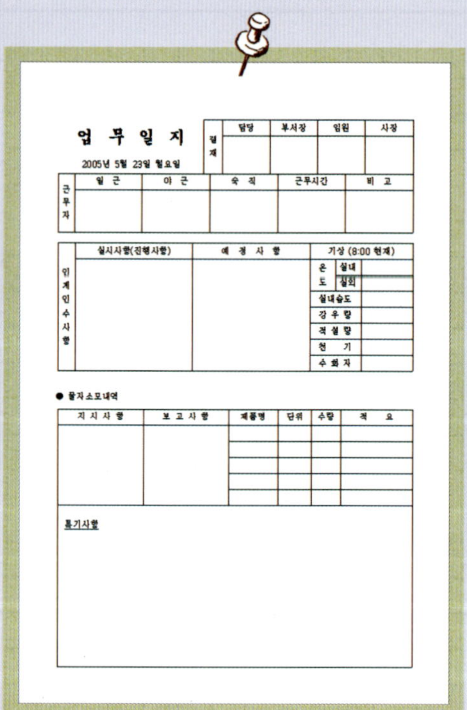

★ 재직(경력)증명서

재직증명서는 본인이 소속한 회사에서 근무를 하고 있음을 회사가 증명하는 증명서류로써 신원을 확인하는 용도로 많이 사용하고 있습니다. 여기에서 만들어볼 양식은 재직자의 인적사항과 소속, 직위, 재직기간 등의 재직사항 그리고 사용 용도를 기재하는 양식입니다.

★ 이력서

취직을 위하여 개인 이력을 작성하여 제출하는 용도로 사용되는 양식입니다. 예전에는 부모의 성명, 본인의 성명, 호주와의 관계, 생년월일, 학력, 경력, 상벌 등을 개재하였으나 현재는 가로쓰기 이력서 용지가 사용되고 앞의 사항 외에 사진 첨부란, 주민등록번호 기입란, 경력에 대한 일자 및 발령처 등의 기입란이 있습니다. 이력서는 본인이 쓰는 것이 원칙이고 정확한 글씨로 쓰는 것이 바람직합니다.

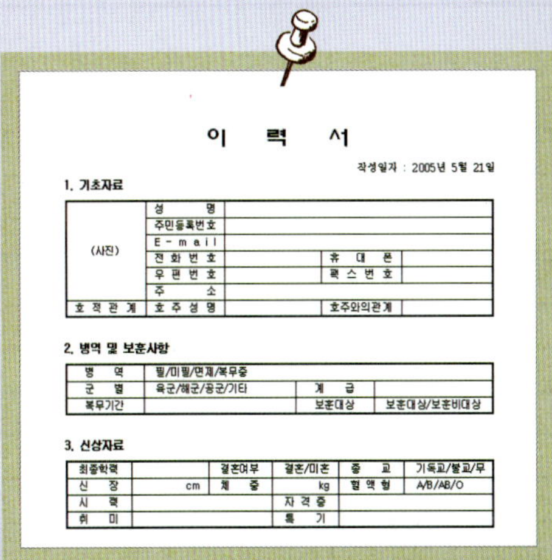

★ 금전차용증

차용증은 금전이나 물건을 빌려 쓰는 증거로 채무자와 보증인이 작성을 하여 날인을 하고 채권자가 보관을 하는 문서입니다. 일반적인 기재사항은 차용원금, 이자비율, 이자 지급시기, 상환일자, 이자 및 상환기일 및 어겼을 경우의 불이익 등의 특약조항을 기재합니다. 차용증의 법적인 효력을 확실하게 하기 위해서는 공증사무소에서 공증을 받아 두는 것도 좋습니다.

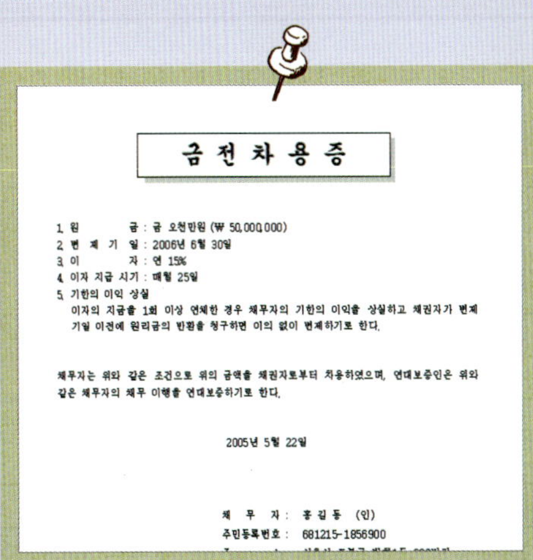

이것만 알아도
폼나게 쓸 수 있는
기본 50가지

한글은 국내에서 가장 많이 사용하는 워드프로세서입니다. 지금부터 최신 버전인 한글 2007을 시작하고

종료하는 방법부터 문서 작성에 가장 기본이 되는 50가지 방법을 살펴봅니다. 사용자 자신에 맞게 작업 환경을

설정하는 방법, 특수 문자나 한자 입력 방법, 문서를 편집하고 맞춤법 검사를 실행하는 방법, 통일감 있는

문서 작성을 위한 스타일 작성과 적용 방법 등을 배워봅니다.

2
한글의 재미가
쏠쏠 나는 활용 50가지
3
한글 2007
특별한 기능 10가지
4
업무에 겁 없이 써먹는
실무 문서 10가지

한글 2007 시작하기와 끝내기

한글은 간단한 문서를 작성하는 것부터 전문적인 편집에 이르기까지 국내에서 가장 많이 사용되는 워드프로세서 프로그램입니다. 지금부터 새로운 한글 2007 버전을 실행하고 종료하는 과정을 알아봅니다.

01 작업 표시줄의 왼쪽에 있는 [시작] 버튼을 누르고 [모든 프로그램]-[한글과컴퓨터]-[한글과컴퓨터 한글 2007]를 차례로 선택한 후 [한글과컴퓨터 한글 2007]을 클릭합니다.

Note 한글 2007을 설치하면 바탕 화면에 한글의 바로가기 아이콘이 만들어집니다. 이 아이콘을 더블클릭하여 한글 2007을 실행할 수 있습니다.

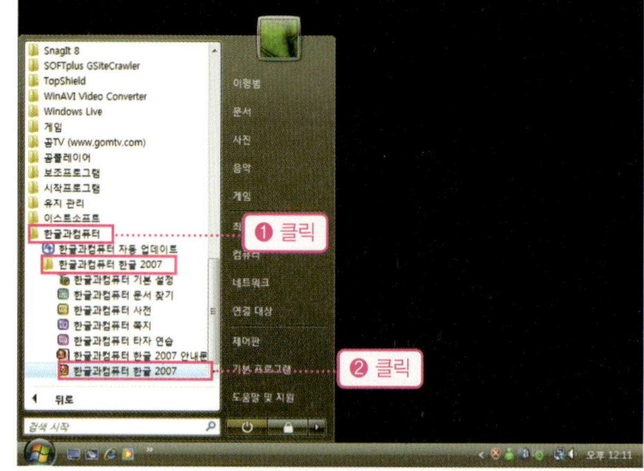

02 한글 2007의 로고 화면이 나타났다가 바로 사라진 다음, 한글 2007의 초기 화면이 다음과 같이 나타납니다.

Note 초기 화면은 한글을 실행한 후 설정한 옵션에 따라 조금씩 다르게 나타날 수 있습니다. 다음은 가로 "800px", 세로 "600px"의 크기로 작업창을 표시하지 않은 화면입니다.

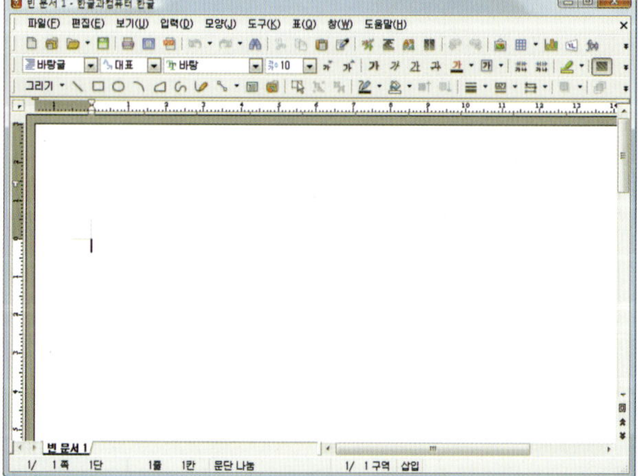

03 한글을 종료하려면 [파일]–[끝] 메뉴를 선택하거나 창 오른쪽의 닫기(X) 버튼을 클릭합니다.

[Note] **한글을 종료하는 다른 방법**
- 바로가기 키 : Alt + F4, Alt + X
- 창 제어 아이콘 더블클릭
- 제목 표시줄에서 마우스 오른쪽 버튼 클릭 → [닫기] 선택

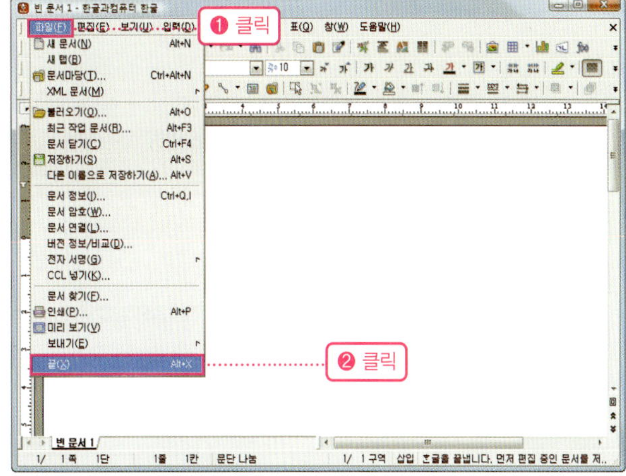

04 한글을 실행하고 내용을 입력했을 경우에는 한글을 종료할 때 변경된 내용을 저장할 것인지 묻는 대화상 자가 표시됩니다. 여기서는 [저장 안 함] 버튼을 클릭 하여 변경 내용을 저장하지 않고 한글을 종료합니다.

[Note]
- [저장] 버튼을 클릭하면 변경 내용을 저장할 파일명을 묻는 메시지가 표시됩니다. 이때 파일명이 [빈 문서]일 경우에만 표시되며, 이미 파일 명이 지정되어 있다면 해당 파일명으로 저장됩니다.
- [취소] 버튼을 클릭하면 한글을 끝내지 않고 편집 화면으로 돌아갑니다.

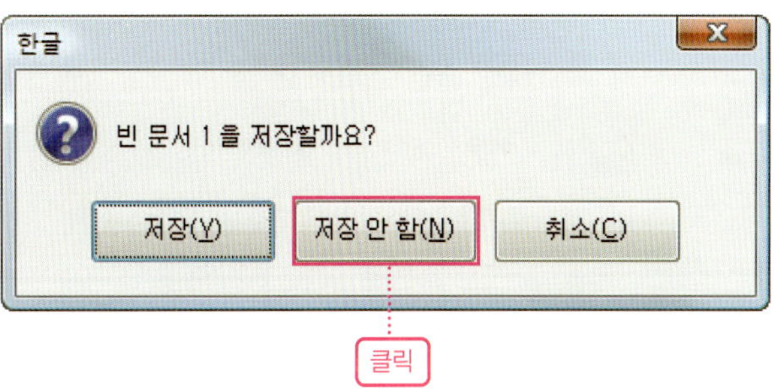

쌩초보 레벨업

한글 2007의 버전 확인 방법

한글 2007을 설치한 후 사용하고 있는 버전을 확인하고자 할 때에는 [도 움말]–[한글과컴퓨터 한글 2007 정보]를 클릭합니다. 이 기능은 한글 2007을 출시한 회사에서 새로운 버전이 출시되었을 경우 업그레이드 확 인 여부를 가능하게 합니다.

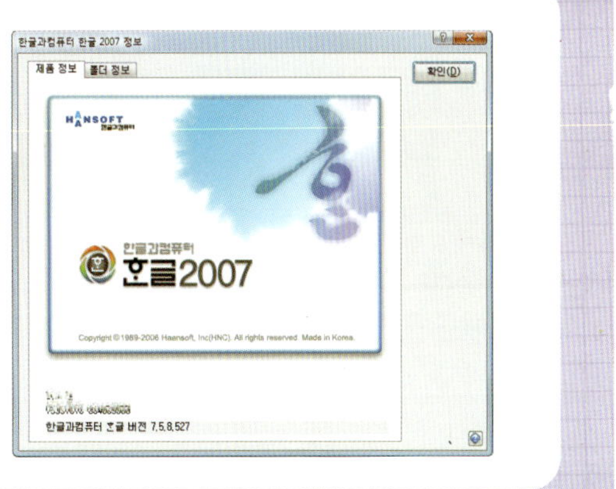

02 한글 2007 화면 이해하기

• 키워드 : 한글 2007 인터페이스, 메뉴 표시줄, 커서

한글을 사용하기 전에 미리 화면을 구성하고 있는 여러 요소에 대한 이해가 필요합니다. 한글의 화면 구성은 사용자가 작업하면서 원하는 모양으로 변경할 수 있습니다.

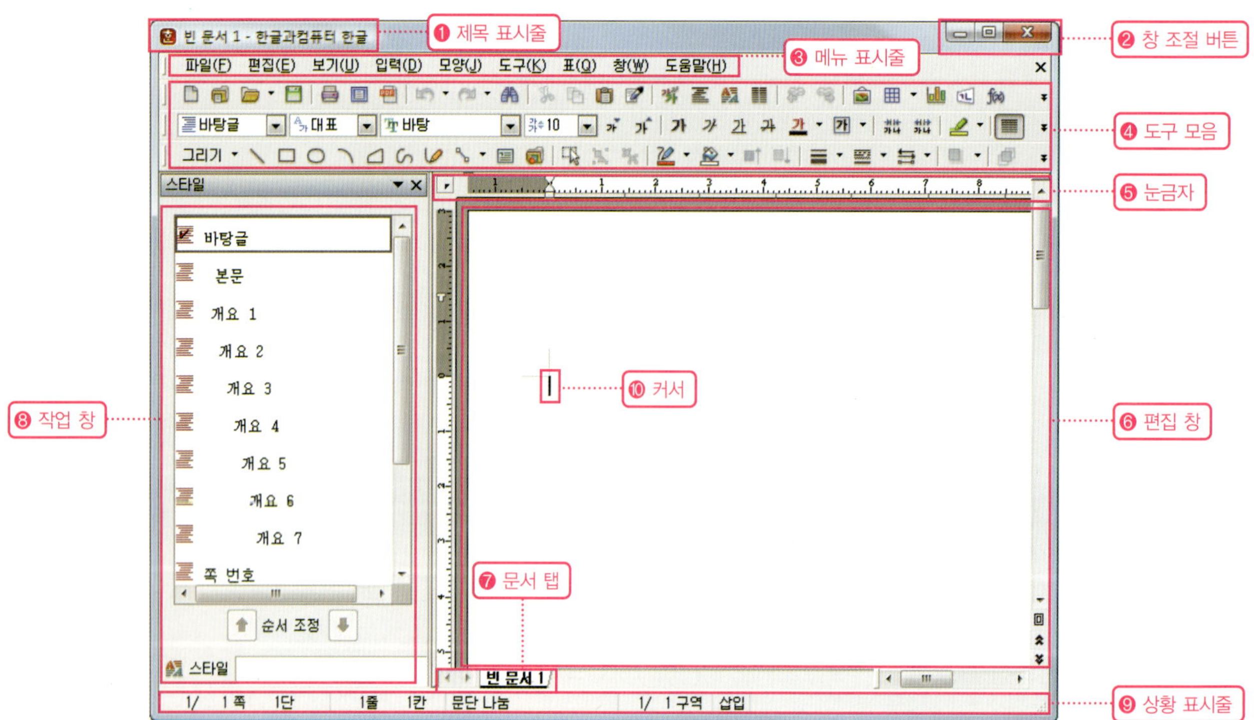

◼ 제목 표시줄

프로그램 이름과 파일명, 창 조절 버튼 등으로 구성됩니다. 파일명은 저장하지 않은 문서의 경우 빈 문서1, 빈 문서2, … 형식으로 자동 설정된 이름으로 표시됩니다.

◼ 창 조절 버튼

한글 2007프로그램의 창 크기를 조절하거나 창을 이동할 때, 또는 프로그램을 종료할 때 사용합니다.

❸ 메뉴 표시줄

한글에서 편집 작업을 하면서 사용할 수 있는 명령 모음
으로 마우스로 메뉴를 클릭하면 하위 메뉴가 표시됩니
다. 원하는 메뉴를 클릭하여 해당 명령을 실행합니다.

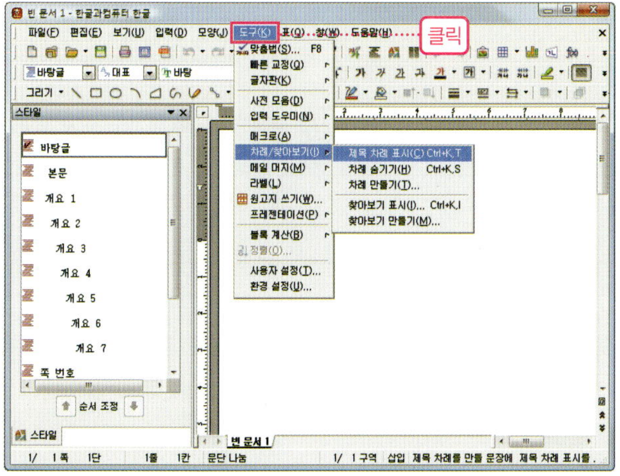

❻ 편집 창

새로운 문서를 작성하거나 작성된 문서를 불러와 표시하
는 곳입니다. 다음과 같이 편집 창의 크기를 사용자가 작
업하기 편리하게 확대/축소하여 표시할 수 있습니다.

❽ 작업 창

문서의 편집 시간을 줄이고 작업 속도를 높이는 등 효율
적인 문서 편집 작업을 할 수 있습니다. 사용자의 필요에
따라 보이거나 감추기를 정할 수 있습니다. 전체 작업 창
을 감추거나 보이도록 하려면 [보기]–[작업 창]–[전체 작
업 창 감추기]/[전체 작업 창 보이기]를 선택합니다.

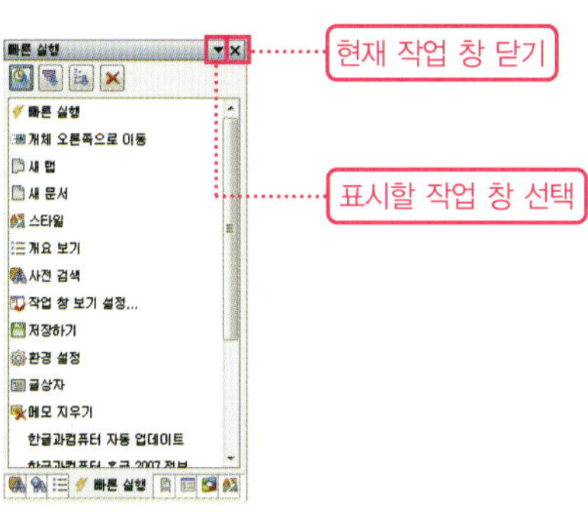

❹ 도구 모음

메뉴에서 명령을 선택하는 대신 아이콘을 클릭하여 빠르
게 명령을 실행할 수 있도록 자주 사용하는 명령을 아이
콘으로 만들어 모아 놓은 것입니다. 처음 기본값으로 기
본 도구 모음과 서식 도구 모음, 그리기 도구 모음이 표
시되어 있습니다.

❺ 눈금자

가로 눈금자와 세로 눈금자가 있으며, 이를 통해 편집하
고 있는 문서의 폭과 길이 단위를 알 수 있습니다. 또한
탭 설정과 왼쪽, 오른쪽 들여쓰기나 내어쓰기를 설정할
수 있고 위치를 알 수 있습니다.

❼ 문서 탭

새로운 문서를 만들 수 있는 탭을 하나 더 만듭니다. 문
서 탭은 각각 별도의 파일을 불러오거나 편집할 수 있고
최대 30개까지 문서 탭을 만들 수 있습니다. 문서 탭에
서 진하게 표시된 탭이 현재 작업하고 있는 탭이며 다른
탭을 클릭해서 원하는 탭으로 이동할 수 있습니다. 탭 이
동 버튼은 탭의 수가 많아서 탭이 모두 보이지 않을 때
표시 범위를 조정하기 위해 사용합니다.

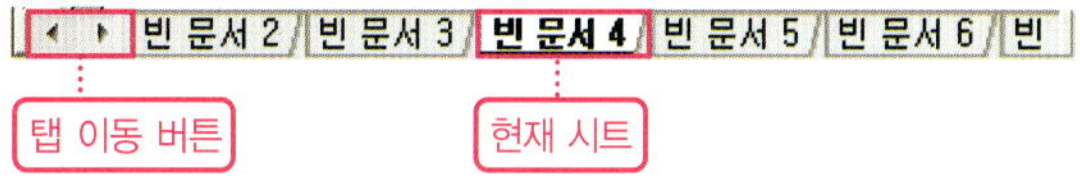

❾ 상황 표시줄

화면 맨 아랫줄에 있는 줄로 커서가 있는 위치의 쪽 수,
단 수, 줄 수, 칸 수, 구역 수, 삽입, 수정 등 사용자에게
필요한 정보를 알려주는 곳입니다.

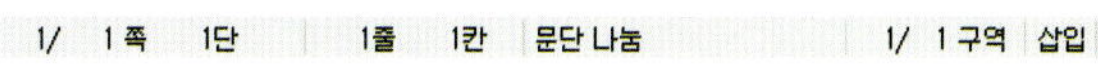

❿ 커서

문자를 입력하는 곳과 작업의 위치를 알려줍니다.

한글 2007의 명령 실행 방법

문서를 편집할 때는 여러 가지 명령을 사용하게 됩니다. 일반적으로 자주 사용하는 명령은 도구 상자에서 해당 아이콘을 클릭하여 바로 실행할 수 있습니다. 도구 상자를 구성하고 있는 아이콘은 사용자의 필요에 따라 추가하거나 제거하고 위치를 변경할 수 있습니다. 필요한 도구 상자를 표시하는 방법에 대해 알아봅니다.

01 메뉴나 도구 모음 영역에서 마우스 오른쪽 버튼을 누른 다음 [프레젠테이션] 메뉴를 클릭합니다.

Note 도구 상자 이름 앞에 "✓" 표시가 되어 있으면 이미 화면에 표시되어 있는 도구 상자임을 의미합니다. 이런 도구 상자를 다시 선택하면 화면에서 도구 상자가 사라집니다.

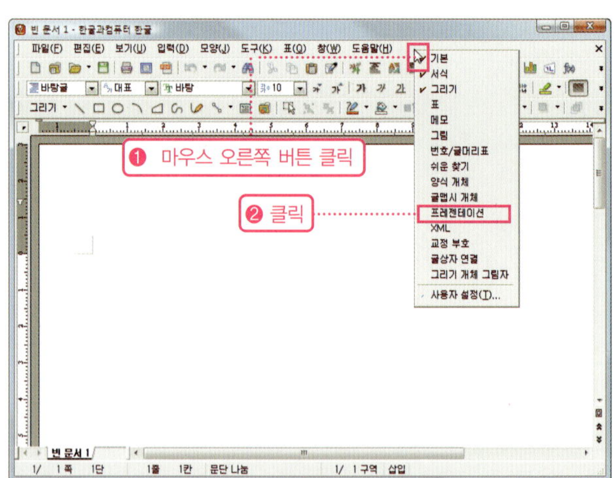

02 [프레젠테이션] 도구 상자가 화면에 표시됩니다. 표시된 도구 상자는 제목줄을 드래그하여 원하는 위치로 이동할 수 있습니다. 이렇게 도구 상자의 제목이 표시되는 도구 상자를 "부동 도구 상자"라고 합니다.

Note 부동 도구 상자의 제목줄을 더블클릭하면 이전에 위치하고 있던 곳으로 도구 상자가 바로 이동됩니다.

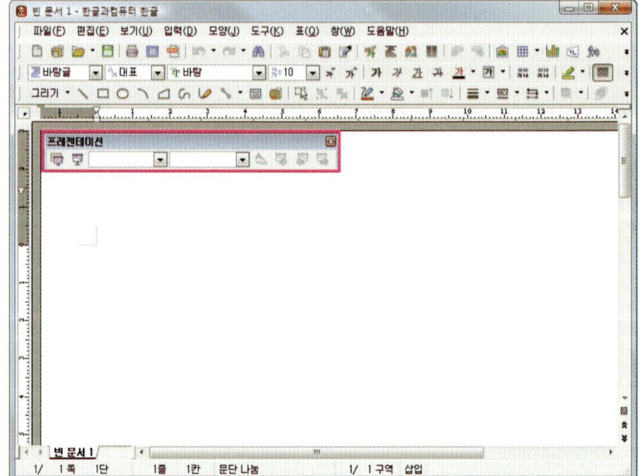

03 제목줄이 표시되지 않는 도구 상자를 "고정 도구 상자"라고 합니다. 고정 도구 상자의 왼쪽 끝에 있는 이동 핸들을 마우스로 드래그하여 도구 상자를 원하는 곳으로 이동할 수 있습니다.

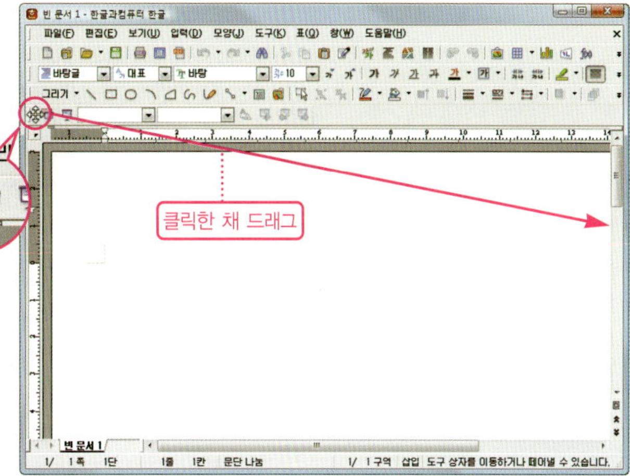

04 다음은 [프레젠테이션] 도구 상자를 화면 오른쪽으로 이동한 화면입니다.

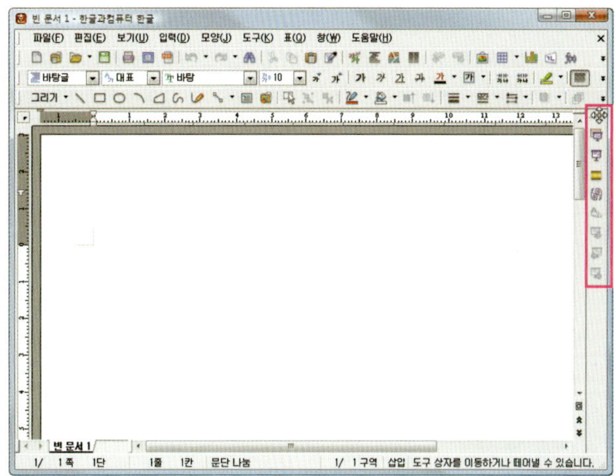

쌩초보
레벨업

도구 상자 표시

★ 메뉴 표시줄을 비롯해 도구 상자는 한글 2007 창의 상하좌우 어느 곳이든 이동하여 사용할 수 있습니다.

★ 다음과 같이 도구 상자를 모두 표시하여 작업할 수도 있지만 너무 많은 도구 상자를 표시해 놓으면 편집 영역이 줄어들고, 오히려 작업 시 혼란을 줄 수 있기 때문에 기본 도구 상자만 표시해 놓고 작업하는 것이 바람직합니다.

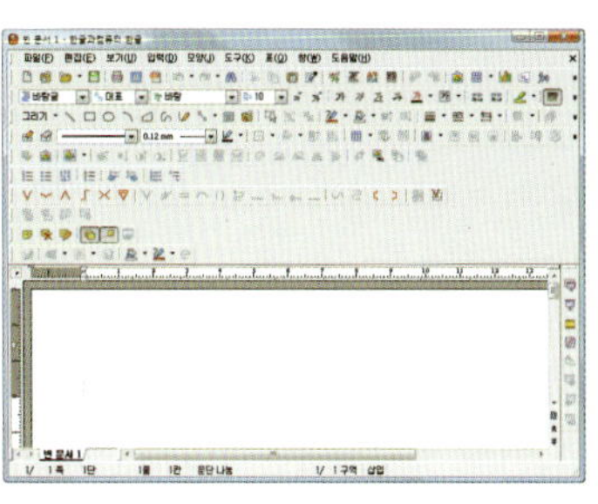

문서 창 내 맘대로 바꾸기

한글 2007의 문서 창이나 스킨을 사용자가 원하는 모양으로 설정하는 방법에 대해 알아봅니다. 한글 2007에서 문서 창 모양은 3가지, 스킨 모양은 6가지를 제공합니다. 이 기능은 운영체제의 디스플레이 설정에 영향을 받지 않습니다.

01 문서 창의 기본 모양을 변경하기 위해 [보기]-[문서 창]-[문서 창 모양 설정] 메뉴를 선택합니다.

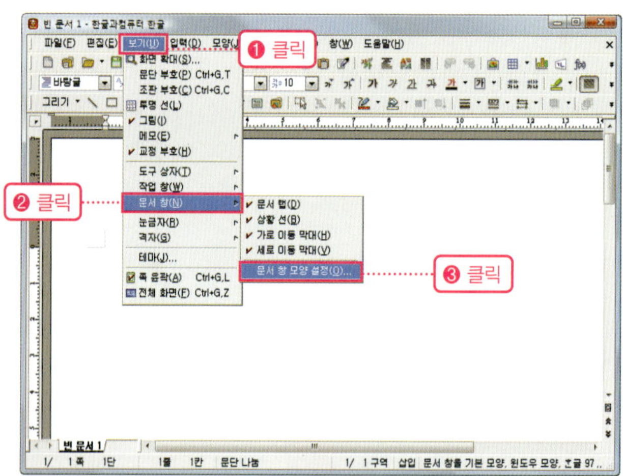

02 다음과 같이 문서 창 모양을 변경할 수 있는 대화상 자가 표시되면 원하는 모양을 선택하고 [설정] 버튼을 클릭합니다.

> Note 문서 창 모양의 종류는 옆 페이지 팁을 참고하세요.

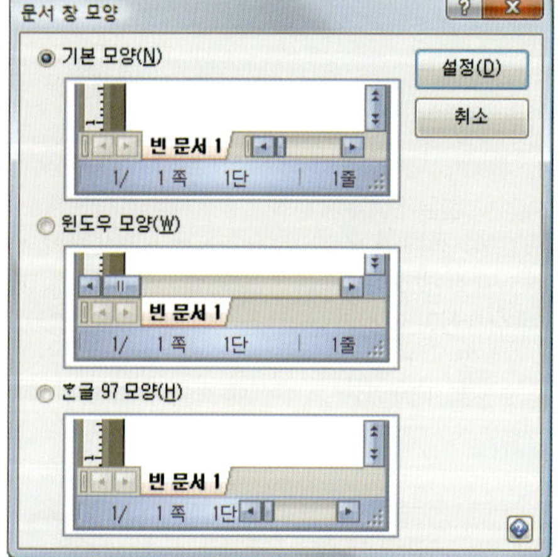

03 한글 2007의 창 모양이나 스킨, 도구 상자, 단축 키, 메뉴, 명령 등을 설정하려면 [보기]-[테마]나 [도구]-[사용자 설정] 메뉴를 선택합니다.

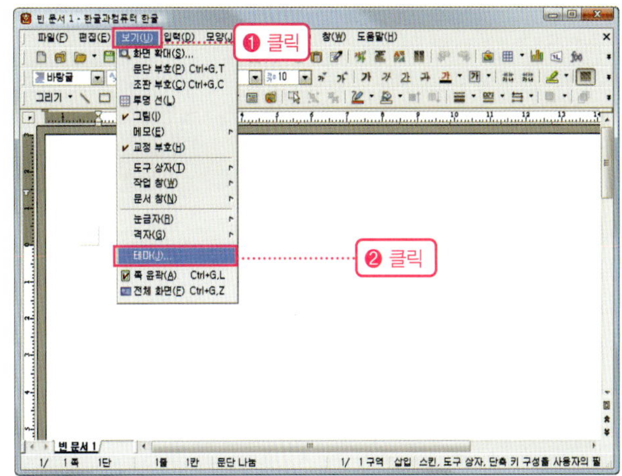

04 [사용자 설정] 대화상자에서 창의 모양을 변경하려면 [스킨] 탭을 클릭합니다. 스킨 목록에서 원하는 스킨을 선택하면 미리 보기에서 선택한 스킨 모양을 확인할 수 있습니다. 원하는 스킨을 선택한 다음 [확인] 버튼을 클릭합니다.

> Note [확인] 버튼은 선택한 명령을 실행하고 대화상자를 닫을 때, [취소] 버튼은 선택한 명령을 실행하지 않고 대화상자를 닫을 때, [적용] 버튼은 대화상자를 닫지 않고 선택한 명령을 적용할 때 사용합니다.

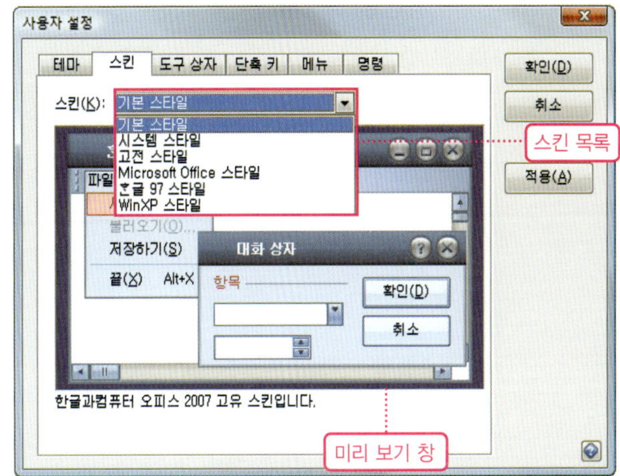

쌩초보 레벨업

문서 창 모양의 종류

★ **기본 모양** : 한글 2007에서 기본으로 사용하는 창 모양으로 문서 탭과 가로 이동 막대가 한 줄에 있고 아래에 상황선이 있습니다.

★ **윈도우 모양** : 윈도우의 표준 모양으로 가로 이동 막대가 문서 탭의 위에 위치하고 문서 탭 다음 줄에 상황선이 표시되는 모양입니다.

★ **한글 97 모양** : 이전 판인 한글 97에서 사용하던 문서 창 모양입니다. 문서 탭이 한 줄로 표시되고 상황선과 가로 이동 막대가 함께 위치하고 있습니다.

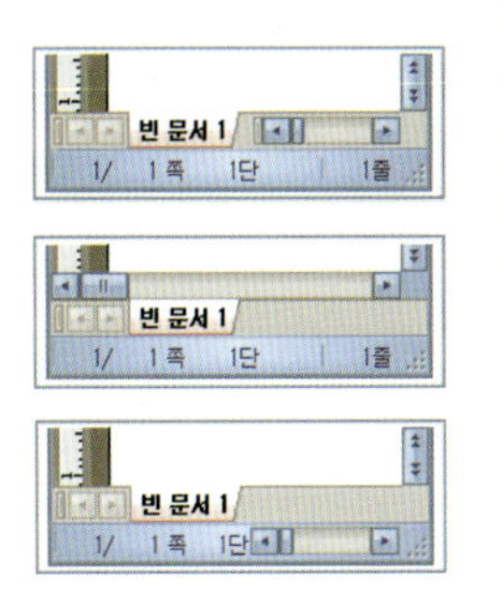

도움말 사용하기

한글에서 작업하다 특정 기능에 대해 더 자세히 알고자 할 경우에는 도움말에서 찾아보면 됩니다. 한글 2007의 전체 기능에 대한 도움말과 현재 표시된 대화상자 내의 각 옵션에 대한 도움말을 이용할 수 있습니다.

01 [도움말]-[내용] 메뉴를 선택하거나 단축키 F1 을 누릅니다.

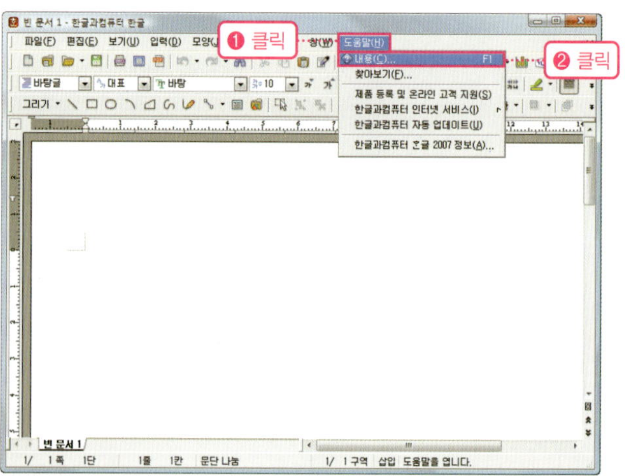

02 다음과 같이 한글 2007의 도움말 창이 표시됩니다. 도움말 창의 왼쪽에는 도움말의 목록이 표시되고 오른쪽에는 왼쪽에서 선택한 목록의 자세한 설명이 표시됩니다. 설명이 표시된 창에서 다른 도움말과 연결되어 있을 경우 밑줄이 그어진 텍스트로 표시(하이퍼링크)되며 마우스 클릭으로 빠르게 이동할 수 있습니다.

> **Note** [내용] 탭은 한글 2007의 메뉴별로 정리된 내용에서 원하는 기능을 찾아 도움말을 볼 때 사용합니다. [색인] 탭과 [검색] 탭은 도움 받을 기능의 키워드(주제어)를 입력하여 도움말을 찾아볼 때 사용합니다. [즐겨찾기] 탭은 현재 도움을 받고 있는 기능을 나중에 빠르게 이동하기 위해 즐겨찾기로 저장해 놓을 수 있습니다.

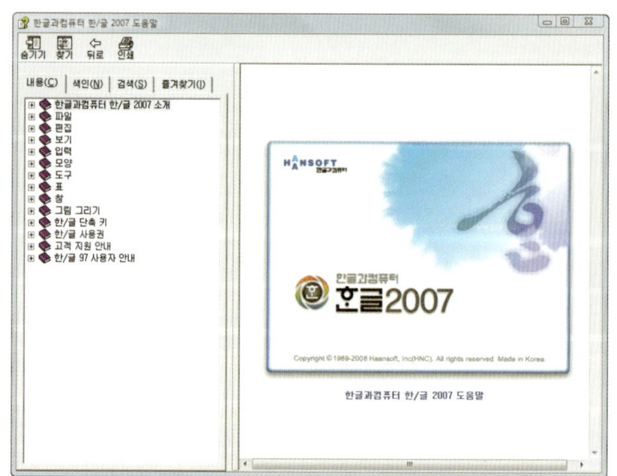

03

[내용] 탭에서 보고 싶은 항목을 더블클릭하면 하위 목록이 표시됩니다. 도움말 목록에서 원하는 항목을 찾아 클릭하면 오른쪽 창에 해당 기능의 도움말 내용이 표시됩니다. 다음 화면은 "보기"에서 "문단 부호"를 선택한 것입니다.

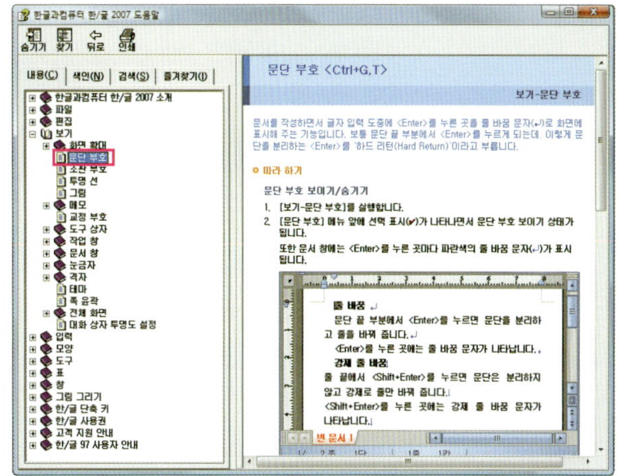

04

도움말이 표시된 오른쪽 창의 아래쪽에는 현재 정보와 관련된 기능이 하이퍼링크로 연결되어 있습니다. 여기에서 원하는 항목을 클릭해 봅니다.

Note   다른 도움말과 연결되어 있는 텍스트 위에서 마우스 포인터가 손(🖑) 모양으로 변하면 클릭합니다. 그러면 연결된 도움말로 이동합니다.

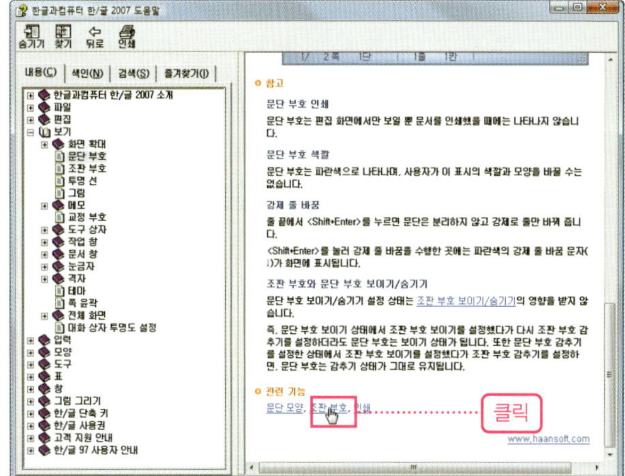

쌩초보 레벨업

도움말에 표시된 아이콘의 의미는?

★ 📕 : 하위 목록이 있고 현재 하위 목록이 표시되어 있지 않습니다.
★ 📖 : 하위 목록이 현재 표시되어 있습니다.
★ 📄 : 클릭하면 도움말 오른쪽 창에 내용이 표시됩니다.
★ +/- : 하위 목록이 표시되어 있지 않으면 "+", 하위 목록이 표시되어 있으면 "-"가 아이콘 앞에 표시됩니다. 이 기호를 클릭하여 목록을 펼치거나 접을 수 있습니다.

05 다음과 같이 해당 도움말로 바로 이동하여 표시합니다.

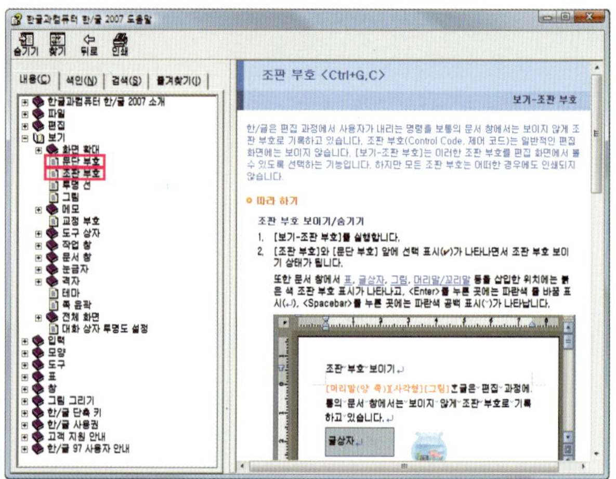

06 이번에는 [색인] 탭을 클릭한 다음 찾을 키워드 입력 상자에 "문단"을 입력합니다. 그러면 "문단"으로 시작하는 모든 도움말 항목을 검색합니다.

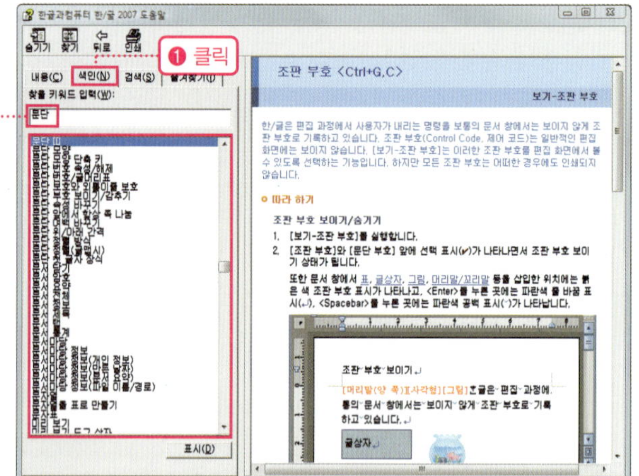

07 찾은 항목 중에서 원하는 항목을 더블클릭하면 선택한 항목에 대한 도움말을 볼 수 있습니다. 다음은 "문서 닫기"를 더블클릭하여 도움말을 표시한 화면입니다. 이제 도움말 창을 닫습니다.

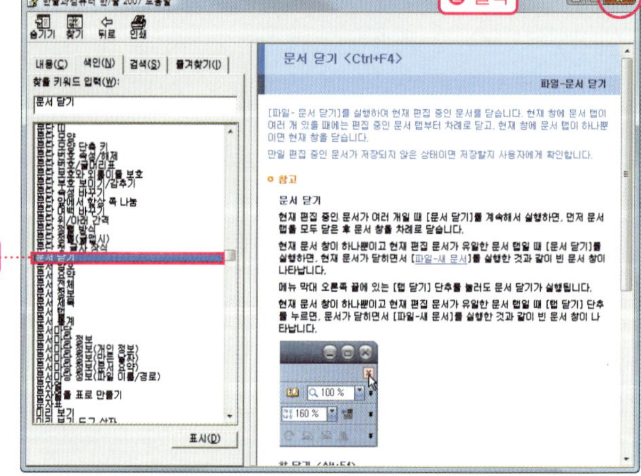

08 이번에는 대화상자에서 도움말을 표시하는 과정을 알아보겠습니다. [모양]-[글자 모양] 메뉴를 선택한 다음 [글자 모양] 대화상자의 오른쪽 아래에 있는 아이콘을 클릭합니다.

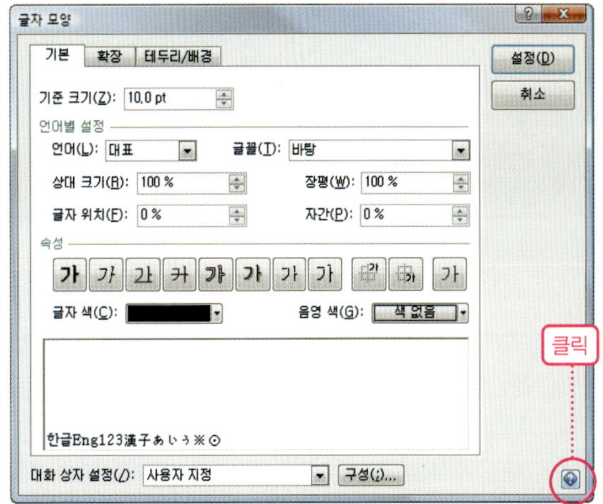

09 다음과 같이 도움말 창이 실행되고 글자 모양에 대한 도움말을 확인할 수 있습니다. 확인이 끝나면 도움말 창을 닫습니다.

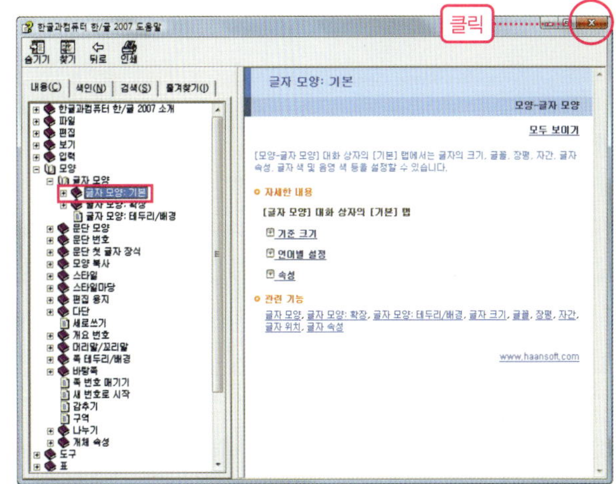

10 [글자 모양] 대화상자의 "장평" 항목에서 마우스 오른쪽 버튼을 클릭합니다. 그러면 다음과 같이 선택한 항목에 대한 간단한 설명이 바로 표시됩니다.

> [Note] 대화상자에서 Esc 나 [취소] 버튼을 클릭하면 아무 명령도 실행하지 않고 대화상자를 닫을 수 있습니다.

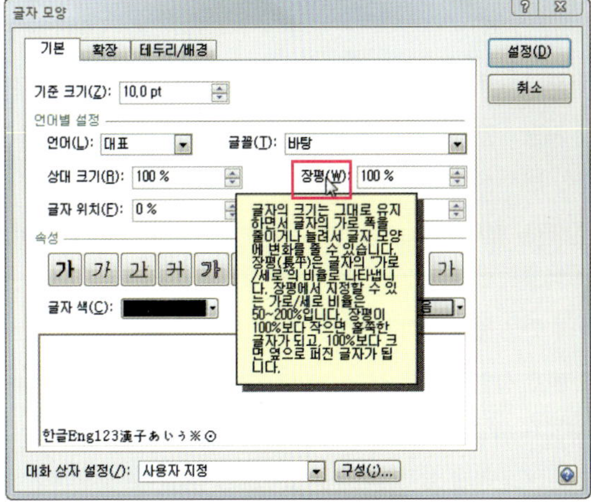

06

기본 작업 환경 설정하기

자동 저장 시간이나 방식, 최근 편집한 문서를 여는 방법, 사용자 정보, 대표 글꼴 등록 등 한글에서 작업하기 위한 기본 환경을 설정하는 방법에 대해 알아봅니다. 환경 설정에서 지정한 값은 한글을 시작할 때 기본값으로 사용됩니다.

[도구]-[환경 설정] 메뉴를 선택하면 [환경 설정] 대화상자가 나타납니다. 대화상자의 각 탭에서 한글 2007의 작업 환경을 설정할 수 있습니다. 필요한 사항을 지정한 다음 [설정] 버튼을 클릭하면 한글을 실행할 때마다 여기에서 지정한 사항이 자동 적용됩니다. [환경 설정] 대화상자의 각 탭에서 중요한 항목을 설명합니다.

1 [환경 설정]-[편집] 탭

❶ **자동 저장** : 편집을 시작한 후 일정 시간 또는 작업 여부에 관계없이 지정한 시간이 지나면 무조건 자동 저장되어 문서를 보호합니다.

❷ **압축 저장** : 편집한 문서를 저장할 때 압축 저장 여부를 지정합니다. 압축하여 저장하면 압축하지 않고 저장한 것보다 문서를 읽어오는 시간은 걸리지만 디스크의 남은 공간을 활용할 수 있는 장점이 있습니다.

❸ **백업 파일 만듦** : 같은 파일이 동일 폴더에 저장될 때 확장명을 ".bak"로 부여하여 백업파일을 만들지 여부를 지정합니다. ".bak"는 복사본 파일이므로 원본 파일이 손상되었을 경우 사용할 수 있습니다.

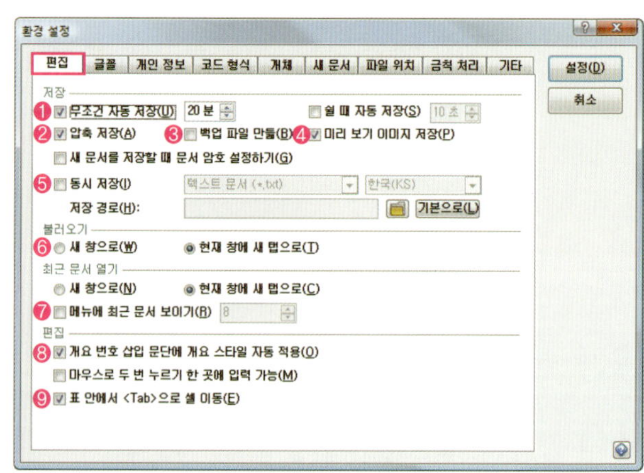

❹ **미리 보기 이미지 저장** : 불러오기 대화상자에서 "미리 보기" 아이콘을 클릭하면 문서의 첫 페이지를 이미지로 저장하여 표시합니다.

❺ **동시 저장** : 편집한 문서를 저장할 때마다 HWPML 문서, 인터넷 문서(HTML), 텍스트 문서, 서식이 있는 문서(RTF), 플래시 문서, 프레젠테이션 문서 중의 한 가지를 설정한 폴더에 저장합니다.

❻ **새 창으로, 현재 창에 새 탭으로** : 두 번째 문서를 불러올 때와 최근에 작업한 문서를 불러올 때 현재 창의 새 탭으로 불러올지 새로운 창에 불러올지 선택합니다.

❼ **메뉴에 최근 문서 보이기** : 가장 최근에 작업한 문서를 [파일] 메뉴에 표시할지 여부를 지정합니다.

❽ **개요 번호 삽입 문단에 개요 스타일 자동 적용** : 개요를 적용할 때 개요 단계에 따라 스타일을 자동으로 적용할지의 여부를 지정합니다.

❾ **표 안에서 〈Tab〉으로 셀 이동** : 표 안에서 셀과 셀 사이로 커서를 이동할 때 Tab 키를 이용할지 여부를 설정합니다. 내용이 입력된 표에서는 이 기능을 설정하여 커서를 쉽게 이동할 수 있습니다.

❷ [환경 설정]-[글꼴] 탭

❶ 글꼴 보기 그룹 : 자주 사용하는 글꼴을 서식 도구 상자의 글꼴 선택 목록의 앞쪽에 표시할 것인지 글꼴 목록 상자에서 글꼴의 모양을 표시할 것인지 여부를 설정합니다.

❷ 대표 글꼴 등록 그룹 : 이미 등록된 사용자 정의 글꼴을 수정하거나 등록합니다.

❸ 한글 전용 글꼴 검색 : 새로 추가된 글꼴을 검색하여 등록합니다. 검색하는 글꼴은 HTF 글꼴입니다.

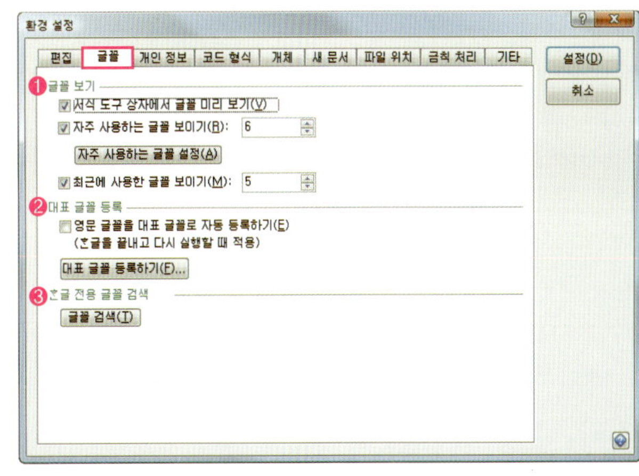

❸ [환경 설정]-[개인 정보] 탭

- 사용자 이름, 회사 이름, 직책, 부서 등 개인 정보를 입력하는 화면을 표시합니다.

- 여기서 지정한 개인 정보는 문서마당이나 문서 요약 등에서 사용됩니다.

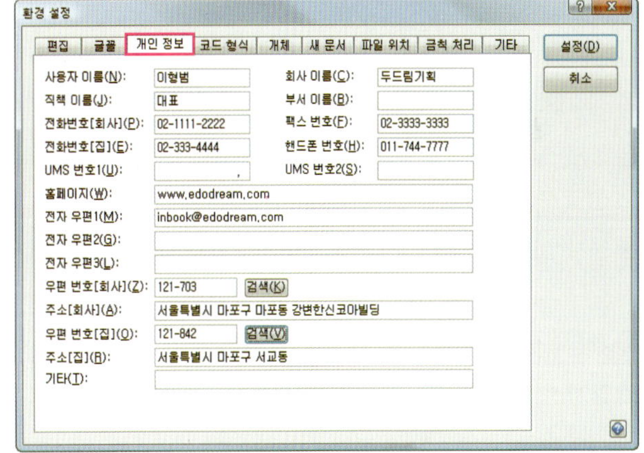

❹ [환경 설정]-[코드 형식] 탭

- 외국에서 보내온 문서를 편집하거나 다른 언어로 작성된 문서를 외국으로 보낼 때 해당 언어 코드의 파일 형식으로 변환하는 방법을 지정합니다.

- 코드 형식을 사용하여 각 언어별 표준 코드로 문서를 변환할 수 있습니다.

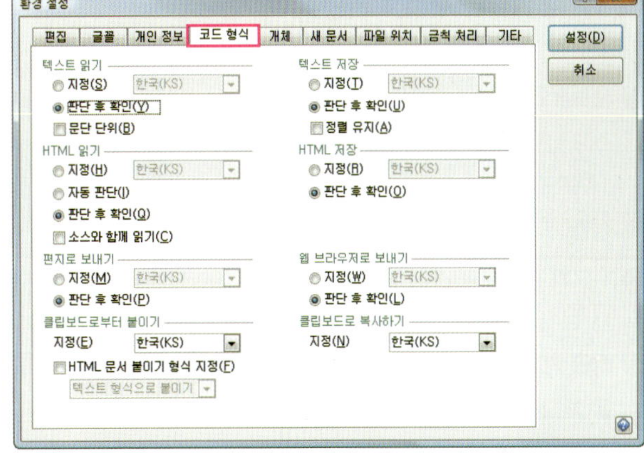

⑤ [환경 설정]–[개체] 탭

- 그림이나 표, 그리기 개체 등 개체를 선택하는 방법을 지정합니다.
- 마우스를 이용하여 그림이나 표 등을 삽입할 때 본문과의 배치 방법 과 기준 위치 등을 설정합니다.

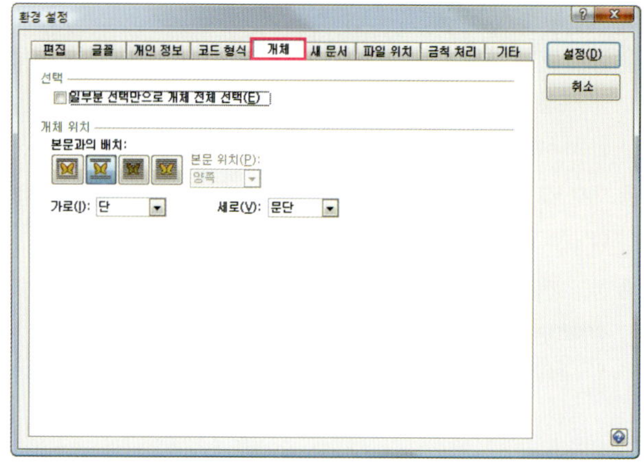

⑥ [환경 설정]–[새 문서] 탭

[파일]–[새 글/새 탭]을 선택했을 때 편집 용지를 어떤 것으로 사용할 지 설정합니다. 즉, 용지 종류, 상하, 좌우 여백 등을 설정합니다.

❶ **용지 종류** : 편집할 용지의 종류와 사용자가 가로와 세로 폭을 설 정할 수 있습니다.

❷ **용지 방향** : 용지를 넓게 사용할 것인지, 좁게 사용할 것인지 설정합 니다.

❸ **제책** : 책을 만들 때 제본할 형식을 지정합니다.

❹ **용지 여백** : 상하좌우 여백과 머리말, 꼬리말, 제본 여백 등을 설정 합니다.

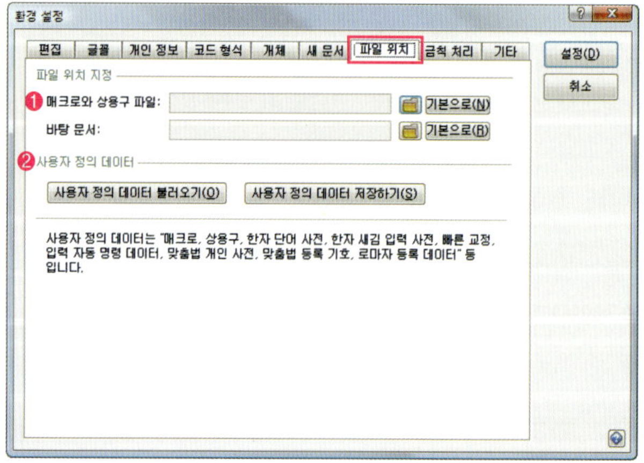

⑦ [환경 설정]–[파일 위치] 탭

매크로 파일, 상용구 파일, 바탕 문서 파일 등의 경로를 설정합니다.

❶ **매크로와 상용구 파일** : 키 매크로 파일(HWPWMKOR65.HMC)과 스크립트 매크로 파일(HWPWMKOR65.HMS), 상용구 파일 (HWP.IDO), 바탕 문서 파일(NORMAL.HWT)이 저장될 경로를 지 정합니다.

❷ **사용자 정의 데이터** : 사용자가 추가한 데이터, 매크로, 상용구, 한 자 단어 사전, 한자 새김 입력 사전, 빠른 교정, 입력 자동 명령 데 이터, 맞춤법 개인 사전, 맞춤법 등록 기호, 로마자 등록 데이터 등 을 저장해 놓고 필요한 경우 다시 불러 쓸 수 있습니다.

8 [환경 설정]-[금칙 처리] 탭

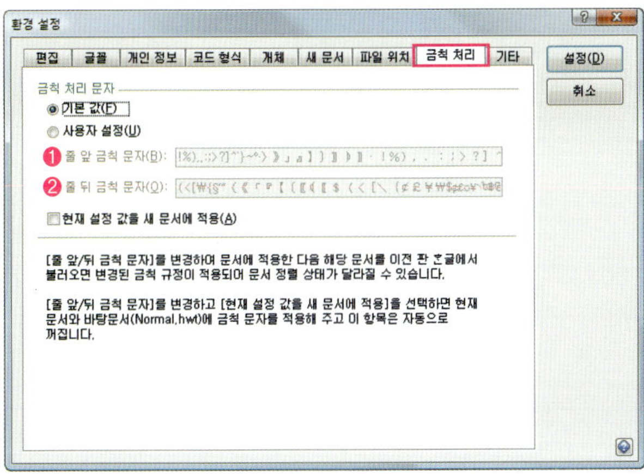

행의 처음이나 마지막에 올 수 없는 문자나 기호 등을 등록해 놓을 수 있습니다.

❶ **줄 앞 금칙 문자(행두 금칙 문자)** : 행의 처음에 올 수 없는 문자로 . , ' " : ; ? !) 〉] } 】 °F ℃ % 등이 있습니다.

❷ **줄 뒤 금칙 문자(행말 금칙 문자)** : 행의 마지막에 올 수 없는 문자로 (〈 [{ ' " # № $ 등이 있습니다.

9 [환경 설정]-[기타] 탭

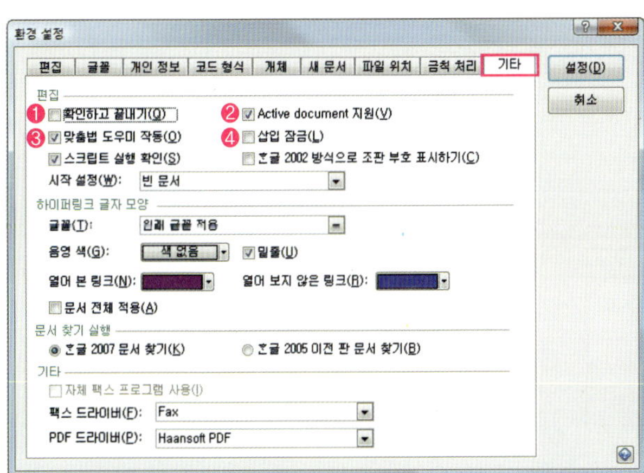

한글 2007을 종료할 때 확인 여부, 맞춤법 도우미의 작동 여부, 팩스 드라이버 선택, 하이퍼링크된 문자의 글자 모양 등을 설정합니다.

❶ **확인하고 끝내기** : 마지막 문서 편집 창을 닫을 때 한글의 종료 여부를 확인하도록 지정합니다.

❷ **Active document 지원** : 이 기능을 선택하여 저장된 한글 문서를 웹 브라우저에서 열면 브라우저 내에서 한글이 실행됩니다.

❸ **맞춤법 도우미 작동** : 작성하는 문서의 맞춤법을 자동으로 검사합니다.

❹ **삽입 잠금** : Insert 를 누를 때마다 토글 되는 [삽입/수정]을 잠급니다.

07

문서 작성 처음부터 끝까지 따라하기

한글 2007의 기본적인 기능을 이용하여 문서를 작성해 봅니다. 한글 2007의 많은 기능을 배우기에 앞서 간단한 문서를 작성해 보면 워드프로세서의 많은 기능을 배우는데 도움이 됩니다. 다음과 같은 문서를 작성하여 "예제1.hwp"로 저장할 것입니다.

여성 IT 인력 양성 Program 안내

　그 동안 우리 사회에서 여성은 차별적 관행과 制度 때문에 진정한 삶의 주체로 설 수 있는 기회를 빼앗겨 왔습니다. 이러한 현실을 극복하고자 여성인력개발센터에서는 정보화 사회라는 시대적 상황에 부응하여 Digital 여성부 구현을 정책 방향으로 설정하고, 여성 정책의 디지털화와 IT 시대를 주도하는 여성인력 양성을 위한 각종 정보화 사업을 추진하고 있습니다. 특히, 올해는 IT 시대를 선도할 여성인력 양성을 위하여 온라인과 오프라인을 혼합한 Cyber 여성 IT 전문교육을 실시하고자 상공SDS와 컨소시엄(Consortium)을 구축한 바 있습니다.
　Cyber 여성 IT 전문교육 사업이 우리 사회 여성에게 새로운 希望과 가능성을 제시할 수 있는 좋은 기회가 될 수 있기를 진심으로 기원합니다.

◆ 다　　음 ◆

1. 일　　　시 : 2009. 7. 6(월) ～ 7. 31(금)
2. 교육대상 : 미취업 상태 여성, 실직 여성, IT 분야로 재취업을 희망하는 여성
3. 후　　　원 : (주)Hangeul, (주)Digital Tech, (주)ETTRA, (주)인터미디어
4. 교육내용

과정	제한인원	장소	비고
Windows 프로그래밍 고급과정	330명	나라여자대학교 멀티미디어관	
Web Design 실무과정	100명	상공SDS 멀티교육과	
Multimedia 기술교육	100명	(주)인터미디어 컴퓨터실	
Java 프로그래밍 실무과정	130명	미디어연구소	
합　계	660명		

※ 기타사항
 - 교육비 1,133,000원 중 개인부담금은 340,000원입니다. 나머지는 정부지원금으로 충당됩니다.
 - 자세한 內容은 Internet Homepage(http://www.moge.go.kr)를 참조하시거나, 敎育 담당자(☎ 02-869-9014/5)에 문의하여 주시기 바랍니다.

2009. 5. 29.

여성인력개발센터

01 한글 2007을 실행한 다음 [모양]–[편집 용지] 메뉴를 선택하거나 단축키 F7을 누릅니다. [편집 용지] 대화 상자에서 다음과 같이 편집 용지를 설정한 다음 [설정] 버튼을 클릭합니다.

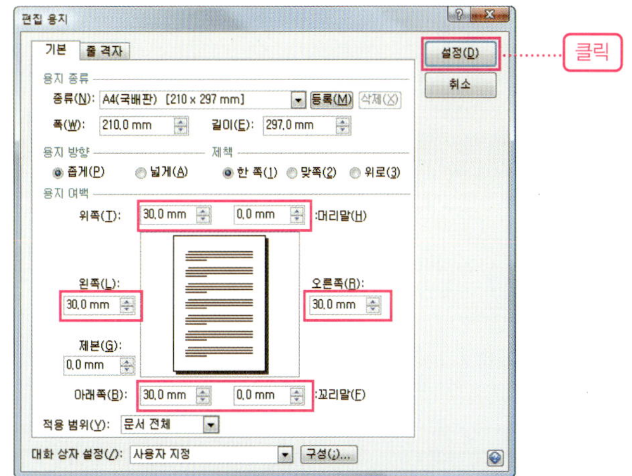

02 편집 화면에 다음과 같이 문장을 입력합니다. 한글과 영문 전환은 키보드의 한/영키를 이용하고, 화면에서 "↵"와 같은 표시가 있는 곳에서만 Enter를 눌러 줄을 바꾸도록 합니다.

Note 입력한 내용이 편집 화면의 오른쪽 끝을 넘게 되면 자동으로 줄이 바뀝니다. Enter는 일부러 줄을 바꿀 때만 사용합니다.

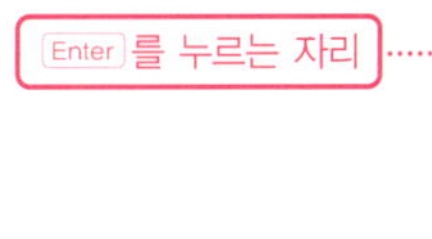

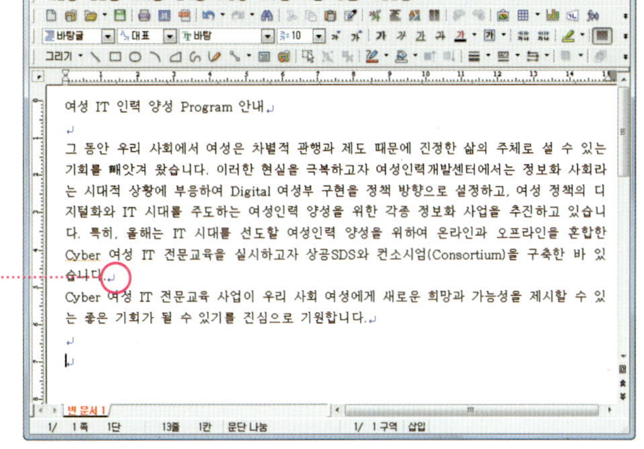

03 [입력]–[문자표] 메뉴를 선택하거나 단축키 Ctrl +F10을 누르면 [문자표 입력] 대화상자가 나타납니다. [한글(HNC) 문자표] 탭에서 문자 영역을 "전각 기호(일반)"으로 선택합니다.

Note 선택한 문자 영역에 따라 문자 선택 영역에 표시되는 기호 문자가 달라집니다.

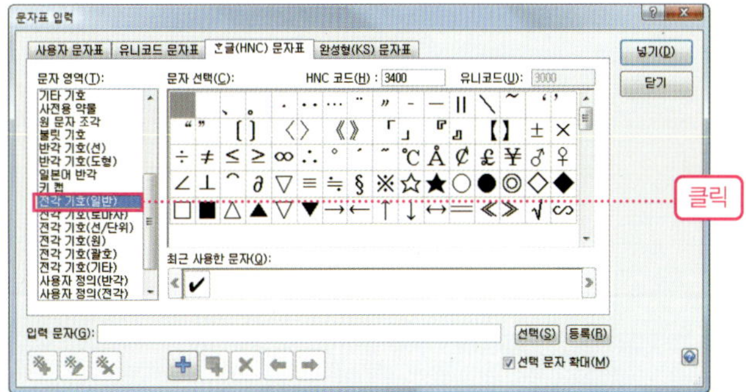

04 문자 선택 영역에서 "◆" 문자를 선택한 다음 [넣기] 버튼을 클릭합니다.

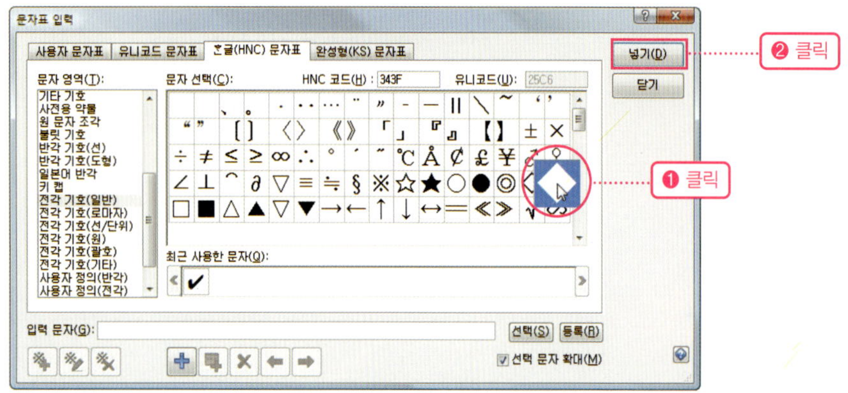

05 커서 위치에 선택한 기호 문자가 삽입되면 이어서 " 다　　음 "을 입력하고 다시 같은 방법으로 "◆" 문자를 삽입한 뒤 "4. 교육내용"까지 입력합니다.

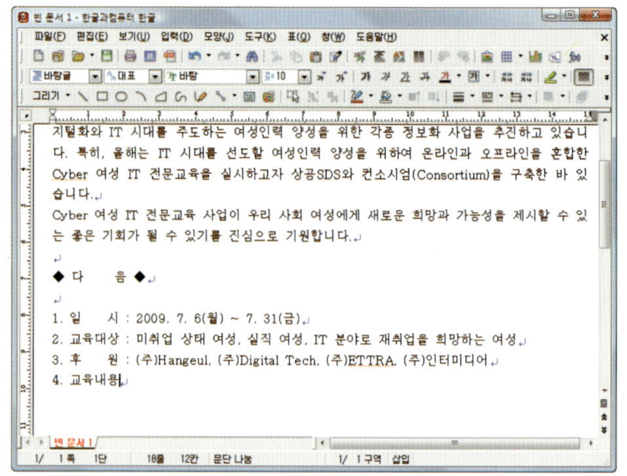

06 Enter 를 눌러 줄을 바꾼 다음 기본 도구 상자에서 표 만들기(⊞▾) 아이콘의 화살표 부분을 클릭합니다. 표 상자에서 마우스를 움직여 6행 4열의 크기가 되면 클릭합니다.

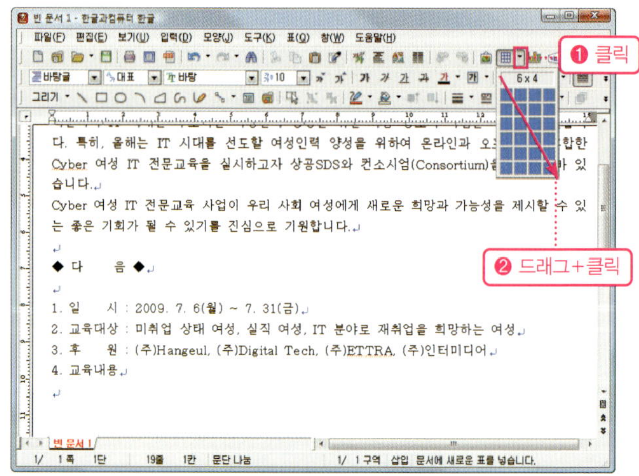

07 다음과 같이 표가 만들어지면 바로 [편집]–[고치기] 메뉴를 선택하거나 단축키 [Ctrl]+[N], [K]를 누릅니다.

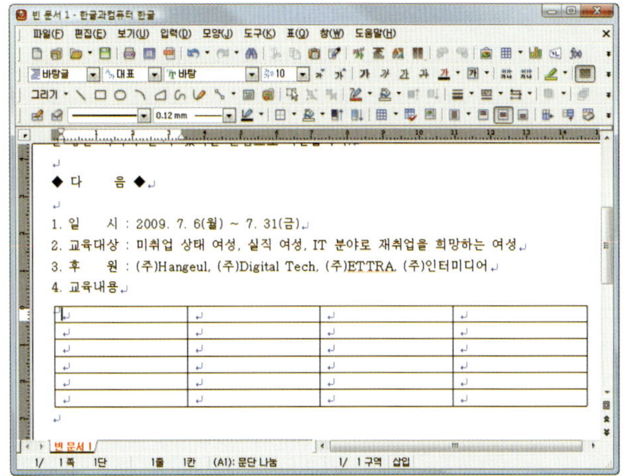

08 표의 속성을 설정할 수 있는 [표/셀 속성] 대화상자가 표시됩니다. [기본] 탭에서 "글자처럼 취급"을 선택한 다음 [설정] 버튼을 클릭합니다.

[Note] "글자처럼 취급"은 표를 하나의 커다란 글자로 인식하여 처리하는 방법입니다.

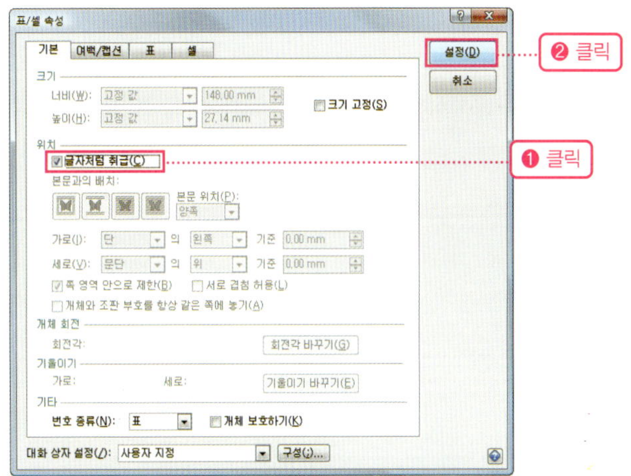

09 표 안에서 [F5]를 연속해서 세 번 누르면 표의 모든 셀이 블록으로 지정됩니다. 또는 표의 첫 번째 셀에서 마우스 왼쪽 버튼을 누른 채 마지막 셀까지 드래그해서 셀 블록을 지정할 수도 있습니다.

[Note] 표를 구성하는 각각의 칸을 셀(Cell)이라고 부릅니다.

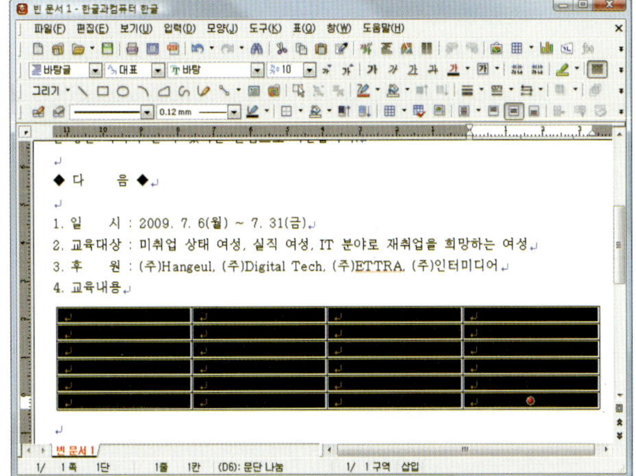

10 표의 모든 셀이 블록으로 지정된 상태에서 단축키 Ⓛ을 누릅니다. [셀 테두리/배경] 대화상자가 표시되면 [테두리] 탭에서 테두리의 굵기를 변경하고 [바깥쪽 모두] 버튼을 클릭합니다. 그런 다음 [설정] 버튼을 클릭합니다.

Note 먼저 테두리의 종류와 굵기, 색 등을 지정한 다음 오른쪽의 미리 보기 영역에 있는 각종 버튼을 클릭해서 지정한 방향에 테두리를 그립니다.

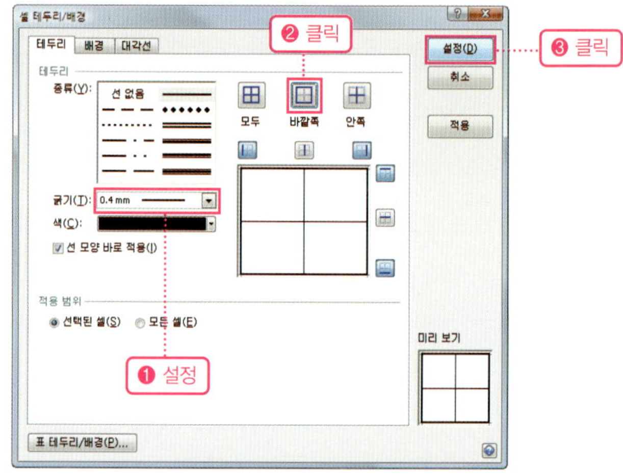

11 다음과 같이 표의 바깥쪽 테두리가 굵게 변경되면 Esc를 눌러 셀 블록을 해제합니다. 이번에는 두 번째 행에서 F5를 누르고 F8을 눌러 줄 블록을 지정하고 테두리를 변경하기 위해 단축키 Ⓛ을 누릅니다.

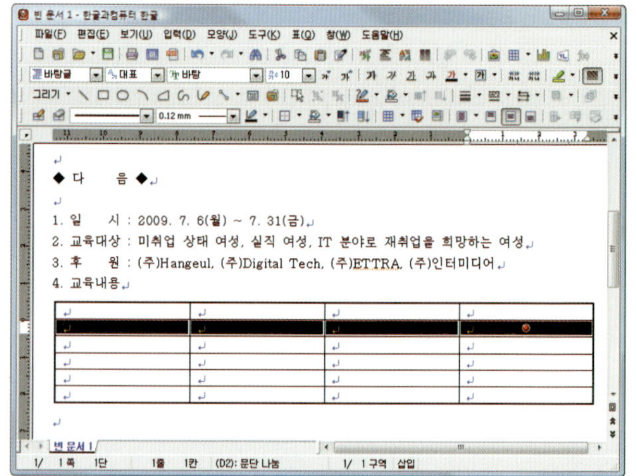

12 [셀 테두리/배경] 대화상자의 [테두리] 탭에서 테두리의 종류를 이중선으로 지정합니다. 그런 다음 미리 보기 영역에서 [위] 버튼을 클릭하고 [설정] 버튼을 클릭합니다.

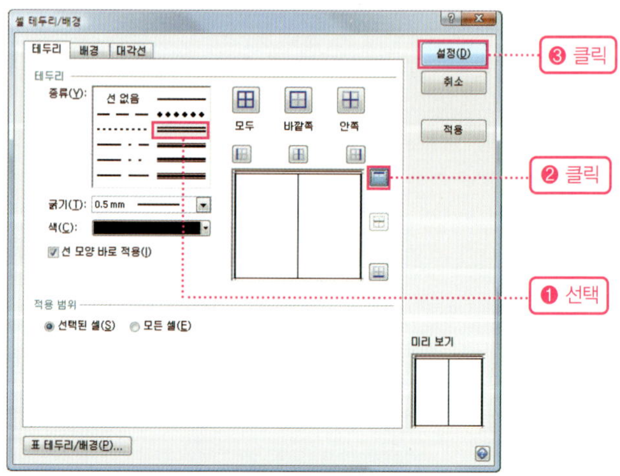

13 두 번째 줄의 위쪽 테두리 선이 이중선으로 변경됩니다. 같은 방법으로 마지막 줄의 위쪽 테두리 선도 이중선으로 변경합니다.

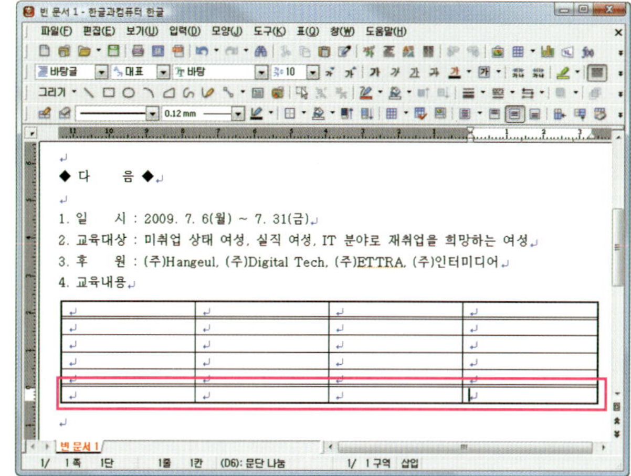

14 다음과 같이 셀 블록을 설정한 후 Ctrl+↓를 두 번 눌러 셀의 넓이를 조정합니다. Alt+→를 눌러 셀의 폭도 다음과 같이 조정합니다.

Note
- 셀 폭을 줄인 후 Shift+Esc를 누릅니다. 표 앞쪽에 커서가 위치된 것을 확인하고 스페이스바를 두 번 눌러 칸을 맞춥니다.
- Shift+Esc의 역할은 표 안의 커서를 표 밖으로 꺼내는 기능입니다.
- 셀 블록이 선택된 상태에서 Ctrl 키를 누른 상태에서 방향키를 움직이면 이웃된 셀의 크기가 조정되면서 표의 크기도 변경됩니다.
- 셀 블록이 선택된 상태에서 Shift 키를 누른 상태에서 방향키를 움직이면 선택된 셀의 크기가 조정되고 표의 크기에는 영향을 주지 않습니다.
- 셀 블록이 선택된 상태에서 Alt 키를 누른 상태에서 방향키를 움직이면 이웃된 셀의 크기가 조정될 뿐 표의 크기에는 영향을 주지 않습니다.
- 셀 블록을 해제하려면 Esc를 누르거나 표 밖으로 마우스 포인터를 이동하여 클릭합니다.

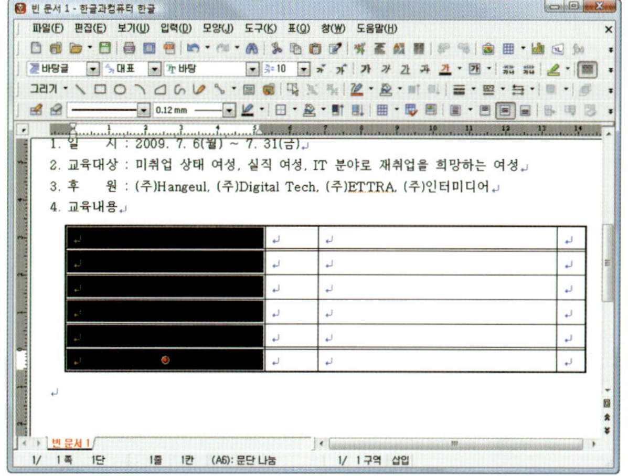

15 다음과 같이 내용을 입력합니다. 입력할 때는 문단 정렬이나 글자 모양을 지정하지 않고 입력합니다.

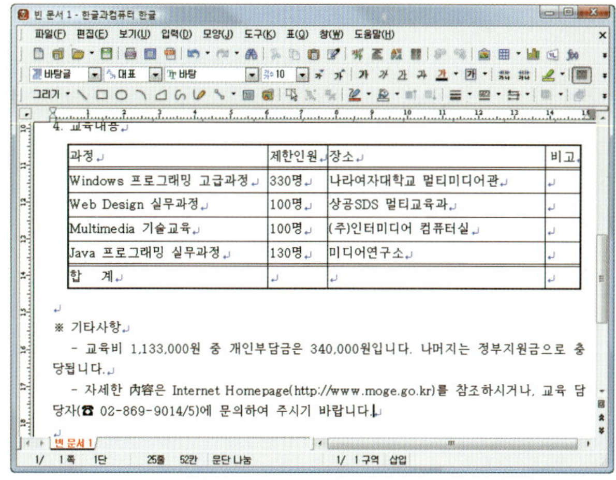

16 이제부터 문단 모양이나 글자 모양을 변경하면서 편집해 봅니다. `Ctrl`+`Page Up`을 눌러 커서를 페이지 맨 처음으로 이동합니다.

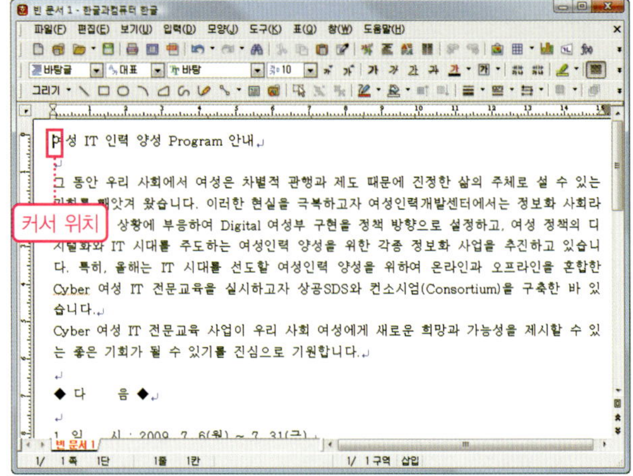

17 가운데로 정렬하기 위해 서식 도구 모음의 확장 단추를 클릭하여 "가운데 정렬"을 클릭합니다.

`Note`
- 문단 정렬은 현재 커서가 있는 문단에만 적용됩니다.
- 여러 문단을 정렬하려면 블록으로 설정한 후 문단 정렬을 실행합니다.

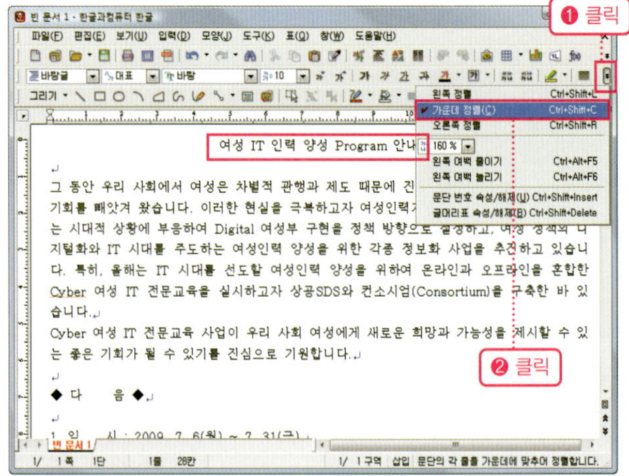

쌩초보 레벨 업

커서 이동 키

★ `↑`/`↓`/`←`/`→` : 한 글자씩 상/하/좌/우로 이동합니다.
★ `Ctrl`+`←`/`→` : 한 단어 왼쪽/오른쪽으로 이동합니다.
★ `Home`/`End` : 줄의 처음/줄의 끝으로 이동합니다.
★ `Alt`+`Home`/`End` : 문단의 처음/문단의 끝으로 이동합니다.
★ `Ctrl`+`Home`/`End` : 화면의 처음/화면의 끝으로 이동합니다.

★ `Page Up`/`Page Down` : 한 화면 앞으로/한 화면 뒤로 이동합니다.
★ `Alt`+`Page Up`/`Page Down` : 앞 쪽의 처음으로/다음 쪽의 처음으로 이동합니다.
★ `Ctrl`+`Page Up`/`Page Down` : 문서 전체의 처음으로/문서 전체의 끝으로 이동합니다.

18 글꼴을 변경하기 위해 F3 을 누른 후 End 를 누릅니다. 그러면 현재 커서가 있는 위치부터 현재 줄 끝까지 블록이 설정됩니다. 글꼴을 선택할 수 있는 목록 단추를 클릭하여 "돋움"을 선택합니다.

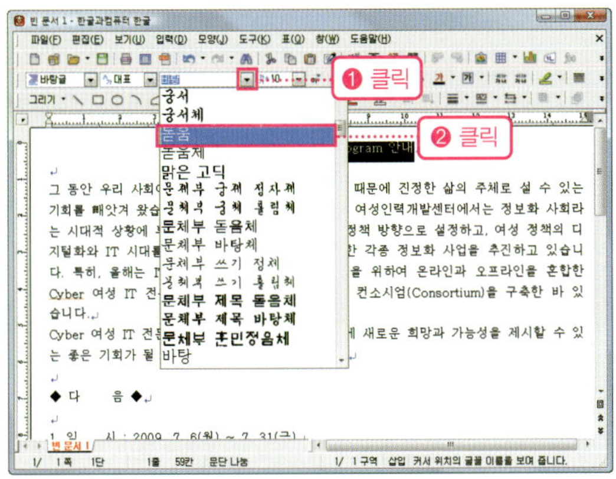

Note
● 글꼴 목록 상자는 가장 최근에 사용한 글꼴이 위쪽에 위치합니다.
● [도구]-[환경 설정]의 [글꼴] 탭에서 [서식 도구 상자에서 글꼴 미리 보기]가 선택되어 있으면 글꼴 목록 상자에서 글꼴 모양을 확인할 수 있습니다.

20 다음과 같이 블록을 설정한 후 메뉴의 [모양]-[문단 모양]을 선택하거나 단축키 Alt + T 을 누릅니다. [들여쓰기]를 "10 pt"로 지정하고 [설정] 단추를 누릅니다. 블록으로 설정된 모든 문단의 첫 번째 시작은 지정한 숫자만큼 들여쓰기 됩니다.

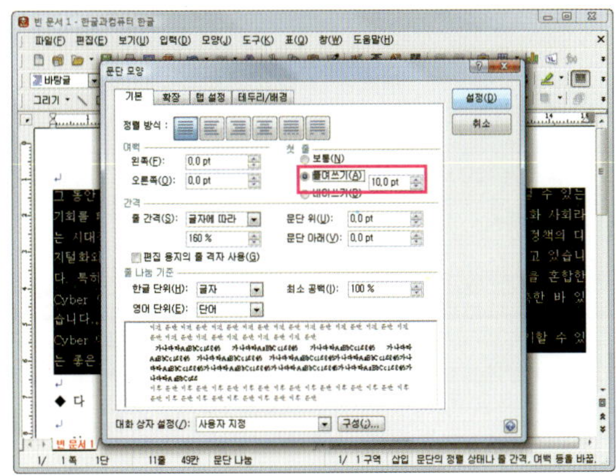

Note
● 10 pt는 한글 1글자, 영문 2글자에 해당합니다.
● 단위가 표시된 곳에서 마우스 오른쪽 버튼을 눌러 단위를 변경하여 지정할 수 있습니다.

19 글꼴의 크기를 "13"으로 변경하기 위해 글꼴 크기 목록 상자를 클릭하여 "13"을 입력하고 Enter 를 칩니다.

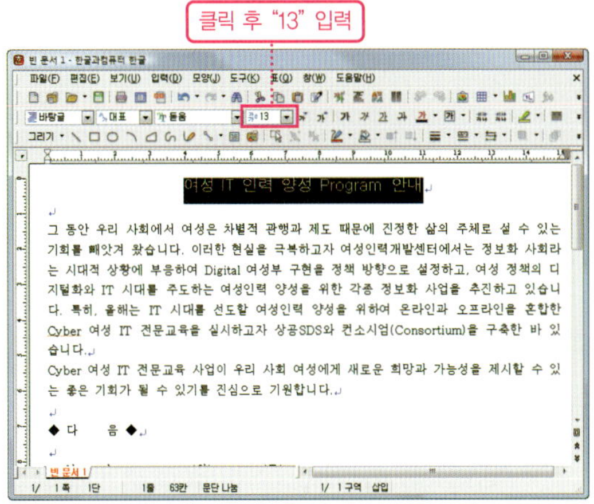

21 본문의 "제도" 단어 뒤에 커서를 위치시킨 후 F9 를 누릅니다. 다음과 같이 단어가 블록으로 설정되고 [한자로 바꾸기] 대화상자가 실행됩니다. 나열된 한자 목록에서 맞는 한자를 선택하여 [바꾸기]를 클릭합니다.

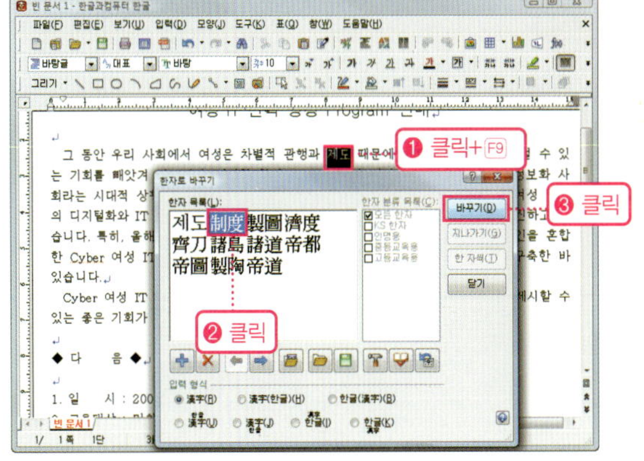

22 "희망"이란 단어도 같은 방법으로 "希望" 한자로 변환합니다. "◆ 다　음 ◆"이 입력된 줄로 커서를 이동한 후 가운데 정렬합니다.

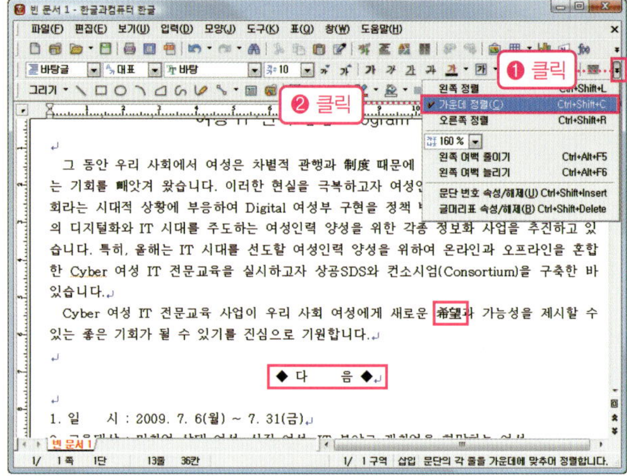

23 표 블록을 Ctrl를 누른 상태에서 다음과 같이 지정합니다. 서식 도구 모음의 확장 버튼을 클릭하여 [가운데 정렬]을 클릭합니다.

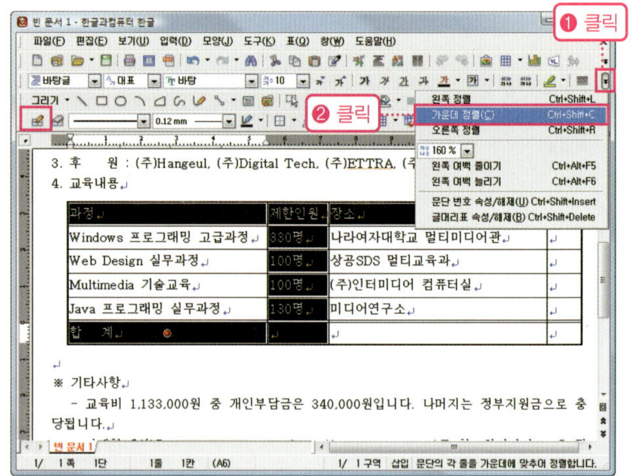

24 다시 표 블록을 Ctrl을 누른 상태에서 다음과 같이 지정합니다.

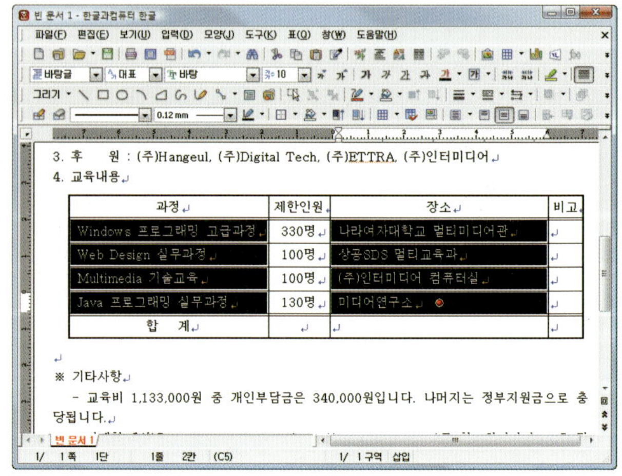

25 메뉴의 [모양]–[문단 모양]을 선택하거나 단축키 [Alt] +[T]를 눌러 왼쪽 여백을 "7 pt"로 설정합니다.

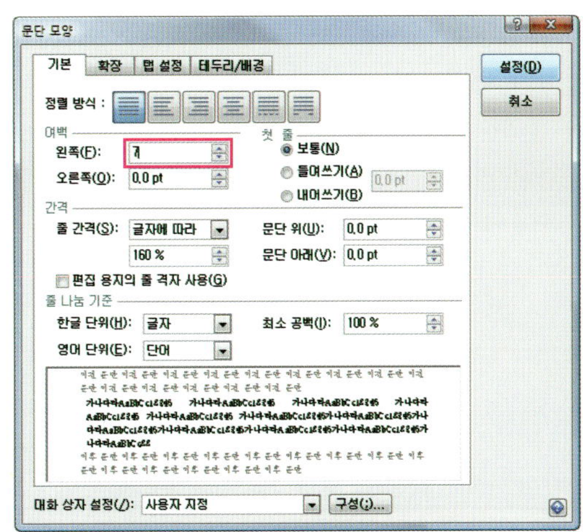

26 커서를 마지막 줄의 합계가 계산될 셀로 이동한 후 [표]–[쉬운 계산식]–[세로 합계]를 선택합니다. 다음과 같이 세로 숫자를 더해 현재 커서 위치에 표시합니다. [End]를 눌러 "명"을 입력합니다.

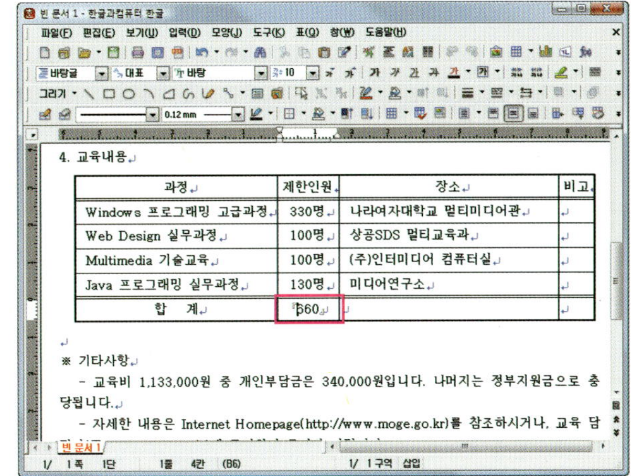

27 커서를 "– 교육비 ~"의 "교"자 앞에 위치시키고 [Shift]+[Tab]을 누릅니다. 그러면 현재 커서 위치까 지 들여쓰기 됩니다.

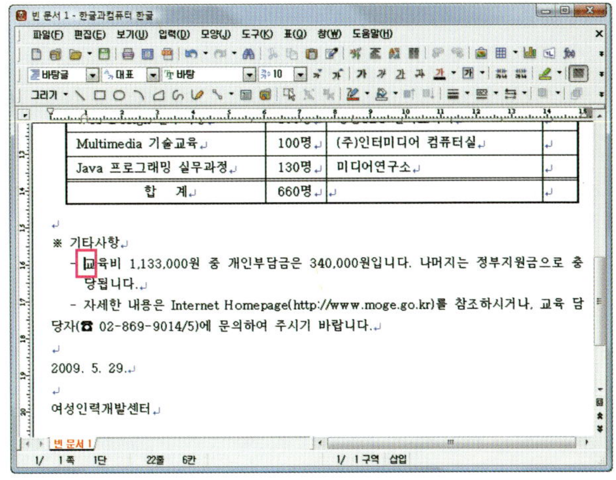

28 다음 문단의 "- 자세한 ~"의 "자"자 앞에 커서를 위치시켜 위와 같은 방법으로 정렬하고 "내용"과 "교육"을 한자로 변환합니다.

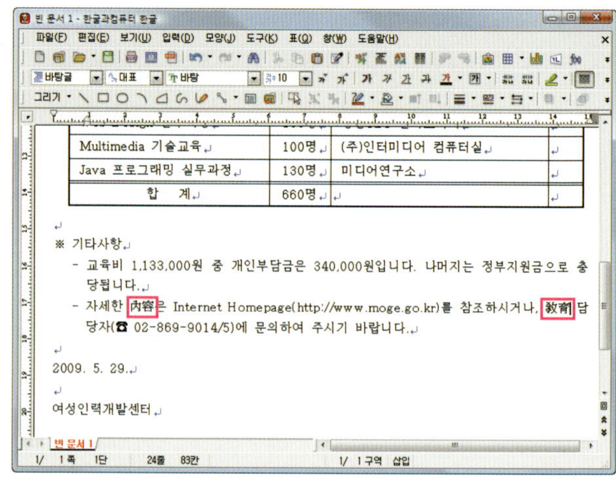

29 날짜가 입력된 곳으로 커서를 이동하여 가운데 정렬합니다. 그리고 "여성인력개발센터"를 블록으로 설정한 후 글꼴을 "돋움"으로 크기를 "11"로, 가운데 정렬합니다.

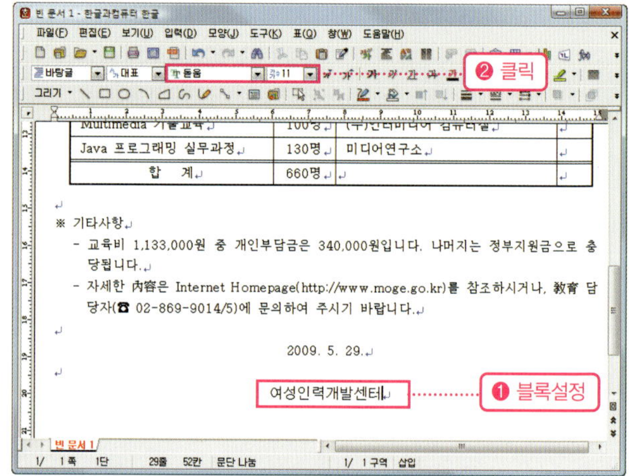

30 문서가 완성되었으면 메뉴의 [파일]-[저장하기]나 단축키 [Alt]+[S]를 누릅니다. 파일명이 지정된 상태가 아니므로 다음과 같이 [다른 이름으로 저장하기] 대화상자가 표시됩니다. 저장될 폴더 위치는 "내 문서"로, 파일명은 "예제1"로 입력한 후 [저장] 단추를 클릭합니다.

 Note
- 저장될 폴더를 먼저 선택한 후 저장하는 것이 바람직합니다.
- 위의 화면에서 저장될 폴더는 "내 문서"입니다. 따라서 문서를 다시 불러오려면 "내 문서"를 클릭하여 불러올 수 있습니다.

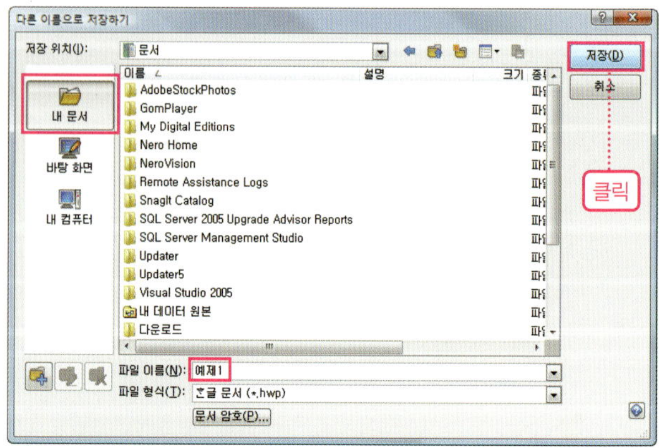

31 파일명이 부여되어 저장되면 한글 2007 창의 제목표
시줄과 문서 탭은 저장된 파일명으로 표시됩니다.

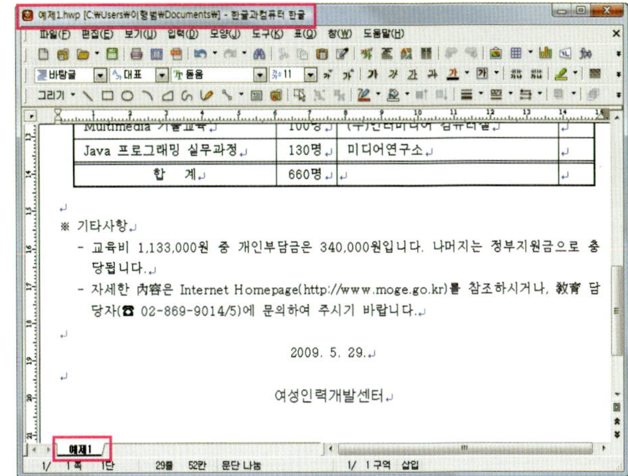

32 인쇄될 결과물을 출력 전에 미리 확인해볼 수 있습니
다. 인쇄될 결과를 화면으로 미리 보면 인쇄되는 모
양을 확인할 수 있어 종이 낭비를 줄일 수 있습니다.
메뉴의 [파일]-[미리 보기]를 클릭합니다.

Note
- 필요에 따라 화면을 확대/축소하여 확인할 수 있습니다.
- 스크롤바를 움직여 보이지 않는 부분을 확인할 수 있습니다.
- 미리 보기 창을 닫고 편집 화면으로 돌아가려면 Esc 를 누릅니다.

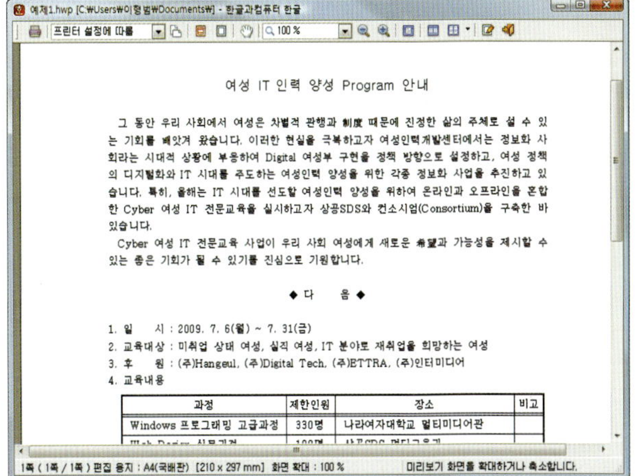

33 Esc 를 눌러 미리 보기 창을 닫습니다. 편집이 완료
된 문서를 닫으려면 메뉴의 [파일]-[문서 닫기]나 단
축키 Ctrl + F4 를 누릅니다.

Note
- 저장되지 않은 상태에서 문서를 닫으면 편집한 문서의 저장 여부를 먼
  저 확인합니다.
- 한글 2007을 종료할 때도 문서가 저장되지 않았을 경우 문서의 저장
  여부를 먼저 확인하고 종료합니다.
- 메뉴 표시줄의 "×"를 클릭하여 현재 활성화된 문서를 닫을 수 있습니다.

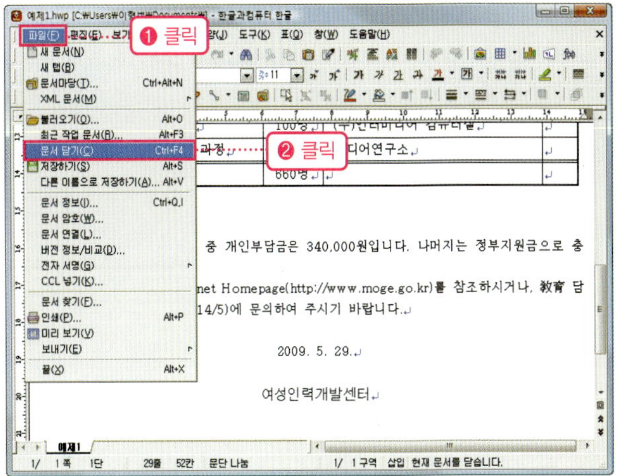

08

새 문서 만들기

새로운 문서를 작성하고자 할 때 새로운 편집 창을 생성합니다. 새로운 편집 창은 새 탭으로 만들거나 한글 2007의 새로운 창으로 만들 수 있습니다. 새 탭이나 새 창에서 작업하는 내용은 별도의 내용으로 문서 편집이 완료되면 각각 저장해야 합니다.

01 [파일]-[불러오기] 메뉴를 선택하거나 단축키 `Alt`+`O`를 누릅니다. [불러오기] 대화상자가 나타나면 앞에서 작성한 문서 "예제1"을 선택한 후 [열기] 버튼을 클릭합니다.

`Note` 작성한 문서를 닫지 않고도 새 창이나 새 탭을 열어 새로운 문서를 작성할 수 있습니다.

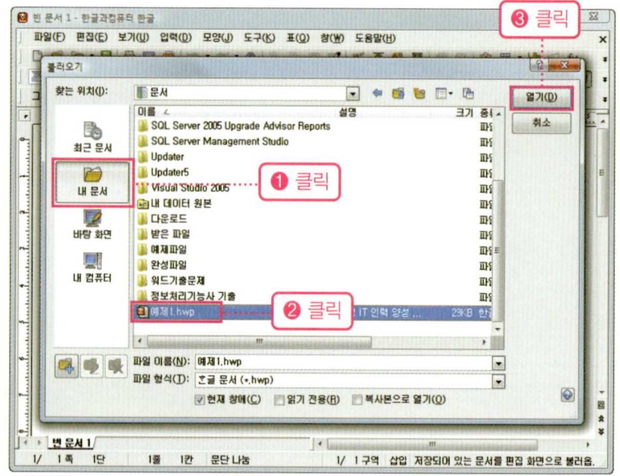

02 편집 창에 불러온 문서가 표시됩니다. 이번에는 [파일]-[새 탭] 메뉴를 선택합니다. 다음과 같이 현재 편집 창에 새로운 탭이 추가되면서 새로운 편집 화면이 표시됩니다.

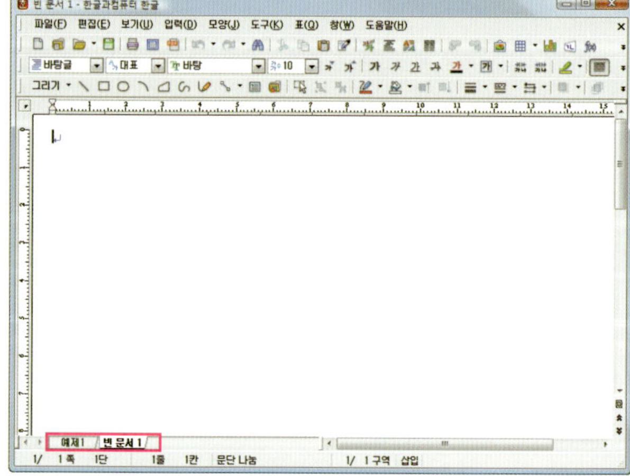

03 새 탭에 다음과 같은 내용을 입력하고 "재직증명서.hwp"로 저장합니다.

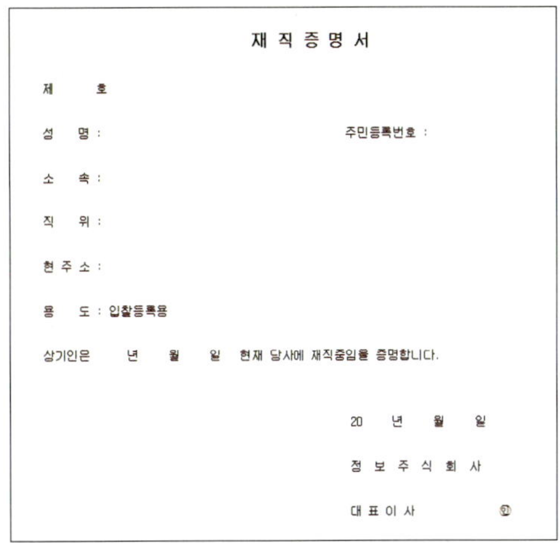

Note 제목은 글꼴 "굴림체", 크기 "16", 가운데 정렬로 지정합니다. 나머지 내용의 글꼴은 "굴림체", 크기는 "11"로 지정합니다. "⑩" 문자는 [입력]-[문자표] 메뉴를 선택하고 문자 영역을 "사전용 약물"로 지정하여 입력합니다.

04 [파일]-[새 글] 메뉴를 선택하거나 단축키 Alt + N 을 누르면 한글 2007의 새로운 창이 하나 더 생성됩니다.

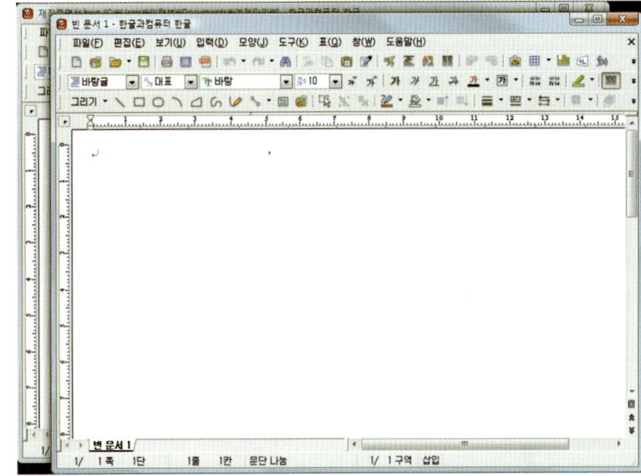

Note 한글 2007은 시스템의 메모리가 허락하는 한 최대 30개까지 새로운 창을 계속 열 수 있습니다.

쌩초보 레벨업

문서 탭 자세히 살펴보기

★ 하나의 문서 창 안에 만들 수 있는 문서 탭의 최대 개수는 30개까지 입니다.

★ 문서 탭의 전환은 Ctrl + Tab 또는 Ctrl + Shift + Tab 을 누르거나 해당 탭을 마우스로 클릭하면 됩니다.

★ 문서 탭은 만든 순서대로 현재 문서탭의 오른쪽에 "빈 문서 *"로 지정됩니다.

★ 문서 탭의 위치를 바꾸려면 이동할 문서 탭에서 마우스 왼쪽 버튼을 누른 채 다른 위치로 끌어다 놓습니다.

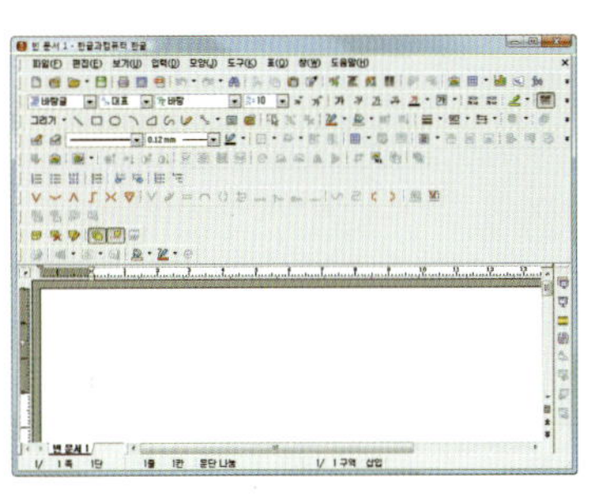

09

편집 용지 정하기

• 키워드 : 편집 용지, 용지 방향, 제본 위치

편집 용지 설정은 문서를 편집하기 위한 종이의 종류를 정하는 것입니다. 즉, 종이를 가로로 쓸 것인지 세로로 쓸 것인지 그리고 종이의 상하좌우 여백을 어느 정도 남길 것인지 등을 미리 정하는 것입니다. 문서를 작성한 후 편집 용지를 설정하면 편집한 문서는 설정한 용지의 크기나 여백에 맞춰 재정렬됩니다.

편집 용지 여백 구성

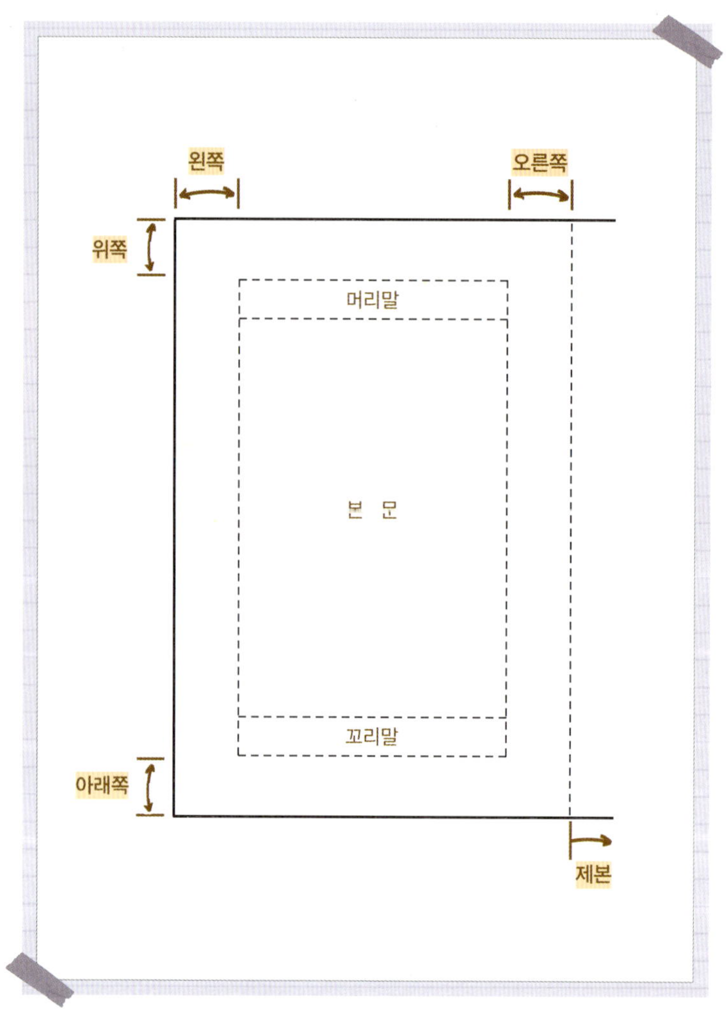

01 [모양]-[편집 용지] 메뉴를 선택하거나 단축키 F7 을 누르면 [편집 용지] 대화상자가 나타납니다. 용지 종류에서 화살표를 클릭하면 선택할 수 있는 용지의 종류가 표시됩니다. 용지는 일반적으로 A4를 가장 많이 사용합니다.

Note 용지 종류를 선택하면 선택한 용지의 폭과 길이가 자동으로 표시됩니다. 폭과 길이를 최대 1188×1188, 최소 20×20 범위에서 사용자가 변경할 수 있습니다.

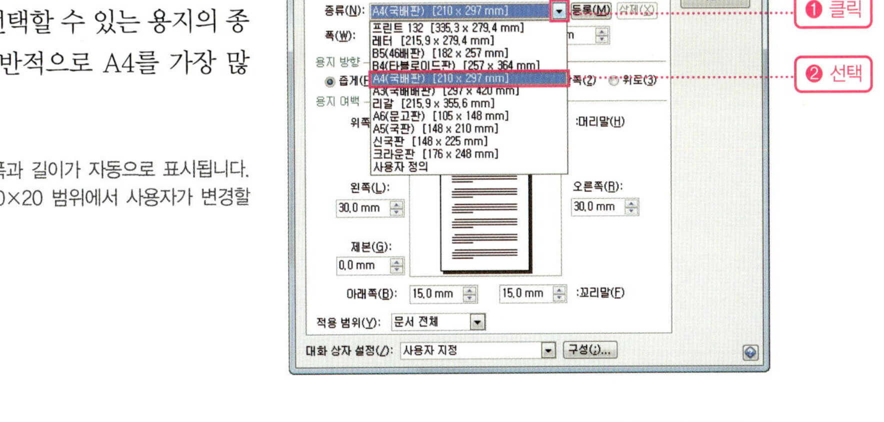

02 용지 방향은 좁게(세로 방향)와 넓게(가로 방향) 중에서 선택할 수 있습니다. 여기서는 "넓게"를 선택합니다. 미리 보기 창에서 선택한 용지 방향을 확인할 수 있습니다.

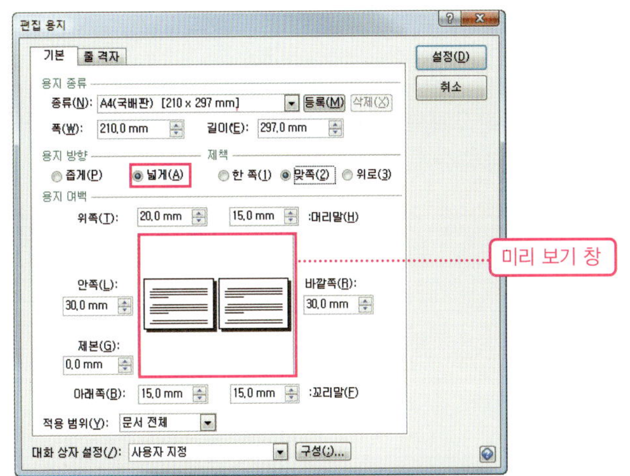

03 제책에서 문서를 홀짝수 구별 없이 한 쪽으로만 편집할 것인지 홀수 쪽과 짝수 쪽을 구별하여 편집할 것인지를 설정합니다. 즉, 편집하는 용지의 왼쪽과 오른쪽 여백이 홀수 쪽과 짝수 쪽에 따라 달라집니다.

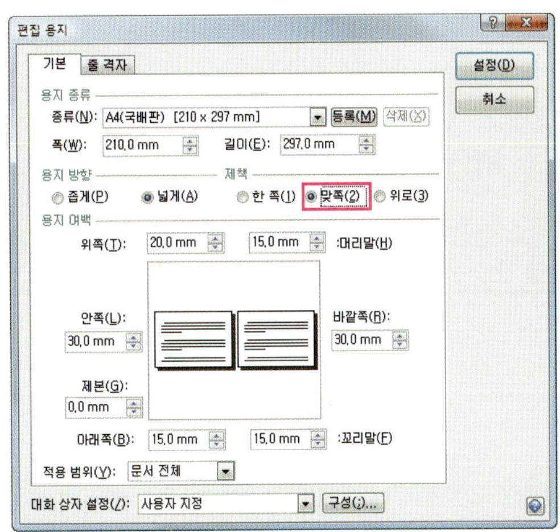

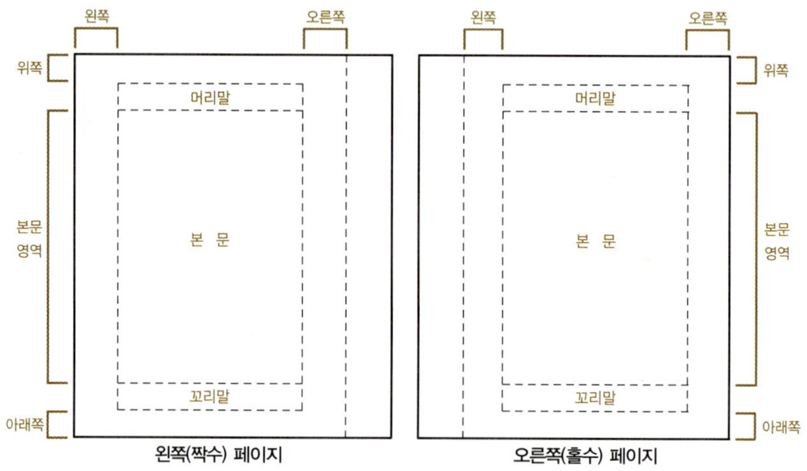

04 용지 여백은 편집한 문서의 본문 이외의 여백을 지정합니다. 위쪽이나 아래쪽 여백, 왼쪽이나 오른쪽 여백, 머리말이나 꼬리말 여백, 제본 여백 등을 지정할 수 있습니다.

05 적용 범위는 여러 쪽을 편집할 때 1쪽부터 5쪽까지는 A4판으로 6쪽부터 7쪽은 B4판으로 8쪽부터 10쪽은 A5판으로와 같이 편집용지를 달리하여 편집할 때 사용합니다.

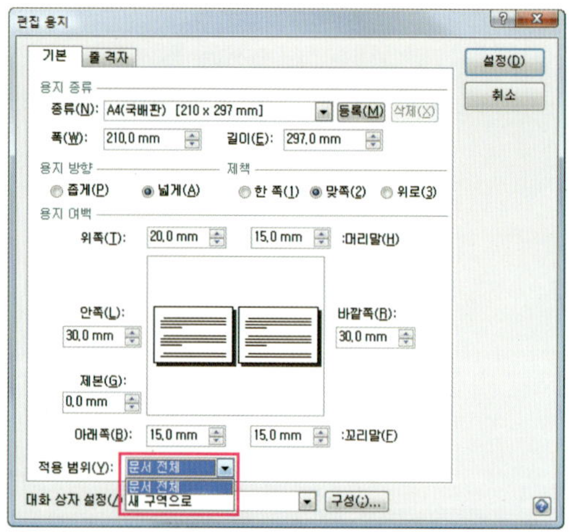

Note [문서 전체]는 설정한 용지대로 문서 전체에 적용하고 [새 구역으로]는 현재 적용하고 있는 용지를 다른 용지로 설정합니다. 이때에는 강제로 페이지 나누기가 되어 적용됩니다.

쌩초보 레벨업

제본 위치

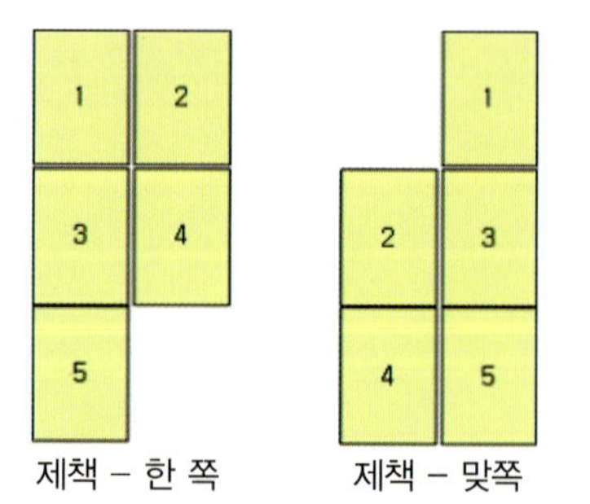

★ 책이 완성되면 항상 오른쪽에는 짝수 쪽이 왼쪽에는 홀수 쪽이 오게 됩니다.
★ 제책을 "위로"로 지정하면 제본 여백을 설정하여 편집합니다.

06 한 쪽에 들어갈 줄 수나 한 줄에 들어갈 글자 수를 설정할 때는 [줄 격자] 탭에서 지정할 수 있습니다.

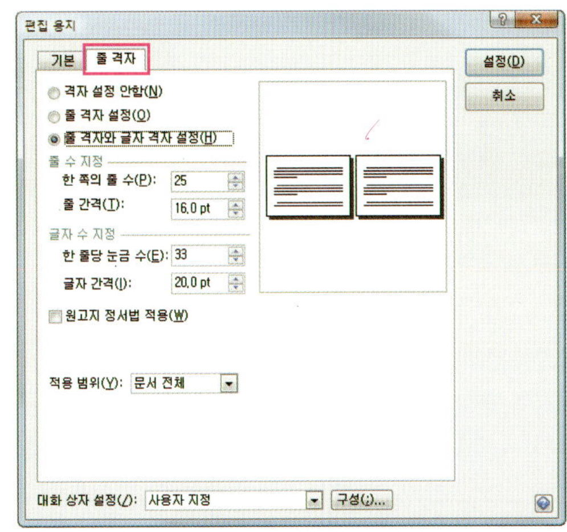

07 [원고지 정서법 적용]은 마침표(.)나 쉼표(,) 큰 따옴표/작은 따옴표, 문장 부호, 영문자 등을 원고지 사용법에 맞추어 입력합니다.

08 줄 격자는 [격자 설정 안함]을 선택합니다. 편집 용지 설정을 적용하기 위해 [설정] 단추를 누릅니다.

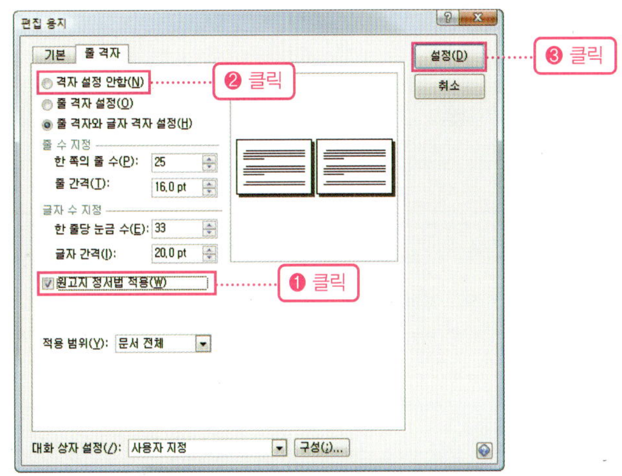

줄 격자의 모든 것

★ 신문이나 잡지 등에서 사용되는 다단 편집 이용 시 왼쪽 단과 오른쪽 단에 입력된 내용이 옆으로 줄이 맞아 보기 좋은 문서를 만들 때 사용할 수 있습니다.

★ A4 용지일 경우 10 포인트의 글자 크기를 사용할 때 한 쪽에 들어갈 수 있는 줄 수는 41줄이 기본값입니다.

★ 전문적으로 편집에 종사하는 사용자가 이용할 수 있습니다.

★ [도구]–[환경 설정]의 [새 문서] 탭에서 편집 용지를 설정한 내용이 한글 2007을 실행할 때 기본값으로 표시됩니다.

★ 따라서 가장 많이 사용되는 편집 용지를 [환경 설정]에서 지정하고 필요에 따라 달라지는 편집 용지는 메뉴의 [모양]–[편집 용지]에서 지정합니다.

문서 저장하기

편집한 문서를 보조기억장치에 저장해 두었다가 나중에 다시 불러와서 사용할 수 있도록 합니다. 저장되는 형식은 한글 2007의 형식에 맞게 저장되므로 다른 워드프로세서에서 불러오면 편집한 문서가 흐트러질 수 있고 또한 불러오지 못하는 경우도 있습니다. 다음과 같은 문서를 작성한 후 이를 저장해 보겠습니다.

안녕하십니까?
(주) 정보와 컴퓨터 대표이사 홍길동입니다.

평소 저희 회사에 베풀어 주신 호의에 깊이 감사드립니다.
저희 회사는 사세 확장에 따라 2009년 10월 1일(토)에 은평구 불광동에서
마포구 서교동으로 이전하였음을 안내하오니 앞으로도
지속적인 지도편달을 부탁드립니다.
감사합니다.

———————————— 이전 내역 ————————————

·이전일 : 2009년 10월 2일(금)
·주 소 : [121-842] 서울특별시 마포구 서교동 신세계 빌딩 2층
·전 화 : (02) 1234-1234
·F A X : (02) 1234-1235
·찾아오는 방법 – 6호선 망원역 하차 1번 출구
            도보로 3분소요

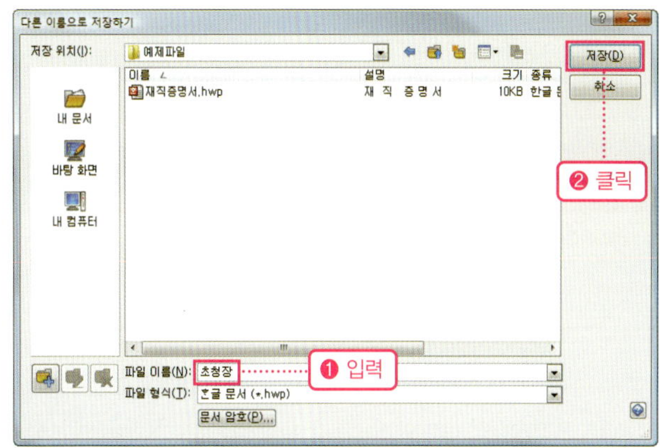

01 [파일]-[저장하기]나 단축키 Alt + S 를 누릅니다. 저장할 폴더를 선택하고 파일 이름을 "초청장"으로 지정하고 [저장] 단추를 누릅니다.

02 파일명을 지정하여 저장하면 한글 2007의 제목 표시줄에 파일명과 저장된 경로명이 표시되고 문서탭에 파일명이 표시됩니다. 문서탭에 표시되는 글자색에 따라 저장된 상태를 알 수 있습니다.

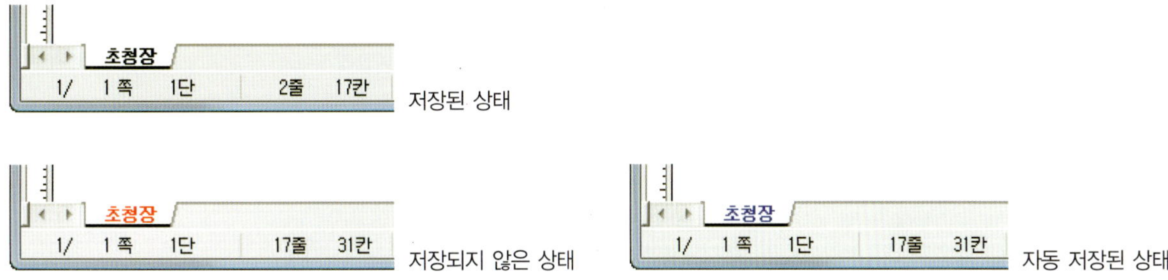

쌩초보 레벨업

저장 대화상자 살펴보기

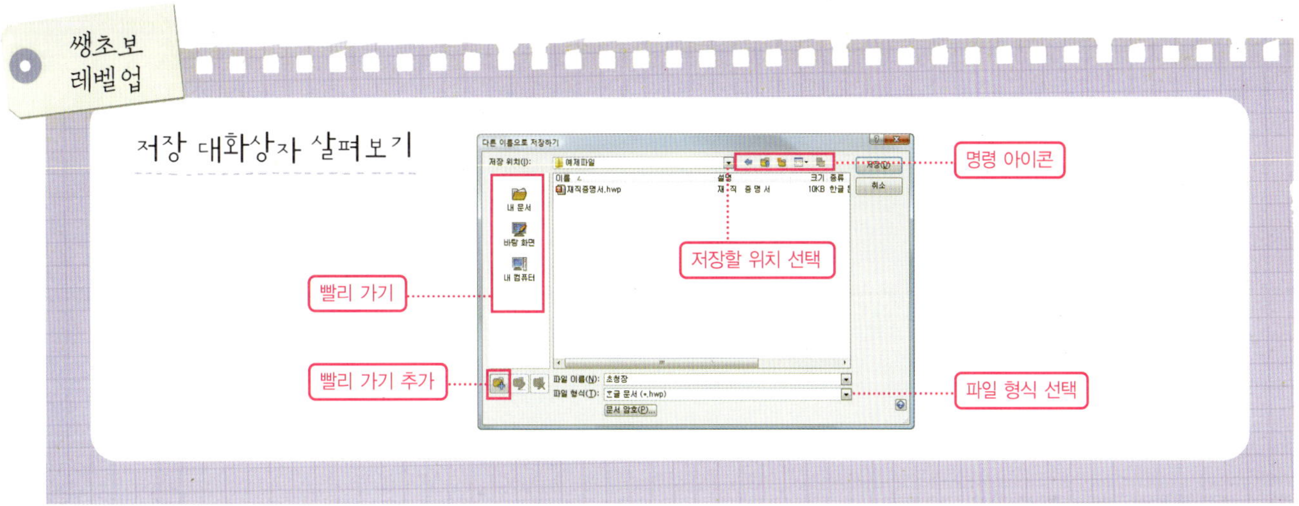

03 "초청장"이라는 이름으로 문서를 저장했는데 "초대 장"이라는 다른 이름으로도 저장하여 보관하고자 할 경우에는 [파일]-[다른 이름으로 저장하기]나 단축키 Alt + V 를 눌러 저장할 파일명을 지정합니다.

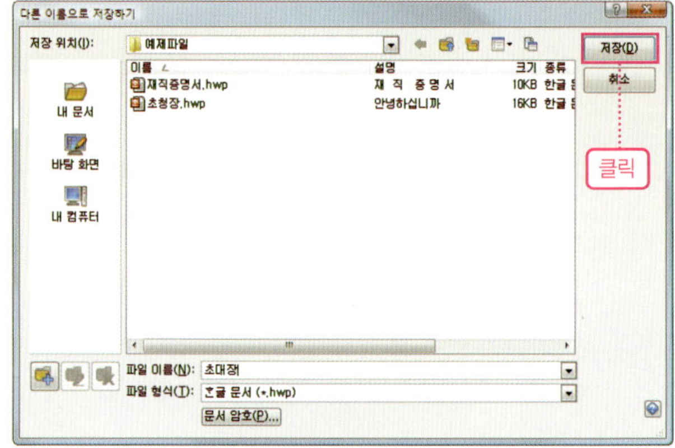

저장의 기능

★ 저장되지 않은 상태는 문서를 수정하고 저장해야 할 상황입니다. 이 상태에서 컴퓨터 전원이 꺼지거나 예기치 않은 일이 발생할 경우 수정한 문서는 없어집니다.

★ 자동 저장된 상태는 사용자가 저장을 하지 않고 일정 시간동안 작업한 경우 한글 2007이 문서 보호를 위해 자동으로 저장한 상태입니다. 따라서 컴퓨터에 이상이 생겼을 경우 다시 한글 2007을 실행하면 이전에 작업했던 내용을 다시 화면에 표시하여 문서를 보호합니다. 자동 저장되는 파일은 확장자가 ASV이며 윈도우의 임시 폴더에 저장됩니다. 그러나 한글을 정상적으로 종료했을 경우에 이 파일은 삭제됩니다.

★ 문서명을 지정하지 않고 처음 저장할 경우 [다른 이름으로 저장하기] 대화상자가 나타납니다.

★ 이미 저장하기 명령을 통해 저장된 문서는 파일명이 정해졌기 때문에 저장하기 명령을 실행하면 파일명을 묻는 대화상자가 나타나지 않습니다.

암호로 문서 보호하기

중요한 문서를 보호하기 위해 나만이 알 수 있는 암호를 부여하여 문서를 보호하는 것입니다. 문서 암호를 모르면 자신조차도 문서를 열어 볼 수 없기 때문에 암호는 반드시 기억해야 합니다.

01 현재 편집 화면에 표시된 "초청장" 문서에 암호를 설정해 봅니다. [파일]–[문서 암호]를 선택하여 문서 암호 입력란에 자신이 알 수 있는 암호를 입력합니다. 이어서 암호 확인 입력란에 같은 암호를 입력합니다. 이것은 암호를 정확하게 입력했는지 확인하는 것입니다.

Note ┃ 암호는 최소 5글자 이상 44글자까지 입력할 수 있고 암호를 입력할 때에는 보안을 위해 화면에 입력한 내용이 "*"으로 표시됩니다. 또한 암호는 글자판에 있는 영문자, 숫자, 빈 칸 등을 모두 섞어서 사용할 수 있습니다.

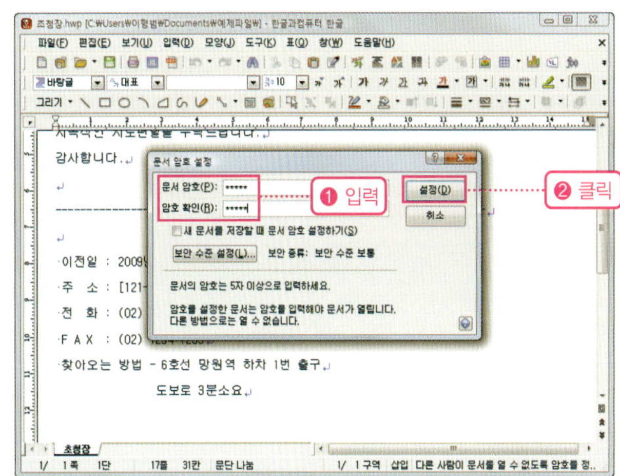

02 [설정] 단추를 누른 후 문서를 저장하면 암호와 함께 문서가 다시 저장됩니다. 문서를 닫고 [파일]–[불러오기]를 선택하여 암호를 부여한 "초청장"을 열면 다음과 같이 암호를 입력하라는 대화상자가 표시됩니다.

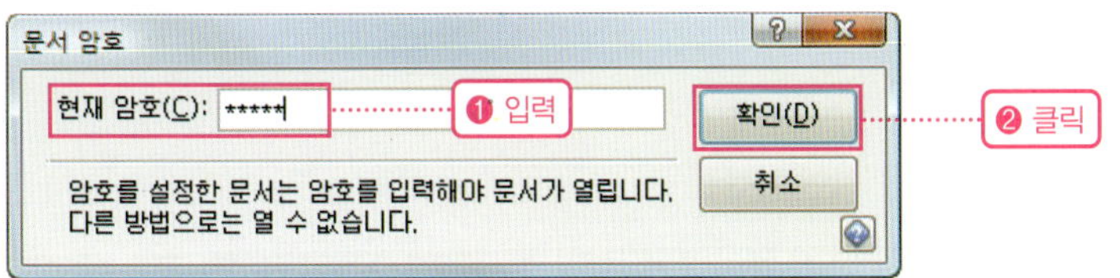

03 문서 암호를 변경하려면 [파일]-[문서 암호]를 선택합니다. 암호가 설정된 문서는 [문서 암호 변경] 대화상자가 나타납니다.

04 현재 설정된 암호를 알아야만 문서 암호를 변경할 수 있습니다. 현재 암호 입력란에 설정된 암호를 입력하고 새 암호와 암호 확인 입력란에 정확하게 입력한 후 [변경] 단추를 누릅니다.

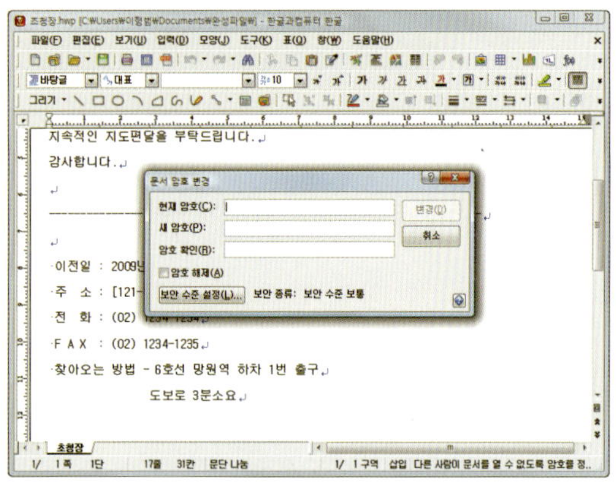

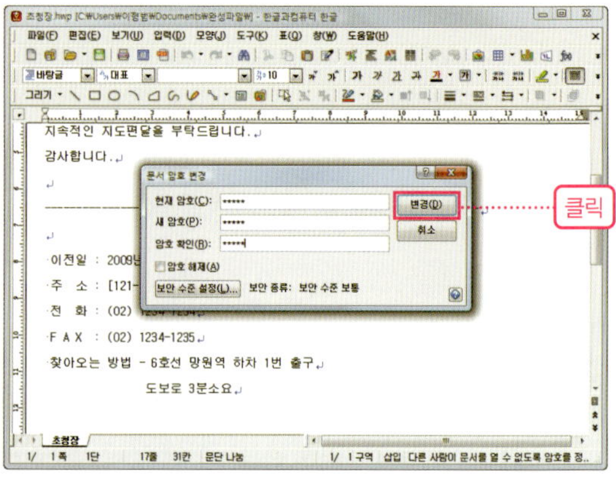

05 문서를 저장하면 변경된 암호가 문서와 함께 저장됩니다. 암호를 해제하려면 [문서 암호 변경] 대화상자에서 현재 암호를 입력하고 [암호 해제] 옵션을 선택한 후 [변경] 단추를 클릭합니다.

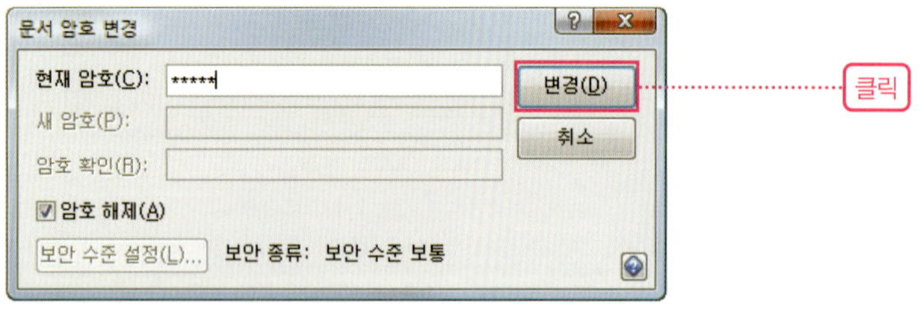

쌩초보
레벨업

보안 수준 설정

★ 한글 2007에서 문서 보안 수준은 "보안 수준 보통"과 "보안 수준 높음"이 있습니다.
★ "보안 수준 높음"을 선택하고 문서 암호를 설정하여 저장하면 한글 2007 이전 판에서는 불러올 수 없습니다.
★ 문서 암호는 [다른 이름으로 저장하기] 대화 상자의 [문서 암호] 버튼을 클릭하여 설정할 수도 있습니다.
★ 문서 암호는 한글 문서 형식으로 저장하는 문서에 암호가 설정되며, 다른 형식으로 저장할 때는 문서 암호가 설정되지 않습니다.

문서 불러오기

• 키워드 : 불러오기, [불러오기] 대화상자, 파일 형식

이미 완성되어 있는 문서의 내용을 확인하거나 수정, 편집을 다시 하기 위하여 편집화면에 문서를 불러오는 것입니다. 한글 2007에서는 이전 버전에서 작성했던 모든 문서와 다른 워드 프로세서에서 작성한 문서도 불러올 수 있습니다.

01 "내 문서" 폴더에 저장된 "예제1" 문서를 불러옵니다. [파일]-[불러오기]나 단축키 Alt+O를 누르면 불러오기 대화상자가 나타납니다. 파일을 불러올 폴더를 선택합니다. 여기에서는 빨리가기 아이콘의 "내 문서"를 선택합니다. 나열된 목록에서 불러올 파일을 선택하여 [열기] 단추를 누릅니다.

[Note] 한글은 마지막에 저장된 커서의 위치 정보까지 가지고 있어 마지막 작업에 이어 문서를 작성할 수 있습니다.

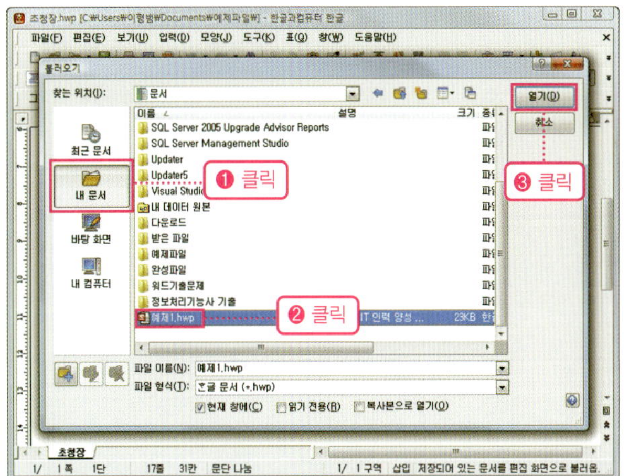

쌩초보 레벨업

불러오기 대화상자의 기능

★ **현재 창에** : 이 옵션은 현재 창에 새 탭을 만들어 문서를 불러옵니다. 또는 [도구]-[환경 설정]에서 [편집] 탭의 불러오기를 [현재 창에 새 탭으로]가 선택되어 있어도 같은 결과입니다.

★ **읽기 전용** : 파일을 읽기 전용 문서로 불러옵니다. 이 형식으로 불러오면 문서를 수정할 수 없습니다. 읽기 전용 속성이 부여된 문서를 불러와도 마찬가지입니다.

★ [도구]-[환경 설정]-[편집] 탭에서 최근 문서 열기의 [메뉴에 최근 문서 보이기]가 설정되어 있을 경우 [파일] 메뉴를 클릭해 보면 최근에 작업한 문서가 표시됩니다. [불러오기]-[최근 문서]나 도구 모음 상자에 있는 불러오기 아이콘의 화살표 삼각형 부분을 클릭해서 불러올 수 있습니다.

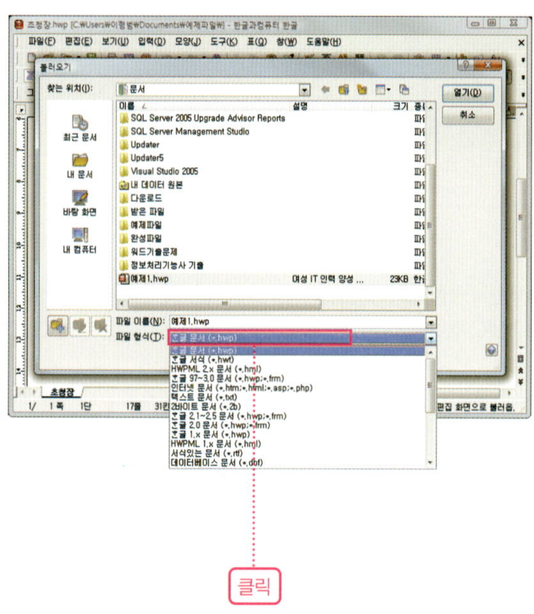

02 한글 문서 이외의 다른 형식의 문서를 불러오려면 [불러오기]에서 파일 형식을 지정합니다.

한글 2007에서 불러올 수 있는 파일 형식

★ **인터넷 문서(*.htm, *.html, *.asp, *.php)** : 인터넷 문서의 기본 형식으로 쓰이는 HTML 형식의 문서를 읽습니다. HTML 이란 Hyper Text Markup Language의 약자로 웹브라우저에 하이퍼텍스트 기능을 가진 문서를 만드는 언어입니다.

★ **텍스트(*.txt)** : 텍스트 파일 형식이란 가장 기본적인 형태의 정보가 담긴 문서 파일 형식입니다. 이는 일반적인 문자, 숫자, 각종 기호들로 이루어져 있어 특수한 제어 문자나 그래픽 문자를 포함하지 않습니다. 텍스트 문서를 읽을 때에는 "줄 단위" 로 읽을 것인지 "문단 단위"로 읽을 것인지 읽는 방식을 지정해야 합니다. "줄 단위"는 보통의 텍스트 파일을 읽어 들이는 방식입니다. 각 줄마다 하나의 문단으로 간주하여 읽어 들입니다. "문단 단위"는 여러 줄을 계속 연결하여 한 문단으로 읽어 들이고 빈 줄이 나올 때만 문단을 바꿉니다. 다른 워드 프로세서에서 작성한 문서의 내용을 살려 한글에서 편집하고 싶을 때 이 방식으로 읽어 들입니다.

★ **서식 있는 텍스트 문서(*.rtf)** : RTF(Rich Text Format) 파일 형식은 각기 다른 응용 프로그램에서 만들어 둔 문서 정보들의 호환성을 최대한 유지해 주기 위한 갓입니다.

★ **hwpml 2.x 문서(*.hml)** : HWPML(Hangul Word Processor Markup Language) 파일 형식은 한글의 파일 형식을 Markup된 태그 구조로 나타낸 것으로, HTML과 같은 파일 형식의 Formatting Language입니다.

★ **데이터베이스 문서(*.dbf)** : 데이터베이스용 파일인 DBF 파일을 읽어 들입니다. DBF 파일을 읽을 때에는 [DBF 파일 읽기] 대화상자에서 읽기 방식과 읽을 레코드를 선택해야 합니다.

★ **다른 워드프로세서 파일 읽기** : 한글 고유의 문서 파일 형식(*.hwp)이 아닌 "MS 워드(*.doc), 훈민정음(*.gul), 하나워드 (*.hna;*.kwp), 아리랑(*.hwd)" 등 다른 워드프로세서에서 작성한 파일을 읽어 들입니다.

3

문서 합치기

현재 편집하고 있는 문서의 커서 위치에 이미 작성해서 보관중인 문서를 삽입할 수 있습니다. 이 기능은 두 개 이상의 문서를
하나로 합칠 수 있습니다.

01 앞에서 만든 "예제1" 문서에 "초청장" 문서를 합쳐봅
니다. 커서를 문서가 합쳐질 시작 위치로 이동시킵니
다. 여기에서는 "예제1" 문서의 맨 뒤로 커서를 이동
하고 Enter 를 한 번 눌렀습니다.

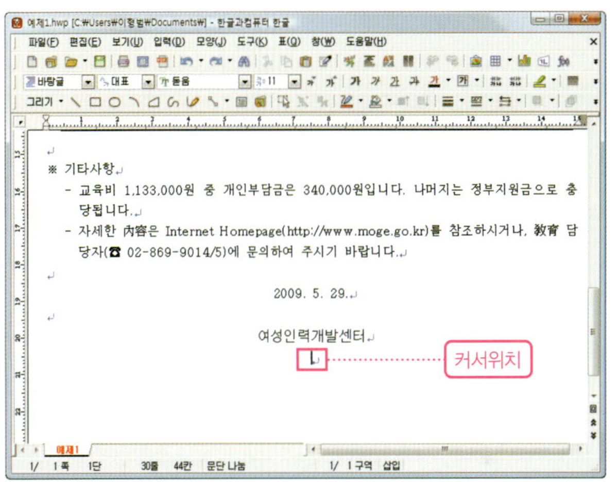

02 [입력]-[파일 끼워 넣기]나 단축키 Ctrl + O 를 누릅
니다. 끼워 넣어질 문서 "초청장"을 선택하고 [넣기]
단추를 클릭합니다.

Note [끼워 넣기]에서 폴더 위치는 부록 CD의 "예제파일" 폴더로 지정하였습
니다. 그리고 끼워 넣어질 파일의 형식을 지정하여 한글 형식 이외의 파
일도 끼워 넣을 수 있습니다.

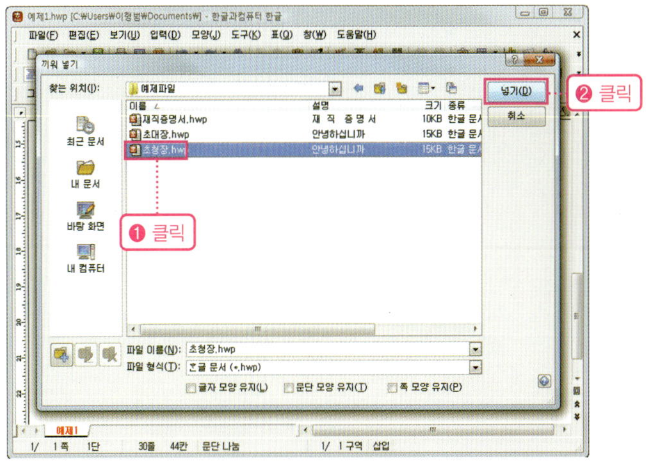

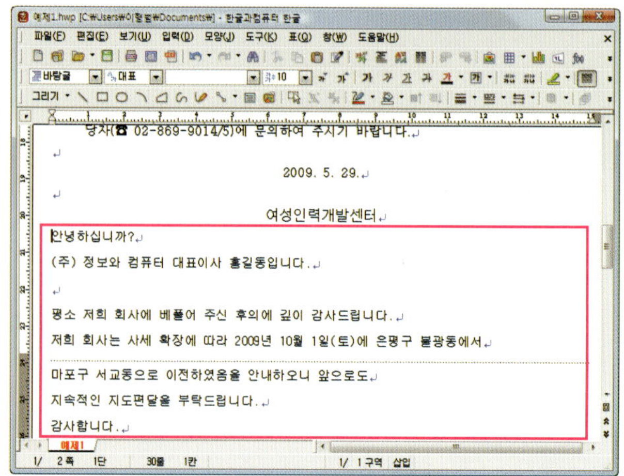

03 다음과 같이 현재 커서 위치부터 문서가 삽입됩니다.

04 만일 문서의 쪽 모양을 유지하면서 삽입하려면 [끼워 넣기]에서 [쪽 모양 유지] 옵션을 선택하고 불러옵니다.

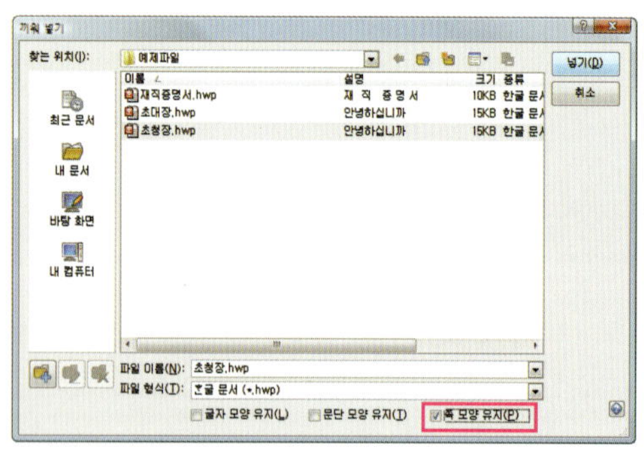

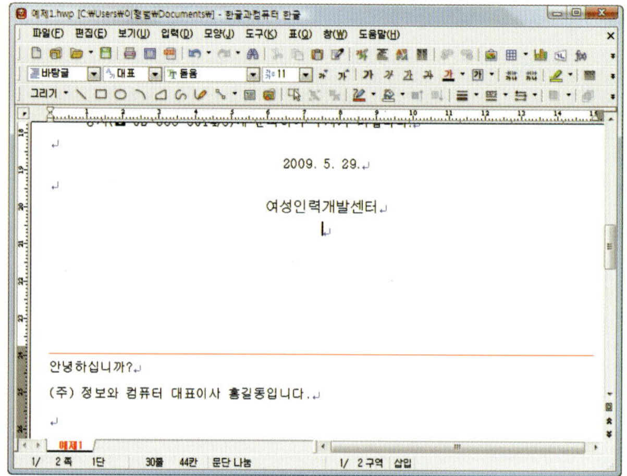

쌩초보 레벨업

끼워 넣기

끼워 넣을 모양을 유지할 경우 편집 용지, 쪽 테두리 모양, 단 모양, 개요 번호 모양 등을 가져옵니다. 현재 커서를 기준으로 앞뒤로 구역을 나눈 다음 나눈 구역 사이에 파일을 끼워 넣어도 현재 창에 표시된 파일명은 변동이 없습니다. 다만 끼워 넣어진 파일에 적용된 스타일 등은 자동으로 합쳐집니다.

4

문서마당으로 쉽게 만들기

문서마당은 정형화된 서식 파일 등을 미리 만들어 놓고 필요할 때마다 불러와 빈 부분만 채우면 문서를 빠르게 만들 수 있는 기능입니다. 이러한 서식 파일을 모아 놓은 폴더를 "문서마당 꾸러미"라고 부르며 한글 2007에서는 2,900여 종의 다양한 서식 파일을 제공합니다.

01 [도구]-[환경 설정]을 선택한 후 [개인 정보] 탭에서 사용자 이름, 회사 이름 등을 입력합니다. 여기에 입력되는 내용은 문서 마당에서 제공하는 서식 파일에 필요한 정보가 자동으로 입력됩니다.

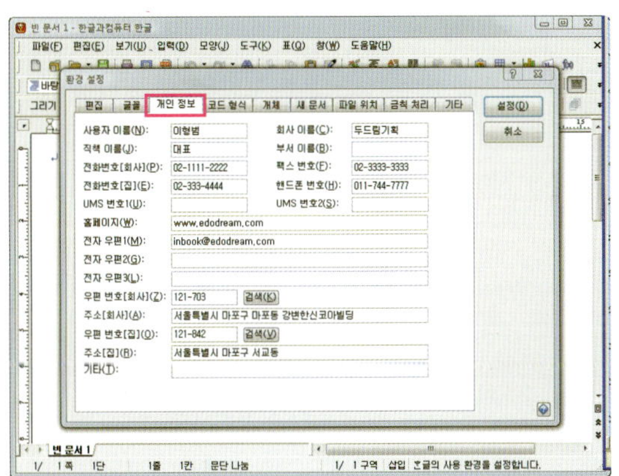

02 [파일]-[문서마당]이나 단축키 Ctrl+Alt+N을 누릅니다. [문서마당] 대화상자에서 [문서마당 꾸러미] 탭을 클릭합니다.

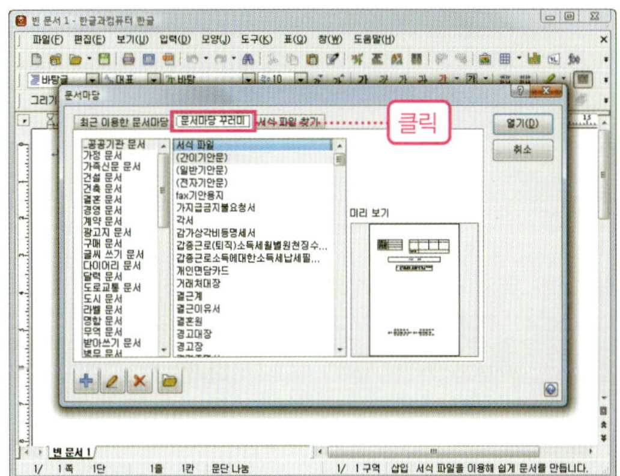

쌩초보 레벨 업

문서 꾸러미 추가 설치

★ 한글 2007 설치 CD 1번만 설치했을 경우에는 기본적으로 제공하는 문서 꾸러미만 표시됩니다.
★ 위의 그림과 같이 문서마당 꾸러미에서 제공하는 서식이 모두 나타나지 않을 경우에는 문서 꾸러미 설치 CD를 추가로 설치해야 합니다.

03 문서 분류 범주에서 "업무 문서"를 선택하고 문서 목록에서 "견적서"를 선택합니다.

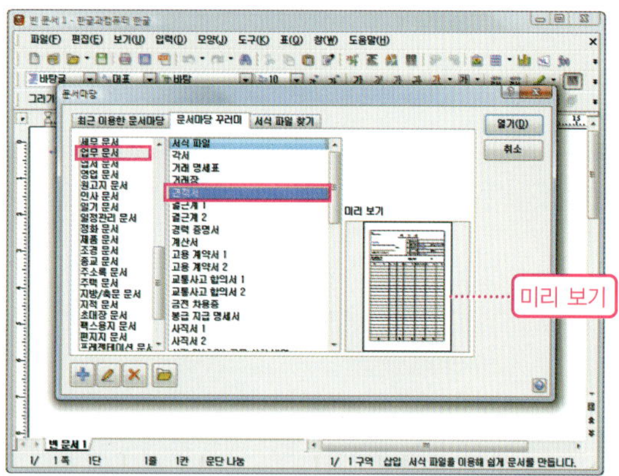

04 [열기] 단추를 클릭하면 "견적서" 서식 파일이 표시됩니다. 문서마당 꾸러미 파일을 불러와도 제목 표시줄에는 문서명이 표시되지 않고 빈 문서로 표시됩니다.

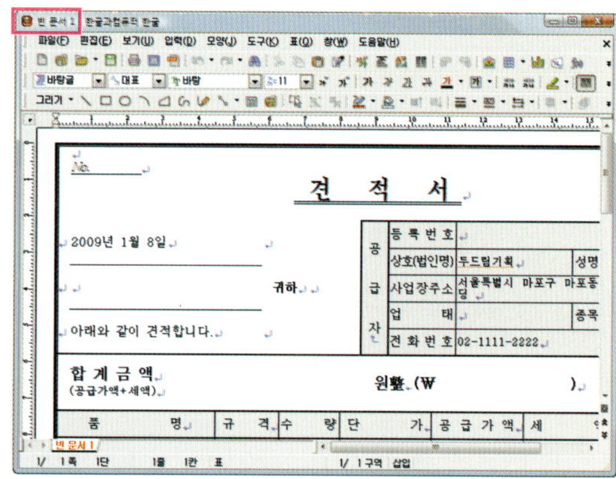

> Note 견적서에 필요한 상호명이나 이름, 주소 등은 [환경 설정]–[개인 정보] 탭에서 입력된 내용을 필요한 곳에 자동으로 표시합니다.

쌩초보 레벨 업

문서마당 정보

문서마당의 꾸러미 위치는 \Program Files \Common Files\Hnc\Shared\HwpTemplate\Doc\Kor 폴더 아래에 각각의 꾸러미별로 폴더가 존재합니다.

Account(회계 문서)	Ad(광고지 문서)	Address(주소록 문서)	Affair(사무 문서)
Arch(건축 문서)	Bogun(보건 문서)	Business(영업 문서)	Calendar(달력 문서)
City(도시 문서)	Clean(정화 문서)	Const(건설 문서)	Contract(계약 문서)
Diary(일기 문서)	Dictation(받아쓰기 문서)	Element(학교 문서)	Envir(환경 문서)
Etc(생활 문서)	Fax(팩스용지 문서)	Home(가정 문서)	House(주택 문서)
Invite(초대장 문서)	Jibang(지방/축문 문서)	Jijuc(지적 문서)	Label(라벨 문서)
Letter(편지지 문서)	Manage(경영 문서)	Marriage(결혼 문서)	Milit(병무 문서)
Namecard(명함 문서)	Notebook(다이어리 문서)	Office(업무 문서)	Paper(가족신문 문서)
Park(조경 문서)	Personal(인사 문서)	Postcard(엽서 문서)	Present(프레젠테이션 문서)
Product(제품 문서)	Public(공공기관 문서)	Purchase(구매 문서)	Religion(종교 문서)
Sabog(사회 복지 문서)	Schedule(일정관리 문서)	Semu(세무 문서)	Student(학생 문서)
Teacher(선생님 문서)	Trade(무역 문서)	Traf(도로교통 문서)	Wongo(원고지 문서)
Writing(글씨 쓰기 문서)			

05 견적서의 기본 내용과 견적할 품명, 수량 등을 입력합니다. 견적할 수량이나 합계 등은 자동으로 계산되도록 미리 수식으로 정의되어 있습니다.

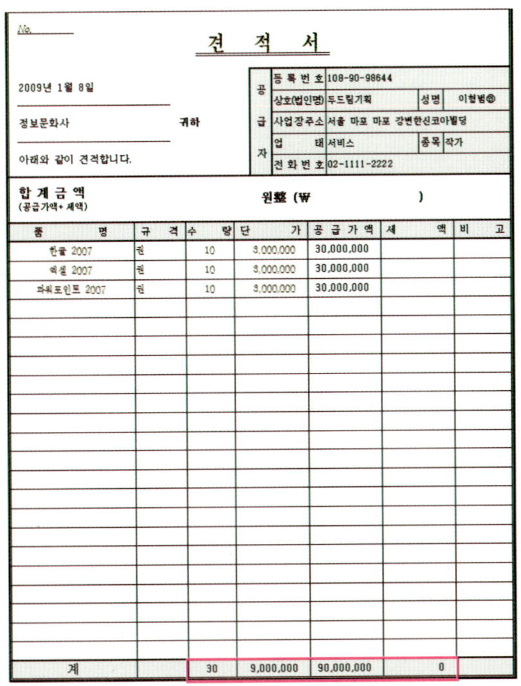

06 합계금액을 입력하여 완성합니다. 완성된 견적서를 "견적서-정보문화사"로 저장합니다.

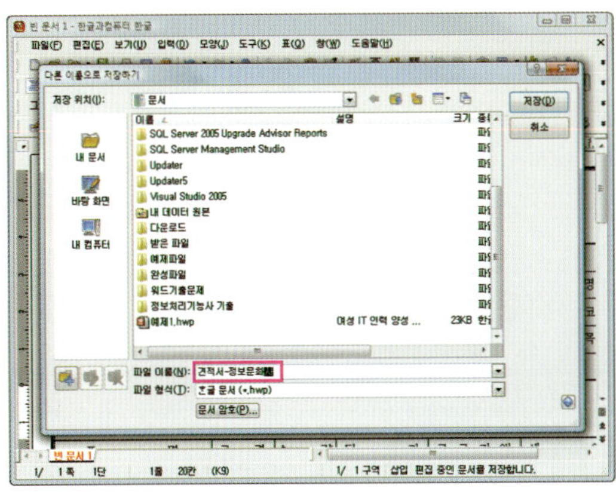

문서 템플릿의 확장자

★ 문서마당에서 제공하는 문서는 확장자가 HWT입니다. 문서마당을 통해 불러올 수 있는 파일은 한글 서식 파일뿐입니다.
★ 서식 파일은 사용자의 필요에 따라 편집하여 저장하려면 [파일]-[불러오기]를 이용하여 서식 파일을 불러온 후 서식 파일 형식(HWT)으로 저장합니다.

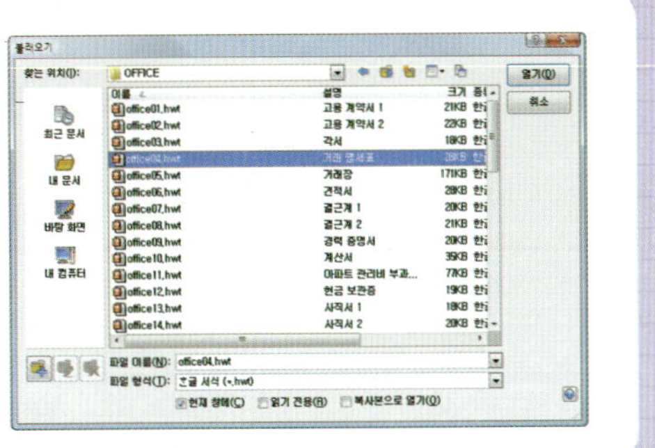

특수 문자 입력하기

키보드를 통하여 입력할 수 없는 기호나 문자 등을 사용자가 선택하여 입력할 수 있습니다. 또한 2개 이상의 문자를 겹쳐서 새로운 모양의 문자를 입력하는 기능도 한글에서 제공합니다. 한글 2007에서는 유니코드 문자표와 한글 문자표가 있으며 사용자는 쓰기 편한 문자표를 선택하여 입력할 수 있습니다.

01 커서를 입력할 부분으로 이동한 후 [입력]–[문자표]를 선택하거나 단축키 Ctrl + F10 을 누릅니다. [문자표 입력] 대화상자가 나타나면 입력할 문자가 속해 있는 영역을 클릭하여 문자 영역을 지정합니다.

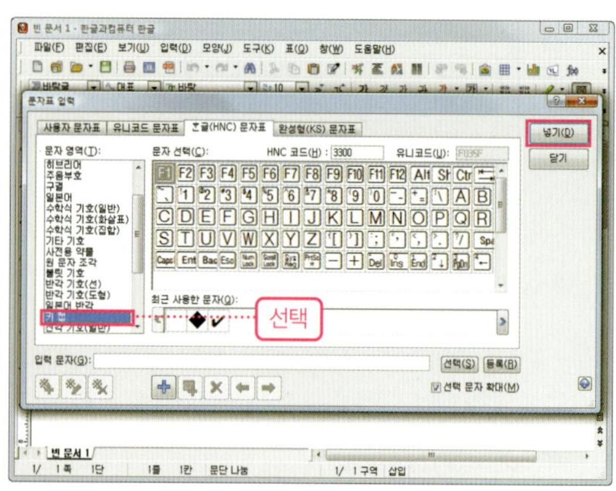

문자표 기능

★ 문자 영역 이동키
 – Home / End : 표시된 문자 영역의 가장 첫 글자나 마지막 글자로 이동
 – Page Up / Page Down : 표시된 문자 영역의 한 화면 위로 아래로 이동
 – Ctrl + ↑ / Ctrl + ↓ : 현재 표시된 문자 영역 목록 이전 이후로 이동
 – Space Bar : 현재 선택된 문자가 [입력 문자]에 삽입되고 다음 문자로 이동
★ 코드에 해당하는 값을 알 경우 코드 값을 직접 입력하여 빠르게 입력할 수 있습니다.
★ 여러 문자를 선택하여 입력할 경우 [선택] 단추를 클릭하여 선택한 후 [넣기] 단추를 눌러 한꺼번에 입력할 수 있습니다.
★ [등록] 단추는 자주 사용하는 기호를 [사용자 문자표] 탭에 등록하여 쉽게 입력할 수 있습니다.
★ 최근 이용한 문자는 "최근 사용한 문자" 목록에 나타납니다.

02 입력할 문자를 선택한 후 [넣기] 단추를 누릅니다. 입력할 문자를 선택할 때는 방향키를 이용하거나 마우스를 이용합니다. 이때 선택된 문자는 확대되어 표시됩니다.

[Note] 편집 문서에 삽입된 문자표의 코드 번호를 알고자 할 때는 문자표 앞에 커서를 놓고 [F3]을 누르고 [Ctrl]+[F10]을 누릅니다. 그러면 커서가 있던 글자에 해당하는 유니코드 번호를 문자표에서 찾아 표시합니다.

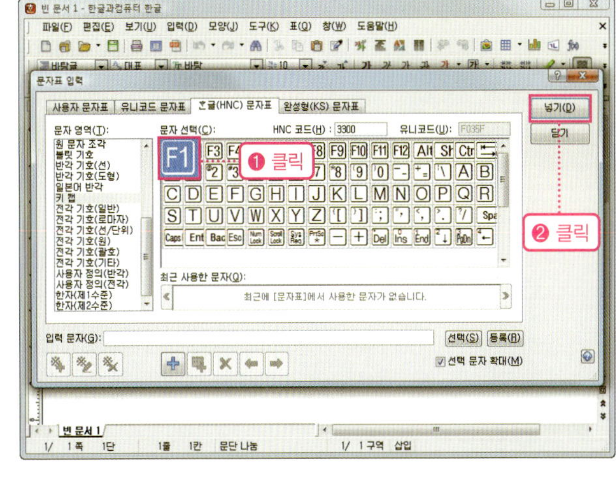

03 2개 이상의 문자를 조합하여 새로운 문자를 만들어 봅니다. [입력]-[글자 겹치기]를 선택합니다. "◎"와 같은 문자를 만들려면 [글자 겹치기]에서 겹쳐 쓸 모양을 일반 겹치기(가)로 선택합니다. [Ctrl]+[F10]을 누른 후 문자 영역을 [기타 기호]로 선택합니다. 빈 원을 더블클릭하여 선택합니다.

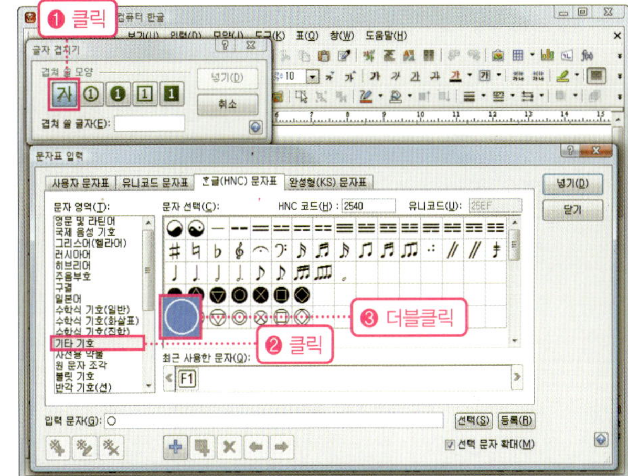

도구 상자 표시

★ 가 **일반 겹치기** : 입력한 글자가 모두 같은 위치에 겹쳐집니다.
★ ① **원 문자** : 원 문자 안에 숫자를 겹쳐 씁니다.
★ ❶ **반전된 원 문자** : 반전된 원 문자 안에 숫자를 겹쳐 씁니다.
★ ☐ **사각형 문자** : 사각형 안에 숫자를 겹쳐 씁니다.
★ ■ **반전된 사각형 문자** : 반전된 사각형 문자 안에 숫자를 겹쳐 씁니다.

04 계속하여 스크롤바를 아래쪽으로 이동해서 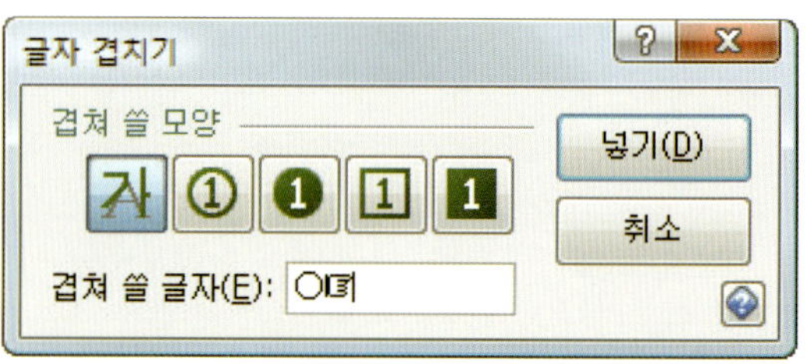 을 더블클릭하여 선택하고 [넣기] 단추를 클릭합니다.

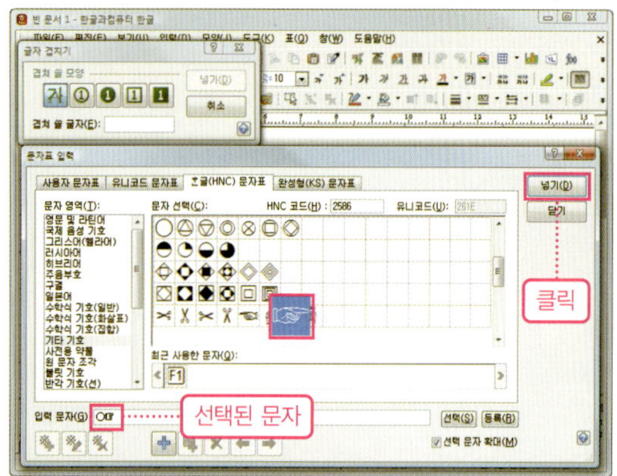

05 글자 겹치기 대화상자의 입력란에 선택한 기호가 삽입되었습니다. 겹쳐 쓸 수 있는 문자는 한글, 영문, 숫자 모두 세 글자까지 가능합니다. 이제 [넣기] 단추를 클릭하면 편집 화면의 커서가 있던 위치에 겹쳐 쓴 기호가 삽입됩니다.

06 원 문자를 겹쳐서 입력하려면 [입력]-[글자 겹치기]를 선택한 후 원 문자(①)를 클릭합니다. 원하는 숫자를 입력하고 [넣기] 단추를 클릭합니다.

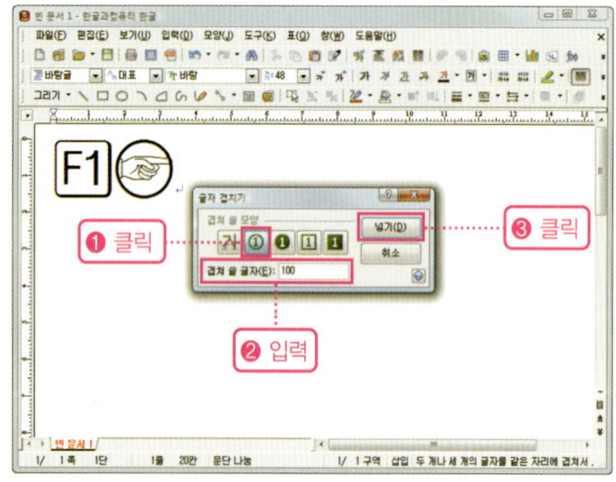

07 다음과 같이 화면에 원문자 100이 입력됩니다. 반전된 원문자나 사각형 문자 등도 같은 방법으로 입력할 수 있습니다.

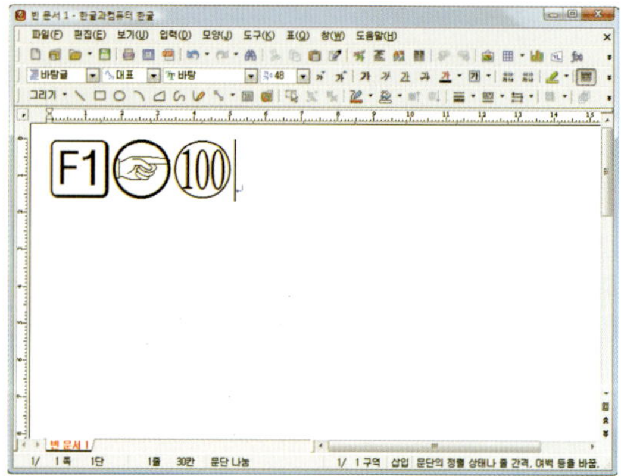

Note 다음 화면은 글자 크기를 "48"로 조절하였습니다.

16

글자판 바꾸기

입력할 글자판을 선택하여 한글이나 영문을 입력합니다. 기본적으로 한글/영문을 입력할 수 있는 글자판으로 등록되어 있으며 한글 2007에서 선택할 수 있는 글자판의 종류는 한글, 영문, 일어, 외국어, 특수 문자 등이 있습니다.

01 현재 선택된 글자판의 배열을 확인하려면 [도구]-[글자판]-[글자판 보기]를 선택하거나 단축키 [Alt]+[F1]을 누릅니다.

[Note] 마우스로 글자판을 클릭하여 입력할 수 있고 글자판을 닫으려면 [Alt]+[F1]을 누릅니다. 왼쪽 [Shift]+[Space Bar]나 [한/영] 키를 눌러 한글/영문 자판을 선택할 수 있고 오른쪽 [Shift]+[Space Bar]를 누르면 일어/전가기호 자판을 선택할 수 있습니다.

02 글자판을 새로 배당하려면 [도구]-[글자판]-[글자판 바꾸기]나 단축키 [Alt]+[F2]를 누릅니다.

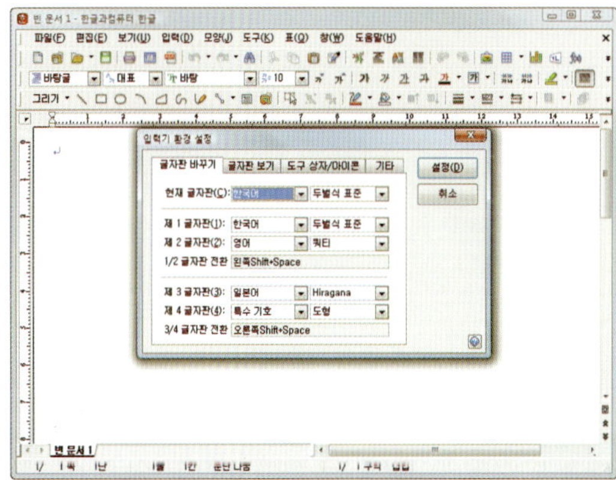

쌩초보 레벨 업

글자판 배당과 전환키

★ **현재 글자판** : 현재 선택된 자판을 표시합니다. 또는 글자판을 배당하지 않고 현재 글자판만 바꾸어 입력할 때 선택할 수 있습니다. 이 경우 글자판 전환키를 누를 때까지만 사용할 수 있습니다.

★ **제 1 글자판/제 2 글자판** : 왼쪽 [Shift]+[Space Bar]나 [한/영] 키로 선택할 수 있습니다.

★ **제 3 글자판/제 4 글자판** : 오른쪽 [Shift]+[Space Bar]로 선택할 수 있습니다.

03 새로 배당할 글자판을 클릭하여 언어를 선택하고 원하는 글자판을 선택합니다. 이와 같은 방법으로 자주 사용하는 자판을 4개까지 등록하여 사용할 수 있습니다.

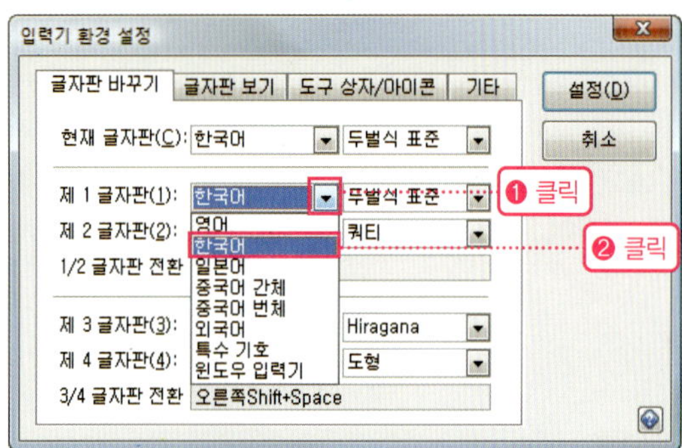

Note │ 글자판 배당 목록에서 [윈도우 입력기]를 선택하면 한글 2007에서 제공하는 입력기 대신 운영체제에서 제공하는 입력기(IME)를 사용합니다.

04 글자판을 전환하는 키를 변경하려면 [1/2 글자판 전환]에 커서를 놓고 전환할 키를 누릅니다. 다음 화면은 Ctrl + Shift + Space Bar 를 누른 화면입니다.

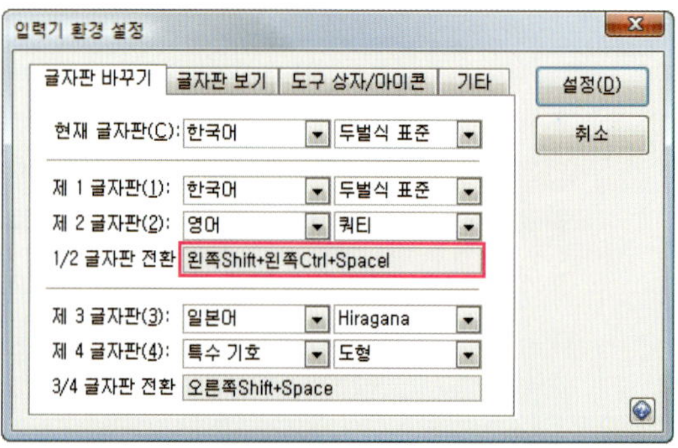

Note │ 글자판을 전환하는 키를 사용자가 원하는 키로 변경할 때는 다른 단축키와 중복되면 안 됩니다.
- [글자판 보기] 탭 : 글자판의 배열을 확인할 때 글자판 크기와 자리 표시를 지정합니다.
- [도구 상자/아이콘] 탭 : 한글 2007의 입력기의 표시 여부와 구성을 지정합니다.
- [기타] 탭 : 한영 자동 전환 동작, 겹낫표 입력 등을 지정합니다.

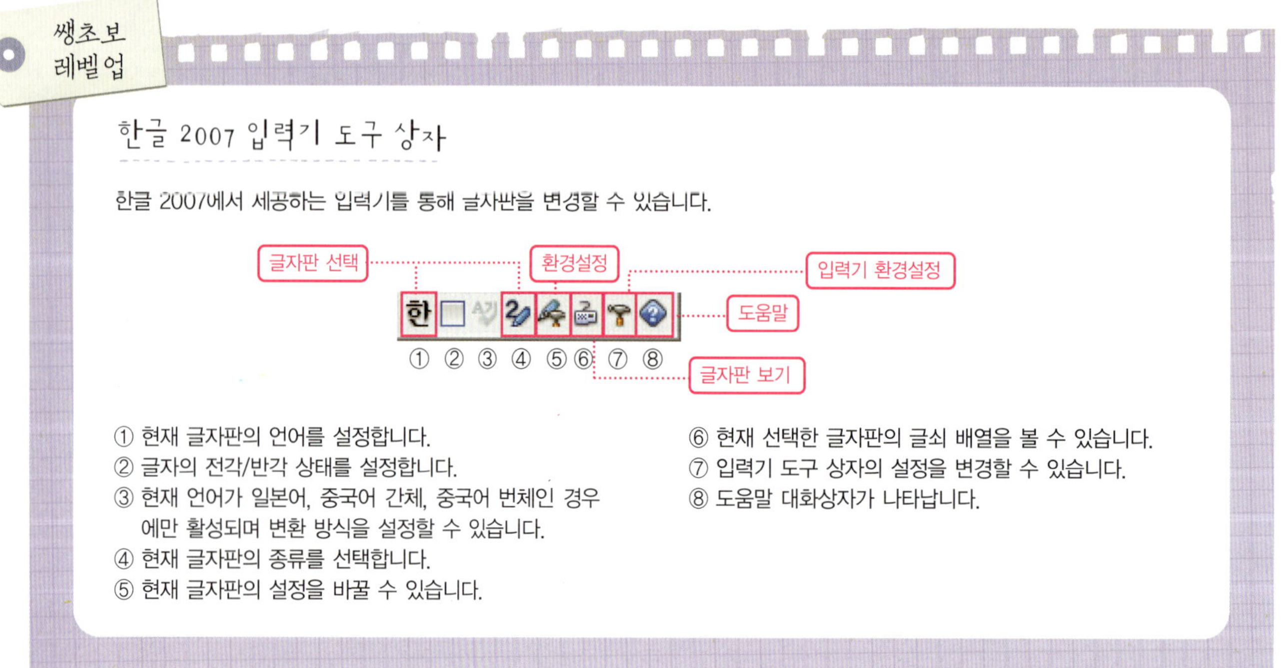

쌩초보 레벨업

한글 2007 입력기 도구 상자

한글 2007에서 제공하는 입력기를 통해 글자판을 변경할 수 있습니다.

① 현재 글자판의 언어를 설정합니다.
② 글자의 전각/반각 상태를 설정합니다.
③ 현재 언어가 일본어, 중국어 간체, 중국어 번체인 경우에만 활성되며 변환 방식을 설정할 수 있습니다.
④ 현재 글자판의 종류를 선택합니다.
⑤ 현재 글자판의 설정을 바꿀 수 있습니다.

⑥ 현재 선택한 글자판의 글쇠 배열을 볼 수 있습니다.
⑦ 입력기 도구 상자의 설정을 변경할 수 있습니다.
⑧ 도움말 대화상자가 나타납니다.

17

한글을 한자로 변환하기

• 키워드 : 한자 변환, 한자 입력 형식
• 예제 파일 : 시작 파일\결혼식 답례글.hwp

입력되어 있는 한글을 한자 단어 사전과 개인이 등록한 한자 사전을 이용하여 한자로 바꿉니다. 한자로 바꿀 때는 커서 위치의 글자를 기준으로 하며 단어가 등록되어 있을 경우 낱말 단위로 실행됩니다. 또한 블록을 설정하여 연속적으로 한자로 바꿀 수 있습니다.

01 제공하는 예제파일 폴더에서 "결혼식 답례글"을 불러옵니다.

02 커서를 "감사" 뒤에 이동시킨 후 [입력]-[한자 입력]-[한자로 바꾸기]나 단축키 F9를 누릅니다.

Note 한자 사전에 등록된 낱말이 있을 경우 해당하는 한자 목록을 보여주며 등록된 낱말이 없을 경우 커서 앞 한 글자에 해당하는 한자를 보여줍니다.

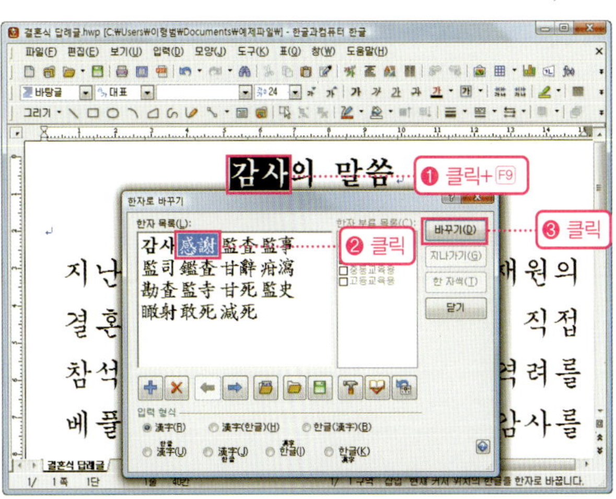

03 변환할 한자를 선택한 후 [바꾸기] 단추를 클릭합니다. 편집 화면에 선택한 낱말이 한자로 변경됩니다.

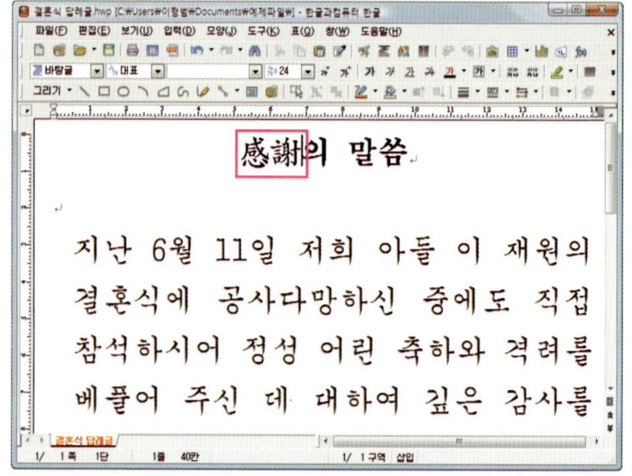

04 "이 재원"의 "이"자 뒤에 커서를 이동하여 F9를 누릅니다. "李"자를 선택한 후 [바꾸기] 버튼을 클릭합니다.

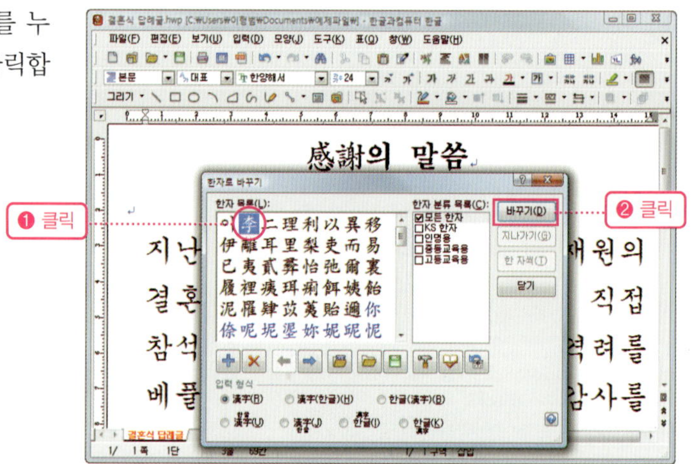

05 "재원"이란 이름은 한자 "齋源"으로 변경할 것입니다. 커서를 "재원"의 뒤에 이동한 후 F9를 누릅니다. 등록된 한자 단어가 없으므로 [닫기] 단추를 누르고 한 글자씩 변환하여 입력합니다.

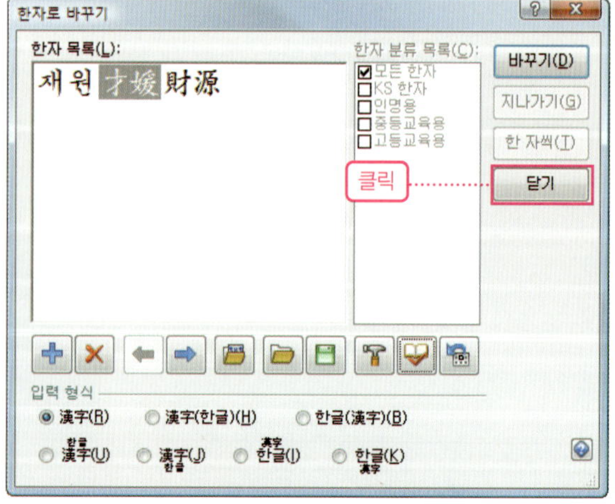

 같은 방법으로 다음과 같이 한자로 변경합니다.

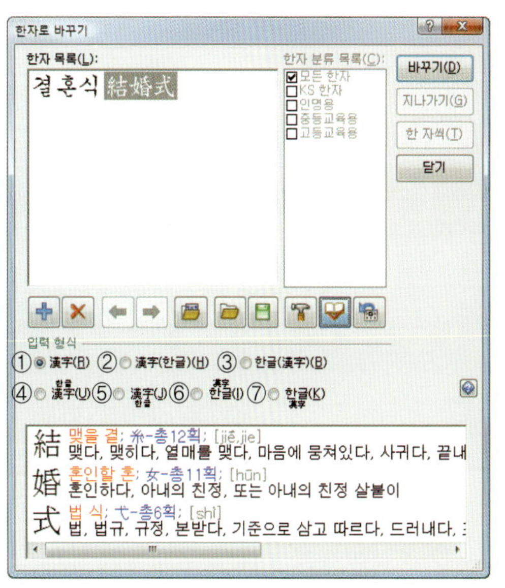

> **感謝의 말씀**
>
> 지난 6월 11일 저희 아들 李 齋源의
> 結婚式에 公私多忙하신 중에도 직접
> 참석하시어 정성 어린 祝賀와 激勵를
> 베풀어 주신 데 대하여 깊은 感謝를
> 드립니다.
> 宜當 찾아뵙고 인사드리는 것이 道理
> 이오나, 우선 書面으로 感謝의 말씀
> 을 올립니다.
> 이 고마움을 길이길이 간직하겠습니
> 다. 내내 健康하시고 宅內에 항상
> 幸運이 充滿하시길 祈願합니다.
>
> 2009年 1月 8日
> 李 源昔 배상

쌩초보 레벨업

한자 입력 형식

★ 한자로 변경할 때 다음과 같은 입력 형식을 지정하여 변경할 수 있습니다.
 - 漢字 : 한글을 한자로 대체하여 입력합니다.
 - 漢字(한글) : 한자를 입력한 후 괄호 안에 한글을 입력합니다.
  → 結婚式(결혼식)
 - 한글(漢字) : 한자를 괄호 안에 입력합니다. → 결혼식(結婚式)
 - 漢字 : 한자 위에 한글을 입력합니다. → 結婚式
 - 漢字 : 한자 아래에 한글을 입력합니다. → 結婚式
 - 한글 : 한글 위에 한자를 입력합니다. → 결혼식
 - 한글 : 한글 아래에 한자를 입력합니다. → 결혼식

★ 자전 보이기 : 선택한 한자의 음과 뜻, 부수 및 획수, 중국어 발음 등을 사용자가 확인하면서 선택할 수 있습니다.

한자 단어 등록하기

한글에서 기본으로 제공하는 한자 단어에 사용자가 자주 사용하는 한자 단어가 없을 경우 사용자가 직접 추가로 등록하여 별도의 파일로 저장해 놓고 사용할 수 있습니다. 즉, 회사명이나 상표명 등과 같은 한자 단어는 사용자가 추가하여 사용하면 편리합니다.

01 편집 화면에 등록할 단어를 입력합니다. 여기에서는 "정보문화사"라고 입력하고 [입력]-[한자 입력]-[한자 단어 등록]을 선택하거나 단축키 Ctrl + Alt + F9 를 누릅니다. 변환 방법은 [한 글자씩 연속 바꾸기]를 선택하고 [한자로] 단추를 클릭하여 한자로 변환합니다.

Note 등록 가능한 글자 수는 2~12자 이내이며 빈칸 없이 붙여서 입력해야 합니다. 등록된 한자는 사용자 한자 사전(hjuser.dic)에 자동으로 추가됩니다.

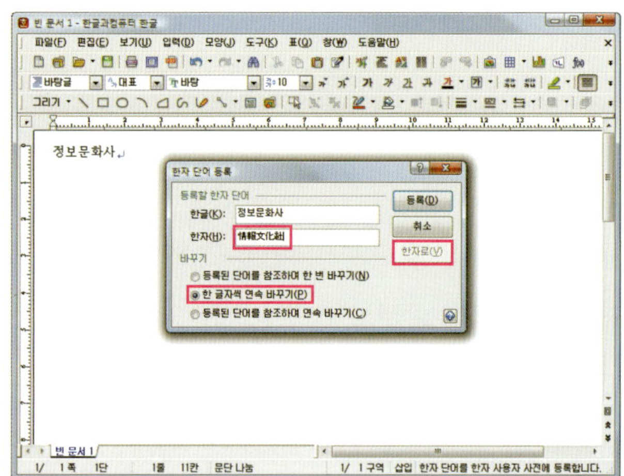

쌩초보 레벨 업

한자 단어 등록 시 변환 방법

★ **등록된 단어를 참조하여 한 번 바꾸기** : 한 번에 한 글자씩만 변환합니다.
★ **한 글자씩 연속 바꾸기** : 한 번에 한 글자씩 연속으로 변환합니다.
★ **등록된 단어를 참조하여 연속 바꾸기** : 한자 사전에 등록된 단어를 참조하여 연속적으로 변환합니다.

02 [등록] 단추를 클릭하면 사용자 한자 사전에 추가됩니다. 이제 [입력]–[한자 입력]–[한자로 바꾸기]를 선택하거나 단축키 F9를 누르면 다음과 같이 등록된 한자를 표시합니다. [바꾸기] 단추를 클릭하여 한자로 바꿉니다.

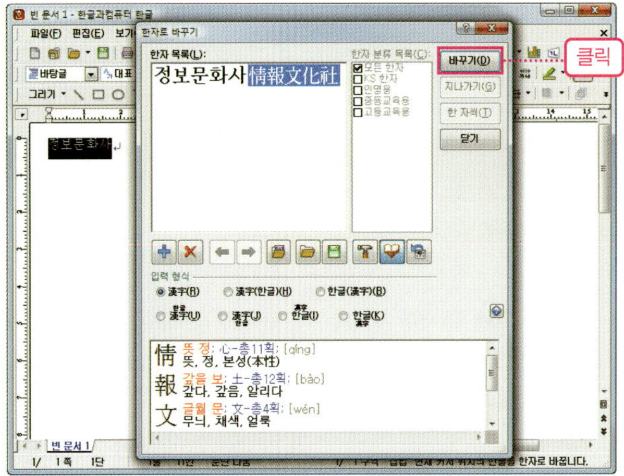

한자로 바꾸기의 모든 것

★ **[한자로 바꾸기] 대화상자의 아이콘 기능**
- ➕ (한자 단어 등록) : 새로운 한자 단어를 등록합니다.
- ❌ (단어 지우기) : 등록된 단어를 삭제합니다.
- ⬅ (앞으로 이동)/➡ (뒤로 이동) : 선택된 한자를 기준으로 앞으로/뒤로 이동합니다.
- (사용자 한자 텍스트 파일 등록하기) : 저장할 위치와 파일명을 입력하여 저장합니다.
- (사용자 한자 사전 불러오기) : 다른 곳에서 만든 사용자 한자 사전 파일을 불러와 한글 2007에서 사용할 수 있도록 불리웁니다.
- (사용자 한자 사전 저장하기) : 사용자가 추가한 한자 단어와 한글 2007에서 기본으로 제공하는 단어를 다른 워드프로세서에서 사용할 경우 저장하여 사용할 수 있습니다.
- (선택 사항) : 한자로 바꿀 때 선택한 한자의 확대나 사용자가 많이 사용하는 한자를 앞으로 이동할 수 있습니다.
- (자전 보이기) : 선택한 한자의 음과 뜻, 부수, 획수, 중국어 발음 기호 등을 보여줍니다.
- (처음 값으로) : 사용자가 임의로 변경한 한자 목록을 처음 값으로 되돌립니다.

★ **한자를 한글로 바꾸기** : 한자로 변경된 문자 뒤에 커서를 이동하여 F9를 누릅니다.

★ **블록을 이용하여 일괄적으로 변환** : 한글로 변경할 영역을 블록으로 설정하여 [편집]–[한글로 바꾸기]나 단축키 Alt + F9를 눌러 변경 방법을 선택하여 [바꾸기] 단추를 클릭합니다.

★ **한자 자전** : 편집 화면에 입력된 한자의 음과 뜻을 보여줍니다. 한자로 입력된 글자 뒤에 커서를 놓고 [도구]–[사전 모음]–[한자 자선]을 실행하거나 단축키 Shift + F9를 누릅니다.

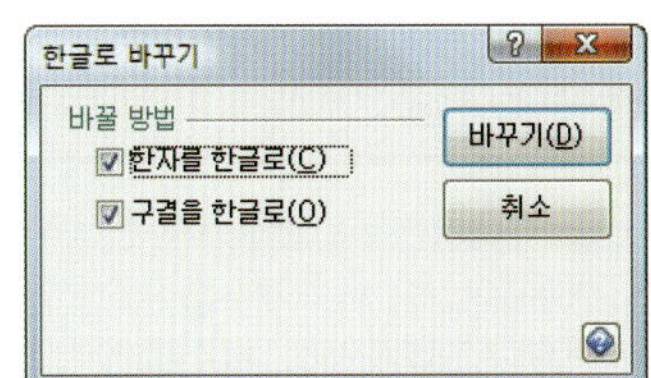

19

부수나 새김으로 입력하기

모르는 한자를 입력할 때 한자의 총 획수나 부수를 이용하여 원하는 한자를 찾아 입력할 수 있습니다. 그리고 한자의 새김(음과 뜻)을 이용하여 입력할 수 있습니다. 새김으로 입력할 수 있는 한자는 4,100여 가지가 등록되어 있고 사용자가 한자의 새김을 추가로 등록하여 사용할 수 있습니다.

01 "昔"자를 부수로 입력해 봅니다. [입력]–[한자 입력]–[한자 부수/총획수]를 선택하거나 단축키 Ctrl + F9 를 누릅니다.

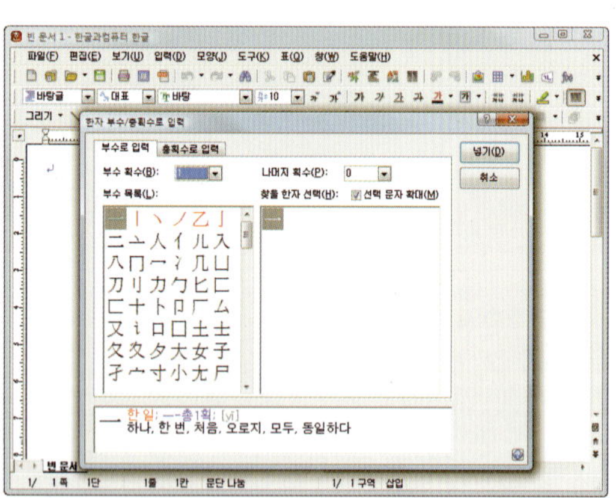

02 "昔"자의 부수는 "日"로 4획입니다. 따라서 부수 획수를 4로 선택하여 "日"을 선택합니다.

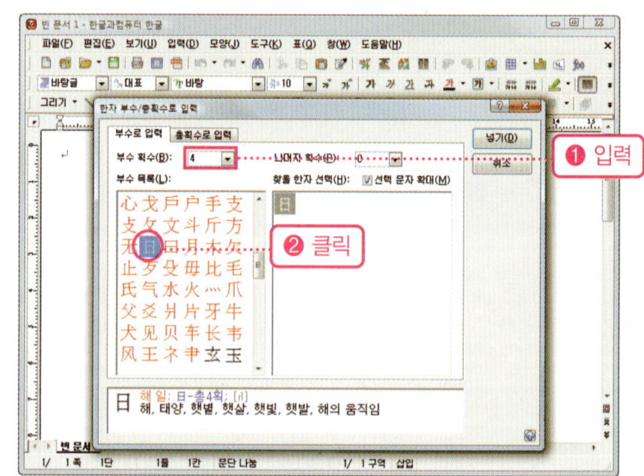

쌩초보
레벨업

획수와 부수 입력

획수를 선택하면 해당하는 획수의 부수 목록을 보여줍니다.

★ [부수로 입력] 탭 : 부수를 알고 있는 한자의 해당 부수와 획수로 원하는 한자를 찾을 수 있습니다.

★ [총획수로 입력] 탭 : 부수를 정확히 모르는 한자는 총획수로 한자를 찾아 입력할 수 있습니다.

03 부수 획수를 제외한 나머지 획수를 입력합니다. 입력할 한자의 나머지 획수 4를 입력하면 "日"의 부수에 해당하면서 나머지 획수가 4인 모든 한자를 찾아 표시합니다. 원하는 한자를 선택하여 [넣기] 단추를 클릭하여 본문에 삽입합니다.

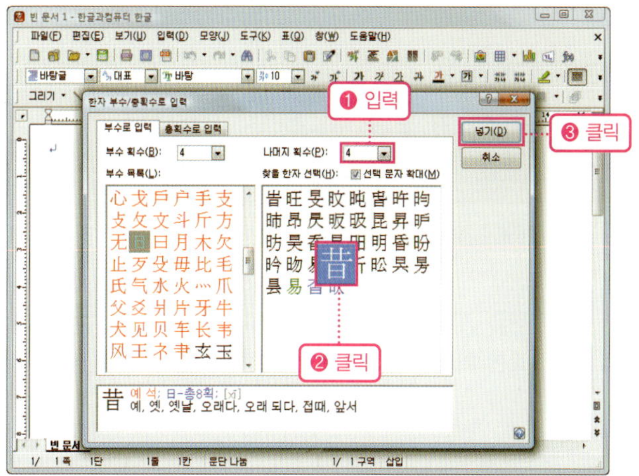

04 부수를 모를 경우 총획수를 이용하여 한자를 입력할 수 있습니다. "京"자를 입력해 보기로 합니다. [도구]-[한자 입력]-[한자 부수/총획수]를 선택하거나 단축키 Ctrl + F9를 눌러 [총획수로 입력] 탭을 선택합니다.

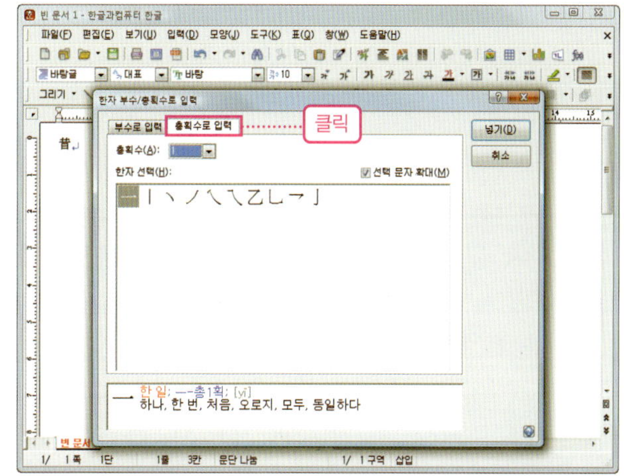

05 총 획수 8을 입력하여 한자 목록에서 원하는 한자를 선택하여 [넣기]를 클릭합니다.

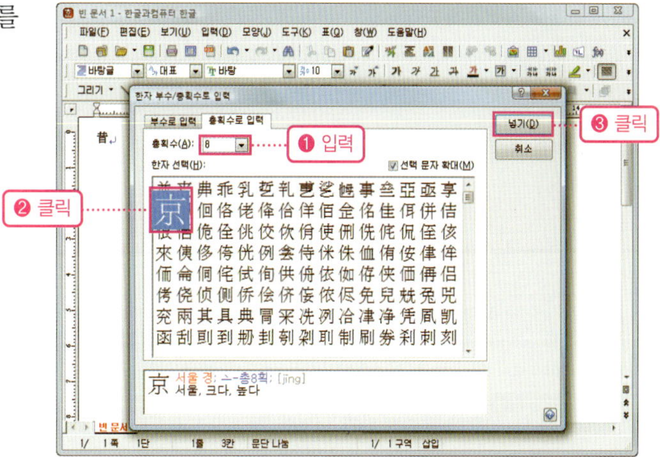

20

외국어 입력하기

한글 2007에서는 유럽 여러 나라에서 사용하는 알파벳 문자를 입력하거나 일본어, 중국어 등의 문자를 입력할 수 있습니다. 또한 회사원이나 학생이 보고서나 리포트를 작성할 때 외래어 검색을 통해 올바른 외래어를 입력할 수 있습니다.

01 다음과 같은 일본어를 입력해 봅니다.

> ありがとうございます(아리가또우고자이마스)
> ごめえんください(고메엥꾸다사이)

02 오른쪽 [Shift] + [Space Bar] 를 눌러 일본어-Hiragana 자판을 선택합니다. 한글 2007에서 [제 3 글자판]에 배당되어 있습니다. 편집 화면에 일본어 발음을 영어(arigadougogaimasu)로 입력합니다.

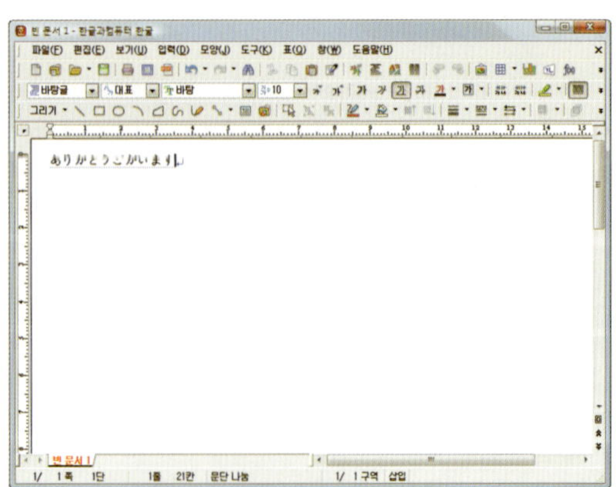

03 [Enter] 를 쳐서 입력을 종료합니다. 다음 줄에 일본어 발음을 영어로 "gomeennkudasai"로 입력합니다. "ㅇ"발음은 n을 두 번 눌러 입력합니다.

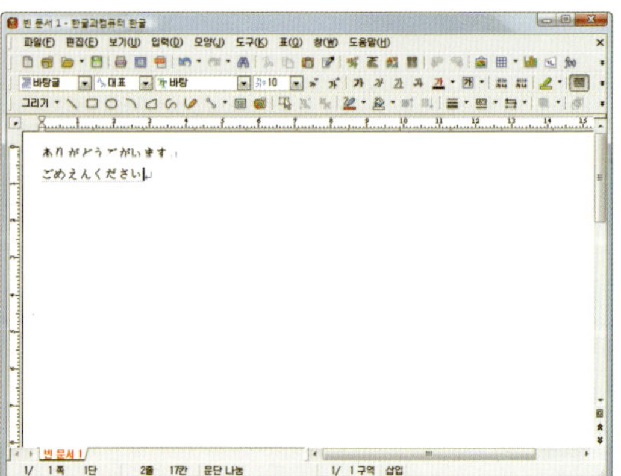

> [Note] [Space Bar] 를 누르면 히라가나에 대응하는 한자를 선택할 수 있는 목록 상자를 표시합니다. 그러나 [Enter] 를 누르면 목록 상자를 표시하지 않습니다. [Alt] + [F2] 를 눌러 글자판을 일본어로 선택하여 히라가나, 가타카나 중에 선택하여 입력할 수 있습니다.

04 유럽 여러 나라에서 사용하는 알파벳 문자를 입력해 봅니다. "á"와 같은 문자를 입력하려면 [도구]–[글자판]–[한영 자동 전환 동작]을 해제합니다.

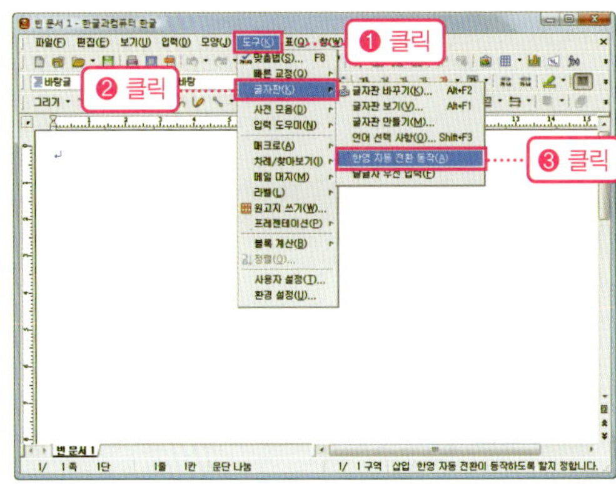

05 Ctrl + ' 을 누른 후 "a"를 입력합니다. 편집 화면에 악성 떼기 "á"이 입력됩니다.

쌩초보
레벨 업

유럽 문자 입력

★ 본문에서 직접 문자의 조합으로 입력하지 않고 [입력]–[문자표]나 단축키 Ctrl + F10 을 선택하여 [유니코드 문자표] 탭의 [문자 영역]을 [라틴]으로 선택하여 입력할 수 있습니다.

★ "ã"와 같은 유럽 문자를 입력하려면 Shift 를 이용하여 입력합니다.

★ 유럽 문자 조합

글쇠 조합	대문자	글쇠 조합	소문자
〈Ctrl+`〉,A	À	〈Ctrl+`〉,a	à
〈Ctrl+'〉,A	Á	〈Ctrl+'〉,a	á
〈Ctrl+"〉,A	Â	〈Ctrl+^〉,a	â
〈Ctrl+~〉,A	Ã	〈Ctrl+~〉,a	ã
〈Ctrl+ ″ 〉,A	Ä	〈Ctrl+ ″ 〉,a	ä
〈Ctrl+ : 〉,A	Ä	〈Ctrl+ : 〉,a	ä
〈Ctrl+@〉,A	Å	〈Ctrl+@〉,a	å
〈Ctrl+&〉,A	Æ	〈Ctrl+&〉,a	æ
〈Ctrl+,〉,C	Ç	〈Ctrl+`〉,c	ç
〈Ctrl+`〉,E	È	〈Ctrl+`〉,e	è
〈Ctrl+'〉,E	É	〈Ctrl+'〉,e	é
〈Ctrl+^〉,E	Ê	〈Ctrl+^〉,e	ê
〈Ctrl+ ″ 〉,E	Ë	〈Ctrl+ ″ 〉,e	ë
〈Ctrl+ : 〉,E	Ë	〈Ctrl+ : 〉,e	ë

글쇠 조합	대문자	글쇠 조합	소문자
〈Ctrl+`〉,I	Ì	〈Ctrl+`〉,i	ì
〈Ctrl+'〉,I	Í	〈Ctrl+'〉,i	í
〈Ctrl+^〉,I	Î	〈Ctrl+^〉,i	î
〈Ctrl+ ″ 〉,I	Ï	〈Ctrl+ ″ 〉,i	ï
〈Ctrl+ : 〉,I	Ï	〈Ctrl+ : 〉,i	ï
〈Ctrl+`〉,D	Đ	〈Ctrl+`〉,d	đ
〈Ctrl+&〉,A	Æ	〈Ctrl+&〉,a	æ
〈Ctrl+,〉,C	Ç	〈Ctrl+`〉,c	ç
〈Ctrl+~〉,N	Ñ	〈Ctrl+~〉,n	ñ
〈Ctrl+`〉,O	Ò	〈Ctrl+`〉,o	ò
〈Ctrl+'〉,O	Ó	〈Ctrl+'〉,o	ó
〈Ctrl+^〉,O	Ô	〈Ctrl+^〉,o	ô
〈Ctrl+~〉,O	Õ	〈Ctrl+~〉,o	õ
〈Ctrl+ ″ 〉,O	Ö	〈Ctrl+ ″ 〉,o	ö
〈Ctrl+ : 〉,O	Ö	〈Ctrl+ : 〉,o	ö

글쇠 조합	대문자	글쇠 조합	소문자
〈Ctrl+&〉,O	Œ	〈Ctrl+&〉,o	œ
〈Ctrl+/〉,O	Ø	〈Ctrl+/〉,o	ø
〈Ctrl+`〉,U	Ù	〈Ctrl+`〉,u	ù
〈Ctrl+'〉,U	Ú	〈Ctrl+'〉,u	ú
〈Ctrl+^〉,U	Û	〈Ctrl+^〉,u	û
〈Ctrl+~〉,U	Ũ	〈Ctrl+~〉,u	ũ
〈Ctrl+ ″ 〉,U	Ü	〈Ctrl+ ″ 〉,u	ü
〈Ctrl+ : 〉,U	Ü	〈Ctrl+ : 〉,u	ü
〈Ctrl+'〉,Y	Ý	〈Ctrl+'〉,y	ý
〈Ctrl+ ″ 〉,Y	Ÿ	〈Ctrl+ ″ 〉,y	ÿ
〈Ctrl+ : 〉,Y	Ÿ	〈Ctrl+ : 〉,y	ÿ
〈Ctrl+?〉	¿	〈Ctrl+!〉	¡
〈Ctrl+〉,P	þ	〈Ctrl+ : 〉,p	þ
〈Ctrl+&〉,S	ß	〈Ctrl+.〉	·

06 올바른 외래어를 검색하거나 특정 외래어에 해당하는 원어를 검색하려면 [도구]-[입력 도우미]-[외래어 표기]를 선택합니다. 검색할 단어 "에어로빅"을 입력하고 Enter 를 누릅니다.

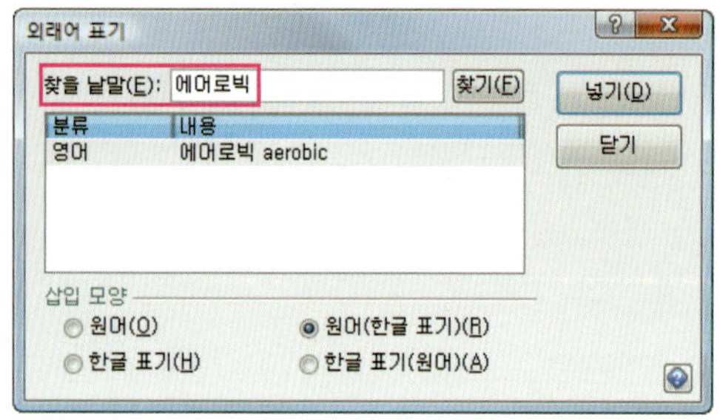

Note 외래어 표기 삽입 방법
- 원어 : 원어로 편집 화면에 삽입합니다.
- 원어(한글 표기) : 원어를 삽입 후 괄호 안에 한글로 표기된 외래어를 넣습니다.
- 한글 표기 : 외래어를 한글로 표기하여 넣습니다.
- 한글 표기(원어) : 외래어를 한글로 표기하고 괄호 안에 원어를 넣습니다.

07 편집 화면에 넣을 모양을 선택합니다. 여기에서는 [원어(한글 표기)]를 선택하여 넣은 모양입니다.

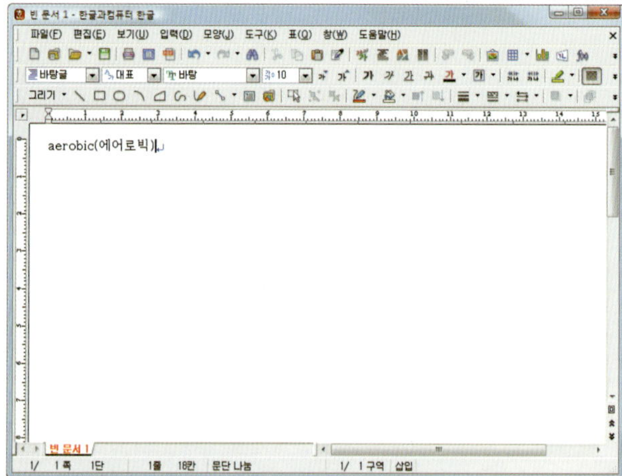

08 다음과 같이 "사라"를 검색하여 결과를 확인해 봅니다.

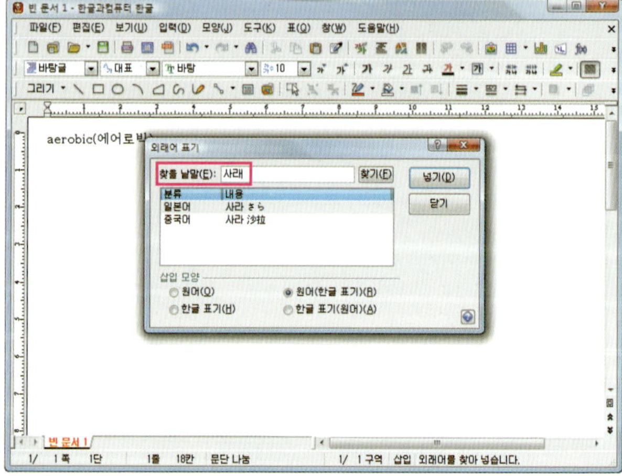

일본어 입력 발음

일본어 글자판인 히라가나(ひらがな)나 가타카나(カタカナ)를 선택하여 키보드로 직접 입력할 수 있습니다. 영어발음과 한글 발음에 해당하는 일본어 표시는 다음과 같습니다.

한글(영어)	아(a)	이(i)	우(u)	에(e)	오(o)			
일어 Hiragana (일어 Katakana)	あ(ア)	い(イ)	う(ウ)	え(エ)	お(オ)			
한글(영어)	까(ka)	끼(ki)	꾸(ku)	께(ke)	꼬(ko)	갸(kya)	규(kyu)	교(kyo)
일어 Hiragana (일어 Katakana)	か(カ)	き(キ)	く(ク)	け(ケ)	こ(コ)	きゃ(キャ)	きゅ(キュ)	きょ(キョ)
한글(영어)	사(sa)	시(si)	스(su)	세(se)	소(so)	샤(sha)	슈(shu)	쇼(sho)
일어 Hiragana (일어 Katakana)	さ(サ)	し(シ)	す(ス)	せ(セ)	そ(ソ)	しゃ(シャ)	しゅ(シュ)	しょ(ショ)
한글(영어)	따(ta)	찌(chi)	쯔(tsu)	떼(te)	또(to)	챠(cha)	쮸(chu)	쬬(cho)
일어 Hiragana (일어 Katakana)	た(タ)	ち(チ)	つ(ツ)	て(テ)	と(ト)	ちゃ(チャ)	ちゅ(チュ)	ちょ(チョ)
한글(영어)	나(na)	니(ni)	누(nu)	네(ne)	노(no)	냐(nya)	뉴(nyu)	뇨(nyo)
일어 Hiragana (일어 Katakana)	な(ナ)	に(ニ)	ぬ(ヌ)	ね(ネ)	の(ノ)	にゃ(ニャ)	にゅ(ニュ)	にょ(ニョ)
한글(영어)	하(ha)	히(hi)	후(hu)	헤(he)	호(ho)	햐(hya)	휴(hyu)	효(hyo)
일어 Hiragana (일어 Katakana)	は(ハ)	ひ(ヒ)	ふ(フ)	へ(ヘ)	ほ(ホ)	ひゃ(ヒャ)	ひゅ(ヒュ)	ひょ(ヒョ)
한글(영어)	마(ma)	미(mi)	무(mu)	메(me)	모(mo)	먀(mya)	뮤(myu)	묘(myo)
일어 Hiragana (일어 Katakana)	ま(マ)	み(ミ)	む(ム)	め(メ)	も(モ)	みょ(ミャ)	みゅ(ミュ)	みょ(ミョ)
한글(영어)	야(ya)	이(i)	유(yu)	에(e)	요(yo)			
일어 Hiragana (일어 Katakana)	あ(ア)	い(イ)	う(ウ)	え(エ)	お(オ)			
한글(영어)	라(ra)	리(ri)	루(ru)	레(re)	로(ro)	랴(rya)	류(ryu)	료(ryo)
일어 Hiragana (일어 Katakana)	ら(リ)	リ(リ)	る(ル)	れ(レ)	ろ(ロ)	りゃ(リャ)	りゅ(リュ)	りょ(リョ)
한글(영어)	와(wa)	이(i)	우(u)	에(e)	오(o)			
일어 Hiragana (일어 Katakana)	わ(ワ)	い(イ)	う(ウ)	え(エ)	を(ヲ)			
한글(엉어)	ㅇ(nn)				ㅇ			
일어 Hiragana (일어 Katakana)	ん(ン)				を(ヲ)			
한글(영어)	가(ga)	기(gi)	구(gu)	게(ge)	고(go)	갸(gya)	규(gyu)	교(gyo)
일어 Hiragana (일어 Katakana)	が(ガ)	ぎ(ギ)	ぐ(グ)	げ(ゲ)	ご(ゴ)	ぎゃ(ギャ)	ぎゅ(ギュ)	ぎょ(ギョ)
한글(영어)	자(za)	지(ji)	즈(zu)	제(ze)	조(zo)	쟈(ja)	쥬(ju)	죠(jo)
일어 Hiragana (일어 Katakana)	ざ(ザ)	じ(ジ)	ず(ズ)	ぜ(ゼ)	ぞ(ソ)	じゃ(ジャ)	じゅ(ジュ)	じょ(ジョ)
한글(영어)	다(da)	디(di)	드(du)	데(de)	도(do)	댜(dya)	듀(dyu)	됴(dyo)
일어 Hiragana (일어 Katakana)	だ(ダ)	ぢ(チ)	づ(ソ)	で(デ)	ど(ド)	ぢゃ(チャ)	ぢゅ(チュ)	ぢょ(チョ)
한글(영어)	바(ba)	비(bi)	부(bu)	베(be)	보(bo)	뱌(bya)	뷰(byu)	뵤(byo)
일어 Hiragana (일어 Katakana)	ざ(バ)	び(ビ)	ぶ(ブ)	べ(ベ)	ぼ(ボ)	びゃ(ビャ)	びゅ(ビュ)	びょ(ビョ)
한글(영어)	파(pa)	피(pi)	푸(pu)	페(pe)	포(po)	퍄(pya)	퓨(pyu)	표(pyo)
일어 Hiragana (일어 Katakana)	ぱ(パ)	ぴ(ピ)	ぷ(プ)	ぺ(ペ)	ぽ(ポ)	ぴゃ(ピャ)	ぴゅ(ピュ)	ぴょ(ピョ)

맞춤법 검사하기

• 키워드 : 맞춤법, 맞춤법 도우미
• 예제 파일 : 시작 파일\자기소개서.hwp

한글 2007에서 제공하는 한글, 한자, 영어 등의 맞춤법 사전과 비교하여 잘못된 곳을 찾아 올바른 낱말을 제시하면 보다 정확한 문서를 작성할 수 있습니다. 즉, 띄어쓰기, 보조용언, 높임법, 수사, 문장부호 등의 모든 맞춤법을 검토해 줍니다.

01 [도구]−[맞춤법]이나 단축키 F8 을 누릅니다.

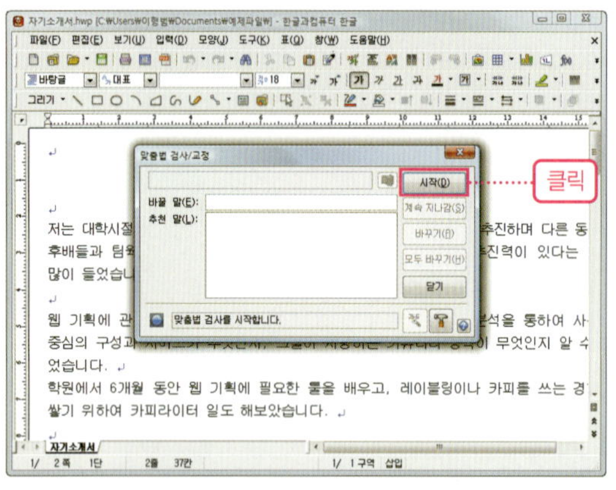

Note 맞춤법을 처음 시작하는 곳은 커서가 있는 위치이며 문서 일부에 대해 맞춤법을 검사하려면 블록으로 지정한 후 선택합니다.

02 [시작] 단추를 누르면 다음과 같이 틀린 곳의 낱말을 찾아 제시해 줍니다.

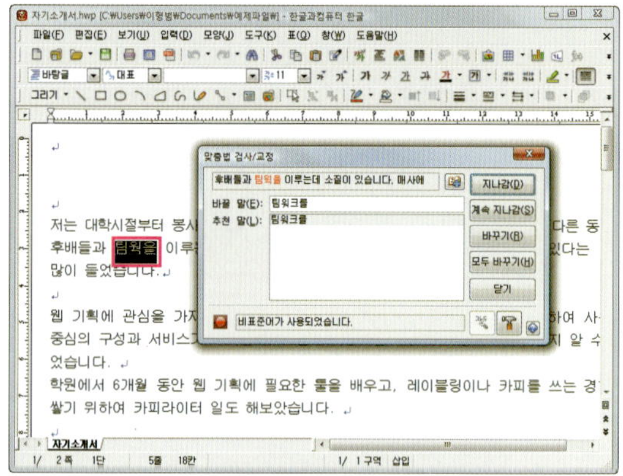

쌩초보 레벨 업

맞춤법 검사/교정 대화상자

★ **지나감** : 현재 지적한 낱말을 바꾸지 않습니다.
★ **계속 지나감** : 현재 낱말에 대해 바꾸지 않고 지나가며 이후에 같은 낱말이 나와도 오류로 지적하지 않고 지나갑니다.
★ **바꾸기** : 틀린 낱말을 현재 제시한 낱말로 바꿉니다.
★ **모두 바꾸기** : 현재 낱말 이후에 같은 낱말로 쓰인 것까지 모두 바꿉니다.

03

맞춤법 검사기를 실행하다 다음과 같이 한글 2007에서 제공하는 사전에 없는 단어를 발견할 수 있습니다. 이때에는 사용자가 바로 편집 화면의 낱말을 클릭하여 수정할 수 있습니다.

> **Note** 편집 화면에서 낱말을 클릭하여 고치면 [지나감] 단추는 [재시작] 단추로 변경됩니다. 이 단추를 눌러 맞춤법을 계속 진행할 수 있습니다. [맞춤법 길잡이] 아이콘(🔧)을 클릭하여 지적된 낱말에 대하여 자세한 도움말을 확인할 수 있습니다.

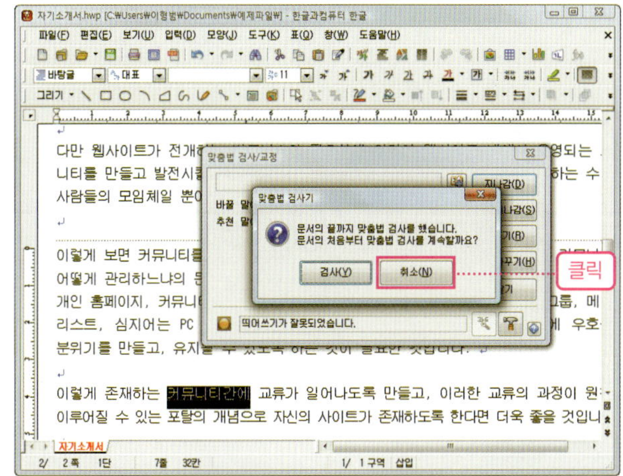

04

본문의 맞춤법 검사가 끝나면 다음과 같이 맞춤법을 다시 문서 처음부터 재시작할지 여부를 묻는 대화상자가 표시됩니다. [취소] 단추를 눌러 맞춤법을 종료합니다.

쌩초보 레벨업

맞춤법 도우미 작동 여부

★ 본문에 빨강색 밑줄이 그어진 단어는 맞춤법 검사기가 문서를 작성하는 도중 맞춤법에 어긋난 단어를 입력했을 경우, 단어에 빨간 밑줄이 그어집니다.

★ [도구]–[환경 설정]–[기타] 탭–[맞춤법 도우미 작동] 체크

★ 빨강색 밑줄이 그어진 단어 위에서 마우스 오른쪽 버튼을 눌러 제시하는 낱말을 직접 선택하여 수정할 수 있습니다.

빠른 교정

사용자가 문서를 작성할 때 오타나 띄어쓰기가 있으면 자동으로 틀린 낱말을 고쳐주는 기능입니다. 이 기능은 한글, 영어, 한자, 특수문자에 대한 교정도 할 수 있고 어미와 조사에 대한 교정도 할 수 있습니다.

01

[도구]-[빠른 교정]-[빠른 교정 동작]을 선택하여 설정합니다. 메뉴 앞에 "✓"이 표시되어 있어야 합니다.

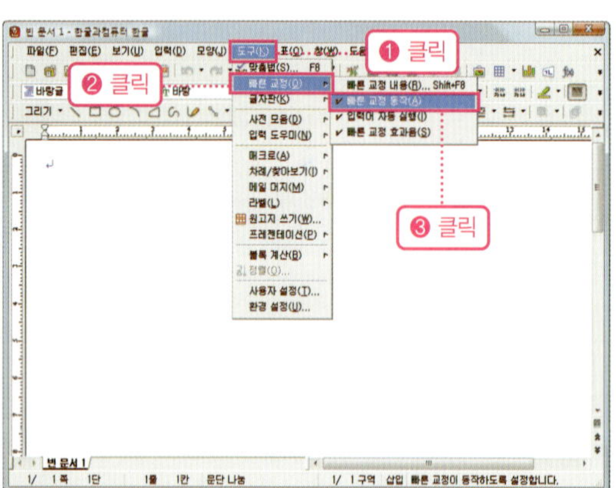

02

편집 화면에 "이룰수없는"을 띄어쓰기 없이 입력하고 Space Bar 나 Enter, Tab 등을 누르면 "이룰 수 없는"으로 고쳐집니다.

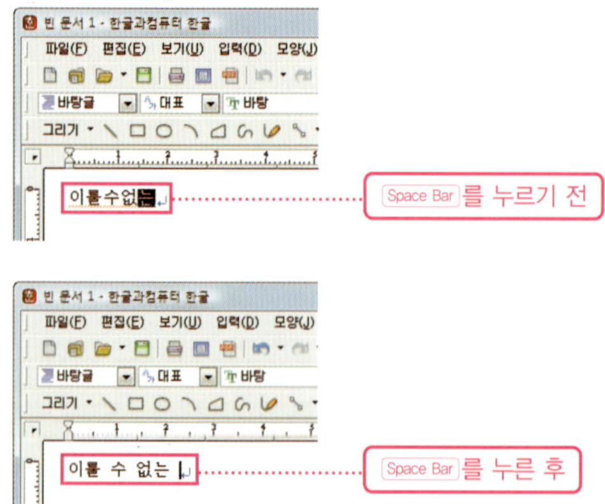

쌩초보 레벨업

빠른 교정 동작

★ 빠른 교정 동작이 실행될 때 효과음을 내려면 [도구]-[빠른 교정]-[빠른 교정 효과음]을 선택하여 "✓"이 표시되도록 합니다.

★ 선택 표시가 되어 있는 메뉴를 선택하면 해제되고, 해제된 상태에서 선택하면 설정됩니다.

★ 빠른 교정 내용에 이미 등록되어 있는 목록을 기준으로 빠른 교정이 실행되며 필요에 따라 사용자가 추가하거나 수정하여 사용할 수 있습니다.

03 빠른 교정에 등록된 내용을 확인하거나 수정하려면 [도구]-[빠른 교정]-[빠른 교정 내용]이나 단축키 Shift + F8 을 누릅니다.

04 새로운 낱말을 등록하려면 빠른 교정 추가하기 ( ) 아이콘을 클릭합니다. 다음과 같은 대화상자에 틀리기 쉬운 말과 그에 대응할 맞는 말을 입력합니다. 여기에서는 "게세요"를 틀린 말에 입력하고 맞는 말에 "계세요"를 입력합니다.

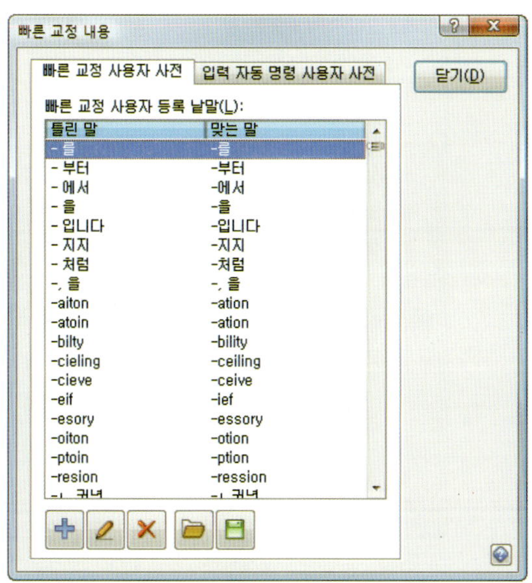

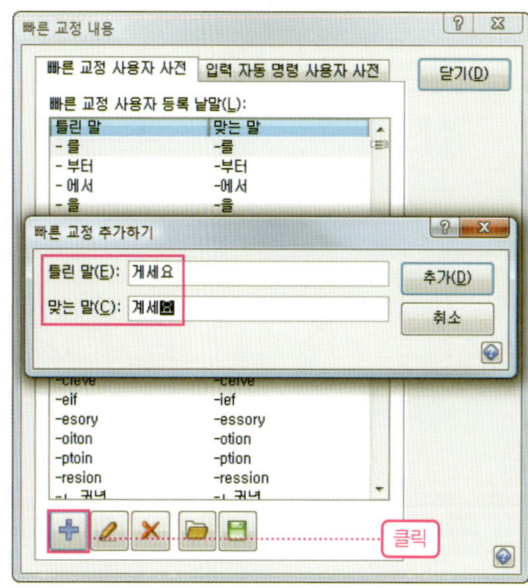

쌩초보
레벨업

빠른 교정 데이터 추가

★ 한글 2007은 기본적으로 1,300여개 이상의 빠른 교정 데이터를 가지고 있고 필요한 낱말을 사용자가 추가할 수 있습니다.

★ 틀린 말과 맞는 말을 입력할 때는 다음과 같은 방법이 있습니다.
　– 독립된 낱말에는 "–" 기호를 넣지 않습니다. 예를 들어 "휴게실", "문서" 등과 같은 낱말입니다.
　– 조사(토씨)나 어미(씨끝)에는 반드시 "–" 기호를 넣어야 합니다. 예를 들어 "–에는", "–를" 등과 같은 낱말입니다.
　– 받침으로 끝나는 단어 "–ㄹ수없는"을 "–ㄹ 수 없는"과 같이 등록할 수 있습니다.
　– 틀린 말의 빈 칸은 하나까지만 쓸 수 있으며 맞는 말에는 제약이 없습니다.
　– 특수문자는 단축키 Ctrl + F10 을 눌러 문자표를 이용하여 등록할 수 있습니다.

05

[추가] 단추를 누르면 빠른 교정 사용자 등록 낱말 목록에 등록됩니다. [닫기] 단추를 눌러 편집 화면으로 돌아온 후 "게세요"를 입력하면 "계세요"로 자동으로 교정됩니다.

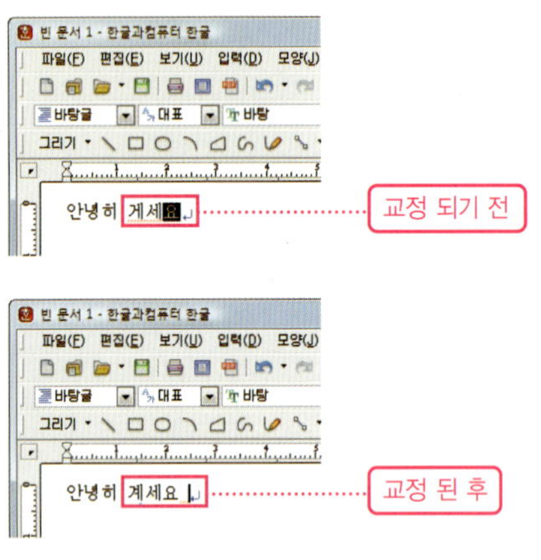

06

빠른 교정에 등록된 낱말을 수정하려면 수정할 낱말을 선택한 후 빠른 교정 편집하기(✎) 아이콘을 클릭하여 수정할 수 있습니다.

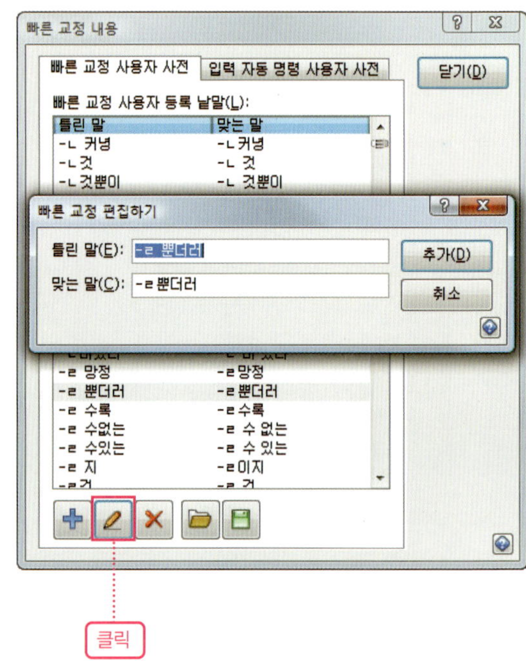

쌩초보 레벨업

빠른 교정 사전 편집

★ 빠른 교정에 등록된 낱말을 삭제하려면 빠른 교정 지우기(✖) 아이콘을 클릭합니다.
★ 빠른 교정 사용자 사전에 등록되는 자료 파일은 QCRTUSER.DIC에 저장됩니다.
★ 텍스트 파일로 별도 작성하여 빠른 교정 사전에 등록하려면 다음과 같은 형식으로 작성하여 유니코드 문서로 저장합니다.
   – 한총련 | 한국총학생연합
   – 전경련 | 전국경제연합
   – 국문과 | 국어국문학과
★ 텍스트 파일로 작성된 내용을 빠른 교정 사용자 사전에 등록하려면 빠른 교정 불러오기(📂) 아이콘을 클릭하여 저장된 텍스트 파일을 불러옵니다.

사전 활용하기

맞춤법 검사에 쓰이는 풀이말, 임자말, 외래어 등이 사전에 등록되어 있는지 확인할 수 있습니다. 또한 문서를 작성하면서 모르는 영어 단어가 나왔을 때 한글 2007에서 제공하는 한컴 사전을 활용하면 문서 작성을 편리하게 할 수 있습니다.

01 맞춤법 검사에 사용되는 낱말이 등록되어 있는지 확인하려면 [도구]–[맞춤법]이나 단축키 F8을 누르고 [설정] 아이콘을 클릭합니다. [사전 검색] 탭을 클릭합니다.

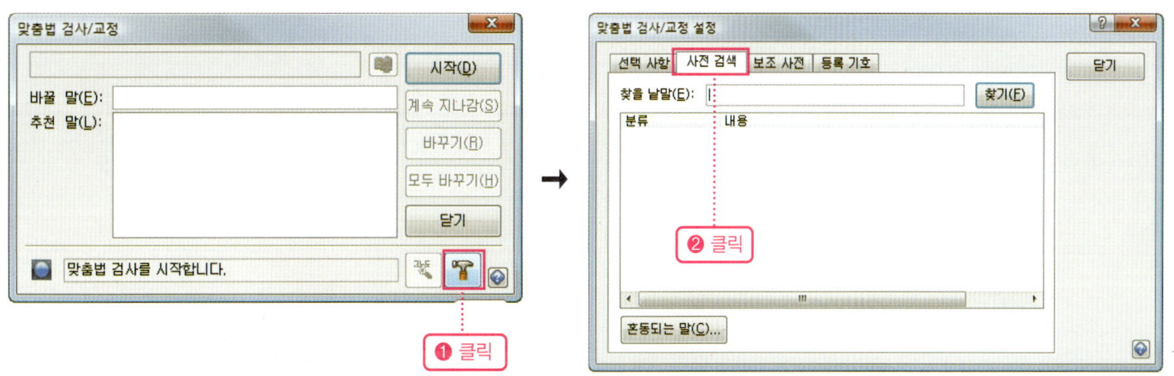

쌩초보 레벨업

맞춤법 검사 설정

★ **[선택 사항] 탭** : 띄어쓰기 검사, 이/히 검사, 중복된 낱말 검사, 영어 뒤의 조사, 문장 부호 검사, 보조 용언 띄기 검사 등 맞춤법 검사와 관련된 사항을 설정할 수 있습니다.

★ **[보조 사전] 탭** : 맞춤법 검사 시 사용할 보조 사전이나 사용자 보조 사전을 관리할 수 있습니다.

★ **[등록 기호] 탭** : 각종 기호들의 끝소리를 입력해 조사가 알맞게 연결될 수 있도록 설정합니다. 즉, %(퍼센트) 기호를 입력했을 경우 "트"로 맞는 조사가 사용되었는지 검사합니다.

02 찾아볼 낱말을 입력하고 [찾기] 단추를 누르면 찾아볼 낱말과 비슷한 발음으로 등록되어 있는 임자말(주어)이나 풀이말, 외래어 등을 참고할 수 있습니다.

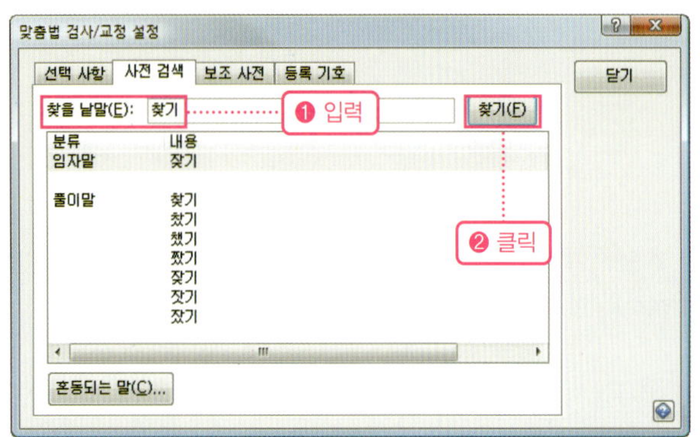

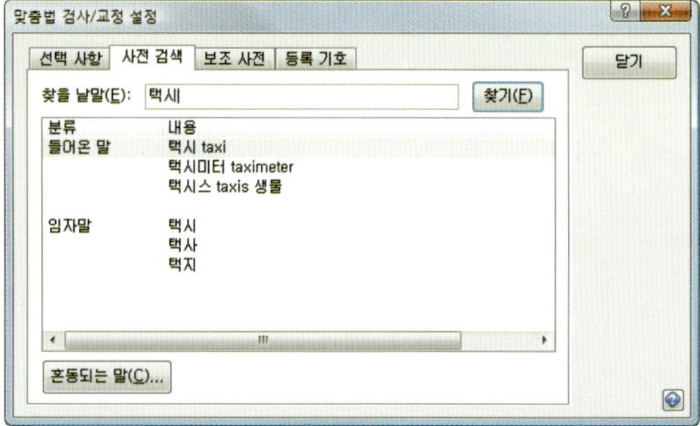

03 문서를 작성하면서 영어 단어나 일본어 등의 모르는 낱말을 참고할 수 있습니다. 편집 화면에 입력된 단어 위에 커서를 위치한 후 [도구]–[사전 모음]–[한글과컴퓨터 사전]을 선택하거나 단축키 Shift + F6 또는 F12 를 누릅니다.

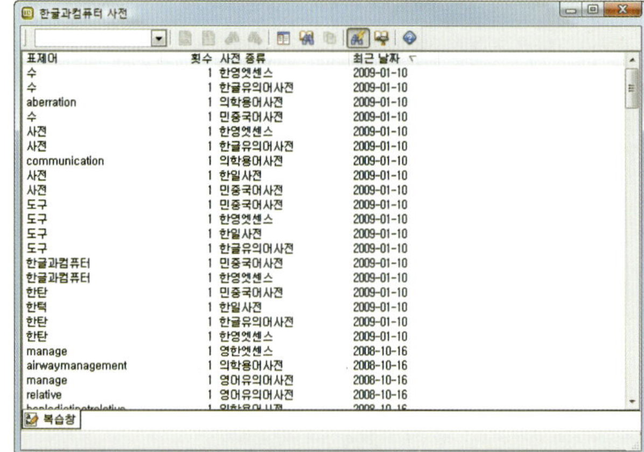

> **Note** 한컴 사전이 실행되면 지금까지 찾아본 낱말을 [복습창] 탭에 표시하며 한컴 사전에는 한영엣센스, 민중국어사전, 한글유의어사전, 한일사전, 의학용어사전 등이 포함되어 있습니다.

쌩초보 레벨업

한컴 사전의 기능

★ 선택된 단어의 뜻풀이를 가진 사전 종류가 한컴 사전의 하단에 나타납니다. 따라서 다른 종류의 사전에서도 쉽게 내용을 확인할 수 있습니다.

★ 단어 목록창은 찾은 단어의 표제어 목록을 표시합니다. 마우스로 클릭하여 뜻풀이를 바로 확인할 수 있습니다.

★ 단어의 뜻을 보여 주는 설명 상자에서 마우스 오른쪽 버튼을 클릭하여 변화형, 의미, 숙어/관용구, 예문, 파생어, 참고 등의 표시 여부를 설정할 수 있습니다.

★ 표제어나 품사, 문법, 발음기호, 부연 및 해설, 약어 등의 문자를 다양한 색상으로 표시할 수 있습니다.

04 찾아볼 낱말이 있는 곳(웹브라우저, 편집 창 등)으로 마우스 포인터를 이동하면 한글과컴퓨터 사전에 마우스 포인터 위치의 단어를 표시합니다.

05 한컴 사전을 실행해 놓은 상태에서 웹 브라우저나 다른 프로그램의 텍스트 위에 커서를 이동하여 모르는 단어의 뜻풀이를 확인할 수 있습니다.

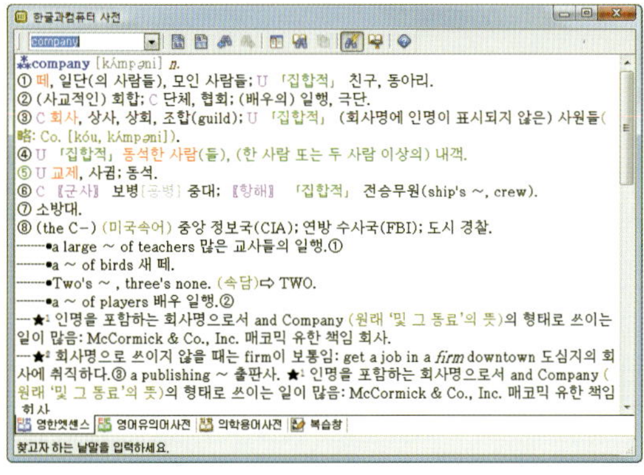

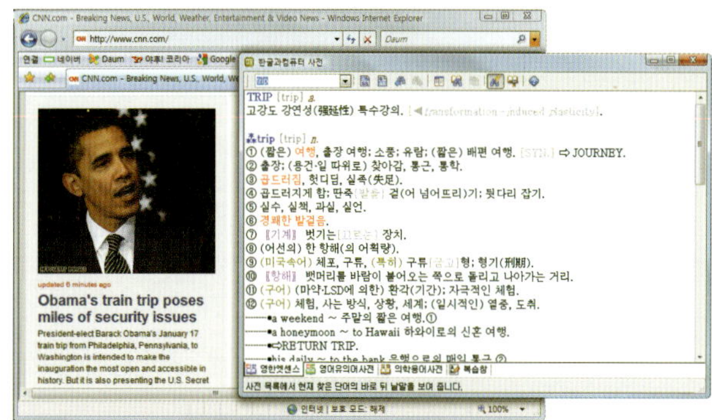

[Note] 단어의 뜻을 보여주는 설명 상자에서 다른 단어를 더블클릭하여 뜻풀이를 확인할 수 있습니다. 다음 화면은 "company"의 설명 상자에서 "crew"를 더블클릭한 화면입니다.

쌩초보 레벨 업

한컴 사전의 환경 설정

★ 한컴 사전의 보기 상태, 글꼴 설정, 검색할 사전 구성 등의 사용 환경을 설정하려면 도구 상자 아이콘이 환경 설정( ) 아이콘을 클릭합니다.

★ [기본 환경] 탭
 – 단어 자동 인식 : 한컴 사전이 실행된 상태에서 마우스를 갖다 놓은 단어의 뜻풀이를 자동으로 찾아 표시합니다.
 – 모든 프로그램 위에 : 한컴 사전 창이 다른 프로그램 창에 가리지 않도록 합니다.
 – 기본형 찾기 : 검색한 단어에 일치하는 단어가 없다면 기본형으로 찾을지의 여부를 선택합니다.
 – 순서대로 찾기 : 한컴 사전의 입력 상자에 글자를 입력할 때 해당되는 단어를 차례로 보여 줄 것인지의 여부를 선택합니다.
 – 불규칙 동사/비교급 : 단어를 검색했을 때 불규칙 동사표나 비교급을 설명 상자의 아래에 따로 보여줄지 여부를 선택합니다.
 – 도구 상자/상황선 : 도구 상자와 상황선의 표시 여부를 선택합니다.

★ [글꼴 설정]/[본문 상태] 탭 : 한컴 사전에서 사용될 글꼴과 글자의 색상을 선택합니다.

★ [사전 설정] 탭 : 찾고자 하는 단어를 검색할 사전 종류를 지정합니다.

24 커서 이동과 삭제하기

문서를 편집할 때는 커서를 빠르게 이동하는 방법을 알아두어야 합니다. 항상 커서가 있는 곳을 기준으로 문서를 수정할 수 있기 때문입니다.

1 커서 이동키

★ ↑, ↓, →, ← : 커서를 상하좌우로 이동합니다.

★ Ctrl + ← : 한 단어 왼쪽으로 이동합니다.

★ Ctrl + → : 한 단어 오른쪽으로 이동합니다.

★ Home : 줄의 처음으로 이동합니다.

★ End : 줄의 끝으로 이동합니다.

★ Alt + Home : 문단의 처음으로 이동합니다.

★ Alt + End : 문단의 끝으로 이동합니다.

★ Ctrl + Home : 현재 화면의 첫줄로 이동합니다.

★ Ctrl + End : 현재 화면의 끝줄로 이동합니다.

★ Page Up : 한 화면 위로 이동합니다.

★ Page Down 한 화면 아래로 이동합니다.

★ Alt + Page Up : 한 쪽 앞으로 이동합니다.

★ Alt + Page Down : 한 쪽 뒤로 이동합니다.

★ Ctrl + Page Up : 문서의 처음으로 이동합니다.

★ Ctrl + Page Down : 문서의 끝으로 이동합니다.

★ Alt + G : 찾아가기 대화상자를 표시하여 특정 쪽이나 문단, 줄 등으로 이동할 수 있습니다.

★ Tab : 탭이 설정된 위치로 이동합니다.

★ Shift + Tab : 탭이 설정된 이전 위치로 이동합니다.

★ Alt + ↑, ↓, →, ← : 커서는 움직이지 않고 화면만 상하좌우로 이동합니다(스크롤).

2 글자 삭제키

★ Back Space : 커서 앞의 글자가 완성된 글자일 때 그 글자를 지웁니다. 한글을 입력 중일 때에는 글자의 음소 하나(마지막으로 입력한 키 하나)씩 지웁니다.

★ Delete : 커서 뒤의 글자를 한 자 지웁니다.

★ Ctrl + T , Ctrl + Delete : 현재 커서가 있는 글자부터 그 뒤로 빈 칸이 나온 다음 처음 나오는 글자의 앞부분까지를 지웁니다.

★ Ctrl + Back Space : 현재 커서의 바로 앞 글자부터 그 앞으로 빈 칸이 나온 다음 처음 나오는 글자의 뒷부분까지 지웁니다.

★ Ctrl + Y : 현재 커서가 있는 줄을 지웁니다.

★ Alt + Y : 현재 커서가 있는 곳으로부터 그 줄의 끝까지 지웁니다. 그리고 그 이후의 문단이 다음 줄까지 계속 연결되는 경우에는 다음 줄을 끌어당겨서 이어 줍니다.

쌩초보 레벨 업

[편집]-[되돌리기]나 단축키 Ctrl + Z 의 기능

★ 사용자가 실수로 지우지 않아야 될 단어를 지웠을 경우 최근에 지운 내용을 기억하고 있다가 되살려 줍니다.
★ 바로 전에 실행한 명령을 취소하거나 입력한 내용을 지우는 등 문서 편집 과정에서 실행된 것을 다시 원래대로 되돌립니다.
★ 문서 편집 작업을 하면서 발생하는 사용자의 실수를 최소한으로 줄여 주는 기능입니다.
★ [편집]-[되돌리기]로 취소한 명령을 다시 실행하려면 [편집]-[다시 실행]을 선택합니다.
★ 되돌리기를 할 내용은 256개까지 차례로 기억됩니다. 그러나 문서 편집에 해당되지 않는 작업 즉, 저장하기, 도구 상자 편집, 화면 확대 등과 같은 작업은 기억되지 않습니다.

블록 지정하기

• **키워드** : 블록 설정, 블록 상태에서의 작업
• **예제 파일** : 시작 파일\내용증명서.hwp

블록이란 편집 기능이 적용될 범위를 미리 지정하는 것입니다. 본문의 일부 내용을 복사하거나 지울 때 글자 모양이나 문단 모양을 바꿀 때 먼저 원하는 곳을 영역 지정하여 각종 기능을 적용할 수 있습니다.

01 블록으로 지정할 곳으로 커서를 이동합니다. 여기에서는 첫 줄을 블록으로 지정합니다. 단축키 F3과 End를 누릅니다.

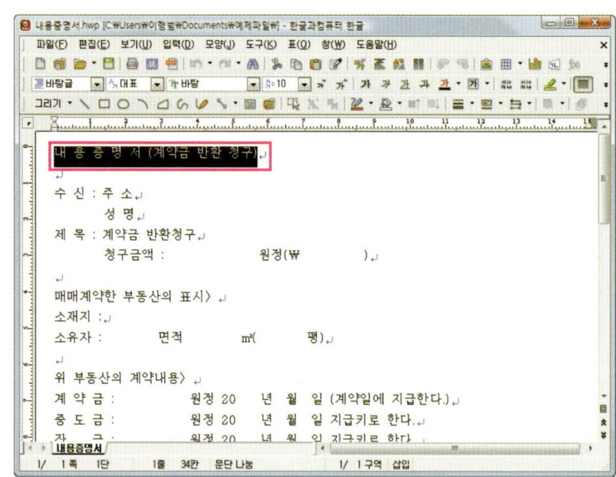

쌩초보 레벨업

블록 설정 방법

★ 블록이 설정되는 영역은 역상으로 바뀌며 이 부분이 블록으로 설정된 곳입니다.

★ 블록을 지정할 부분에 마우스 포인터를 이동한 후 마우스 왼쪽 단추를 누른 채 드래그하여 블록 설정 후 마우스 왼쪽 단추를 놓습니다.

★ Shift를 누른 상태에서 커서 이동키를 눌러 설정하거나 Shift를 누른 상태에서 블록으로 지정할 마지막 부분으로 마우스 포인터를 이동한 후 클릭합니다.

★ 블록으로 지정된 부분으로 해제하려면 Esc를 누르거나 마우스로 편집 화면을 클릭합니다.

02 다음과 같이 한 문단을 블록으로 설정하려면 F3을 연속으로 세 번 누릅니다.

> **Note** F3을 두 번 누르면 낱말이 블록으로 설정되며(=마우스 두 번 클릭), F3을 세 번 누르면 문단이 블록으로 설정됩니다.(=마우스 세 번 클릭)

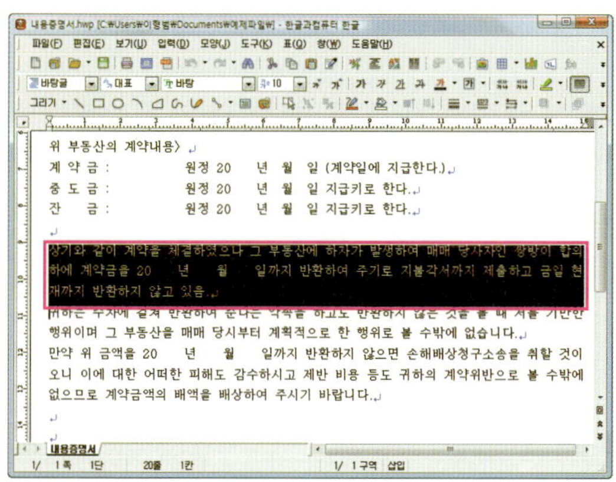

03 다음과 같이 문서 전체를 블록으로 설정하려면 F3을 연속으로 네 번 누릅니다. 또는 [편집]-[모두 선택]이나 단축키 Ctrl+A을 누릅니다.

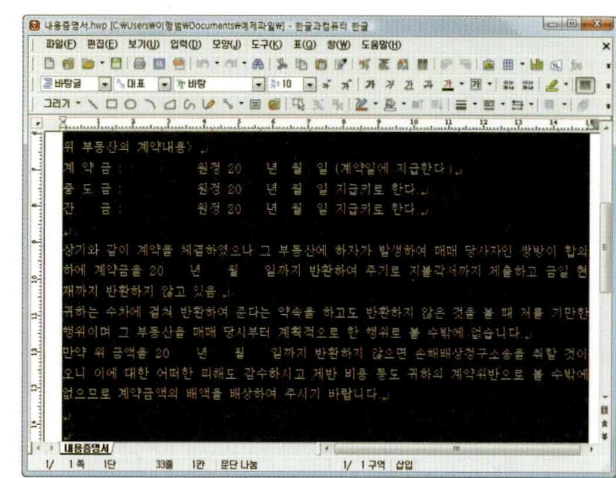

04 편집 화면의 왼쪽 여백으로 마우스 포인터를 이동하여 클릭하면 한 줄이 블록으로 설정됩니다.

> **Note** 왼쪽 여백에 마우스 포인터를 이동시킨 후 마우스 왼쪽 단추를 한 번 누르면 한 줄이 블록으로 설정되고 두 번 누르면 한 문단이 블록으로 설정됩니다. 왼쪽 여백에 마우스 포인터를 이동시킨 후 마우스 왼쪽 단추를 세 번 누르면 문서 전체가 블록으로 설정됩니다.

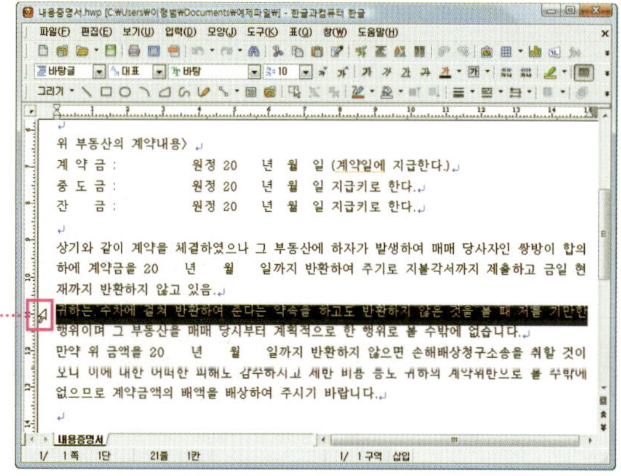

쌩초보 레벨업

블록 상태에서 작업

★ 복사하기, 오려 두기, 지우기, 글자 바꾸기, 한글로 바꾸기, 모양 복사 적용, 로마자 변환, 블록 계산, 소트, 상용구 등록, 문자열을 표로 등의 작업은 반드시 블록을 설정해야만 실행할 수 있습니다.

★ 선택 표시가 되어 있는 메뉴를 선택하면 해제되고, 해제된 상태에서 선택하면 설정됩니다.

★ 블록이 설정된 상태에서 내용을 입력하면, 블록으로 설정한 내용이 없어지면서 새로운 내용이 입력됩니다.

복사하기

편집 화면의 내용을 일부 또는 전체를 선택하여 윈도우의 임시기억장소인 클립보드에 저장한 후 원하는 곳에 붙여 넣을 수 있습니다. 따라서 이미 입력되어 있는 내용이 다른 곳에서 또 필요할 경우 블록 복사하여 붙여 넣으면 간단하게 문서를 작성할 수 있습니다.

01 복사할 내용을 다음과 같이 블록으로 설정한 후 [편집]–[복사하기]나 단축키 Ctrl+C 를 누릅니다. 화면상에는 아무런 반응이 나타나지 않습니다. Esc 를 눌러 블록을 해제합니다.

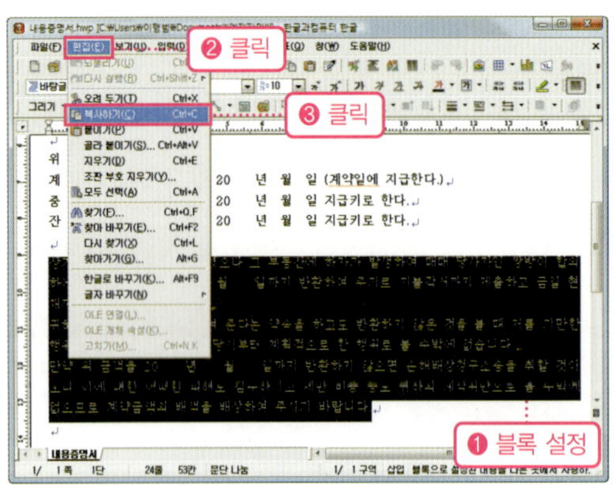

02 복사한 내용이 붙여질 곳으로 커서를 이동합니다. 여기에서는 커서를 문서 끝으로 이동(Ctrl +Page Down)한 후 Ctrl+Enter 를 눌러 강제로 페이지를 나누었습니다.

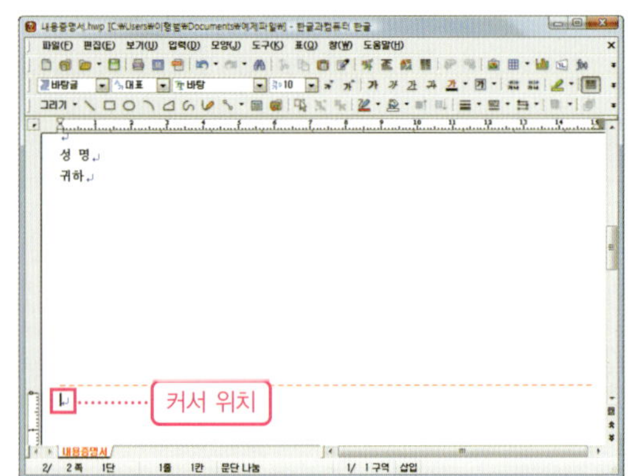

쌩초보 레벨 업

블록이 설정된 상태에서의 메뉴

★ 블록이 설정된 상태에서 사용할 수 없는 명령은 흐리게 표시되고 사용할 수 있는 명령은 진하게 표시됩니다.

★ [복사하기]가 실행되면 블록으로 설정된 부분이 클립보드에 저장됩니다. 클립보드에는 [복사하기]나 [오려두기] 한 내용이 최대 16개까지 기억되며 16개가 넘으면 맨 처음 기억되었던 내용부터 지워집니다.

03 [편집]-[붙이기]나 단축키 Ctrl+V를 누릅니다. 다음과 같이 커서가 있던 곳에서 복사된 내용이 붙여진 것을 확인할 수 있습니다.

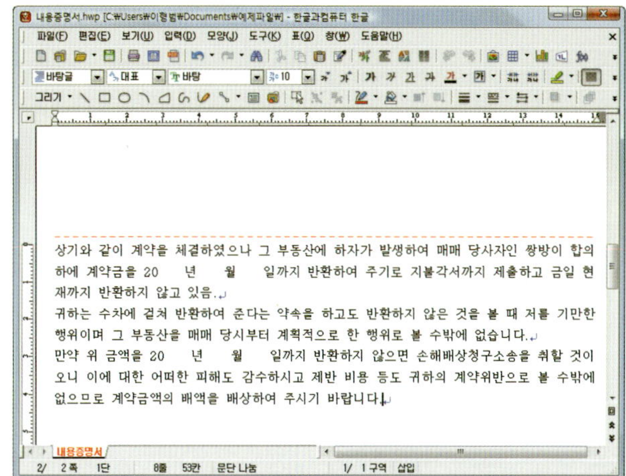

04 이전에 복사한 내용은 클립보드 작업 창을 표시한 후 선택하여 붙여 넣을 수 있습니다. [보기]-[작업 창]-[클립보드]를 선택하고 커서를 붙여 넣기 할 곳으로 이동한 후 클립보드 작업 창에서 붙여 넣을 내용을 클릭합니다.

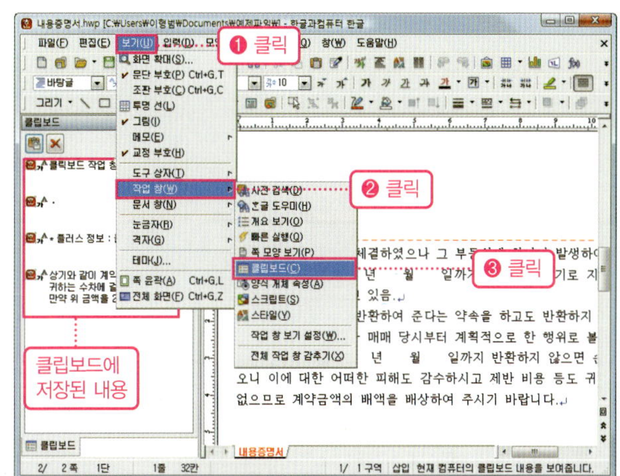

클립보드의 기능

★ 클립보드는 윈도우의 임시기억장소로 한 번 클립보드에 기억된 내용은 여러 번 반복하여 붙여 넣을 수 있습니다.

★ 문서의 일부 내용을 다른 문서에서도 필요할 때 필요한 내용이 있는 문서에서 복사하여 커서를 다른 문서로 이동하여 붙여 넣을 수 있습니다. 따라서 현재 편집하고 있는 문서뿐만 아니라 다른 문서에도 붙일 수 있습니다.

★ 클립보드에 저장된 내용은 한글 프로그램뿐만 아니라 다른 응용 프로그램에서도 같은 방법으로 붙여 넣을 수 있습니다.

★ 클립보드 작업 창에는 복사된 내용에 따라 한글 아이콘, 텍스트 아이콘, 그림 아이콘 중에서 하나를 표시한 후 복사된 내용 일부를 보여줍니다.

★ 클립보드 작업 창의 모두 붙이기(🖺) 아이콘을 클릭하면 기억된 모든 내용을 현재 커서 위치에 순서대로 붙여 넣습니다.

이동하기

블록으로 설정된 부분을 지우면서 그 내용을 클립보드에 기억시킵니다. 이 기능은 이미 입력되어 있는 내용을 다른 위치로 이동할 때 주로 사용됩니다. 클립보드에 기억된 내용은 붙이기를 실행하여 원하는 위치에 다시 붙여 넣어 쓸 수 있습니다.

01 이동할 부분을 다음과 같이 블록으로 설정합니다.

02 [편집]-[오려 두기]나 단축키 Ctrl+X를 누릅니다. 화면에는 블록으로 설정된 부분이 지워집니다. 그 이후의 내용은 오려 두기한 내용까지 당겨집니다.

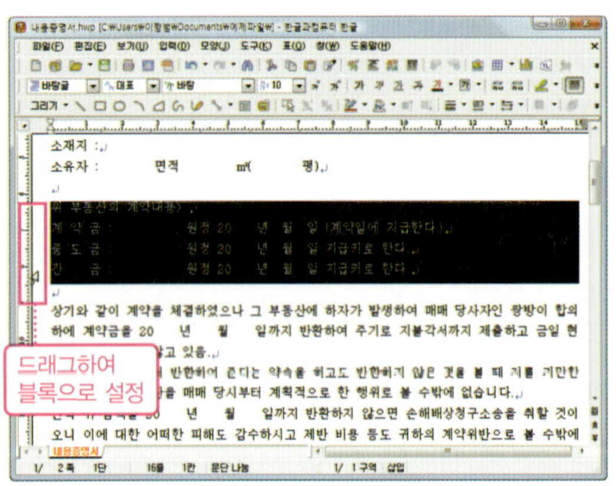

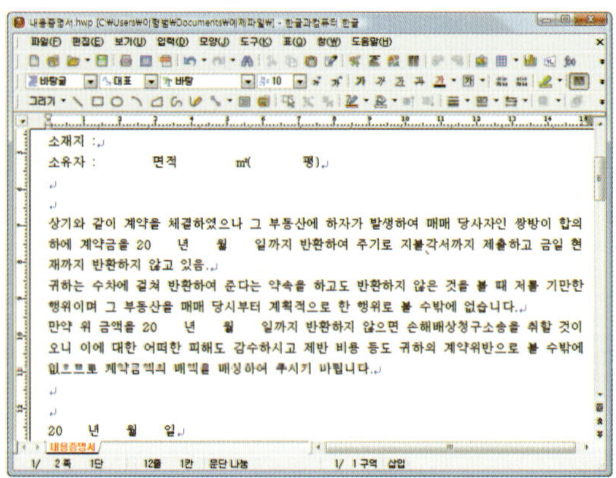

Note 왼쪽 여백 부분으로 마우스 포인터를 이동하여 4줄을 드래그하였습니다.

03 커서를 붙여 넣을 곳으로 이동한 후 [편집]-[붙이기] 또는 단축키 Ctrl+V를 누릅니다. 블록으로 설정되었던 내용이 커서 위치에 삽입됩니다.

28

골라 붙이기

다른 응용 프로그램에서 작업한 내용을 클립보드에 저장한 후 한글 2007 문서에 삽입합니다. 이때 사용자는 텍스트 형식이나 인터넷 문서 형식 그대로 서식을 유지하거나 소스를 골라 붙일 수 있습니다.

01 웹 브라우저나 다른 응용 프로그램에서 블록을 설정하여 [복사]를 선택합니다. 다음 화면은 웹 브라우저에서 영역을 설정하여 마우스 오른쪽 버튼을 눌러 선택하는 화면입니다.

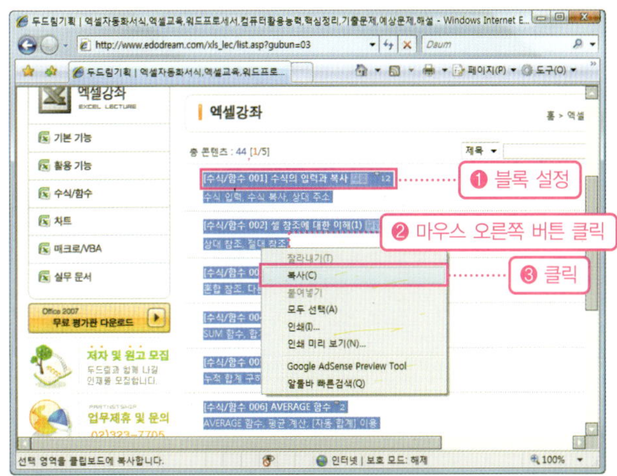

02 한글 2007로 돌아온 후 [편집]–[골라 붙이기]나 단축키 Ctrl + Alt + V 를 누릅니다.

> **Note** 골라 붙이기의 데이터 형식
> - 유니코드 문서 : 전 세계에서 사용되는 모든 문자를 붙여 넣을 수 있습니다.
> - 인터넷 문서 : 웹 브라우저에 표시된 형태대로 붙여 넣을 수 있습니다.
> - 인터넷 문서(XHTML) : 확장된 HTML 태그를 포함하여 붙여 넣습니다.
> - 인터넷 문서 소스 : 인터넷 문서의 기본 형식으로 사용되는 HTML 태그를 포함하여 붙여 넣습니다. HTML(Hyper Text Markup Language)은 웹 브라우저에 하이퍼텍스트 기능을 가진 문서를 만드는 언어를 말합니다.
> - 텍스트 문서 : 가장 기본적인 형태의 정보를 가지고 있는 문서로 일반적인 문자, 숫자 그리고 각종 기호들만 이루어집니다. 이 문서에는 특수한 제어 문자나 그래픽 문자를 포함하지 않습니다.

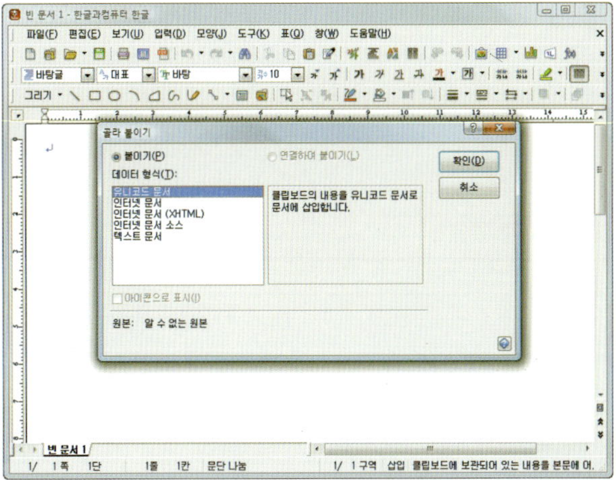

03 [유니코드 문서]나 [텍스트 문서]를 선택하여 붙여 넣으면 다음과 같이 서식 없이 텍스트만 붙여 넣습니다.

 골라 붙일 때 데이터 형식의 [유니코드 문서]나 [텍스트 문서]는 [편집]–[붙이기]의 기능과 같습니다. 그리고 [도구]–[환경 설정]–[코드 형식] 탭의 [클립보드로부터 붙이기] 항목에서 HTML 문서를 붙일 때 형식을 지정할 수 있습니다.

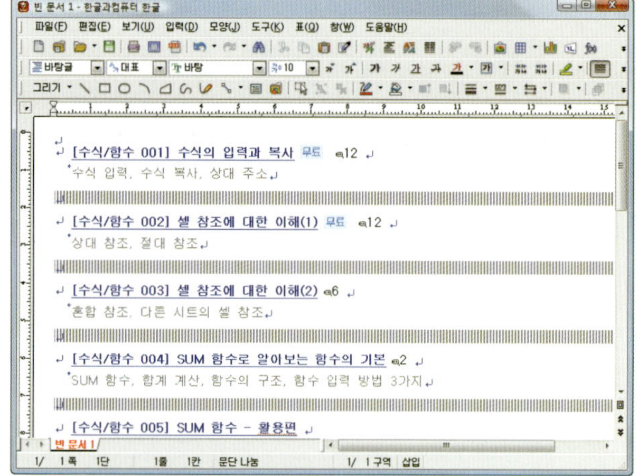

04 "인터넷 문서" 형식을 선택하여 붙여 넣기 하면 웹 브라우저에서 표시된 모양과 같은 모양으로 붙여 넣어 집니다.

 인터넷 문서 붙여 넣기
- 인터넷 형식의 문서는 하이퍼텍스트도 포함하여 붙여 넣어집니다.
- Table 태그를 이용하여 인터넷 문서를 만든 문서는 한글 2007에 붙여 넣어도 표 안에 표시됩니다.
- 인터넷의 그림을 복사하면 [장치 독립 비트맵] 형식이 표시됩니다. 즉, 독립적인 그림으로 편집 화면에 삽입됩니다.

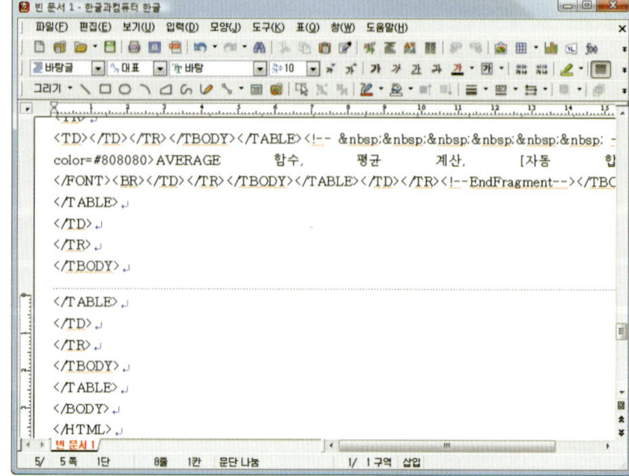

05 [인터넷 문서 소스] 형식을 선택하여 붙여 넣기 하면 HTML 태그를 포함하여 붙여 넣어 집니다.

06 폴더 창의 데이터 파일을 선택하여 복사한 후 [편집]-[골라 붙이기]를 선택합니다. [붙이기] 옵션이나 [연결하여 붙이기] 옵션을 선택할 수 있습니다.

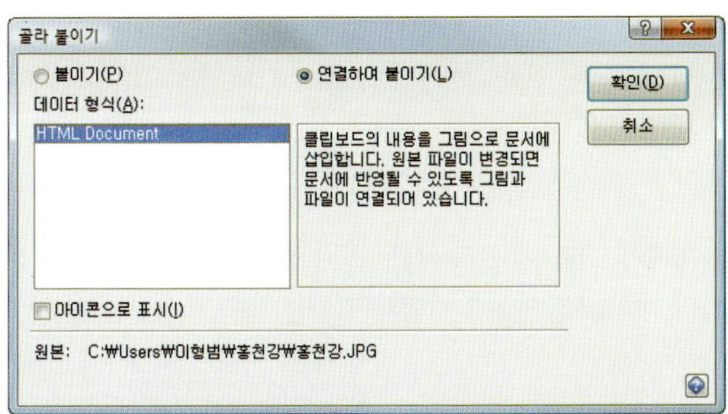

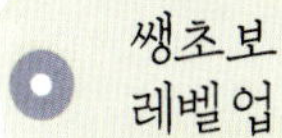

골라 붙이기 대화상자의 기능

★ **연결하여 붙이기** : 원본 파일과 연결되므로 원본의 내용이 변경되면 문서에 삽입된 그림이나 파일 내용이 함께 반영됩니다.
★ **비트맵 이미지** : 복사한 데이터 형식이 그림 파일일 경우 표시됩니다.
★ **Package** : 복사한 데이터 형식이 폴더일 경우 표시됩니다.
★ **한글과컴퓨터 한글 문서** : 복사한 데이터 형식이 한글 문서일 경우 표시됩니다.
★ **Microsoft Office Excel 97-2003 워크시트** : 복사한 데이터 형식이 엑셀 문서일 경우 표시됩니다.
★ **아이콘으로 표시** : 복사한 파일의 내용이 삽입되지 않고 아이콘으로 표시됩니다. 삽입된 아이콘을 더블클릭하면 연결된 프로그램이 실행되면서 내용을 확인할 수 있습니다.

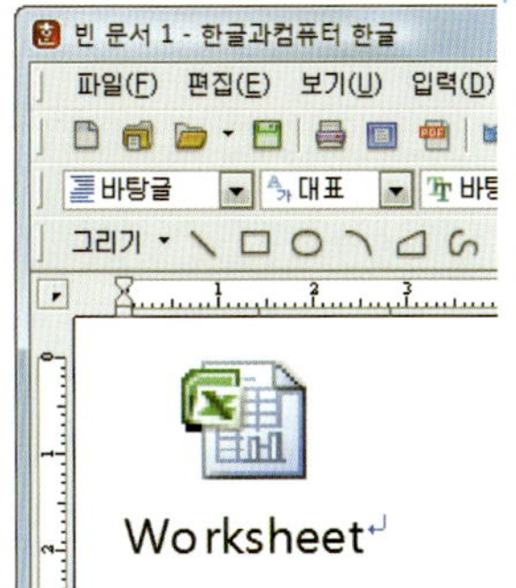

29

글자 모양 바꾸기

• 키워드 : 글자 모양, [글자 모양] 대화 상자
• 예제 파일 : 시작 파일\손익계산서.hwp

입력할 내용이나 입력된 내용을 블록으로 설정하여 글자 모양을 일괄적으로 변경합니다. 글자 모양은 글꼴이나 글자 크기, 장평, 자간 등을 지정할 수 있고 글자 색 및 글자 속성(기울림(이태릭체), 진하게, 그림자, 외곽선, 첨자 등)을 지정할 수 있습니다.

01 글꼴을 변경할 제목 부분을 블록으로 설정한 후 [모양]-[글자 모양]이나 단축키 Alt+L을 누릅니다. 글자 모양을 변경하는 대화상자에서 [기본] 탭의 글꼴을 클릭하여 "견명조"로 선택합니다.

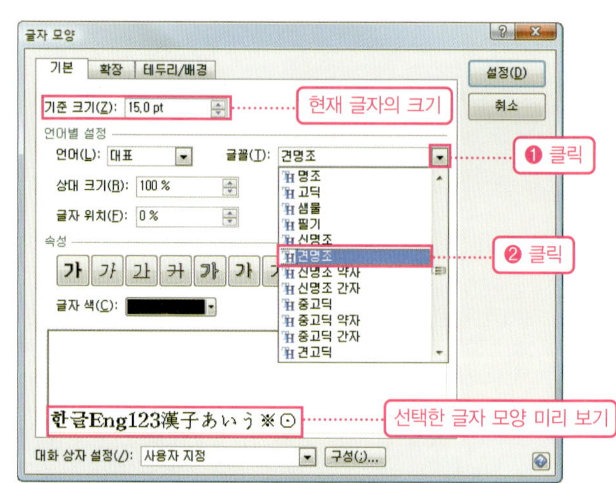

언어별 설정 그룹

★ **언어** : "대표"가 선택되어 있으면 한글, 영문, 한자, 일어, 외국어, 기호 등이 선택한 글꼴로 모두 변경됩니다. 만일 [한글]로 선택하면 블록으로 설정된 영역에서 한글만 선택한 글꼴로 변경됩니다.

★ **상대 크기** : 한글, 영문, 한자 등을 섞어 쓴 경우 글꼴 크기가 서로 조화를 이루지 못할 때 각 언어별로 적당한 상대 크기를 정할 수 있습니다.

★ **글자 위치** : 글자를 기준 위치에서 위나 아래로 이동합니다. 지정할 수 있는 범위는 −100~100%까지 이며 음수 값을 지정하면 기준선 위에, 양수 값을 지정하면 기준선 아래에 위치합니다.

02 다음과 같이 글꼴이 변경됩니다.

Note 서식 도구 상자에서 크기나 글꼴 등을 선택하여 바로 적용할 수 있습니다.

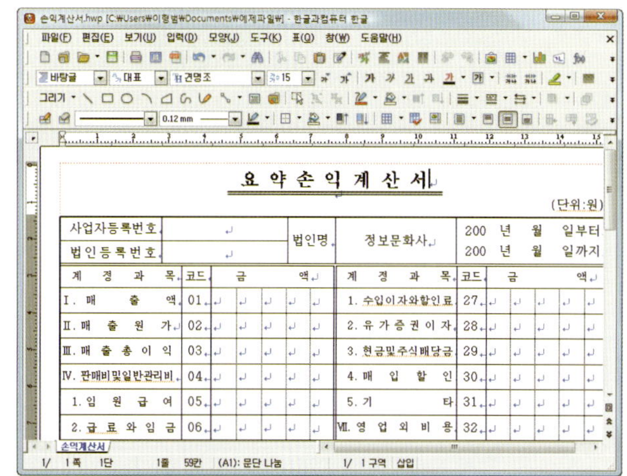

03 다음과 같이 마우스로 끌어 셀 블록을 지정합니다.

Note 셀 블록은 표에서 일정 영역을 지정하는 것으로 F5 키를 이용하거나 마우스로 드래그하여 지정할 수 있습니다.

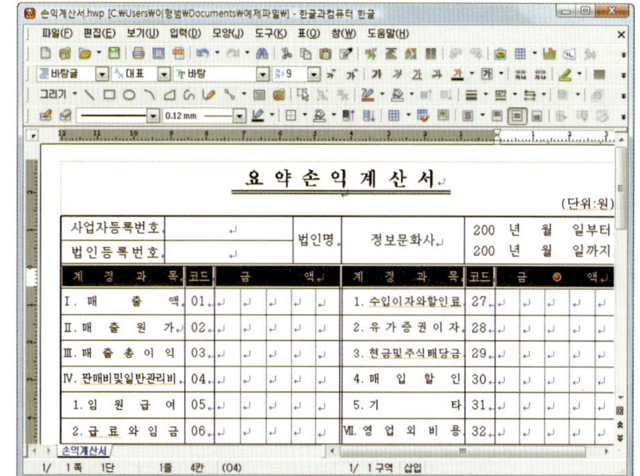

04 서식 도구 상자의 글꼴 선택란에서 [굴림]을 선택하고 진하게(가) 아이콘을 클릭합니다.

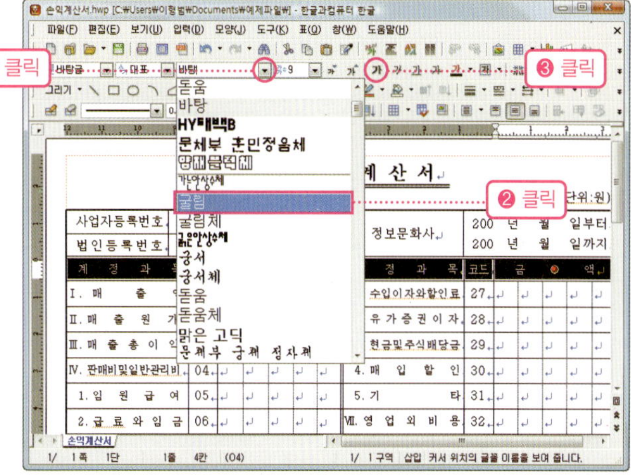

05 계정과목의 로마자 숫자로 입력된 셀을 다음과 같이 선택한 후 글꼴을 "굴림"으로 크기를 "9pt"로 지정합니다.

[Note] 떨어져 있는 여러 셀을 선택할 때는 [Ctrl] 키를 누른 상태에서 선택합니다.

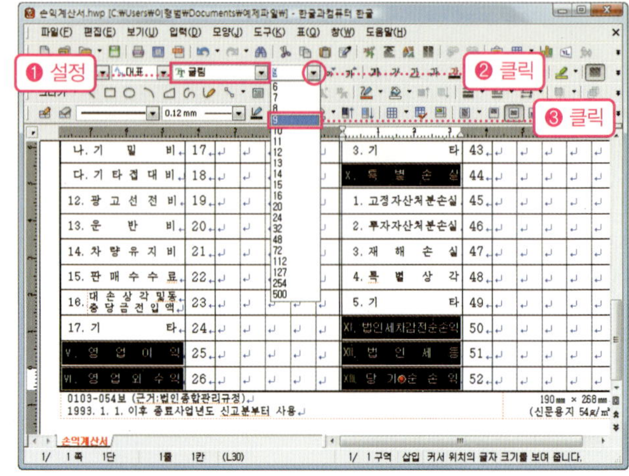

글꼴 다양하게 지정하기

★ 한글에서 사용하는 글자 크기 단위는 포인트(pt), 센티미터(cm), 인치(inch), 파이카(pi), 밀리미터(mm), 급(geup), 픽셀(px), 글자(ch)가 있으며 기본적으로 포인트 단위를 사용합니다. 1pt=0.35mm이고 1inch=2.54mm이며 14.2geup=10pt와 같습니다.

★ 단위의 변경은 크기 입력 상자에서 마우스 오른쪽 버튼을 눌러 선택할 수 있습니다.

★ 장평이란 글자의 가로/세로 비율입니다. 지정할 수 있는 범위는 50~200%이며 100%를 기준으로 작으면 홀쭉한 글자가 되고 크면 옆으로 퍼진 글자가 됩니다.

> 장평 50% : 맛있는 정보! 정보문화사
> 장평 100% : 맛있는 정보! 정보문화사
> 장평 150% : 맛있는 정보! 정보문화사
> 장평 200% : 맛있는 정보!

★ 자간이란 글자와 글자 사이의 간격을 말합니다. 지정할 수 있는 범위는 −50~50%이며 0을 기준으로 작은 숫자를 입력하면 글자와의 간격이 좁아지고 큰 숫자를 입력하면 글자와의 간격이 넓어집니다.

> 자간 −50% : 맛있는 정보! 정보문화사
> 자간 −25% : 맛있는 정보! 정보문화사
> 자간 0% : 맛있는 정보! 정보문화사
> 자간 25% : 맛있는 정보! 정보문화사
> 자간 50% : 맛있는 정보! 정보문화사

★ 속성은 글자를 멋지게 꾸밀 수 있는 기능으로 하나의 글자에 여러 개의 속성을 부여할 수 있습니다. 기본으로 제공되는 기울임, 진하게, 밑줄, 외곽선, 그림자, 양각, 음각, 위 첨자, 아래 첨자, 글자색, 음영색 그리고 [확장] 탭에서 제공되는 그림자 위치, 밑줄 위치, 외곽선 모양과 강조점, 글꼴에 어울리는 빈 칸, 커닝(영문을 입력할 때 두 글자 사이의 간격 조정 기능) 등의 속성을 지정할 수 있습니다.

30

형광펜 사용하기

• 키워드 : 형광펜, 형광펜 색상 변경
• 예제 파일 : 시작 파일\내용증명서.hwp

문서를 여러 사람이 공동으로 작성하거나 회람할 때 문서의 중요한 부분을 표시할 수 있는 기능입니다. 필요시 형광펜으로 표시한 부분을 인쇄할 수 있으며 글자 모양에서 음영을 주는 것 보다 간편하게 표시할 수 있습니다.

01

서식 도구 모음의 형광펜(🖍️▼) 아이콘을 클릭합니다. 마우스 포인터가 변경되고 표시할 부분으로 이동하여 마우스 왼쪽 버튼을 누른 상태에서 드래그합니다.

Note 마우스로 드래그하면 표시될 부분이 역상으로 변합니다.

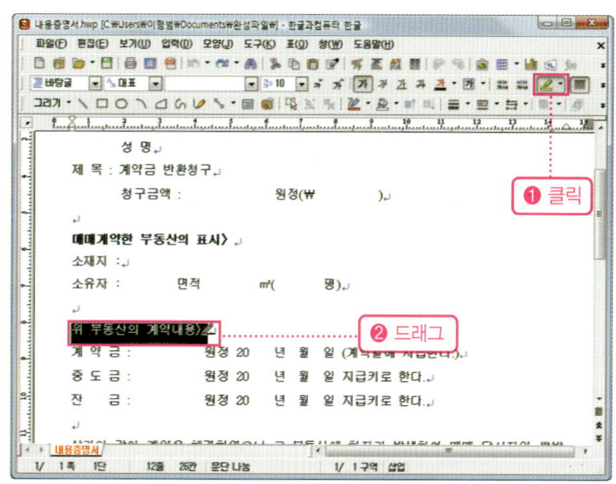

02

표시될 부분 마지막에서 마우스 왼쪽 단추를 놓으면 형광펜에서 선택된 색상으로 변합니다.

Note 형광펜 색상을 변경하려면 형광펜 아이콘 오른쪽의 확장 화살표를 눌러 원하는 색상을 클릭하면 됩니다.

03 형광펜으로 표시된 색상을 지우려면 지우고자 하는 곳으로 이동하여 다시 드래그합니다.

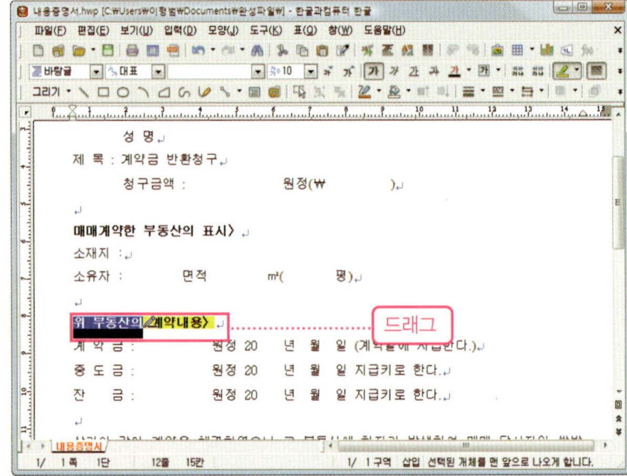

04 형광펜 색상을 사용자가 원하는 색으로 선택한 후 다음과 같이 표시해 봅니다.

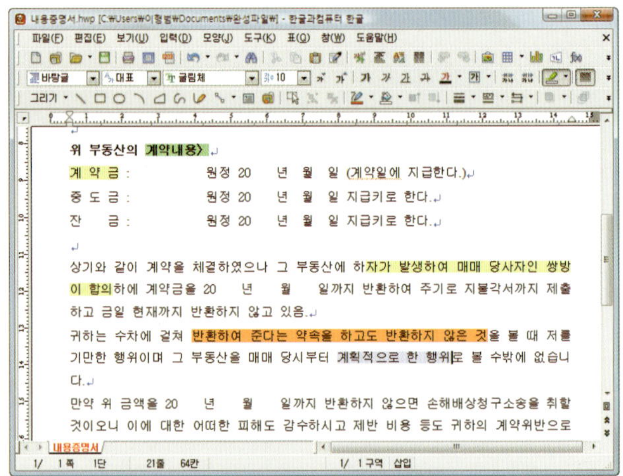

05 형광펜으로 표시된 색상을 지울 때는 같은 색상일 경우에만 지울 수 있습니다. 따라서 다른 색상을 지울 때는 한 번 더 표시한 후 지우면 됩니다.

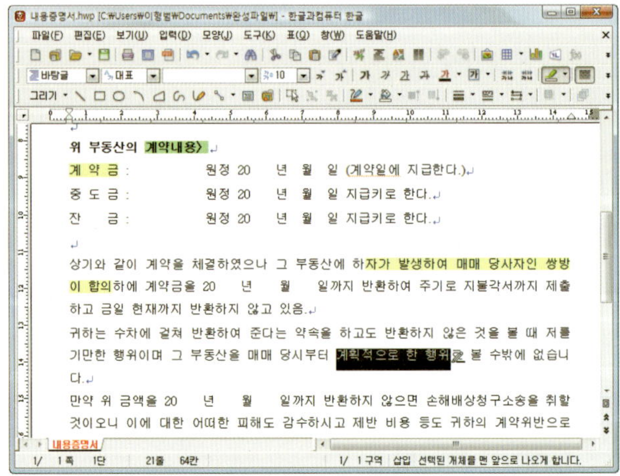

문단 정렬하기

3

• 키워드 : 문단 모양, 문단 정렬
• 예제 파일 : 시작 파일\서울여성영화제.hwp

문단이란 문맥에 따라 줄이 바뀌는 부분입니다. 한글에서는 사용자가 Enter 를 누른 곳까지 문단이라고 부릅니다. 문단 정렬을 실행하면 커서가 있는 위치의 문단이 적용되고 나머지 문단에는 영향을 미치지 못합니다. 여러 문단에 같은 모양을 적용할 때는 블록으로 설정하여 바꿀 수 있습니다.

01 첫 줄을 블록으로 설정한 후 글꼴은 "굴림" 크기는 "13"으로 설정합니다. Esc 를 눌러 블록을 해제합니다.

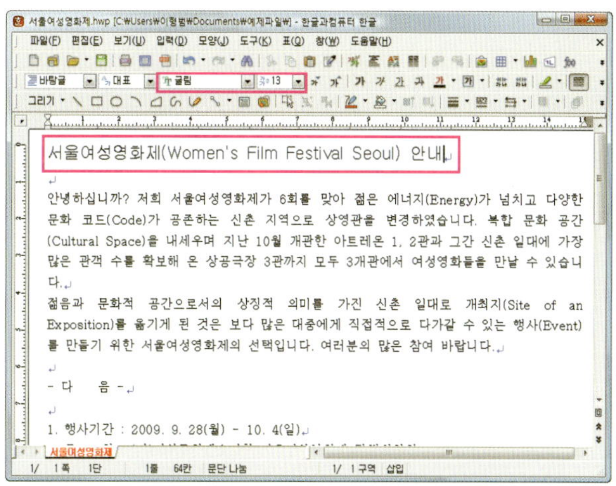

02 [모양]–[문단 모양]이나 단축키 Alt + T 를 누릅니다.

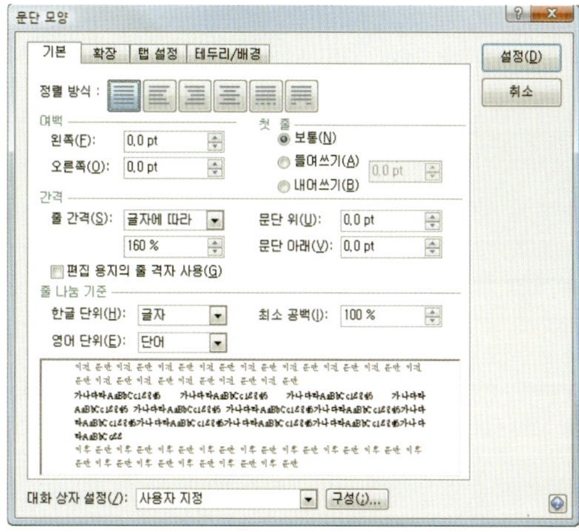

03 가운데 정렬을 클릭하고 [설정] 단추를 누릅니다.

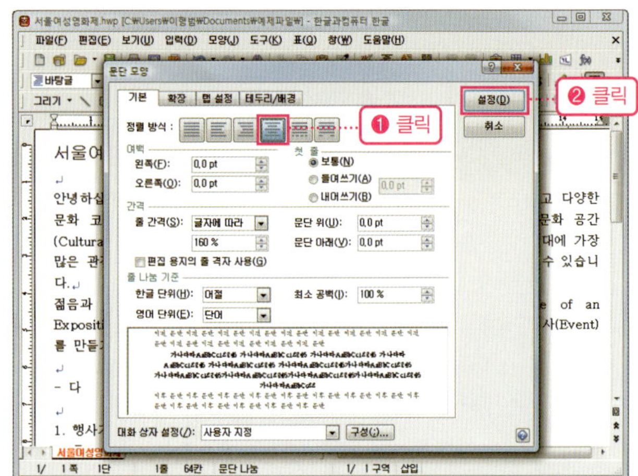

04 커서가 있는 문단이 가운데 정렬됩니다.

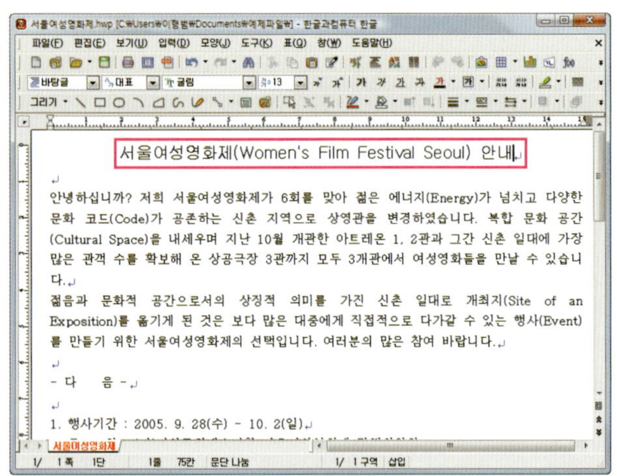

문단 모양의 정렬 방식

★ 커서 위치의 문단 모양이나 글자모양은 Enter 를 누르면 다음 문단에도 그대로 적용됩니다.
★ 양쪽 정렬(▤) : 문서의 양쪽 끝을 가지런하게 맞춥니다.
★ 왼쪽 정렬(▤) : 왼쪽 선을 기준으로 맞춥니다.
★ 오른쪽 정렬(▤) : 오른쪽 선을 기준으로 맞춥니다.
★ 가운데 정렬(▤) : 글자를 가운데로 모읍니다. 제목이나 표 내에서 주로 사용됩니다.
★ 배분 정렬(▤) : 문서의 양쪽 끝을 맞추되 글자 사이를 일정하게 띄우는 정렬 방식입니다.
★ 나눔 정렬(▤) : 문서의 양쪽 끝을 맞추되 낱말 사이를 일정하게 띄우는 정렬 방식입니다.

05 "– 다　음 –"이 입력된 곳으로 커서를 이동하여 서식 도구 모음의 가운데 정렬을 클릭합니다.

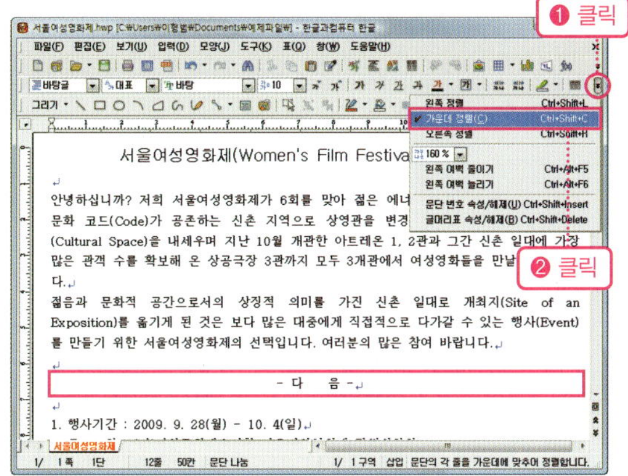

 한글 2007의 화면 크기가 위의 그림보다 클 경우 가운데 정렬(≡)을 클릭합니다.

07 편집 화면 마지막 부분으로 커서를 이동하여 다음과 같이 블록을 설정합니다. 여러 문단을 한 번에 정렬하려면 정렬할 문단을 모두 블록으로 설정합니다.

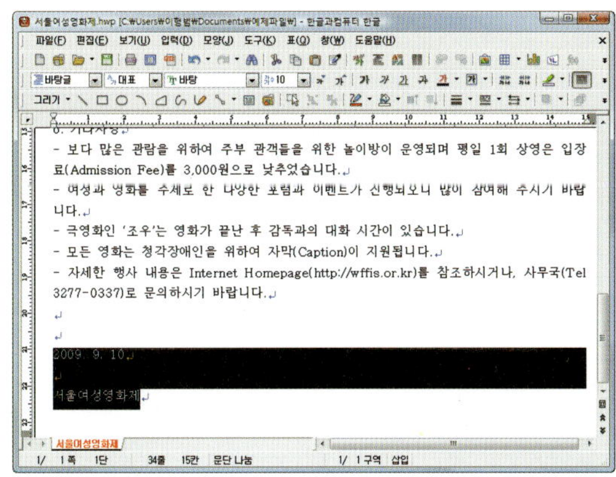

06 다음과 같이 표를 블록으로 설정한 후 서식 도구 모음의 가운데 정렬을 클릭합니다.

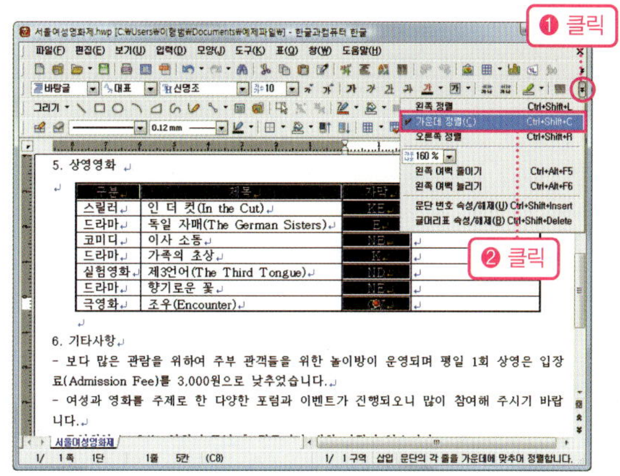

 서로 떨어져있는 셀은 Ctrl 키를 누른 상태에서 마우스를 클릭해 블록을 설정할 수 있습니다.

08 서식 도구 모음의 가운데 정렬을 클릭합니다. 블록을 해제하려면 Esc 를 누릅니다.

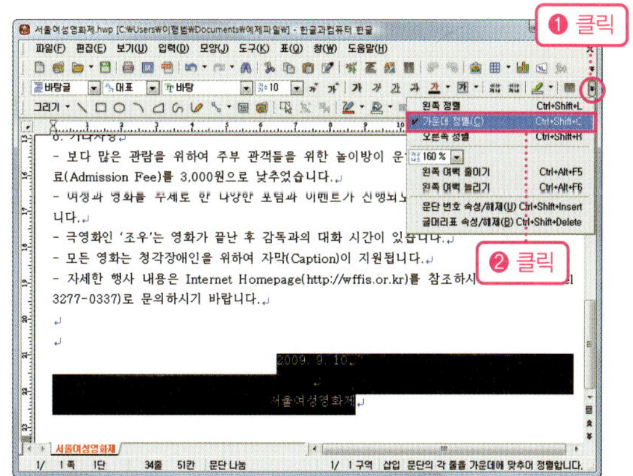

32

문단 여백과 줄 간격 지정하기

• 키워드 : 문단 여백, 줄 나눔 기준, 줄 간격
• 예제 파일 : 시작 파일\서울여성영화제1.hwp

현재 문단의 왼쪽 여백과 오른쪽 여백을 지정합니다. 문단 여백은 편집 용지의 왼쪽과 오른쪽 여백을 지정한 데서 다시 추가로 남길 여백을 지정하는 기능이고 줄 간격은 입력된 내용의 줄과 줄 사이의 간격을 지정합니다.

01 예제 파일의 첫 단락으로 커서를 이동한 후 [모양]–[문단 모양]을 선택하거나 단축키 Alt + T 를 누릅니다. 왼쪽 여백과 오른쪽 여백을 각각 "10"으로 설정합니다.

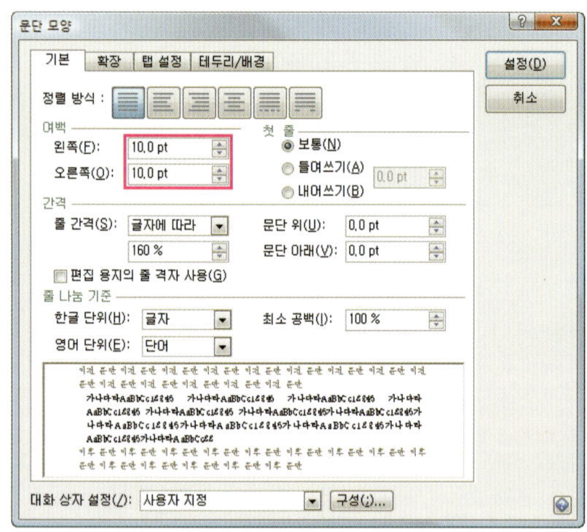

쌩초보 레벨 업

문단 모양의 각 항목 기능

★ **줄 간격** : [글자에 따라] % 단위로 입력하는 비례 줄 간격과 [고정 값]이나 [여백만 지정]은 정해진 단위로 입력됩니다. 즉, 현재 줄의 글씨 위에서 다음 줄의 글씨 위까지를 입력한 길이만큼 일정하게 띄웁니다.

★ **문단 위/아래** : 커서를 기준으로 현재 문단의 위나 바로 다음 문단의 아래 여백을 지정할 수 있습니다. 즉, 문단과 문단 사이의 여백을 줄 간격과 별도로 지정할 수 있습니다.

★ **줄 나눔 기준** : 한 낱말의 일부분이 오른쪽 여백에 걸려서 낱말 전체가 다음 줄로 넘어가면 낱말과 낱말 사이의 간격이 넓어집니다. 이런 경우 마지막에 걸리는 낱말을 어떤 기준으로 걸리지 않게 할지 지정합니다.

02 [설정] 단추를 누르면 다음과 같이 왼쪽과 오른쪽 여백이 지정한 숫자만큼 띄어집니다.

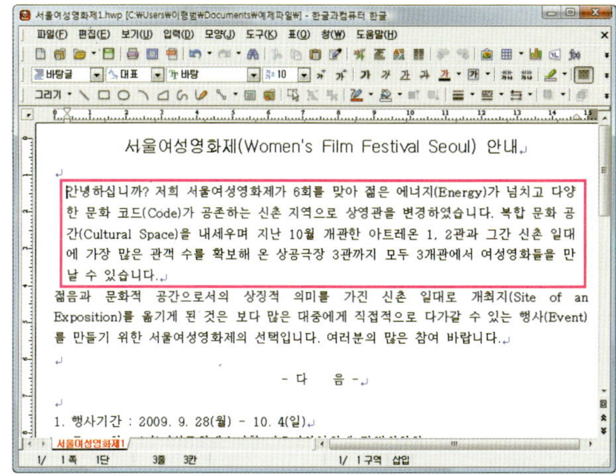

03 문단과 문단 사이의 간격을 설정해 봅니다. [모양]-[문단 모양]을 선택하거나 단축키 Alt + T 를 누르고 [문단 아래]를 "20"으로 설정합니다.

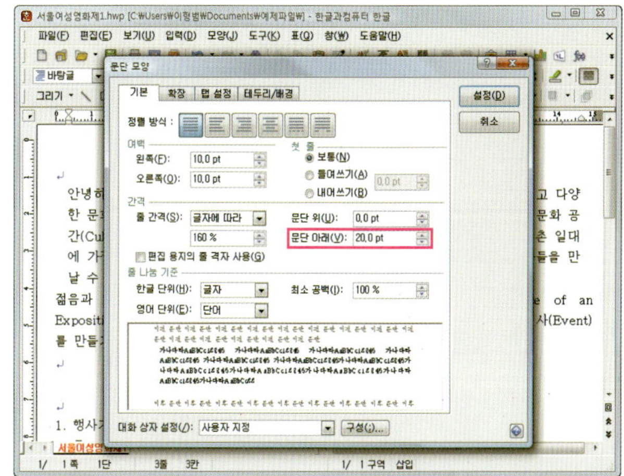

04 다음과 같이 현재 커서가 있는 문단 아래의 간격이 넓어집니다.

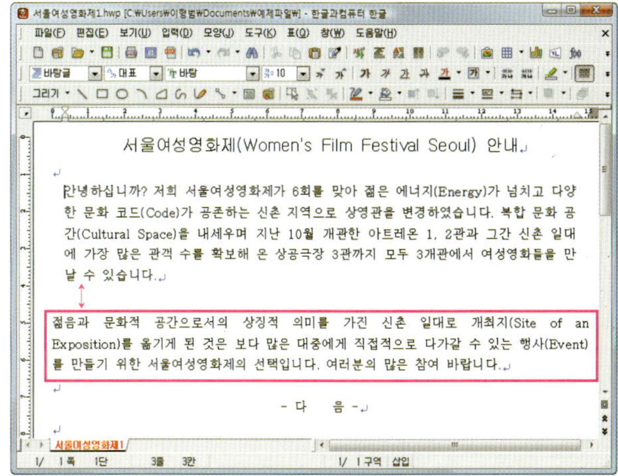

05 다음 문단의 [줄 나눔 기준]을 지정해 봅니다. 현재 영어 단위는 단어로 설정되어 있기 때문에 한 단어 (Exposition) 전체가 다음 줄로 이동되어 있습니다. 커서를 다음 문단으로 이동한 후 단축키 [Alt]+[T]를 누릅니다. [영어 단위]를 [글자]로 선택하고 [설정] 단추를 누릅니다.

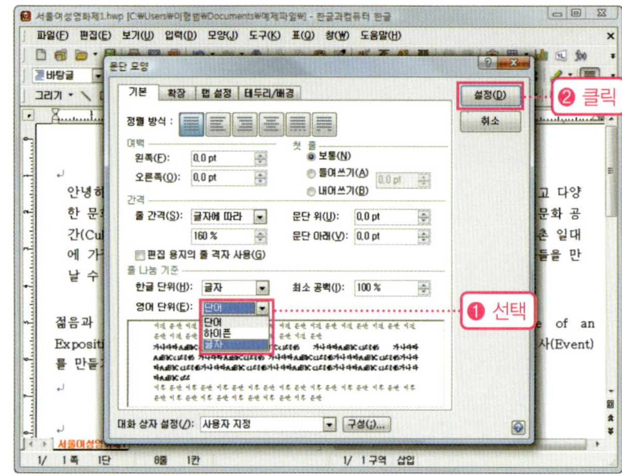

06 다음 화면과 같이 영어 글자 단위로 다음 줄로 줄 나누기가 설정됩니다.

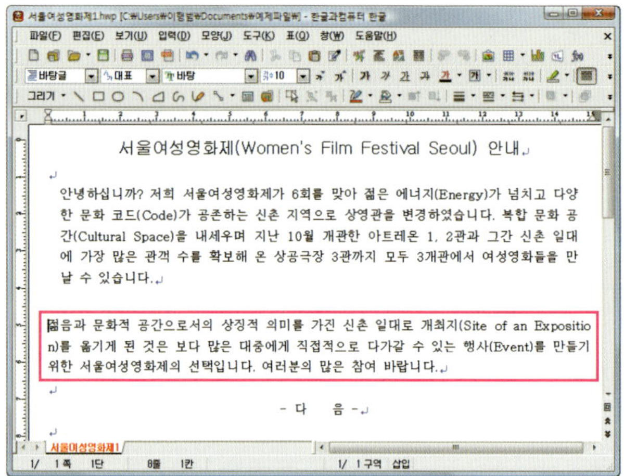

07 기본 도구 상자의 취소(⬅) 아이콘을 눌러 이전 상태로 되돌립니다. 영어 단어의 [줄 나눔 기준]이 [단어]로 되돌집니다. 단축키 [Alt]+[T]를 눌러 [최소 공백]을 "80"으로 설정합니다.

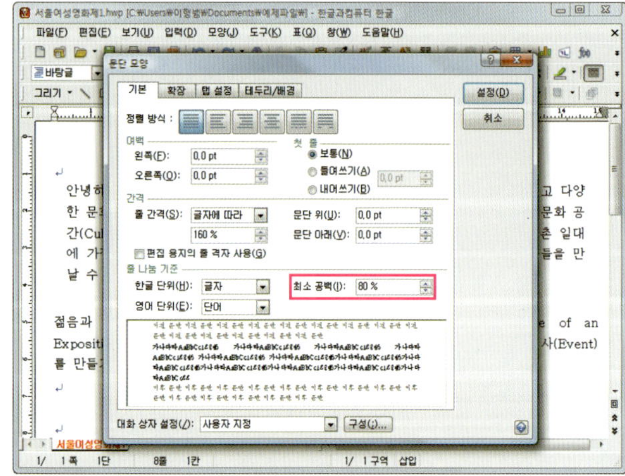

08 낱말과 낱말 사이의 간격을 좁혀 영어 단어가 잘려진 것을 방지할 수 있습니다.

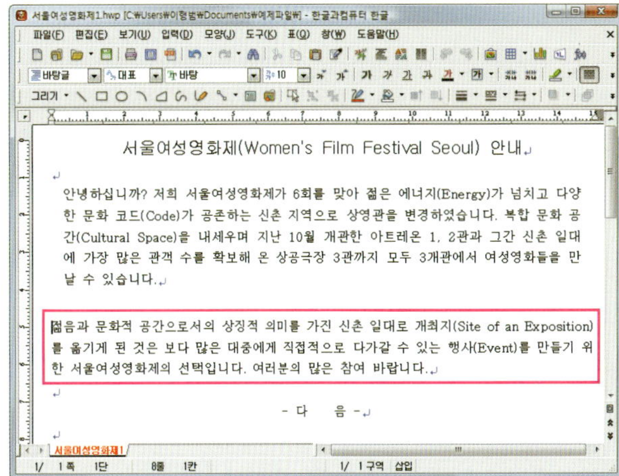

09 줄 간격을 넓혀보도록 하겠습니다. 다음과 같이 블록을 설정합니다.

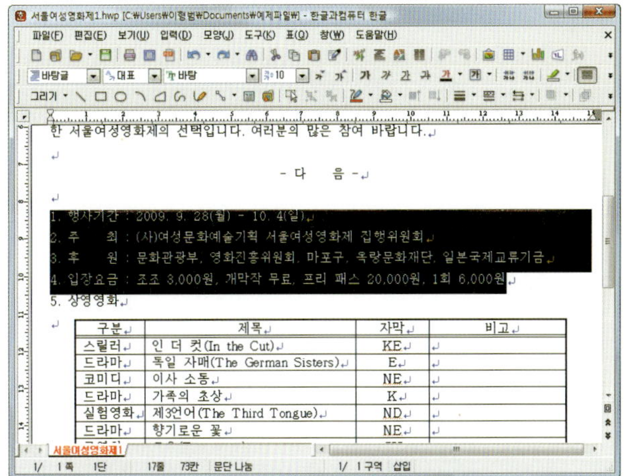

10 단축키 Alt+T를 눌러 줄 간격을 "250"으로 지정하고 [설정] 단추를 누릅니다. 줄 간격이 넓혀진 것을 확인할 수 있습니다.

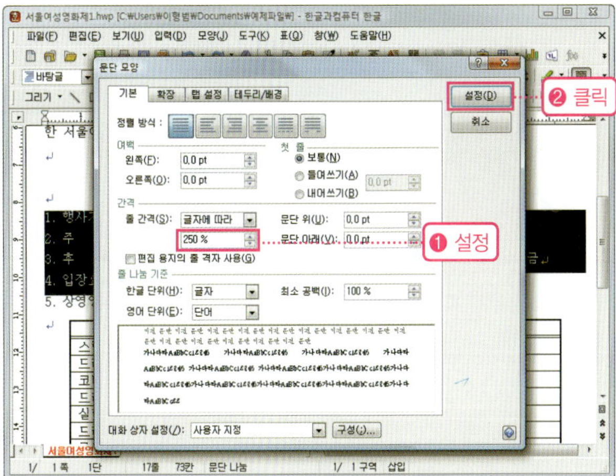

11 다음과 같이 블록을 설정한 후 내어쓰기를 지정해
봅니다.

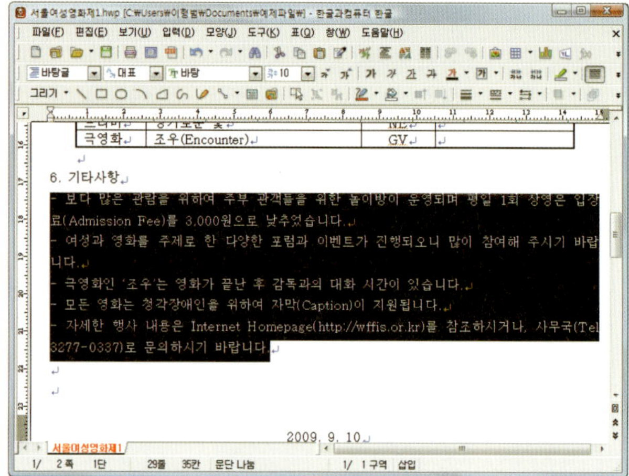

12 단축키 [Alt]+[T]를 눌러 [왼쪽] 여백을 "15"로 지정
하고 [내어쓰기]를 "11"로 지정한 후 [설정] 단추를
누릅니다.

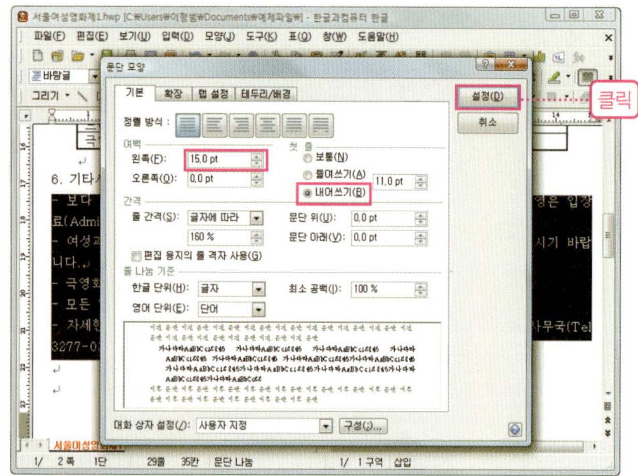

13 다음과 같이 왼쪽 여백이 15pt 만큼 띄어졌고 첫 행
은 11pt 만큼 내어쓰기 되었습니다.

[Note] 첫 번째 줄의 시작 지점에 상관없이 현재 커서 위치를 문단의 시작점으
로 하는 첫 줄 내어쓰기를 하려면 [Shift]+[Tab] 을 누릅니다.

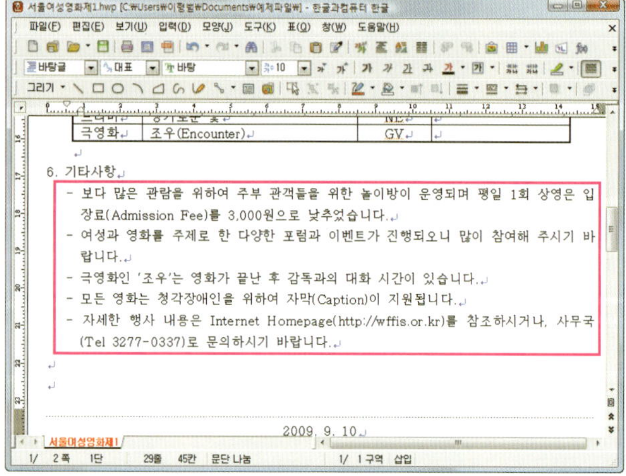

33

문단 테두리로 꾸미기

• 키워드 : 문단 테두리, 문단 여백 무시
• 예제 파일 : 시작 파일\각서.hwp

여러 문단으로 이루어진 문서를 특정 문단에 테두리를 넣어 보기 좋게 꾸밀 수 있는 기능입니다. 테두리 모양은 11가지의 선 종류 중에 선택할 수 있으며 테두리가 그려질 방향을 선택하여 다양한 선을 적용할 수 있습니다.

01 문단 테두리를 지정할 문단에 커서를 위치한 후 [모양]-[문단 모양]이나 단축키 [Alt]+[T]를 눌러 [테두리/배경] 탭을 선택합니다. 여기에서는 커서를 "각서"에 위치하였습니다. 테두리 종류를 선택하면 굵기와 색이 선택한 테두리에 맞게 지정됩니다. 선의 굵기나 색을 다른 색으로 선택할 수 있습니다.

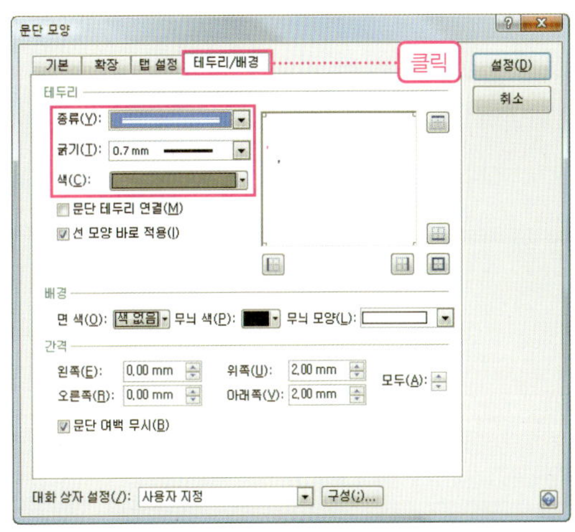

쌩초보 레벨업

테두리/배경의 항목

★ **문단 테두리 연결** : 두 개 이상의 문단에 대하여 현재 문단과 이어지는 다음 문단들을 하나의 문단 테두리로 연결합니다.

★ **선 모양 바로 적용** : 이 항목이 선택되면 테두리가 그려질 방향이 선택된 상태에서 선의 종류를 선택하면 테두리 모양을 바로 미리 보기에서 확인할 수 있습니다. 이 항목이 해제되어 있다면 선의 종류를 선택한 후 테두리 방향 단추를 눌러야만 해당 테두리의 모양을 확인할 수 있습니다.

★ **미리 보기의 상하좌우, 모두 단추** : 선택한 테두리의 종류와 굵기, 색을 적용할 테두리 위치를 정합니다. 현재 모양과 이전 모양으로 번갈아가며 적용됩니다.

02 미리 보기의 모두(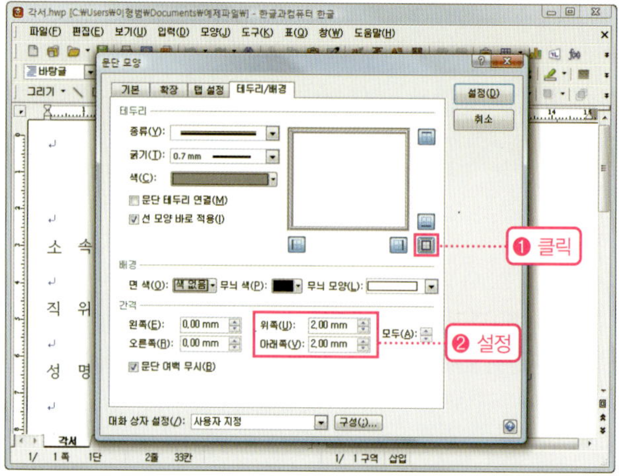) 아이콘을 클릭하고 낱말과의 간격을 지정합니다.

Note 간격 그룹에서 [모두]의 증감 단추를 누르면 왼쪽, 오른쪽, 위쪽, 아래쪽 간격을 동시에 지정할 수 있습니다.

03 [문단 여백 무시] 옵션이 선택되어 있지 않으면 클릭하여 선택합니다. 이 항목에 체크하면 [모양]-[편집 용지]에서 정한 편집 쪽 여백을 무시하고 본문이 입력된 부분만 테두리가 그려집니다.

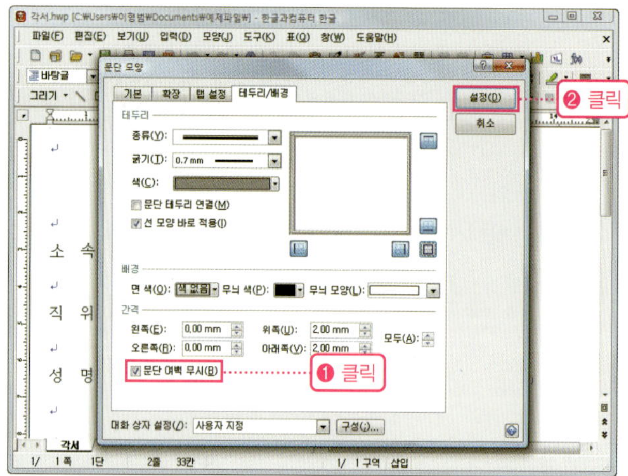

04 [설정] 단추를 누르면 다음과 같이 커서가 위치한 문단에 테두리가 그려집니다.

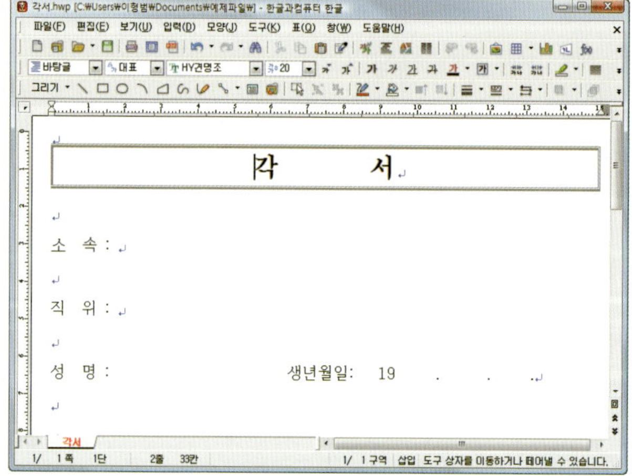

배경색으로 문단 꾸미기

• 키워드 : 배경색, 배경 무늬
• 예제 파일 : 시작 파일\각서1.hwp

여러 문단으로 이루어진 문서를 특정 문단에 배경색을 넣어 보기 좋게 꾸밀 수 있는 기능입니다. 배경색은 사용자가 원하는 색상을 선택하여 지정할 수 있으며 무늬와 무늬 모양도 각각 지정할 수 있습니다.

01 여러 문단에 걸쳐 배경색을 지정하려면 다음 화면과 같이 블록으로 설정한 후 [모양]–[문단 모양]이나 단축키 Alt + T 를 누릅니다. [문단 모양] 대화상자의 [테두리/배경] 탭에서 배경의 면 색을 지정합니다.

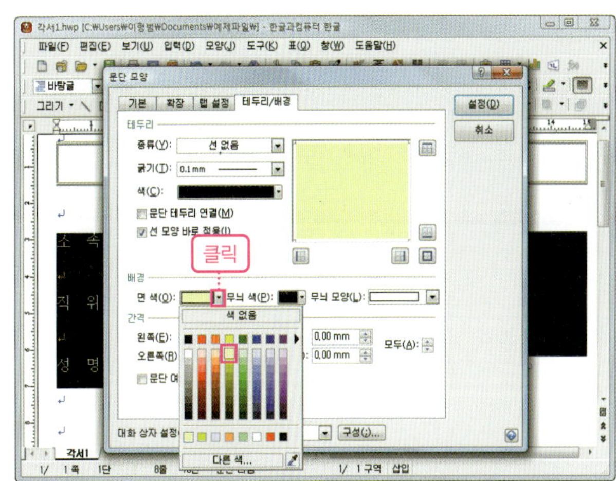

테두리와 배경

★ 문단 테두리와 배경색을 각각 지정하여 적용할 수 있습니다.
★ 면 색을 선택하는 팔레트에 원하는 색상이 없을 경우 [다른 색...]을 선택하여 직접 색상을 조합하여 사용할 수 있습니다.
★ [무늬 색]을 흰색으로 선택하여 [무늬 모양]을 지정하면 배경에 무늬가 표시되지 않습니다.

02 [무늬 색]을 눌러 [무늬 모양]에 사용할 색을 선택합니다.

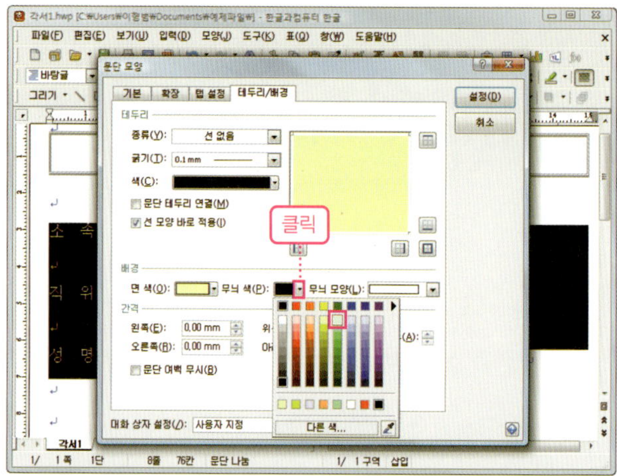

03 [무늬 모양]을 선택합니다. 첫 번째 무늬 모양은 무늬가 표시되지 않습니다.

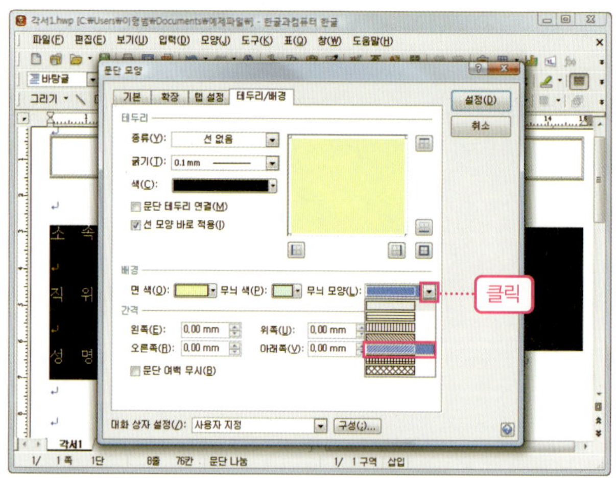

04 [설정] 단추를 눌러 블록을 해제해 보면 다음과 같이 여러 문단이 동시에 배경색으로 표시된 것을 확인할 수 있습니다.

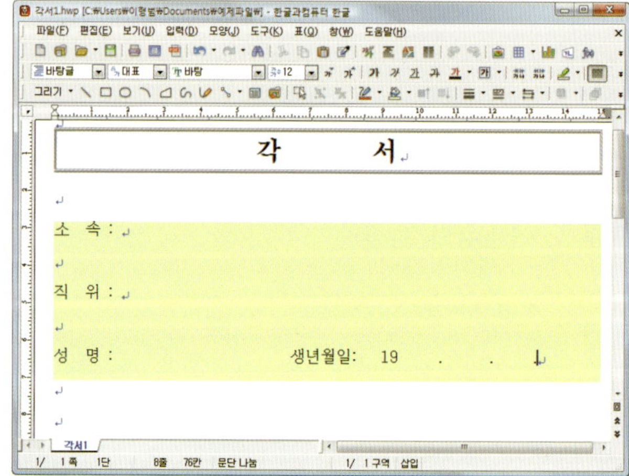

05 다시 다음과 같이 블록을 설정한 후 `Alt`+`T`를 눌러 [문단 모양] 대화상자에서 [문단 여백 무시]를 선택합니다.

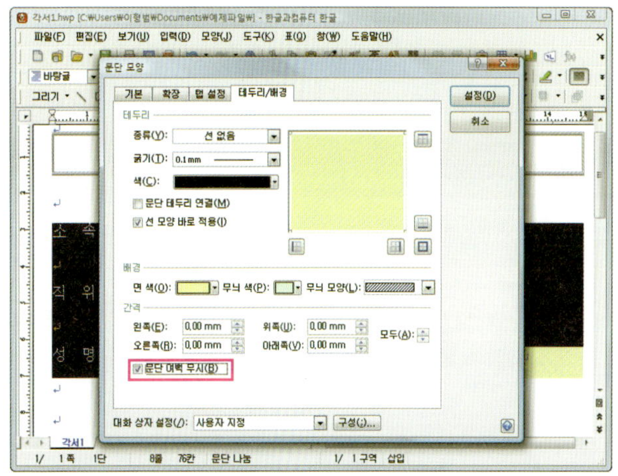

06 [설정] 단추를 누르고 블록을 해제해 보면 다음과 같이 문단 여백이 무시되어 배경색이 적용된 것을 확인할 수 있습니다.

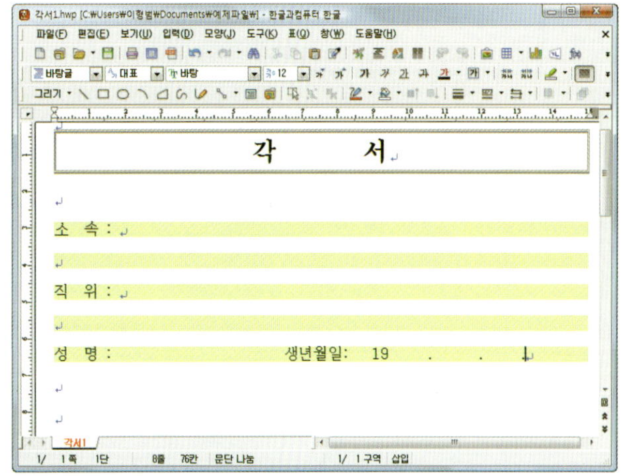

07 문단 맨 위쪽과 아래쪽에 테두리 선을 넣을 수도 있습니다. 블록을 설정한 후 `Alt`+`T`를 눌러 다음과 같이 테두리와 위쪽 여백(간격)을 지정하고 [설정] 단추를 누릅니다.

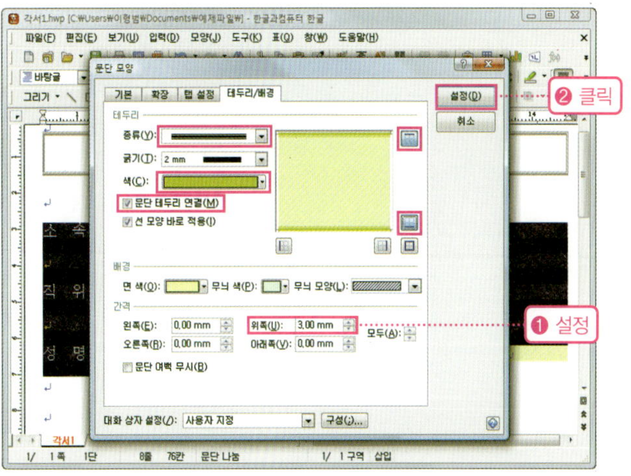

문단 첫 글자 장식하기

• 키워드 : 문단 첫 글자 장식, 첫 글자 모양
• 예제 파일 : 시작 파일\집으로.hwp

문단 첫 글자 장식은 문단의 첫 번째 글자를 강조하는 방법입니다. 첫 번째 글자의 글꼴, 테두리, 장식 모양 등을 지정하여 글자를 독특하게 꾸밀 수 있습니다.

01 "켄터키 후라이드"로 시작하는 문단으로 커서를 이동한 다음 [모양]–[문단 첫 글자 장식] 메뉴를 선택합니다.

Note 블록을 지정한 상태에서는 이 명령을 사용할 수 없습니다.

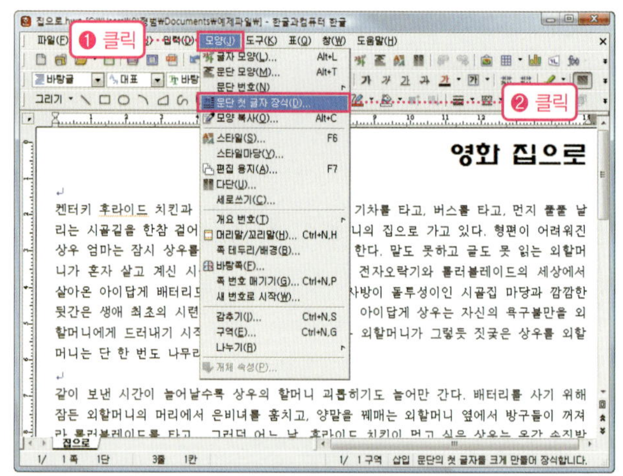

02 [문단 첫 글자 장식]에서 모양을 "3줄"로 선택합니다. 글꼴과 선 종류, 선 굵기, 선 색과 면 색, 본문과의 간격 등을 지정한 다음 [설정] 버튼을 클릭합니다.

Note 문단 첫 글자를 장식한 다음 이것을 해제할 때는 [모양]–[문단 첫 글자 장식] 메뉴를 선택한 다음 [문단 첫 글자 장식]에서 모양을 "없음"으로 지정하고 [설정] 버튼을 클릭합니다.

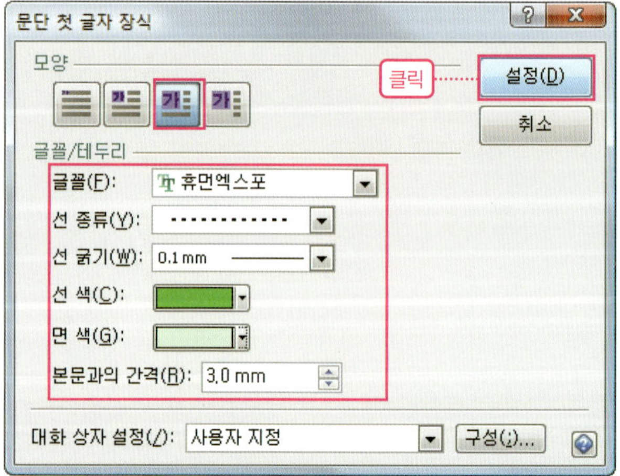

03 다음과 같이 커서가 위치한 문단의 첫 번째 글자가 지정한 모양으로 꾸며집니다.

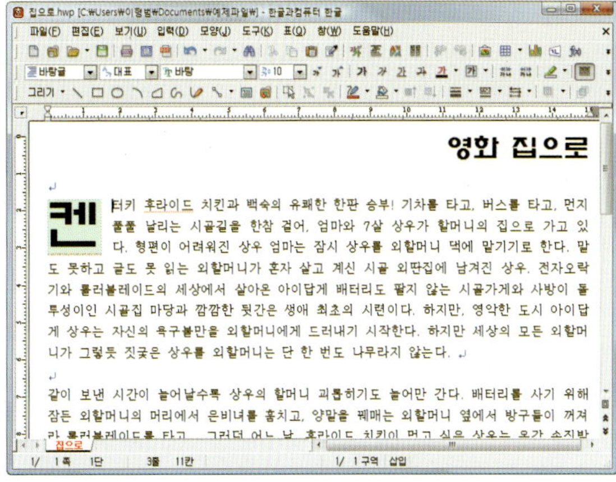

문단 첫 글자 장식 모양

[문단 첫 글자 장식] 대화상자에서 장식 모양을 없음, 2줄, 3줄, 여백 중에서 선택할 수 있습니다.

★ **없음** : 첫 글자 장식을 해제할 때 사용합니다.

★ **2줄 모양** : 장식 글자를 문단 왼쪽 끝에 맞추고 나머지 본문은 장식 글자 오른쪽에 2줄만 걸치도록 배열합니다.

★ **3줄 모양** : 장식 글자를 문단 왼쪽 끝에 맞추고 본문은 장식 글자 오른쪽에 3줄만 걸치도록 배열합니다.

★ **여백 모양** : 장식 글자의 크기를 3줄 모양과 같은 크기로 만들어 문단의 왼쪽 여백 바깥쪽에 배열합니다. 편집 화면에서 여백 모양의 장식 글자를 확인하려면 쪽 윤곽 보기로 전환해야 합니다.

문단 번호 매기기

• 키워드 : 문단 번호, 글머리표, 그림 글머리표

여러 개의 항목을 나열할 때 문단 시작 부분에 번호를 매기거나 글머리표를 붙이는 기능입니다. 문단 번호는 7단계까지 다단계 번호를 매길 수 있으며 문단 번호를 사용한 문장의 순서가 변경되었을 때 자동으로 문단 번호도 바꾸어 줍니다.

01 빈 문서에서 시작하겠습니다. [모양]–[문단 번호]–[문단 번호 모양] 메뉴를 선택하거나 단축키 Ctrl +K, N을 누릅니다.

Note 문단 번호는 문단 단위로 적용됩니다. 내용이 입력되어 있는 문단에 문단 번호를 지정하려면 원하는 문단으로 커서를 이동하거나 여러 문단을 블록으로 지정한 다음 명령을 실행합니다.

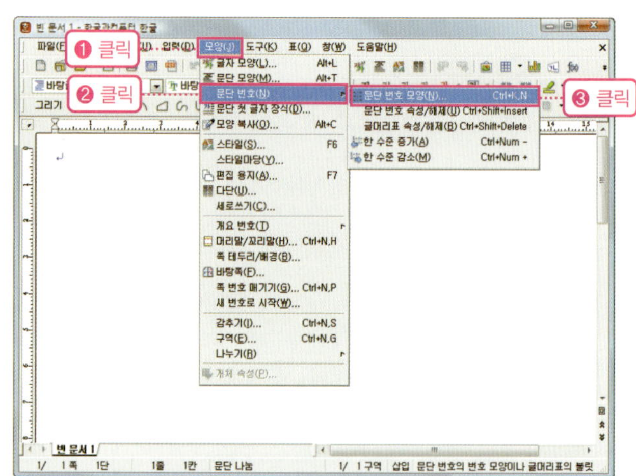

02 [문단 번호/글머리표] 대화상자의 [문단 번호] 탭에서 문단 번호 모양을 선택한 다음 [설정] 버튼을 클릭합니다.

Note 시작 번호 방식에서 "앞 번호 목록에 이어"는 현재 문단의 앞쪽에서 가장 가까운 문단 번호에 계속 이어 문단 번호를 매깁니다. "새 번호 목록 시작"은 현재 문단부터 새 문단 번호를 매기기 시작합니다. 이때 시작 번호를 지정할 수 있습니다. "이전 번호 목록에 이어"는 문단 번호가 설정된 문단 사이에 다른 문단 번호의 속성을 가지고 있는 문단이 삽입됐을 경우 현재 위치의 문단 번호를 이전 번호 목록에 이어서 매깁니다.

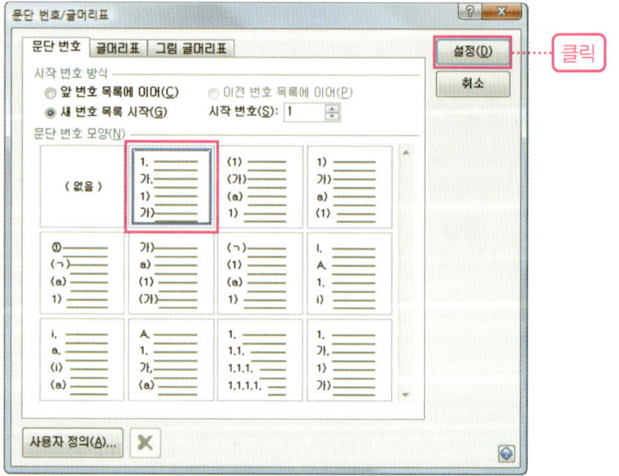

03 1 수준의 번호가 표시되면 다음과 같이 내용을 입력하고 Enter를 누릅니다. 그러면 다음 문단에 문단 번호가 증가되어 삽입됩니다.

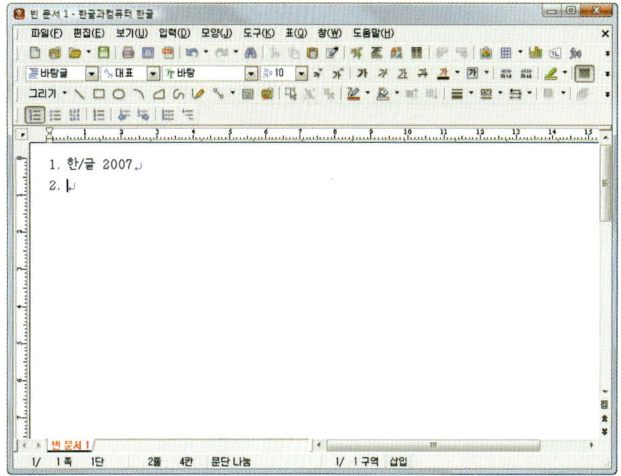

04 문단 번호를 2 수준으로 만들려면 Ctrl을 누른 상태에서 숫자 키패드의 ⊞를 누릅니다. 문단 번호가 2 수준으로 변경되면 내용을 입력하고 Enter를 누릅니다. 같은 방법으로 다시 3 수준 문단 번호로 만든 다음 나머지 내용을 입력합니다.

Note [모양]–[문단 번호]–[한 수준 증가] 메뉴를 선택해도 됩니다.

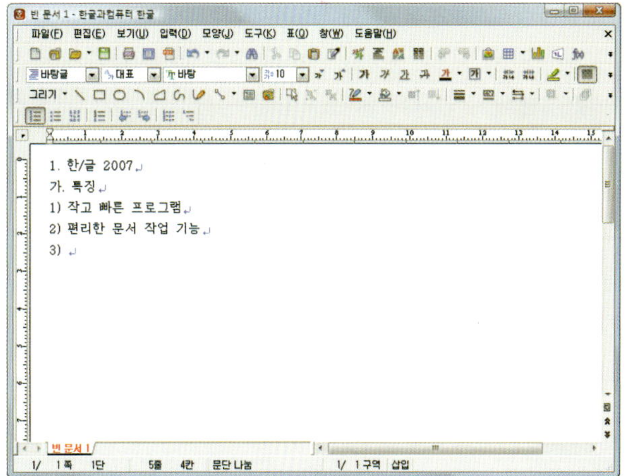

05 3 수준 문단 번호에서 Ctrl을 누른 채 숫자 키패드의 ⊟를 누르면 2 수준 문단 번호로 변경됩니다. 이렇게 문단 번호의 수준을 조정하면서 다음과 같이 내용을 모두 입력합니다. 여기서는 모두 3 수준 문단 번호까지 사용되었습니다.

Note [모양]–[문단 번호]–[한 수준 감소] 메뉴를 선택해도 됩니다.

06 문단 번호의 모양을 변경해 보겠습니다. [모양]-[문단 번호]-[문단 번호 모양] 메뉴를 선택합니다. [문단 번호/글머리표] 대화상자의 [문단 번호] 탭에서 [사용자 정의] 버튼을 클릭합니다.

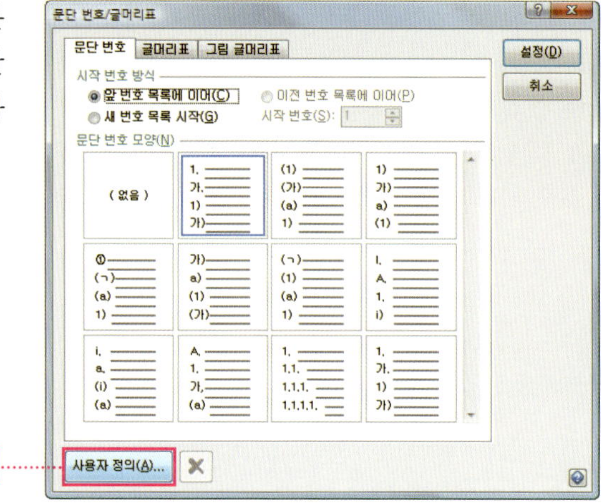

07 [문단 번호 사용자 정의 모양]이 나타나면 수준 목록에서 "1 수준"을 선택합니다. 번호 서식 상자의 내용을 "제^1장"과 같이 변경하고 현재 수준 번호 모양을 지정합니다. "글자 모양 지정"을 선택한 다음 [글자 모양] 버튼을 클릭해서 번호의 글자 모양을 사용자 임의로 지정합니다.

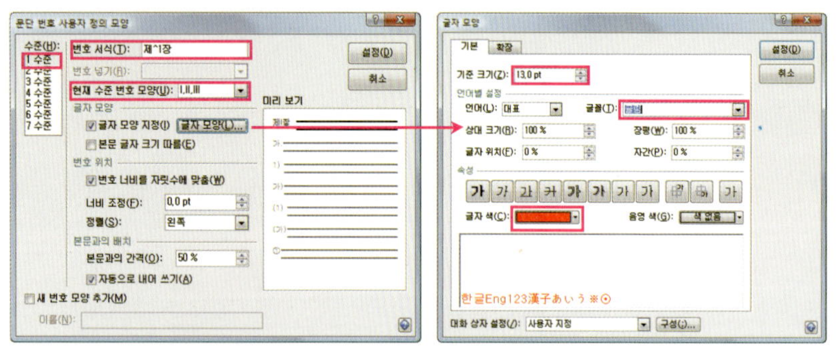

Note 문단 번호의 글자 모양을 각 수준마다 다르게 지정할 수 있습니다. "글자 모양 지정"을 선택한 다음 [글자 모양] 버튼을 클릭해서 글자 모양과 속성을 지정합니다. "본문 글자 크기 따름"을 선택하면 글자 모양에서 지정한 글자 크기를 무시하고 본문의 글자 크기로 문단 번호를 표시합니다.

08 수준 목록에서 "2 수준"을 선택한 다음 현재 수준 번호 모양을 변경합니다.

Note 번호 위치는 문단 번호가 차지하는 너비를 조절하고 지정한 너비 안에서 번호의 정렬 방식을 지정합니다. 본문과의 배치는 문단 번호와 본문과의 간격을 지정하여 글자 크기에 상관없이 항상 일정한 간격을 유지하게 합니다. "자동으로 내어 쓰기"를 선택하면 번호가 차지하는 너비만큼 자동으로 문단을 내어 쓰기 하여 본문의 세로 위치를 정렬합니다.

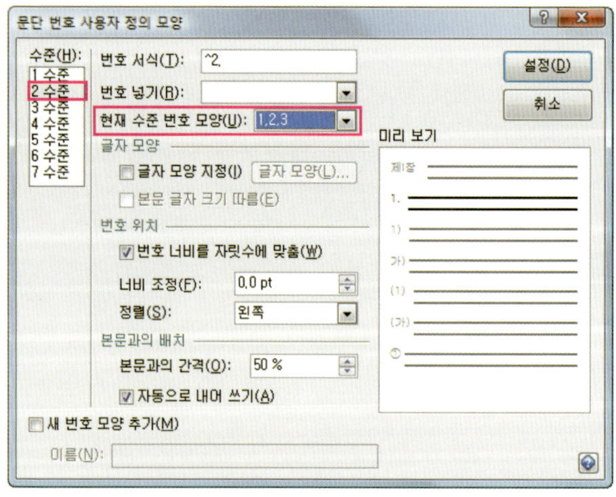

09 "3 수준"을 선택한 다음 현재 수준 번호 모양을 변경합니다. 번호 서식 상자에서 "^3" 앞에 커서를 놓은 다음 번호 넣기에서 "2 수준"을 선택합니다. 그리고 다시 번호 서식 상자에서 "^2-^3" 형식이 되도록 2 수준과 3 수준 사이에 "-"을 입력하고 현재 수준 번호 모양도 변경한 후 [설정] 버튼을 클릭합니다.

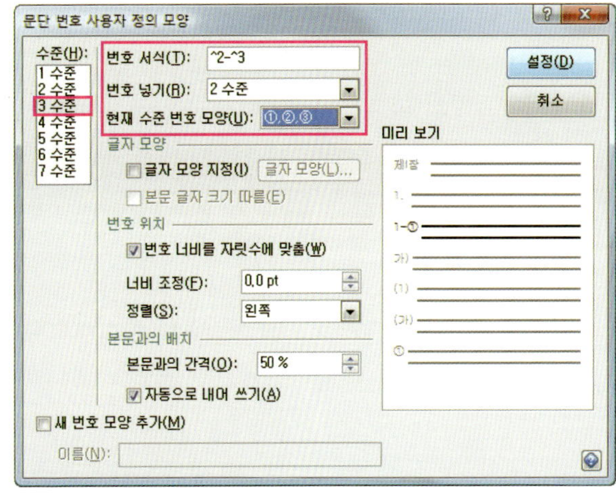

> **Note** 번호 넣기는 상위 수준의 문단 번호를 현재 수준과 함께 표시하는 기능으로 2 수준 이상에서만 사용할 수 있습니다. 번호 서식에서 "^" 표시는 문단 번호를 자동으로 증가시키는 코드이므로 지워서는 안됩니다.

10 [문단 번호/글머리표] 대화상자에서 다시 [설정] 버튼을 클릭하면 다음과 같이 문단 번호의 모양이 변경됩니다. 이 문서는 완성파일 폴더에 "문단번호.hwp"로 저장되어 있습니다.

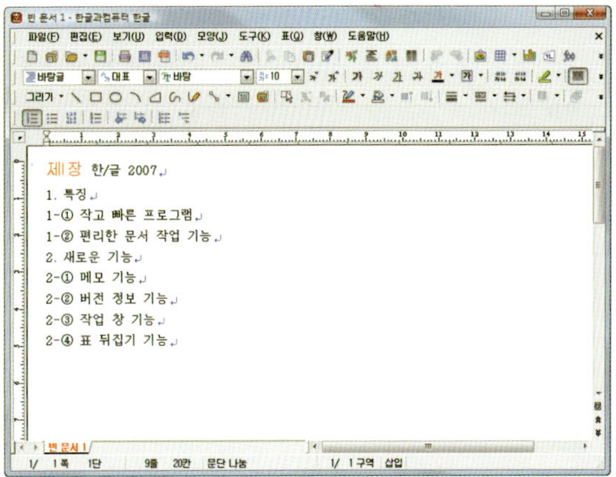

> **Note** [모양]-[문단 번호]-[문단 번호 속성/해제] 메뉴를 이용하거나 단축키 Ctrl + Shift + Insert 를 눌러 현재 문단의 문단 번호를 지우거나 다시 나타낼 수 있습니다.

[글머리표], [그림 글머리표] 사용하기

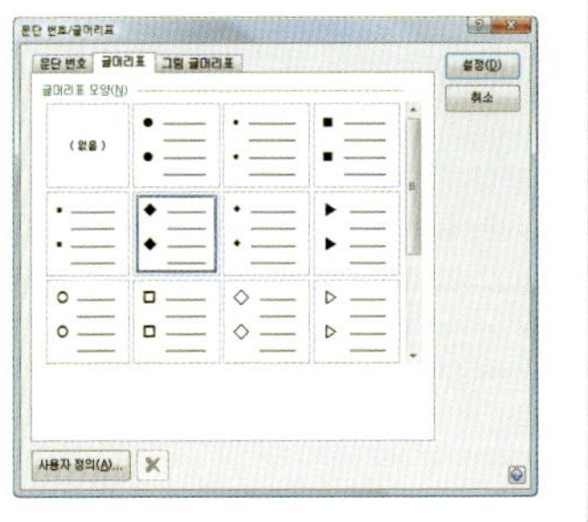

★ 여러 개의 항목을 나열할 때 문단 번호 대신 문단의 시작 위치에 기호나 그림으로 글머리표를 붙여 가면서 입력하는 기능입니다. 항목의 순서가 중요하지 않을 때는 문단 번호 대신 글머리표를 사용할 수 있습니다.

★ [모양]-[문단 번호]-[문단 번호 모양] 메뉴를 선택한 다음 [문단 번호/글머리표] 대화상자의 [글머리표]/[그림 글머리표] 탭에서 원하는 글머리표 모양을 선택하고 [설정] 버튼을 클릭하면 글머리표가 삽입됩니다.

★ 선택한 글머리표의 모양이나 글자 모양 등을 변경하려면 [사용자 정의] 버튼을 누른 다음 [글머리표 사용자 정의 모양] 대화상자에서 작업합니다.

탭 사용하기

탭(Tab)은 키보드에서 [Tab]을 눌렀을 때 한꺼번에 특정 위치로 커서를 이동하여 간격을 띄울 때 사용합니다. 여러 개의 항목을 입력할 때 세로 위치를 가지런하게 맞추기 위해 많이 사용하는 기능입니다.

01 빈 문서에서 시작하겠습니다. 단축키 [Alt]+[T]를 눌러 [문단 모양] 대화상자를 연 다음 [탭 설정] 탭으로 이동합니다. 탭 위치를 "30"으로 입력하고 종류를 "왼쪽"으로 지정한 다음 넣기(➕) 아이콘을 클릭합니다.

[Note] 탭은 문단 단위로 적용됩니다.

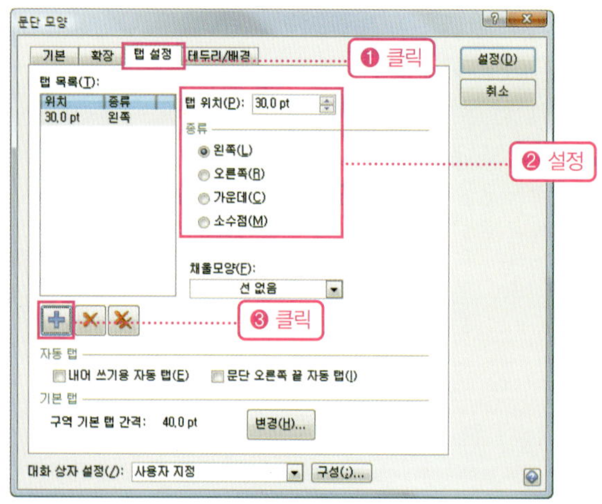

02 탭 목록에 지정한 탭이 추가됩니다. 이번에는 탭 위치를 "120"으로 지정하고 종류에서 "가운데"를 선택한 다음 넣기(➕) 아이콘을 클릭합니다. 탭이 추가되면 [설정] 버튼을 클릭합니다.

[Note] 탭의 종류
- 왼쪽 탭 : 내용의 왼쪽 시작 부분을 가지런하게 맞춥니다.
- 오른쪽 탭 : 내용의 오른쪽 끝 부분을 가지런하게 맞춥니다.
- 가운데 탭 : 내용의 가운데 부분을 가지런하게 맞춥니다.
- 소수점 탭 : 숫자의 소수점 부분을 탭 위치에 가지런하게 맞춥니다.

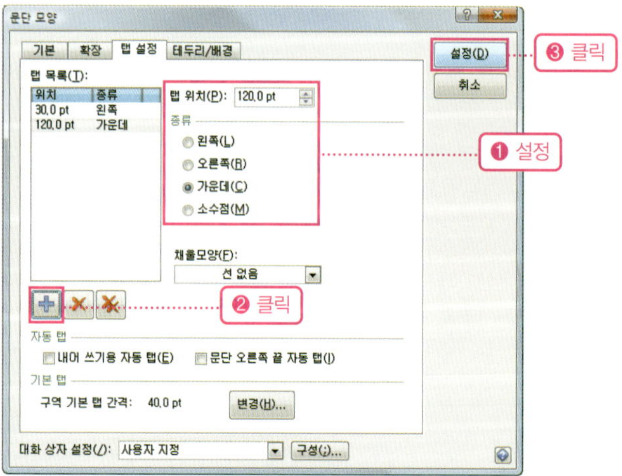

03 $\boxed{\text{Tab}}$ 을 누르면 왼쪽 탭 위치로 커서가 이동합니다. "이름"을 입력하고 다시 $\boxed{\text{Tab}}$ 을 누르면 가운데 탭 위치로 커서가 이동합니다. "회원구분"을 입력합니다.

$\boxed{\text{Note}}$ 가로 눈금자에 설정한 탭 위치가 표시됩니다.

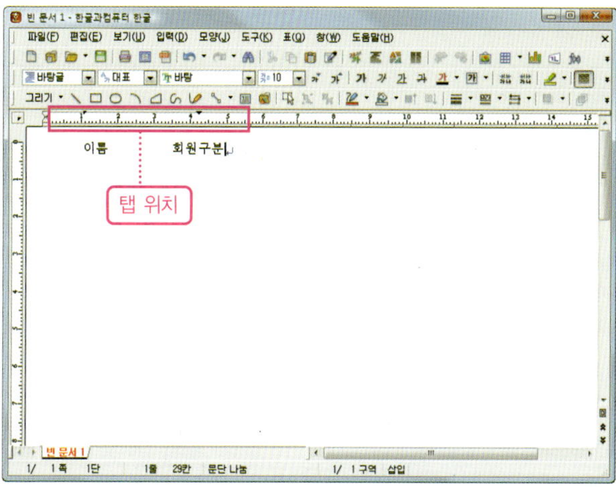

04 가로 눈금자의 왼쪽 끝에 있는 탭 종류 변경 아이콘(▼)을 클릭해서 오른쪽 탭으로 변경한 다음 가로 눈금자에서 원하는 부분을 클릭하면 오른쪽 탭이 추가됩니다.

$\boxed{\text{Note}}$ 탭 종류 변경 아이콘은 가로 눈금자와 세로 눈금자가 모두 표시된 상태에서만 나타납니다.

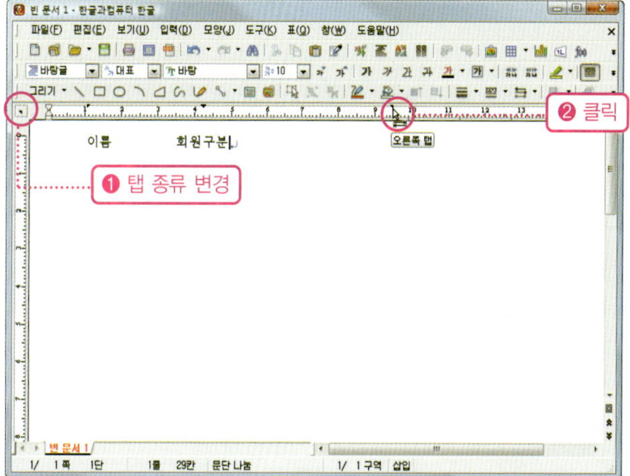

쌩초보 레벨업

가로 눈금자에서 탭 설정하기

★ 탭 종류를 지정하고 가로 눈금자에서 탭이 없는 부분을 클릭하면 탭이 추가됩니다.
★ 탭 표시를 눈금자 바깥쪽으로 끌어다 놓으면 탭이 지워집니다.
★ 탭 표시에서 마우스 왼쪽 버튼을 누른 채 드래그하면 탭의 위치가 이동됩니다.
★ $\boxed{\text{Shift}}$ 를 누른 채 탭 표시를 드래그하면 현재 탭 이후에 있는 모든 탭의 위치가 함께 이동됩니다.
★ $\boxed{\text{Ctrl}}$ 을 누른 채 탭 표시를 드래그하면 현재 탭이 복사됩니다.
★ 가로 눈금자 위에서 마우스 오른쪽 버튼을 누르면 탭 설정에 관련된 빠른 메뉴가 표시됩니다.

05 [모양]-[문단 모양]이나 단축키 [Alt]+[T]를 누른 다음 [문단 모양]-[탭 설정]으로 이동합니다. 탭 목록에서 오른쪽 탭을 선택한 후 채울 모양을 점선으로 지정하고 [설정] 버튼을 클릭합니다.

[Note] 채울 모양을 지정하면 낱말 끝 부분에서 현재 탭의 시작 부분까지 지정한 선 모양으로 채워줍니다.

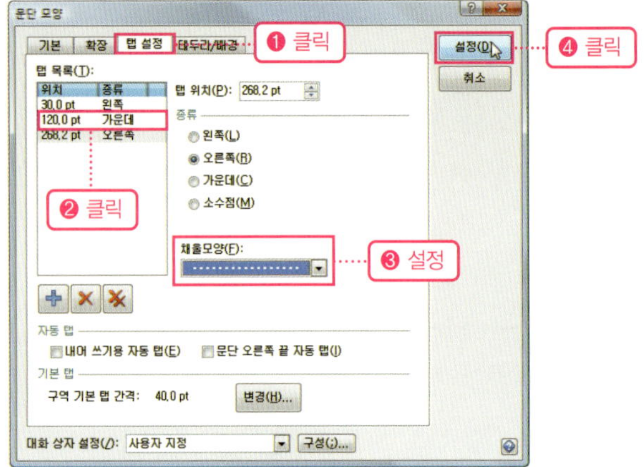

06 [Tab]을 눌러가면서 다음과 같이 문서 내용을 입력합니다. 여기서 작성한 문서는 완성파일 폴더에 "탭.hwp"로 저장되어 있습니다.

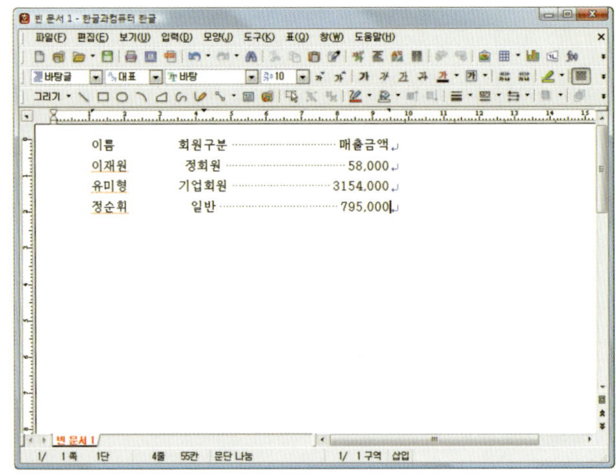

쌩초보 레벨업

기본 탭과 자동 탭

★ **기본 탭** : 기본적으로 40pt(영문 8글자) 간격으로 왼쪽 탭이 설정되어 있습니다. 탭을 설정하지 않았더라도 [Tab]을 누르면 기본 탭 위치로 커서가 이동하게 됩니다. 기본 탭은 가로 눈금자의 눈금 아래 부분에 세로선으로 표시되어 있습니다. 사용자가 탭을 추가하면 추가한 탭의 왼쪽에 있는 기본 탭은 모두 사라집니다.

★ **내어 쓰기용 자동 탭** : [문단 모양] 대화상자의 [탭 설정]에서 "내어 쓰기용 자동 탭"을 선택하면 문단 왼쪽 끝에 맞추어 왼쪽 탭을 하나 넣어 줍니다. 이 자동 탭은 문단의 내어 쓰기나 왼쪽 여백을 변경하면 그에 따라 자동으로 탭의 위치가 변경됩니다.

★ **문단 오른쪽 끝 자동 탭** : 기본 탭을 모두 지우고 문단 오른쪽 끝에 오른쪽 탭을 하나 넣어 줍니다. 이 자동 탭은 문단의 오른쪽 여백을 변경했을 때 자동으로 탭의 위치가 바뀝니다.

38 모양 복사하기

• 키워드 : 모양 복사, 셀 모양 복사
• 예제 파일 : 시작 파일\섬여행.hwp

현재 커서 위치의 글자 모양이나 문단 모양 등을 다른 위치로 복사할 때 사용하는 기능입니다. 어떤 글자 모양이나 문단 모양 등을 여러 곳에서 반복적으로 사용해야 하는 경우에 간단하고 빠르게 원하는 모양을 복사해서 적용시킬 수 있습니다.

01 예제 파일을 열고 복사하고자 하는 곳으로 커서를 이동한 다음 모양 복사( ) 아이콘을 클릭하거나 단축키 Alt + C 를 누릅니다.

Note 모양 복사를 실행할 때는 블록이 지정되어 있으면 안 됩니다.

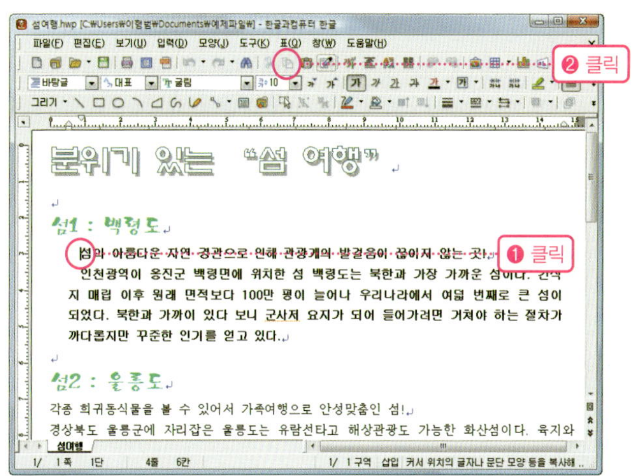

02 [모양 복사] 대화상자가 실행되면 본문 모양 복사에서 "글자 모양과 문단 모양 둘 다 복사"를 선택한 다음 [복사] 버튼을 클릭합니다. 글자 모양과 문단 모양 중 하나만 복사할 수도 있습니다.

Note [글자 스타일]과 [문단 스타일]은 커서가 위치한 곳의 스타일을 복사합니다. 셀 모양 복사는 표 안에서 현재 셀의 셀 속성과 선 모양 등을 복사할 때 사용합니다.

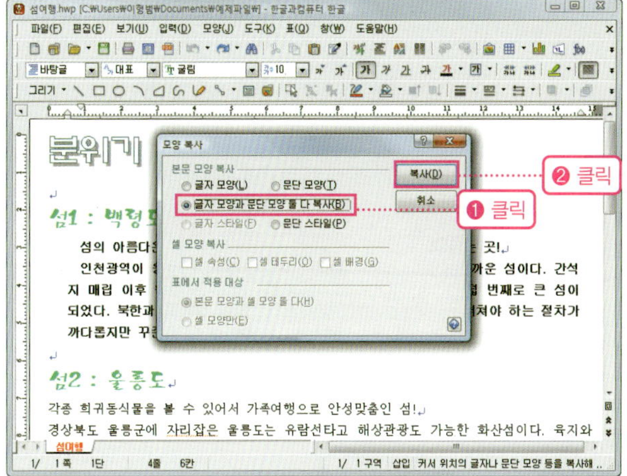

03 원하는 부분을 블록으로 지정한 다음 모양 복사( ) 아이콘을 클릭하거나 단축키 `Alt`+`C`를 누르면 복사한 글자 모양과 문단 모양이 적용됩니다.

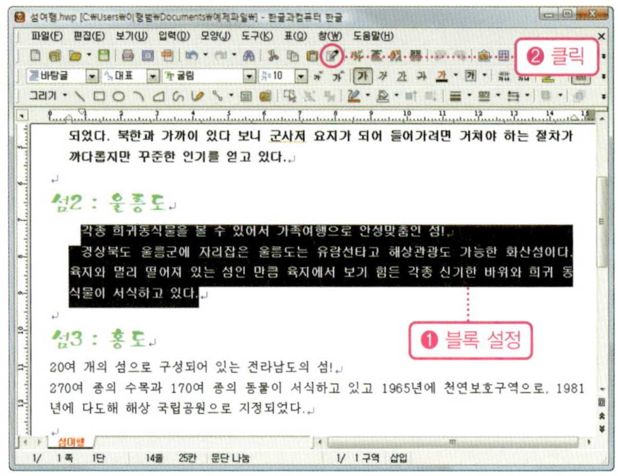

04 같은 방법으로 다음과 같이 블록을 지정하고 단축키 `Alt`+`C`를 눌러 복사한 모양을 적용합니다. 한 번 복사한 모양은 다른 모양이 복사될 때까지 계속 사용할 수 있습니다.

> `Note` 블록을 지정하지 않은 상태에서 `Alt`+`C`를 누르면 커서 위치의 모양이 임시 저장소에 기억됩니다. 블록을 지정한 상태에서 `Alt`+`C`를 누르면 임시 저장소에 기억되어 있는 모양을 블록으로 지정한 부분에 적용합니다.

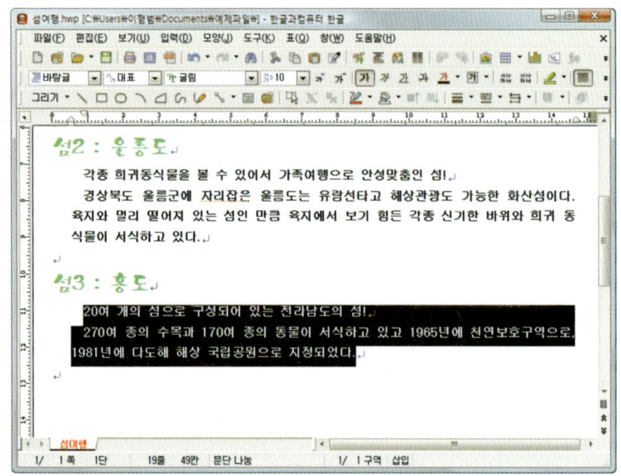

쌩초보 레벨 업

표 안에서의 셀 모양 복사와 적용

★ **셀 속성 복사** : 커서가 놓여 있는 셀의 "안 여백, 세로 정렬 상태, 제목 셀 속성, 한 줄로 입력, 세로쓰기" 등의 셀 속성을 복사합니다.

★ **셀 테두리 복사** : 커서가 놓여 있는 셀의 테두리 종류와 굵기, 색깔, 대각선 모양, 적용 방향 등의 선 모양을 복사합니다.

★ **셀 배경 복사** : 커서가 놓여 있는 셀 배경의 채우기 속성을 그대로 복사합니다.

★ **모양 복사 적용** : 복사한 셀 모양은 셀 안의 내용을 블록(`F3`)으로 설정하거나 셀 블록(`F5`)을 설정한 다음 [모양]-[모양 복사]를 실행하여 기억된 모양을 덮어 씁니다.

쪽 테두리와 배경 사용하기

• 키워드 : 쪽 테두리, 그러데이션 배경, 그림 배경
• 예제 파일 : 시작 파일\근로기준법.hwp

쪽 테두리는 문서의 각 쪽마다 본문을 에워싸는 테두리 선을 표시하는 기능입니다. 배경은 쪽에 바탕색이나 무늬, 그러데이션, 그림 등을 넣어 문서를 꾸미는 기능입니다. 여기서는 홀수 쪽과 짝수 쪽에 각각 서로 다른 쪽 테두리와 배경을 지정하는 과정을 알아봅니다.

01 "근로기준법.hwp" 파일을 열고 [모양]–[쪽 테두리/배경] 메뉴를 선택합니다.

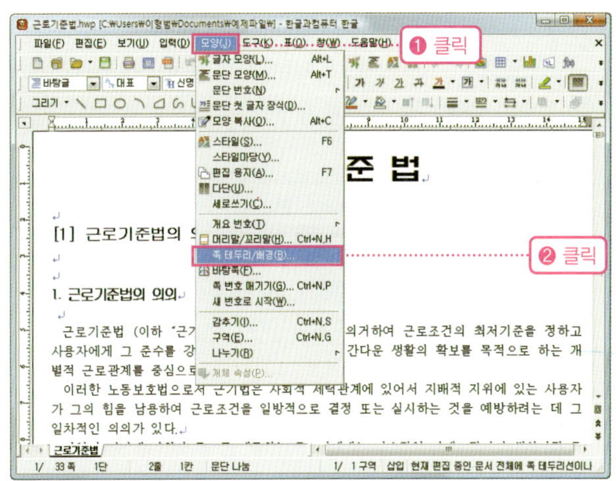

02 [쪽 테두리/배경] 대화상자의 [테두리] 탭에서 테두리 종류를 선택하고 모두(□) 버튼을 클릭합니다. 테두리의 위치는 "종이 기준"으로 선택하고 테두리/배경은 홀수 쪽에만 표시하기 위해 종류를 "홀수 쪽"으로 지정합니다.

Note 테두리 위치를 "종이 기준" 또는 "쪽 기준"으로 선택한 다음 왼쪽, 오른쪽, 위쪽, 아래쪽의 간격을 지정합니다. 종이 기준은 편집 용지의 가장자리로부터 안쪽으로 지정한 간격만큼 떨어진 위치에 테두리가 놓입니다. 쪽 기준은 본문 편집 영역에서 바깥쪽으로 지정한 간격만큼 떨어진 위치에 테두리가 놓입니다.

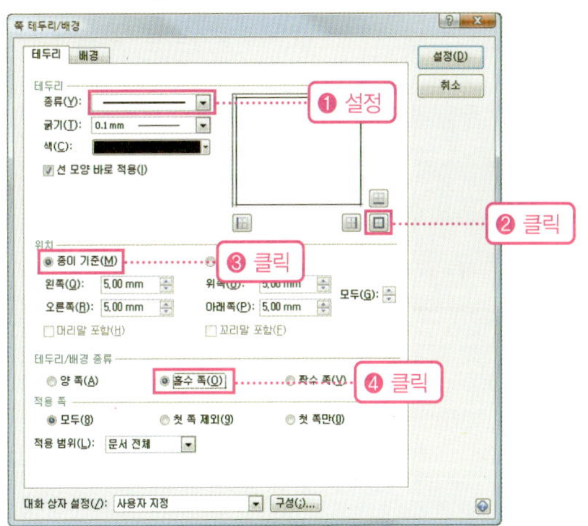

03 [배경] 탭으로 이동한 다음 "색" 옵션을 선택합니다. 면 색과 무늬 색, 무늬 모양을 각각 지정하고 채울 영역을 "테두리"로 지정한 다음 [설정] 버튼을 클릭합니다.

Note 채울 영역을 종이로 지정하면 종이 전체에, 쪽으로 지정하면 용지 여백을 제외한 쪽 크기에, 테두리로 지정하면 쪽 테두리에 맞추어 배경이 채워집니다.

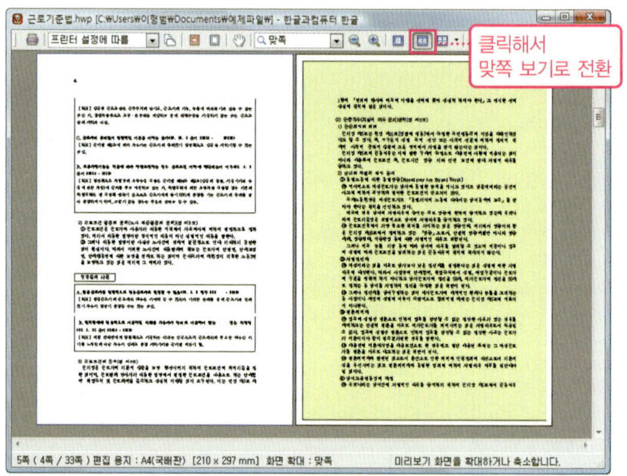

04 미리 보기(▣) 아이콘을 클릭해 다음 쪽 테두리와 배경이 어떻게 적용되는지 직접 확인합니다. 확인이 끝나면 미리 보기를 종료합니다.

Note 편집 화면에서는 쪽 테두리와 배경을 제대로 확인할 수 없으므로 미리 보기에서 확인하는 것입니다. 편집 화면에서 확인하려면 [보기]-[쪽 윤곽] 메뉴를 선택하여 쪽 윤곽을 표시해야 합니다.

05 이번에는 짝수 쪽의 테두리와 배경을 설정해 보겠습니다. [모양]-[쪽 테두리/배경] 메뉴를 선택한 다음 [쪽 테두리/배경] 대화상자의 [테두리] 탭에서 테두리 종류를 지정하고 모두(▣) 버튼을 클릭합니다. 쪽 테두리의 위치는 "종이 기준"으로 테두리/배경 종류는 "짝수 쪽"을 선택합니다.

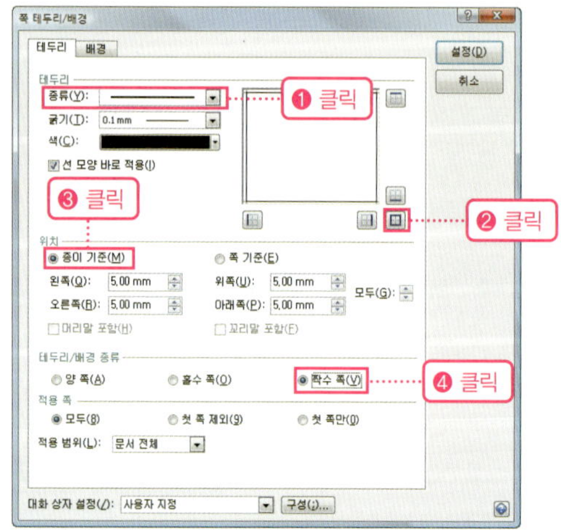

06

[배경] 탭에서 "그러데이션" 옵션을 선택합니다. 시작 색과 끝 색을 각각 지정하고 유형에서 "수평"을 선택합니다. 채울 영역을 "종이"로 지정하고 [설정] 버튼을 클릭합니다.

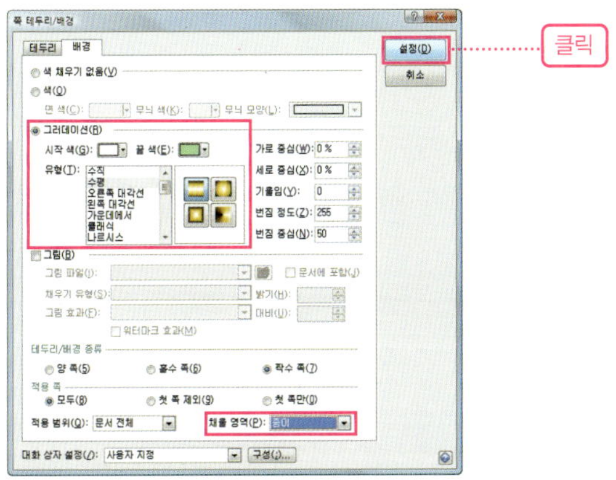

07

미리 보기 화면에서 쪽 테두리와 배경의 적용 결과를 확인해 봅니다. 다음과 같이 홀수 쪽과 짝수 쪽에 각각 다른 쪽 테두리와 배경이 사용되었습니다. 확인이 끝나면 미리 보기를 종료합니다.

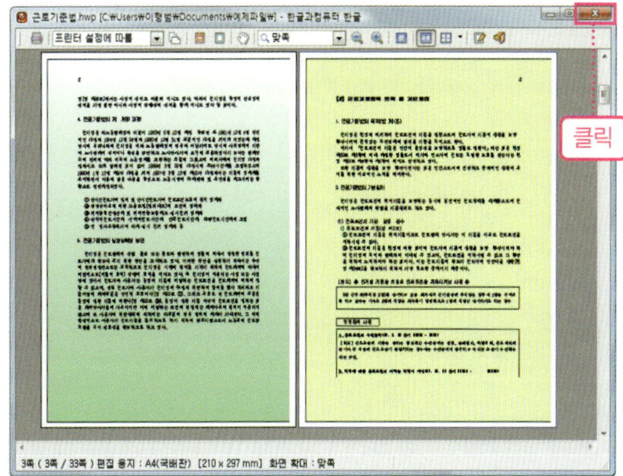

Note 그러데이션에 대한 자세한 내용은 그리기 개체에서 다룹니다.

쌩초보 레벨 업

그림 배경 사용하기

문서의 배경을 그림 파일로 채울 수 있습니다. [쪽 테두리/배경] 대화상자의 [배경] 탭에서 "그림" 옵션을 클릭하면 [그림 넣기] 대화상자가 나타납니다. 여기에서 배경을 채울 그림 파일을 지정하고 [열기 버튼을 클릭합니다. 채우기 유형과 그림 효과 등을 지정하고 [설정] 버튼을 클릭하면 문서의 모든 쪽에 선택한 배경 그림이 나타납니다.

★ **채우기 유형** : "크기에 맞추어"는 그림의 원래 크기를 무시하고 현재 쪽 크기에 맞게 그림을 확대 또는 축소해서 채웁니다. "가운데로"는 그림의 원래 크기대로 쪽의 가운데에 그림을 삽입합니다. "바둑판식으로"는 그림의 원래 크기대로 반복해서 쪽을 채웁니다. 각 유형마다 그림의 위치를 모두, 가로/위, 가로/아래, 세로 왼쪽 등으로 선택할 수 있습니다.

★ **그림 효과** : 그림을 원래대로 표시할 것인지 회색톤이나 흑백으로 표시할 것인지 지정합니다.

★ **워터마크 효과** : 그림의 밝기와 대비를 조정하여 원래 그림보다 희미하게 표시합니다.

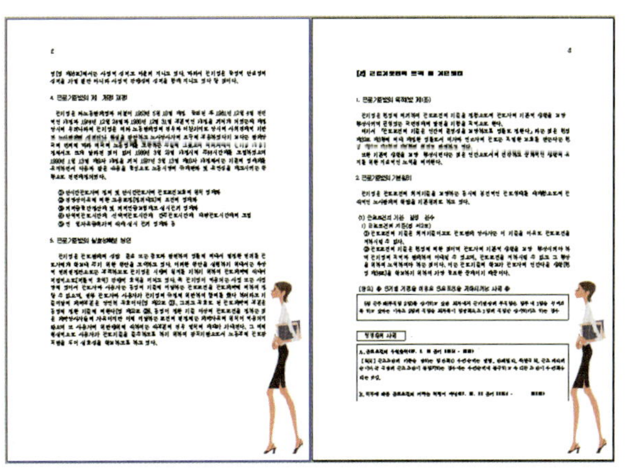

40

찾기

• 키워드 : 찾기, 찾기 선택 사항
• 예제 파일 : 시작 파일\안내장.hwp

찾기는 현재 문서에서 특정 문자열을 찾아 커서를 이동하는 기능입니다. 긴 문서에서 원하는 내용을 찾아 빠르게 이동하고 싶을 때 찾기 기능을 사용할 수 있습니다. 찾을 내용을 입력하고 찾기를 실행하면 해당 내용을 찾아 블록으로 설정해 줍니다.

01 예제 파일 폴더에서 "안내장.hwp" 문서를 불러옵니다. 커서를 문서의 처음으로 이동한 다음 [편집]-[찾기] 메뉴를 선택하거나 단축키 Ctrl+Q, F를 누릅니다.

Note 블록을 지정하고 찾기를 실행하면 블록으로 지정된 영역에서만 찾기를 수행합니다.

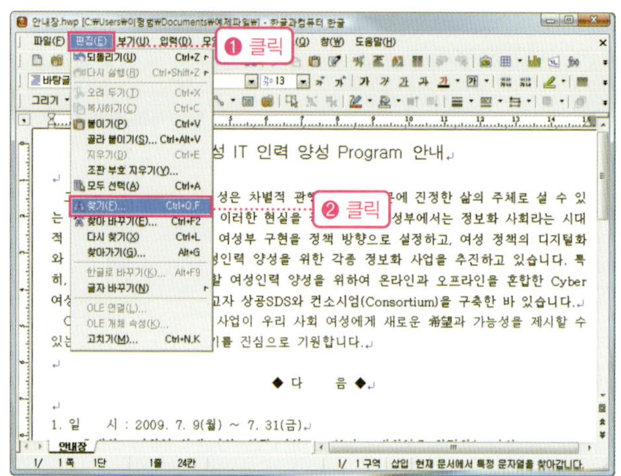

02 찾을 내용에 "여성"을 입력하고 선택 사항에서 "온전한 낱말"을 선택합니다. 찾을 방향이 "아래쪽"으로 설정된 상태에서 [찾기] 버튼을 클릭합니다.

Note 찾을 방향이 "아래쪽"이면 현재 커서 위치를 기준으로 아래 방향으로 찾기를 실행합니다. 찾을 방향은 아래쪽, 위쪽, 문서 전체 중에서 선택할 수 있습니다.

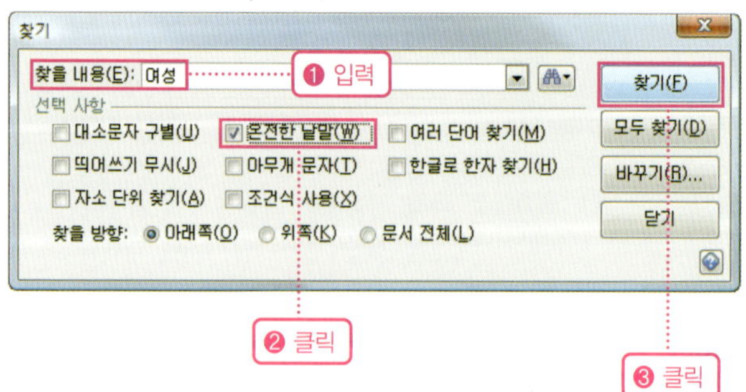

03 "여성"을 찾으면 다음과 같이 블록이 설정됩니다. 계속해서 다음 "여성"을 찾으려면 [찾기] 버튼을 클릭합니다.

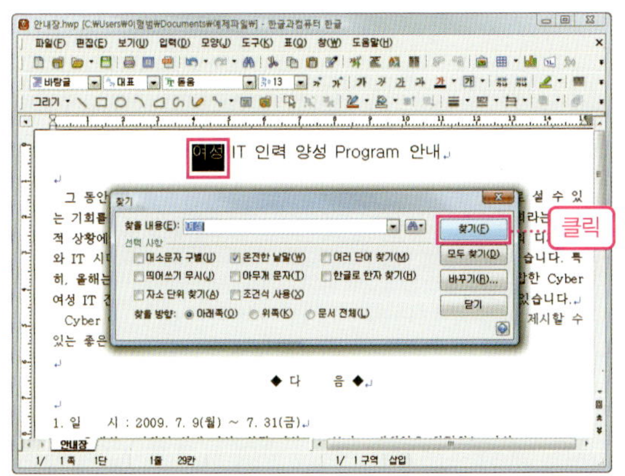

04 다음 "여성"을 찾아 블록이 설정됩니다. 선택 사항에서 "온전한 낱말"을 선택했기 때문에 "여성은", "여성부에서는" 등의 내용은 찾지 않습니다. 원하는 위치의 "여성"을 찾았으면 [닫기] 버튼을 클릭해서 [찾기] 대화상자를 닫습니다.

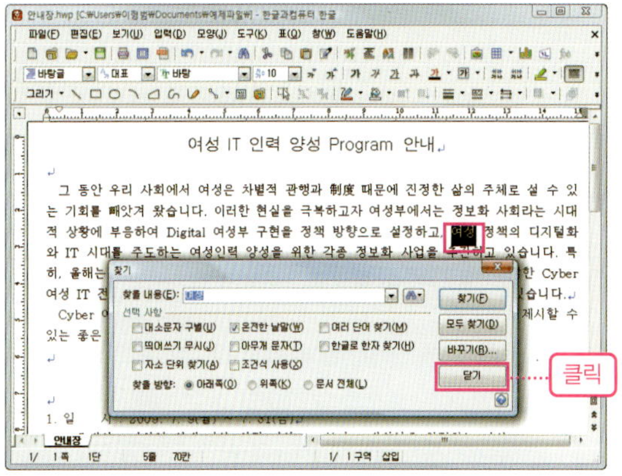

Note [찾기] 대화상자는 자동으로 닫히지 않습니다.

쌩초보 레벨 업

찾기 선택 사항

★ **대소문자 구별** : 영어 대소문자를 구별해서 찾습니다. "Word"를 찾을 때 "word" 또는 "WORD"는 찾지 않습니다.

★ **온전한 낱말** : 찾을 내용과 완전히 일치하는 문자열만 찾습니다. "냉면"을 찾을 때 "물냉면" 또는 "냉면집" 등은 찾지 않습니다.

★ **여러 단어 찾기** : 쉼표(,)나 세미콜론(;)으로 구분하여 찾을 내용에 여러 단어를 입력한 후 이것을 한꺼번에 찾습니다. "냉면;쫄면"을 찾을 내용에 입력하여 찾으면 "냉면"과 "쫄면"을 모두 찾습니다.

★ **띄어쓰기 무시** : 찾을 내용에 입력한 내용에서 띄어쓰기를 무시한 것도 함께 찾습니다. "여성 인력"을 찾으면 "여성인력"도 함께 찾습니다.

★ **아무개 문자** : 물음표(?)나 별표(*) 문자를 이용해서 찾을 내용을 지정합니다. 물음표(?)는 임의의 한 글자, 별표(*)는 임의의 여러 글자를 나타냅니다. "*면"은 면으로 끝나는 모든 단어를 찾고, "소??"는 소로 시작하는 세 글자로 된 단어를 찾습니다.

★ **한글로 한자 찾기** : 찾을 내용에 입력한 단어를 한글뿐 아니라 한자까지 함께 찾습니다. "한국"을 찾을 때 韓國도 함께 찾을 수 있습니다.

★ **자소 단위 찾기** : 찾을 내용에 입력한 자소 단위까지 찾기를 수행합니다. "한국ㅅ"을 찾으면 "한국사", "한국송" 등을 찾습니다.

★ **조건식 사용** : 더욱 세밀한 찾기가 필요할 경우 미리 정해져 있는 예약 기호들을 사용하여 찾을 내용을 지정합니다.

41

찾아 바꾸기

현재 문서에서 특정 문자열을 찾아 다른 문자열로 바꿀 때 찾아 바꾸기 기능을 사용합니다. 찾아 바꾸기에서 문자열을 찾기 위해 찾기 명령과 마찬가지로 여러 가지 선택 사항을 사용할 수 있습니다.

01 이전 섹션의 예제 파일을 계속 사용합니다. 커서를 문서의 처음으로 이동하고 [편집]–[찾아 바꾸기] 메뉴를 선택하거나 단축키 Ctrl + F2 를 누릅니다. [찾아 바꾸기] 대화상자에서 찾을 내용을 "여성"으로 입력하고 바꿀 내용을 "여성(女性)"으로 입력한 다음 [바꾸기] 버튼을 클릭합니다.

Note 선택 사항과 찾을 방향은 [찾기] 대화상자에서와 같은 기능을 수행합니다.

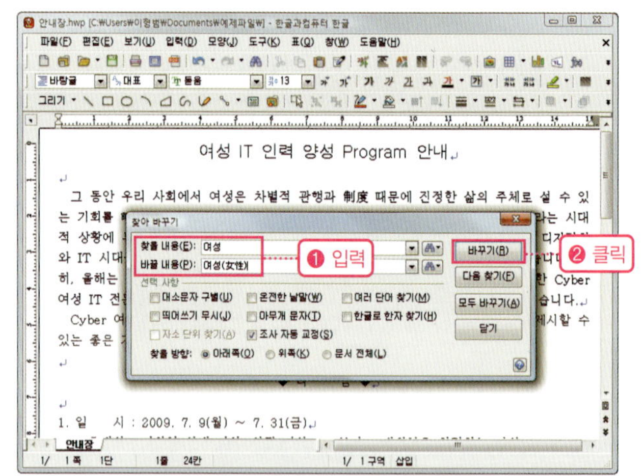

02 첫 번째 "여성"을 찾아 블록이 설정됩니다. 아직 바꾸기는 실행되지 않았습니다. 현재 찾은 내용을 바꿀 내용으로 바꾸려면 [바꾸기] 버튼을 클릭합니다.

Note 현재 찾은 내용을 바꾸지 않고 다음 내용을 찾으려면 [바꾸기] 버튼을 클릭하는 대신 [다음 찾기] 버튼을 클릭해야 합니다.

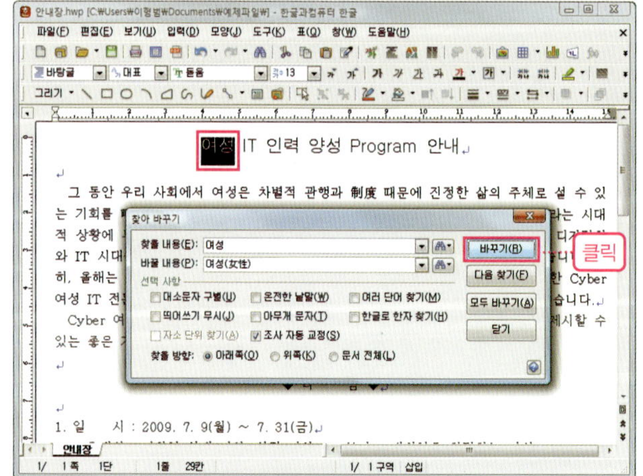

03 찾은 내용을 바꿀 내용으로 변경한 후 다음 "여성"을 찾아 다시 블록이 설정됩니다. 이번에는 일일이 확인하지 않고 한꺼번에 바꾸기를 실행하기 위해 [모두 바꾸기] 버튼을 클릭합니다.

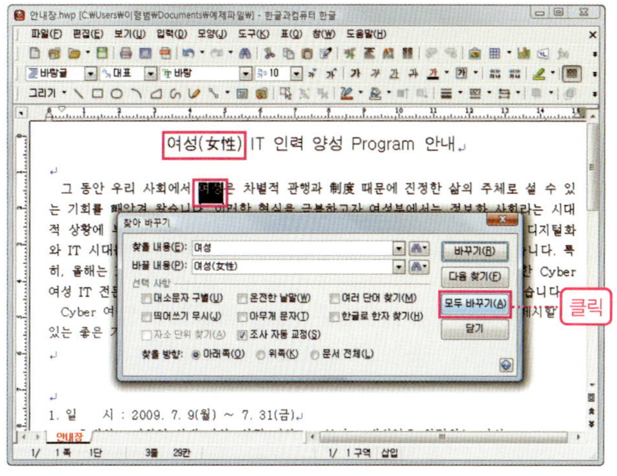

04 다음과 같이 몇 번 바꾸기가 실행되었는지 메시지가 표시됩니다. 문서 중간부터 바꾸기를 실행한 경우에는 [찾음] 버튼을 클릭해서 문서 처음부터 계속 바꾸기를 실행할 수 있습니다. 여기서는 [취소] 버튼을 클릭합니다.

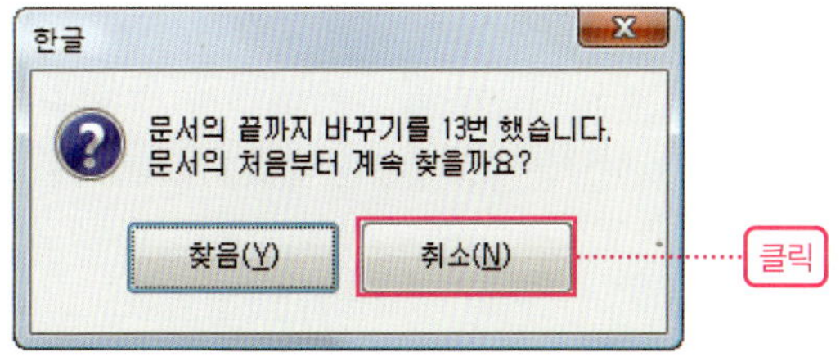

05 [찾아 바꾸기] 대화상자에서 [닫기] 버튼을 클릭하여 대화상자를 닫습니다. 현재 문서에서 바꾸기 결과를 확인하면 됩니다.

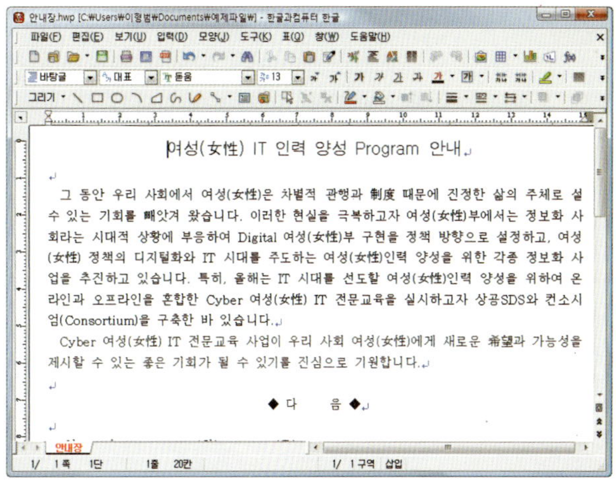

모양으로 찾기와 바꾸기

• 키워드 : 모양으로 찾기/바꾸기, 서식 찾기, 바꿀 내용 무시
• 예제 파일 : 시작 파일\안내장2.hwp

찾기와 찾아 바꾸기를 수행할 때 글자 모양이나 문단 모양까지 지정하여 찾기 또는 바꾸기를 수행하는 기능입니다. 예를 들면 굴림, 10 포인트의 글자 모양을 가진 "여성"을 찾아 진하게, 빨간 색의 "남성"으로 바꾸기를 수행할 수 있습니다.

01 예제 파일을 불러온 다음 문서의 시작 위치에서 [편집]-[찾아 바꾸기] 메뉴를 선택하거나 단축키 Ctrl +F2를 누릅니다.

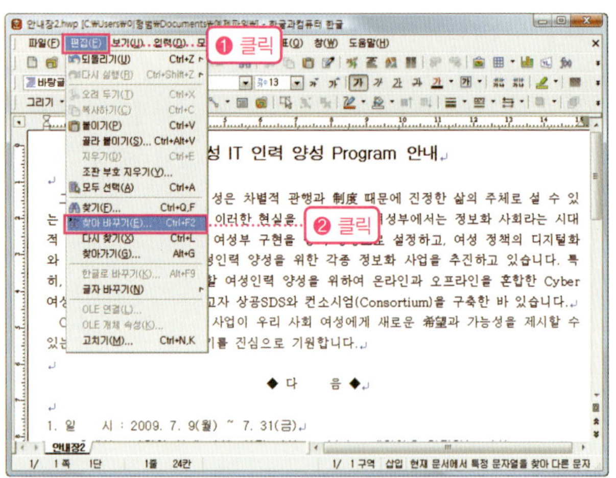

02 [찾아 바꾸기] 대화상자에서 찾을 내용을 "여성"으로 입력한 다음 찾을 내용 상자의 오른쪽 끝에 있는 서식 찾기(🔍▼) 버튼을 클릭합니다. 서식 찾기 메뉴가 표시되면 여기에서 [찾을 글자 모양]을 클릭합니다.

Note 탭, 문단 끝, 강제 줄 나눔, 고정폭 빈 칸, 묶음 빈 칸 등을 선택하면 해당되는 특수 기호(^t, ^n, ^l, ^s, ^r)가 찾을 내용에 추가됩니다. 이러한 특수 기호만 찾거나 특수 기호와 함께 다른 문자열을 결합하여 찾기를 수행할 수 있습니다.

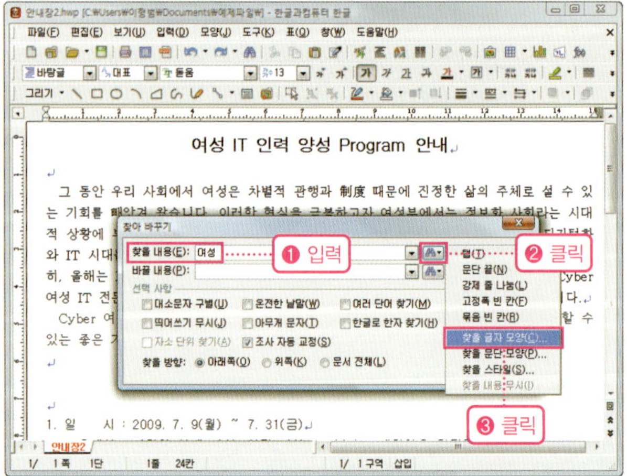

03 [글자 모양] 대화상자에서 글꼴을 "굴림"으로 지정한 다음 [설정] 버튼을 클릭합니다. 이렇게 하면 글꼴이 "굴림"인 "여성"만 찾는다는 의미가 됩니다.

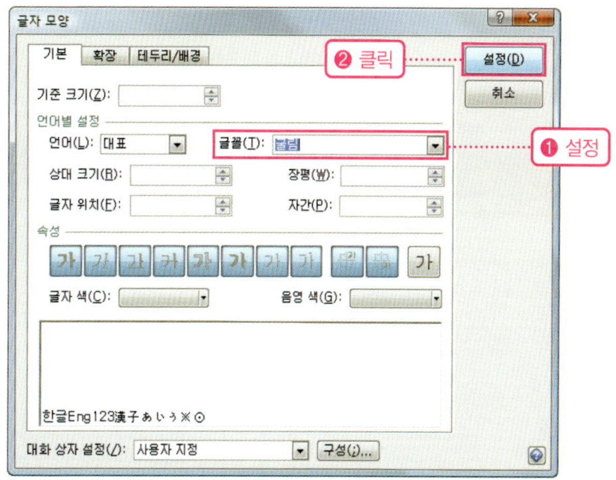

04 이번에는 바꿀 내용에 아무 것도 입력하지 않은 상태에서 바꿀 내용 상자의 오른쪽 끝에 있는 서식 찾기(🔍▾) 버튼을 클릭합니다. 서식 찾기 메뉴가 표시되면 [바꿀 글자 모양]을 클릭합니다.

> Note 찾을 내용이나 바꿀 내용의 서식 찾기에서 [찾을 문단 모양], [바꿀 문단 모양] 메뉴를 사용하면 문단 모양으로 찾고, 문단 모양을 바꾸는 작업을 수행할 수 있습니다.

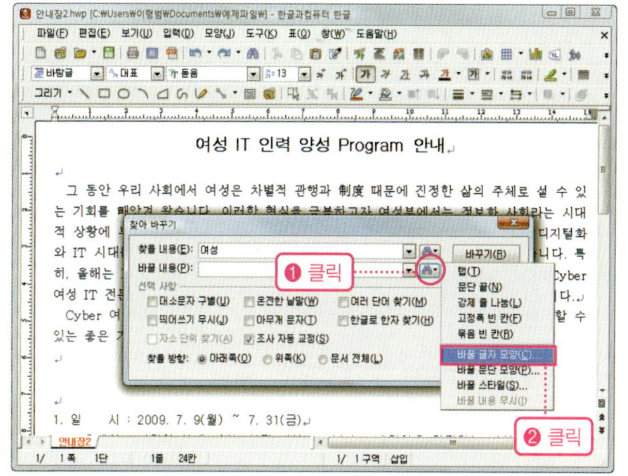

05 [글자 모양] 대화상자에서 속성의 진하게(**가**) 버튼을 클릭하고, 글자 색과 음영 색을 각각 지정한 다음 [설정] 버튼을 클릭합니다.

> Note 속성에서 보통 모양(가) 버튼을 클릭하면 다른 속성 버튼이 선택할 수 있는 상태로 활성화됩니다.

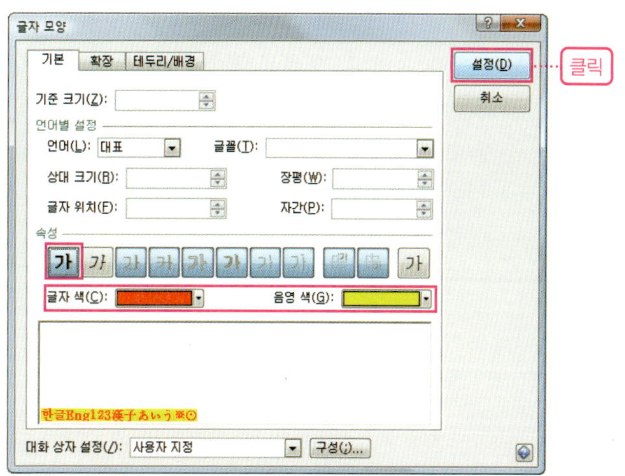

06 바꿀 내용의 서식 찾기(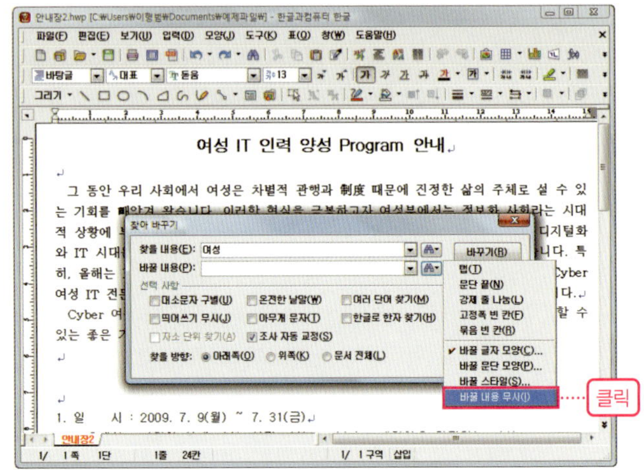) 버튼을 다시 클릭한 다음 [바꿀 내용 무시] 메뉴를 선택합니다.

Note 바꿀 내용 무시는 바꿀 글자 모양이나 문단 모양, 스타일 등을 지정한 경우에만 선택하거나 해제할 수 있습니다.

07 찾을 내용과 바꿀 내용, 그리고 서식까지 모든 지정이 끝나면 [모두 바꾸기] 버튼을 클릭합니다.

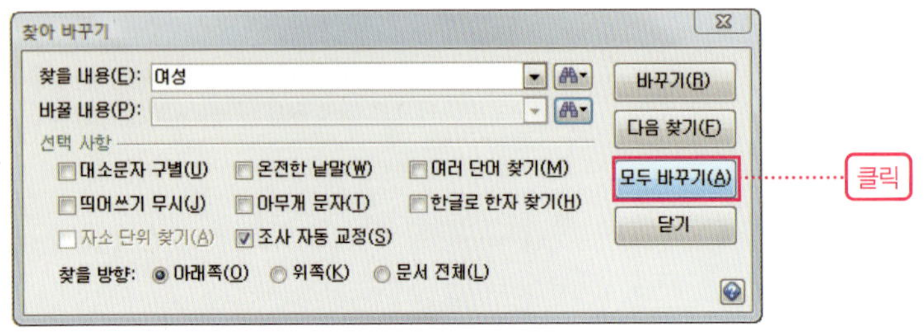

08 바꾸기 실행 결과가 표시되면 [취소] 버튼을 클릭합니다. [찾아 바꾸기] 대화상자에서 [닫기] 버튼을 클릭하여 대화상자를 닫습니다. 다음과 같이 찾아 바꾸기의 실행 결과를 볼 수 있습니다. 글꼴이 "굴림"인 경우의 "여성"만 찾아 바꿀 글자 모양으로 서식이 변경되었습니다.

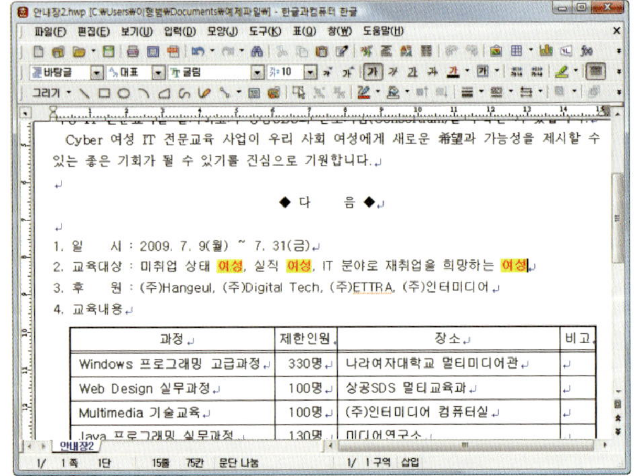

43

인쇄 모양 미리 보기

• 키워드 : 미리 보기, 미리 보기 도구 상자
• 예제 파일 : 시작 파일\매매계약서.hwp

미리 보기는 프린터로 인쇄할 문서를 화면에서 미리 확인해 보는 기능입니다. 미리 보기에서 실제 인쇄될 문서의 모든 내용을 그대로 확인할 수 있어 프린터로 인쇄하여 인쇄 모양을 다시 수정하는 것보다 종이의 낭비를 줄이고 시간을 절약할 수 있습니다.

01 예제 파일을 불러온 다음 [파일]-[미리 보기] 메뉴를 선택하거나 미리 보기(📄) 아이콘을 클릭합니다.

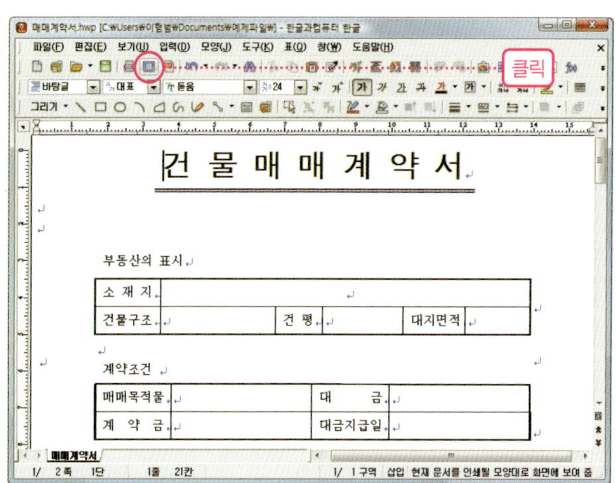

02 미리 보기 창이 열리고 현재 쪽의 인쇄 모양이 나타납니다. 여러 쪽 보기(📊) 아이콘의 화살표를 누르고 가로로 두 쪽이 되도록 마우스를 움직인 다음 클릭합니다.

Note 미리보기 화면 위로 마우스 포인터를 움직이면 마우스 포인터가 확대 돋보기 모양으로 변합니다. 이때 크게 보고 싶은 부분을 클릭하면 해당 부분을 중심으로 확대 표시됩니다. 확대된 상태에서 다시 클릭하면 이전 보기 상태로 보기가 축소됩니다.

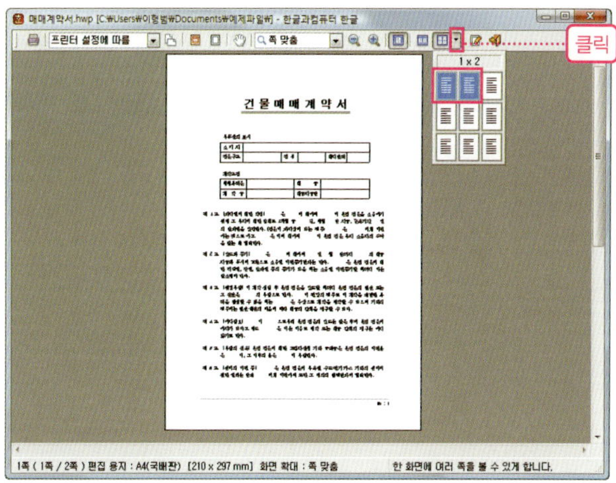

03 다음과 같이 두 쪽이 한 화면에 나란히 표시됩니다. 여백 보기(▣) 아이콘을 클릭하면 편집 용지에서 설정한 여백이 빨간색 점선으로 표시됩니다. 이렇게 미리 보기에서 인쇄 모양을 확인한 다음 인쇄(🖨) 아이콘을 클릭해서 문서를 프린터로 인쇄하거나, 닫기(🔊) 아이콘을 클릭해서 편집 화면으로 돌아갑니다.

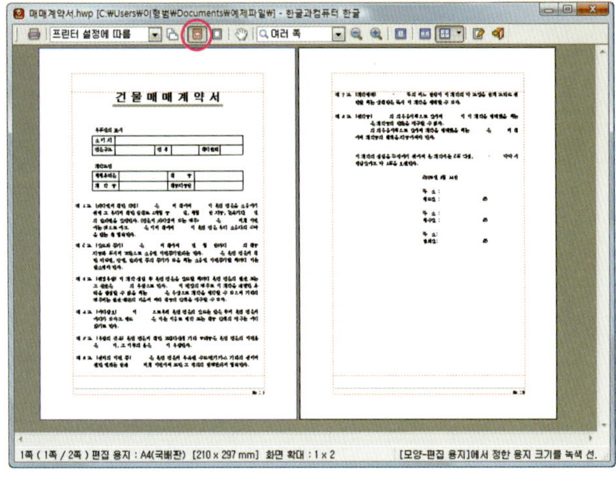

미리 보기 도구 상자

- ★ 인쇄(🖨) : [파일]–[인쇄] 명령이 실행되어 [인쇄] 대화상자가 나타납니다. 여기에서 인쇄에 대한 여러 사항을 지정하여 프린터로 인쇄할 수 있습니다.
- ★ 공급 용지(<u>프린터 설정에 따름</u> ▼) : 프린터에서 공급할 종이의 종류를 설정합니다.
- ★ 편집 용지(🗐) : [편집 용지] 대화상자를 표시하여 편집 용지의 종류와 여백 등을 새로 지정할 수 있습니다.
- ★ 여백 보기(▣) : 편집 용지에서 지정한 용지의 상하 좌우 여백과 머리말 및 꼬리말 여백을 빨간색 점선으로 표시합니다.
- ★ 편집 용지 보기(▢) : 편집 용지에서 지정한 용지 종류의 크기를 녹색 선으로 표시합니다.
- ★ 손 도구(🖐) : 확대 비율을 높이면 화면이 커져 일부가 보이지 않을 때 상하, 좌우로 끌어 이동할 수 있습니다.
- ★ 화면 확대 및 축소(🔍 폭 맞춤 ▼) : 지정한 쪽수만큼씩 미리 보기 창에 표시하거나 지정한 크기 비율만큼 한 쪽 크기를 확대하여 표시합니다.
- ★ 화면 축소(🔍)/화면 확대(🔍) : 한 번 누를 때마다 화면의 25%씩 축소되거나 확대됩니다.
- ★ 쪽 맞춤(▣) : 미리 보기 창에 한쪽 의 문서를 쪽 맞춤 크기로 표시합니다.
- ★ 맞쪽 보기(▥) : 두 개의 쪽을 한 화면에 나란히 표시합니다. 이때 오른쪽에 항상 홀수 쪽이 표시됩니다.
- ★ 여러 쪽 보기(▦▼) : 오른쪽의 화살표를 눌러 지정한 쪽수만큼씩 한 화면에 표시합니다. 최대 8×8쪽까지 지정할 수 있습니다.
- ★ 현재 쪽 편집(📝) : 미리 보기를 종료하고 편집 화면의 현재 미리 보기에 표시되어 있는 쪽의 첫 번째 줄로 돌아갑니다.
- ★ 닫기(🔊) : 미리 보기를 종료하고 편집 화면의 이전 커서 위치로 돌아갑니다.

44

인쇄하기

현재 편집 중인 문서를 프린터로 인쇄하는 기능입니다. [인쇄] 대화상자에서 인쇄 범위와 인쇄 매수를 비롯하여 각종 선택 사항을 설정하여 프린터로 문서를 인쇄할 수 있습니다.

01 이전 섹션의 예제 파일을 그대로 사용합니다. [파일]-[인쇄] 메뉴를 선택하거나 인쇄(🖨) 아이콘을 클릭합니다.

Note 단축키 Ctrl + P

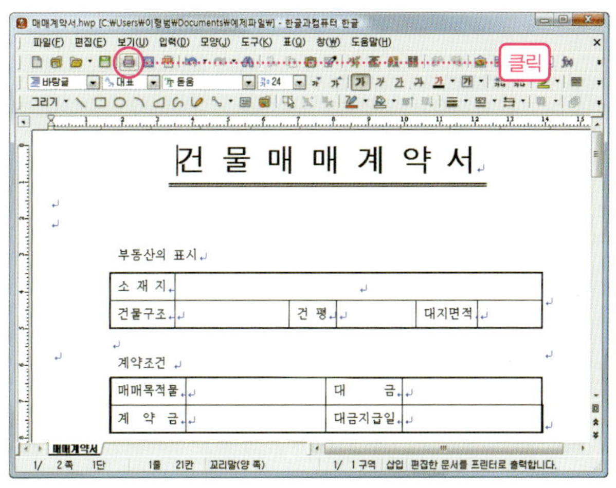

02 [인쇄] 대화상자에서 인쇄에 사용될 프린터를 선택하고 인쇄 범위와 인쇄 매수, 인쇄 방식 등을 지정한 다음 [인쇄] 버튼을 클릭하면 문서가 프린터로 출력됩니다.

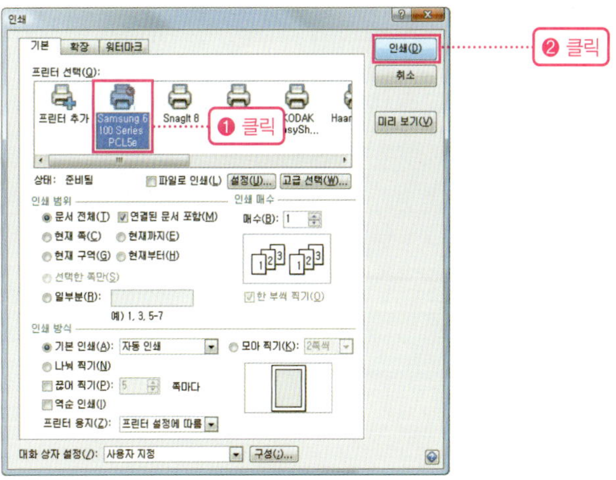

인쇄 선택 사항

★ [인쇄] 대화상자 [기본] 탭

- 프린터 선택 : 인쇄에 사용할 프린터를 선택합니다.
- 파일로 인쇄 : 인쇄 결과를 종이에 출력하지 않고 *.prn 형식의 파일로 디스크에 저장합니다. 이렇게 인쇄 결과를 파일로 저장하면 한글 프로그램이 설치되어 있지 않은 시스템에서도 한글에서 인쇄한 것과 똑같이 인쇄할 수 있습니다.

*.prn 파일 만들기	① [인쇄] 대화상자의 [기본] 탭에서 "파일로 인쇄"를 선택합니다. ② [인쇄] 버튼을 클릭합니다. ③ [다른 이름으로 저장] 대화상자에서 파일 이름을 입력한 후 [저장] 버튼을 클릭합니다.
*.prn 파일 인쇄하기	① [명령 프롬프트]를 실행합니다. ② 파일 이름이 "ABC.PRN"일 경우 다음과 같이 입력하고 [Enter] 를 누릅니다. C:\> COPY ABC.PRN LPT1

- 인쇄 범위 : 인쇄할 문서의 범위를 쪽 단위로 지정합니다.

문서 전체	현재 문서 전체와 함께 연결된 문서까지 인쇄합니다.
연결된 문서 포함	[파일]–[문서 연결]로 설정한 파일의 인쇄 여부를 설정합니다.
현재 쪽	현재 커서가 있는 쪽만 인쇄합니다.
현재 구역	문서가 여러 구역으로 나뉘어져 있을 때 현재 커서가 있는 구역만 인쇄합니다.
현재부터	현재 커서가 있는 쪽부터 마지막 쪽까지 인쇄합니다.
현재까지	문서의 첫 번째 쪽부터 현재 커서가 있는 쪽까지 인쇄합니다.
선택한 쪽만	문서 일부를 블록으로 지정하고 인쇄 명령을 실행했을 때, 블록으로 설정된 부분이 포함되어 있는 모든 쪽을 인쇄합니다.
일부분	인쇄할 쪽 번호나 범위를 직접 입력하여 인쇄합니다. 예를 들어 "1,3,5–8"로 지정하면 1쪽과 3쪽을 인쇄하고 5쪽부터 8쪽까지 인쇄합니다.

- 인쇄 매수 : 같은 내용의 문서를 인쇄 매수에 지정한 숫자만큼 반복해서 인쇄합니다. 인쇄 매수는 1부터 1000 사이에서 지정할 수 있습니다. "한 부씩 찍기"를 선택하면 1-2-3, 1-2-3, 1-2-3과 같은 쪽 순서로 인쇄하고, 선택하지 않으면 1-1-1, 2-2-2, 3-3-3과 같은 쪽 순서로 인쇄합니다.
- 인쇄 방식 : 편집 용지를 바꾸지 않고 인쇄 결과의 크기나 배치 방식을 지정하여 여러 쪽을 한 장의 종이에 모아서 인쇄하거나 작은 용지에 한 쪽의 내용을 나누어 인쇄합니다.

기본 인쇄	·자동 인쇄 : 편집 용지와 같은 크기의 공급 용지를 사용하여 한 쪽의 내용을 한 장의 종이에 인쇄합니다. ·공급용지에 맞추어 : 편집 용지와 다른 크기의 공급 용지를 사용할 때 공급 용지의 크기에 맞추어 자동으로 문서의 내용을 확대 또는 축소하여 인쇄합니다.
나눠 찍기	편집 용지가 공급 용지보다 클 때 한 쪽의 내용을 여러 장의 종이에 나누어 인쇄합니다.
모아 찍기	공급 용지 한 장에 지정한 쪽수만큼씩 모아서 인쇄합니다. 자동으로 확대/축소 비율이 조절됩니다.
끊어 찍기	지정한 쪽수만큼 인쇄한 다음 사용자에게 다음 인쇄를 위한 준비가 되었는지 확인합니다. 확인 단계에서 인쇄를 계속하거나 인쇄를 멈추도록 할 수 있습니다.

역순 인쇄	지정된 인쇄 범위에서 가장 마지막 쪽을 가장 먼저 인쇄합니다. 가장 첫 쪽은 가장 마지막에 인쇄됩니다.
프린터 용지	인쇄에 사용될 프린터 용지를 선택합니다.

★ [인쇄] 대화상자 [확장] 탭

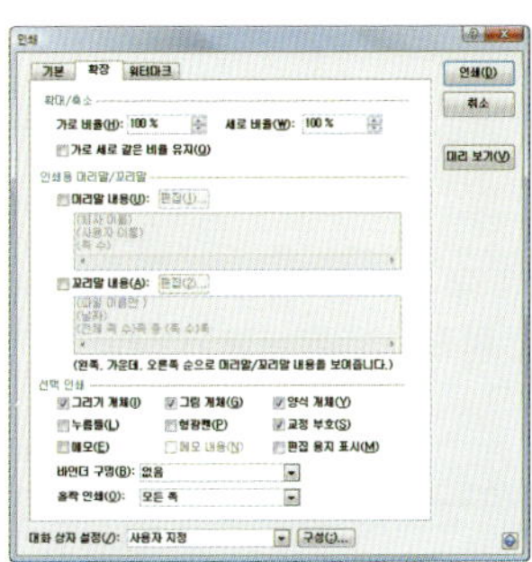

- 확대/축소 : 문서를 임의의 크기로 확대 또는 축소해서 인쇄할 때 가로 비율과 세로 비율을 지정합니다. 확대/축소 비율은 10%에서 500% 사이에서 지정할 수 있습니다.
- 가로 세로 같은 비율 유지 : 가로 비율 또는 세로 비율을 지정하면 가로 세로 비율이 자동으로 조절됩니다.
- 인쇄용 머리말/꼬리말 : 머리말은 용지의 왼쪽 윗부분에 꼬리말은 용지의 아랫부분에 지정한 내용을 인쇄합니다. 머리말이나 꼬리말을 넣을 옵션을 선택한 후 [편집] 단추를 눌러 편집할 수 있습니다.
- 선택 인쇄 : 사용자가 필요에 맞게 인쇄할 때 필요한 각종 선택 사항을 지정합니다.

그리기 개체	문서에 삽입한 그리기 개체의 인쇄 여부를 선택합니다. "그리기 개체"의 선택을 해제하면 그리기 개체 위치에 자리 표시만 하고 실제로 그리기 개체는 인쇄하지 않습니다.
그림 개체	문서에 삽입한 그림 파일을 인쇄할 것인지 선택합니다. "그림 개체" 선택을 해제하면 그림 위치에 그림 테두리만 인쇄되고 실제 그림 파일은 인쇄되지 않습니다.
양식 개체	양식 개체를 인쇄할 것인지 선택합니다.
누름틀	문서에 들어 있는 누름틀을 인쇄할 것인지 선택합니다.
형광펜	문서에 있는 형광펜의 인쇄 여부를 선택합니다.
교정 부호	문서에 표시한 교정 부호의 인쇄 여부를 선택합니다.
메모	문서에 있는 메모의 인쇄 여부를 선택합니다.
편집 용지 표시	인쇄 용지에 편집 용지의 크기를 표시합니다.
바인더 구멍	인쇄한 문서에 구멍을 뚫어 바인더에 철을 해 두는 용도로 출력할 때 사용할 바인더 종류에 따라 구멍이 뚫릴 자리를 표시하여 인쇄합니다.
홀짝 인쇄	양면 인쇄를 지원하지 않는 프린터에서 양면으로 문서를 인쇄할 때 "홀수 쪽"으로 문서 전체를 인쇄한 다음 인쇄물을 뒤집어 다시 프린터에 넣고 "짝수 쪽"으로 인쇄하면 양면 인쇄와 같은 결과를 얻을 수 있습니다.

★ [인쇄] 대화상자 [워터마크] 탭

- 인쇄할 때에만 문서에 적용되어 나타나도록 그림 워터마크 및 글자 워터마크를 설정할 수 있습니다.

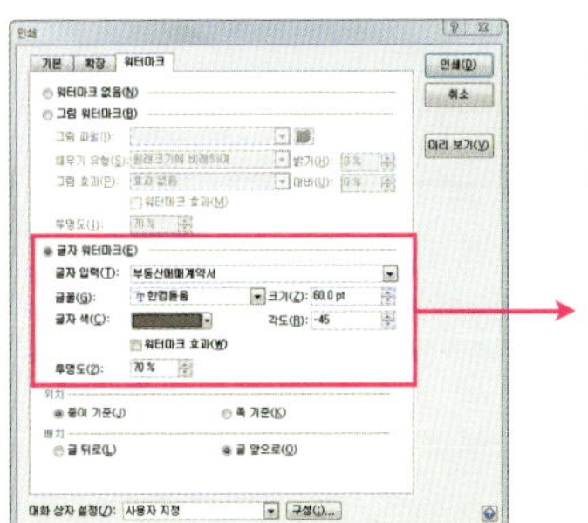

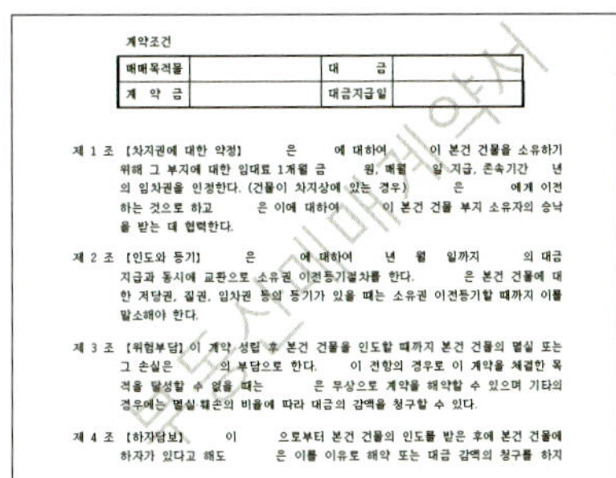

상용구 만들기

• 키워드 : 상용구, 상용구 등록
• 예제 파일 : 시작 파일\상용구.hwp

상용구는 문서에서 자주 쓰이는 문자열을 따로 등록해 놓은 다음 필요할 때마다 준말을 입력하여 본말 전체가 입력되도록 하는 기능입니다. 내용이 길거나 복잡한 문자열을 상용구로 등록해서 사용하면 빠르고 편리하게 문서를 작성할 수 있습니다. 단순한 글자뿐만 아니라 표, 그림 등의 모든 내용을 상용구로 등록할 수 있습니다.

01 예제 파일을 불러온 다음 첫 번째 줄에 있는 제목 "맛있는 요리"를 블록으로 지정하고 [입력]–[상용구]–[상용구 등록] 메뉴를 선택합니다.

Note 단축키 : Alt + I

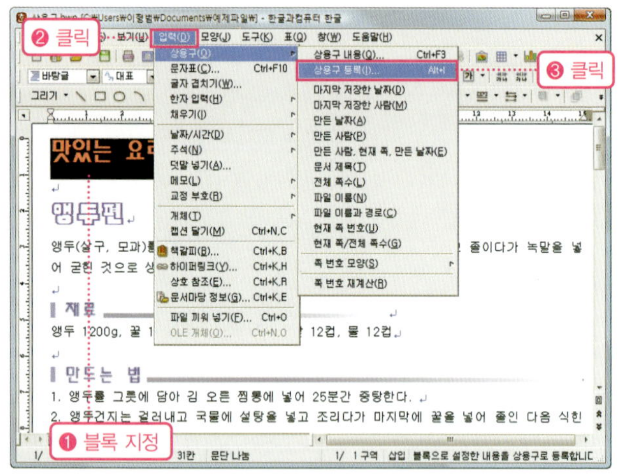

02 [상용구 등록] 대화상자가 나타나고 준말에 블록으로 지정한 내용의 첫 번째 글자가 등록되어 있습니다.

03 준말을 "제목"으로 바꾸고 "글자 속성 유지" 옵션이 선택되어 있는 상태에서 [등록] 버튼을 클릭합니다. 준말은 최대 10 글자까지만 입력할 수 있습니다.

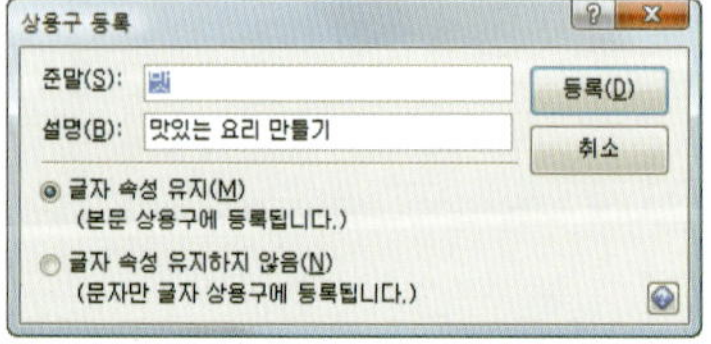

Note "글자 속성 유지"를 선택하면 블록으로 지정한 내용을 서식과 함께 본문 상용구에 등록합니다. "글자 속성 유지하지 않음"은 서식을 제외하고 글자만 글자 상용구에 등록합니다.

04 글자뿐 아니라 그림이나 표 등의 개체도 상용구에 등록할 수 있습니다. "재료" 그림을 클릭해서 선택한 다음 [Alt]+[I]를 누르면 [본문 상용구 등록] 대화상자가 나타납니다. 준말에 "재료"를 입력하고 설명 내용을 입력한 다음 [설정] 버튼을 클릭합니다.

[Note] 글자 외에 표, 그림 등을 상용구로 등록할 때는 표나 그림을 선택한 다음 상용구 등록 단축키 [Alt]+[I]를 누릅니다. 표나 그림은 항상 본문 상용구로 등록됩니다.

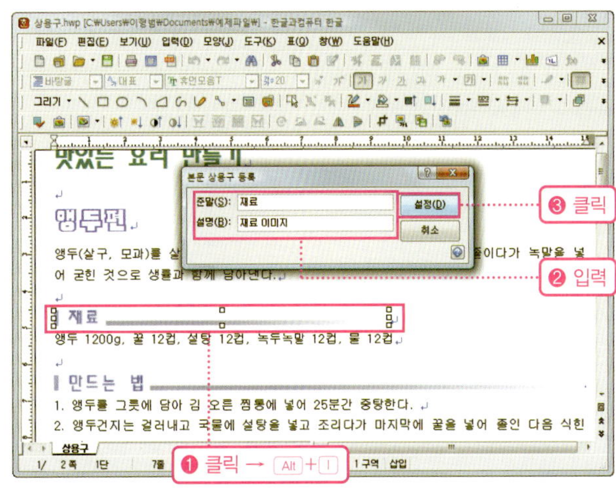

05 "만드는 법" 그림을 클릭한 다음 [Alt]+[I]를 누르면 [본문 상용구 등록] 대화상자가 나타납니다. 준말을 "요리법"으로 입력하고 설명을 입력한 다음 [설정] 버튼을 클릭합니다.

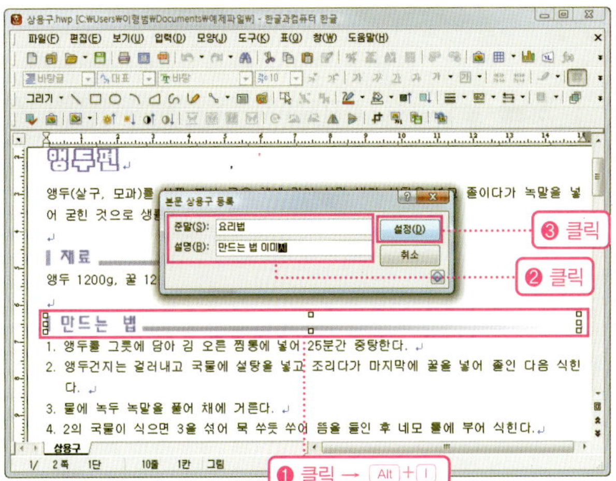

쌩초보 레벨업

상용구 등록 개수

글자 상용구나 본문 상용구는 각각 1,024개까지 등록할 수 있습니다. 상용구 개수가 1,024개를 넘어갈 경우에는 가장 오래된 상용구부터 자동으로 제거됩니다. 상용구는 한글 프로그램을 끝내고 나갈 때 "HWP.IDO" 파일에 저장됩니다. 한 번 정의한 상용구는 다음에 한글 프로그램을 사용할 때 그대로 사용할 수 있습니다.

06 마지막 줄에 있는 내용을 다음과 같이 블록으로 지정한 다음 [입력]-[상용구]-[상용구 등록] 메뉴를 선택하거나 단축키 Alt+I를 누릅니다.

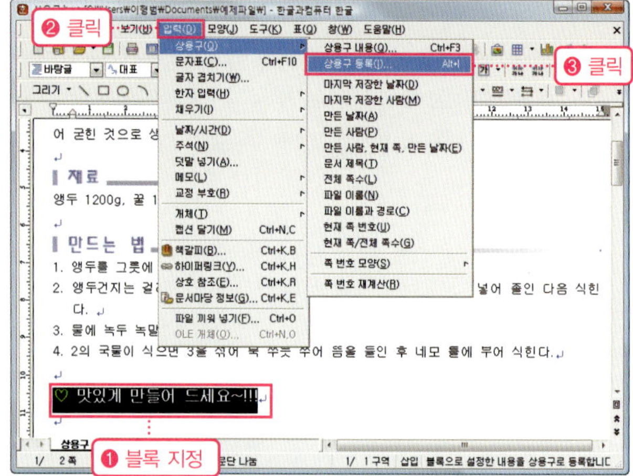

07 [상용구 등록] 대화상자에서 준말을 "하트"로 변경하고 "글자 속성 유지하지 않음" 옵션을 선택한 다음 [등록] 버튼을 클릭합니다. 이렇게 해서 모두 4개의 상용구를 정의하였습니다.

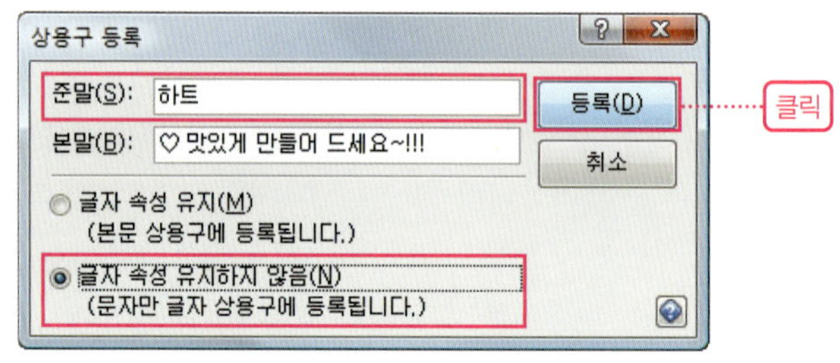

08 두 번째 페이지의 첫 번째 줄에서 "제목"을 입력한 다음 단축키 Alt+I를 누르면 다음과 같이 준말 "제목"으로 정의되어 있는 상용구 내용이 자동으로 입력됩니다.

Note 단축키 Alt+I는 블록이 지정되어 있을 때는 상용구 등록 명령을 실행하고, 블록이 지정되어 있지 않으면 입력한 준말을 본말로 바꿉니다.

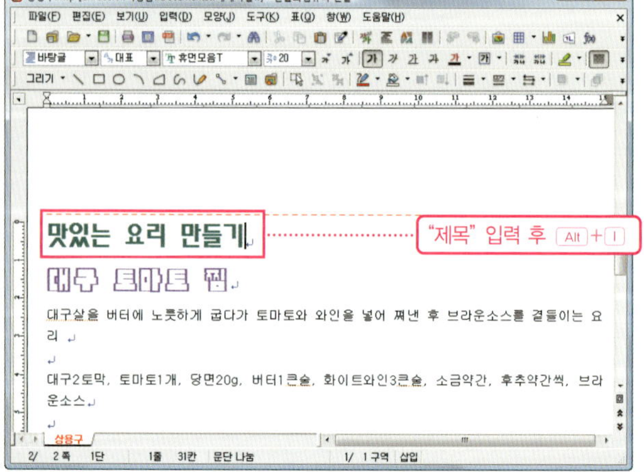

09 이번에는 대화상자를 이용해서 상용구를 삽입해 보겠습니다. 재료 그림을 삽입할 위치로 커서를 이동한 다음 [입력]-[상용구]-[상용구 내용] 메뉴를 선택합니다.

Note 단축키 Ctrl + F3

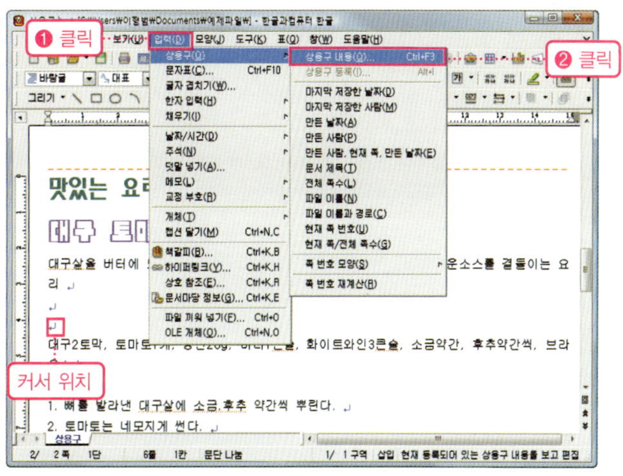

10 [상용구] 대화상자가 나타나면 [본문 상용구] 탭에서 "재료"를 선택하고 [넣기] 버튼을 클릭합니다.

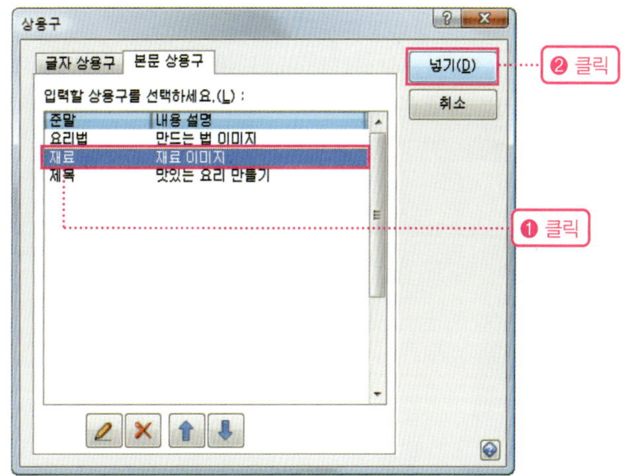

11 커서 위치에 준말 "재료"로 정의되어 있는 그림이 삽입됩니다.

Note 문서에서 "재료"를 입력하고 Alt + I 를 눌러도 같은 결과를 얻을 수 있습니다.

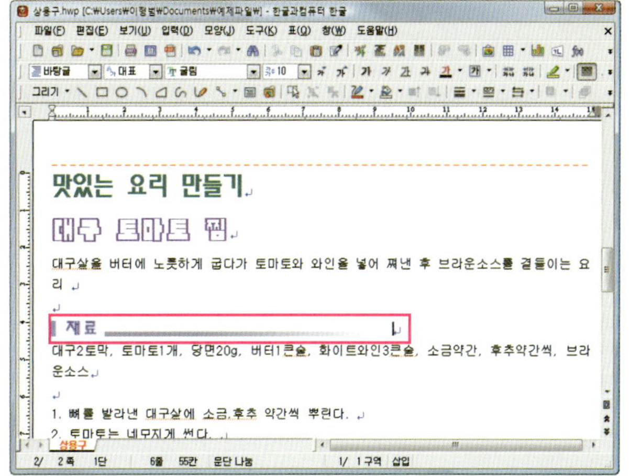

12 같은 방법으로 "요리법" 준말에 정의되어 있는 만드
는 법 그림을 다음과 같이 삽입합니다.

 문서에서 "요리법"을 입력하고 Alt+I를 누르는 방법을 사용하거나,
Ctrl+F3을 누른 다음 [상용구] 대화상자의 [본문 상용구] 탭에서 "요리
법"을 선택하고 [넣기] 버튼을 클릭합니다.

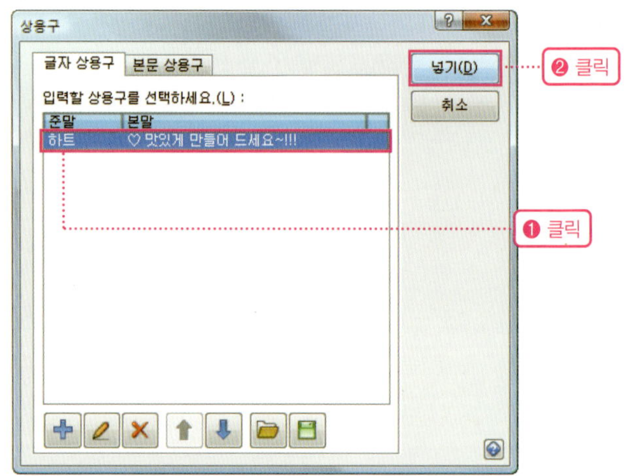

13 두 번째 쪽의 마지막 위치로 커서를 이동한 다음
Ctrl+F3을 눌러 [상용구] 대화상자를 나타냅니다.
[글자 상용구] 탭에서 "하트"를 선택한 다음 [넣기]
버튼을 클릭합니다.

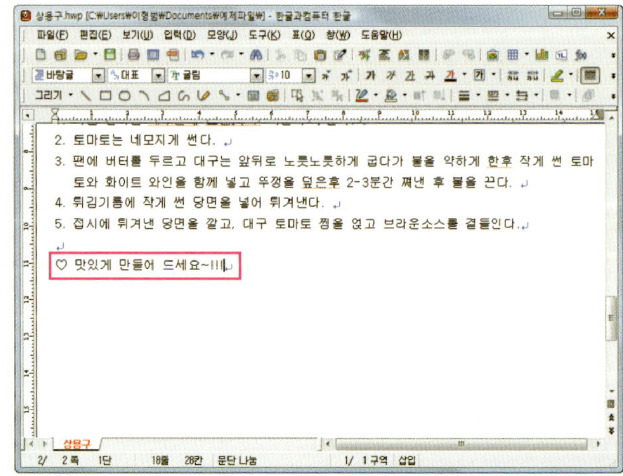

14 다음과 같이 커서 위치에 준말 "하트"에 정의되어 있
는 본말이 삽입됩니다. 눈여겨보아야 할 점은 글자
상용구이기 때문에 현재 커서 위치의 서식을 그대로
따라 간다는 것입니다.

46

상용구 편집하기

[상용구] 대화상자를 사용하여 등록되어 있는 상용구의 준말이나 본말의 내용을 수정할 수 있습니다. 글자 상용구는 준말과 본말을 모두 수정할 수 있지만, 본문 상용구는 본말의 내용은 수정할 수 없고 준말과 본말에 대한 설명만 수정할 수 있습니다.

01 이전 섹션의 예제 파일을 사용합니다. [입력]-[상용구]-[상용구 내용] 메뉴를 선택하거나 단축키 Ctrl +F3을 누릅니다.

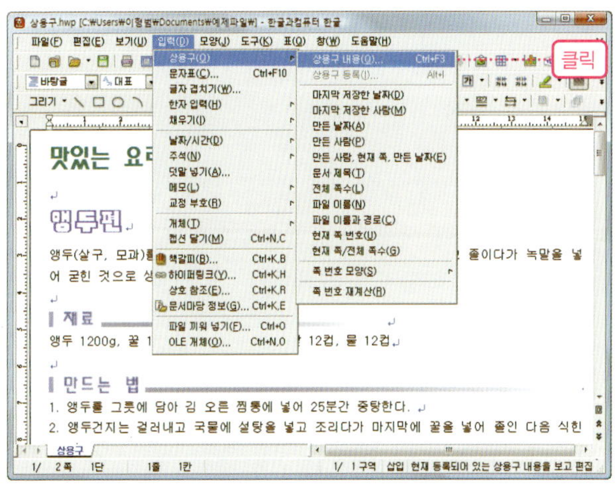

02 [상용구] 대화상자의 [글자 상용구] 탭에서 "하트"를 선택한 다음 상용구 편집하기(✎) 아이콘을 클릭합니다.

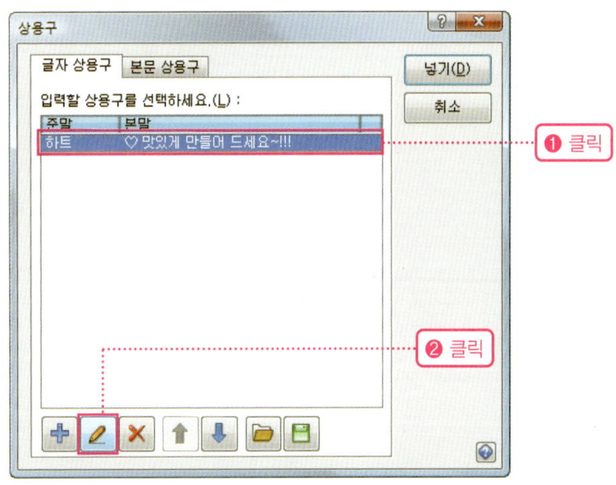

03 [상용구 편집하기] 대화상자에서 준말을 "끝말"로 수정한 다음 [설정] 버튼을 클릭합니다.

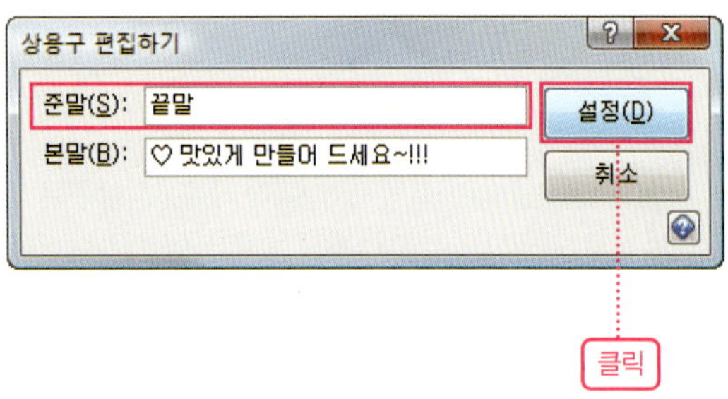

04 다음과 같이 상용구의 준말이 수정되었습니다. 상용구를 목록에서 지우려면 지울 상용구를 선택한 상태에서 상용구 지우기(✖) 아이콘을 클릭합니다.

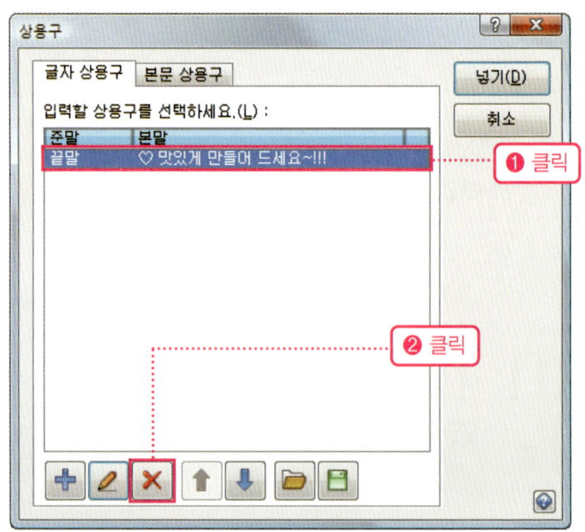

05 다음과 같이 선택한 상용구를 지울 것인지 확인하는 대화상자가 나타나면 [지움] 버튼을 클릭합니다.

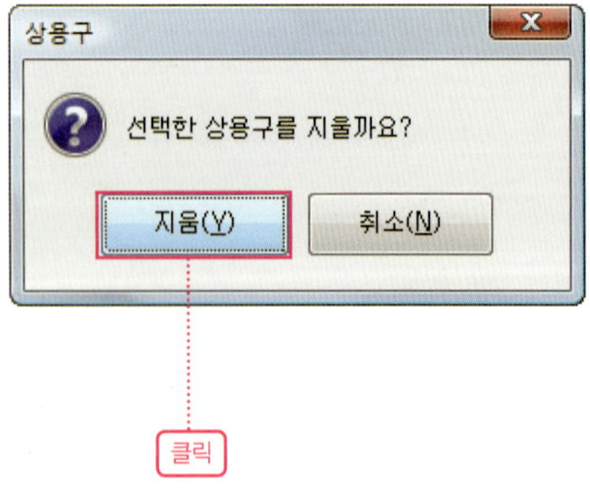

06 선택한 상용구가 제거됩니다. [취소] 버튼을 클릭하면 [상용구] 대화상자가 닫힙니다.

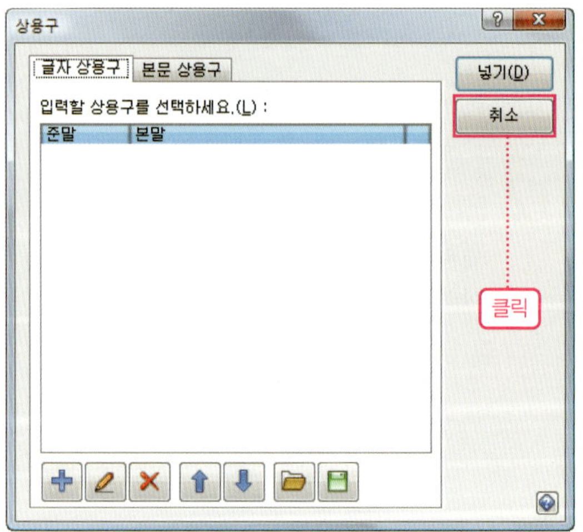

Note 상용구가 목록에 등록되어 있는 순서를 변경할 수 있습니다. 순서를 바꿀 상용구를 선택한 다음 한 줄 위로 이동하기(⬆) 아이콘이나 한 줄 아래로 이동하기(⬇) 아이콘을 사용하여 순서를 조정합니다.

47

상용구 저장하기와 불러오기

등록되어 있는 상용구를 상용구 파일(*.IDO)로 저장한 다음 다른 시스템에서 같은 상용구를 사용하기 위해 상용구 파일을 불러와 끼워 넣을 수 있습니다. 상용구를 파일로 저장할 때는 글자 상용구만 저장되고 본문 상용구는 저장되지 않습니다.

01 빈 문서에서 시작하도록 하겠습니다. [입력]-[상용구]-[상용구 내용] 메뉴를 선택하거나 단축키 Ctrl+F3을 누릅니다.

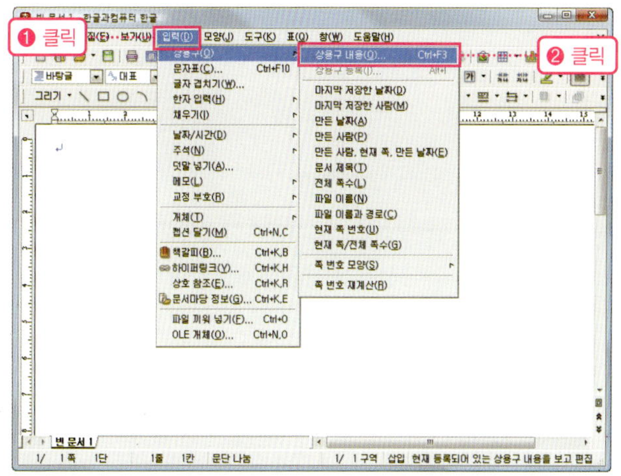

02 먼저 몇 개의 글자 상용구를 추가한 다음 이것을 파일로 저장하는 과정을 살펴보겠습니다. [상용구] 대화상자의 [글자 상용구] 탭에서 상용구 추가하기(✚) 아이콘을 클릭합니다.

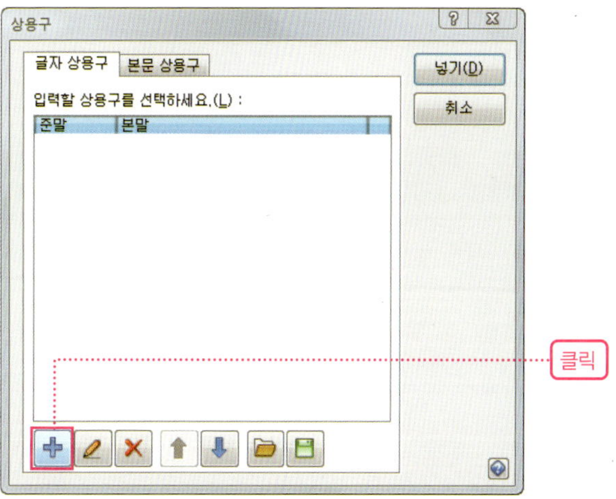

03 [상용구 추가하기] 대화상자가 나타나면 준말과 본말을 임의로 입력하고 [설정] 버튼을 클릭합니다.

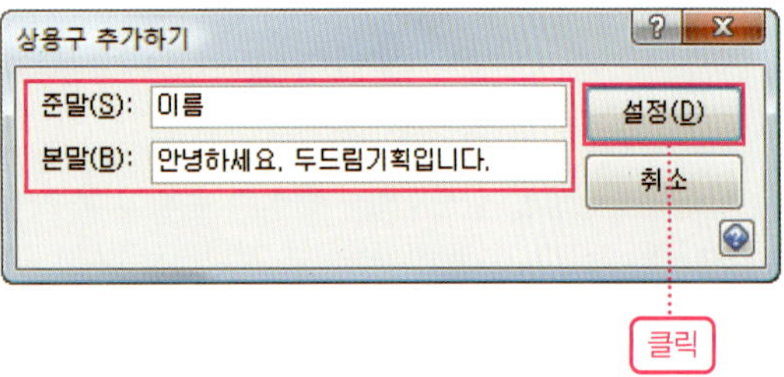

04 같은 방법으로 몇 개의 상용구를 더 추가해 봅니다. 이렇게 등록한 글자 상용구를 파일로 저장하기 위해 글자 상용구 저장하기(🖫) 아이콘을 클릭합니다.

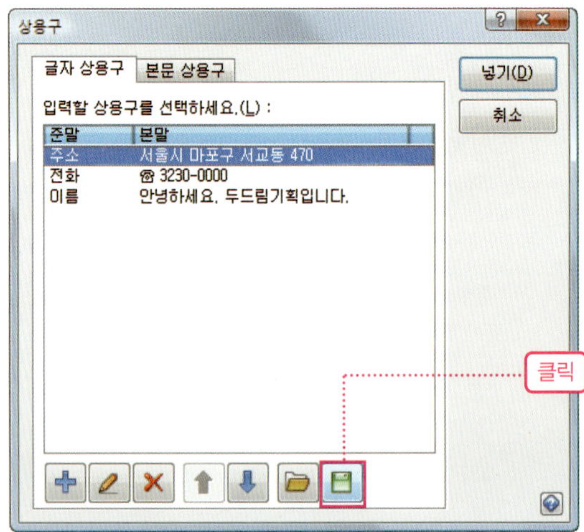

05 [글자 상용구 저장하기] 대화상자가 나타나면 파일 이름을 "상용구연습"으로 입력하고 [저장] 버튼을 클릭합니다. 글자 상용구 파일의 확장자는 "*.ido"로 설정됩니다.

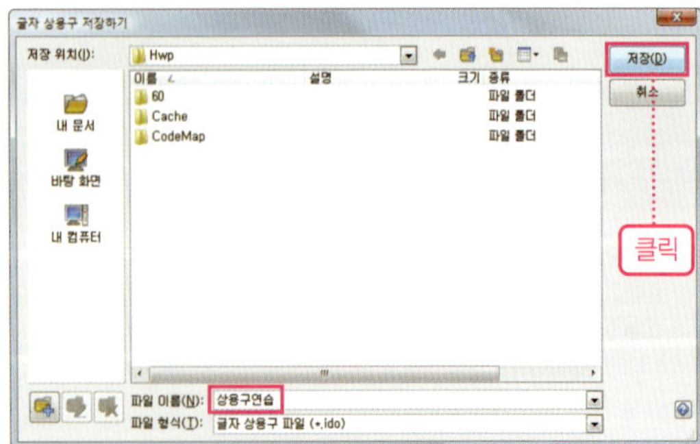

 상용구 파일을 저장할 폴더 위치를 변경할 수 있습니다.

06 저장한 상용구 파일을 불러오는 과정을 실습하기 위해 상용구 지우기(✖) 아이콘을 이용하여 모든 상용구를 지웁니다. 그런 다음 글자 상용구 불러오기(📂) 아이콘을 클릭합니다.

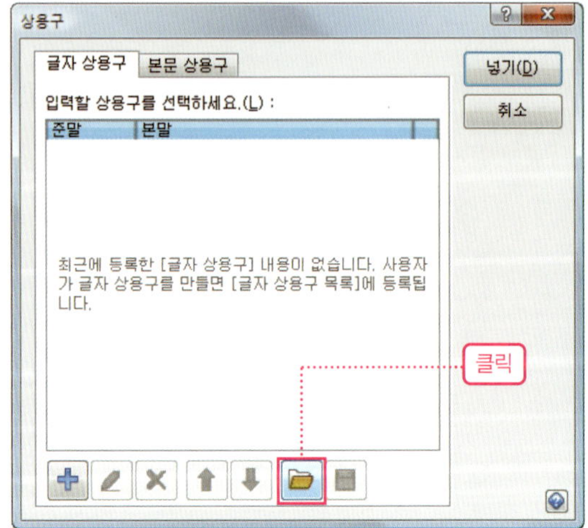

07 [글자 상용구 불러오기] 대화상자가 나타나면 불러올 앞에서 저장한 "상용구연습.ido" 파일을 선택하고 [열기] 버튼을 클릭합니다.

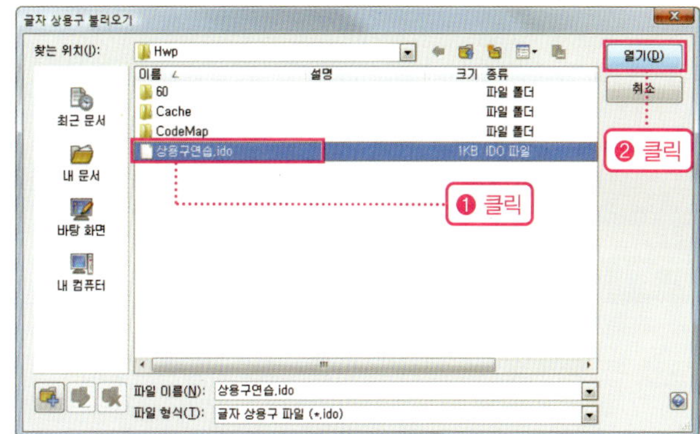

08 다음과 같이 상용구 파일에 저장되어 있는 글자 상용구 내용이 목록에 표시됩니다.

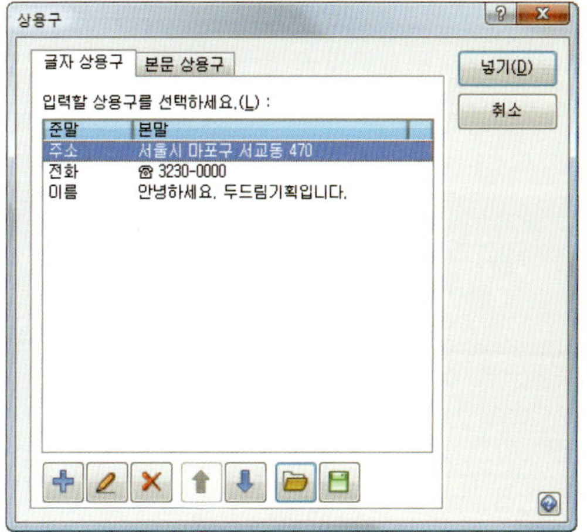

상용구 끼워넣기

★ 현재 등록되어 사용하고 있는 상용구에 저장해 놓은 상용구를 추가하는 것입니다.
★ 상용구를 끼워 넣을 때 만약 현재 상용구와 읽어온 상용구 파일에 같은 이름의 준말이 있으면 새로 읽어온 본말로 기존의 본말을 덮어 씁니다.
★ 한글 2007에서 불러오는 상용구 파일 형식은 *.ido입니다. 하지만 한글 97에서 저장한 상용구 파일은 불러올 수 없습니다.
① [입력]–[상용구]–[상용구 내용]을 선택합니다.
② [상용구] 대화상자가 나타나면 [글자 상용구] 탭에서 글자 상용구 불러오기(📂) 아이콘을 클릭합니다.
③ [글자 상용구 불러오기] 대화상자가 나타나면 불러올 상용구 파일(*.ido)을 선택한 다음 [열기] 단추를 누릅니다.
④ 불러온 상용구의 내용이 목록 아래에 추가됩니다.

48

스타일 만들기

• 키워드 : 새 스타일 만들기, 스타일 추가/삭제
• 예제 파일 : 시작 파일\최저임금제도.hwp

자주 사용하는 글자 모양이나 문단 모양을 스타일로 만들어 놓으면 필요할 때 스타일을 선택하여 글자 모양과 문단 모양을 한 꺼번에 바꿀 수 있습니다. 스타일은 긴 문서에서 일관성 있는 문단 모양을 유지하기 위한 용도로 사용합니다.

01 예제 파일을 열고 첫 번째 줄의 내용을 블록으로 지정한 다음 글자 모양과 문단 모양 등을 지정합니다. 원하는 대로 글자 모양과 문단 모양을 설정했으면 스타일(🎨) 아이콘을 클릭합니다.

Note [모양]-[스타일] 메뉴를 선택하거나 단축키 F6을 눌러 스타일 명령을 실행할 수 있습니다.

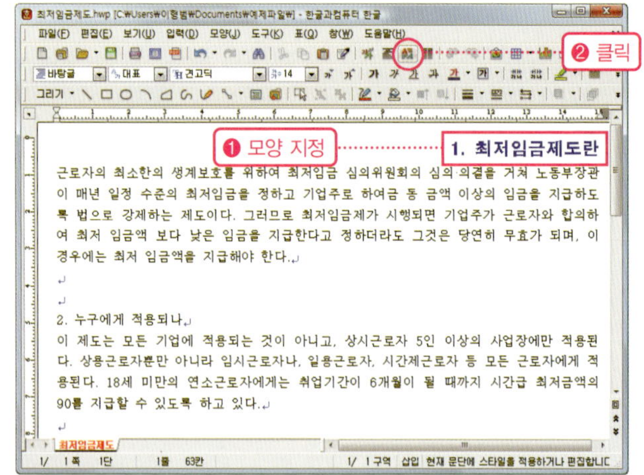

02 [스타일] 대화상자가 나타나면 새 스타일 만들기(➕) 아이콘을 클릭합니다.

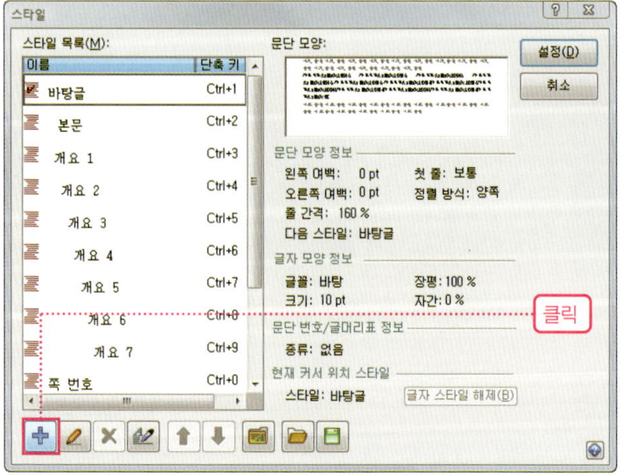

03 [스타일 추가하기] 대화상자에서 스타일 이름을 "제목"으로 입력합니다. 스타일의 영문 이름은 선택 사항이므로 입력하지 않아도 상관없습니다. 스타일 종류는 "문단", 다음 문단에 적용할 스타일은 "새 스타일"로 선택된 상태에서 [추가] 버튼을 클릭합니다.

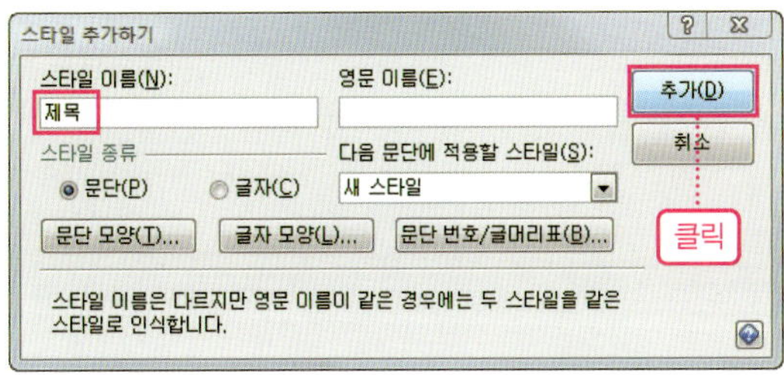

Note │ 스타일 종류를 "문단"으로 지정하면 글자 모양과 문단 모양이 스타일에 등록됩니다. "글자"로 지정하면 문단 모양은 무시하고 글자 모양만 스타일에 등록됩니다.

04 스타일 목록에 새로 만든 "제목" 스타일이 표시됩니다. 이렇게 새로 만든 스타일을 현재 커서가 있는 문단에 적용하기 위해서 [설정] 버튼을 클릭합니다.

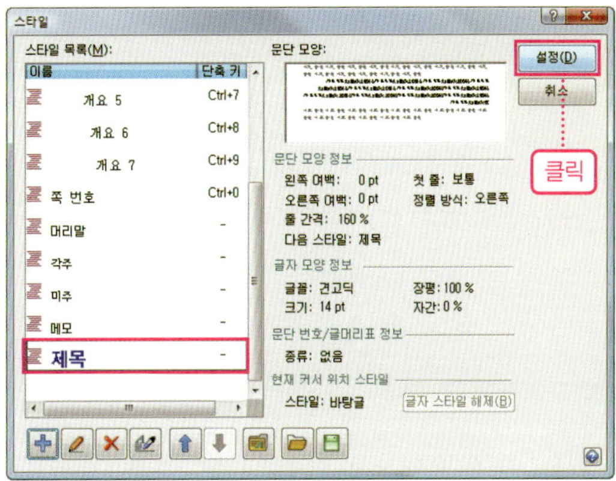

Note │ 스타일 목록에서 선택한 스타일의 글자 모양과 문단 모양, 자세한 스타일 정보를 대화상자 오른쪽에서 확인할 수 있습니다. 스타일 목록에서 특정 스타일을 선택하고 한 칸 위로 이동하기( ) 또는 한 칸 아래로 이동하기( ) 아이콘을 클릭해서 스타일 순서를 조정할 수 있습니다.

05 커서가 있던 문단에 "제목" 스타일이 적용됩니다. 현재 문단의 스타일 이름을 서식 도구 상자에서 확인할 수 있습니다.

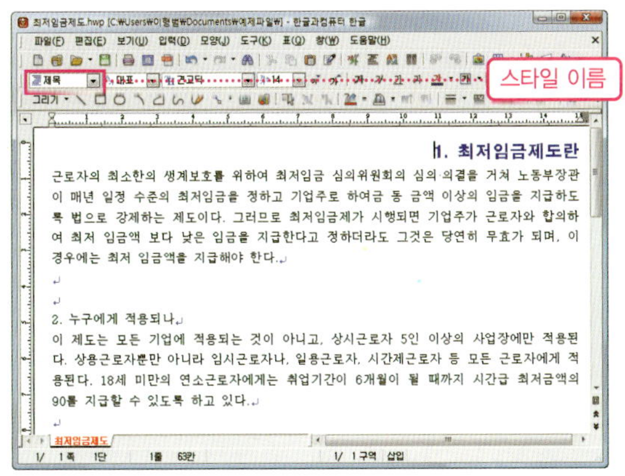

06 커서를 두 번째 제목이 있는 곳으로 이동합니다. 서식 도구 상자에서 스타일(바탕글) 아이콘의 화살표를 누른 다음 "제목"을 선택합니다.

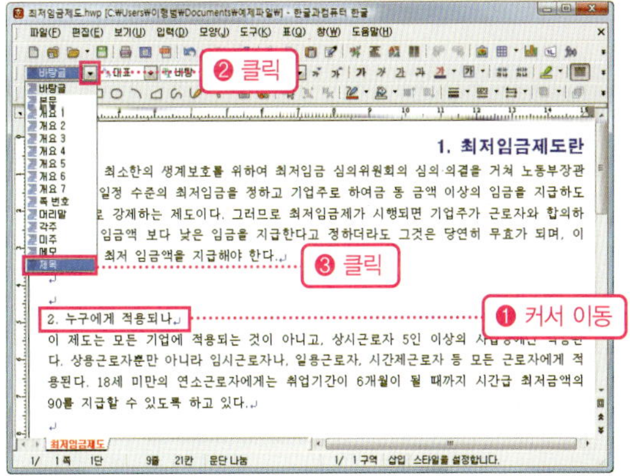

Note │ 스타일 이름 앞에 문단 모양 표시( )가 붙은 스타일은 문단 스타일이고, 글자 모양 표시( )가 붙은 것은 글자 스타일입니다. 커서 위치에 글자 스타일이 적용되어 있으면 서식 도구 상자에 글자 스타일 이름이 표시되고, 글자 스타일이 없는 경우 문단 스타일 이름이 표시됩니다.

07 커서가 있던 문단에 선택한 스타일이 적용되어 글자 모양과 문단 모양이 모두 변경됩니다.

 여러 문단에 같은 스타일을 적용할 때는 스타일을 선택하기 전에 미리 블록을 지정합니다.

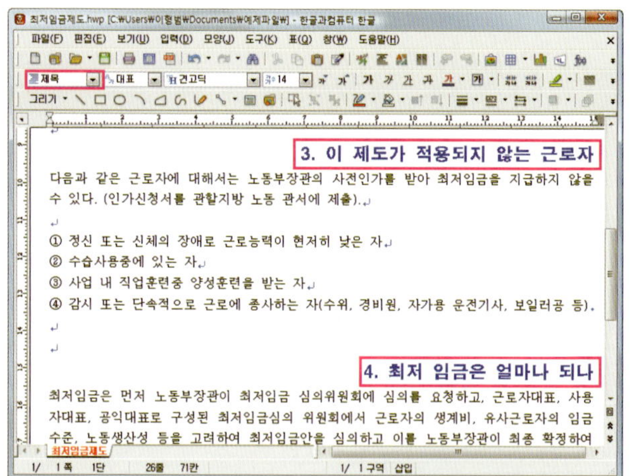

08 같은 방법으로 나머지 제목에도 "제목" 스타일을 적용하여 다음과 같이 글자 모양과 문단 모양을 변경합니다.

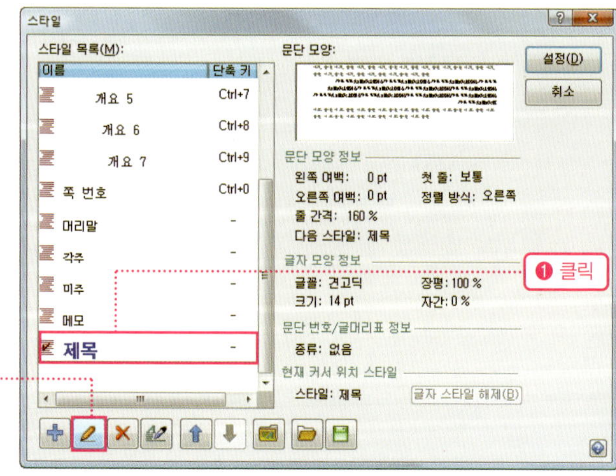

09 스타일( ) 아이콘을 클릭하거나 단축키 F6을 눌러 [스타일] 대화상자를 나타냅니다. 스타일 목록에서 "제목" 스타일을 선택한 다음 스타일 편집하기( ) 아이콘을 클릭합니다.

10 [스타일 편집하기] 대화상자가 나타나면 [글자 모양] 버튼을 클릭합니다.

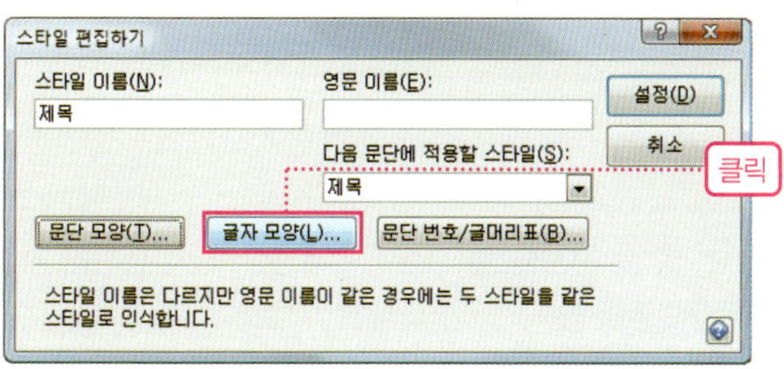

11 [글자 모양] 대화상자에서 기준 크기와 장평, 속성 등을 다음과 같이 변경한 다음 [설정] 단추를 클릭합니다.

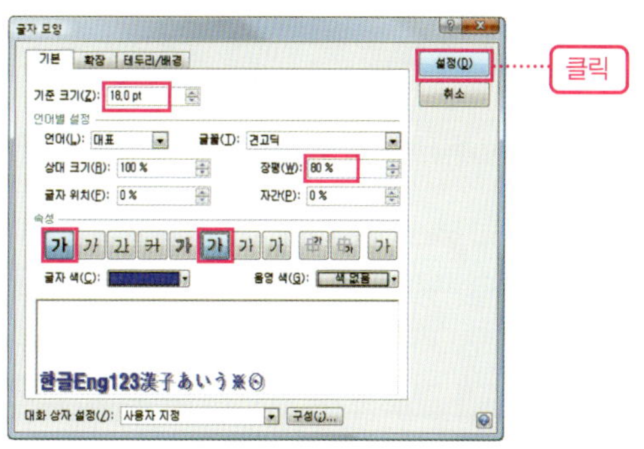

12 [스타일 편집하기] 대화상자로 돌아가면 다시 [설정] 단추를 클릭합니다. 필요하면 [스타일 편집하기] 대화상자에서 [문단 모양] 또는 [문단 번호/글머리표] 버튼을 클릭해서 모양을 변경할 수 있습니다. [스타일] 대화상자에서 [취소] 버튼을 클릭합니다.

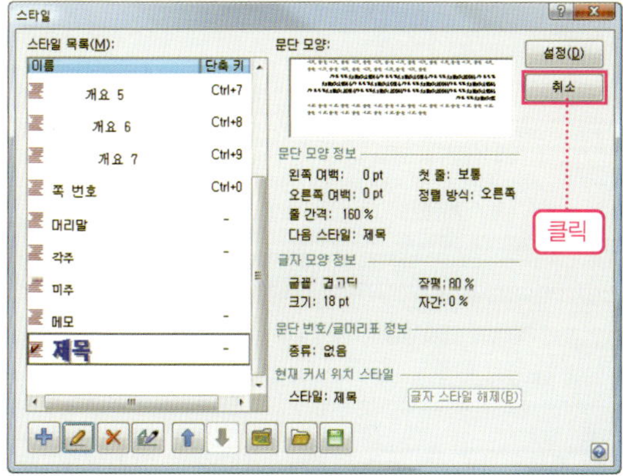

13 다음과 같이 "제목" 스타일이 적용되어 있는 문단의 글자 모양과 문단 모양이 한꺼번에 변경됩니다. 이때 스타일을 적용한 후 사용자가 직접 글자 모양이나 문단 모양을 스타일 내용과 다르게 변경한 부분에는 적용되지 않습니다.

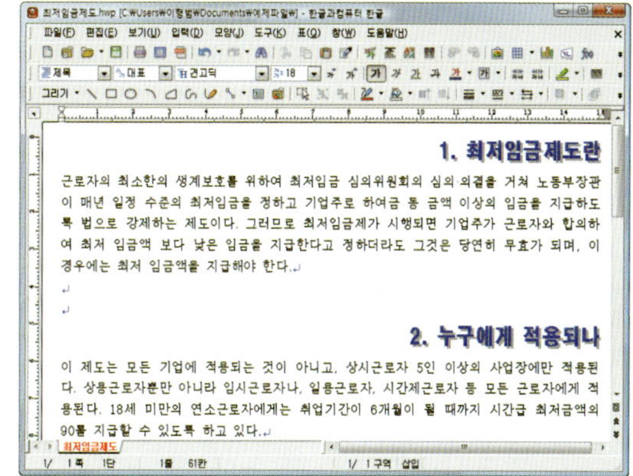

스타일 지우기

★ [스타일] 대화상자의 스타일 목록에서 지울 스타일을 선택하고 스타일 지우기(✖) 아이콘을 클릭합니다.
★ 만약 문서에서 지우려고 하는 스타일이 사용되었을 경우에는 대신 어떤 스타일을 적용할 것인지 선택해야 합니다.

49

다른 문서에서 스타일 가져오기

- **키워드** : 스타일 내보내기, 스타일 가져오기
- **예제 파일** : 시작 파일\스타일연습.hwp

스타일 가져오기는 따로 저장해 놓은 스타일 파일(*.STY)이나 다른 한글 문서를 불러와서 현재 문서에 이용하는 기능입니다. 여기서는 예제 파일에 적용되어 있는 스타일을 스타일 파일(*.STY)로 저장한 다음 이 스타일 파일을 다른 문서에서 가져오는 과정으로 스타일 가져오기 기능을 학습합니다.

01 예제 파일을 열고 스타일 아이콘을 클릭하거나 단축키 F6 을 누릅니다.

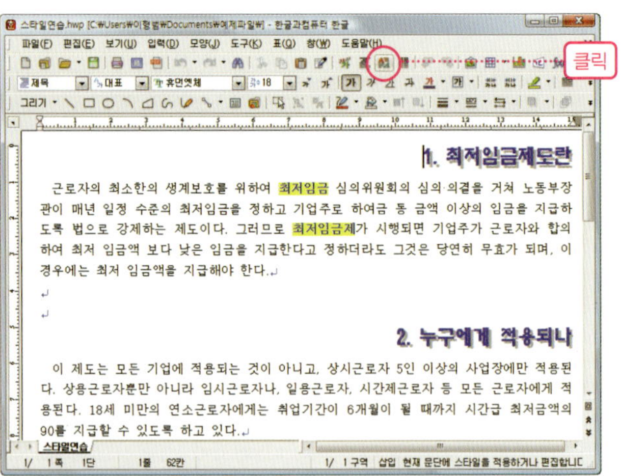

02 [스타일] 대화상자에서 현재 문서에 정의되어 있는 스타일을 저장하기 위해 스타일 내보내기 아이콘을 클릭합니다.

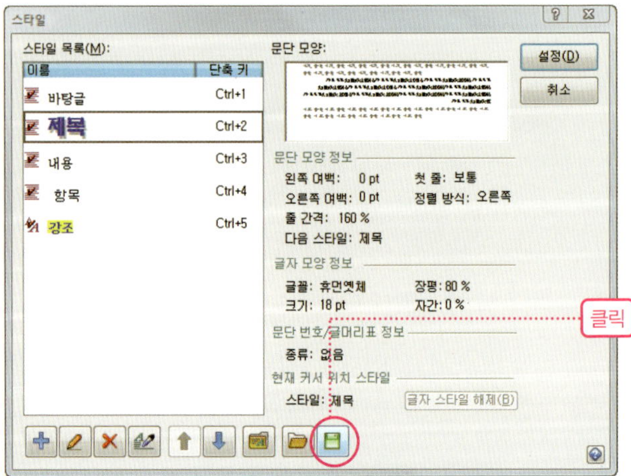

03 [스타일 내보내기] 대화상자가 열리면 파일 선택 상자의 화살표를 누르고 [새 스타일 파일]을 선택합니다.

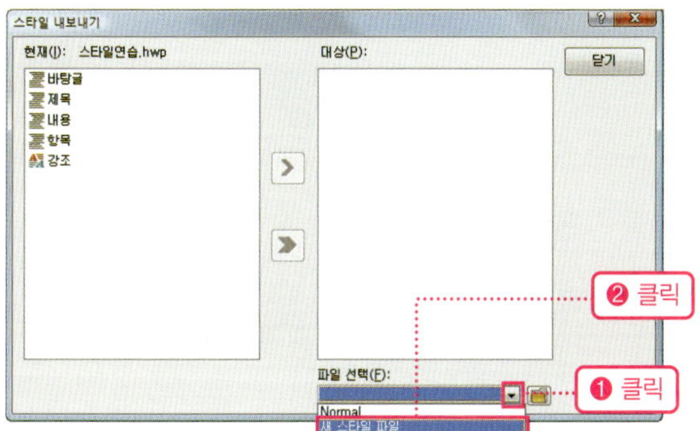

 기존 파일로 스타일을 내보내려면 파일 선택(📁) 아이콘을 클릭한 다음 다른 한글 문서(*.HWP)나 스타일 파일(*.STY)을 선택하여 대상 파일을 지정합니다.

04 [새 스타일 파일] 대화상자에서 제목을 "최저임금제도"로 입력합니다. 파일 이름 상자에서 대상 파일을 지정하기 위해 스타일 내보내기(📁) 아이콘을 클릭합니다.

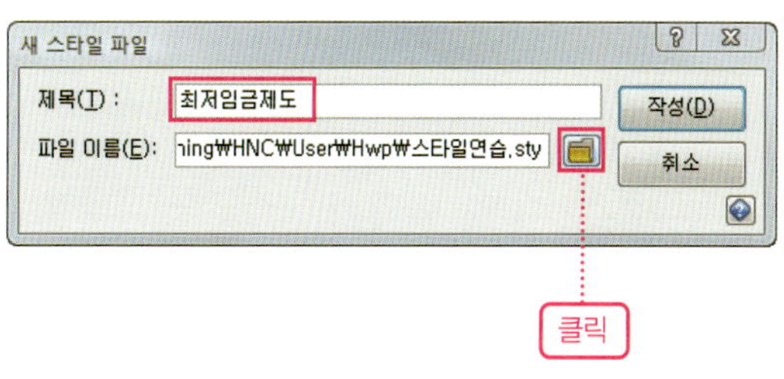

05 [스타일 내보내기] 대화상자가 열리면 스타일 파일을 저장할 위치를 선택합니다. 이어서 [새 스타일 파일] 대화상자의 파일 이름에 지정한 스타일 파일의 경로와 파일 이름이 표시되면 [작성] 버튼을 클릭합니다.

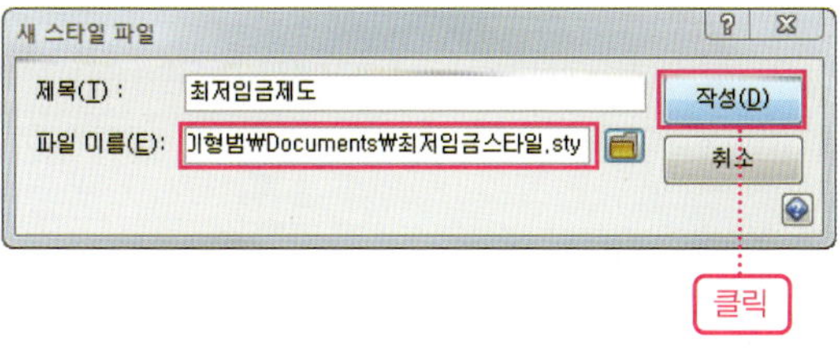

 여기서는 "내 문서" 폴더로 지정하였습니다. 파일 이름을 "최저임금스타일"로 입력하고 [저장] 버튼을 클릭합니다.

06 [스타일 내보내기] 대화상자에서 현재 문서에 있는 스타일 중 대상 파일에 복사할 스타일을 선택하고 [▷] 버튼을 클릭하여 대상 목록으로 추가합니다. 여기서는 모든 스타일을 대상 목록에 추가한 다음 [닫기] 버튼을 클릭합니다.

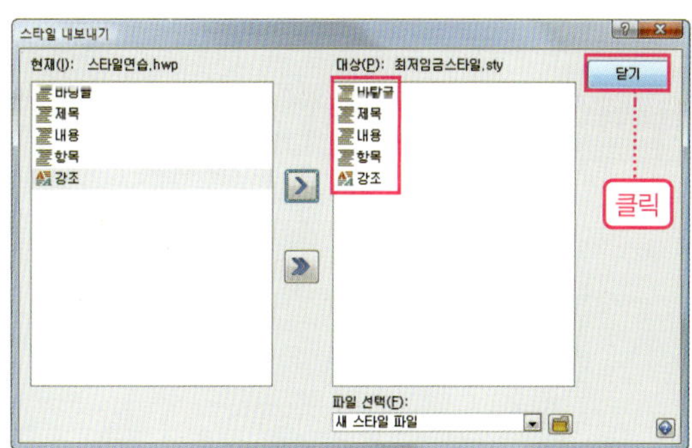

 모든 스타일을 추가할 때는 [▷▷] 버튼을 클릭하면 모든 스타일을 복사할 것인지 확인하는 메시지가 표시됩니다. 여기서 [복사] 버튼을 클릭하여 모든 스타일을 한꺼번에 대상 목록에 추가할 수 있습니다.

07 스타일 파일을 저장할 것인지 확인하는 대화상자가 나타나면 [저장] 버튼을 클릭합니다. [스타일] 대화상자로 돌아오면 스타일 내보내기 작업이 모두 끝났으므로 [취소] 버튼을 클릭해서 대화상자를 닫습니다. 그런 다음 예제 파일도 닫습니다.

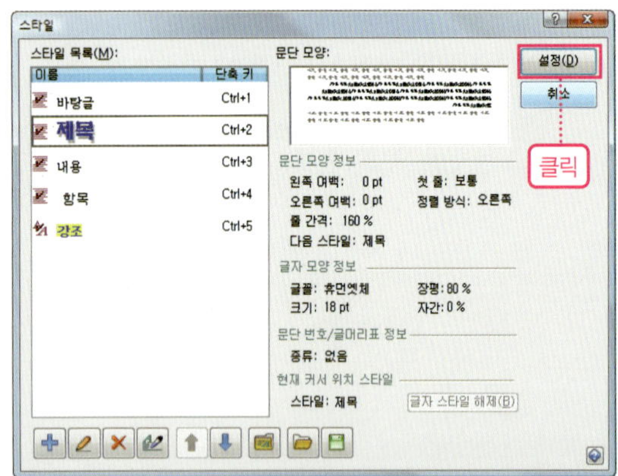

08 이제 빈 문서에서 앞에서 저장한 스타일 파일을 가져오는 과정을 실습해 보겠습니다. 스타일(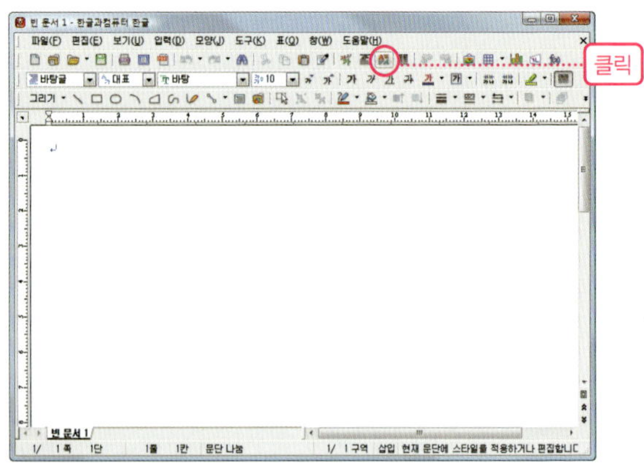) 아이콘을 클릭하거나 단축키 F6 을 누릅니다.

09 [스타일] 대화상자에서 스타일 가져오기() 아이콘을 클릭합니다.

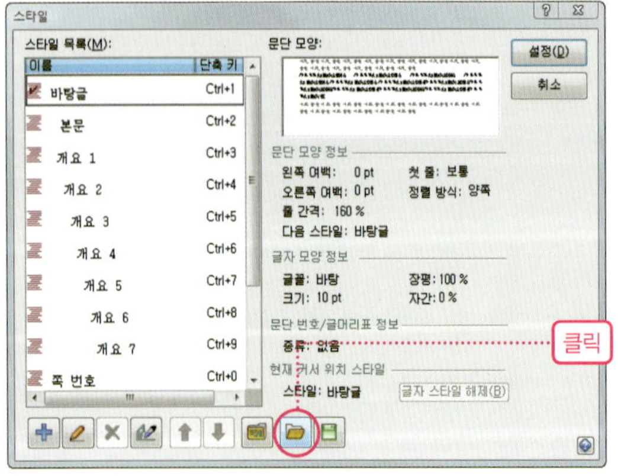

10 [스타일 가져오기] 대화상자가 나타나면 가져올 스타일 파일을 지정하기 위해서 파일 선택() 아이콘을 클릭합니다.

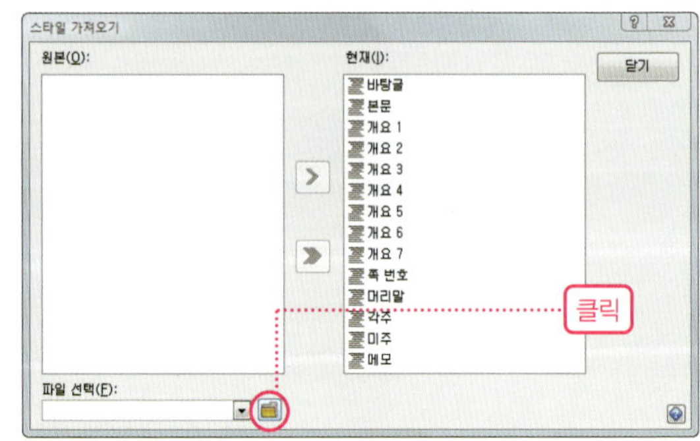

11 [불러오기] 대화상자에서 파일 형식을 "스타일 파일(*.sty)"로 지정한 다음 앞에서 저장한 스타일 파일 "최저임금스타일.sty"를 찾아 선택하고 [열기] 버튼을 클릭합니다.

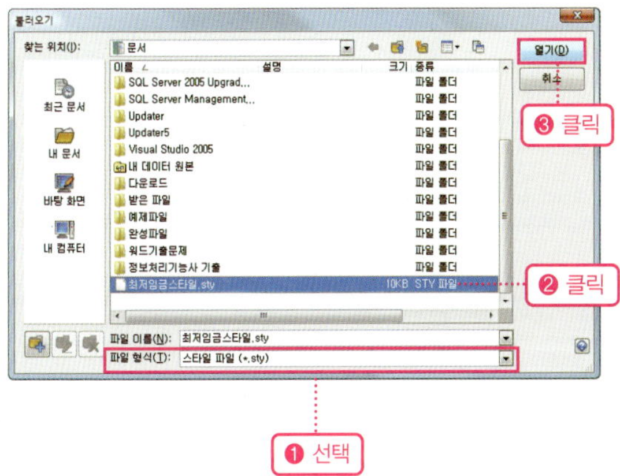

12 선택한 스타일 파일에 저장되어 있는 스타일 목록이 [스타일 가져오기] 대화상자 원본에 표시됩니다. 원본 파일의 모든 스타일을 가져오기 위해 [>>] 버튼을 클릭합니다.

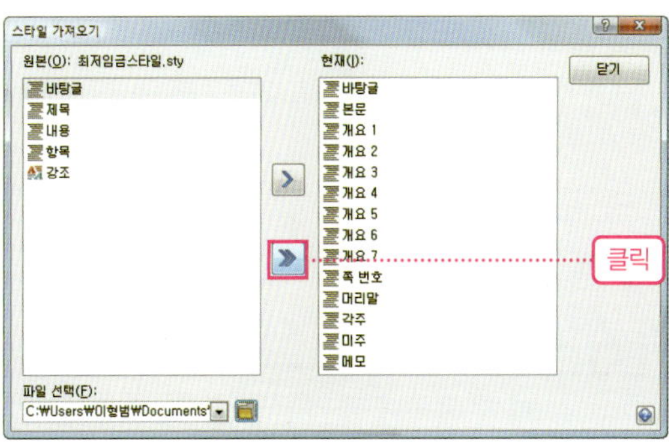

13 원본 파일의 모든 스타일을 복사할 것인지 확인하는 메시지가 나오면 [복사] 버튼을 클릭합니다.

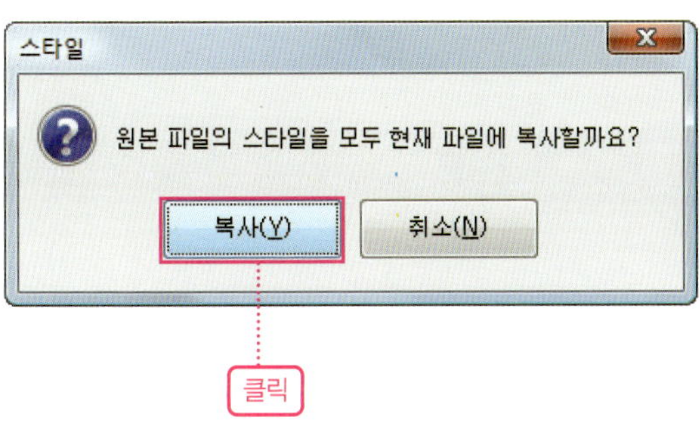

14 원본과 현재 문서에 같은 이름의 스타일이 있으면, 다음과 같이 원본의 스타일로 덮어쓸 것인지 확인하는 메시지가 나타납니다. [복사] 버튼을 클릭하면 현재 파일의 스타일을 무시하고 원본에 있는 스타일을 복사하게 됩니다.

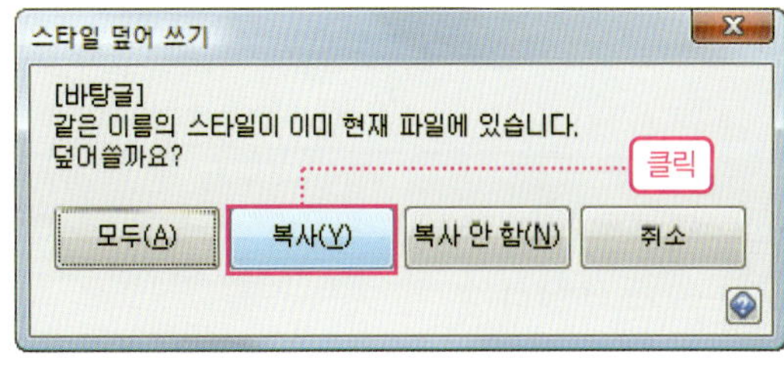

Note [모두] 버튼을 클릭하면 이후에 다시 같은 이름의 스타일이 발견될 경우 확인 대화상자를 표시하지 않고 무조건 복사합니다. [복사 안 함] 버튼은 현재 스타일을 그대로 유지하고자 할 때 클릭합니다.

15 [스타일 가져오기] 대화상자의 현재 스타일 목록에
원본 파일의 스타일이 모두 추가됩니다. [닫기] 버튼
을 클릭합니다.

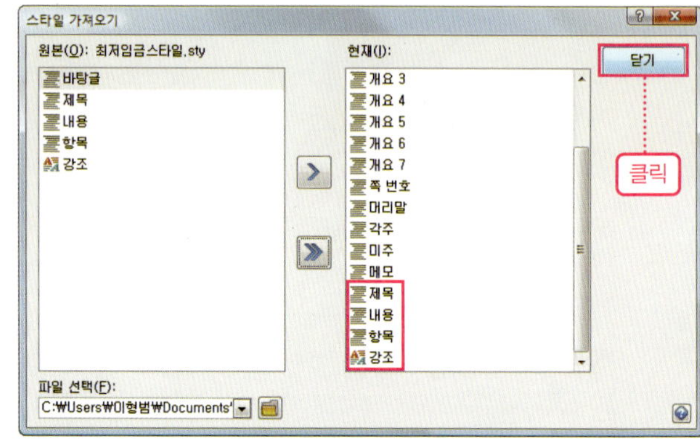

16 [스타일] 대화상자에서 가져온 스타일이 현재 파일의
스타일 목록에 추가된 것을 알 수 있습니다.

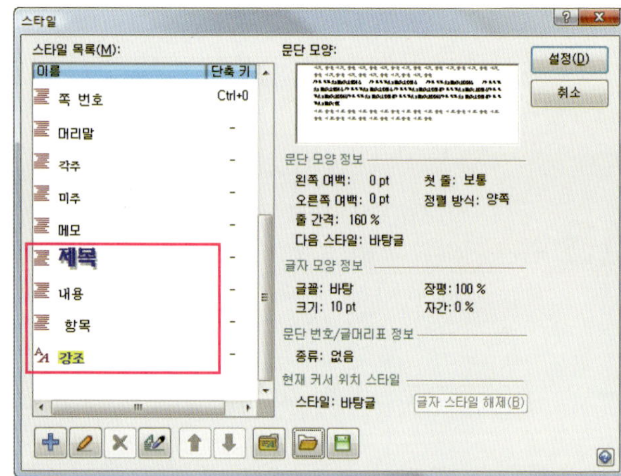

스타일마당

★ 스타일마당은 문서 종류에 따라 한글에서 제공하는 스타일을 적용하
여 현재 문서의 모양을 변경하는 기능입니다. 스타일마당에는 용도별
로 몇 개의 자주 쓰이는 스타일 묶음이 들어 있습니다.

★ 한글에서 제공하는 기본 스타일을 사용하여 문서를 작성한 다음 [모
양]-[스타일마당] 메뉴를 선택하면 [스타일마당] 대화상자가 나타납
니다. 스타일마당 목록에서 원하는 스타일을 선택하고 오른쪽에서 적
용할 견본 문서를 선택한 후 [적용] 버튼을 클릭합니다.

★ 현재 문서에서 기본 스타일을 사용한 부분이 선택된 스타일마당의
문단 모양과 글자 모양으로 변경됩니다.

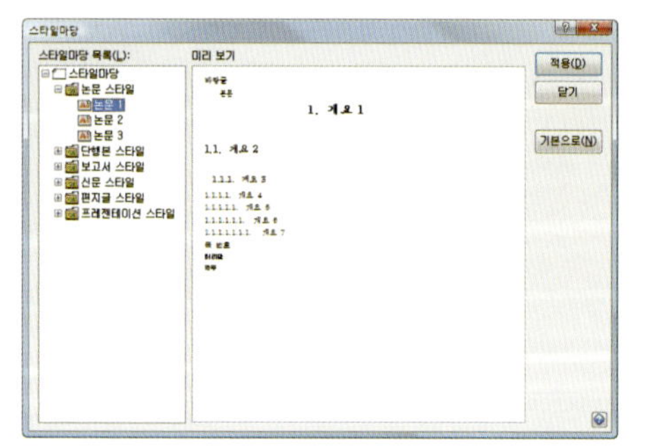

50

책갈피 사용하기

• 키워드 : 책갈피, 쉬운 책갈피
• 예제 파일 : 시작 파일\고용보험제도.hwp

책갈피는 문서의 특정 위치에 표시를 해 두고 현재 커서 위치에 상관없이 표시해 둔 위치로 빠르게 이동하는 기능입니다. 이 기능은 본문뿐만 아니라 그림이나 표, 글상자, 머리말이나 꼬리말 등에도 삽입할 수 있습니다.

01 "1. 고용보험제도란" 앞에 커서를 놓고 [입력]-[책갈피] 메뉴를 선택하거나 단축키 Ctrl + K , B 를 누릅니다.

Note 책갈피를 지정하려면 해당 위치로 커서를 이동해야 합니다.

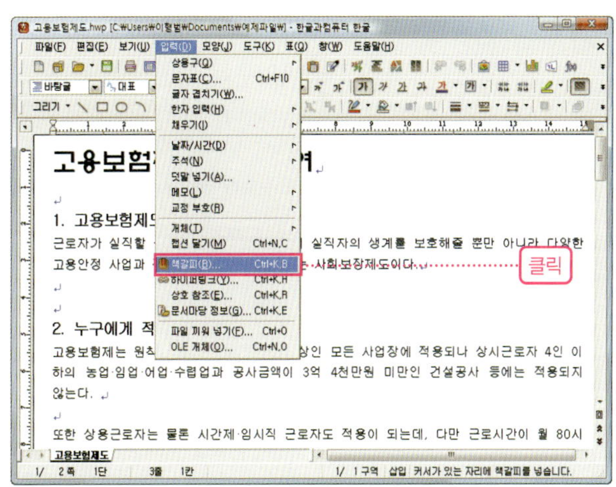

02 [책갈피] 대화상자가 나타나고 책갈피 이름이 자동으로 입력되어 있습니다. 현재 상태에서 그대로 [넣기] 버튼을 클릭합니다.

Note 자동 설정된 이름이 아닌 다른 이름을 원할 경우 책갈피 이름 상자에 직접 해당 이름을 입력합니다.

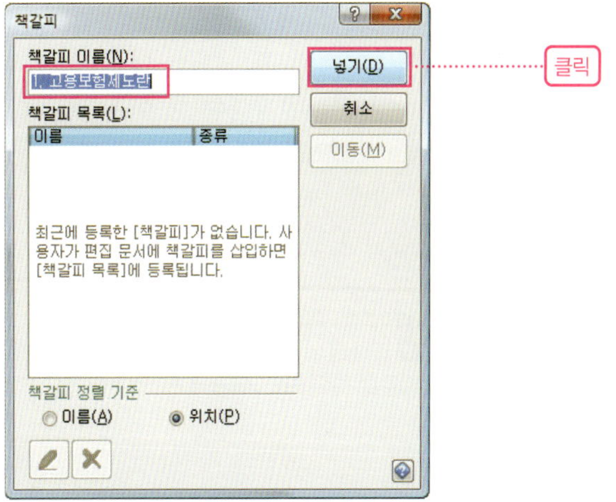

03 커서 위치에 책갈피 표식이 삽입되었습니다. [보기]–[조판 부호] 메뉴를 선택하면 삽입된 책갈피 조판 문자를 확인할 수 있습니다.

Note 책갈피는 편집 화면에 표시되지 않고 인쇄되지도 않습니다. 또한 문단 정렬에도 영향을 미치지 않습니다. 조판 부호 보기 상태에서만 책갈피 조판 문자가 삽입된 위치를 확인할 수 있습니다.

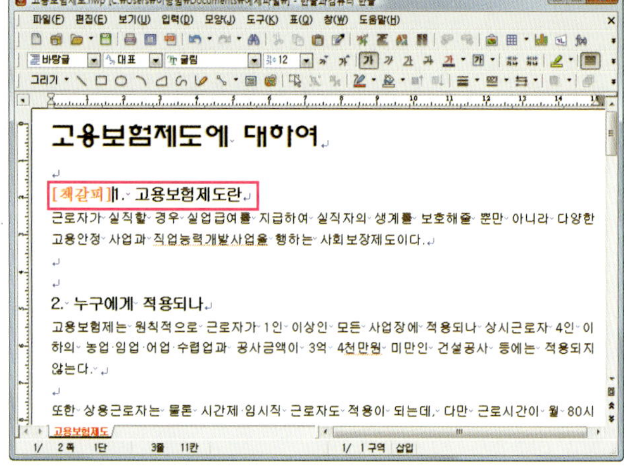

04 같은 방법으로 "2. 누구에게 적용되나", "3. 보험료는 얼마나 되나", "4. 사업주는 어떤 혜택을 받나" 앞에 각각 책갈피를 삽입합니다.

Note 책갈피를 입력할 때 이미 등록된 책갈피 이름과 같은 이름으로 책갈피를 등록할 수 없습니다.

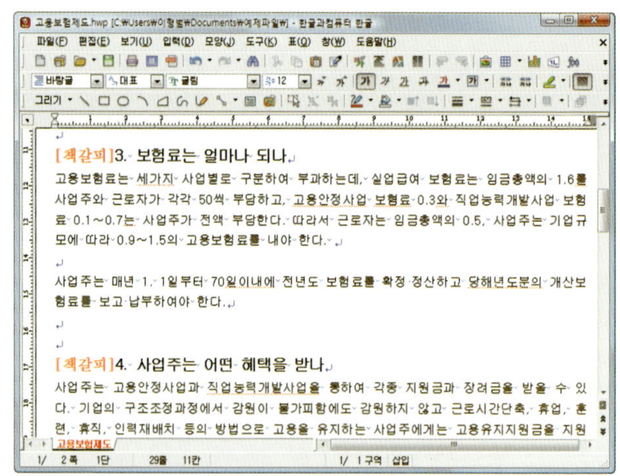

05 책갈피가 삽입된 곳으로 커서를 이동시켜 보겠습니다. [입력]–[책갈피] 메뉴를 선택한 다음 [책갈피] 대화상자의 책갈피 목록에서 커서를 이동시킬 책갈피를 선택하고 [이동] 버튼을 클릭합니다. 책갈피 목록의 책갈피는 "이름" 또는 "위치"로 기준을 지정하여 정렬할 수 있습니다.

Note 책갈피 목록에서 책갈피를 선택한 다음 책갈피 이름 바꾸기(✎) 아이콘을 클릭하고 이름을 변경할 수 있습니다. 삭제(✖) 아이콘을 클릭하면 선택한 책갈피가 제거됩니다.

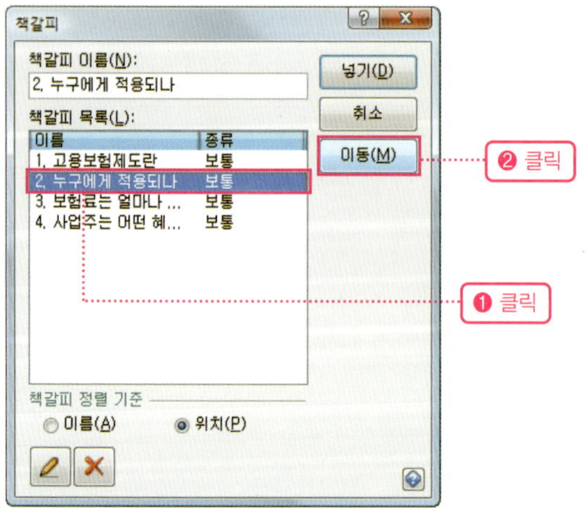

06 다음과 같이 선택한 책갈피가 삽입되어 있는 위치로 커서가 이동됩니다.

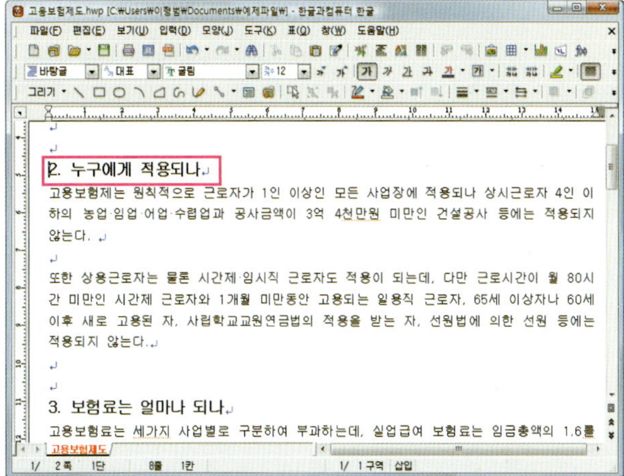

Note 블록을 지정한 상태에서 [입력]-[책갈피] 메뉴를 선택하여 책갈피를 만들면 "블록 책갈피"가 만들어집니다. [책갈피] 대화상자에서 블록 책갈피를 선택하여 이동하면 블록을 설정한 상태로 이동하게 됩니다.

쌩초보 레벨업

쉬운 책갈피

★ 쉬운 책갈피는 문서를 편집하면서 단축키를 사용하여 최대 10개까지 책갈피를 표시해 두고, 필요할 때 단축키를 사용하여 책갈피 위치로 커서를 이동하는 기능입니다.

★ **쉬운 책갈피 만들기** : 위치를 표시할 곳에서 Ctrl+K, 1, Ctrl+K, 2, ~ Ctrl+K, 0 까지 중에서 하나를 눌러 쉬운 책갈피를 삽입합니다.

★ **쉬운 책갈피로 이동하기** : Ctrl+Q 를 누른 상태에서 원하는 번호를 누르면 해당 위치로 커서가 이동됩니다. 쉬운 책갈피는 문단 단위로 기억되기 때문에 해당 문단의 맨 앞으로 커서가 이동됩니다.

한글의 재미가 쏠쏠 나는 활용 50가지

워드프로세서에서는 표 기능을 이용하여 많은 서식을 그릴 수 있습니다. 이번 파트에서는 표를 작성하는

방법과 표의 각 셀을 꾸미는 방법, 표를 이용하여 차트를 그리는 방법, 계산식을 설정한 후 숫자를

입력하여 자동으로 결과를 표시하는 방법 등을 배웁니다. 또한 고급스러운 문서를 만들기 위한 그림,

글상자, 글맵시, 도형, 선 등의 개체를 삽입하고 수정하며 문서에 조판 기능을 이용하여 제목 차례나

찾아보기 등을 만드는 방법에 대해 배워봅니다.

1
이것만 알아도
폼나게 쓸 수 있는
기본 50가지
3
한글 2007
특별한 기능 10가지
4
업무에 겁 없이 써먹는
실무 문서 10가지

표 만들기

표는 복잡한 내용을 일목요연하게 정리할 때 가장 적합한 도구라고 할 수 있습니다. 여기서는 간단한 형식의 표를 직접 만들어 보면서 일반적인 표 작성 과정을 이해하도록 합니다.

01 빈 문서에 표를 이용하여 결근계 양식을 작성해 보겠습니다. 첫 번째 줄에 제목을 입력하고 견고딕, 20 포인트, 가운데 정렬로 서식을 지정합니다.

Note 첫 줄에서 Enter를 누르면 글자 속성과 문단 속성이 그대로 적용됩니다. Enter를 누른 후 Ctrl+1을 눌러 원래의 바탕글 스타일로 변경합니다.

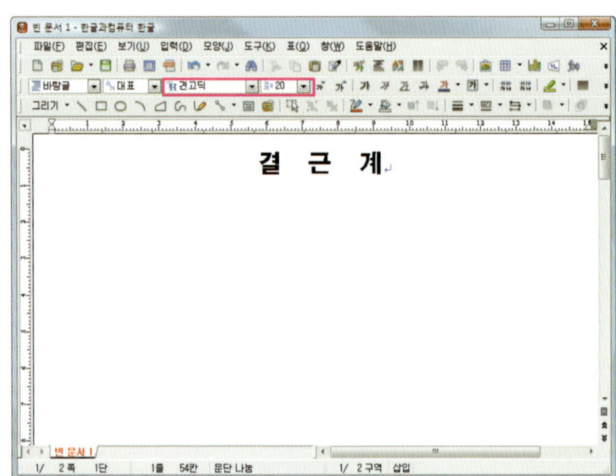

02 제목 아래에서 한 줄을 띄우고 세 번째 줄에서 [표]-[표 만들기] 메뉴를 선택합니다.

Note 표 만들기 단축키 : Ctrl+N, T

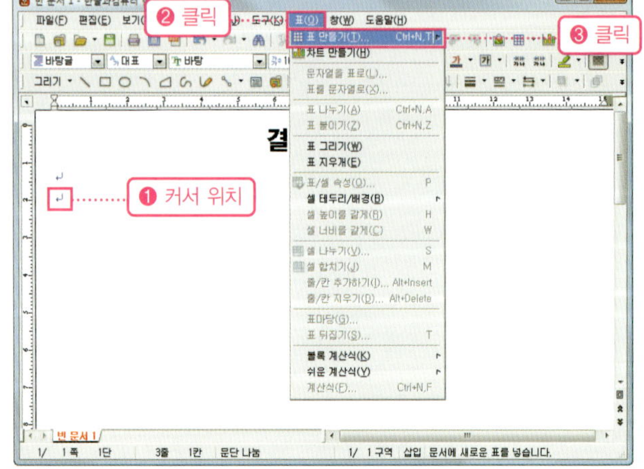

03 [표 만들기] 대화상자가 나타나면 줄 수를 5, 칸 수를 2로 지정합니다. "글자처럼 취급"을 선택하고 [만들기] 버튼을 클릭합니다.

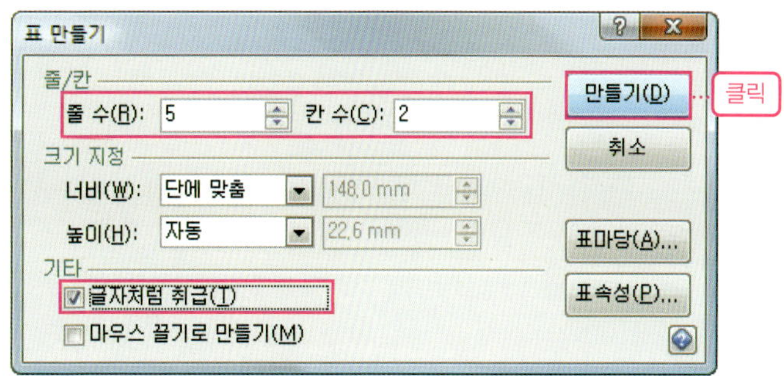

 "마우스 끌기로 만들기"를 선택하면 마우스 왼쪽 버튼을 누른 채 드래그하여 원하는 크기로 표를 만들 수 있습니다.

04 커서 위치에 5줄 4칸의 표가 다음과 같이 만들어집니다. "글자처럼 취급"을 선택하여 만들었기 때문에 표 하나가 커다란 글자 하나로 취급됩니다. 커서가 표 안에 있으면 자동으로 표 도구 모음이 화면에 표시됩니다.

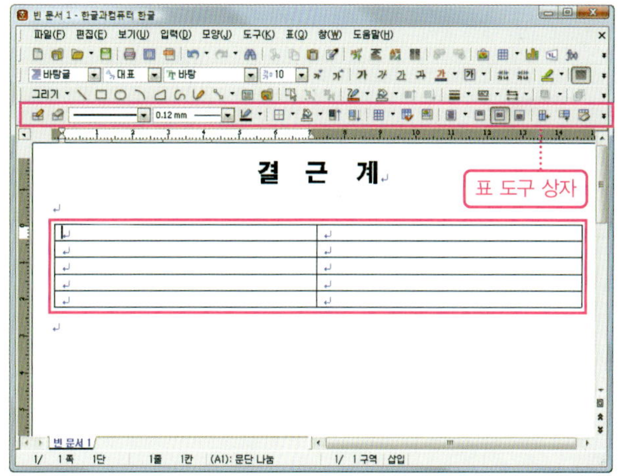

05 세로 경계선에서 마우스 포인터가 ⊹ 모양이 되면 마우스 왼쪽 버튼을 누른 채 왼쪽으로 드래그하여 첫 번째 칸의 너비를 줄여줍니다.

 줄 높이를 조정할 때는 줄과 줄 사이의 경계선에서 마우스 포인터가 ⊹ 모양이 되었을 때 마우스 왼쪽 버튼을 누른 채 드래그하면 됩니다.

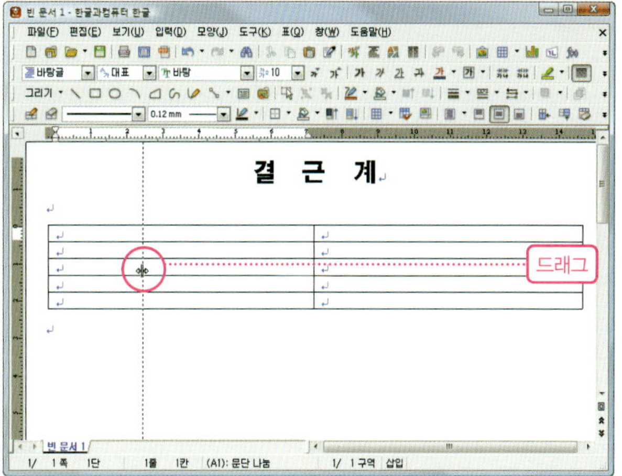

06 각 줄, 첫 번째 칸에 내용을 입력합니다. 2행 2열의 셀로 커서를 이동한 다음 F5를 누릅니다. 그러면 셀 블록이 지정됩니다. 이 상태에서 셀 나누기 명령의 단축키 S를 누릅니다.

Note 표의 각 칸을 셀이라고 부릅니다. 마우스로 셀을 클릭하거나 키보드의 방향키를 이용하면 커서를 원하는 셀로 이동할 수 있습니다.

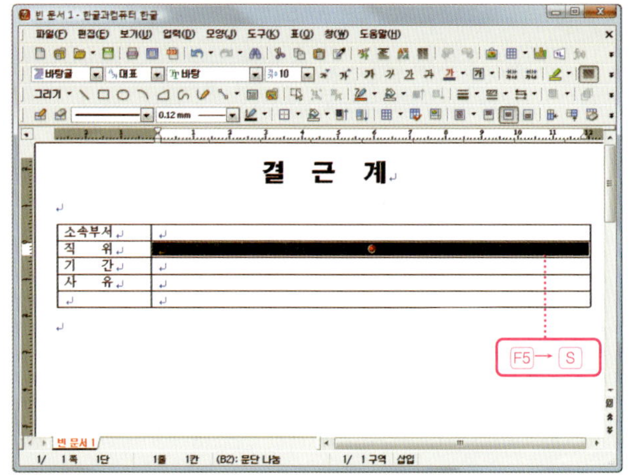

07 [셀 나누기] 대화상자가 나타나면 "줄 수" 옵션은 해제하고 "칸 수" 옵션에서 나누기할 칸 수 "3"을 입력하고 [나누기] 버튼을 클릭합니다.

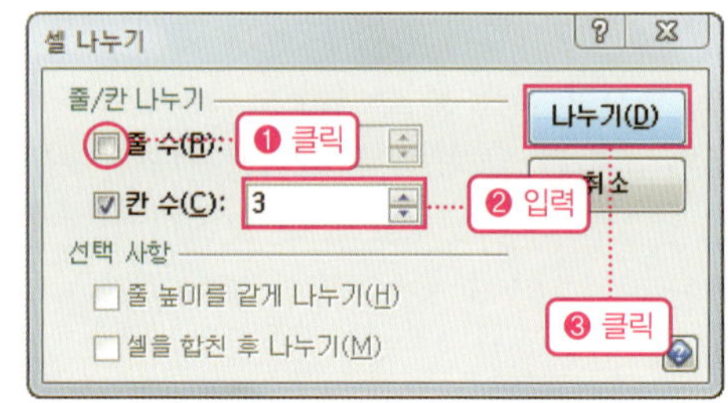

08 하나의 셀이 세 개의 칸으로 나누어지면 칸 경계선을 드래그하여 너비를 조정하고 다음과 같이 "성명"을 입력합니다. 그런 다음 마지막 줄의 첫 번째 칸에서 마우스 왼쪽 버튼을 누른 채 다음 칸까지 드래그하여 셀 블록을 지정합니다. 그런 다음 셀 합치기 명령의 단축키 M을 누릅니다.

Note 셀 블록을 해제할 때는 Esc를 누릅니다.

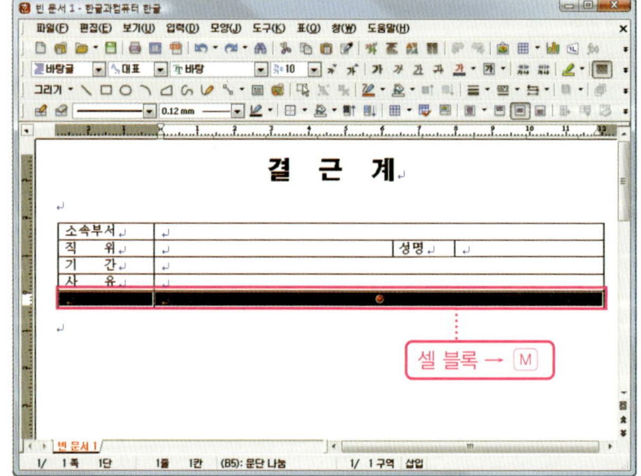

09 두 개의 칸이 하나의 칸으로 합쳐지면 다음과 같이 내용을 입력합니다. 셀에서 `Enter`를 누르면 자동으로 줄 높이가 늘어납니다.

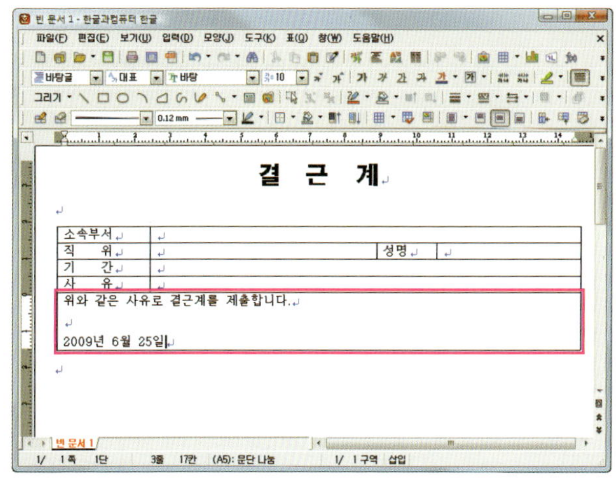

10 1행 1열부터 4행 1열까지 마우스 왼쪽 버튼을 누른 채 드래그하여 셀 블록을 지정합니다. 그런 다음 `Ctrl`을 누른 상태에서 2행 3열의 칸을 클릭하고, 계속 `Ctrl`을 누른 상태에서 마지막 행을 클릭합니다. 다음과 같이 셀 블록이 지정되면 가운데 정렬을 선택합니다.

`Note` 편집 화면을 줄여놓은 상태라서 정렬 아이콘이 숨김으로 처리되어 있습니다. 보통 크기의 화면이라면 서식 도구 모음에 기본으로 표시되어 있을 것입니다.

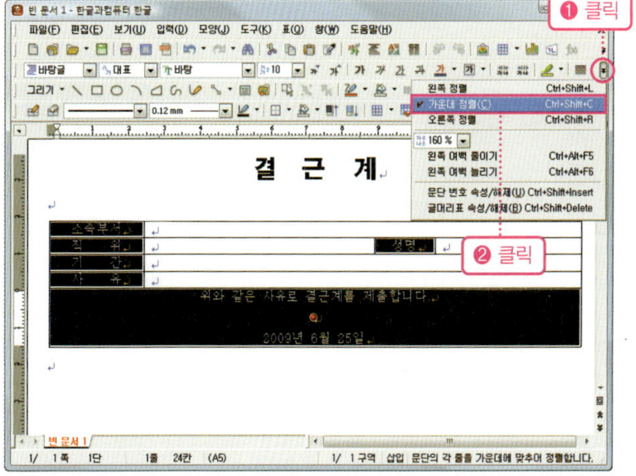

11 일부 셀이 블록으로 선택된 상태에서 `F5`를 한 번 눌러 표 전체를 블록으로 설정한 다음 글자 크기를 12 포인트로 설정합니다. 그런 다음 `Ctrl`을 누른 상태에서 `↓`를 여러 번 눌러 줄 높이를 적당히 늘려 줍니다.

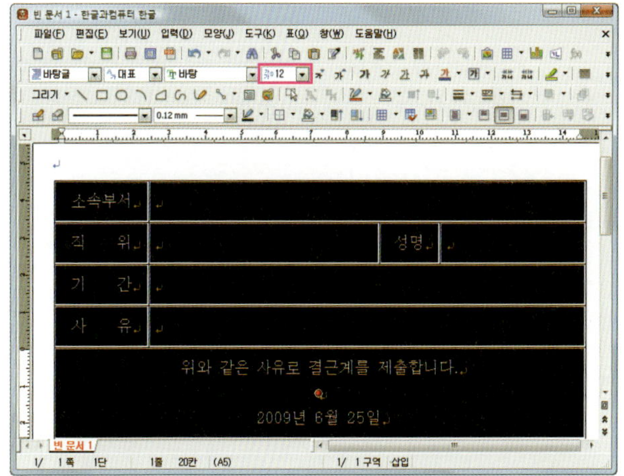

12 다음과 같이 결근계 양식이 완성되면 "결근계.hwp" 로 저장합니다. 대부분의 업무 문서에서 이와 같이 표를 이용하게 됩니다.

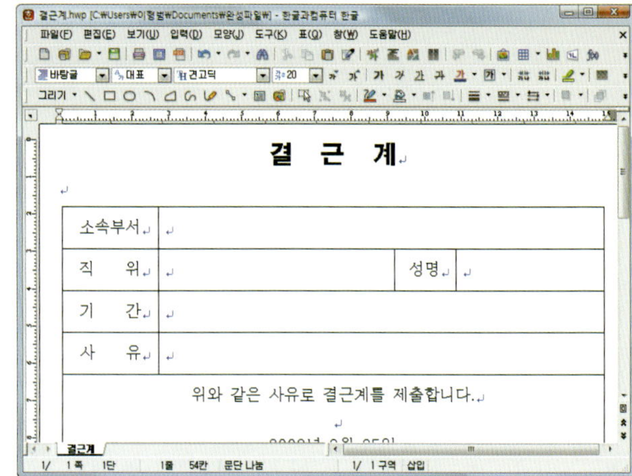

셀 블록 지정하기

표 안에서 셀의 글자 모양이나 문단 모양을 바꿀 때, 테두리나 배경을 바꿀 때 등 셀을 편집하기 전에 먼저 원하는 셀을 블록으로 설정해야 합니다.

★ 마우스로 셀 블록 설정하기

– Ctrl 을 누른 상태에서 특정 셀을 클릭하면 하나의 셀만 블록으로 설정됩니다.

– 셀 블록을 시작할 셀에서 마우스 왼쪽 버튼을 누른 채 드래그하면 마우스가 지나간 셀이 모두 블록으로 설정됩니다.

– 셀 블록을 시작할 셀에 커서를 놓고 Shift 를 누른 채 셀 블록의 마지막 셀을 클릭하면 시작 셀부터 마지막 셀까지 직사각형 모양의 블록이 설정됩니다.

– 셀 블록을 설정한 다음 Ctrl 을 누른 상태에서 다른 셀 블록을 지정하면 불연속적인 여러 개의 셀 블록을 설정할 수 있습니다.

★ 키보드로 셀 블록 지정하기

– 셀 안에 커서를 놓고 F5 를 누르면 하나의 셀만 블록으로 설정됩니다.

– F5 를 두 번 누른 다음 화살표 방향키를 누르면 커서가 지나간 셀이 모두 블록으로 설정됩니다.

– F5 를 세 번 누르면 표 전체가 블록으로 설정됩니다.

– F5 를 누르고 F8 을 누르면 가로 줄 전체가 블록으로 설정되고, F5 를 누르고 F7 을 누르면 세로 줄 전체가 블록으로 설정됩니다.

표 만들기 아이콘

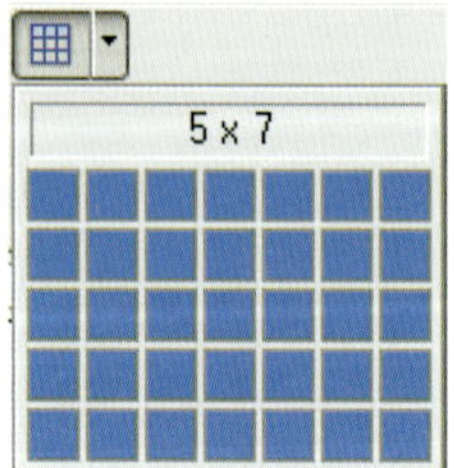

표 도구 상자에서 표 만들기(▦) 아이콘의 왼쪽 그림 부분을 클릭하면 [표 만들기] 대화상자가 나타납니다. 이 아이콘의 화살표를 누르면 바둑판 모양의 표 상자가 나타납니다. 원하는 줄 수와 칸 수가 될 때까지 표 상자에서 마우스를 움직인 다음 마우스 왼쪽 버튼을 클릭하면 표가 만들어집니다.

셀 크기 조정하기

표를 구성하는 각각의 칸을 셀이라고 합니다. 셀은 표 편집의 기본 단위가 됩니다. 여기서는 마우스나 키보드를 이용하여 셀의 크기를 조정하는 방법에 대해 살펴보겠습니다.

01 [표]-[표 만들기] 메뉴를 선택합니다. [표 만들기] 대화상자에서 줄 수는 10, 칸 수는 7로 지정한 다음 "글자처럼 취급"이 선택되어 있는 상태에서 [만들기] 버튼을 클릭합니다.

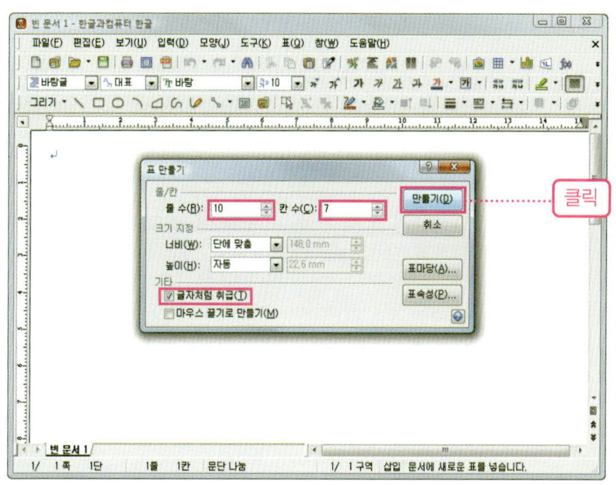

02 커서 위치에 10줄 7칸의 표가 만들어집니다. 마우스를 이용하여 셀 크기를 조절하는 방법부터 살펴보겠습니다. 3열의 오른쪽 경계선에서 마우스 포인터가 ◆◆모양이 되었을 때 마우스 왼쪽 버튼을 누른 채 왼쪽으로 드래그합니다. 그러면 3열 전체의 너비가 줄어듭니다.

Note 마우스로 경계선을 드래그하면 표 전체 크기는 변하지 않고 해당 행이나 열의 크기만 조정됩니다.

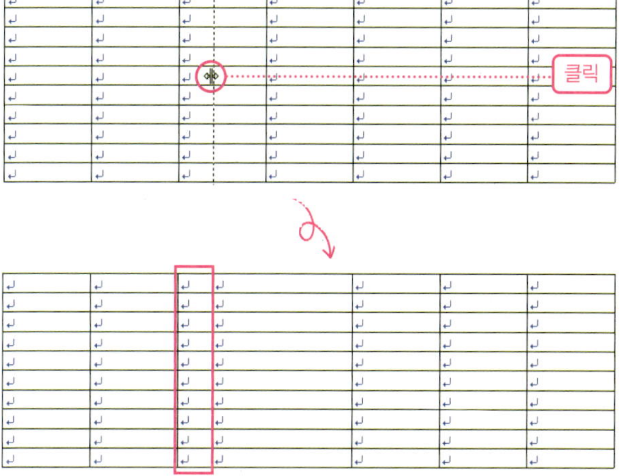

03 5행의 아래쪽 경계선에서 마우스 포인터가 ⬍모양
이 되면 Ctrl을 누른 상태에서 마우스 왼쪽 버튼을
누르고 아래쪽으로 드래그합니다. 그러면 5행의 높
이가 늘어나면서 표 전체의 높이도 그만큼 늘어나게
됩니다.

> Note Ctrl을 누른 채 표 경계선을 드래그하여 크기를 조정하면 해당 행 또
> 는 열의 크기가 늘거나 줄면서 표 전체 크기도 그만큼 늘거나 줄게 됩
> 니다.

04 이번에는 Shift를 누른 상태에서 5행 4열의 셀 오
른쪽 경계선을 왼쪽으로 드래그합니다. 그러면 다른
셀의 크기는 변하지 않고 해당 셀의 너비만 줄어들
게 됩니다.

> Note Shift를 누른 채 표 경계선을 드래그하여 크기를 조정하면 해당 셀의
> 크기만 늘리거나 줄입니다. 셀에 내용이 입력되어 있을 때 현재 내용보
> 다 더 작은 크기로는 줄일 수 없게 됩니다.

05 키보드의 화살표 방향키를 이용하여 표의 크기를 조
정할 때는 먼저 원하는 부분을 마우스로 드래그하여
셀 블록으로 지정해야 합니다. 6행 1열의 셀에서 마
우스 왼쪽 버튼을 누른 채 드래그하여 다음과 같이
모두 3행 2열 크기의 셀 블록을 지정합니다.

> Note 셀 블록을 해제하려면 Esc를 누릅니다.

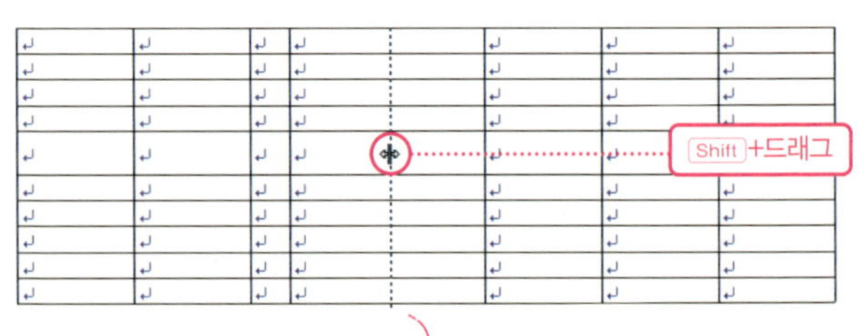

06 셀 블록이 설정된 상태에서 [Ctrl]을 누른 채 화살표 방향키를 여러 번 눌러봅니다. 그러면 블록으로 지정한 셀의 높이와 너비를 조정할 수 있습니다. [Ctrl]과 화살표 방향키를 함께 사용하면 표 전체 크기도 함께 조정됩니다.

[Note] 키보드로 표 크기를 조정하는 다른 방법
- [Alt]+화살표 방향키 : 셀 블록으로 설정한 셀이 들어 있는 줄이나 칸 전체의 크기를 바꾸고 표 전체 크기는 그대로 유지합니다.
- [Shift]+화살표 방향키 : 셀 블록으로 설정한 셀의 크기만 바꾸고 표 전체의 크기는 그대로 유지합니다.

셀 높이와 너비를 같게 만들기

★ 셀 블록을 지정한 다음 셀 높이를 같게(▥) 아이콘을 클릭하거나 단축키 [H]를 누르면 셀 블록에 있는 모든 셀의 높이가 똑같이 조정됩니다.

★ 셀 블록을 지정한 다음 셀 너비를 같게(▥) 아이콘을 클릭하거나 단축키 [W]를 누르면 셀 블록에 있는 모든 셀의 너비가 똑같이 조정됩니다.

★ 셀 높이를 같게 또는 셀 너비를 같게 조정할 때는 셀 블록이 반드시 직사각형 형태이어야 합니다. 그렇지 않으면 이 명령들을 사용할 수 없습니다.

줄/칸 추가하기와 지우기

표를 만든 다음 새로운 줄이나 칸을 추가하는 방법과 필요 없는 줄이나 칸을 삭제하는 방법에 대해 살펴보겠습니다. 실습을 위해 마우스 끌기로 표를 만드는 방법에 대해서도 함께 알아보겠습니다.

01 [표]-[표 만들기] 메뉴를 선택합니다. [표 만들기] 대화상자에서 줄 수와 칸 수를 모두 "7"로 지정한 다음 "마우스 끌기로 만들기"를 선택하고 [만들기] 버튼을 클릭합니다.

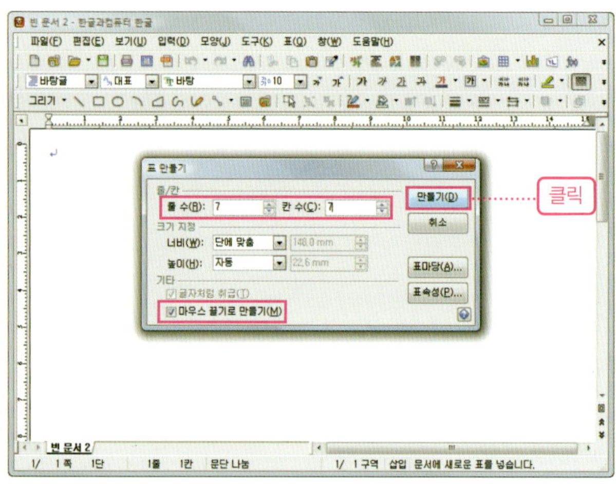

02 표의 시작 위치에서 마우스 왼쪽 버튼을 누른 채 원하는 크기만큼 드래그합니다.

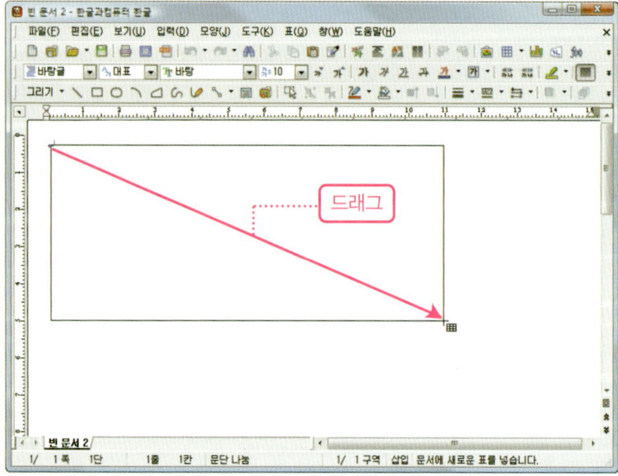

03 다음과 같이 마우스로 드래그한 크기로 표가 만들어 집니다. 이렇게 만든 표는 일반 글자처럼 취급되지 않습니다.

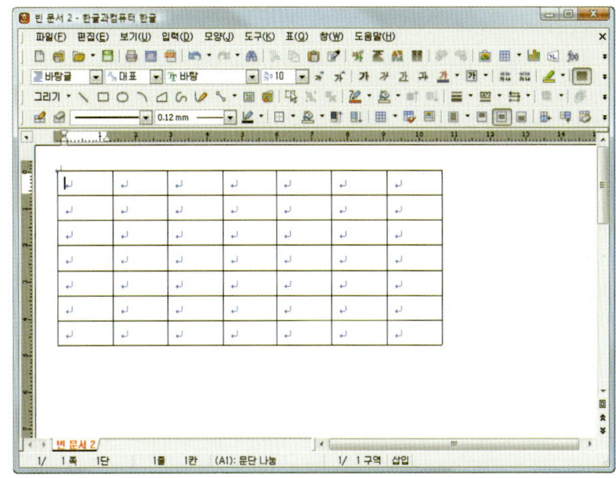

04 표 안에 커서가 있을 때 [편집]–[고치기] 메뉴를 선택하거나 Ctrl+N, K를 누릅니다. [표/셀 속성] 대화 상자의 [기본] 탭에서 "글자처럼 취급"을 선택하고 [설정] 버튼을 클릭합니다.

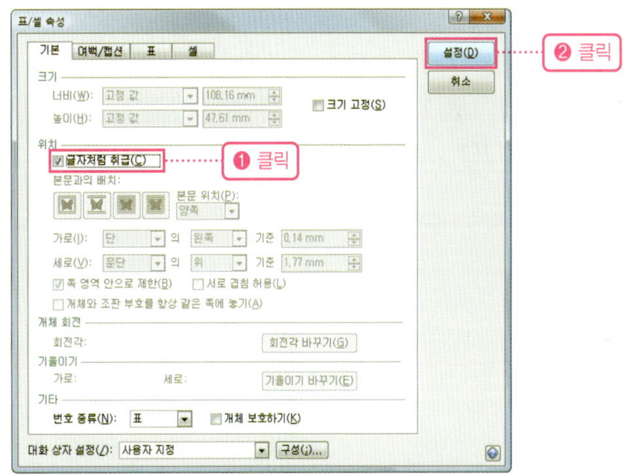

05 이제 표가 일반 글자처럼 취급됩니다. 표의 각 셀에 다음과 같이 내용을 입력하고 글자 모양과 문단 모양을 설정해 봅니다.

Note 마우스로 셀 블록을 지정한 다음 서식 도구 상자를 이용해서 글자 모양과 문단 모양을 쉽게 설정할 수 있습니다.

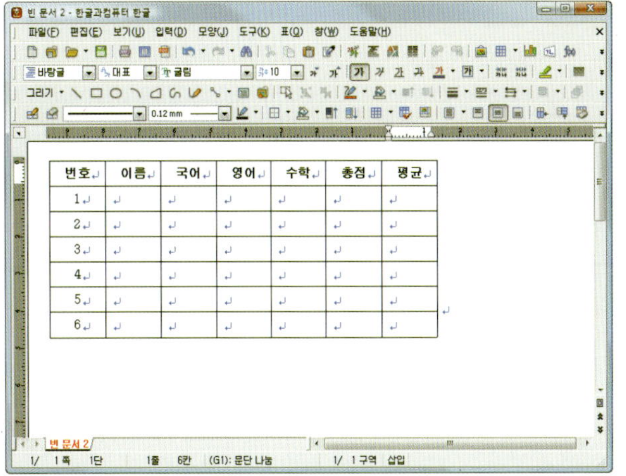

06 번호 "3"이 입력되어 있는 첫 번째 칸의 4번째 줄에서 [표]-[줄/칸 추가하기] 메뉴를 선택합니다.

Note 줄/칸 추가하기 단축키 : Alt + Insert

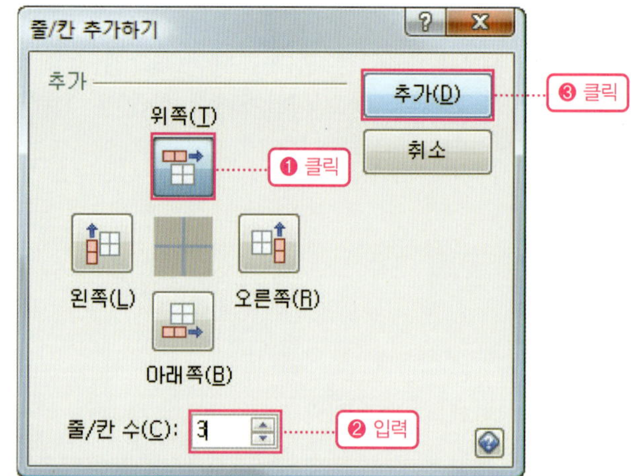

07 [줄/칸 추가하기] 대화상자가 실행되면 위쪽에 줄 추가하기(▦) 아이콘을 클릭하고 추가할 줄/칸 수를 "3"으로 입력합니다. 그런 다음 [추가] 버튼을 클릭합니다.

08 다음과 같이 커서가 있던 줄의 위쪽에 3개의 줄이 추가됩니다.

Note 표의 마지막 셀에서 Tab 을 누르면 아래쪽에 하나의 줄이 추가됩니다. 또 표에 있는 임의의 셀에서 Ctrl + Enter 를 누르면 현재 줄 아래쪽에 하나의 줄이 추가됩니다.

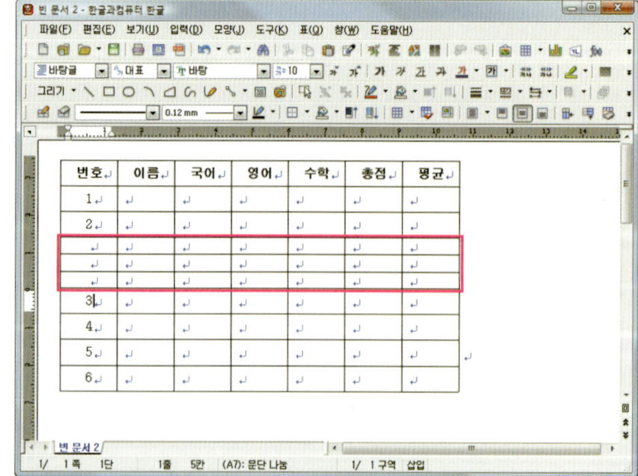

09 이번에는 "국어"가 입력되어 있는 셀로 커서를 이동한 다음 [표]–[줄/칸 지우기] 메뉴를 선택합니다.

Note 줄/칸 지우기 단축키 Alt + Delete

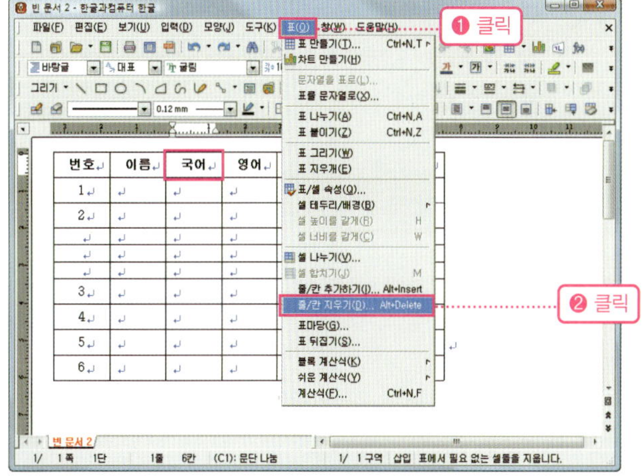

10 [줄/칸 지우기] 대화상자가 실행되면 칸 지우기(□) 아이콘을 선택하고 [지우기] 버튼을 클릭합니다.

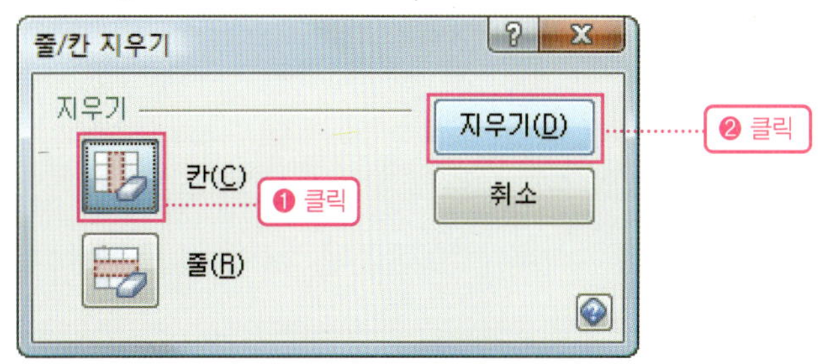

11 다음과 같이 커서가 있던 세로 칸 전체가 지워집니다. 여러 개의 줄이나 칸을 한 번에 지우려면 먼저 원하는 셀을 블록으로 지정합니다.

Note [줄/칸 지우기] 명령은 2칸 이상의 셀을 블록으로 설정하면 다음 사용할 수 없습니다.

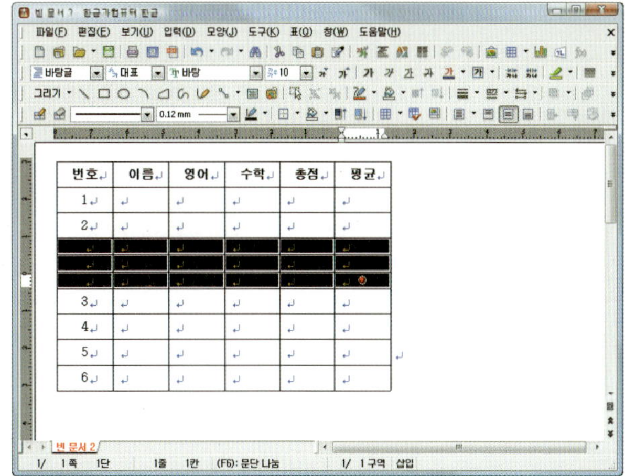

12 [편집]-[지우기] 메뉴를 선택하거나 단축키 [Ctrl]+[E] 를 누르고 다음과 같은 메시지가 표시되면 [지우기] 버튼을 클릭합니다.

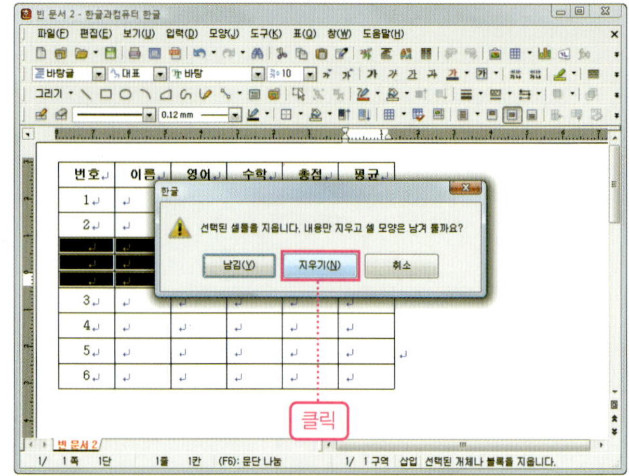

13 셀 블록으로 지정한 세 개의 줄이 모두 지워졌습니다.

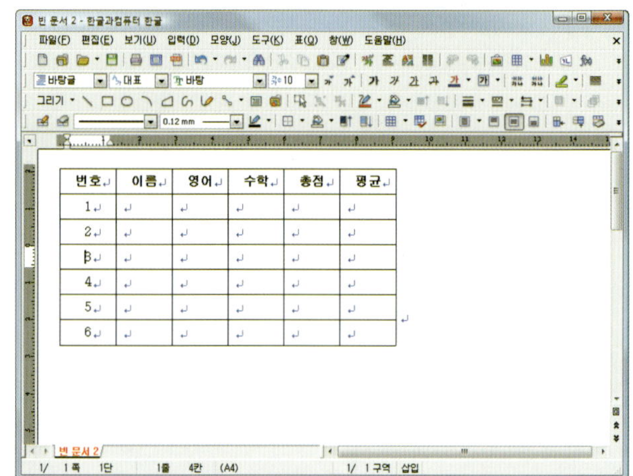

도구 상자 이용해서 추가하기와 지우기

★ 아래에 줄을 추가할 셀로 커서를 이동한 다음 아래에 줄 추가하기( ) 아이콘을 클릭하면 커서가 있는 줄 아래에 새로운 줄이 추가됩니다. 셀 블록이 설정되어 있으면 이 아이콘을 사용할 수 없습니다.

★ 오른쪽에 칸을 추가할 셀로 커서를 이동한 다음 오른쪽에 칸 추가하기( ) 아이콘을 클릭하면 현재 칸 오른쪽에 새로운 칸이 추가됩니다. 이 아이콘 역시 셀 블록이 설정되어 있으면 사용할 수 없습니다.

★ 줄 지우기( ) 아이콘을 클릭하면 현재 커서가 있는 줄 전체가 지워집니다. 칸 지우기( ) 아이콘을 클릭하면 현재 칸 전체가 지워집니다. 셀 블록이 설정되어 있으면 이 아이콘을 사용할 수 없습니다.

04

셀 나누기와 합치기

표에서 하나의 셀을 여러 개의 셀로 나누거나 반대로 여러 개의 셀을 하나로 합치는 방법에 대해 살펴봅니다. 셀 나누기는 하나의 셀이나 셀 블록으로 설정되어 있는 셀을 여러 개의 칸이나 줄로 나눕니다. 셀 합치기는 셀 블록으로 지정한 여러 개의 셀을 하나의 셀로 합칩니다.

01

[표]-[표 만들기] 메뉴를 선택한 다음 줄 수와 칸 수를 모두 "7"로 지정하고 "글자처럼 취급"을 선택한 다음 [만들기] 버튼을 클릭합니다.

[Note] "마우스 끌기로 만들기"가 선택되어 있으면 이것을 해제한 다음 "글자처럼 취급"을 선택할 수 있습니다.

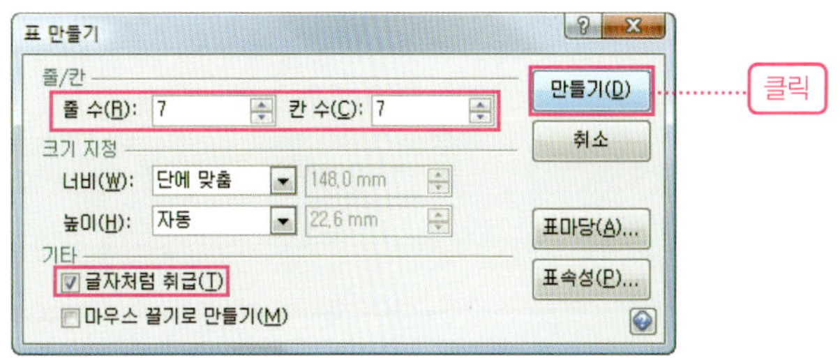

02

표가 만들어지면 먼저 셀 나누기를 실행할 부분을 셀 블록으로 지정합니다. 그런 다음 셀 나누기 명령의 단축키 ⑤를 누릅니다.

[Note] 하나의 셀에서만 셀 나누기를 실행하려면 셀로 커서를 이동한 다음 [표]-[셀 나누기] 메뉴를 선택해야 합니다. 단축키 ⑤는 셀 블록 상태에서만 사용할 수 있습니다.

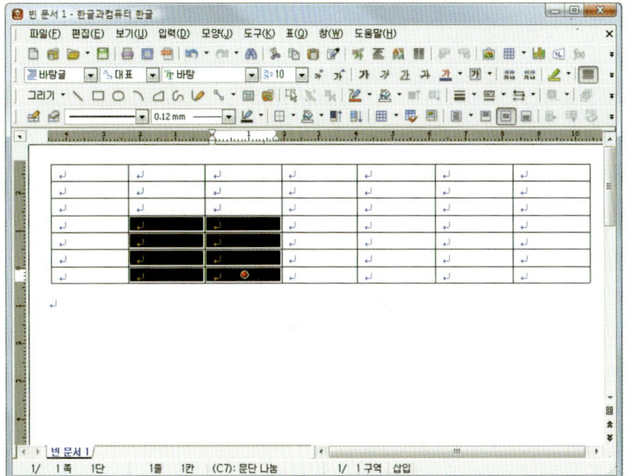

03 [셀 나누기] 대화상자가 실행되면 줄 수를 "2", 칸 수를 "2"로 지정하고 [나누기] 버튼을 클릭합니다.

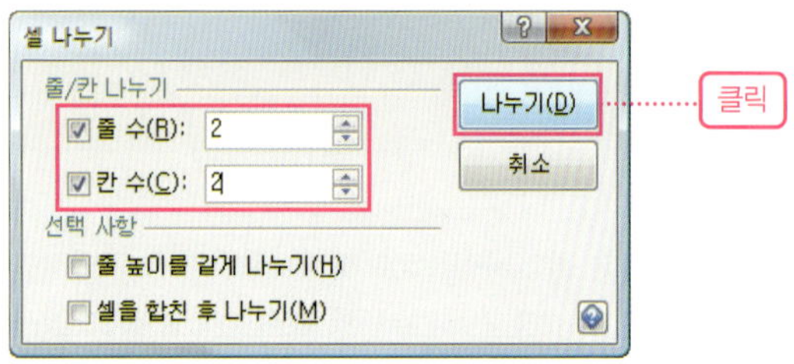

 "줄 수" 또는 "칸 수" 하나만 선택해서 사용할 수도 있습니다. "줄 높이를 같게 나누기"를 선택하면 줄을 나눈 다음 줄 높이를 모두 같게 조정해 줍니다. "셀을 합친 후 나누기"를 선택하면 셀 블록을 일단 하나의 셀로 합친 다음 지정한 줄 수와 칸 수로 나눕니다.

05 이번에는 여러 개의 셀을 하나로 합치는 방법입니다. 다음과 같이 셀 합치기를 실행할 부분을 셀 블록으로 지정합니다.

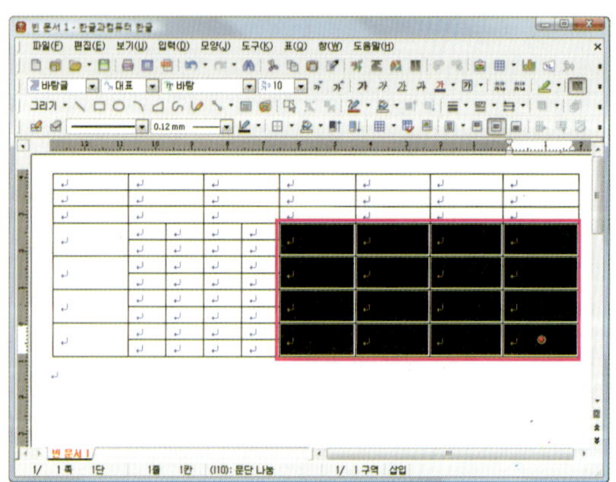

04 다음과 같이 셀 블록에 있는 각 셀이 2줄 2칸으로 나누어집니다. "셀을 합친 후 나누기"를 선택하면 셀 블록으로 지정되어 있는 부분 전체가 2줄 2칸으로 나누어집니다.

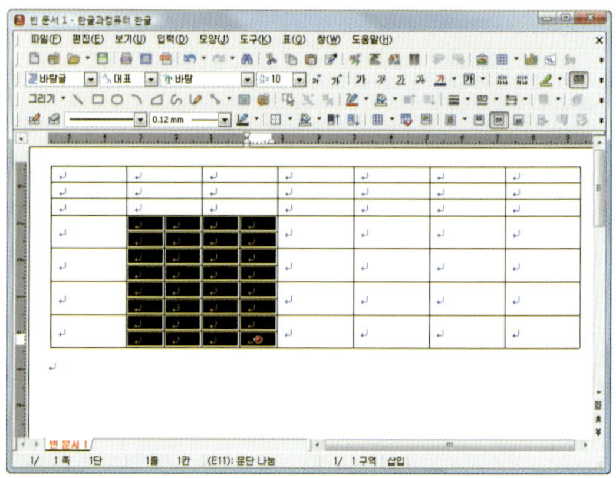

 셀 나누기 도구
- 셀 나누기(▥) : [셀 나누기] 대화상자를 실행합니다.
- 셀 줄로 나누기(▥) : 현재 셀 또는 셀 블록에 들어 있는 모든 셀을 2줄로 나눕니다.
- 셀 칸으로 나누기(▥) : 현재 셀 또는 셀 블록에 들어 있는 모든 셀을 2칸으로 나눕니다.

06 [표]-[셀 합치기] 메뉴를 선택하거나 단축키 M 을 누르면 셀 블록에 들어 있는 모든 셀이 하나의 셀로 합쳐집니다.

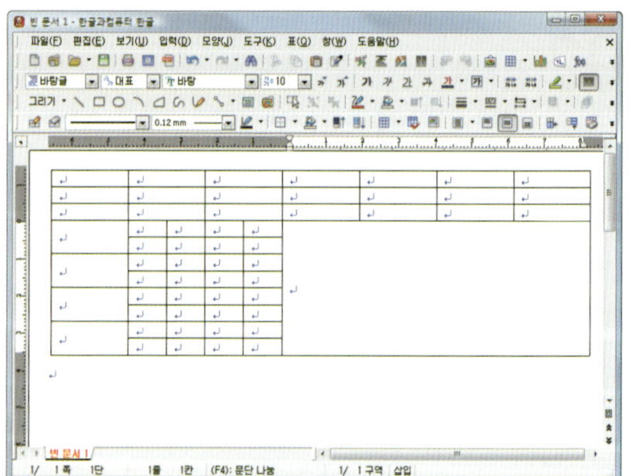

 표 도구 상자에서 셀 합치기(▥) 아이콘을 클릭해도 됩니다.

셀 테두리 바꾸기

• 키워드 : 셀 테두리 설정, 선 모양 바로 적용 옵션
• 예제 파일 : 시작 파일\시간표.hwp

표를 구성하고 있는 각 셀마다 여러 종류의 셀 테두리를 지정할 수 있습니다. 셀 테두리는 11가지의 선 종류 중에서 선택할 수 있고 선의 굵기와 색을 지정하여 여러 형태로 테두리를 그릴 수 있습니다. 또 셀에 원하는 방향으로 대각선을 그릴 수도 있습니다.

01 "시간표.hwp" 문서는 모두 두 개의 표로 작성되어 있습니다. 첫 번째 표 안으로 커서를 이동한 다음 F5 를 눌러 셀 블록을 설정하고 셀 테두리 단축키인 L 을 누릅니다.

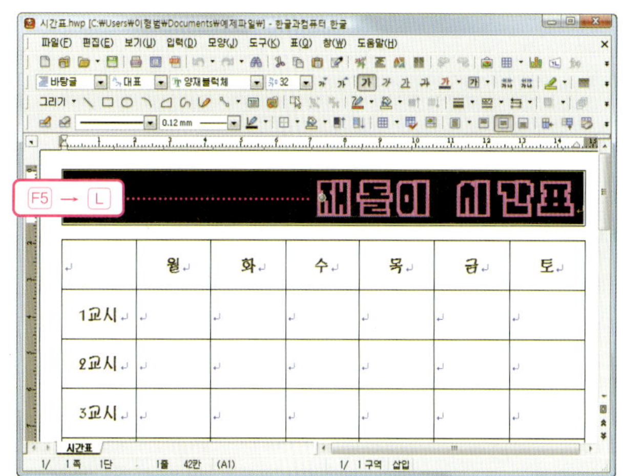

02 [셀 테두리/배경] 대화상자의 [테두리] 탭을 선택합니다. 여기에서 "선 모양 바로 적용"을 클릭해서 선택을 해제한 다음 테두리 종류를 "선 없음"으로 선택합니다. 그런 다음 위쪽 테두리, 왼쪽 테두리, 오른쪽 테두리 버튼을 각각 클릭해서 선 없음으로 테두리를 설정합니다.

[Note] "선 모양 바로 적용"이 선택되어 있으면 테두리 종류나 굵기, 색 등을 선택하는 순간 미리 보기 영역에서 눌려져 있는 테두리 버튼 방향으로 바로 테두리가 그려집니다.

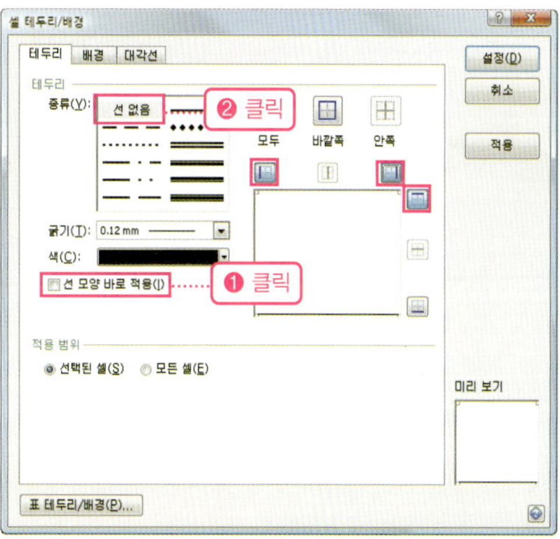

03 테두리 종류와 굵기, 색 등을 다시 변경한 다음 미리 보기 영역에서 아래쪽 테두리 버튼을 클릭합니다. 그런 다음 [설정] 버튼을 클릭합니다.

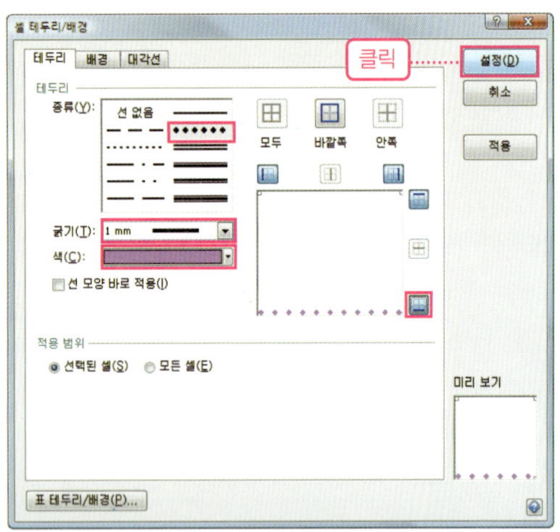

04 [Esc]를 눌러 셀 블록을 해제하면 첫 번째 표에 테두리가 적용된 결과를 확인할 수 있습니다.

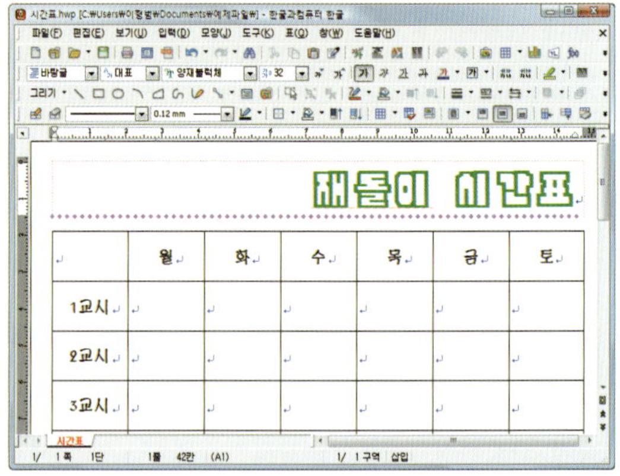

Note 표 안에 커서가 있으면 선 없음으로 지정한 테두리는 빨간 색의 점선으로 표시됩니다. 표 밖으로 커서를 이동하면 이 투명선은 감춰집니다. 단, [보기]-[투명선] 메뉴가 선택되어 있으면 항상 투명선이 표시됩니다.

05 두 번째 표에서 첫 번째 줄에 있는 모든 셀을 셀 블록으로 설정한 다음 단축키 [L]을 누릅니다. 테두리 종류를 선택하고 아래쪽 테두리 버튼을 누른 다음 [설정] 버튼을 클릭합니다.

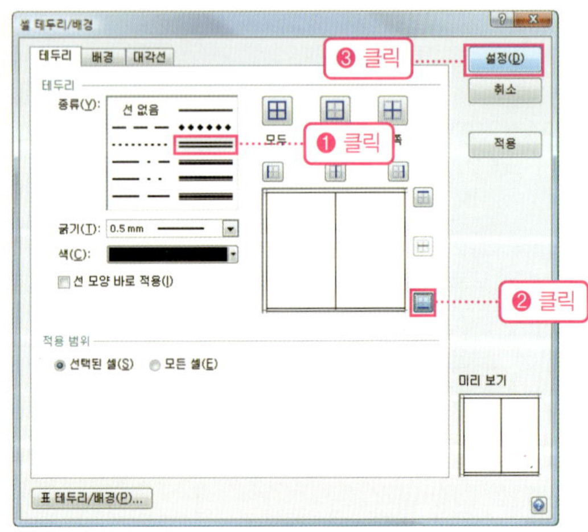

Note 첫 번째 줄에 있는 임의의 셀에서 [F5]를 누르고 다시 [F8]을 누르면 현재 줄 전체를 셀 블록으로 설정할 수 있습니다.

06 두 번째 표에서 [F5]를 한 번 눌러 표 전체를 셀 블록으로 지정합니다. 그런 다음 [표]-[셀 테두리/배경]-[여러 셀에 걸쳐 적용] 메뉴를 선택합니다.

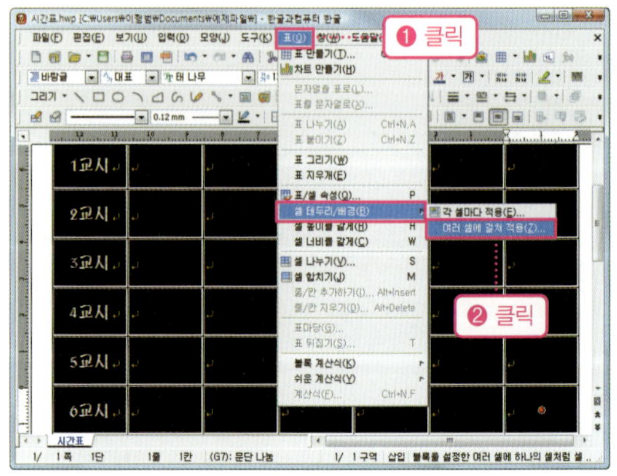

Note 셀 블록을 지정하고 단축키 [L]을 누르는 것은 [표]-[셀 테두리/배경]-[각 셀마다 적용] 메뉴를 선택한 것과 같습니다.

07 [셀 테두리/배경] 대화상자의 [테두리] 탭에서 테두리 종류와 굵기, 색을 지정한 다음 바깥쪽 모두 버튼을 누르고 다시 [설정] 버튼을 클릭합니다.

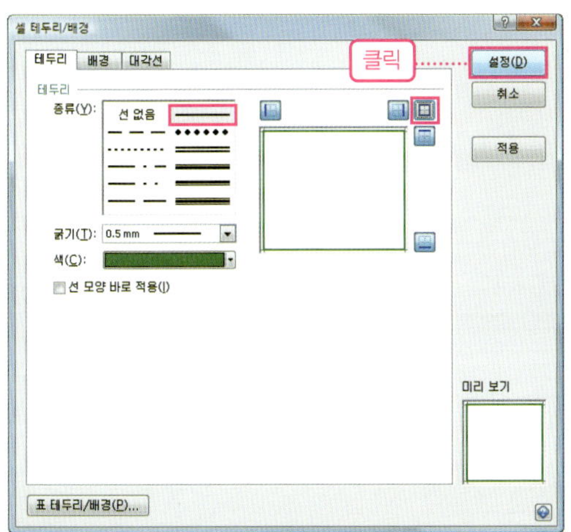

08 블록을 해제해 보면 표 전체가 하나의 셀처럼 취급되어 바깥쪽의 모든 테두리가 변경됩니다. 이번에는 두 번째 표의 첫 번째 셀에서 F5를 눌러 셀 블록을 설정한 다음 단축키 L을 누릅니다.

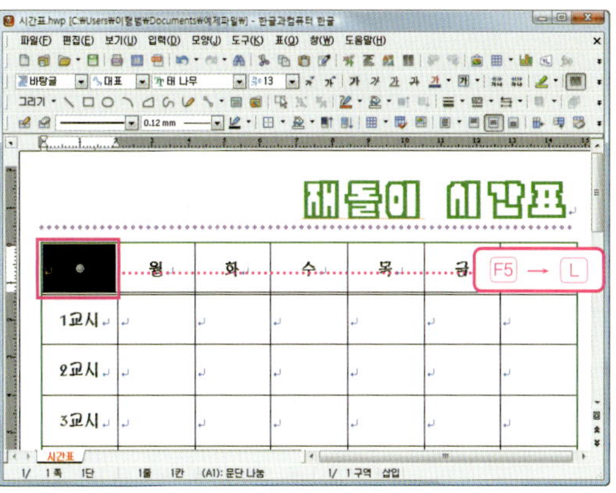

> **Note** 만약에 [표]-[셀 테두리/배경]-[각 셀마다 적용] 메뉴를 선택하고 바깥쪽 모두 버튼으로 테두리를 설정하면 각 셀마다 바깥쪽의 모든 테두리가 변경됩니다.

09 [셀 테두리/배경] 대화상자의 [대각선] 탭에서 왼쪽 위에서 오른쪽 아래로 된 대각선을 선택한 다음 [설정] 버튼을 클릭합니다. 대각선에 대해서도 선의 종류와 굵기, 색 등을 설정할 수 있습니다.

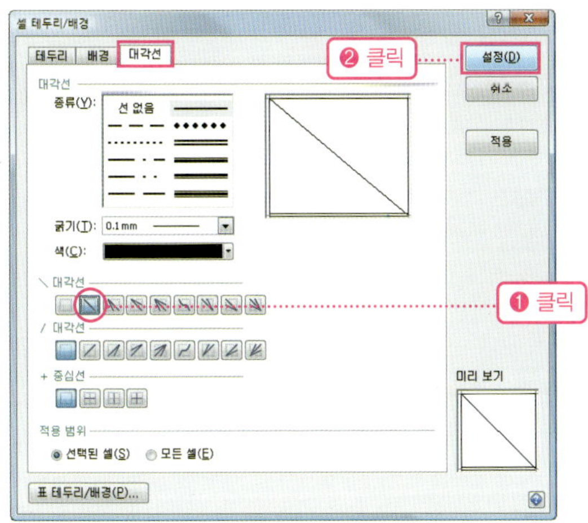

> **Note** [설정] 버튼 대신 [적용] 버튼을 클릭하여 현재 설정된 테두리 또는 대각선 모양을 적용하고 대화상자를 닫지 않습니다. 이렇게 하면 계속해서 다른 테두리 또는 대각선 작업을 실행할 수 있습니다.

10 Esc를 눌러 블록을 해제합니다. 다음과 같이 첫 번째 셀에 대각선이 그려집니다.

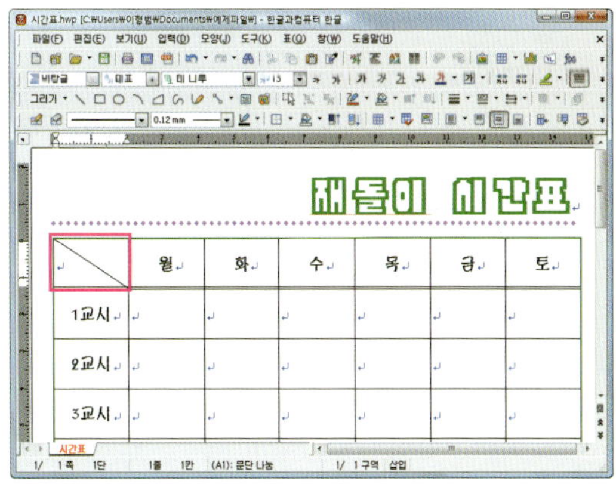

> **Note** 대각선은 왼쪽 위에서 오른쪽 아래로와 오른쪽 위에서 왼쪽 아래로 두 방향에 대해 각각 8가지 모양으로 그릴 수 있고 두 가지 방향을 한꺼번에 설정할 수도 있습니다.

셀 배경 바꾸기

· **키워드** : 셀 테두리/배경, 여러 셀에 걸쳐 적용, 그러데이션
· **예제 파일** : 시작 파일\주간계획표.hwp

셀의 배경을 색, 무늬, 그러데이션, 그림 등을 사용하여 채우는 방법에 대해 살펴보겠습니다. 셀 배경은 셀 단위 또는 셀 블록으로 지정한 여러 셀을 한 단위로 사용하여 적용시킬 수 있습니다.

01 먼저 색과 무늬로 배경을 지정하는 방법부터 살펴보겠습니다. 두 번째 줄의 모든 셀을 셀 블록으로 지정한 다음 단축키 C를 누릅니다.

Note 두 번째 줄에 있는 임의의 셀에서 F5를 누르고 F8을 누르면 줄 전체가 셀 블록으로 설정됩니다. 그런 다음 표 도구 상자에서 셀 테두리/배경 (▦) 아이콘을 클릭해도 됩니다.

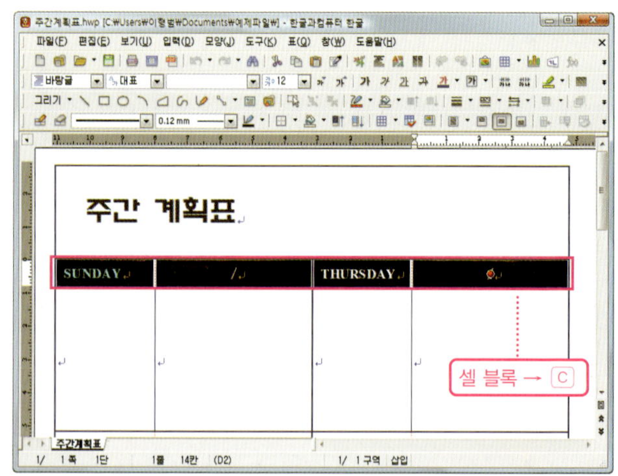

02 [셀 테두리/배경] 대화상자의 [배경] 탭이 표시되면 "색" 옵션을 선택합니다. 면 색과 무늬 색, 무늬 모양 등을 지정한 다음 [설정] 버튼을 클릭합니다. 면 색만 지정하거나 무늬 색과 무늬 모양만 지정해서 셀 배경을 설정할 수도 있습니다.

Note 현재 셀에 설정되어 있는 셀 배경을 지울 때는 "색 채우기 없음" 옵션을 선택하고 [설정] 버튼을 클릭합니다.

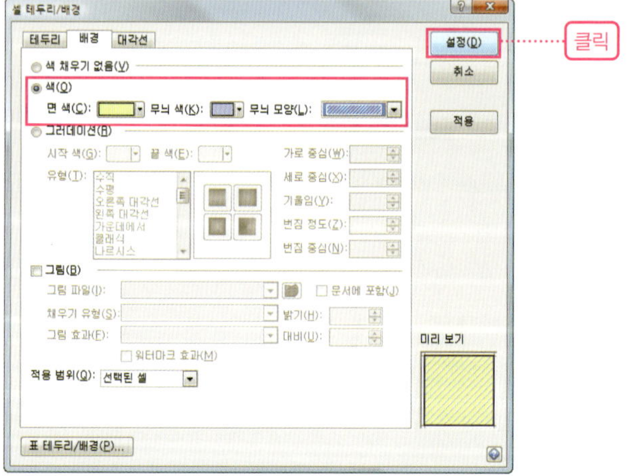

03 두 번째 줄에 지정한 면 색과 무늬로 셀 배경이 설정 됩니다. 이번에는 세 번째 줄에 있는 모든 셀을 셀 블록으로 지정한 다음 [표]–[셀 테두리/배경]–[여러 셀에 걸쳐 적용] 메뉴를 선택합니다.

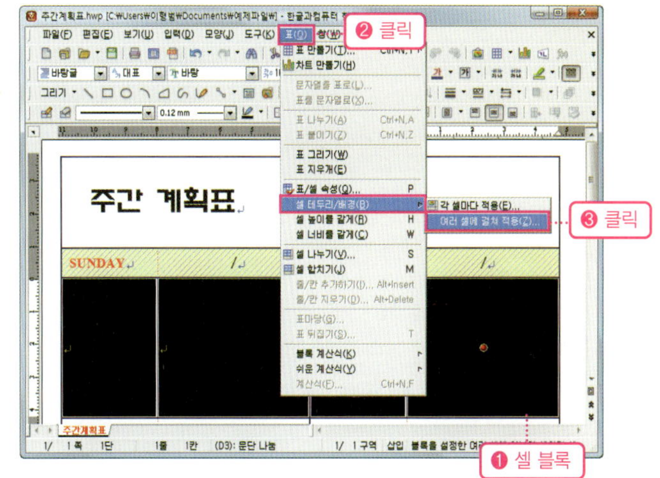

04 [셀 테두리/배경] 대화상자의 [배경] 탭에서 "그러데이션" 옵션을 선택합니다. 그런 다음 유형 목록에서 "수직"을 선택하고 시작 색과 끝 색을 각각 지정한 후 [설정] 버튼을 클릭합니다.

> **Note** 유형 목록에서 미리 만들어져 있는 그러데이션 유형을 선택하면 시작 색과 끝 색, 중심, 기울임, 번짐 등에 대한 값이 정해집니다. 그런 다음 원하는 항목을 변경하여 그러데이션을 사용자가 지정할 수 있습니다.

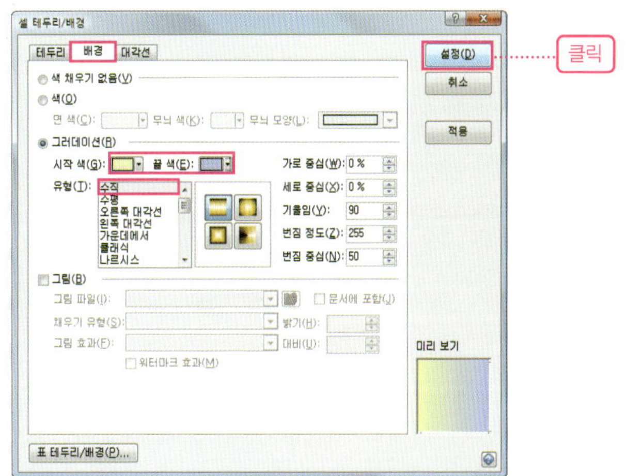

쌩초보 레벨 업

셀 음영 비율 조정하기

표 도구 상자에서 셀 배경색( ) 아이콘을 누르고 색을 선택하면 현재 셀 또는 셀 블록에 들어 있는 모든 셀에 무늬가 없는 단색으로 셀 배경색이 설정됩니다. 이렇게 셀 배경색을 설정한 다음 셀 음영 비율 증가( ) 아이콘과 셀 음영 비율 감소( ) 아이콘을 클릭해서 음영 비율을 조정할 수 있습니다.

05 셀 블록으로 지정한 세 번째 줄의 모든 셀이 하나의 셀처럼 처리되어 지정한 그러데이션으로 배경이 채워집니다. 계속해서 이번에는 첫 번째 줄을 클릭하고 단축키 ⓒ를 누릅니다.

Note | 셀 블록이 설정된 상태에서 다른 셀을 선택하면 셀 블록 상태가 계속 유지됩니다.

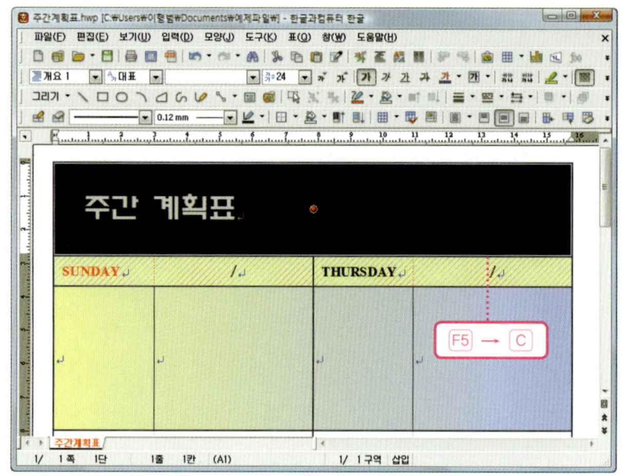

06 [셀 테두리/배경] 대화상자의 [배경] 탭에서 "그림" 옵션을 클릭합니다.

Note | 처음으로 그림을 배경으로 지정할 때 "그림" 옵션을 선택하면 [그림 넣기] 대화상자가 나타납니다.

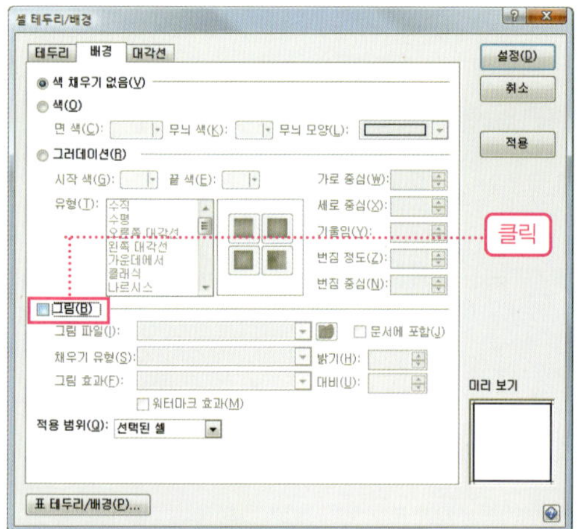

07 [그림 넣기] 대화상자에서 셀 배경으로 사용할 그림 파일을 선택하고 [넣기] 버튼을 클릭합니다. 여기서는 "시작 파일" 폴더에 있는 "해바라기.bmp" 그림 파일을 사용하였습니다.

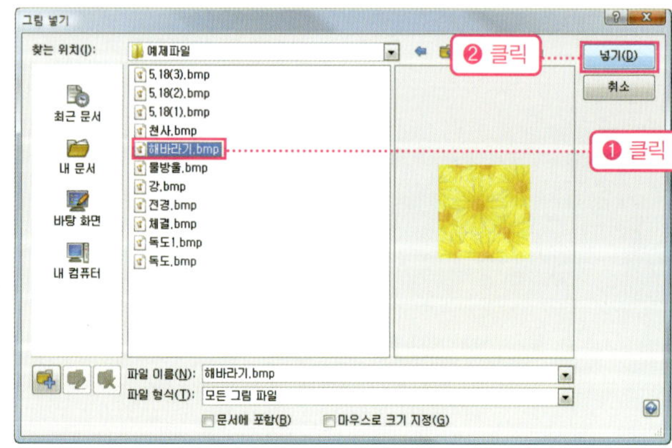

08 [셀 테두리/배경] 대화상자로 돌아오면 필요에 따라 채우기 유형과 그림 효과, 밝기와 대비 등을 지정하고 [설정] 버튼을 클릭합니다. 여기서는 모두 기본 옵션을 그대로 사용하였습니다.

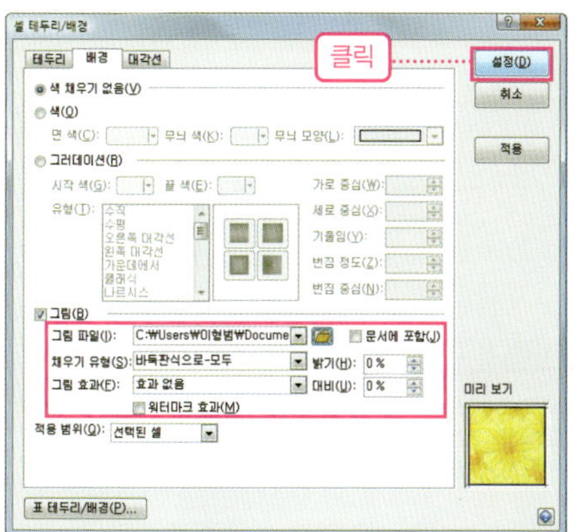

09 블록을 해제해 보면 다음과 같이 지정한 셀 배경에 그림이 나타납니다. 채우기 유형을 바둑판식이나 가운데로 설정하면 색이나 그러데이션과 함께 그림을 표시할 수도 있습니다.

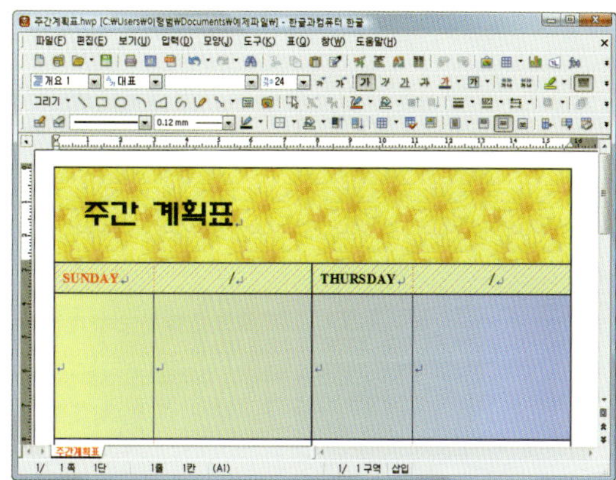

쌩초보 레벨업

그림으로 채우기

★ **문서에 포함** : 셀 배경을 채운 그림 파일을 문서 파일 안에 완전히 포함시킬 때 선택합니다. 이렇게 하면 그림 파일을 따로 보관하지 않아도 되지만 문서 파일의 크기가 커진다는 단점이 있습니다.

★ **채우기 유형** : 바둑판식, 가운데로, 크기에 맞추어 중에서 셀을 그림 파일로 채우는 방식을 선택합니다.

| 바둑판식-세로/왼쪽 | 바둑판식-가로.위 | 가운데로 | 크기에 맞추어 |

- 바둑판식 : 그림 파일의 원래 크기대로 셀을 채웁니다. 셀이 그림 파일보다 작으면 그림의 일부분만 나타나고, 셀이 그림 파일보다 크면 바둑판식으로 반복해서 그림을 나타냅니다.
- 크기에 맞추어 : 그림 파일의 원래 크기를 무시하고 현재 셀 크기에 맞게 그림의 크기를 확대하거나 축소해서 나타냅니다.
- 가운데로 : 그림 파일의 원래 크기대로 셀 가운데에 그림을 표시합니다.

★ **그림 효과** : 그림에 그레이 스케일이나 흑백 처리 등의 효과를 지정합니다. 워터마크 효과를 선택하면 밝기를 70%, 대비를 −50%로 조정하여 원래 그림을 밝고 명암 대비가 적은 그림으로 표시합니다.

  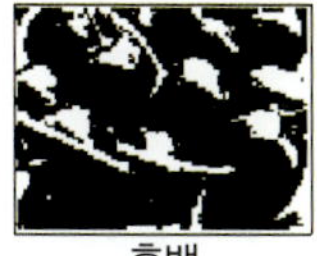 

| 효과없음 | 회색조 | 흑백 | 워터마크 효과 |

★ **밝기와 대비** : 밝기는 그림의 밝기를 −100부터 100 사이에서 조절합니다. 대비는 그림의 명암을 −100부터 100 사이에서 조절합니다.

그러데이션으로 채우기

★ **유형** : 그러데이션 유형 목록에는 시작 색과 끝 색, 모양, 중심, 기울임, 번짐 정도 등을 미리 정해 놓은 다양한 모양의 그러데이션이 들어 있습니다. 여기서 원하는 유형을 선택한 다음 시작 색과 끝 색을 비롯하여 모양, 중심 등의 옵션을 변경할 수 있습니다.

★ **모양** : 그러데이션의 모양을 줄 무늬, 원형, 사각형, 원뿔 중에서 선택합니다.

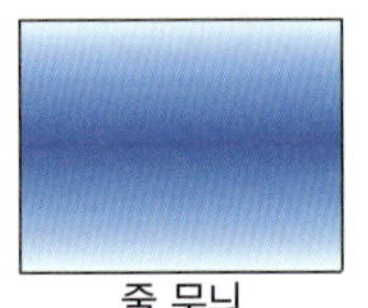 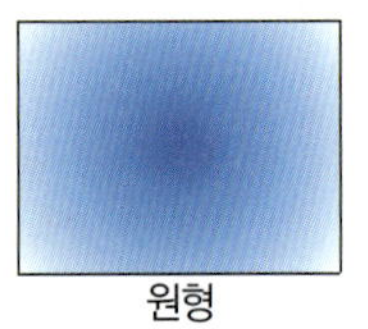 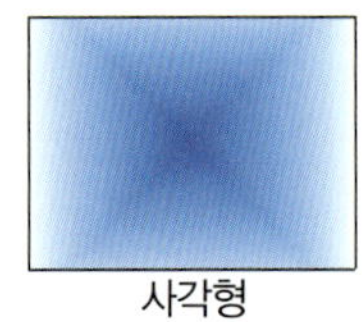 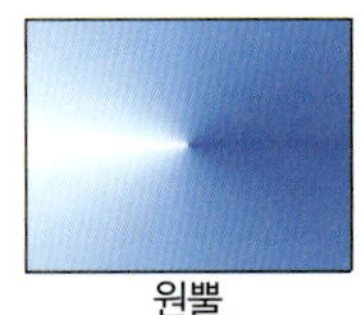

줄 무늬	원형	사각형	원뿔

★ **가로/세로 중심** : 가로 중심과 세로 중심을 어느 위치에 둘 것인지 전체에 대한 %로 중심을 선택합니다.

가로/세로 20%	가로 30%/세로 50%	가로 50%, 세로 30%	가로/세로 70%

★ **기울임** : 그러데이션 모양을 기울이는 각도를 0부터 359도 사이에서 선택합니다.

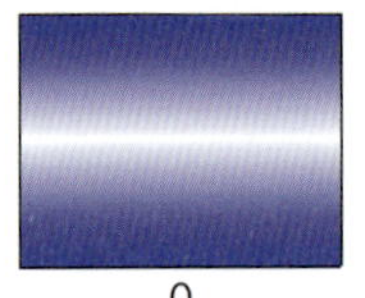 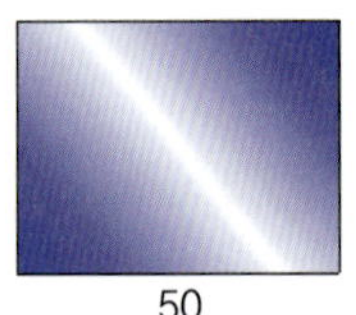 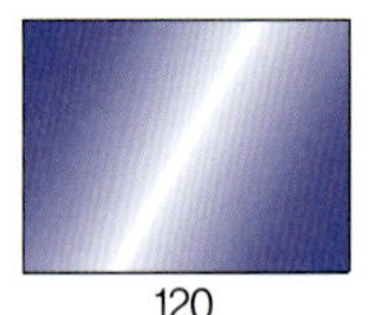 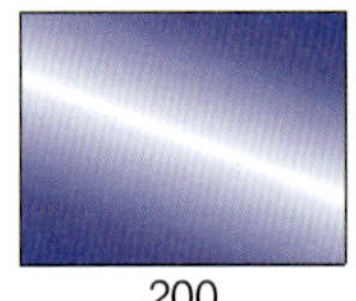

0	50	120	200

★ **번짐 정도** : 시작 색과 끝 색의 색 퍼짐 단계를 0부터 100단계 사이에서 선택합니다. 번짐 정도가 100에 가까울수록 더 부드럽게 색이 번지는 효과를 냅니다.

 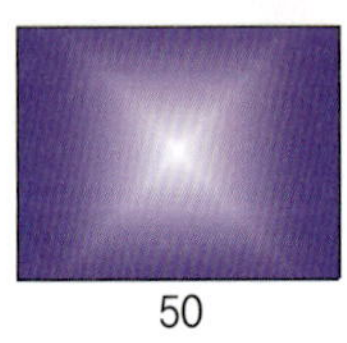 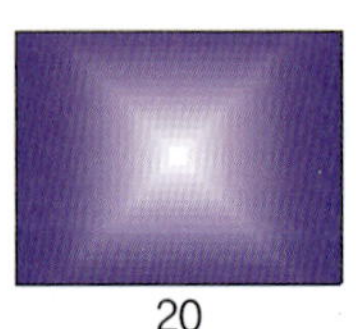 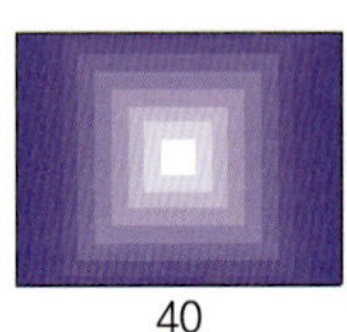

100	50	20	40

★ **번짐 중심** : 번짐 정도의 기준을 0부터 100 사이에서 선택합니다. 번짐 정도를 100으로 선택하고 번짐 중심을 30으로 선택하면 시작 색의 위치부터 30의 영역까지를 50단계의 번짐으로 채우고 나머지 70단계의 영역을 50단계의 번짐으로 채웁니다.

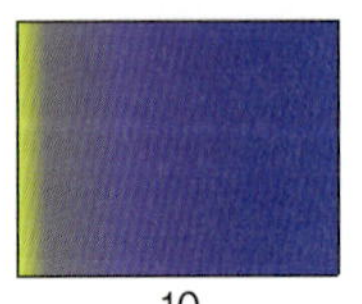 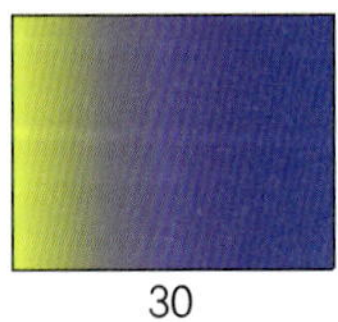 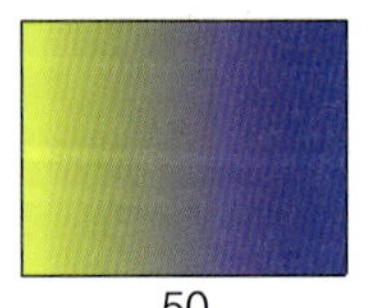 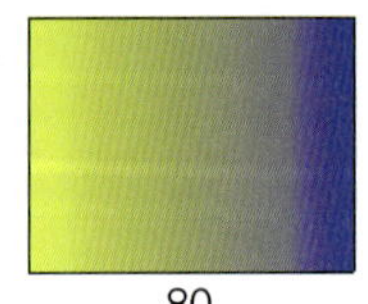

10	30	50	80

07

표와 셀 속성 이용하기

• 키워드 : 표와 본문 배치, 어울림, 자리차지
• 예제 파일 : 시작 파일\각서의 작성 요령.hwp

표/셀 속성 명령은 본문에 삽입한 표와 본문과의 배치 방법을 비롯하여 표의 위치와 여백, 캡션, 셀 간격, 셀 속성 등을 지정할 때 사용합니다.

01 첫 번째 표 안으로 커서를 이동한 다음 [표]–[표/셀 속성] 메뉴를 선택하거나 표 도구 상자에서 표/셀 속성(🔲) 아이콘을 클릭합니다.

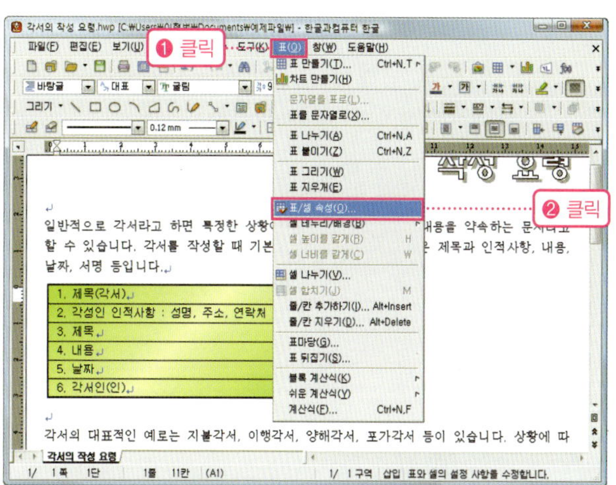

02 [표/셀 속성] 대화상자의 [기본] 탭에서 "글자처럼 취급"을 클릭해서 선택을 해제합니다. 그런 다음 본문과의 배치를 "어울림"으로 선택하고 본문 위치를 "왼쪽"으로 지정합니다.

[Note] "글자처럼 취급"을 먼저 해제해야 본문과의 배치 방법을 선택할 수 있습니다.

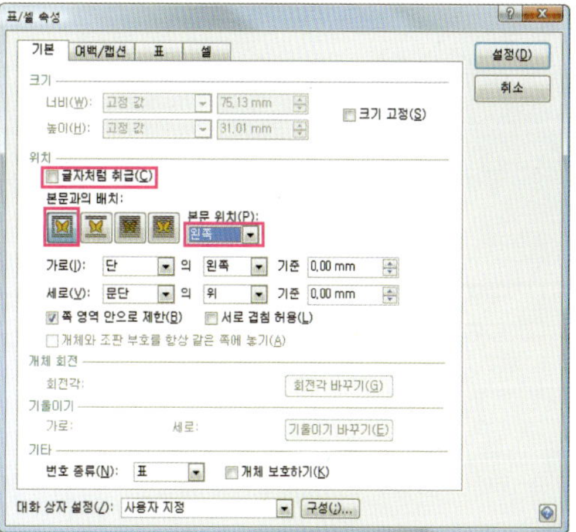

03

[여백/캡션] 탭으로 이동한 다음 바깥 여백의 왼쪽을 "3mm"로 조정하고 [설정] 버튼을 클릭합니다.

> **Note** 왼쪽, 오른쪽, 위쪽, 아래쪽 바깥 여백을 모두 동일하게 조정할 때는 "모두"의 화살표 버튼을 클릭합니다.

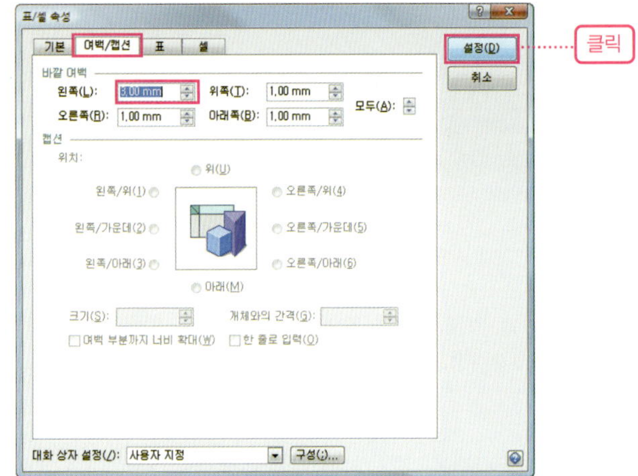

04

Alt 를 누른 상태에서 표를 클릭하면 표 전체가 선택됩니다. 표 위에서 마우스 왼쪽 버튼을 누른 채 원하는 위치까지 끌어다 놓습니다.

> **Note** 표의 테두리 부분을 클릭하여 표 전체를 선택할 수 있습니다.

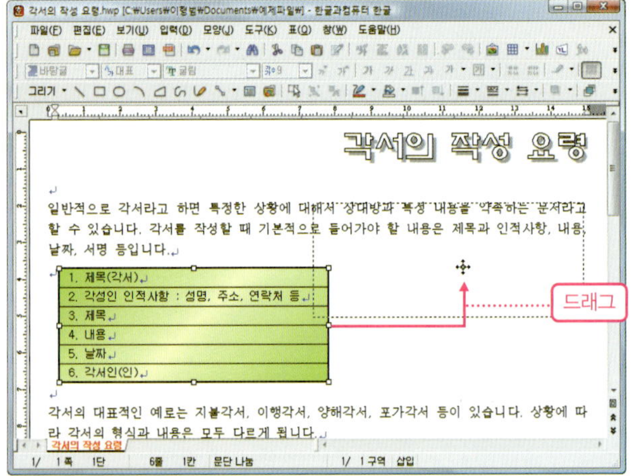

05

다음과 같이 표가 본문과 "어울림" 상태로 배치됩니다. 표 선택 상태를 해제하려면 Esc 를 누릅니다.

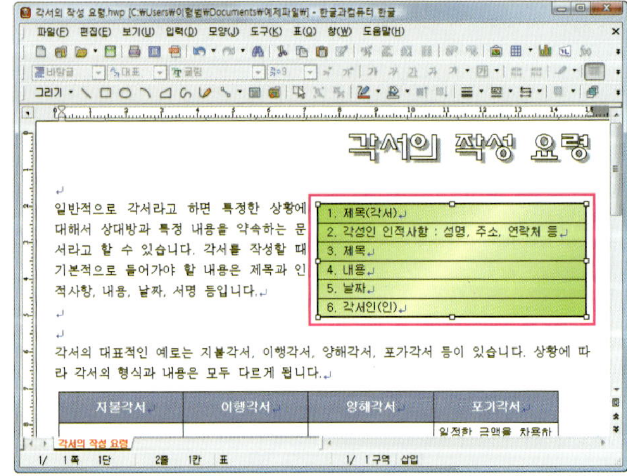

06 문서 아래쪽에 있는 두 번째 표 안으로 커서를 이동한 다음 [표]-[표/셀 속성] 메뉴를 선택합니다.

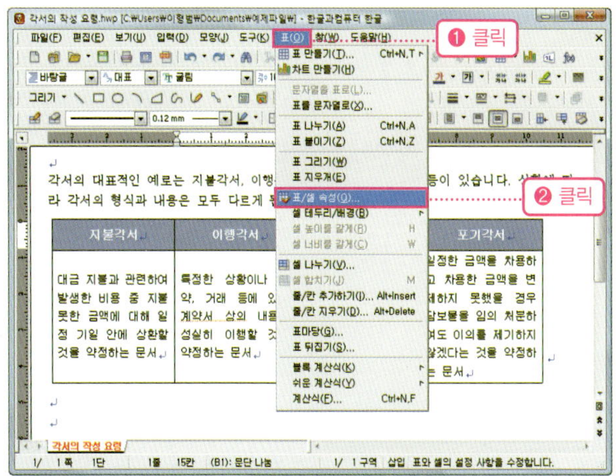

07 [표/셀 속성] 대화상자의 [표] 탭에서 셀 간격을 "1mm"로 지정하고 [설정] 버튼을 클릭합니다.

Note 모든 셀의 안 여백을 조정하면 테두리와 셀 안에 있는 내용 사이의 간격이 조정됩니다.

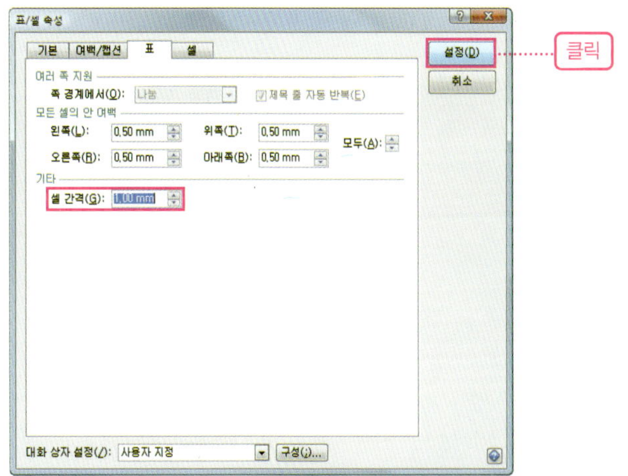

08 셀 간격이 설정된 표는 다음과 같습니다.

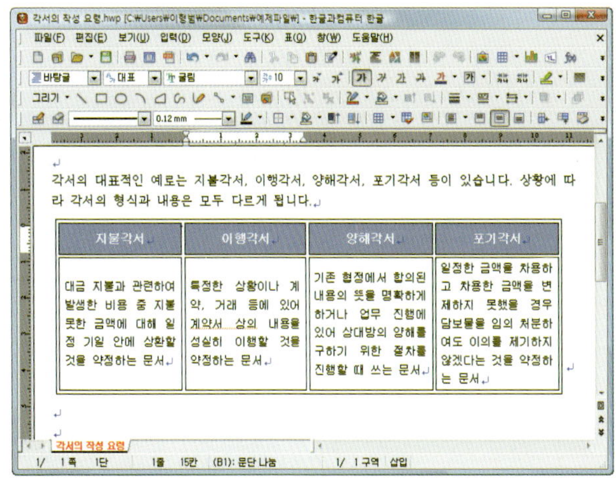

09 이번에는 두 번째 표에서 두 번째 줄의 모든 셀을 블록으로 지정한 다음 [표]–[표/셀 속성] 메뉴를 선택합니다. [표/셀 속성] 대화상자의 [셀] 탭에서 세로 정렬을 "위"로 지정한 다음 [설정] 버튼을 클릭합니다.

Note "세로쓰기"를 선택하면 셀 안의 내용이 세로 방향으로 나타납니다.

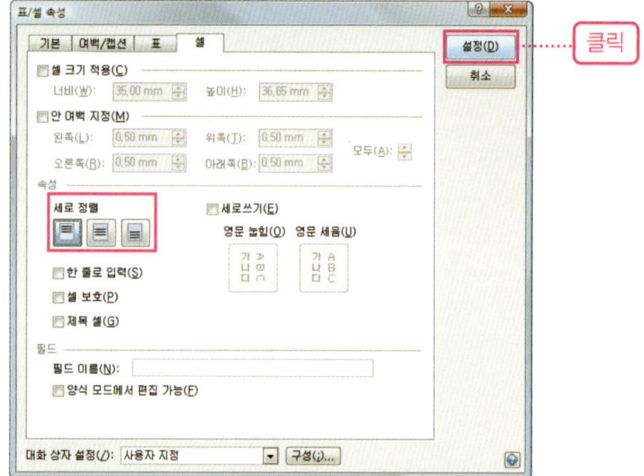

10 블록을 해제하면 다음과 같이 두 번째 줄에 있는 모든 셀의 내용이 셀 위쪽에 맞추어 정렬됩니다.

Note 표 도구 상자에서 정렬 방식(▥·) 아이콘을 누른 다음 현재 셀이나 셀 블록에 대해 가로 및 세로 정렬 방식을 쉽게 선택할 수 있습니다.

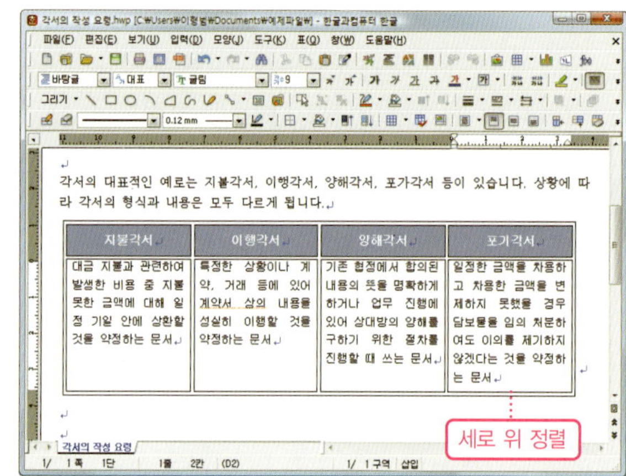

쌩초보 레벨업

여러 쪽에 걸친 표

하나의 표가 한 쪽에 모두 들어가지 못하면 한글 2007은 쪽이 나누어지는 위치에서 자동으로 표를 나누어줍니다. 표/셀 속성 명령을 사용하여 표를 다음 쪽으로 넘기는 방법을 지정할 수 있습니다.

★ 표의 기준 위치가 "글자처럼 취급"으로 설정되어 있으면 표를 다음 쪽으로 나눌 수 없습니다.

★ [표/셀 속성] 대화상자의 [표] 탭에서 "쪽 경계에서" 상자의 화살표를 누르고 "나눔", "나누지 않음", "셀 단위로 나눔" 표를 다음 쪽으로 넘기는 방법을 선택합니다. "나눔"은 쪽 경계에 걸리는 줄부터 다음 줄로 넘기고, "셀 단위로 나눔"은 쪽 경계에 걸리는 셀 전체를 다음 쪽으로 넘깁니다. "나누지 않음"을 선택하면 표가 쪽 크기를 벗어나 화면에 나타나지 않게 됩니다.

★ "제목 줄 자동 반복"을 선택하면 각 쪽에서 표의 맨 위에 그 표의 제목 줄을 자동으로 넣어줍니다. 이렇게 하려면 표의 첫 번째 줄에서 [표]–[표/셀 속성] 메뉴를 선택한 다음 [셀] 탭에서 "제목 셀"을 선택해 주어야 합니다.

표의 본문과의 배치 방법

★ **글자처럼 취급** : 표를 보통 글자와 똑같이 취급합니다. 표가 있는 문단에 글을 입력하거나 지우면 표의 위치도 함께 변경됩니다.

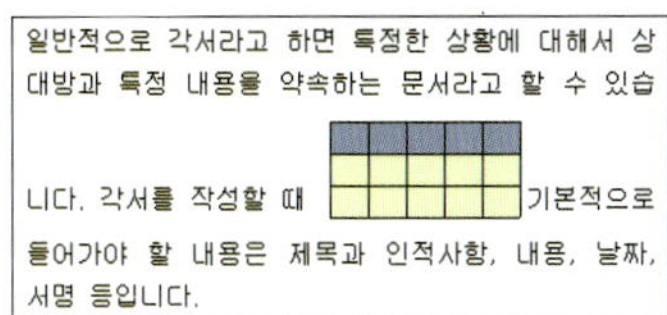

★ **어울림** : 표와 본문을 같은 줄에 나란히 배치합니다. 본문과의 배치를 "어울림"으로 지정하면 본문 위치에서 본문을 표의 어느 쪽에 둘 것인지 선택할 수 있습니다.

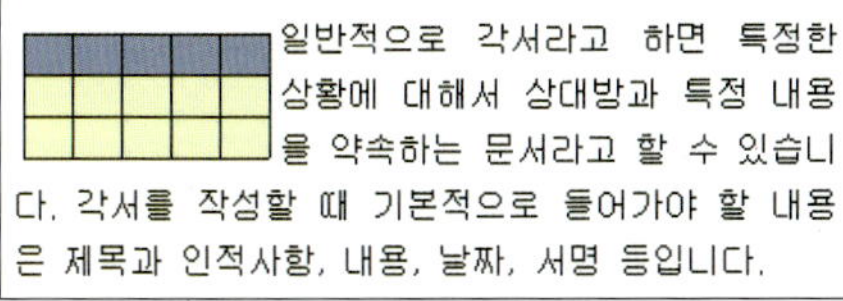

★ **자리차지** : 표가 있는 영역에 본문이 올 수 없는 배치 방법입니다. 본문은 표의 위와 아래에만 올 수 있습니다.

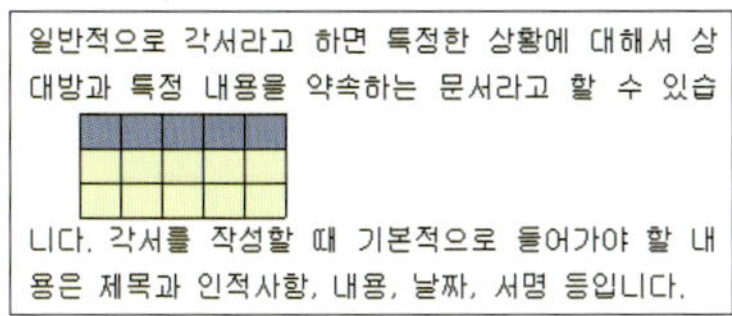

★ **글 뒤로** : 표가 본문의 배경처럼 사용됩니다.

★ **글 앞으로** : 표가 본문의 위에 높이게 됩니다. 표에 셀 배경색을 사용한 경우 본문 내용을 덮어 가릴 수 있습니다.

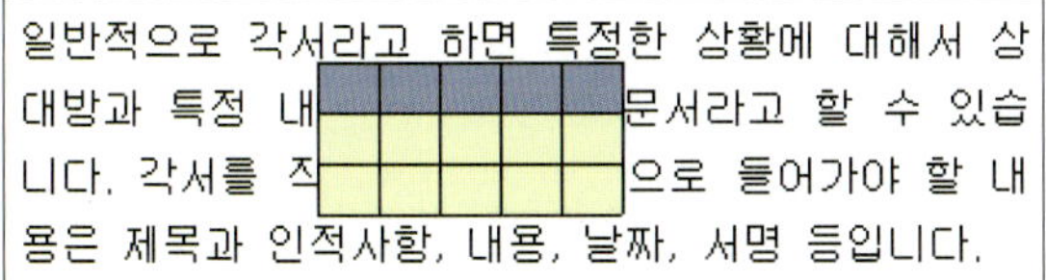

★ **서로 겹침 허용** : 표를 "어울림"이나 "자리차지"로 지정한 경우 표끼리 서로 겹쳐지지 않고 서로의 영역만큼 떨어지게 됩니다. 이 항목을 선택하면 "어울림"이나 "자리차지"로 지정한 표를 서로 겹쳐 놓을 수 있게 됩니다.

08

표 테두리와 배경

• 키워드 : 표 테두리, 표에 그림 넣기
• 예제 파일 : 시작 파일\12월 달력.hwp

표 테두리와 배경을 설정하려면 표의 셀 간격이 설정되어 있어야 합니다. 셀 간격이 설정된 표에서 표의 테두리 모양을 바꾸거나 표의 모든 셀에 걸쳐 나타나는 배경을 설정하여 표를 꾸밀 수 있습니다.

01 예제 파일을 열고 표 안으로 커서를 이동합니다. 그런 다음 [표]-[표/셀 속성] 메뉴를 선택합니다.

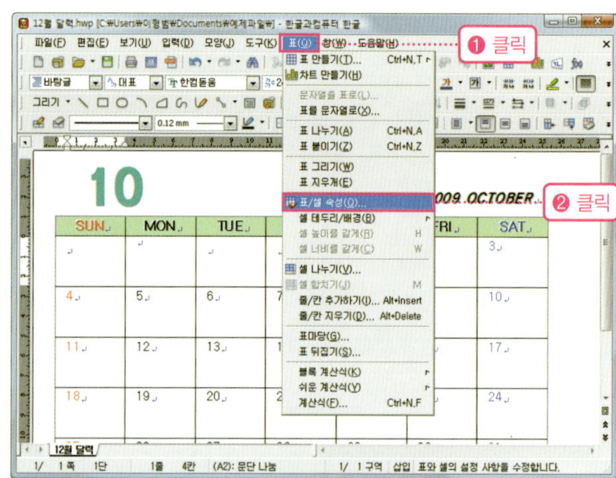

02 [표/셀 속성] 대화상자의 [표] 탭에서 셀 간격을 "1mm"로 지정한 다음 [설정] 버튼을 클릭합니다.

[Note] 이렇게 하는 이유는 표 테두리가 셀 간격이 설정된 셀에서만 적용되기 때문입니다.

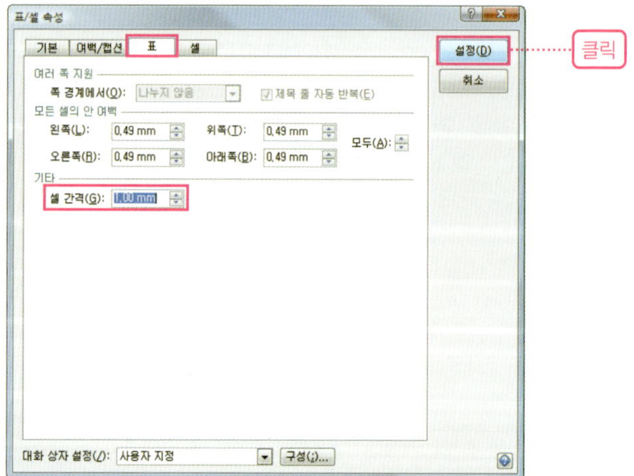

03 다음과 같이 셀과 셀 사이의 간격이 설정됩니다. 표 안에 커서가 있는 상태에서 [표]-[셀 테두리/배경]-[각 셀마다 적용] 메뉴를 선택하거나 표 도구 상자에서 셀 테두리/배경(▣) 아이콘을 클릭합니다.

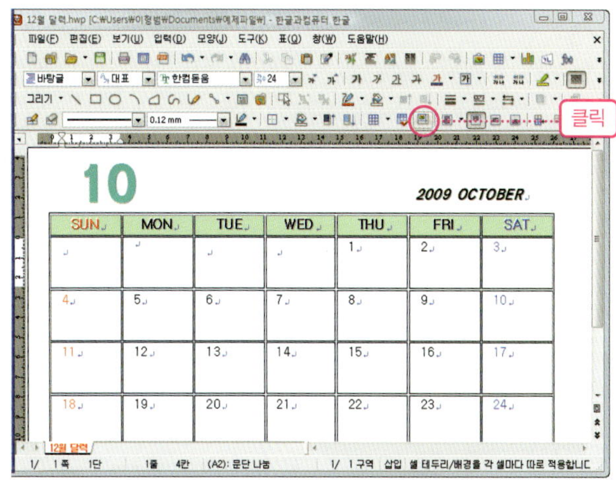

04 [셀 테두리/배경] 대화상자가 나타나면 표 테두리와 배경을 지정하기 위해 [표 테두리/배경] 버튼을 클릭합니다.

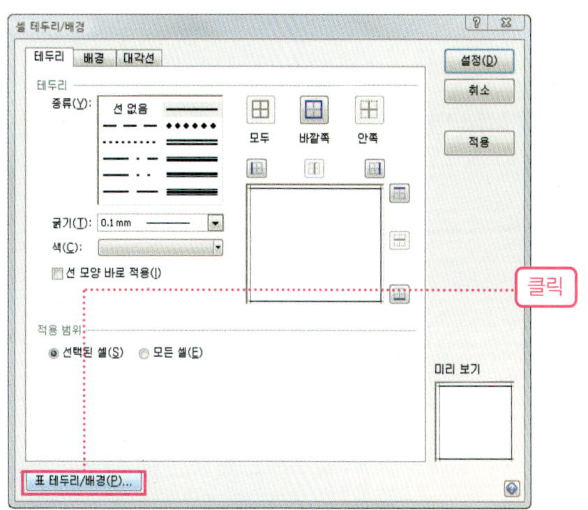

05 [표 테두리/배경] 대화상자의 [테두리] 탭에서 테두리의 종류와 굵기, 색을 지정한 다음 바깥쪽 모두 버튼을 클릭해서 표 테두리를 설정합니다.

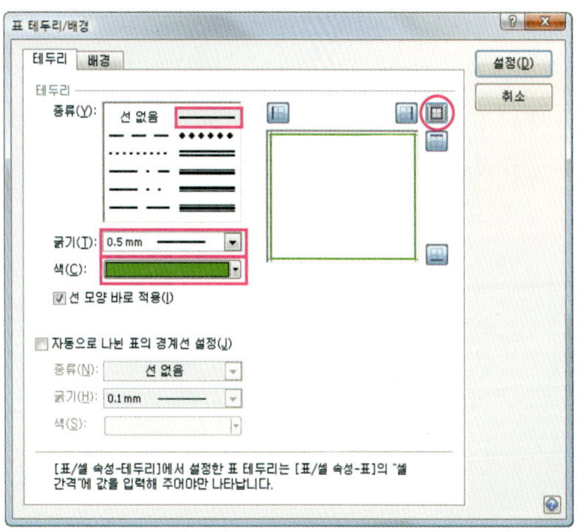

06 [배경] 탭으로 이동한 다음 "그러데이션" 옵션을 선택합니다. 유형에서 "수평"을 선택하고 시작 색과 끝 색을 다음과 같이 지정합니다.

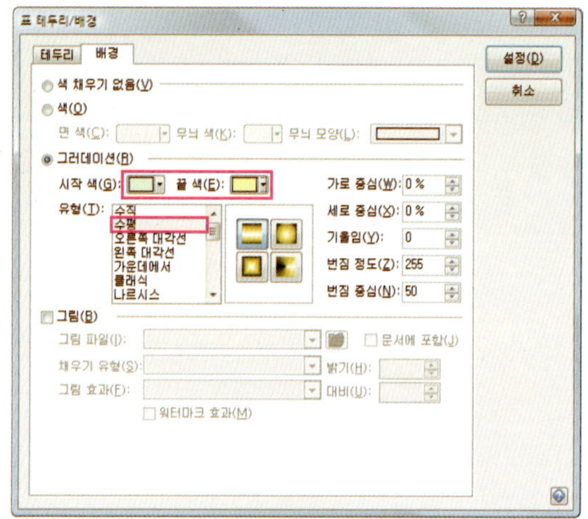

07 그러데이션과 함께 표 배경에 그림 파일을 사용해 보겠습니다. "그림" 옵션을 클릭해서 선택한 다음 그림 선택(📂) 아이콘을 클릭합니다.

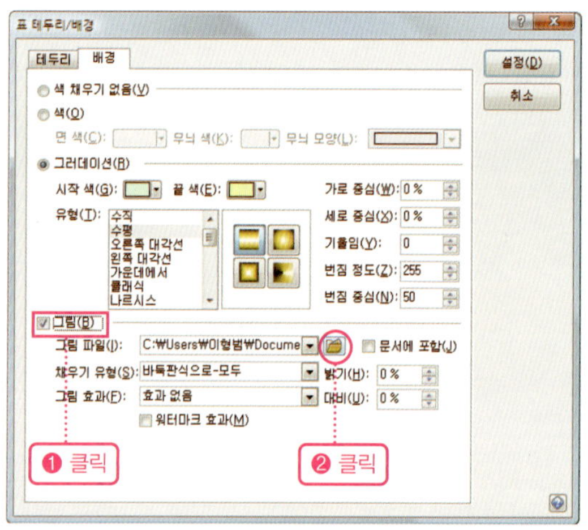

08 [그림 넣기] 대화상자가 표시되면 표 배경으로 넣을 그림 파일을 선택하고 [넣기] 버튼을 클릭합니다. 여기서는 "시작 파일" 폴더에 있는 "천사.bmp" 파일을 사용하였습니다.

09 [표 테두리/배경] 대화상자로 돌아오면 채우기 유
형을 "오른쪽 아래로" 선택한 다음 [설정] 버튼을
클릭합니다.

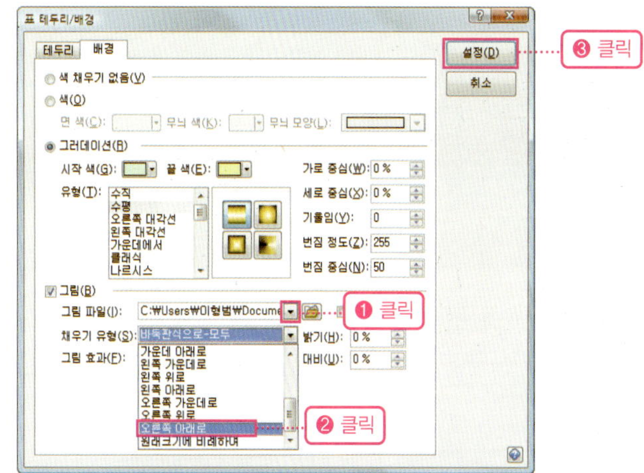

10 [셀 테두리/배경] 대화상자에서 다시 [설정] 버튼을
클릭합니다.

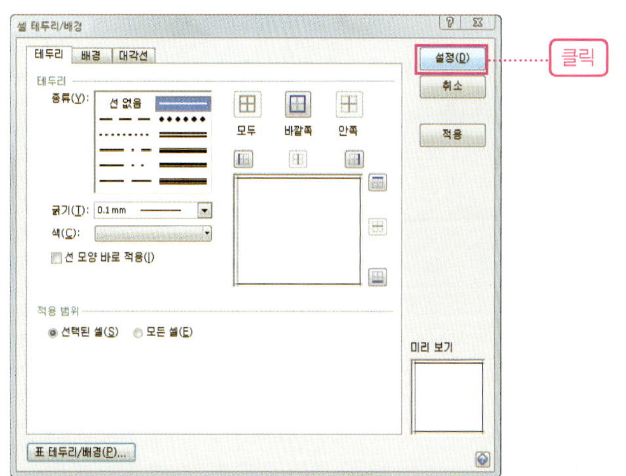

11 다음과 같이 오른쪽 아래에 그림이 나타나고 나머지
영역은 그러데이션으로 채워집니다. 이렇게 표 테두
리와 표 배경은 표 단위로 적용됩니다.

Note 표 배경에서 색깔과 그러데이션을 동시에 지정할 수는 없습니다. 색깔과
그림으로 동시 지정하거나 그러데이션과 그림으로 동시 지정하는 것만
가능합니다.

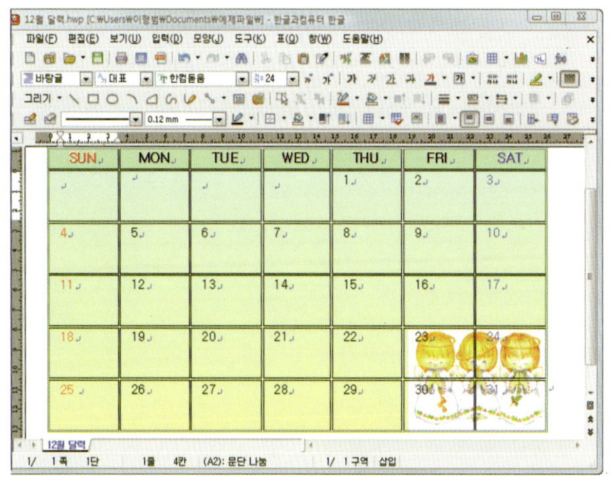

셀 복사하기와 이동하기

• 키워드 : 셀 붙이기, 끼워 넣기
• 예제 파일 : 시작 파일\월일정표.hwp

표에서 셀을 복사하거나 오려놓은 다음 다른 위치에 붙이기를 실행하는 방법으로 셀을 복사 또는 이동할 수 있습니다. 복사 또는 오려 두기한 셀을 표 안에서 붙이기 실행을 하면 [셀 붙이기] 대화상자가 표시되어 셀을 붙이는 방식을 선택할 수 있도록 합니다.

01 다음과 같이 표에서 셀 블록을 지정한 다음 [편집]-[오려 두기] 메뉴를 선택하거나 단축키 Ctrl+X를 누릅니다.

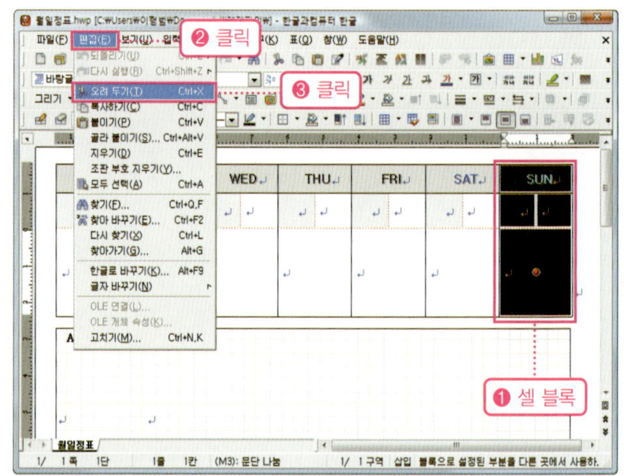

02 오려 두기를 할 때 선택된 셀 블록이 줄 전체나 칸 전체를 포함하는 직사각형 모양이면 다음과 같은 대화상자가 표시됩니다. 여기서는 [지우기] 버튼을 클릭합니다.

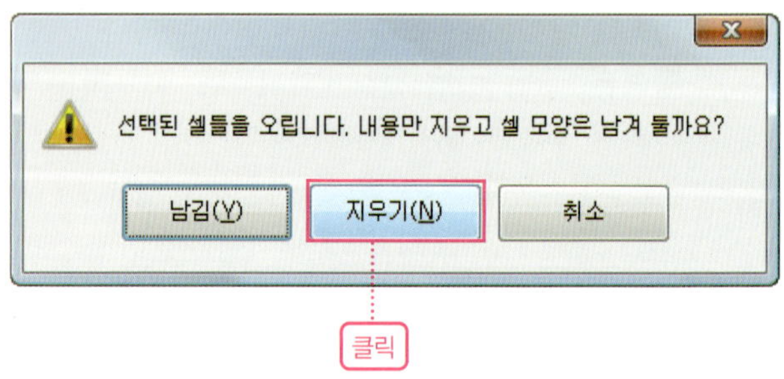

03 셀 블록으로 설정된 줄 전체가 오려 두기 됩니다. 커서를 표의 첫 번째 셀로 이동한 다음 [편집]–[붙이기] 메뉴를 선택하거나 단축키 Ctrl+V를 누릅니다.

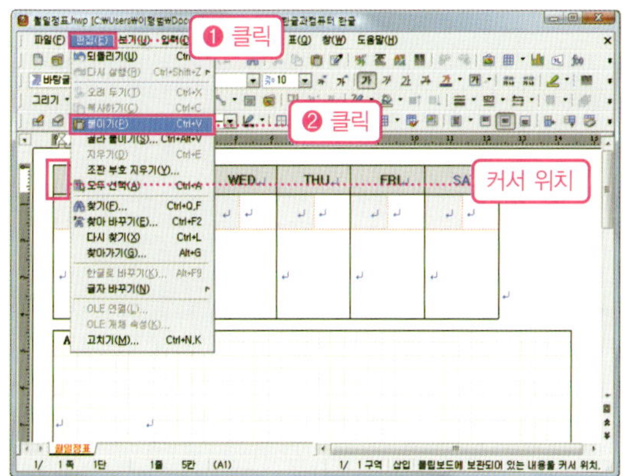

04 [셀 붙이기] 대화상자가 나타나면 "왼쪽에 끼워 넣기" 옵션을 선택하고 [붙이기] 버튼을 클릭합니다.

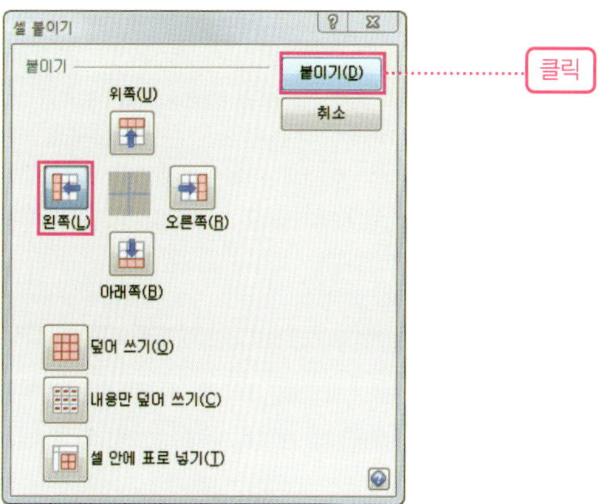

05 커서가 있던 셀의 왼쪽에 오려 두기한 셀 블록이 다음과 같이 삽입됩니다.

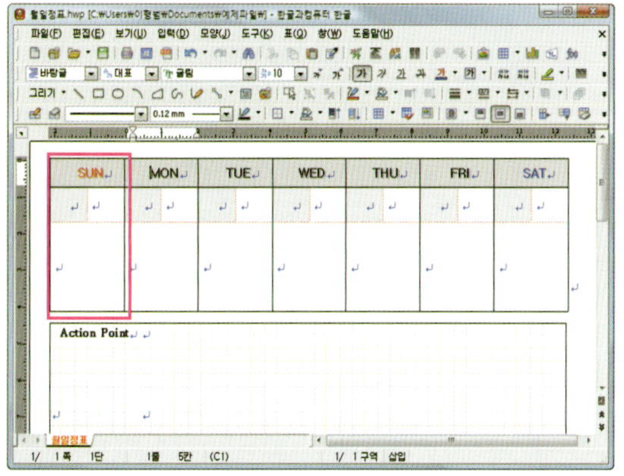

06 이번에는 다음과 같이 2줄부터 3줄까지 셀 블록으로 설정한 다음 [편집]–[복사하기] 메뉴를 선택하거나 단축키 Ctrl+C를 누릅니다.

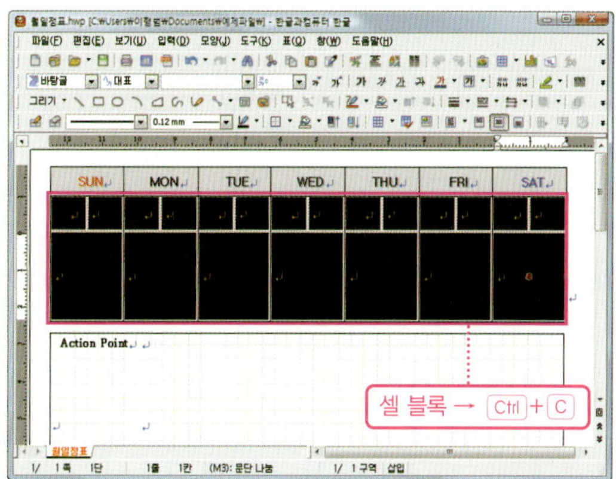

Note [셀 붙이기] 대화상자에서 "덮어 쓰기" 옵션을 선택하면 현재 커서 위치의 셀부터 오려 두기한 셀 블록을 덮어 씁니다.

07 셀 블록을 해제하고 커서를 마지막 줄의 첫 번째 칸으로 이동합니다. 그런 다음 [편집]–[붙이기] 메뉴를 선택하거나 단축키 Ctrl+V 를 누릅니다.

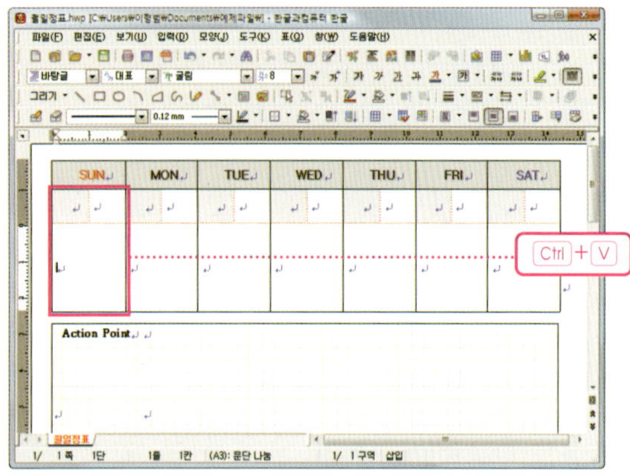

08 [셀 붙이기] 대화상자에서 "아래쪽에 끼워 넣기" 옵션을 선택하고 [붙이기] 버튼을 클릭합니다.

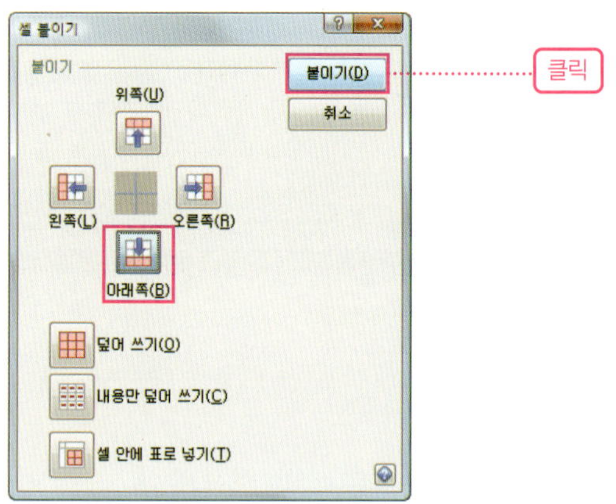

09 커서가 있던 셀 아래에 복사한 셀 블록이 삽입됩니다. 계속해서 Ctrl+V 를 눌러 3번 더 셀 붙이기를 실행하여 월 일정표를 완성합니다.

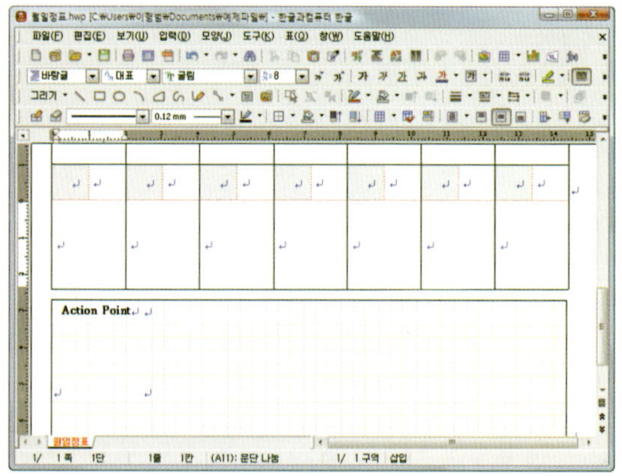

셀 모양 복사하기

셀 안에서 단축키 Alt+C 를 눌러 모양 복사 명령을 실행하면 [모양 복사] 대화상자에서 셀 모양 복사 옵션을 선택할 수 있습니다. 셀 속성, 셀 테두리, 셀 배경 등 원하는 항목을 선택해서 글자 모양이나 문단 모양과 함께 셀 모양까지 복사합니다. 복사한 모양을 적용할 셀을 블록 지정한 다음 단축키 Alt+C 를 누르면 복사한 모양이 셀에 적용됩니다.

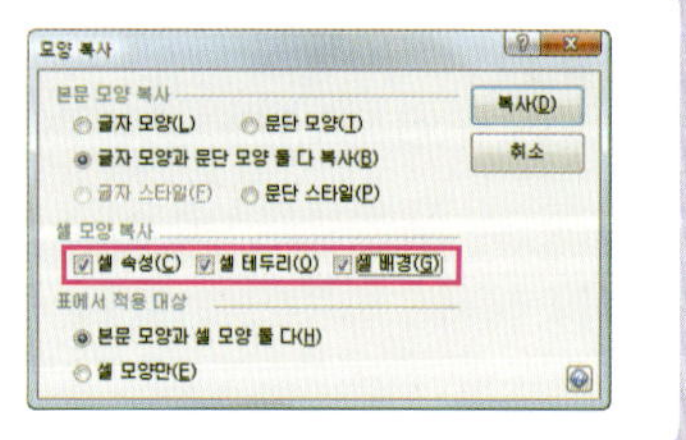

표에 캡션 달기

• 키워드 : 캡션 달기, 캡션 여백
• 예제 파일 : 시작 파일\사업계획서.hwp

표나 그림, 글상자 등의 개체에 붙이는 제목을 캡션(Caption)이라고 합니다. 여기서는 문서에 삽입한 표에 캡션을 붙이고 캡션의 위치와 표와의 간격을 조정하는 방법에 대해 살펴봅니다. 캡션을 이용하여 제목을 작성해 두면 표를 이동할 때 캡션도 함께 이동됩니다.

01 예제 파일을 열고 표 안으로 커서를 이동합니다. 그런 다음 [입력]-[캡션 달기] 메뉴를 선택합니다.

Note 단축키 Ctrl + N , C

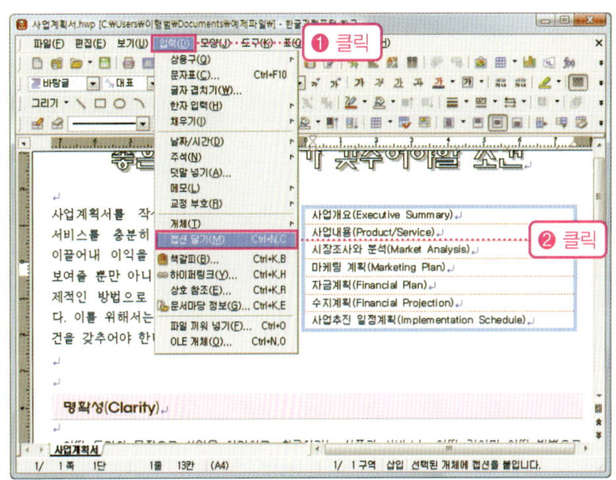

02 표 아래에 "표 번호" 형식으로 텍스트가 자동 입력됩니다. 여기에 추가적으로 내용을 입력할 수 있습니다.

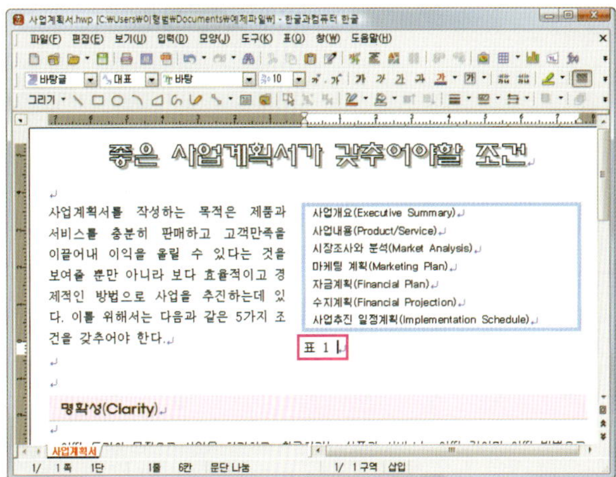

03 [Delete] 또는는 [Back Space]를 사용하여 표 번호를 지운 다음 "사업계획서의 구성"으로 캡션 내용을 입력합니다. 그런 다음 서식 도구 상자를 이용하여 글꼴과 크기, 오른쪽 정렬로 설정합니다.

[Note] 표 번호를 다시 넣으려면 캡션에서 마우스 오른쪽 버튼을 누르고 [번호 넣기] 메뉴를 선택합니다.

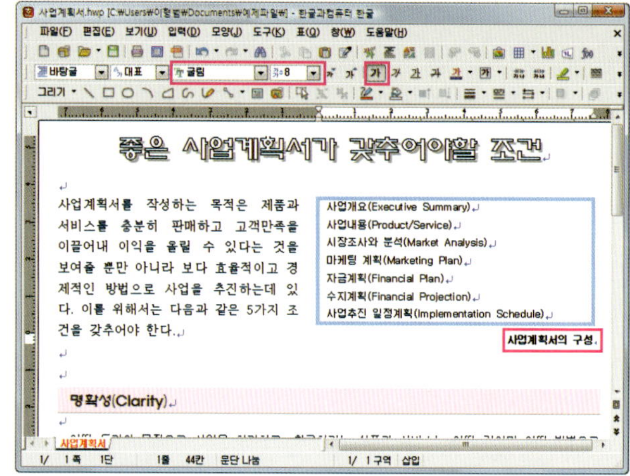

04 표 안에서 [편집]-[고치기] 메뉴를 선택하거나 단축키 [Ctrl]+[N], [K]를 누릅니다. [표/셀 속성] 대화상자의 [여백/캡션] 탭에서 캡션 위치를 "위"로 변경하고 개체와의 간격을 "1mm"로 지정한 다음 [설정] 버튼을 클릭합니다.

[Note] 캡션의 위치와 개체와의 간격은 표에 캡션을 붙이고 난 다음에만 설정할 수 있습니다. 개체와의 간격은 표와 캡션과의 간격으로 음수 값도 사용할 수 있습니다.

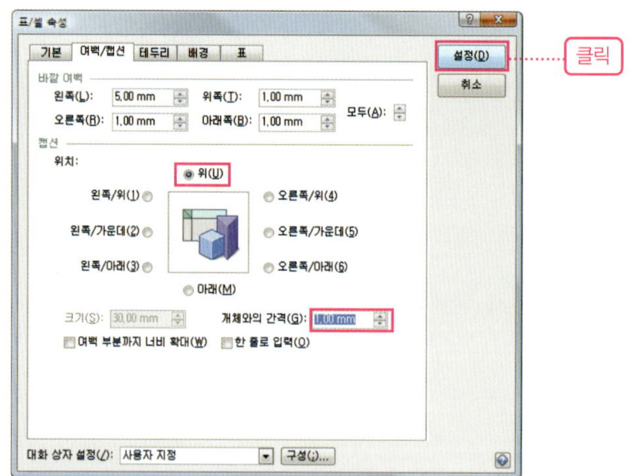

05 다음과 같이 캡션의 위치 및 표와의 간격이 변경됩니다.

[Note] 캡션이 있는 부분을 클릭한 다음 캡션 내용을 수정할 수 있습니다. 캡션 내용을 지우려면 캡션에서 마우스 오른쪽 버튼을 누른 다음 [캡션 지우기] 메뉴를 선택합니다. 만약에 [Delete]나 [Back Space]를 사용하여 캡션을 지우게 되면 내용은 지워지지만 캡션 영역은 그대로 남게 됩니다.

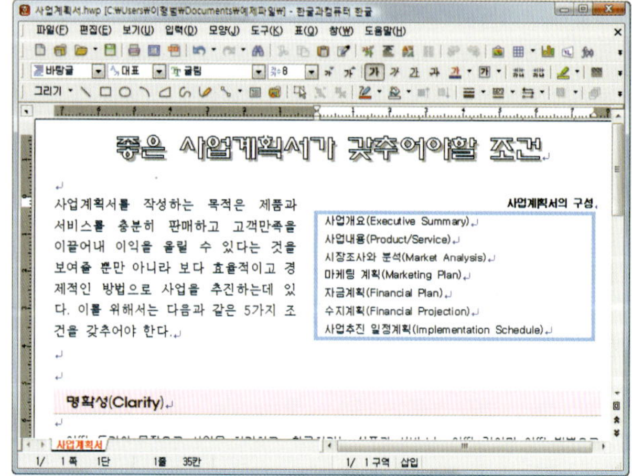

표 그리기와 표 지우개

마우스를 연필처럼 움직여 표를 만들 때 표 그리기 기능을 사용합니다. 표 그리기로 표에 줄이나 칸을 추가하고 대각선을 그리거나 선의 모양과 색 등을 쉽게 변경할 수 있습니다. 표에서 줄이나 칸을 지울 때는 표지우개를 사용합니다.

01 커서를 표 안으로 이동시킨 후 표 도구 상자에서 표 그리기(✎) 아이콘을 클릭합니다. 마우스 포인터가 연필 모양으로 변경되면 다음과 같이 원하는 부분에서 마우스 왼쪽 버튼을 누른 채 드래그하여 테두리를 그릴 수 있습니다.

> **Note** 표를 그리기 전에 셀 테두리 모양(⎯⎯⎯⎯), 셀 테두리 굵기(0.12 mm ⎯⎯), 셀 테두리 색(✐) 아이콘을 사용하여 그리려는 테두리 스타일을 먼저 설정할 수 있습니다.

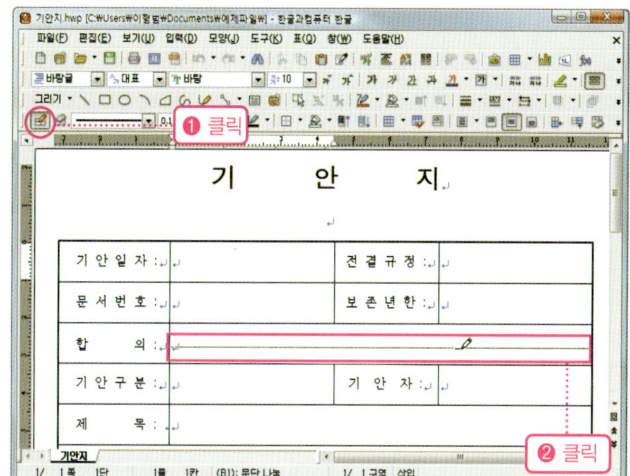

02 계속해서 마우스를 이용하여 다음과 같이 줄과 칸을 만듭니다.

> **Note** 기존 표에 줄과 칸을 그리는 것이 아니라 새로운 표를 작성하고자 할 때는 표 그리기(✎) 아이콘을 클릭한 다음 사각형 모양의 표 테두리를 먼저 그리고 줄과 칸을 그립니다.

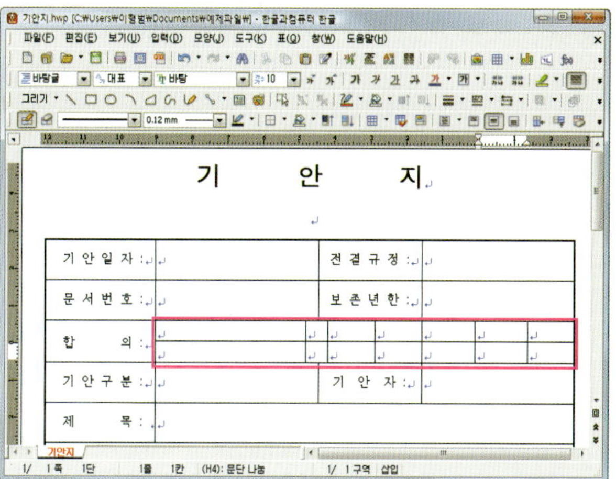

03 표 도구 상자에서 표 지우개(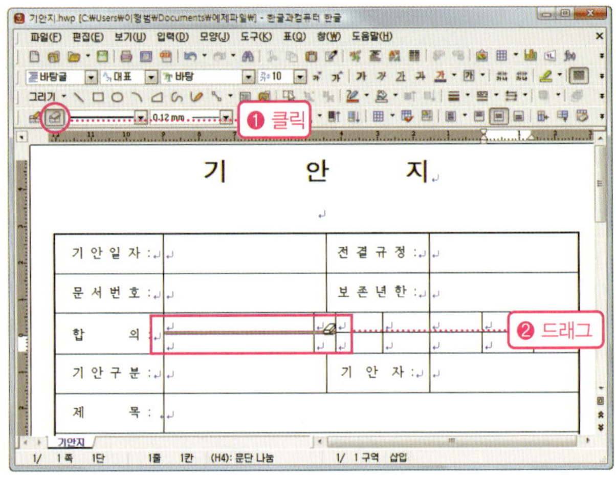) 아이콘을 클릭하면 마우스 포인터가 지우개 모양으로 바뀝니다. 이때 지우려는 선 위를 마우스 왼쪽 버튼을 누른 채 드래그합니다.

04 표 지우개로 드래그한 부분이 지워지고 인접한 셀과 현재 셀이 하나의 셀로 만들어집니다. Esc 를 눌러 표 지우개 선택을 해제한 후 다음과 같이 내용을 입력합니다.

Note 표의 테두리 부분을 표 지우개로 드래그하면 테두리가 투명 선으로 바뀝니다.

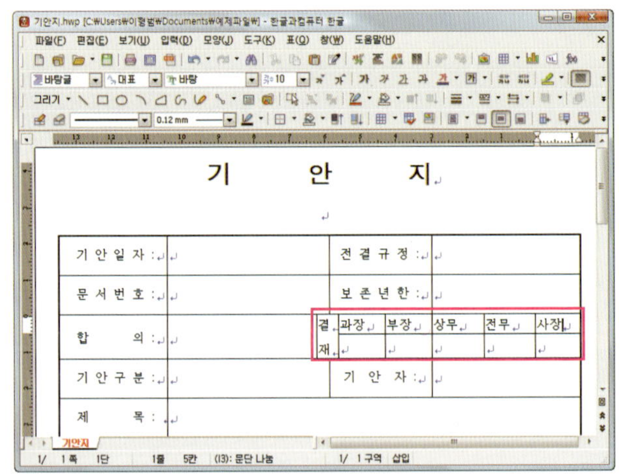

05 "과장"부터 "사장"이 입력된 부분과 다음 줄까지 드래그하여 블록으로 지정한 후 [표]-[셀 너비를 같게] 메뉴를 선택합니다.

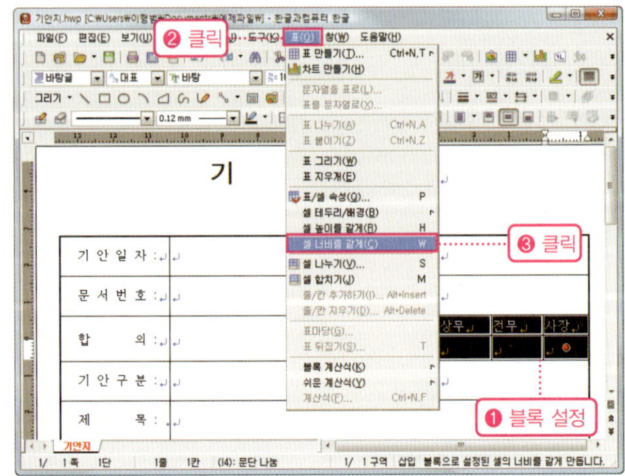

06 셀 너비가 일정하게 배분되었으면 결제 도장이 찍힐 부분을 클릭하고 [Ctrl]+[↓]를 7회 정도 눌러 높이를 조절합니다.

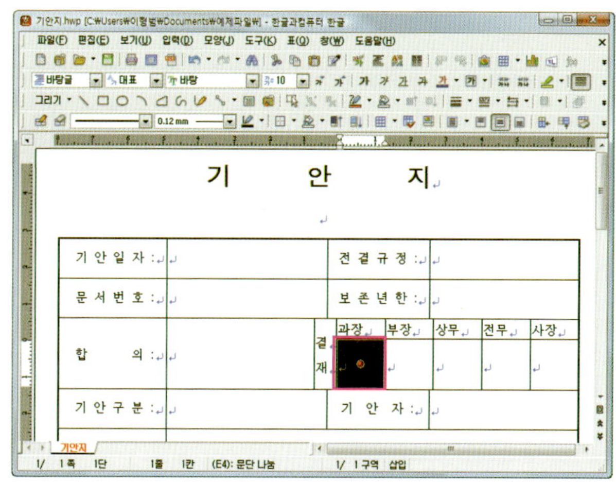

07 이번에는 선 모양을 투명하게 만들어 보겠습니다. 표 그리기(📝) 아이콘을 클릭한 다음 셀 테두리 모양(▭) 아이콘의 화살표를 누르고 [선 없음]을 선택합니다. 그런 다음 투명하게 그릴 부분을 마우스로 드래그합니다.

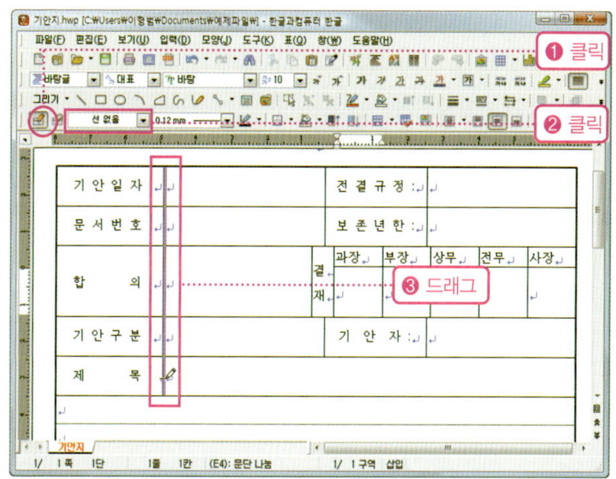

08 필요한 부분을 모두 마우스로 드래그하여 투명하게 만들어 다음과 같이 표를 완성합니다. 표 그리기가 모두 끝나면 [Esc]를 눌러 표 그리기 선택을 해제합니다.

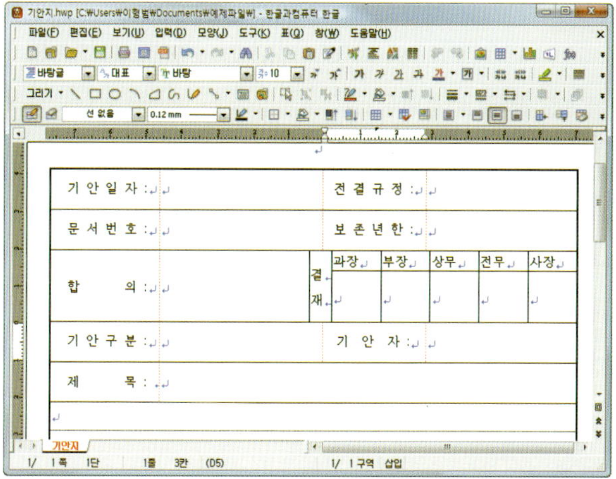

표 나누기와 표 붙이기

• 키워드 : 표 나누기, 표 붙이기
• 예제 파일 : 시작 파일\지불요청서.hwp

표 나누기는 하나의 표를 적당한 위치에서 두 개 이상으로 나누는 기능입니다. 하나의 표가 다음 쪽으로 넘어가는 경우 원하는 위치에서 표 나누기를 실행하여 다음 쪽으로 표를 넘길 수 있습니다. 표 붙이기는 두 개 이상의 표를 하나의 표로 합치는 기능입니다. 현재 표와 다음 표 사이에 빈칸과 문단 부호만 존재할 경우 두 개의 표를 하나로 합칠 수 있습니다.

01 예제 파일을 열고 커서를 7번째 줄로 이동합니다. 그런 다음 [표]-[표 나누기] 메뉴를 선택합니다.

[Note] 단축키 Ctrl + N , A

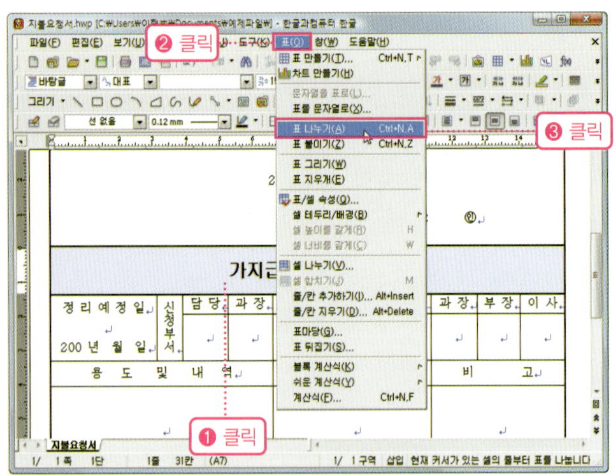

02 커서가 위치한 7번째 줄부터 다음 표로 나눕니다. 표를 두 개로 나누면 나눠진 표는 앞의 표 속성을 그대로 따라갑니다.

[Note] 표의 첫 번째 셀에서 표 나누기를 실행하면 표 나누기를 할 수 없다는 경고문이 나타납니다. 첫 번째 셀에서는 표를 나눌 수 없습니다.

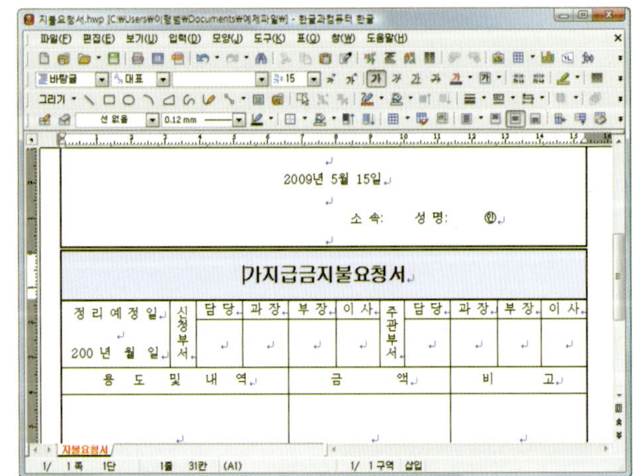

03 이번에는 나눠진 두 개의 표를 하나로 합쳐 보겠습니다. 앞에 있는 표 안으로 커서를 이동한 다음 [표]-[표 붙이기] 메뉴를 선택합니다.

Note 단축키 Ctrl + N , Z

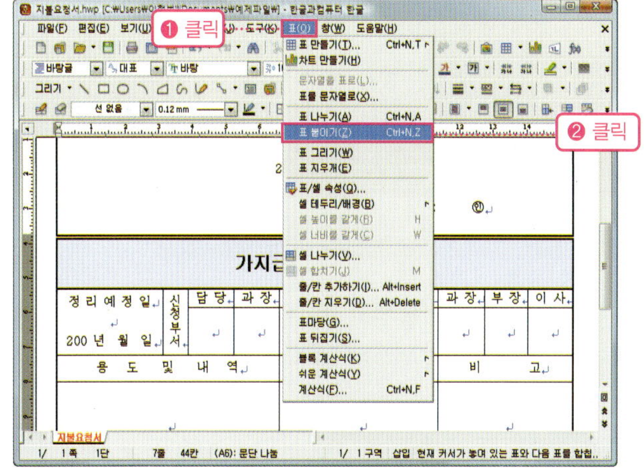

04 현재 표 다음에 있는 표가 현재 표의 뒤에 붙게 됩니다. 합쳐진 표의 너비는 두 개의 표 중에서 너비가 더 큰 표에 맞춰집니다.

Note 표와 표 사이에 글자나 그림, 글상자 등 표가 아닌 다른 내용이 있으면 표 붙이기를 실행할 수 없습니다. 표와 표 사이에 빈 칸이나 빈 줄이 있는 경우에만 표 붙이기를 할 수 있습니다.

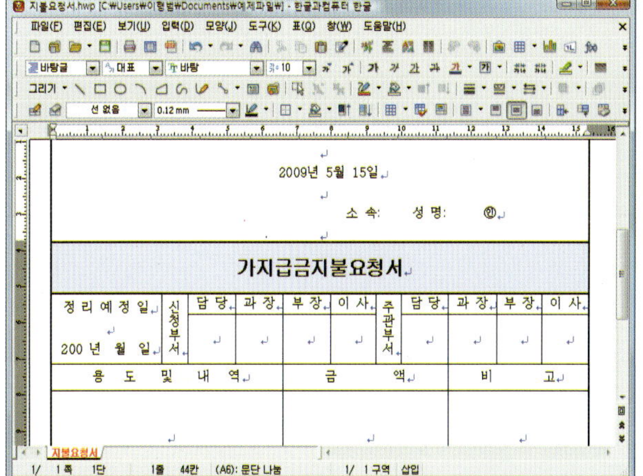

표와 문자열 서로 바꾸기

• 키워드 : 표를 문자열로, 문자열을 표로
• 예제 파일 : 시작 파일\제품판매내역.hwp

표를 이용하지 않고 [Tab]을 이용하거나 3칸 이상의 일정한 빈칸을 띄워 문서를 만든 경우 손쉽게 표로 전환할 수 있습니다. 반대로 표를 이용하여 만든 문서를 문자열로 변환하고자 할 때 분리 기호를 선택하여 전환할 수 있습니다.

01 문자열로 변환할 표 안으로 커서를 이동합니다. 그런 다음 [표]-[표를 문자열로] 메뉴를 선택합니다.

[Note] 표를 문자열로 만들 때 표 밖에서 표 전체를 블록으로 지정한 다음 명령을 실행해도 됩니다. 단, 표 안에서 표 전체를 셀 블록으로 설정했을 때는 표를 문자열로 명령을 실행할 수 없습니다.

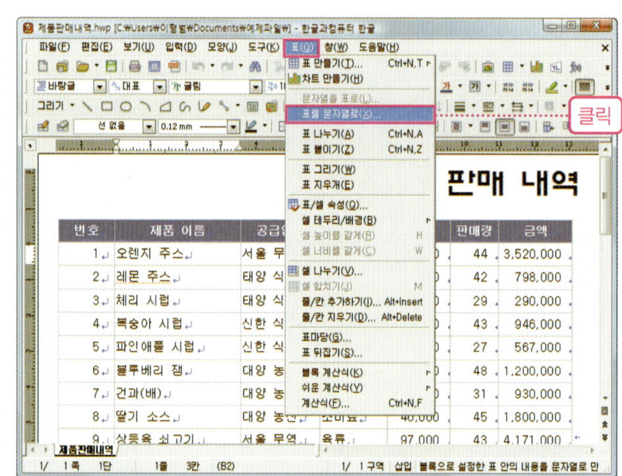

02 [표를 문자열로 만들기] 대화상자에서 분리 방법을 "탭"으로 지정한 다음 [설정] 버튼을 클릭합니다.

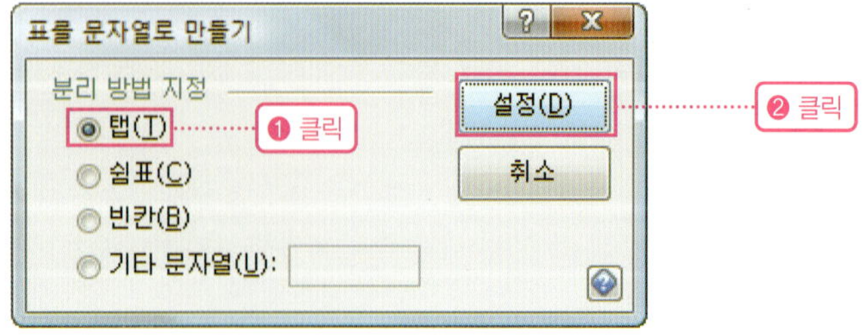

03 표의 틀이 사라지고 칸과 칸 사이가 [Tab]으로 구분됩니다. 표의 줄은 [Enter]로 구분되어 다음과 같이 문자열로 변환됩니다.

[Note] 표의 첫 번째 줄은 글자 색이 흰색으로 설정되어 있기 때문에 화면에 아무 것도 없는 것처럼 보입니다.

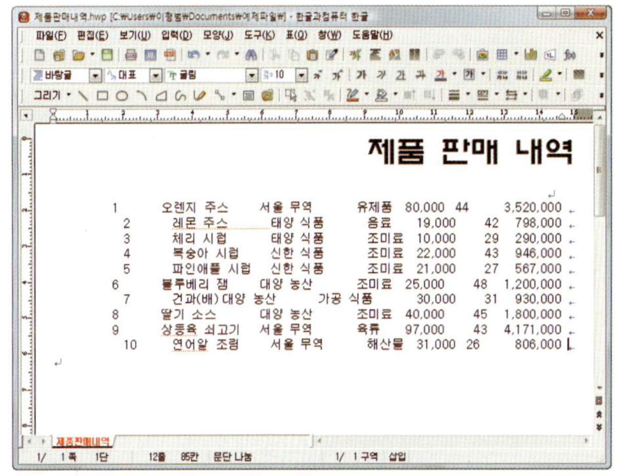

04 이번에는 문자열을 다시 표로 변환해 보겠습니다. 글자 색이 흰색으로 되어 있는 첫 번째 줄을 포함하여 마지막 줄까지 블록을 지정한 다음 [표]-[문자열을 표로] 메뉴를 선택합니다.

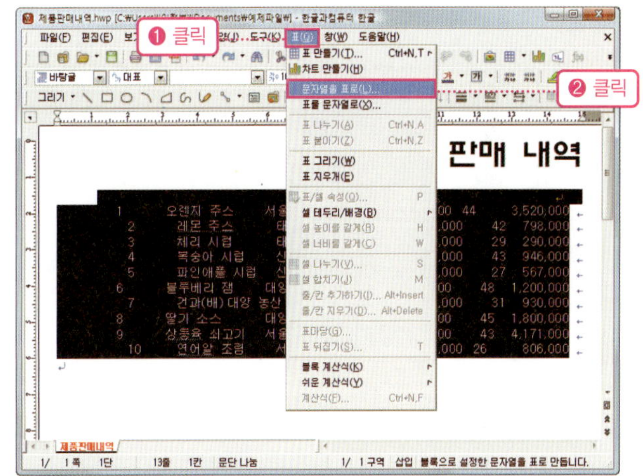

05 [문자열을 표로 만들기] 대화상자에서 각 필드가 탭으로 분리되었기 때문에 "분리 방법 지정" 옵션을 선택한 다음 분리 방법을 "탭"으로 지정합니다. 그런 다음 [설정] 버튼을 클릭합니다.

[Note] "자동으로 넣기" 옵션을 선택하면 낱말과 낱말 사이의 [Tab]이나 3칸 이상의 빈칸을 하나의 셀로 만들고 [Enter]는 줄로 만들어 줍니다.

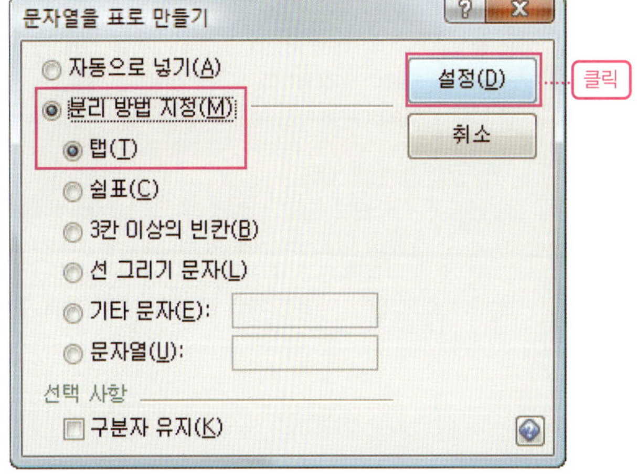

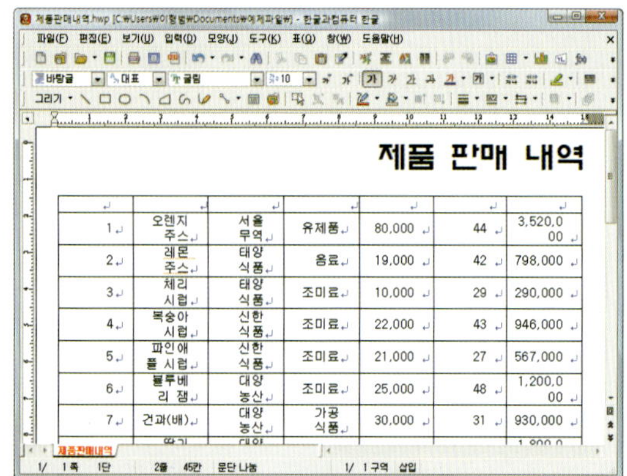

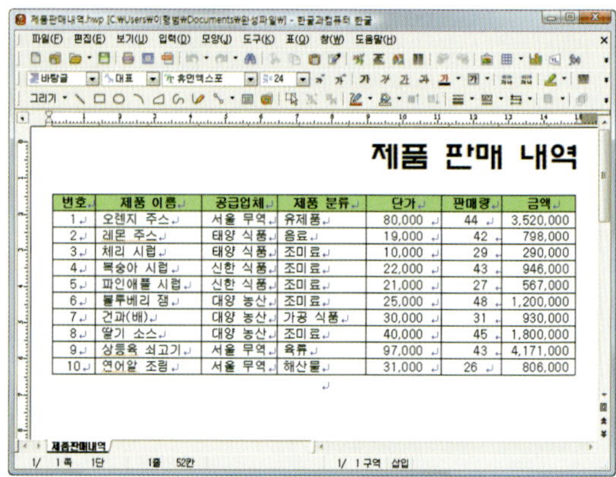

> **Note** 문자열을 표로 변환하면 표의 본문과의 배치 방법이 "자리차지"로 설정됩니다. 필요하면 표 안에서 Ctrl+N, K를 누르고 본문과의 배치 방법을 변경해야 합니다.

쌩초보 레벨업

셀 블록 지정하기

표 안에서 셀의 글자 모양이나 문단 모양을 바꿀 때, 테두리나 배경을 바꿀 때 등 셀을 편집하기 전에 원하는 셀들만 셀 블록으로 설정해야 합니다.

★ 마우스로 셀 블록 설정하기
- Ctrl을 누른 상태에서 특정 셀을 클릭하면 하나의 셀만 셀 블록으로 설정됩니다.
- 셀 블록을 시작할 셀에서 마우스 왼쪽 버튼을 누른 채 드래그하면 마우스가 지나간 셀이 모두 셀 블록으로 설정됩니다.
- 셀 블록을 시작할 셀에 커서를 놓고 Shift를 누른 채 셀 블록의 마지막 셀을 클릭하면 시작 셀부터 마지막 셀까지 사각형 모양의 셀 블록이 설정됩니다.
- 셀 블록을 설정한 다음 Ctrl을 누른 상태에서 다른 셀 블록을 지정하면 불연속적인 여러 개의 셀 블록을 설정할 수 있습니다.

★ 키보드로 셀 블록 지정하기
- 셀 안에 커서를 놓고 F5를 누르면 하나의 셀만 셀 블록으로 설정됩니다.
- F5를 두 번 누른 다음 화살표 방향키를 누르면 커서가 지나간 셀이 모두 셀 블록으로 설정됩니다.
- F5를 세 번 누르면 표 전체가 셀 블록으로 설정됩니다.
- F5를 누르고 F8을 누르면 가로 줄 전체가 셀 블록으로 설정되고, F5를 누르고 F7을 누르면 세로 줄 전체가 셀 블록으로 설정됩니다.

14

표마당 사용하기

표마당은 표의 테두리와 배경 등의 모양을 미리 만들어 놓은 것으로 제공된 표 서식에서 표의 모양을 선택하여 쉽고 빠르게 변경할 수 있습니다. 표를 만들기 전에 먼저 표마당에서 원하는 표 서식을 선택한 다음 표를 만들 수도 있습니다.

01 예제파일을 열고 표 안으로 커서를 이동합니다. 그런 다음 [표]-[표마당] 메뉴를 선택합니다. [표마당] 대화상자의 표마당 목록에서 "기본 모양 2"를 선택한 다음 [설정] 버튼을 클릭합니다.

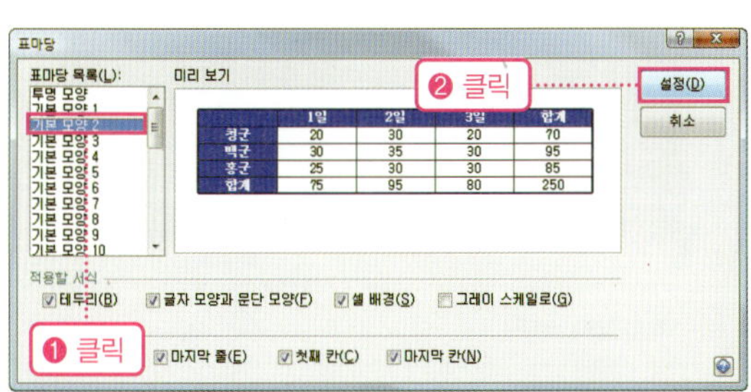

02 커서가 위치한 표의 모양이 표마당에서 선택한 서식으로 한 번에 변경됩니다.

Note 적용할 서식에서 테두리와 셀 배경, 글자 모양과 문단 모양을 선택한 서식으로 덮어쓸 것인지 여부를 지정합니다. 또 적용 대상에서 선택한 표 서식을 적용할 줄이나 칸을 선택할 수 있습니다. 선택하지 않은 항목은 원래 표 모양을 그대로 유지합니다.

표마당을 선택해서 표 만들기

이미 만들어진 표에 표마당을 적용하는 것이 아니라 표를 만들기 전에 표마당에서 원하는 표 서식을 선택하여 만들 수도 있습니다. [표]-[표 만들기] 메뉴를 선택한 다음 [표 만들기] 대화상자에서 [표마당] 버튼을 클릭하여 표 서식을 지정하면 됩니다.

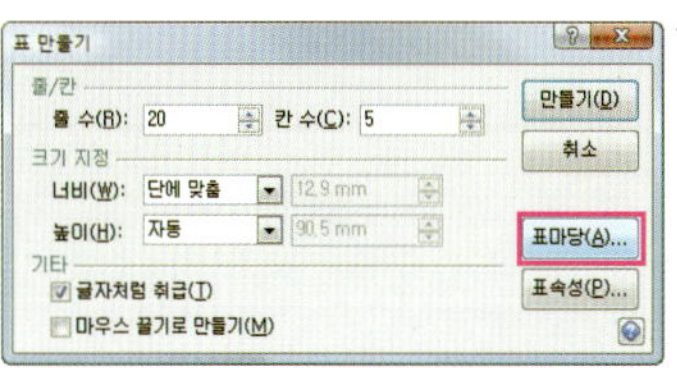

자동 채우기 사용하기

• **키워드** : 채우기, 표 자동 채우기, 자동 채우기 내용
• **예제 파일** : 시작 파일\자동채우기.hwp

표에서 셀 블록으로 지정한 일부 셀에 입력되어 있는 내용이 규칙적일 때 이 규칙을 사용하여 셀 블록으로 지정한 셀 전체에 자동으로 내용을 입력하는 기능입니다. 예를 들어 일련번호를 입력할 때 1과 2를 먼저 입력해둔 다음 셀 블록을 지정하고 자동 채우기를 실행하면 3, 4, 5, … 순서로 자동으로 셀에 번호를 채울 수 있습니다.

01 예제 파일을 열고 첫 번째 표에서 첫 번째 줄의 두 셀에 10과 20을 각각 입력하고 F5를 3번 눌러 표의 모든 셀을 블록으로 지정한 다음 [입력]-[채우기]-[표 자동 채우기] 메뉴를 선택합니다.

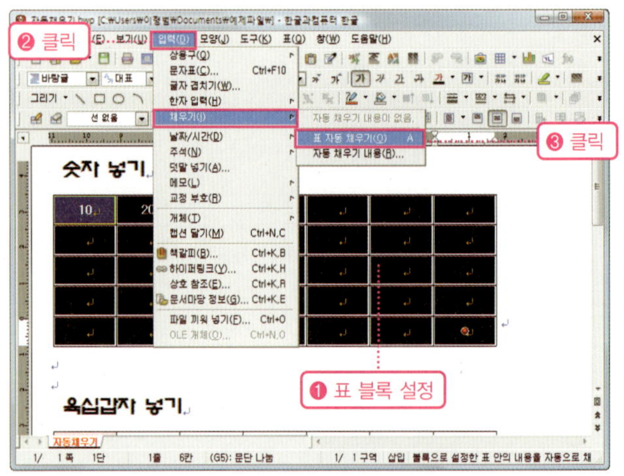

02 셀 블록으로 설정한 모든 셀에 다음과 같이 10, 20, 30, 40, 50, … 순서대로 숫자가 채워집니다.

Note 셀 블록의 줄과 칸의 개수가 서로 다르면 더 많은 개수의 줄이나 더 많은 개수의 칸을 기준으로 자동 채우기가 실행됩니다. 셀 블록의 줄과 칸의 개수가 같을 때는 줄부터 채웁니다.

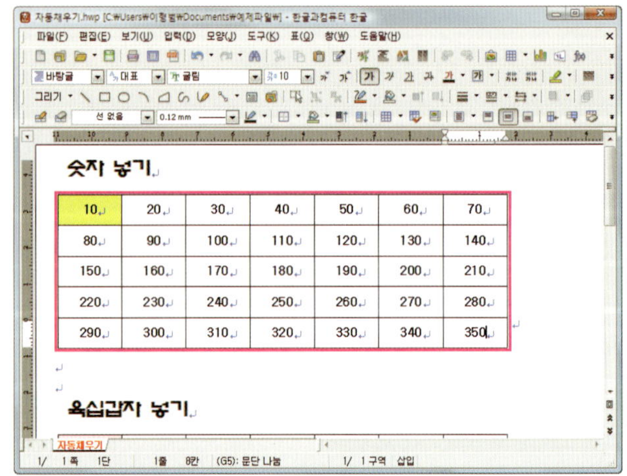

03 이번에는 두 번째 표에서 두 개의 셀에 각각 "갑자"와 "을축"을 입력합니다. 표의 모든 셀을 셀 블록으로 지정한 다음 [입력]-[채우기]-[표 자동 채우기] 메뉴를 선택합니다.

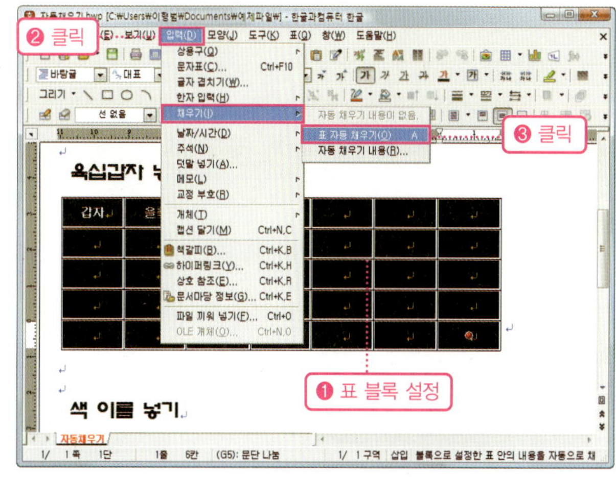

04 다음과 같이 셀 블록으로 지정된 모든 셀에 육십갑자가 차례대로 입력됩니다.

Note 입력 내용에서 규칙을 발견할 수 없으면 같은 내용으로 셀 블록 전체를 반복해서 채우게 됩니다. 숫자와 문자가 섞여 있는 경우 숫자에서 규칙이 발견되면 숫자만 규칙대로 채우고 나머지 문자는 똑같이 복사해서 채웁니다.

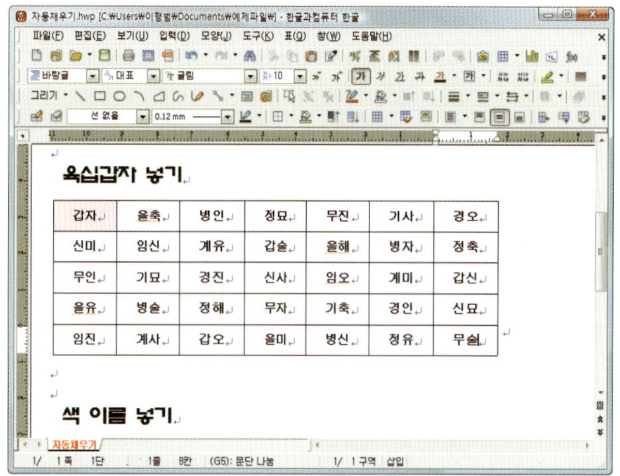

05 이번에는 사용자가 직접 자동 채우기 목록을 만든 다음 사용하는 과정을 살펴보겠습니다. [입력]-[채우기]-[자동 채우기 내용] 메뉴를 선택합니다.

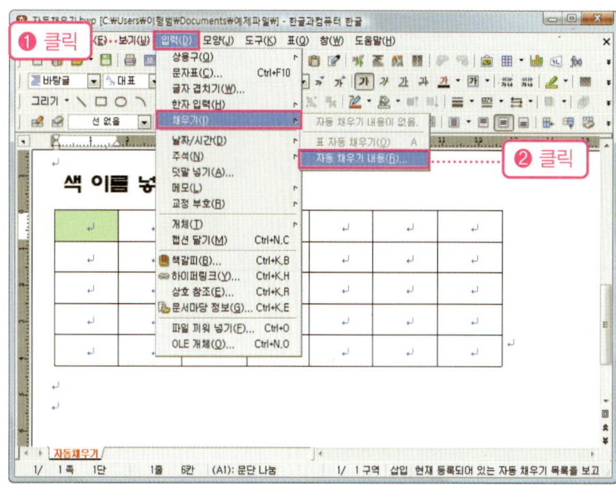

06 [자동 채우기 내용] 대화상자의 [기본] 탭에서 한 글 2007에서 기본적으로 제공하는 자동 채우기 목록을 확인할 수 있습니다. 이 목록은 수정하거 나 삭제할 수 없습니다.

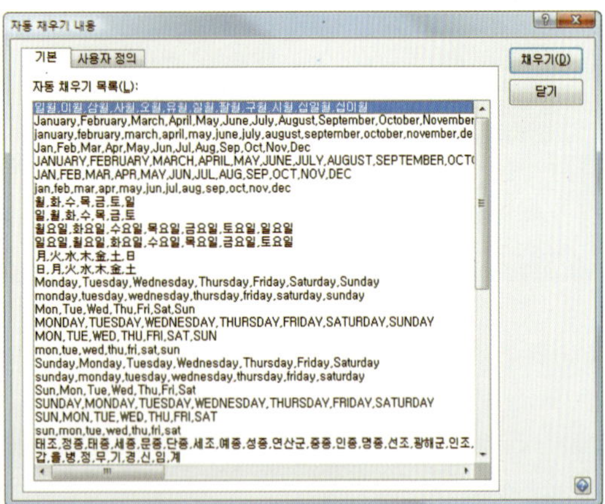

07 [사용자 정의] 탭으로 이동합니다. 여기에서 사용 자가 임의로 목록을 만들어 추가할 수 있습니다. 제목을 "무지개"로 입력하고 내용 입력란에는 각 줄마다 다음과 같이 입력한 후 [추가] 버튼을 클 릭합니다.

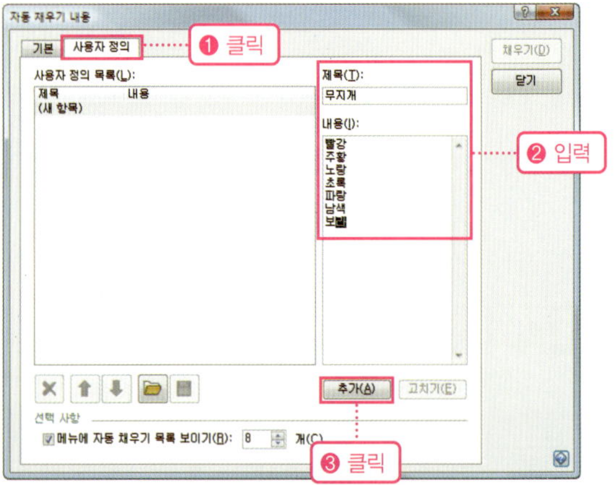

Note 항목과 항목의 구분은 Enter 로 해야 하고, 마지막 항목을 입력한 다음에는 Enter 를 누르지 않아야 합니다.

08 [추가] 버튼을 클릭하면 다음과 같이 사용자 정의 목록에 추가됩니다. [닫기] 버튼을 클릭하여 [자 동 채우기 내용] 대화상자를 닫습니다.

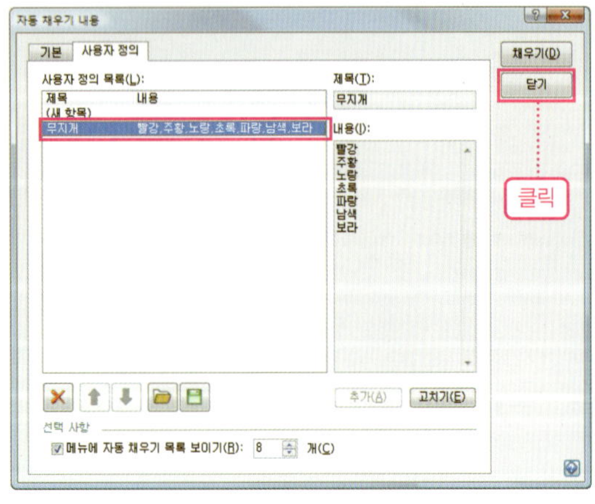

09 이제 사용자가 만든 자동 채우기 목록을 사용해 보겠습니다. 세 번째 표에서 F5 를 3회 눌러 표 전체를 블록으로 설정하고 [입력]-[채우기]로 이 동하여 사용자가 정의한 목록을 클릭합니다.

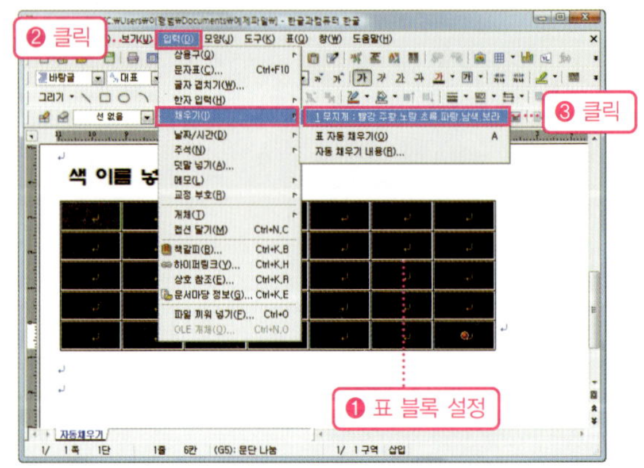

Note 자동 채우기 사용자 정의 목록에서 특정 목록을 선택한 후 고치기(E) 버튼을 클릭하고 목록에 있는 항목을 수정할 수 있습니다. 또 자동 채우기 목록 지우기 (✖) 버튼을 클릭해서 선택한 목록을 삭제할 수 있습니다.

10 셀 블록으로 지정한 모든 셀에 다음과 같이 사용자가 정의한 자동 채우기 목록의 내용이 입력됩니다.

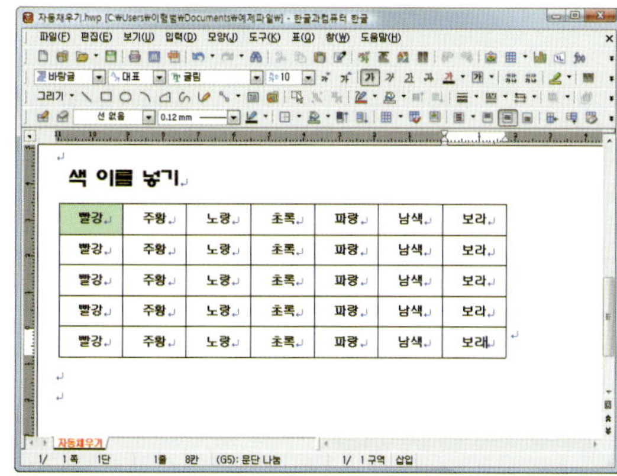

11 Ctrl+Z를 눌러 바로 이전에 실행했던 명령을 취소합니다. 그리고 다음과 같이 "빨강"과 "주황"을 차례로 입력한 다음 표의 모든 셀을 블록으로 지정합니다. 그런 다음 [입력]-[채우기]-[표 자동 채우기] 메뉴를 선택합니다.

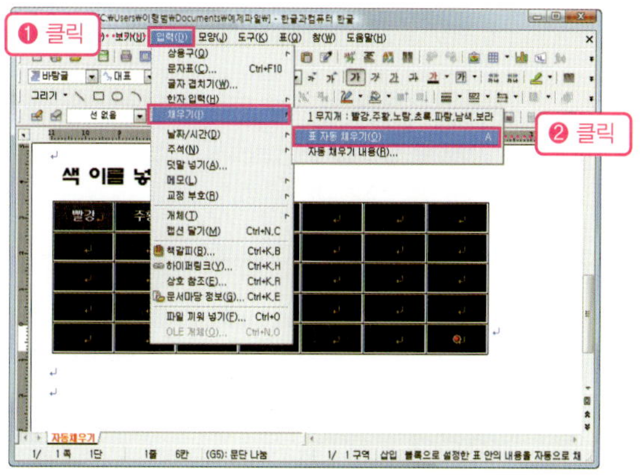

12 다음과 같이 사용자가 정의한 자동 채우기 목록의 내용이 입력됩니다.

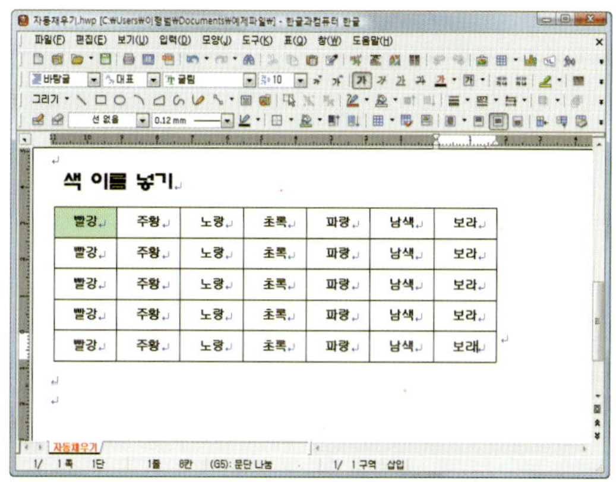

쌩초보 레벨 업

표 뒤집기

표 뒤집기 기능은 선택한 표를 줄이나 칸을 기준으로 뒤집거나 90도씩 회전하는 기능입니다. 표 안에 커서를 두고 [표]-[표 뒤집기] 메뉴를 선택한 다음 [표 뒤집기] 대화상자에서 뒤집기 방식을 선택하고 [뒤집기] 버튼을 클릭하면 표가 뒤집어 집니다. "여백 뒤집기"를 선택하면 표를 뒤집을 때 표의 안쪽 여백도 함께 뒤집어 줍니다.

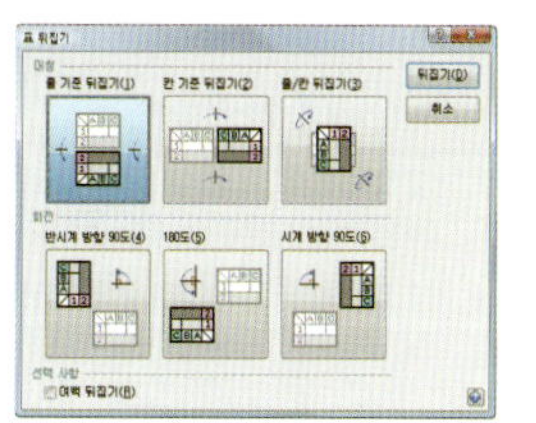

6

크기 순서대로 정렬하기

- 키워드 : 정렬, 정렬 형식
- 예제 파일 : 시작 파일\매출내역.hwp

문서의 내용을 크기 순서나 역순으로 재배열할 때 사용하는 기능입니다. 문서의 내용을 주소록이나 전화번호 혹은 거주지나 나이별로 정돈할 수 있습니다. 정렬이 되는 단위는 문단이며 특정 필드를 기준으로 정돈할 수 있습니다.

01 정렬할 부분을 블록으로 설정한 후 [도구]–[정렬]을 선택합니다. 여기에서는 매출내역 전체를 범위로 지정하였습니다.

Note 정렬할 부분을 블록으로 설정한 후 [도구]–[정렬]을 선택합니다. 여기에서는 매출내역 전체를 범위로 지정하였습니다.

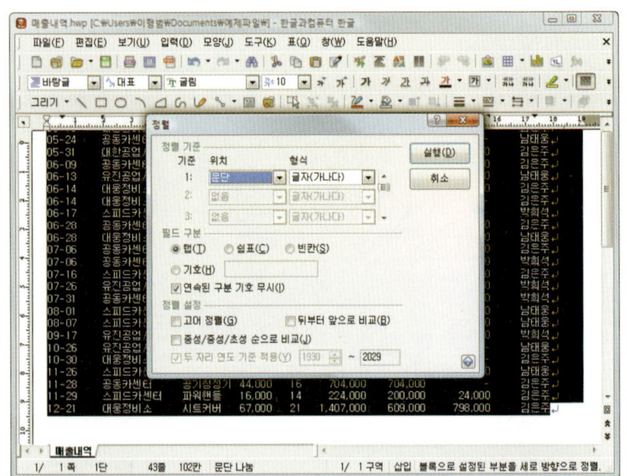

쌩초보 레벨업

정렬 형식

★ **글자 형식** : 한글이나 영문 등 보통의 문자열을 가나다 순서나 abc 순서 등으로 정해진 위치에 따라 첫 글자부터 차례로 비교하여 정렬합니다.

★ **숫자 형식** : 정해진 위치에 있는 내용을 숫자로 인식하여 값의 크기에 따라 정렬합니다. 예를 들어 "10, 2, 1, 20"을 [글자] 형식으로 정렬하면 "1, 10, 2, 20"으로 정렬되지만 [숫자] 형식으로 정렬하면 "1, 2, 10, 20"으로 정렬합니다.

★ **날짜 형식** : 날짜 입력 형식에 맞게 입력된 날짜에 대하여 년, 월, 일을 인식하여 정렬합니다.

★ **코드 형식** : 한글이나 한자, 영문 대소문자 등을 사전식 발음 순서로 정렬하지 않고 유니코드의 코스 순서로 정렬합니다.

02 첫 번째 기준 위치는 [문단]으로 형식은 [글자(하파타)]로 설정합니다. [실행] 버튼을 클릭합니다.

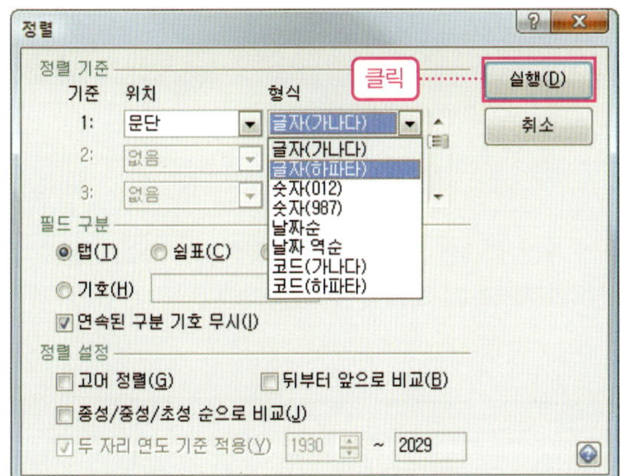

03 다음과 같이 첫 번째 문단의 글자를 기준으로 내림차순 정렬합니다.

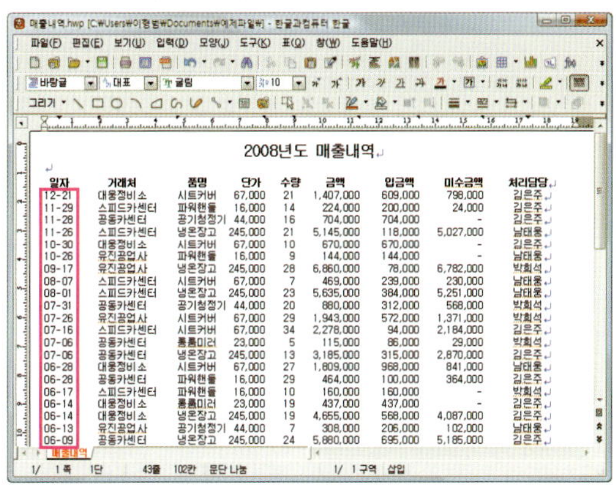

04 "품명"을 기준으로 정렬하되 "품명"이 같을 경우 "수량"이 많은 순으로 정렬해 봅니다. 정렬할 부분을 블록으로 설정한 후 [도구]-[정렬]을 선택하여 첫 번째 기준 위치를 [필드3]으로 선택합니다.

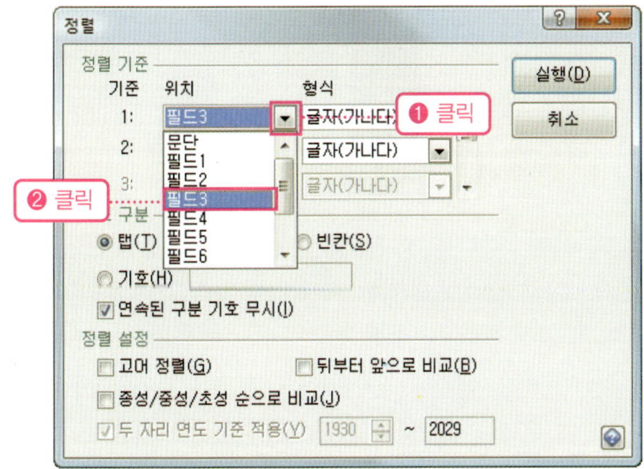

Note "품명"이 세 번째 입력되었기 때문에 [필드3]이 지정됩니다.

05 두 번째 기준 위치를 [필드5]로 선택하고 형식을 [숫자(987)]로 선택한 후 [실행] 버튼을 클릭합니다.

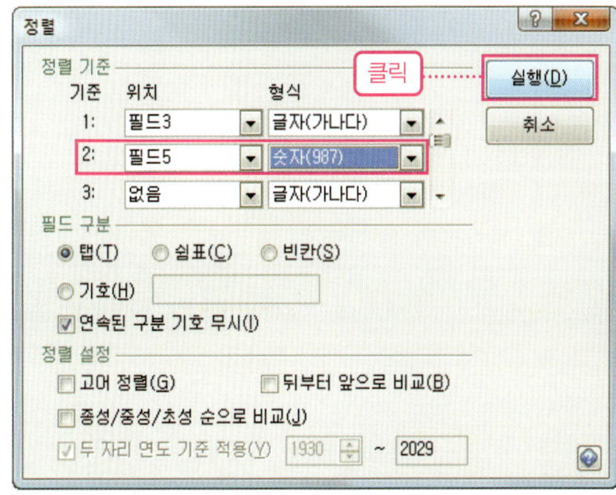

Note 필드 구분은 이미 탭으로 되어 있기 때문에 선택하지 않아도 됩니다. 그러나 다른 기호로 필드가 구분되어 있을 경우 필요한 항목으로 선택해야 합니다.

7

블록 계산식 사용하기

- **키워드** : 블록 계산식, 블록 합계
- **예제 파일** : 시작 파일\월급 계산서(부서별).hwp

표 안에서 셀 블록을 설정하여 블록 합계, 블록 평균, 블록 곱 등의 계산 결과를 마지막 셀에 구합니다. 따라서 합계나 평균 등이 필요한 성적표, 가계부 등과 같이 값을 입력한 후 한 번에 계산하고자 할 때 사용할 수 있습니다.

01

부서별 기본급 합계를 구하기 위해 다음과 같이 셀 블록을 설정한 후 [표]-[블록 계산식]-[블록 합계]를 선택하거나 단축키 Ctrl + Shift + S 를 누릅니다. 다음과 같이 셀 블록이 설정된 합이 구해집니다.

> **Note** 한글 2007에서는 마지막에 선택된 셀에 빨강색 점이 표시됩니다. 반드시 계산 결과가 구해질 셀에 셀 블록의 마지막 점이 위치해야 합니다.

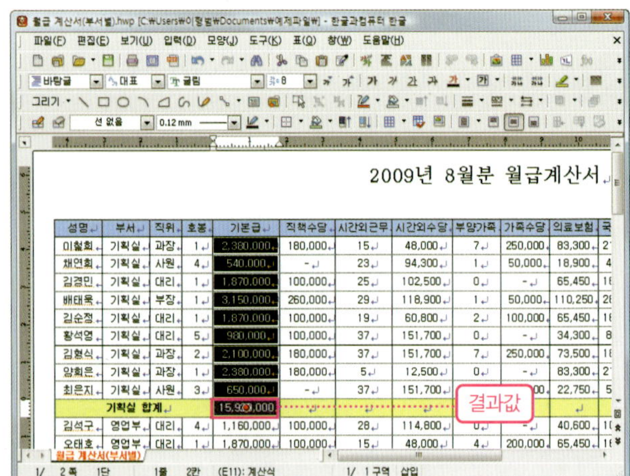

계산식이 입력된 곳의 표시

★ 셀 블록을 해제한 후 결과 값이 계산된 곳으로 커서를 이동해 보면 5,920,000 와 같이 표시됩니다. 상태 표시줄에는 여기에 해당하는 계산식 "=SUM(?2:?10)"이 표시됩니다.

★ "=SUM(?2:?10)" : 계산식은 가로로는 A, B, C, D... 의 순서로 정해지고 세로로는 1, 2, 3, 4... 와 같은 순서로 정해집니다. 따라서 (?2:?10)은 가로로 임의 문자가 대치되고 세로로는 2행부터 10행까지 정해져 있으므로 계산식을 같은 행의 다른 셀로 복사해도 올바른 결과를 얻을 수 있습니다.

02 계산이 완료된 셀을 블록으로 설정하여 Ctrl+C를 눌러 블록 복사합니다. 커서를 같은 행의 "직책수당" 합계가 들어갈 곳으로 이동한 후 Ctrl+V를 눌러 붙이기를 실행합니다.

Note 계산식을 복사할 때는 누름틀을 포함해서 복사해야 합니다. 누름틀 안에 있는 값만 복사하면 텍스트만 복사되므로 원하는 결과를 얻을 수 없습니다.

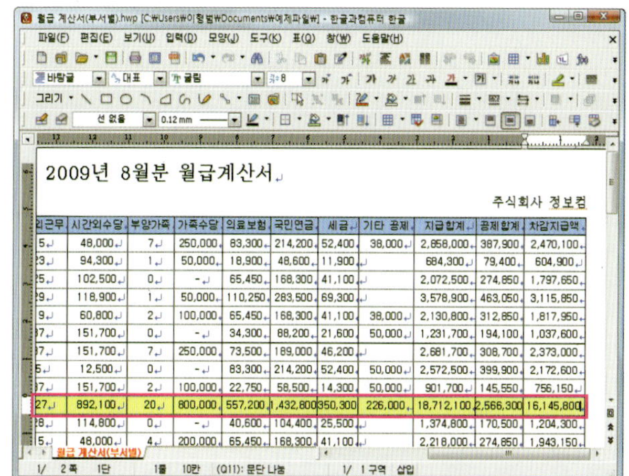

03 같은 방법으로 Ctrl+V를 눌러 11행에 다음과 같이 계산식을 붙여 합계를 구합니다.

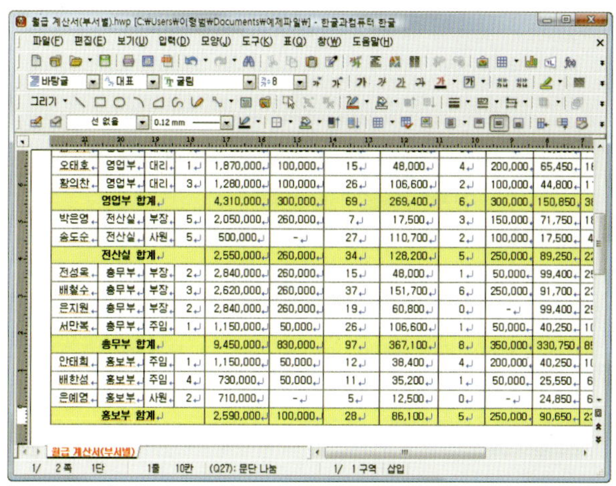

04 영업부, 전산실, 총무부, 홍보부의 합계도 셀 블록을 설정하여 합계를 구합니다.

쉬운 계산식 사용하기

• 키워드 : 쉬운 계산식, 세로 합계
• 예제 파일 : 시작 파일\월급 계산서(8월분).hwp

커서가 있는 셀을 기준으로 가로 합계, 세로 합계, 가로 평균, 세로 평균, 가로 곱, 세로 곱 등을 계산합니다. 가로나 세로 전체를 대상으로 하기 때문에 셀 블록을 설정할 필요가 없습니다.

01 합계가 구해질 셀로 이동한 후 [표]-[쉬운 계산식]-[세로 합계]를 선택하거나 Ctrl + Shift + V 를 누릅니다.

Note 계산식을 입력할 때는 "="나 "@"을 입력하고 난 후 함수나 식을 입력합니다.

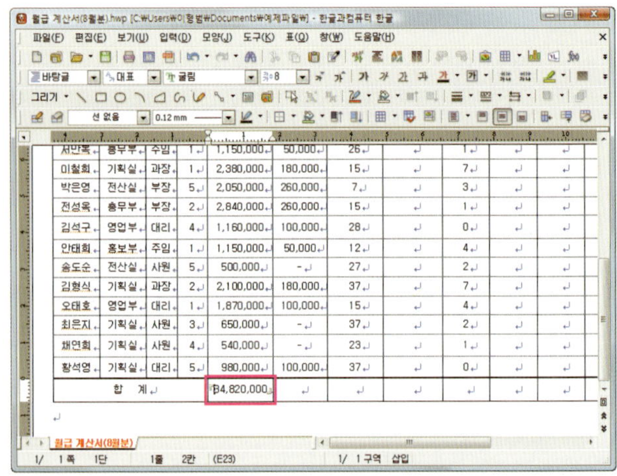

02 직책 수당의 합계를 구하기 위해 기본급 합계가 구해진 셀에서 F5 를 한 번 눌러 셀 블록을 설정한 후 Ctrl + C 를 눌러 복사합니다. 직책 수당 합계가 구해질 셀로 이동한 후 Ctrl + V 를 누릅니다. [셀 붙이기] 대화상자가 나타나면 [덮어 쓰기]를 선택하고 [붙이기] 버튼을 클릭합니다. 기타 공제 합계도 같은 방법으로 붙여 넣기하여 합계를 구합니다.

Note [셀 붙이기] 대화상자에서 복사된 셀이 붙게 될 방향을 선택합니다. [덮어 쓰기]를 선택하면 현재 셀 내용을 지우고 복사된 셀 내용으로 덮어 씁니다.

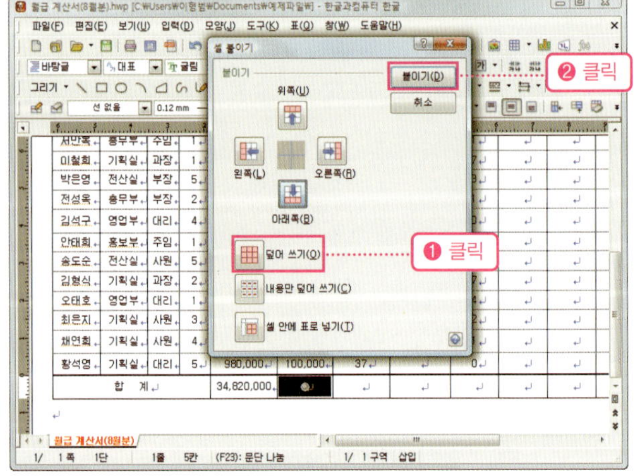

직접 계산식 만들어 넣기

한글 2007에서 제공하는 함수와 사용자가 수식을 직접 작성하여 원하는 값을 얻을 수 있습니다. 사칙연산을 포함하여 합계, 평균 등의 함수와 범위 지정자로 구성된 계산식을 작성합니다.

01 이전 섹션에서 사용하던 예제 파일을 이용합니다. 커서를 시간 외 수당의 첫 번째 칸으로 이동한 후 [표]-[계산식]을 선택하거나 단축키 [Ctrl]+[N], [F]를 누릅니다.

[Note] 시간 외 수당을 구해보겠습니다.

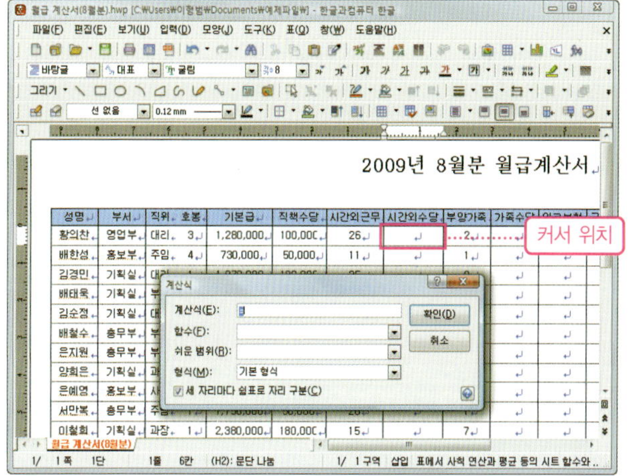

02 계산식에 [=4500*g?]를 입력하고 [확인] 버튼을 클릭합니다. 'g' 열에는 "시간외근무" 시간이 입력되어 있고 시간 당 "4,500"원씩 계산한 것입니다.

[Note] 계산식을 입력할 때는 "="나 "@"을 입력하고 난 후 함수나 식을 입력합니다.

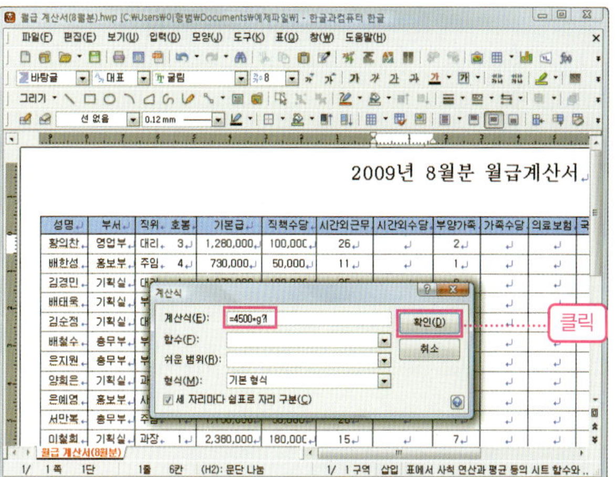

03 다음과 같이 "시간외근무" 수당이 구해집니다. 가족 수당이 구해질 셀로 커서를 이동하여 [표]−[계산식] 메뉴를 선택합니다. 계산식 입력란에 [=50000*i?]를 입력하여 1인당 5만원씩 부양가족 수로 구합니다.

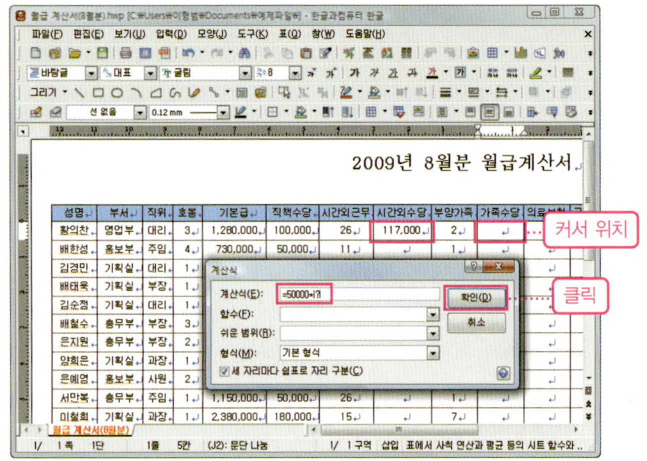

04 의료 보험, 국민 연금, 세금 등은 다음과 같은 계산식을 적용하여 구합니다.

- 의료 보험 : =e?*0.0254
- 국민 연금 : =e?*0.045
- 세금 : =e?*0.022

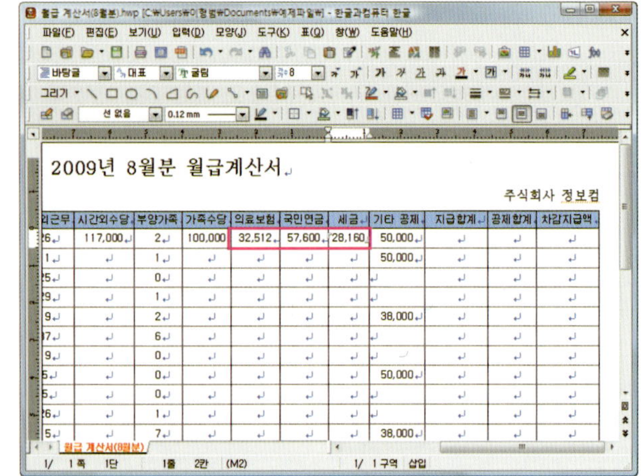

함수 목록과 쉬운 범위

★ **함수** : 한글 2007에서 제공하는 함수를 나열합니다. 원하는 함수를 선택하면 계산식에 자동으로 입력됩니다.
★ **쉬운 범위** : 현재 셀을 기준으로 왼쪽, 오른쪽, 위쪽, 아래쪽 범위를 정합니다.
★ **형식** : 계산된 결과를 어떤 형식으로 나타낼 것인지 결정합니다. 정수형, 소수점이하 자릿수를 선택하여 지정할 수 있습니다.

05 지급 합계는 [=SUM(e?:f?,h?,j?)]와 같은 계산식으로 구합니다. 즉, "E"열부터 "F"열까지의 합과 "H"열과 "J"열의 합을 구합니다.

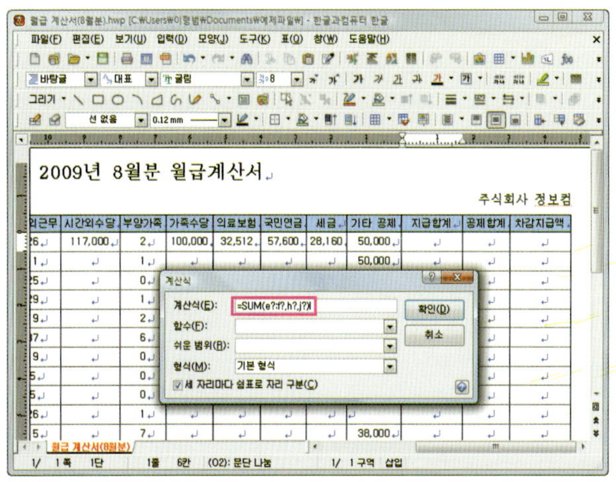

06 공제 합계는 K열부터 M열까지이므로 다음과 같은 계산식을 적용합니다. [표]-[계산식] 메뉴를 선택하여 [함수] 목록에서 [SUM(.)]을 선택합니다. 계산식 입력란에 선택한 함수가 자동으로 입력됩니다. 계산될 범위 [k?:m?]를 입력하고 [확인] 버튼을 클릭합니다.

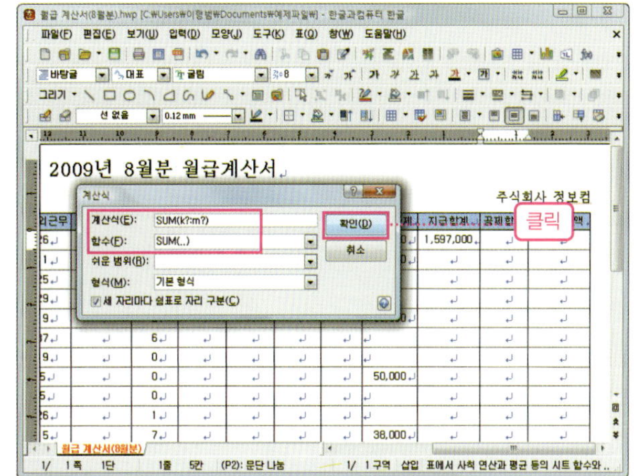

07 차감 지급액을 구하려면 [표]-[계산식] 메뉴를 선택하여 계산식 입력란에 [=o?-p?]를 입력하고 [확인] 버튼을 클릭합니다. 한 사람에 대한 월급을 계산했습니다.

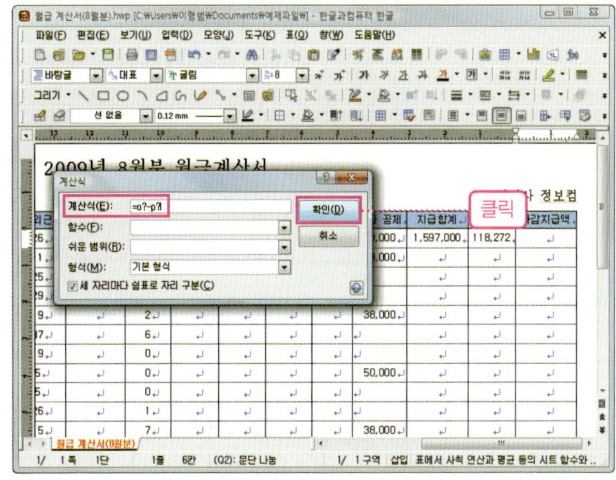

08 나머지 사원에 대해서는 계산식을 복사하여 붙여 넣는 방법으로 작업을 완성할 수 있습니다. 다음과 같이 "시간외수당"의 계산식을 블록으로 지정한 후 Ctrl + C 를 누릅니다.

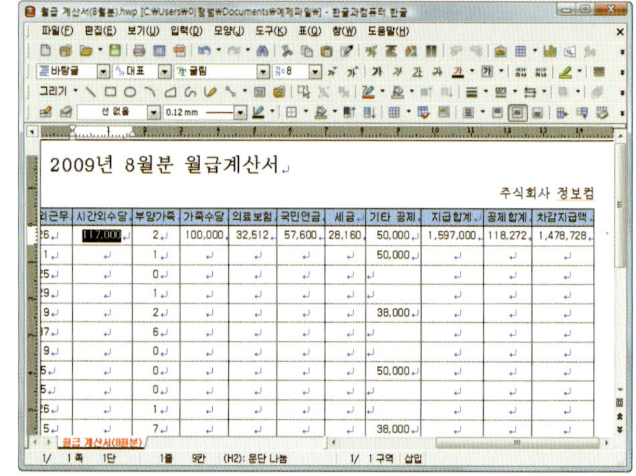

09 "시간외수당"의 계산식을 붙여 넣을 셀을 드래그하여 블록으로 모두 지정한 후 Ctrl + V 를 눌러 붙여 넣습니다.

Note 블록으로 지정된 셀은 붙여 넣기가 실행되면 자동으로 해제됩니다.

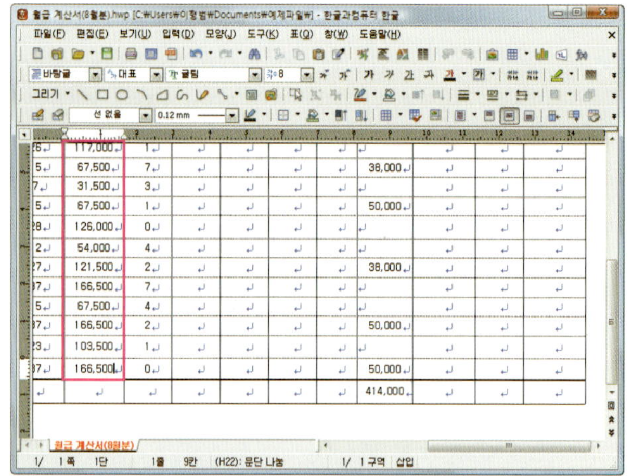

10 이와 같은 방법으로 다른 항목도 계산식을 복사하여 붙여 넣기를 통해 월급 계산서를 완성합니다.

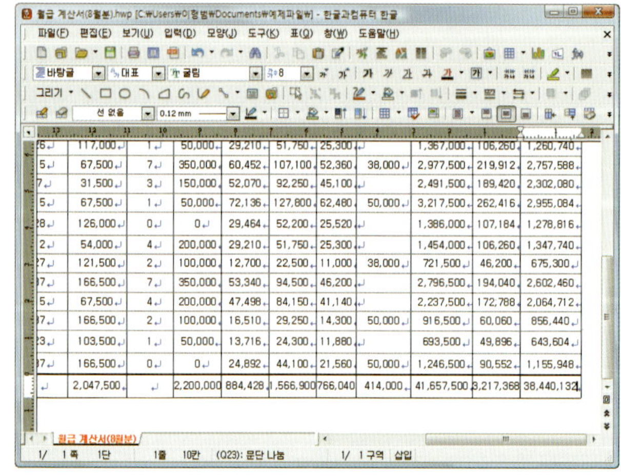

계산식에 필요한 정보

★ **셀 번호 :** 커서를 셀과 셀 사이로 이동하면 상황선에 셀 주소를 표시합니다. 셀 주소는 표에서 계산식을 만들 때 사용됩니다.

A1	A2	A3	A4	A5
B1	B2	B3	B4	B5
C1	C2	C3	C4	C5
D1	D2	D3	D4	D5
E1	E2	E3	E4	E5

★ 함수 다음에 계산될 셀을 입력할 때는 소괄호 안에 셀 이름을 입력해야 합니다. 소괄호 안의 셀 이름과 셀 이름 사이에는 쉼표(,), 콜론(:)으로 구분하며 쉼표는 떨어져 있는 셀을 입력할 때 구분하는 기호이고, 콜론은 연속된 셀을 입력할 때 구분하는 기호입니다.
(예) A1셀부터 E1셀의 합 : =SUM(A1:E1)   A1, B2, A4, D5 셀의 합 : =SUM(A1, B2, A4, D5)

★ 계산식이 입력된 셀 값이 수정되면 그 결과가 자동으로 반영됩니다. 그러나 계산 결과를 임의로 수정한 경우 셀의 내용을 수정하거나 계산식을 다시 고치기 전까지는 재계산을 하지 않습니다.

★ 한글 2007의 시트 함수

함수	설명	함수	설명
SUM	지정한 범위의 셀들에 대한 합을 계산합니다.	AVERAGE (=AVG)	지정한 범위의 셀들에 대한 평균을 계산합니다.
PRODUCT	지정한 범위의 셀들에 대한 곱을 계산합니다.	MIN	지정한 범위의 셀들에 대한 최소 값을 계산합니다.
MAX	지정한 범위의 셀들에 대한 최대 값을 계산합니다.	COUNT	지정한 범위의 셀들에 대해 공백이 아닌 셀의 수를 헤아립니다.
COS	하나의 셀에 대한 코사인 값을 계산합니다.	SIN	하나의 셀에 대한 사인 값을 계산합니다.
TAN	하나의 셀에 대한 탄젠트 값을 계산합니다.	ACOS	하나의 셀에 대한 아크 코사인 값을 계산합니다.
ASIN	하나의 셀에 대한 아크 사인 값을 계산합니다.	ATAN	하나의 셀에 대한 아크 탄젠트 값을 계산합니다.
ABS	하나의 셀에 대한 절대 값을 계산합니다.	EXP	하나의 셀에 대한 e의 거듭제곱 값을 계산합니다.
LOG	하나의 셀에 대한 자연로그 값(밑이 e인 로그)을 계산합니다.	LOG10	하나의 셀에 대한 상용로그 값(밑이 10인 로그)을 계산합니다.
SQRT	하나의 셀에 대한 양의 제곱근을 계산합니다.	RADIAN	도(일반각)를 라디안(호도법)으로 계산합니다.
SIGN	하나의 셀에 대하여 양수 값이면 1, 0이면 0, 음수 값이면 −1로 계산합니다.	FLOOR	하나의 셀에 대하여 작거나 같은 최대 정수를 계산합니다.
CEILING	하나의 셀에 대하여 크거나 같은 최소 정수를 계산합니다.	INT	하나의 셀에 대하여 소수점을 무시하고 정수 값만 계산합니다.
ROUND	하나의 셀에 대하여 지정한 자릿수에서 반올림합니다.	MOD	두 개의 셀에 대한 나눗셈의 나머지를 계산합니다.

차트 만들기

• 키워드 : 차트 만들기, 차트와 표의 연동
• 예제 파일 : 시작 파일\분기별 매출 현황.hwp

차트는 자료의 변화를 알아보기 쉽게 표를 그래프 형식으로 제공하는 기능입니다. 차트를 작성하기 위해서는 기본적으로 표를 먼저 작성하고 표 전체나 표의 일부분을 블록으로 설정하여 차트를 만들 수 있습니다.

01 차트로 만들 셀을 다음과 같이 셀 블록으로 설정합니다.

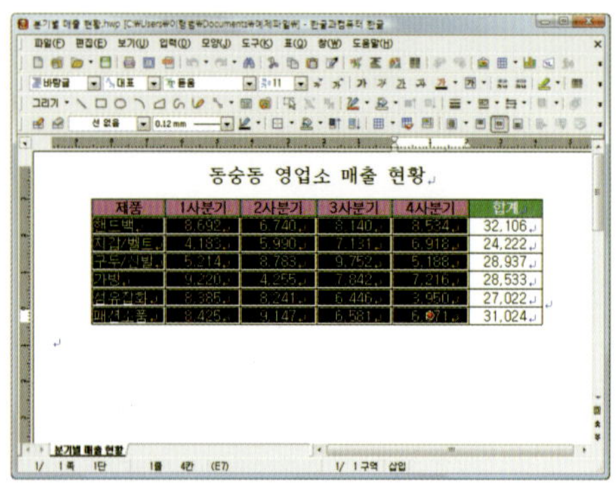

Note 차트로 만들 셀을 일부만 지정할 때는 Ctrl을 누른 상태에서 셀 블록을 설정합니다.

02 [표]-[차트 만들기] 메뉴를 선택합니다. 다음과 같이 셀 블록으로 정해진 범위로 차트가 만들어 집니다.

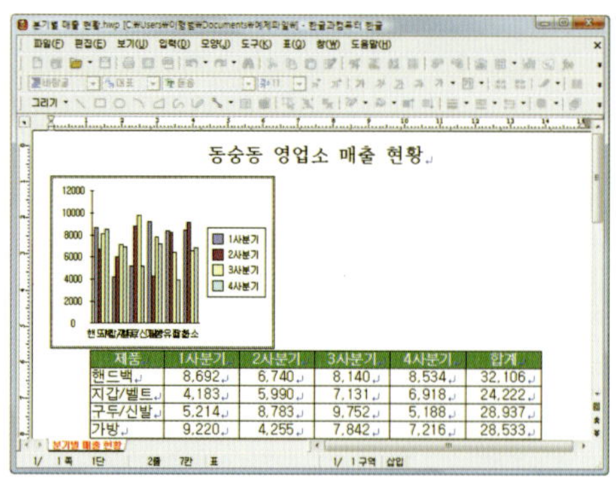

Note 마우스로 빈 공간을 클릭하면 차트 편집 상태를 끝내고 편집 화면으로 돌아옵니다.

쌩초보 레벨업

차트와 표의 연동

★ 표 안에 커서를 놓거나 셀 블록을 설정하지 않으면 한글 2007의 기본 값으로 현재 커서 위치에 차트를 만듭니다.

★ 표 전체를 셀 블록으로 설정하거나 표의 일부를 셀 블록으로 설정하여 차트를 만들면 셀 블록으로 설정된 표의 입력 내용과 연동된 차트를 만듭니다.

★ 차트가 만들어질 때 표의 맨 왼쪽 첫 번째 칸은 내용이 입력되어 있더라도 차트에는 그 내용이 표시되지 않습니다.

차트 편집하기

차트를 만들면 셀 블록으로 설정한 자료를 가지고 3차원 막대 차트를 만듭니다. 자료의 종류에 차트 모양을 선택할 수 있으며 차트 제목과 범례 등을 편집할 수 있습니다.

01 이전 섹션에서 사용한 예제 파일을 이용합니다. 편집할 차트 위에 마우스 포인터를 이동한 후 더블클릭합니다. 차트 영역이 표시되면 차트 위에서 마우스 오른쪽 버튼을 누릅니다.

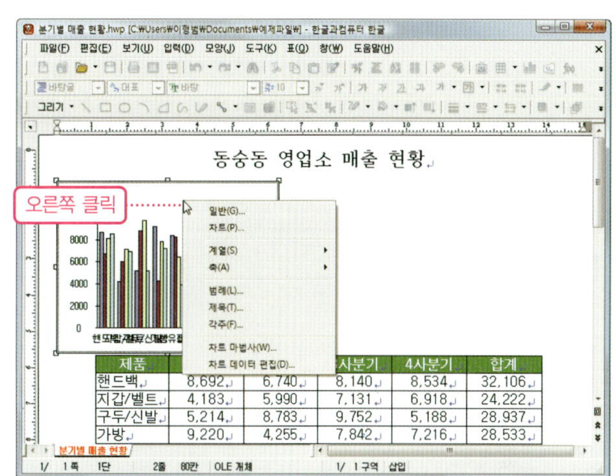

쌩초보 레벨업

차 트 종 류

★ 차트의 종류를 왼쪽 목록창에서 선택하면 선택한 차트에 대한 차트 모양을 오른쪽 미리 보기 창에서 선택할 수 있습니다.

★ **2차원 차트** : X, Y 축의 관계를 표현한 평면의 차트로 영역, 세로 막대, 꺾은선, 단계, 혼합, 원, 가로 막대, 주식, 계단, 풍선, 등고선, 분산, 혼합 방사, 방사가 있습니다.

★ **3차원 차트** : X, Y, Z축의 관계를 표현한 입체형 차트로 영역, 세로 막대, 꺾은선, 단계, 혼합, 원, 가로 막대, 누적 막대, 계단, 도넛, 표면, 분산이 있습니다.

02 단축 메뉴에서 [차트 마법사]를 선택합니다. 차트 마법사 1단계 대화상자에서 차트 종류는 기본으로 선택된 [묶은 세로 막대형]으로 선택하고 [다음] 버튼을 클릭합니다.

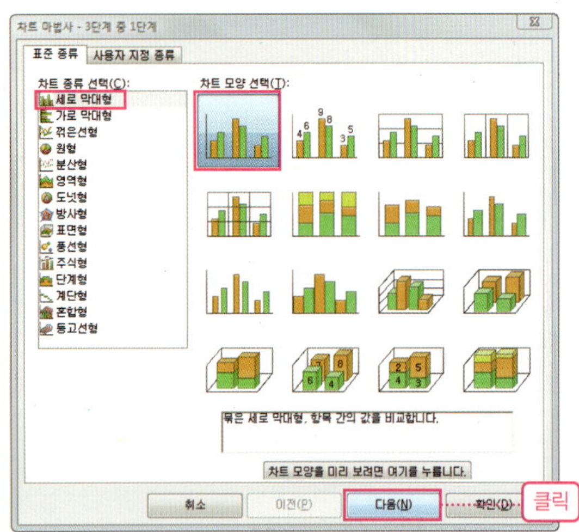

03 차트 마법사 2단계에서는 차트 방향을 설정할 수 있습니다. 차트 방향을 "열"로 선택하고 [다음] 버튼을 클릭합니다.

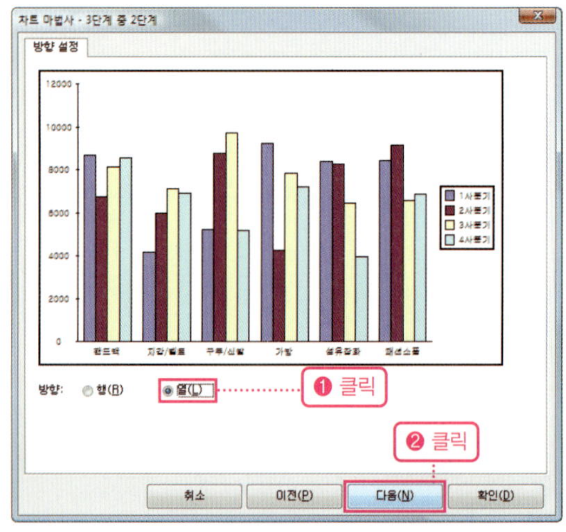

04 차트 마법사 마지막 단계로 이동됩니다. 차트 제목은 "매출현황"으로 X(항목) 축 제목은 "제품종류"로 입력합니다.

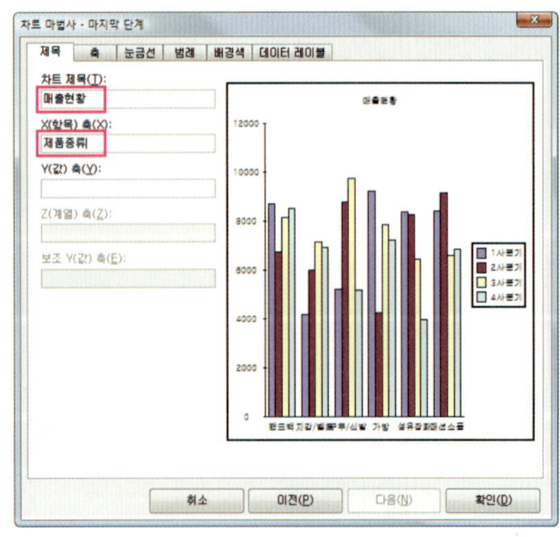

Note 차트 마법사 마지막 단계에서 차트의 제목, 축, 눈금선, 범례, 배경색, 데이터 레이블 등을 설정할 수 있습니다.

05 [범례] 탭을 선택하여 범례의 위치는 [아래쪽]으로 선택한 후 [확인] 버튼을 클릭합니다.

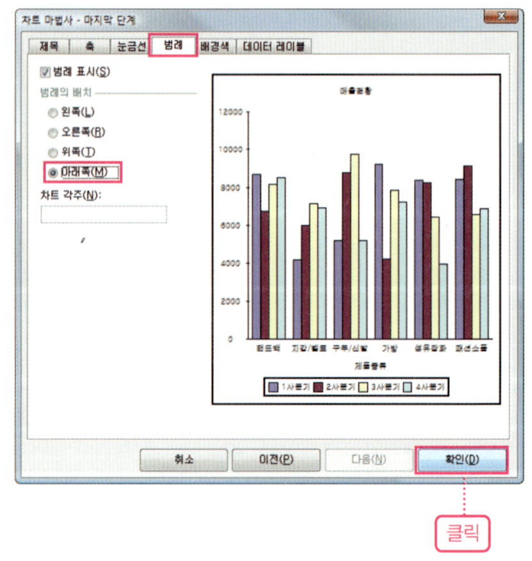

06 다음과 같이 차트 제목과 X(항목) 축, 범례가 표시된 차트가 만들어 졌습니다.

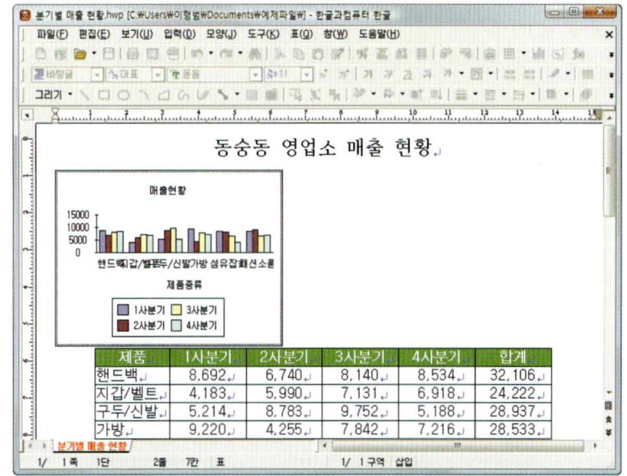

07 마우스로 빈 공간을 클릭하여 차트 편집을 해제한 후 다시 차트를 클릭합니다. 차트의 테두리 크기 조절점을 드래그하여 다음과 같이 차트 크기를 적당히 조정합니다.

Note 크기를 조절할 때는 조절점을 마우스로 클릭하여 원하는 크기만큼 드래그하여 놓습니다.

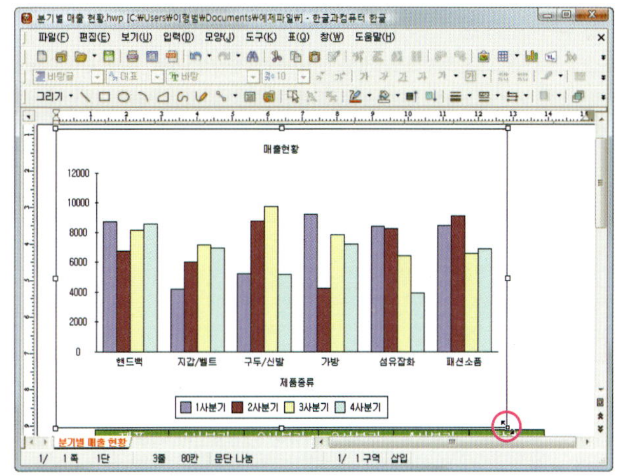

08 차트를 더블클릭하여 차트 편집 상태가 되면 제목을 더블클릭합니다. 다음과 같이 [제목 모양] 대화상자가 표시되면 [글꼴] 탭에서 크기를 "15"로 입력하고 [설정] 버튼을 클릭합니다.

Note [제목 모양] 대화상자에서는 제목의 배경이나 글자 정렬 방법, 글꼴 종류나 크기, 제목의 위치를 변경할 수 있습니다.

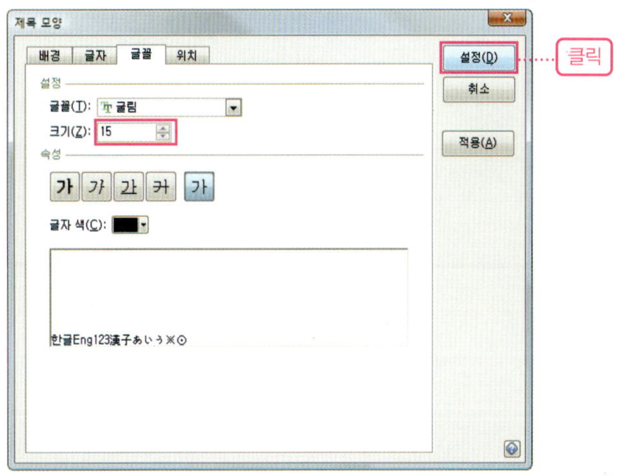

09 범례를 더블클릭하여 [글꼴] 탭에서 크기를 "7"로, 속성은 [보통 모양]으로 지정하고 [설정] 버튼을 클릭합니다.

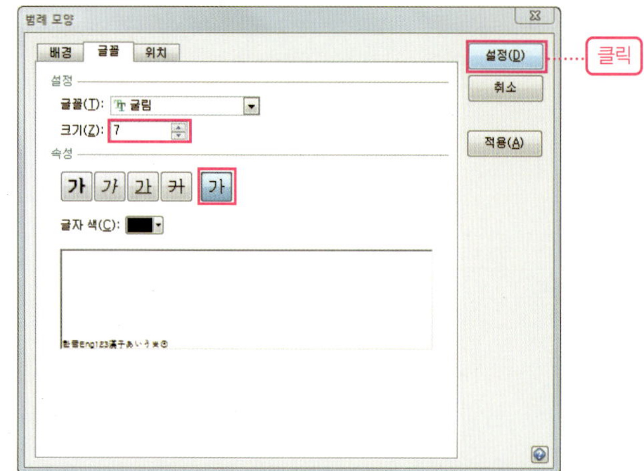

10 차트에 반영된 자료를 변경할 필요가 있거나 새로운 자료를 추가할 때는 단축 메뉴에서 [차트 데이터 편집]을 클릭합니다.

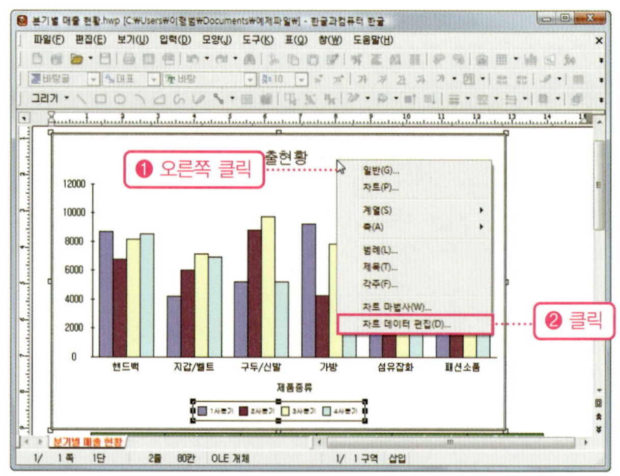

11 자료를 수정하려면 수정할 자료가 입력된 셀을 더블클릭하여 자료를 입력합니다. 다음과 같은 자료로 변경한 후 [확인] 버튼을 클릭합니다.

지갑/벨트	6,313	3,237	5,231	7,818

Note 자료를 수정하려면 차트 편집을 마친 후 차트를 그린 표의 자료를 수정하면 차트에 바로 반영됩니다.

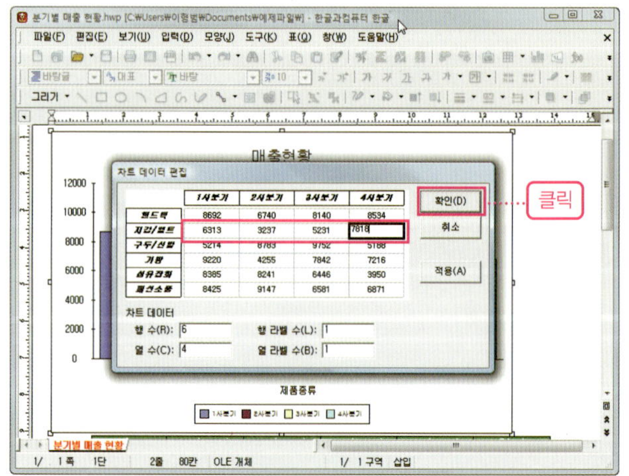

12 빈 곳을 마우스로 클릭하여 편집 화면으로 돌아온 후 차트를 드래그하여 적당한 위치에 배치합니다.

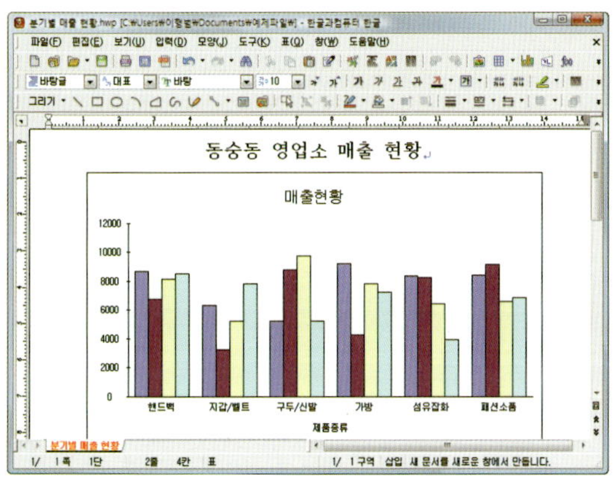

13 편집 화면에서 차트에 사용된 데이터를 임의로 변경하면 그에 따른 차트 모양도 변경됩니다. 아래 그림은 "4사분기" 매출을 모두 "0"으로 변경한 후의 차트 모양입니다.

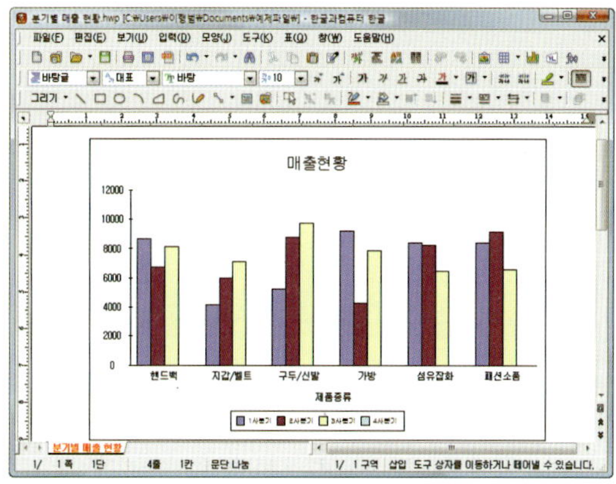

Note | Ctrl + Z 를 눌러 4사분기 매출을 원래대로 되돌려 놓도록 합니다.

쌩초보 레벨 업

차트 종류에 따른 효과적인 차트 선택

★ **막대, 선, 막대/선, 혼합, 누적 막대, 영역, 주식 차트** : 영업 실적이나 주식의 동향을 파악하는데 효과적입니다.

★ **가로 막대 차트** : 각 제품에 대한 연도별 영업 실적을 표현하는데 효과적입니다.

★ **원, 도넛형 차트** : 전체에 대한 일부분을 표현하는 것으로 시장 점유율이나 점수별 학생 수 등을 표현하는데 효과적입니다.

★ **막대 차트** : 주기적인 분포로 연령별 종업원 수나 성과를 표현하는데 효과적입니다.

★ **막대, 주식 차트** : 특정 데이터의 범위를 표현하는데 효과적이므로 특정 월의 강수량 등을 비교할 때 주로 사용됩니다.

★ **방사형, 등고선, 표면 차트** : 데이터의 균형이나 일치성을 표현하는 것으로 단계별 성과에 대한 개인 성과를 비교하는데 효과적입니다.

★ **계단형 차트** : 지속적인 데이터를 표현하는데 효과적이므로 진도표 등에 주로 사용됩니다.

★ **막대, 분산형 차트** : 변수 간의 상관관계를 나타내는데 효과적이므로 기온에 따른 전력 소비량 등을 표현하는데 사용됩니다.

차트 꾸미기

차트를 구성하는 배경이나 제목, 범례, 축, 계열 등에 무늬를 넣거나 숫자 표현 방법 등을 사용자 의도대로 꾸밀 수 있습니다.

01 앞 섹션에서 사용된 예제 파일을 이용합니다. 차트를 더블클릭하여 차트 편집 상태로 전환한 후 차트 위에서 마우스 오른쪽 버튼을 누른 후 단축 메뉴에서 [일반]을 선택합니다. [배경] 탭에서 [그러데이션]을 선택하고 [유형]을 [사각형]으로 지정합니다. 이어서 [그림자]를 선택하고 위치를 "3"으로 지정합니다.

Note 차트를 구성하고 있는 각 개체 영역을 더블클릭하면 차트 개체의 모양을 변경할 수 있는 대화상자를 표시합니다. 그림자 위치가 양수일 때는 그림자가 차트의 하단과 오른쪽에 표시되고 음수일 경우에는 위쪽과 왼쪽에 표시됩니다. 수치의 증감에 따라 그림자의 크기가 달라집니다.

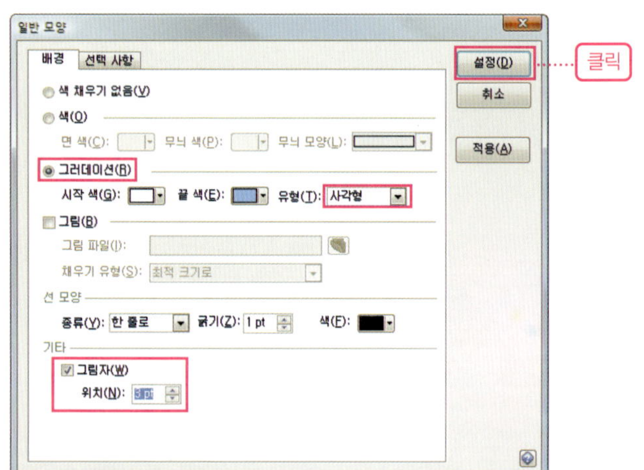

쌩초보 레벨 업

일반 모양의 추가 정보

★ [일반 모양] 대화상자에서 설정하는 모양은 차트의 배경 전체에 적용됩니다.
★ 차트의 면 모양은 그러데이션 외에 사용자가 원하는 색상으로 칠할 수 있고 그림으로 배경을 설정할 수도 있습니다.
★ 선 종류를 선택하여 테두리를 그릴 수 있습니다.
★ [선택 사항] 탭에서 차트를 구성하고 있는 제목, 각주, 범례 등의 표시 여부를 설정합니다.

02 [설정] 버튼을 클릭하면 다음과 같이 면에 사각 모양
의 그러데이션과 그림자가 만들어 집니다.

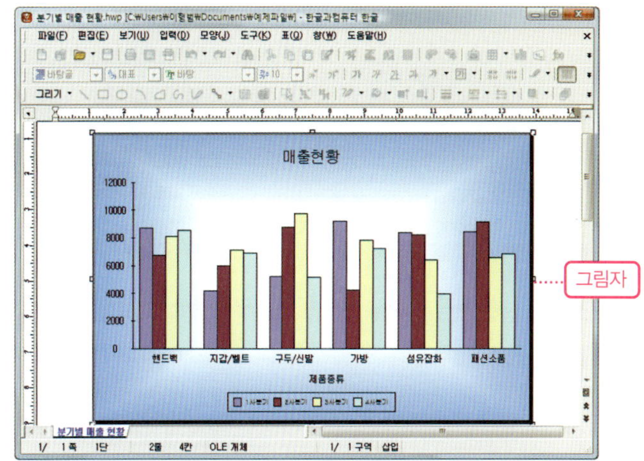

03 차트의 단축 메뉴에서 [제목]을 선택하여 면 색과 선
모양, 그림자 등을 다음과 같이 지정하고 [설정] 버튼
을 클릭합니다.

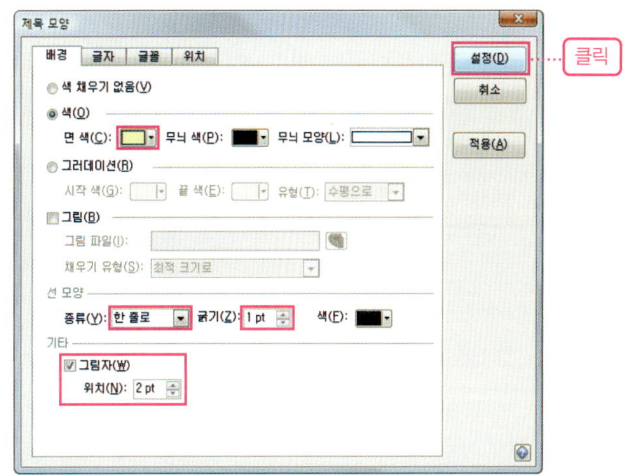

04 제목을 클릭한 후 다음과 같이 크기를 조절하여 가운
데로 이동합니다. 다른 항목도 같은 방법으로 꾸밀
수 있습니다.

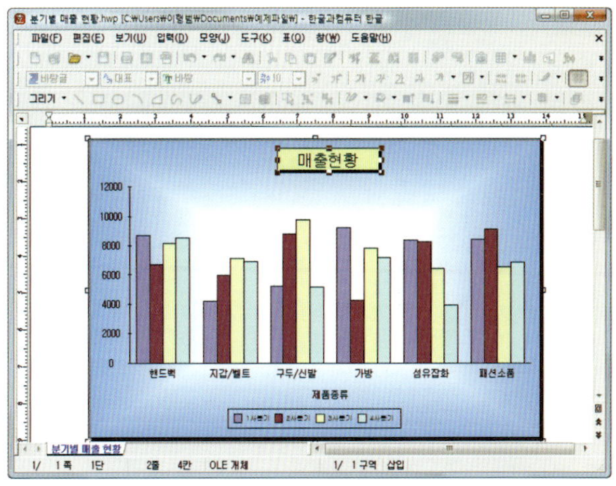

그림 삽입과 크기 조절하기

- **키워드** : 그림 넣기, 그림 크기 조절, 그림 정보 확인
- **예제 파일** : 시작 파일\독도의 고찰.hwp

편집하는 문서에 그림을 넣거나 그림을 그리는 기능이 있습니다. 그림을 넣는다는 것은 이미 준비된 그림을 현재 커서 위치에 삽입하는 기능입니다. 그림은 문서에 포함할 수 있고 그림이 저장된 위치의 정보를 참고하여 문서에 표시할 수도 있습니다.

01

[입력]-[개체]-[그림]을 선택하거나 단축키 Ctrl+N, I를 누릅니다. 그림 넣기 대화상자에서 문서에 넣을 그림을 선택하고 [넣기] 버튼을 클릭합니다.

Note
- 문서에 포함 : 그림을 문서에 포함할지 여부를 지정합니다. 이 항목이 선택된 상태에서 그림을 넣으면 문서 파일에 그림이 포함되고 해제된 상태에서 그림을 넣으면 외부 그림 파일과 연결만 됩니다. 따라서 그림을 문서에 포함하면 그림 파일을 따로 보관하지 않아도 됩니다.
- 마우스로 크기 지정 : 이 항목을 선택하면 그림을 선택한 후 [넣기] 버튼을 눌러 마우스로 드래그합니다. 그림 크기 및 그림이 넣어질 위치를 정한 후 그림을 넣을 수 있습니다.

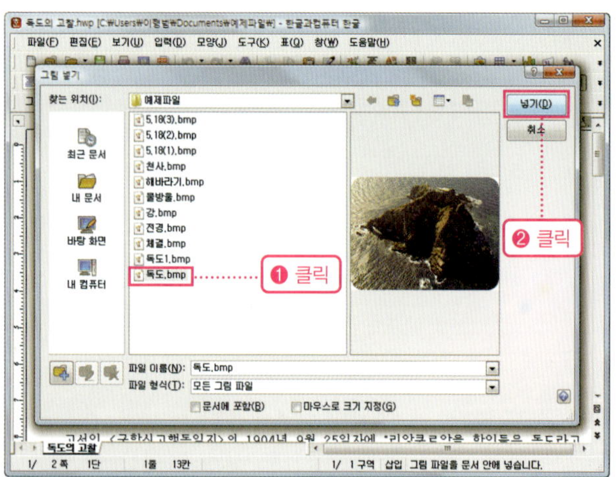

02

다음과 같이 커서가 있는 문단에 그림을 넣습니다.

Note
예제에 사용된 그림은 "시작 파일" 폴더에 있습니다. 그림 파일을 선택하면 미리 보기 창에 그림을 표시합니다.

03 그림이 삽입된 위치를 변경하려면 그림을 클릭한 채 원하는 곳으로 드래그합니다.

04 그림의 크기를 조절하려면 그림을 클릭한 후 크기 조절점을 드래그하여 조절합니다.

그림 크기 조절의 추가 정보

★ 모서리의 조절점을 드래그하면 가로 세로의 크기를 비례적으로 조절할 수 있습니다.
★ 그림을 선택한 상태에서 글자판의 Shift 를 누른 채 각 방향 화살표 키를 눌러 그림의 크기를 조절할 수 있습니다.
 – Shift + ← : 그림의 너비를 1mm 줄입니다.
 – Shift + → : 그림의 너비를 1mm 늘립니다.
 – Shift + ↑ : 그림의 높이를 1mm 낮춥니다.
 – Shift + ↓ : 그림의 높이를 1mm 낮춥니다.
★ 그림을 선택한 상태에서 Shift 를 누른 채 조절점을 사용하여 원하는 크기에 맞게 드래그하여 그림을 자를 수 있습니다.

05 그림이 선택된 상태에서 [편집]–[고치기] 메뉴를 선택하거나 단축키 Ctrl+N, K를 누릅니다. [개체 속성] 대화상자의 [기본] 탭에서 너비와 높이 값을 직접 입력하여 크기를 조절할 수 있습니다.

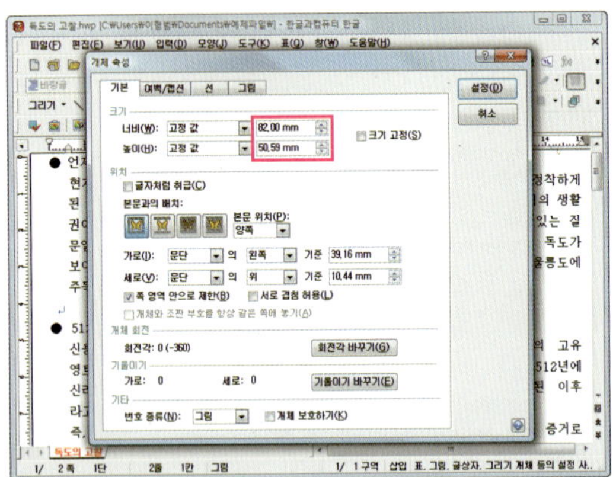

Note 그림을 더블클릭하여 개체 속성 대화상자를 표시할 수 있습니다.

06 [그림] 탭을 클릭합니다. [확대/축소 비율]의 1/2 배, 2/3배, 3/2배, 2배]의 확대/축소 아이콘 중에서 원하는 크기를 선택할 수 있습니다.

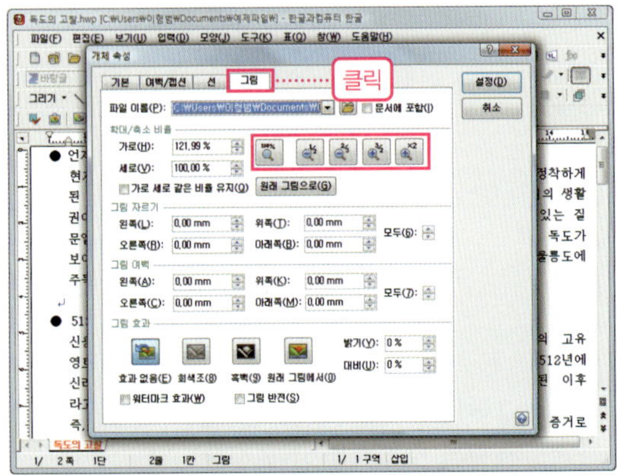

Note [가로 세로 같은 비율 유지]를 선택하고 가로나 세로의 증감 단추를 누르면 같은 비율로 크기가 조절됩니다.

쌩초보 레벨업

크기의 너비와 높이 항목

★ 크기 고정 : 이 항목을 선택하면 그림 크기를 변경할 수 없습니다.
★ 그림의 너비와 높이 기준을 "고정 값, 종이에 따라, 쪽에 따라, 단에 따라, 문단에 따라" 중에서 선택할 수 있습니다. [고정 값]은 입력한 값이 그대로 개체의 크기가 되는 절대 값이고 종이, 쪽, 문단, 단은 각 기준에 대한 퍼센트(%)로 개체의 크기를 입력하는 상대 값입니다.

원래 그림으로 되돌리기

★ [원래 그림으로] : 크기를 변경했거나 그림을 자르기 전 원래 그림으로 되돌립니다.
★ 그림을 자르기 했을 때 Shift 를 누른 상태에서 다시 원래의 그림으로 되돌릴 수 있습니다.
★ 그림 자르기 그룹의 값을 "0"으로 설정하여 그림 자르기를 취소할 수 있습니다.

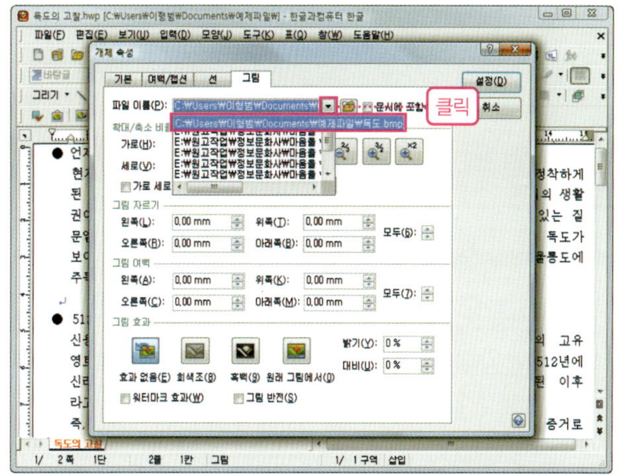

07 문서에 넣어진 그림 파일명을 확인하거나 경로를 확인하려면 [파일 이름]을 클릭하여 확인할 수 있습니다.

> **Note** [문서에 포함]을 선택하여 문서에 연결된 그림을 문서에 포함시킬 수 있습니다.

쌩초보 레벨 업

그림 정보 확인하기

[파일]–[문서 정보]를 선택하거나 단축키 Ctrl+Q, I를 누른 후 [그림 정보] 탭을 클릭합니다. 문서에 연결되거나 삽입된 그림 목록이 표시됩니다.

① : 문서에 넣어진 그림 파일을 삽입된 그림으로 바꿉니다. 여러 파일을 동시에 삽입 그림으로 바꾸려면 Shift 나 Ctrl 를 이용하여 선택할 수 있습니다. 이미 삽입 그림으로 넣어진 그림은 이 기능을 사용할 수 없습니다.

② : 문서에 삽입된 그림 파일을 저장하면서 연결로 바꿉니다.

③ : 문서에 포함된 삽입 그림을 외부 프로그램에서 사용할 수 있도록 BMP 형식으로 저장합니다.

④ : 현재 문서에 넣어진 모든 그림 파일을 한 번에 삽입 그림으로 바꿉니다.

⑤ : 목록에서 선택한 그림을 다른 그림 파일로 바꿉니다.

⑥ : 현재 문서에 넣어진 그림 파일의 경로를 다시 지정합니다.

⑦ : 현재 문서에 넣어진 그림 파일의 형식을 다시 지정합니다.

그림의 본문 배치 방법 알기

• 키워드 : 글자처럼 취급, 본문과의 배치
• 예제 파일 : 시작 파일\독도의 고찰.hwp

한글 2007에서는 그림을 다양한 방법으로 배치할 수 있습니다. 그림을 글자처럼 취급하거나 본문에 그림이 놓일 위치를 정할 수 있습니다. 필요에 따라 그림 위에 글자가 놓이도록 할 수 있고 그림 뒤에 글자가 놓이도록 할 수도 있습니다.

01 앞 섹션의 예제 파일을 이용합니다. 그림을 마우스로 클릭한 상태에서 [편집]–[고치기] 메뉴를 선택하거나 그림을 더블클릭합니다. [기본] 탭에서 [글자처럼 취급]을 선택하고 [설정] 버튼을 클릭합니다.

[Note] 개체를 선택하지 않고 선택할 개체 뒤에 커서를 위치한 후 [편집]–[고치기]나 단축키 Ctrl+N, K 를 실행하면 바로 전에 있는 개체가 선택되면서 [개체 속성] 대화상자가 표시됩니다.

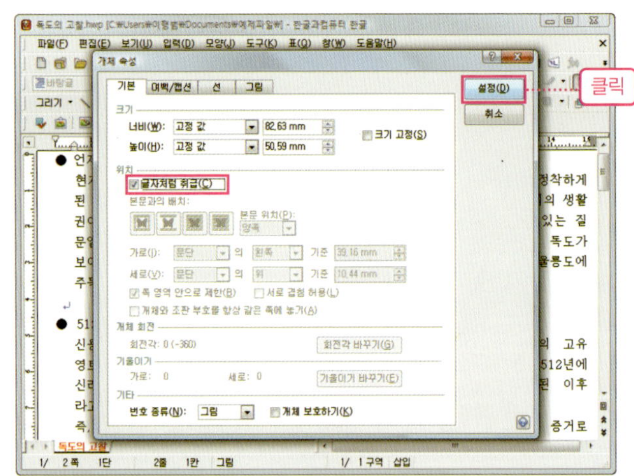

쌩초보 레벨 업

글자처럼 취급

★ 문단의 정렬이나 들여쓰기/내어쓰기 등의 기능을 모두 적용받습니다.
★ 그림의 크기에 따라 글자의 줄 간격에 영향을 줍니다.
★ 그림의 조판 기호가 있는 곳에 실제 그림이 표시됩니다.

02 다음과 같이 하나의 개체가 글자와 같은 위치로 배열됩니다.

Note | 그림은 문단 첫 번째로 입력되었고 다음부터 글자가 표시되어 있습니다. 그림이 크기 때문에 현재 줄의 줄 간격이 넓어진 것을 확인할 수 있습니다.

03 [개체 속성] 대화상자의 [기본] 탭에서 [글자처럼 취급]을 해제하고 [어울림] 아이콘을 선택하고 [설정] 버튼을 클릭합니다.

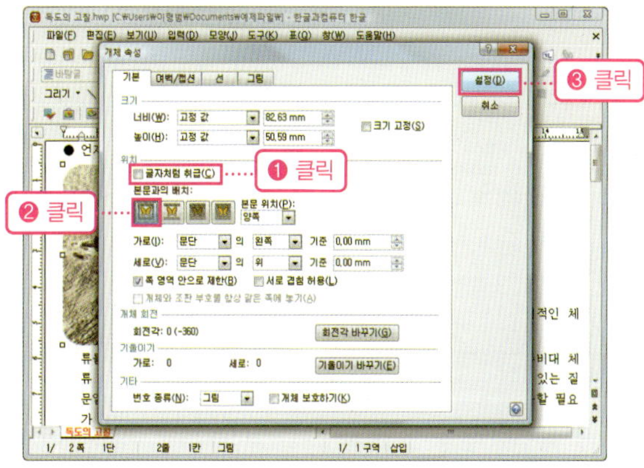

Note | [어울림]으로 배치할 경우 본문이 위치될 곳을 정할 수 있습니다. 왼쪽, 오른쪽, 양쪽, 큰 쪽 중에서 선택합니다.

04 다음과 같이 본문과 그림의 배치가 변경됩니다.

05 다음과 같이 그림이 배치된 상태에서 그림을 다른 곳으로 드래그하여 이동할 수 있습니다.

Note | 그림 테두리에 여백이 설정되지 않았기 때문에 본문의 글자와 여백이 없습니다.

06 그림의 바깥쪽 여백을 설정하려면 [개체 속성] 대화상자의 [여백/캡션] 탭에서 바깥 여백을 지정합니다. [설정] 버튼을 누르면 본문과 그림의 여백이 지정됩니다.

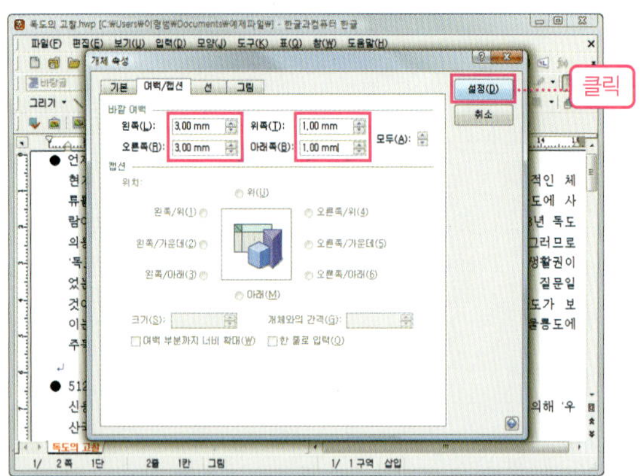

 바깥 여백의 왼쪽, 오른쪽, 위쪽, 아래쪽을 모두 같은 값으로 지정하려면 [모두] 증감 버튼을 눌러 지정할 수 있습니다.

08 다음 화면과 같이 개체의 높이만큼 줄을 차지하고 있기 때문에 개체가 차지하고 있는 영역에는 본문이 오지 않습니다.

07 [개체 속성] 대화상자에서 [기본] 탭의 [자리 차지] 아이콘을 클릭하고 [설정] 버튼을 클릭합니다.

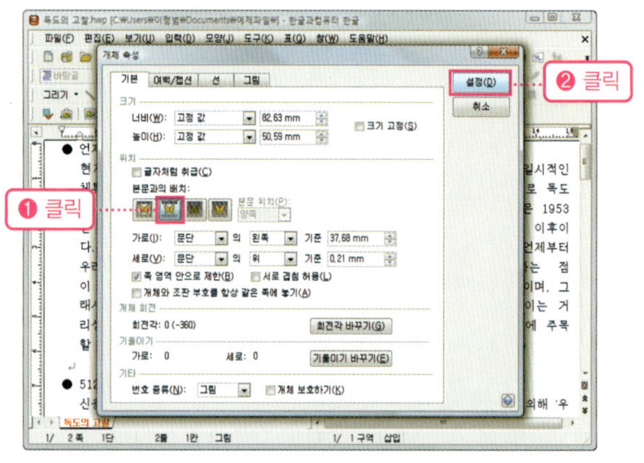

09 [개체 속성] 대화상자의 [기본] 탭에서 [글 뒤로] 아이콘을 클릭하고 [설정] 버튼을 클릭합니다. 그림이 글 뒤로 배치되기 때문에 다음과 같이 글자가 그림 위에 놓입니다.

10 그림을 글자 뒤로 위치시킬 때는 그림이 진해서 글자가 잘 보이지 않습니다. 이때에는 [개체 속성] 대화상자에서 [그림] 탭의 [워터마크 효과]를 선택한 후 [설정] 버튼을 클릭합니다.

> **Note** 그림 효과 목록에서 grayscale, 흑백 등을 선택하여 보다 다양한 그림에 효과를 줄 수 있습니다.

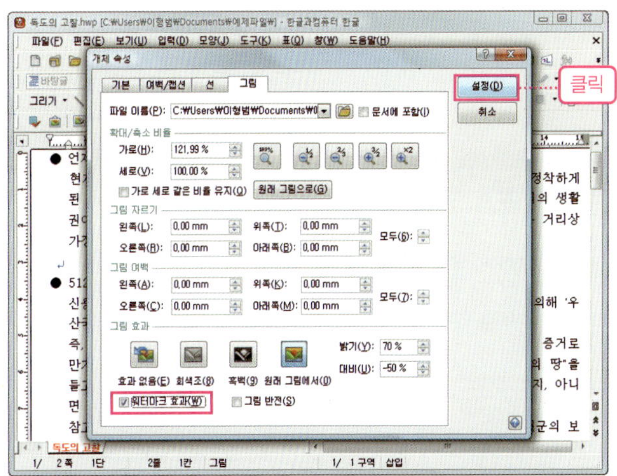

11 다음과 같이 그림이 흐려져서 글자를 선명하게 볼 수 있으며 배경그림으로 사용할 수 있습니다.

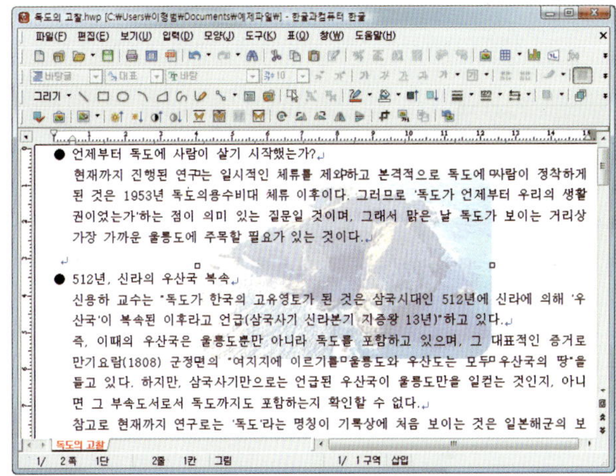

12 [개체 속성] 대화상자의 [그림] 탭에서 [워터마크 효과]를 해제한 후 [기본] 탭에서 [글 앞으로] 아이콘을 선택하고 [설정] 버튼을 클릭합니다. 글자 앞으로 그림이 위치하기 때문에 글자가 그림에 가려져 보이지 않습니다.

본문에 그림을 위치시킬 때 추가 정보

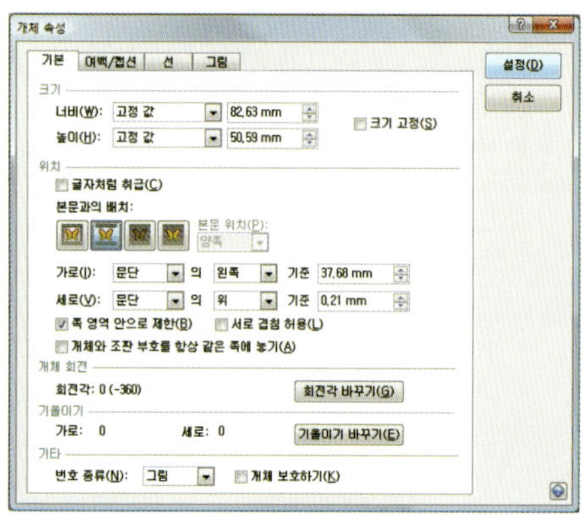

★ 쪽 영역 안으로 제한 : 개체의 세로 위치 기준이 문단일 때 개체의 세로 위치가 쪽 영역 밖으로 나가면 개체를 다음 쪽으로 넘깁니다. 편집할 수 있는 위쪽과 아래쪽 여백, 머리말과 꼬리말 공간을 제외한 자리에 개체가 위치할 수 있도록 합니다.

★ 서로 겹침 허용 : 그림이나 표 등을 어울림이나 자리차지로 지정한 경우 개체끼리 겹쳐지지 않고 서로의 영역만큼 떨어지게 됩니다. 이 항목을 선택하면 어울림이나 자리차지로 지정된 경우에도 서로 겹쳐놓을 수 있습니다.

★ 개체와 조판 부호를 항상 같은 쪽에 놓기 : 마우스 끌기로 개체를 삽입하면 개체가 놓여 있는 위치와 해당 개체의 조판 부호가 어느 곳에 삽입되는지 모릅니다. 이때 이 항목을 선택하면 문서를 편집하는 도중에 개체가 다음 쪽으로 넘어가거나 당겨지더라도 해당 개체의 조판 부호를 함께 같은 쪽으로 옮겨줍니다.

★ 개체 보호하기 : 개체가 있는 위치를 이동할 수 없도록 보호합니다. 이 항목을 선택하면 개체를 마우스로 이동할 수 없습니다.

★ 한글 2007에 삽입할 수 있는 그림 형식

 – AI : 어도비의 일러스트레이터용 그림 형식
 – BMP : 윈도우 표준 비트맵 그림 형식
 – CDR : 코렐 드로우용 그림 형식
 – DXF : 오토캐드용 그림 형식
 – CGM : 외곽선 방식의 그림 형식
 – DRW : 디자이너용 그림 형식
 – EMF : 윈도우 확장 외곽선 방식의 그림 형식
 – HDR : 한/그림의 벡터 그림 형식
 – WMF : 윈도우 표준 외곽선 방식의 그림 형식
 – WPG : 워드퍼펙 드로우용 그림 형식
 – HPGL : HP 플로터용 그림 형식
 – PICT : 애플 드로우용 그림 형식
 – PP3 : 파워포인트용 그림 형식
 – PS : 포스트스크립트 형식의 출력용 파일
 – EPS : 포스트스크립트용 언어를 제한해서 만든 그림 형식
 – GIF : 컴퓨서브에서 만든 통신을 위해서 주로 이용하는 그림 형식
 – JPEG : 트루컬러의 화질을 그대로 보존하면서도 파일의 크기를 획기적으로 줄이는 그림 형식
 – PCX : Zsoft의 페인트 브러시용 비트맵 그림 형식
 – PDF : 어도비 아크로뱃 문서 형식(Portable Document Format)
 – PIC : 로터스 1-2-3에서 그래프를 나타낼 때 사용하는 그림 형식
 – PLT: 옛날 버전의 오토캐드에서 만든 벡터 그림 형식
 – PNG : 웹 디자인을 위하여 만들어진 그림 형식(Portable Network Graphic)
 – TIFF : 어도비에서 만든 호환성이 넓은 DTP용 그림 형식

글상자로 제목 꾸미기

• 키워드 : 글상자, 글상자 고치기
• 예제 파일 : 시작 파일\일본100대 창업성공 아이템 분석자료.hwp

여러 단에 걸쳐 커다란 제목을 넣거나 본문 중간에 박스형으로 요약 글을 넣을 때 많이 사용하는 기능입니다. 글상자에 크기와 채우기 효과, 테두리의 모양이나 색상을 넣어 자유롭고 다양한 제목이나 내용을 넣을 수 있습니다.

01 [입력]-[개체]-[글상자]를 선택하거나 단축키 Ctrl +N, B 를 누릅니다. 마우스 포인터가 십자(+)로 변경되면 글상자가 위치될 곳에 드래그하여 그립니다.

[Note] 그리기 도구 상자의 글상자(▦) 아이콘을 클릭하여 그릴 수 있습니다. 이 아이콘을 더블클릭하면 여러 개의 글상자를 그릴 수 있습니다.

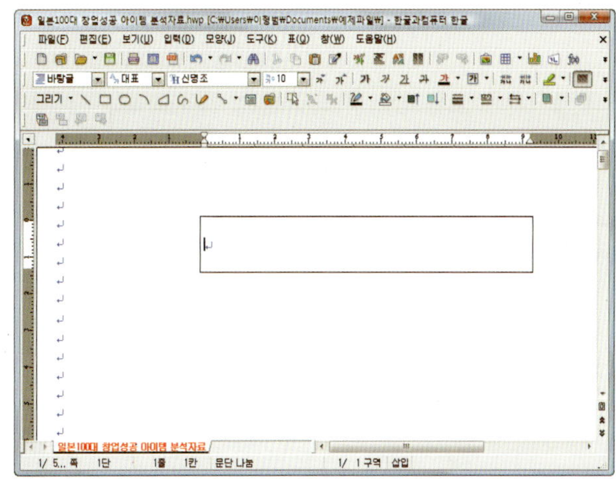

02 제목으로 넣을 글자를 입력합니다. 여기에서는 "일본 100대 기업 창업 성공 아이템 분석 자료"를 입력합니다. 입력된 문장을 블록으로 설정한 후 Alt + L 을 눌러 글자의 속성을 다음과 같이 지정하고 [설정] 버튼을 클릭합니다.

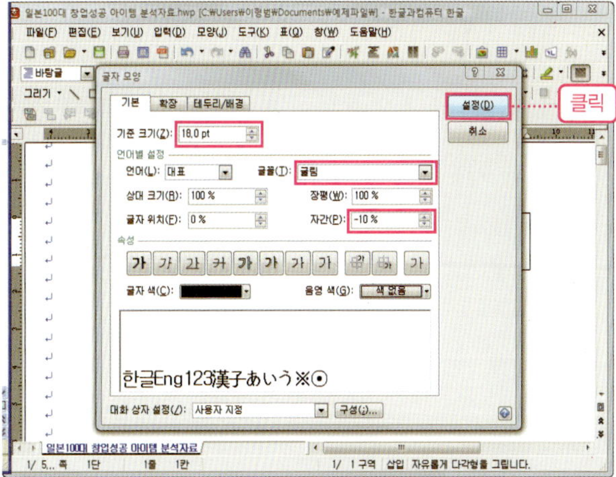

03 다음과 같이 제목 글꼴이 변경됩니다.

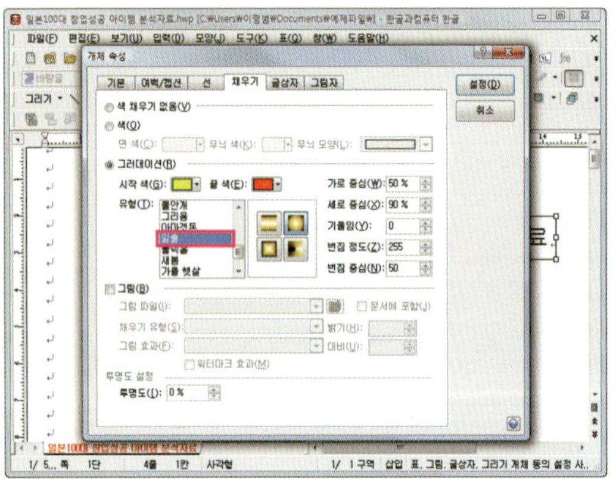

04 글상자 테두리를 클릭한 후 글상자의 크기를 다음과 같이 변경하여 한 줄에 입력될 수 있도록 합니다.

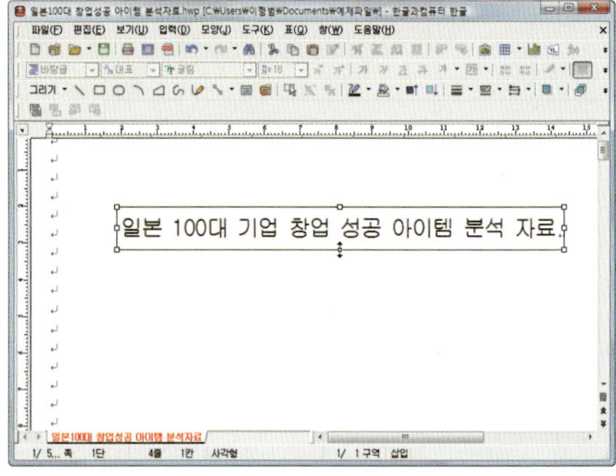

05 [편집]-[고치기] 메뉴나 단축키 Ctrl + N , K 를 누릅니다. [채우기] 탭에서 [그러데이션] 목록의 [일출]을 선택합니다.

06 [글상자] 탭을 선택하여 글상자의 안쪽 여백을 모두 "2"로 설정합니다.

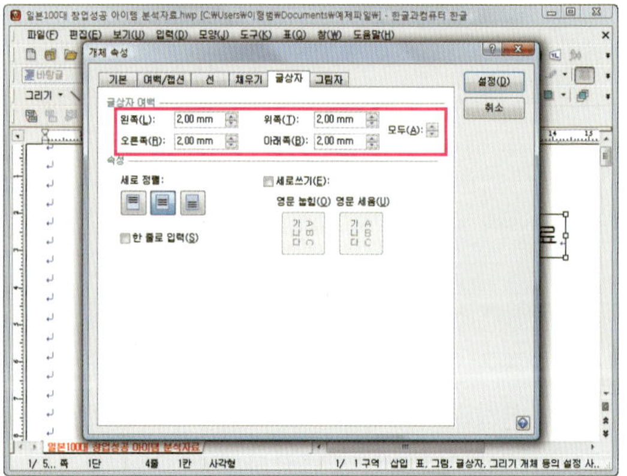

Note [한 줄로 입력] 항목을 선택하면 글상자의 크기에 따라 자간이 좁아지면서 한 줄로 입력됩니다.

07 [선] 탭을 클릭한 후 선의 종류와 굵기를 설정하고 사각형 모서리 곡률을 [반원]으로 선택합니다.

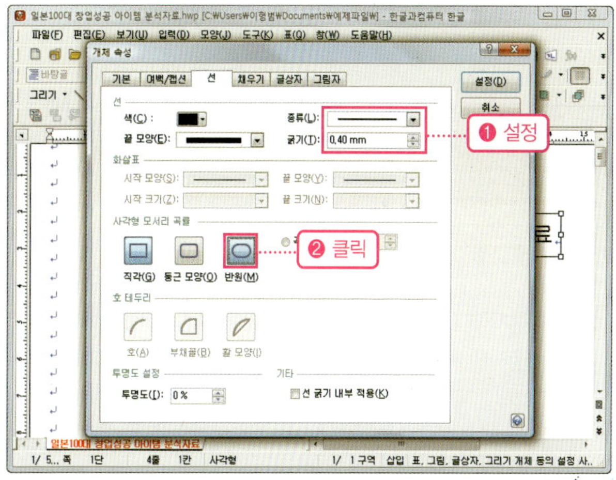

08 [기본] 탭을 클릭한 후 위치 그룹의 [가로] 항목을 [쪽]으로 위치는 [가운데]를 선택하고 [설정] 버튼을 클릭합니다.

Note 글상자가 위치하는 곳을 쪽의 폭에서 가운데로 정렬합니다.

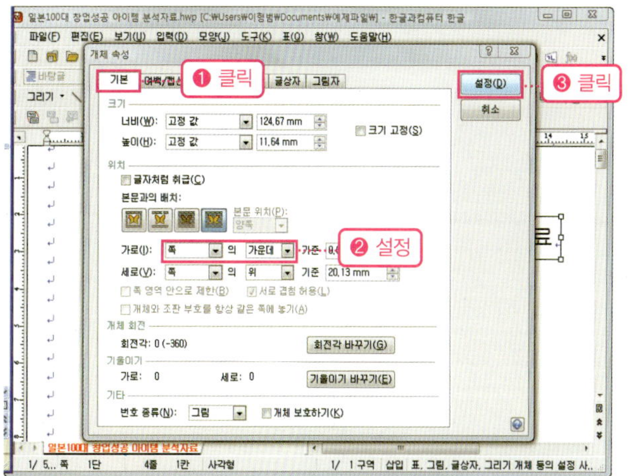

09 다음과 같이 글상자가 반원 모양의 그러데이션으로 변경되었습니다.

Note 모서리가 반원으로 변경되면서 제목이 두 줄로 되었다면 글상자의 크기를 늘려 위의 그림과 비슷하게 조정합니다.

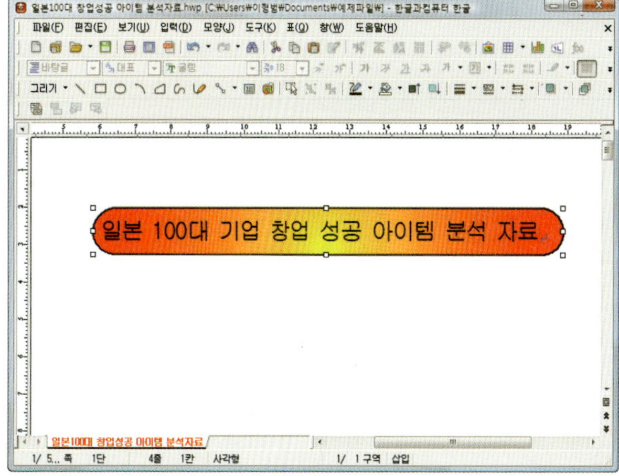

글맵시로 멋진 제목 만들기

• 키워드 : 글맵시, 글맵시 도구 상자
• 예제 파일 : 시작 파일\학원광고지.hwp

글자에 여러 가지 효과를 부여해서 문서 제목이나 강조해야 할 내용을 꾸밀 때 글맵시 개체를 사용합니다. 글자를 구부리거나 글자의 외곽선과 면에 색이나 채우기 효과를 지정하고 그림자 등을 추가하여 글자를 꾸밀 수 있습니다.

01 예제 파일을 열고 첫 번째 줄에서 [입력]-[개체]-[글맵시] 메뉴를 선택하거나 글맵시(🔲) 아이콘을 클릭합니다.

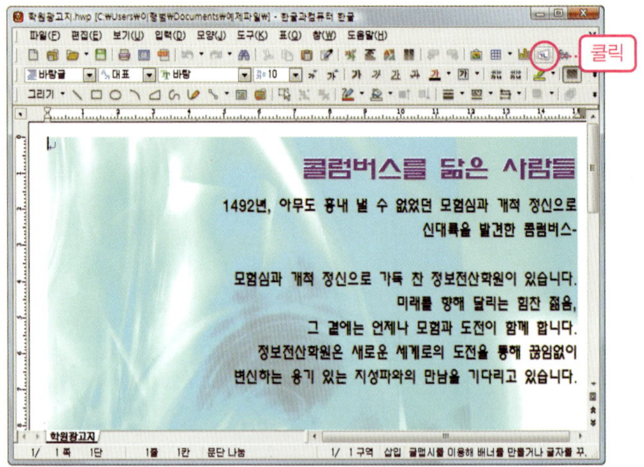

02 [글맵시 개체 만들기] 대화상자의 내용 상자에 "학원계의 콜럼버스"를 입력하고, 글꼴을 변경한 다음 [설정] 버튼을 클릭합니다.

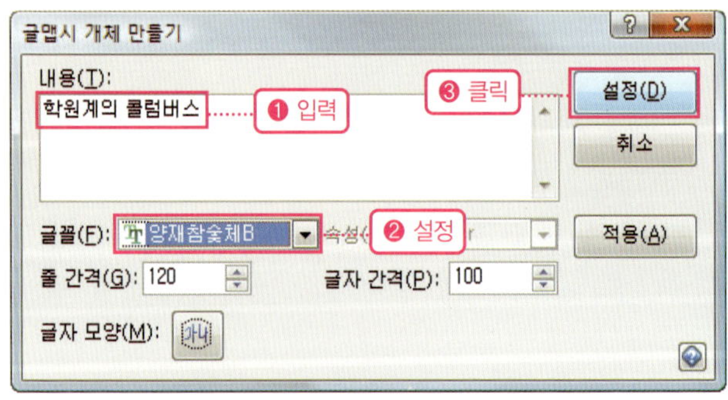

03 문서에 작성한 글맵시 개체가 삽입됩니다. 글맵시 개체가 선택 상태일 때는 자동으로 글맵시 개체 도구 상자가 표시됩니다.

Note 기본적으로 글맵시 개체는 본문과의 배치 방식이 "어울림"으로 설정됩니다.

04 글맵시 개체를 더블클릭하면 [개체 속성] 대화상자가 나타납니다. [기본] 탭에서 위치를 "글자처럼 취급"으로 지정하고 [설정] 버튼을 클릭합니다.

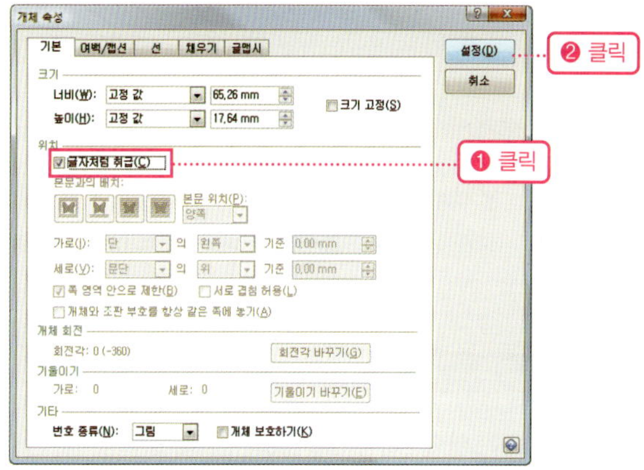

Note 글맵시 개체를 선택하고 단축키 Ctrl + N, K를 눌러도 됩니다.

05 글맵시 개체가 글자처럼 취급으로 설정되면 개체 테두리에 표시된 크기 조절점(작은 네모점)을 마우스로 드래그하여 개체의 크기를 조정합니다.

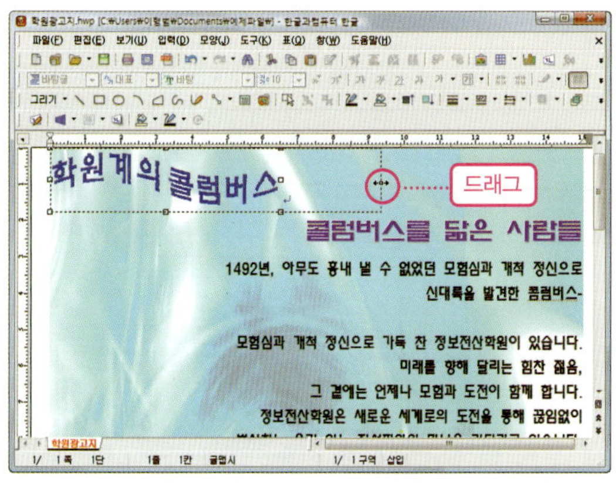

06 크기 조절점을 사용하여 원하는 크기로 글맵시를 만든 다음 Esc를 눌러 선택을 해제하고 오른쪽 정렬합니다.

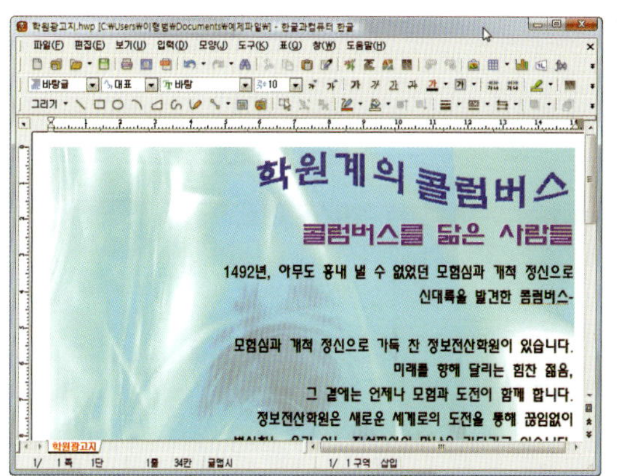

글맵시 꾸미기

문서에 삽입한 글맵시 개체의 내용을 수정하거나 글자 모양을 바꾸고 그림자 등의 효과를 지정할 때 글맵시 개체 도구 상자를 사용합니다. 글맵시 도구 상자에 있는 여러 아이콘을 사용하여 글맵시를 예쁘게 꾸미는 과정을 살펴봅니다.

01 문서에 삽입되어 있는 글맵시 개체를 클릭해서 선택하면 글맵시 개체 도구 상자가 표시됩니다. 여기에서 글맵시 글자 모양(◀▼) 아이콘을 클릭한 다음 원하는 글자 모양을 선택합니다.

Note 글맵시 고치기(🖉) 아이콘을 클릭하여 [글맵시 고치기] 대화상자를 나타낸 후 글맵시 내용이나 글꼴 등을 수정할 수 있습니다.

02 글맵시의 글자 색을 바꾸려면 채우기 색(🎨▼) 아이콘을 클릭하고 원하는 색을 선택합니다. 이때 색상 팔레트에 원하는 색이 없을 경우 [다른 색]을 선택한 다음 색을 선택할 수 있습니다.

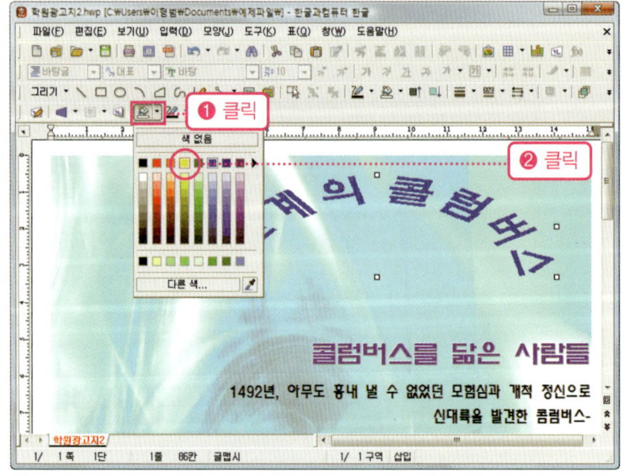

03 다음과 같이 글맵시의 글자 색이 변경되었습니다.

04 글맵시를 더블클릭하면 [개체 속성] 대화상자가 나타 납니다. [선] 탭에서 선의 색과 종류 등을 지정한 다 음 [설정] 버튼을 클릭합니다.

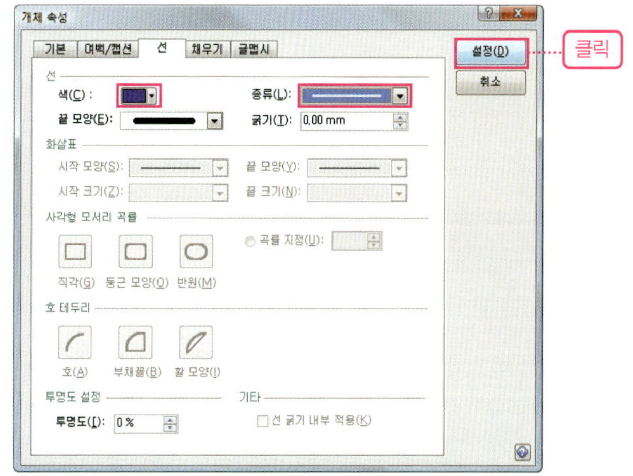

05 이번에는 글맵시를 회전시켜 보겠습니다. 개체 회전 ( ) 아이콘을 클릭해서 초록색 원 모양의 회전 조 절점을 표시한 다음 회전 조절점을 마우스로 드래그 하여 개체를 회전합니다.

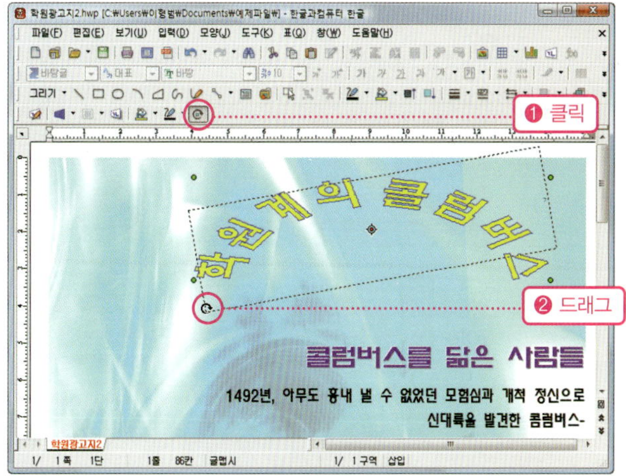

06 개체 회전이 끝나면 [Esc]를 눌러 회전 상태를 해제합니다. 그런 다음 글맵시의 크기와 위치를 조정하여 다음과 같이 완성합니다.

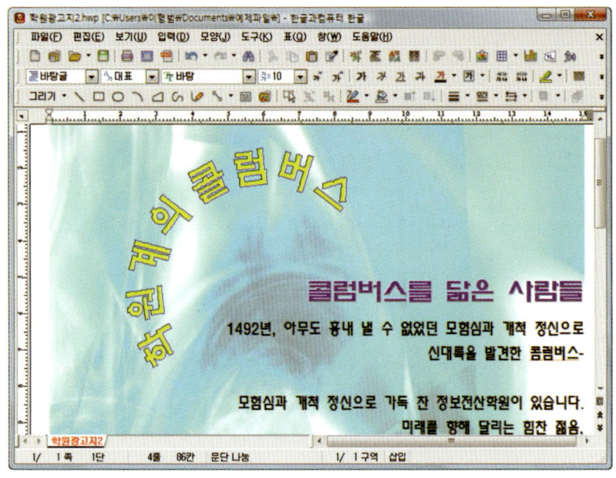

글맵시에 그림자 설정하기

글맵시 도구 상자에서 그림자(⬛) 아이콘을 클릭하면 글맵시에 그림자가 표시됩니다. 그림자의 위치와 그림자 색을 바꾸려면 글맵시 개체를 더블클릭하고 [개체 속성] 대화상자의 [글맵시] 탭에서 지정합니다. 그림자의 색과 X 위치, Y 위치를 지정할 수 있습니다. X 위치와 Y 위치는 글자 크기에 비례해서 −48부터 48까지 지정할 수 있습니다. 음수 값을 지정하면 글자의 왼쪽과 위쪽에, 양수 값을 지정하면 글자의 오른쪽과 아래쪽에 그림자가 표시됩니다.

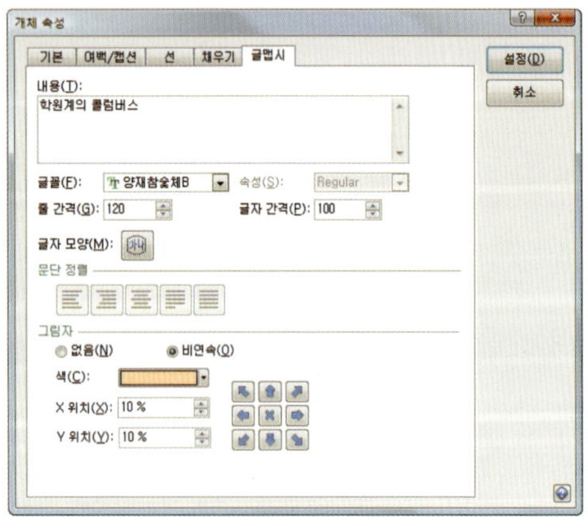

도형 그리기

한글 2007의 그리기 기능을 사용해서 편집 화면의 어느 곳에서나 직접 그림을 그릴 수 있습니다. 그림을 그릴 때는 그리기 도구 상자를 이용합니다. 이 도구 상자에 그림을 그리고 편집하고 관리할 수 있는 아이콘이 모두 모여 있습니다. 여기서는 그리기 도구 상자에 있는 각종 그리기 도구를 사용하여 도형을 그리는 과정을 살펴봅니다.

01 도형을 그리기 전에 먼저 새로 그리는 도형의 선과 면 색을 설정해 보겠습니다. 그리기 도구 상자의 확장 버튼을 클릭하고 [새 그리기 속성]을 선택합니다.

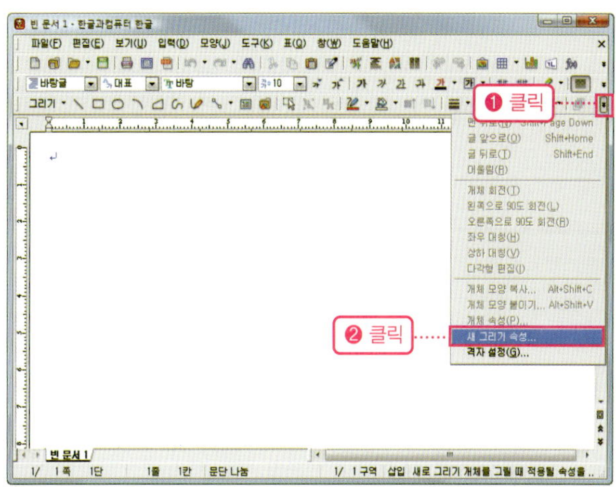

02 [새 그리기 속성] 대화상자가 나타나면 [선] 탭에서 선의 색과 종류, 끝 모양, 굵기 등을 지정합니다.

Note 새 그리기 속성에서 지정한 모든 속성은 새로 그리는 도형에 기본적으로 적용됩니다.

03 [채우기] 탭에서 "색" 옵션을 선택한 다음 면 색을 지정하고 [설정] 버튼을 클릭합니다. 무늬 색과 무늬 모양은 따로 변경하지 않았습니다.

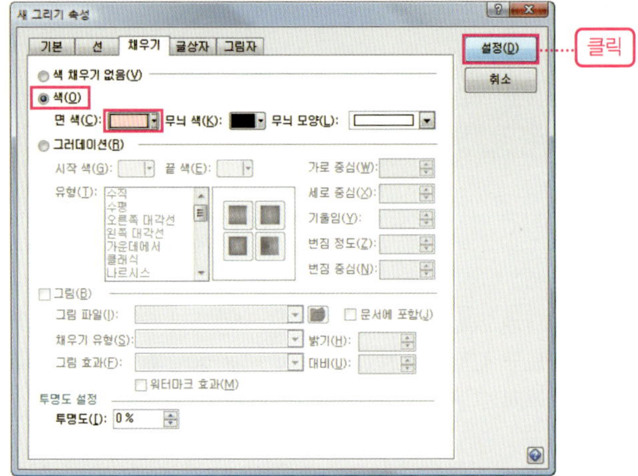

04 그리기 도구 상자에서 직선(＼) 아이콘을 선택한 다음 직선의 시작 부분에서 마우스 왼쪽 버튼을 누른 채 드래그하여 직선을 그립니다.

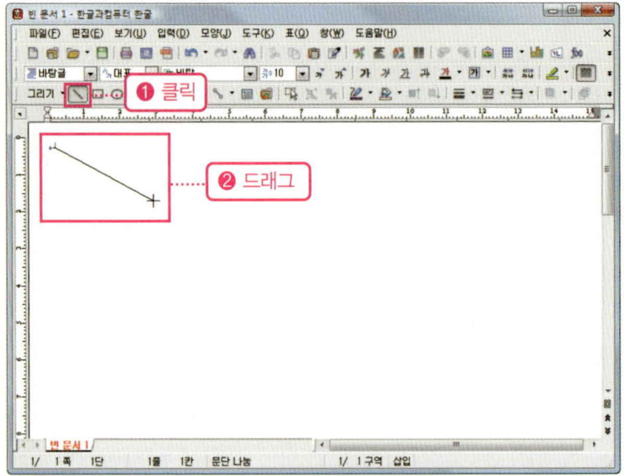

05 같은 방법으로 직사각형(□), 타원(○), 호(◠) 아이콘을 사용하여 다음과 같이 도형을 그립니다.

Note 도형에 표시된 크기 조절점(작은 네모점)을 드래그하여 도형 크기를 조정할 수 있습니다.

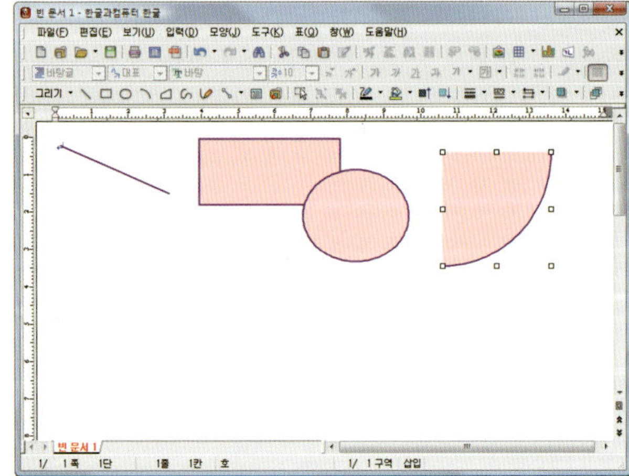

06 다각형(⬔) 아이콘을 선택한 다음 다각형의 시작점을 클릭합니다. 그리고 다른 꼭짓점으로 마우스를 이동한 다음 다시 클릭합니다. 그러면 두 꼭짓점이 직선으로 연결됩니다. 이런 방법으로 계속해서 꼭짓점을 클릭하면서 다각형을 그립니다. 다각형 그리기를 끝내려면 끝점에서 더블클릭합니다.

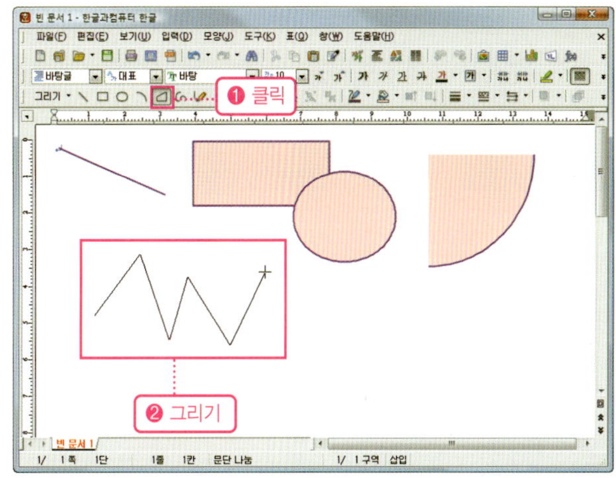

07 다음과 같이 다각형이 만들어집니다. 끝점을 더블클릭하지 않고 마지막에 시작점 근처 2mm 범위 안에서 클릭하면 닫힌 다각형이 그려집니다.

Note 다각형을 그리는 도중에 Back Space 를 누르면 최근에 클릭한 꼭짓점이 취소되고 바로 전 단계로 돌아갑니다.

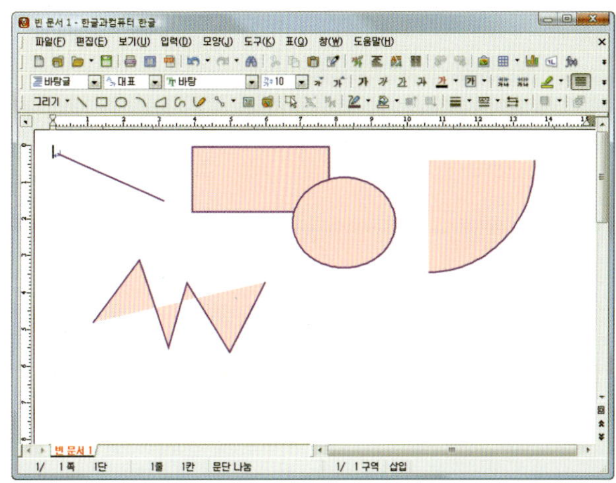

쌩초보 레벨업

도형을 그리는 여러 방법

★ Shift +그리기 : 도형 아이콘을 선택하고 Shift 를 누른 상태에서 드래그하여 도형을 그리면 15도 각도의 직선, 너비와 높이가 똑같은 정사각형, 반지름의 길이가 똑같은 원을 그릴 수 있습니다.

★ Ctrl +그리기 : Ctrl 을 누른 상태에서 드래그하여 도형을 그리면 도형의 중심부터 시작해서 그릴 수 있습니다. 마우스 왼쪽 버튼을 누르기 시작한 지점이 도형의 중심점이 됩니다.

★ 기본 크기로 그리기 : 도형 아이콘을 선택하고 편집 화면에서 마우스 왼쪽 버튼을 클릭하면 기본 크기의 도형이 바로 그려집니다.

★ 연속해서 그리기 : 도형 아이콘을 더블클릭하면 한 번 도형을 그린 이후에도 계속 아이콘이 눌려진 상태로 있습니다. 계속해서 도형을 그리고 도형 그리기가 모두 끝나면 눌려진 아이콘을 다시 한 번 클릭하여 그리기 상태를 끝냅니다.

08 곡선도 다각형과 같은 방법으로 그립니다. 곡선(⌒) 아이콘을 선택한 다음 시작점부터 각 꼭짓점을 차례로 클릭한 다음 끝점에서 더블클릭합니다.

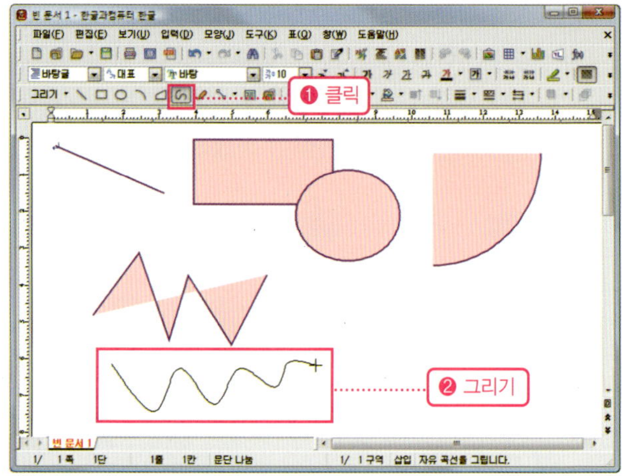

09 다음과 같이 꼭짓점과 꼭짓점이 곡선으로 연결된 곡선 도형이 그려집니다.

> **Note** 곡선을 그릴 때 `Ctrl`을 누른 채 그리면 일시적으로 직선이 그려집니다. 이 방법으로 직선과 곡선을 함께 그릴 수 있습니다.

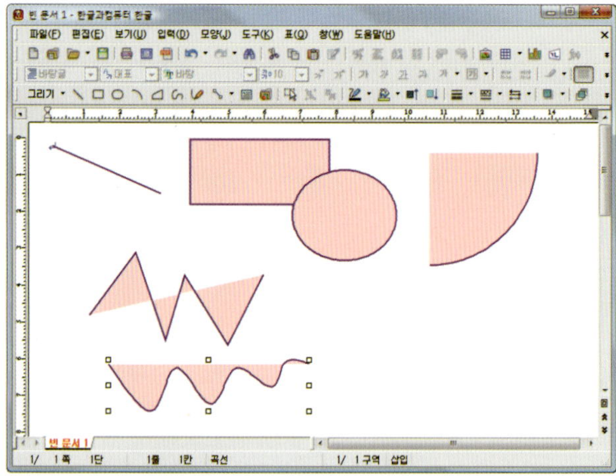

10 자유선(✎) 아이콘을 선택한 다음 마우스 왼쪽 버튼을 누른 채 원하는 대로 드래그하여 도형을 그립니다. 자유선(✎) 아이콘은 한 번 선택하면 계속 눌러진 상태로 있기 때문에 계속해서 연필로 그리듯이 그림을 그릴 수 있습니다. 펜으로 그리기가 모두 끝나면 `Esc`를 눌러 펜 선택 상태를 해제합니다.

> **Note** 펜은 새 그리기 속성에서 "선" 속성만 따라가고 "채우기" 속성은 적용되지 않습니다. 항상 투명한 모양으로 그려집니다.

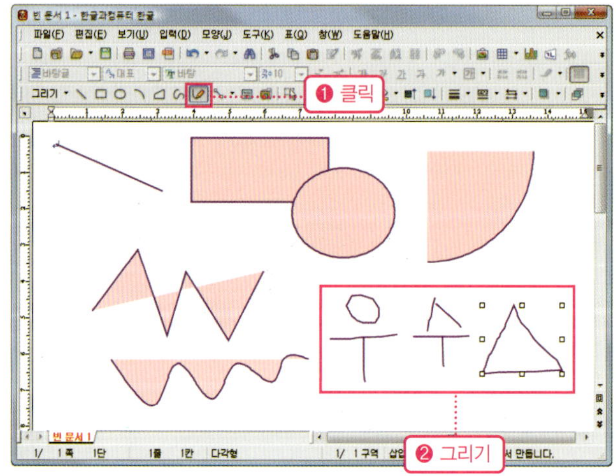

다각형 편집하기

다각형, 곡선, 타원 개체를 선택하고 그리기 도구 상자의 확장 버튼을 클릭하여 다각형 편집을 클릭하면 다각형의 각 꼭짓점에 점(노드)이 표시됩니다. 이 점을 다른 곳으로 이동하거나 새로운 점을 추가하고 기존에 있던 점을 삭제하는 등의 동작으로 다각형, 곡선, 타원을 편집할 수 있습니다.

★ **점 이동** : 다각형 편집 상태에서 꼭짓점에 표시된 점 위에서 마우스 왼쪽 버튼을 누른 채 다른 위치로 끌어다 놓습니다. 그러면 점이 이동됩니다.

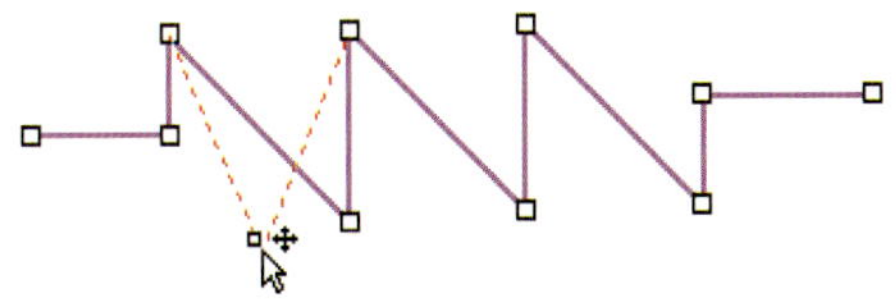 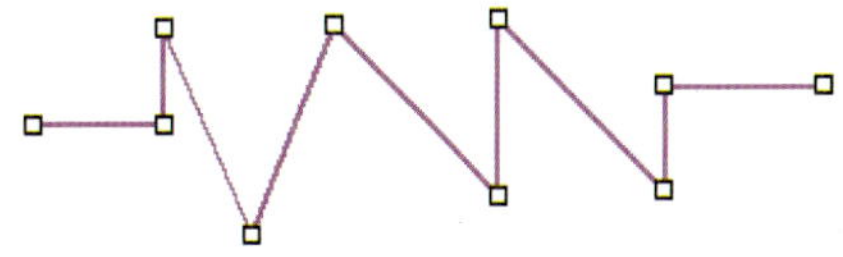

★ **점 추가** : 점은 선 위에 추가합니다. 점을 추가할 선 위에서 마우스 왼쪽 버튼을 누른 채 새 꼭짓점이 놓일 위치까지 끌어다 놓으면 점이 추가됩니다.

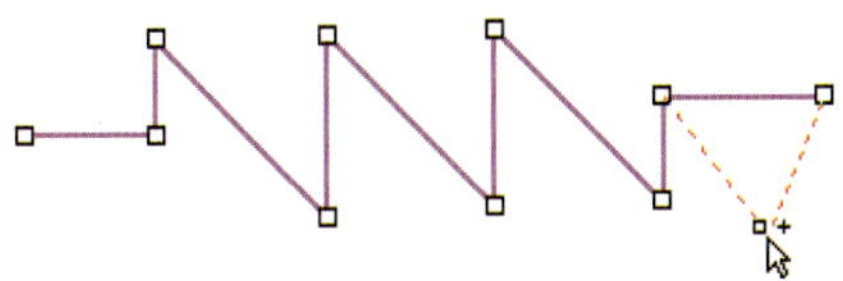 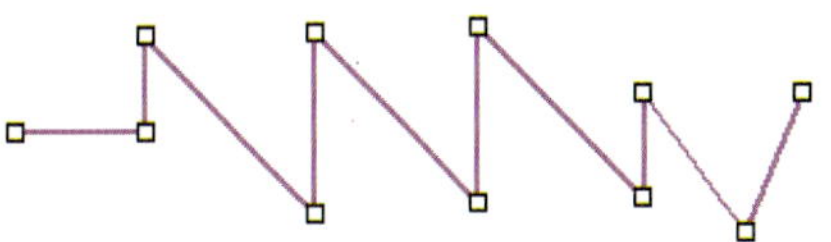

★ **점 삭제** : Ctrl을 누른 상태에서 삭제할 점을 클릭하면 점이 삭제됩니다. 점이 삭제되면 양쪽의 점이 선으로 연결됩니다.

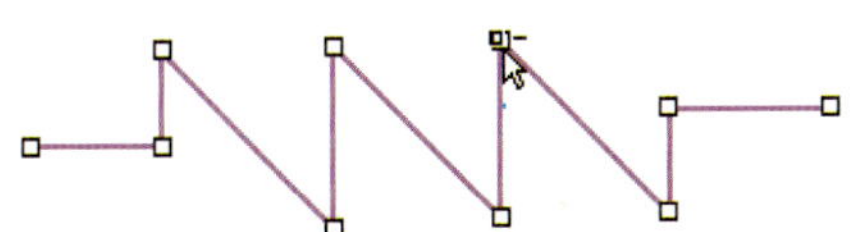 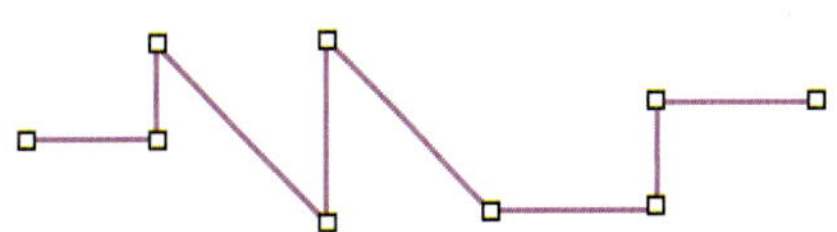

★ **타원 편집** : 타원을 선택하고 다각형 편집( ) 아이콘을 클릭하면 타원 위에 하나의 점이 표시됩니다. 이 점을 마우스로 드래그하여 타원을 호나 부채꼴 도형으로 바꿀 수 있습니다.

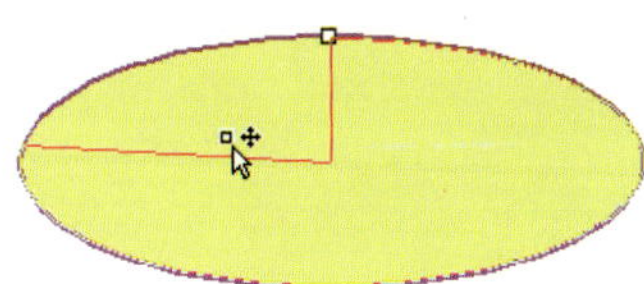 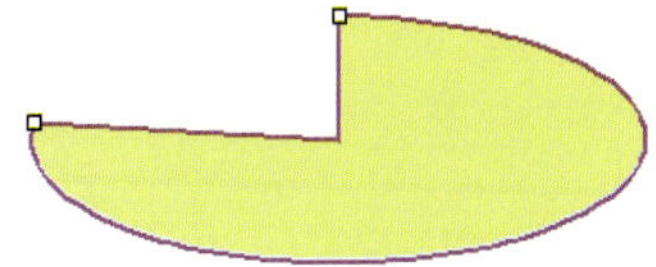

선 모양과 채우기 모양

- **키워드** : 선 색, 선 굵기, 선 모양
- **예제 파일** : 시작 파일\시선집중.hwp

도형의 선 모양과 채우기 모양은 도형을 그리기 전에 미리 선택하거나 도형을 그린 다음에 다른 모양으로 바꿀 수 있습니다. 여기서는 미리 만들어 놓은 도형의 선 모양과 채우기 모양을 변경하는 과정을 살펴보겠습니다.

01 예제 파일을 열고 첫 번째 직사각형을 클릭해서 선택합니다. 그런 다음 그리기 도구 상자에서 선 색() 아이콘을 누르고 원하는 선 색을 선택합니다.

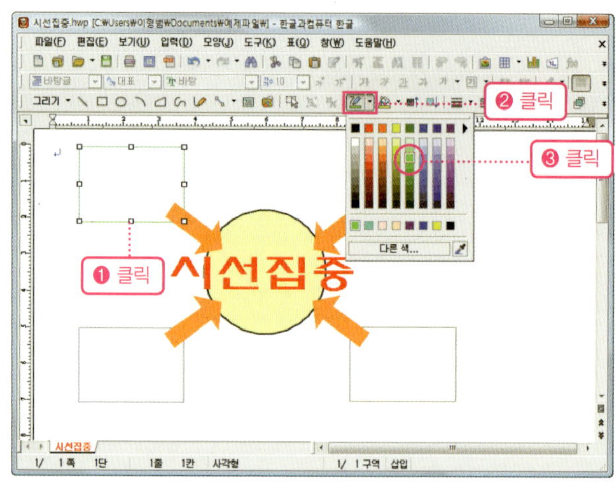

02 선 색이 변경되면 이번에는 선 굵기() 아이콘을 누르고 선의 굵기를 선택합니다. 원하는 선 굵기가 없을 경우 [다른 선 굵기]를 선택한 다음 선 굵기를 지정할 수 있습니다.

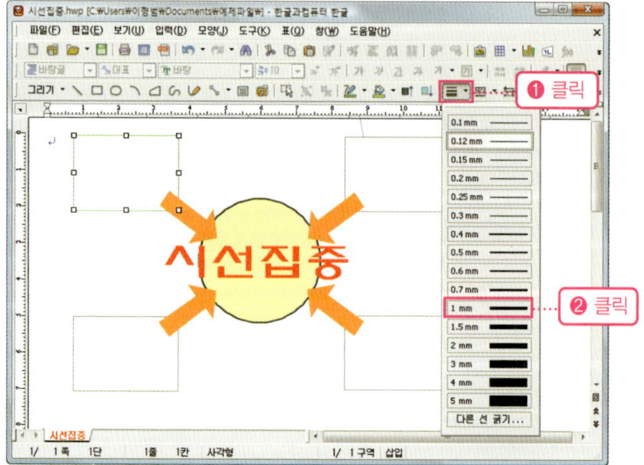

03 선 굵기가 변경되면 계속해서 선 종류 아이콘을 누르고 선의 모양을 선택합니다.

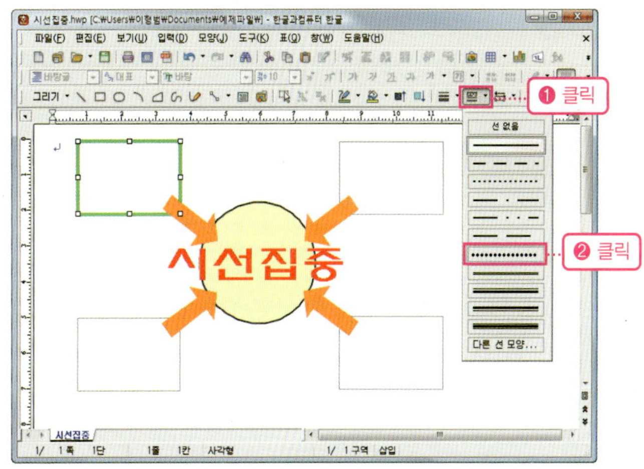

04 같은 방법으로 나머지 세 개의 직사각형에 대해서도 선 색과 선 굵기, 선 모양을 각각 변경하여 다음과 같이 서식을 지정해 봅니다.

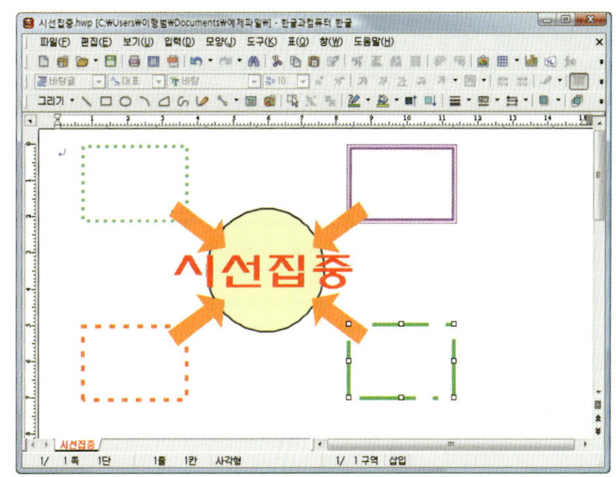

쌩초보 레벨 업

개체의 이동, 복사, 삭제

★ **개체 이동** : 개체를 클릭해서 선택한 다음 마우스 왼쪽 버튼을 누른 채 다른 위치로 끌어다 놓으면 개체가 이동됩니다.

★ **개체 복사** : Ctrl 을 누른 상태에서 개체를 드래그하면 개체가 복사됩니다.

★ **개체 삭제** : 개체를 선택하고 Delete 를 누르면 개체가 삭제됩니다.

05 이번에는 도형의 면을 채우는 색을 지정해 보겠습니다. 화살표 도형을 선택한 다음 면 색() 아이콘을 누르고 원하는 색을 선택합니다.

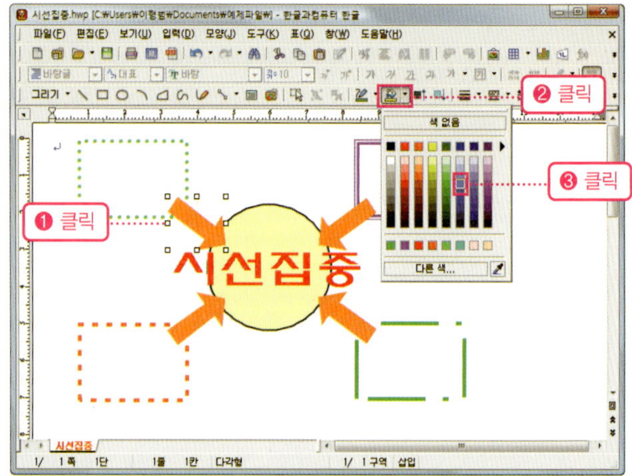

06 같은 방법으로 나머지 화살표 도형도 각각 면 색을 변경하여 다음과 같이 작성할 수 있습니다.

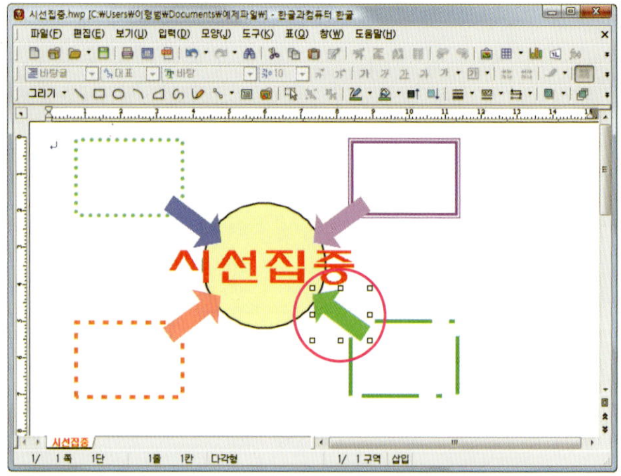

07 이번에는 무늬, 그러데이션, 그림 등으로 개체를 채우는 방법입니다. 가운데에 있는 타원 도형을 더블클릭하면 [개체 속성] 대화상자가 나타납니다. [채우기] 탭에서 "그러데이션" 옵션을 선택하고 시작 색, 끝 색, 유형 등을 지정한 다음 [설정] 버튼을 클릭합니다.

[Note] 면 색을 지정한 다음 음영 비율 증가() 아이콘과 음영 비율 감소() 아이콘을 사용하여 면 색의 밝기를 조정합니다.

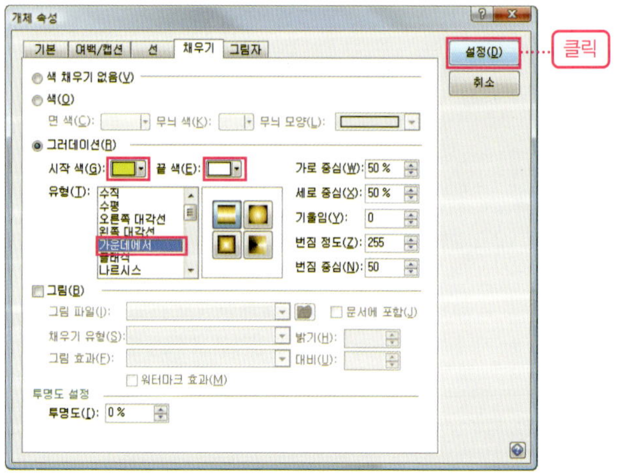

08 다음과 같이 선택한 타원 도형의 면 색이 그러데이션 효과로 채워집니다. 무늬나 그림 등을 이용해서 도형을 채울 때도 같은 방법을 사용합니다.

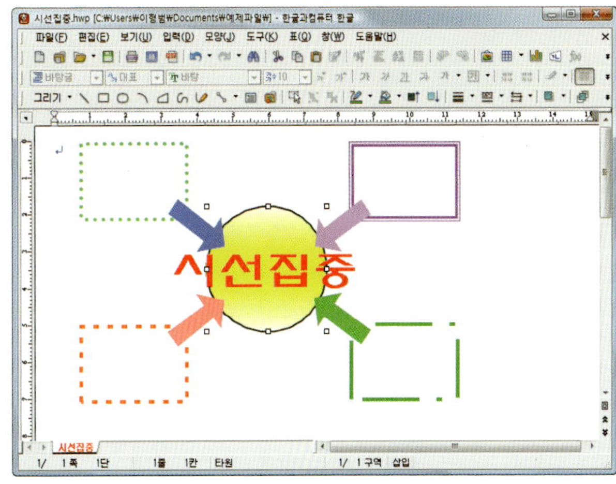

개체 선택하기

그리기 개체를 편집하거나 모양을 변경하려면 먼저 해당 개체를 선택해야 합니다. 다음 방법 중 하나를 사용하여 개체를 선택할 수 있습니다.

★ **하나의 개체 선택** : 마우스 왼쪽 버튼으로 해당 개체를 클릭하면 선택됩니다.

★ **여러 개체 선택** : 첫 번째 개체를 클릭한 다음 두 번째 개체부터 Shift 를 누른 상태에서 클릭합니다. 그러면 여러 개의 개체를 한꺼번에 선택할 수 있습니다. Shift 를 누른 상태에서 이미 선택되어 있는 개체를 다시 클릭하면 해당 개체만 선택이 해제됩니다.

★ **마우스로 여러 개체 선택** : 그리기 도구 상자에서 개체 선택(▧) 아이콘을 클릭한 다음 선택하고자 하는 개체가 모두 들어가도록 마우스로 드래그하여 개체 주위에 사각형을 그립니다. 그러면 사각형 안에 들어가는 모든 개체가 선택됩니다. 개체 선택이 끝나면 개체 선택(▧) 아이콘을 다시 클릭합니다.

그리기 개체의 순서 바꾸기

편집 화면에 그리는 그림은 그린 순서대로 쌓이게 됩니다. 그림과 그림이 겹칠 경우 서로 자리를 바꾸어야 할 때 순서 바꾸기 기능을 사용합니다. 예를 들어 뒤에 있는 그림을 한 단계 앞으로 가져오거나 앞에 있는 그림을 맨 뒤로 보내는 등의 명령을 사용할 수 있습니다.

01

그리기 도구 상자에서 직사각형(□) 아이콘을 이용하여 다음과 같이 세 개의 직사각형을 서로 겹치게 그립니다. 가장 마지막에 그린 직사각형이 가장 위에 놓이게 됩니다.

Note 선 색(✎▾) 아이콘과 채우기 색(▨) 아이콘을 사용하여 직사각형의 선 색과 채우기 색을 설정합니다.

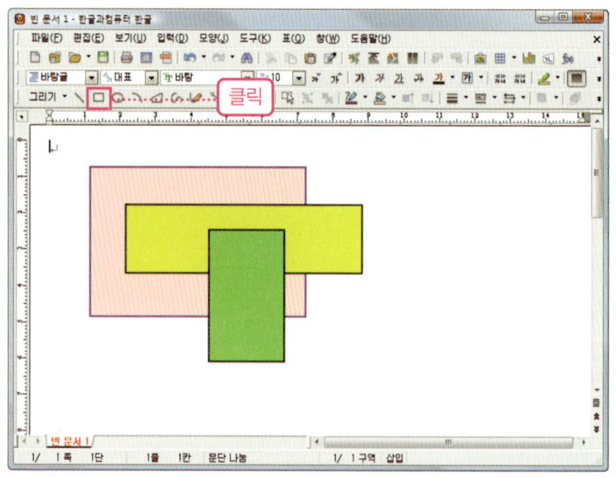

02

타원(○) 아이콘을 선택한 다음 마우스 왼쪽 버튼을 누른 채 드래그하여 타원을 그리고, 선 색과 면 색을 지정합니다. 이 타원을 먼저 그린 직사각형보다 가장 아래에 놓이게 하기 위해서 그리기 도구 모음의 [그리기]–[순서 바꾸기]–[맨 뒤로]를 클릭합니다.

Note 도형을 맨 앞으로 가져오려면 도형을 선택하고 그리기 도구 모음의 [그리기]–[순서 바꾸기]–[맨 앞으로]를 클릭합니다. 또는 그리기 도구 모음의 맨 앞으로(▣) 아이콘을 클릭합니다.

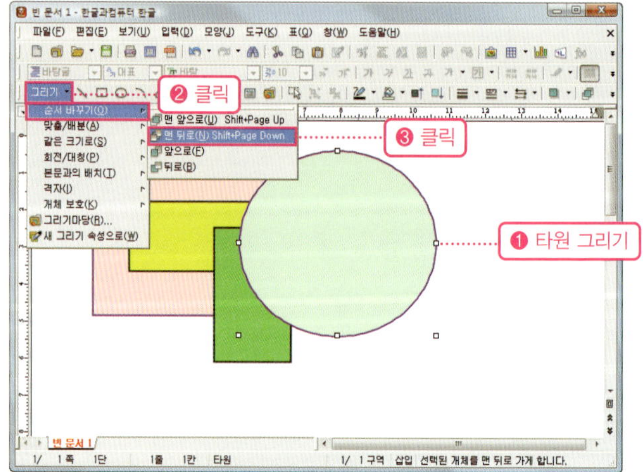

03

타원이 다른 도형들보다 뒤에 위치합니다. 이번에는 맨 앞에 있는 직사각형을 선택한 다음 그리기 도구 모음의 [그리기]-[순서 바꾸기]-[뒤로] 메뉴를 선택합니다. 다음과 같이 선택한 도형이 한 단계 뒤로 이동합니다.

Note 본문 내용과 도형이 서로 겹칠 경우에는 도형을 선택하고 그리기 도구 모음의 확장 버튼을 클릭하여 [글 앞으로], [글 뒤로], [어울림] 등을 선택하여 도형과 본문의 순서를 바꿀 수 있습니다.

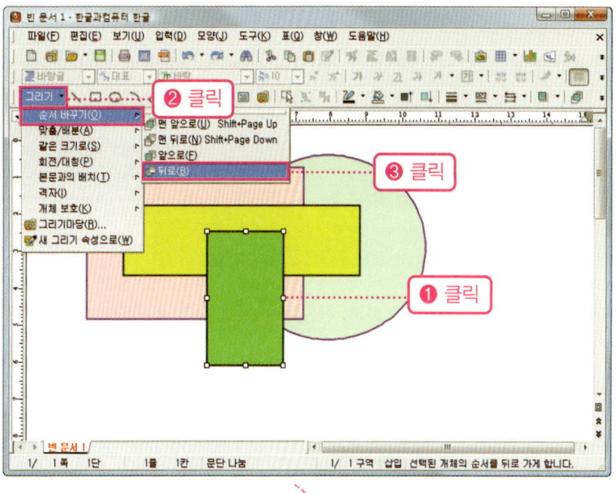

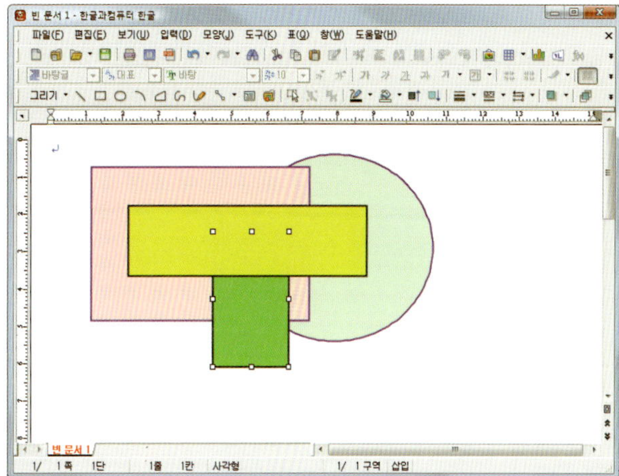

개체 묶기와 풀기

★ 개체 묶기( ) : 두 개 이상의 도형을 선택하고 이 아이콘을 클릭하면 선택한 도형이 하나의 도형으로 묶여집니다. 개체를 묶으면 개체를 이동하거나 복사할 때, 크기를 조정할 때 묶인 개체가 한꺼번에 이동 또는 복사되고 크기가 조정됩니다.

★ 개체 풀기( ) : 여러 도형을 하나로 묶은 다음 이것을 다시 풀어줄 때 이 아이콘을 클릭합니다.

그리기 개체의 회전과 대칭

• 키워드 : 오른쪽으로 90도 회전, 상하 대칭
• 예제 파일 : 시작 파일\아이디어.hwp

편집 화면에 그려져 있는 그리기 개체를 선택한 다음 이것을 회전시키거나 좌우로 또는 상하로 뒤집는 기능입니다. 개체의 회전은 1°부터 360° 사이에서 자유롭게 선택할 수 있습니다. 대칭은 개체의 중심점을 기준으로 개체의 좌우를 뒤집거나 상하를 뒤집는 기능입니다.

01 예제 파일을 열고 그리기 개체를 클릭해서 선택합니다. 그런 다음 그리기 도구 상자의 확장 버튼을 누르고 [오른쪽으로 90도 회전]을 클릭합니다.

Note 개체가 "글자처럼 취급"으로 설정되어 있으면 개체를 회전시킬 수 없습니다.

02 개체가 오른쪽 시계 방향으로 90도 회전합니다. 이번에는 개체가 선택된 상태에서 개체 회전을 선택합니다.

Note 그림 파일을 선택해서 회전시키면 그림의 틀만 회전하고 틀에 맞추어 그림을 확대하거나 축소시켜 보여줍니다. 그림 내용까지 함께 회전시킬 수 없습니다.

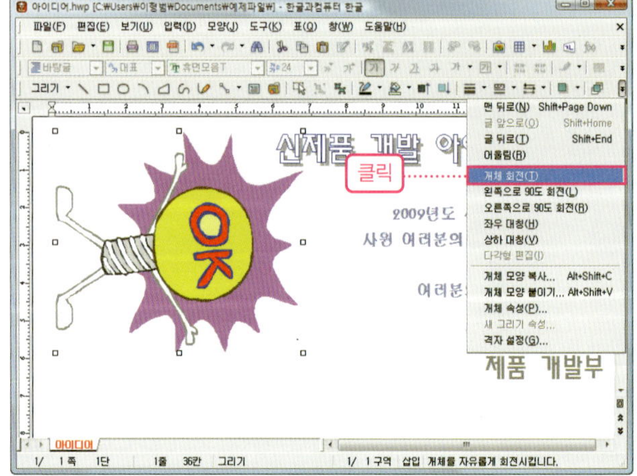

03 개체 가운데에 회전 중심점이 생기고 개체의 각 모서리에 초록색 모양의 회전 표시가 나타납니다. 먼저 회전 중심점을 마우스로 드래그하여 이동한 다음 모서리에 있는 회전 표시 중 하나에서 마우스 왼쪽 버튼을 누른 채 드래그하여 개체를 회전합니다.

[Note] 개체는 회전 중심점을 기준으로 회전합니다. 개체를 회전할 때 [Ctrl]을 누른 채 회전 표시를 드래그하면 한 번 마우스를 끌 때마다 15도씩 회전합니다.

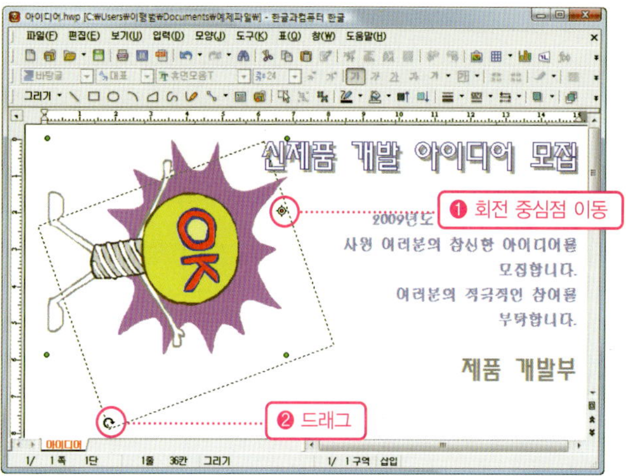

04 다음과 같이 중심점을 기준으로 개체의 상하좌우가 바뀌도록 개체를 다양하게 대칭 이동시켜 봅시다.

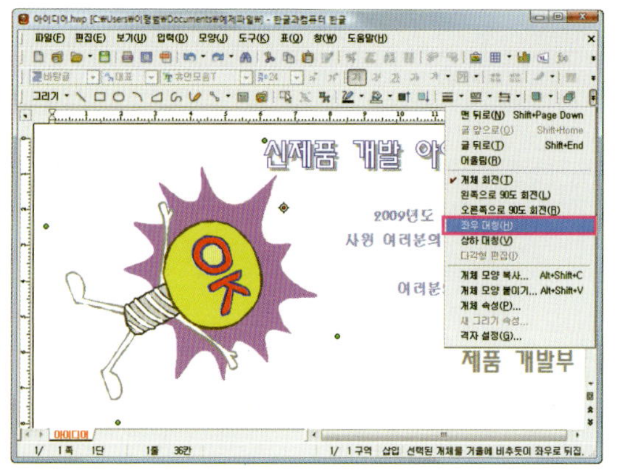

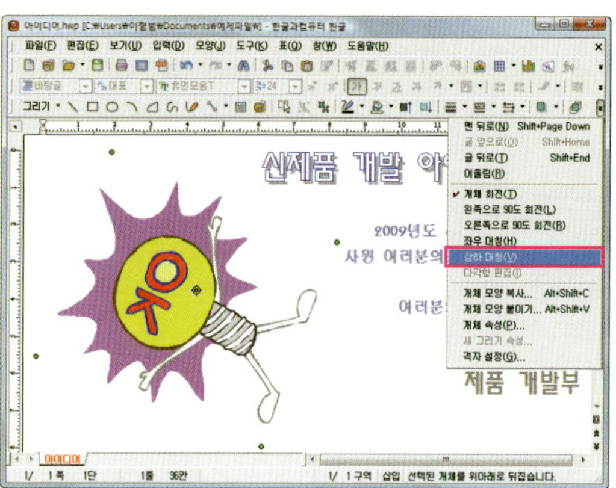

그리기 개체의 맞춤과 배분

• **키워드** : 맞춤/배분, 오른쪽 맞춤, 세로 간격을 동일하게
• **예제 파일** : 시작 파일\VISION.hwp

2개 이상의 그리기 개체를 선택하고 기준 개체를 지정하여 개체의 위치를 상하 또는 좌우로 가지런하게 정렬할 수 있습니다. 또 3개 이상의 개체를 선택하고 개체 사이의 위/아래 간격 또는 왼쪽/오른쪽 간격을 똑같이 배분할 수 있습니다.

01

"2009年 VISION" 글상자를 클릭하고 Shift 를 누른 상태에서 가장 오른쪽에 있는 타원 도형을 클릭하여 선택합니다. 그런 다음 그리기 도구 상자의 [그리기]-[맞춤/배분]-[오른쪽 맞춤] 메뉴를 선택합니다.

> **Note** 여러 개의 개체를 선택하면 가장 마지막으로 선택한 개체가 기준 개체가 됩니다. 기준 개체는 작은 네모점이 밝은 옥색으로 표시됩니다. 다른 개체를 클릭해서 기준 개체를 변경할 수 있습니다.

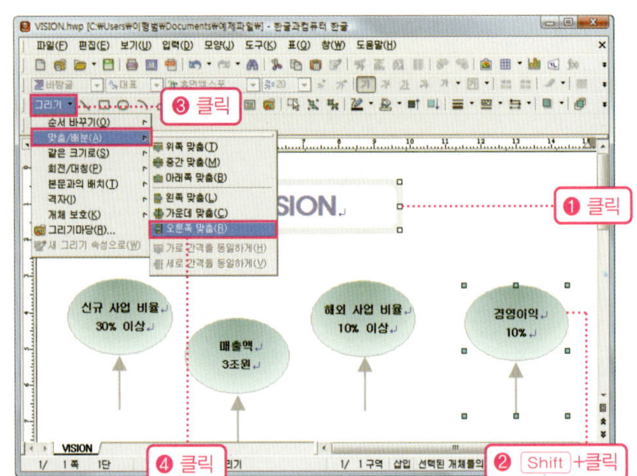

02

두 개의 개체가 나중에 선택한 기준 개체의 오른쪽 끝에 맞추어 다음과 같이 정렬됩니다.

> **Note** [맞춤/배분]에서 [왼쪽 맞춤], [가운데 맞춤], [오른쪽 맞춤] 명령을 사용하여 개체의 수직 방향은 그대로 유지한 채 수평 방향으로만 개체를 맞출 수 있습니다.

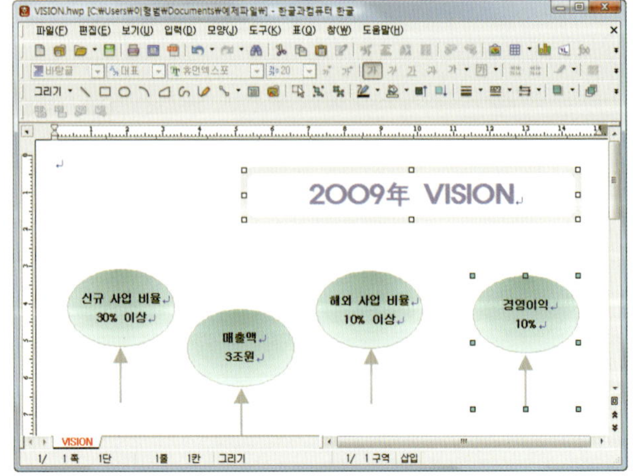

03 이번에는 아래에 있는 4개의 타원 도형을 모두 선택하고 그리기 도구 상자의 [그리기]-[맞춤/배분]-[위쪽 맞춤] 메뉴를 선택합니다.

Note 도형이 선택된 상태에서 기준 개체를 변경하려면 선택된 도형 중에서 클릭합니다. 기준 개체는 밝은 옥색으로 작은 네모점이 표시됩니다.

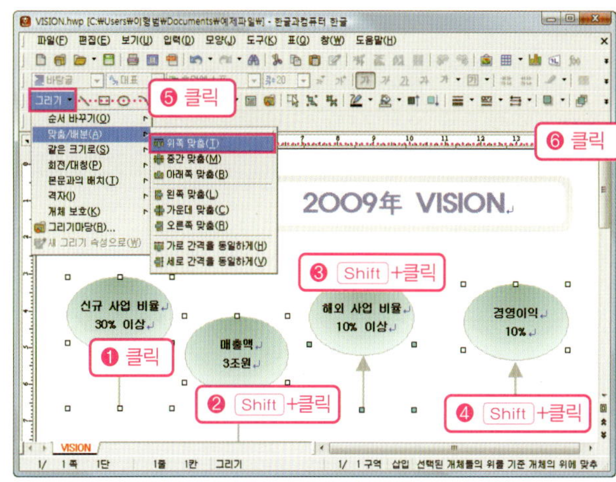

04 기준 개체로 지정한 세 번째 개체의 위에 맞추어 나머지 개체가 나란히 정렬됩니다.

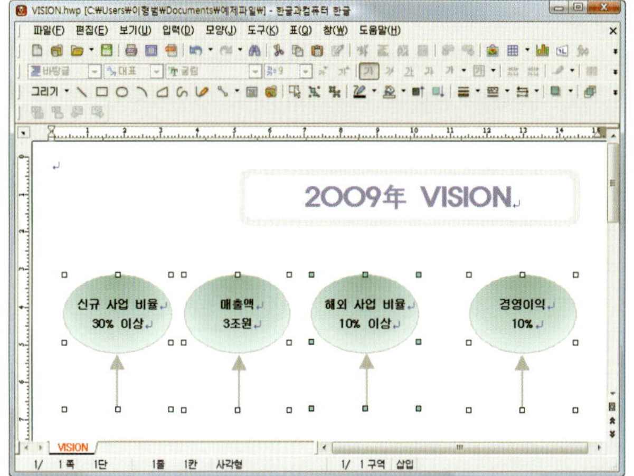

05 4개의 타원 도형이 선택되어 있는 상태에서 이번에는 그리기 도구 상자의 [그리기]-[맞춤/배분]-[가로 간격을 동일하게] 메뉴를 선택합니다.

Note [맞춤/배분]에서 [위로 정렬], [세로 가운데 정렬], [아래로 정렬] 명령을 사용하여 개체의 수평 방향은 그대로 유지한 채 수직 방향으로만 개체를 이동하여 기준 개체에 맞춥니다.

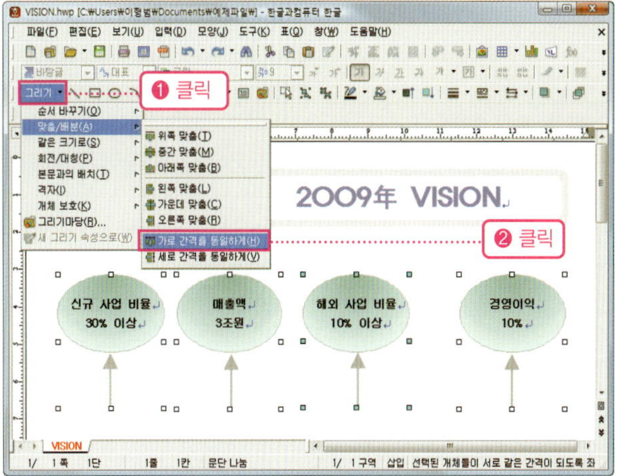

06 다음과 같이 선택한 도형의 왼쪽과 오른쪽 도형을 기준으로 두 번째와 세 번째 도형의 가로 간격이 배분되어 조정됩니다.

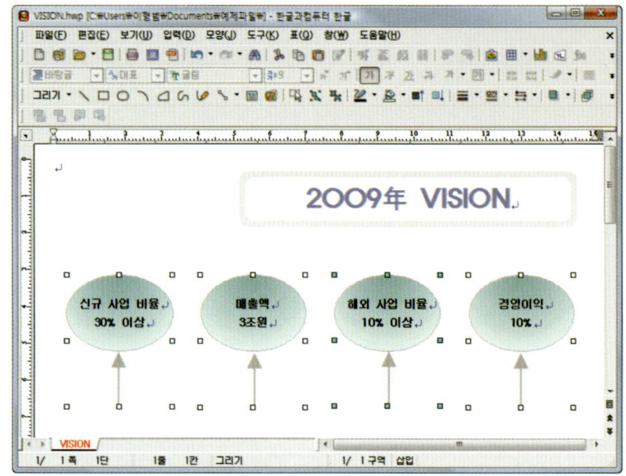

07 다시 한 번 그리기 도구 상자의 [그리기]-[맞춤/배분]-[세로 간격을 동일하게] 메뉴를 선택하여 세로의 위치를 조정합니다.

Note 가로 간격이나 세로 간격을 조정하려면 3개 이상의 개체를 선택한 다음 실행해야 합니다.

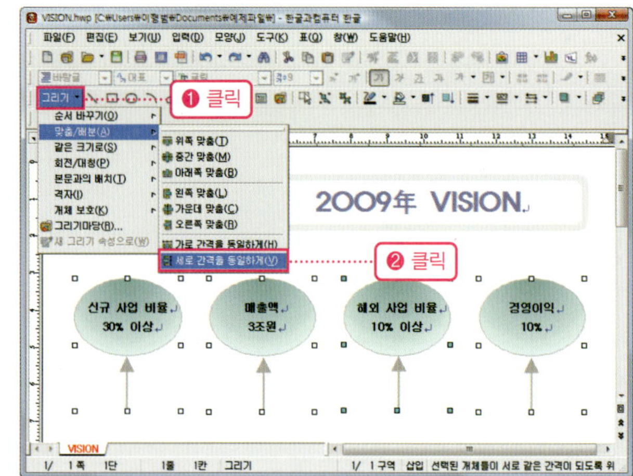

쌩초보 레벨업

같은 크기로 만들기

두 개 이상의 개체를 선택한 다음 기준 개체를 정하여 나머지 개체를 기준 개체와 같은 너비, 같은 높이로 만들 수 있습니다. 그리기 도구 상자에서 [그리기]-[같은 크기로]에서 [너비를 같게], [높이를 같게], [너비/높이를 같게] 중 하나를 선택하여 너비나 높이 중 한 쪽만 같은 크기로 조정하거나 너비와 높이를 모두 똑같은 크기로 조정할 수 있습니다.

그리기 마당으로 문서 꾸미기

• **키워드** : 그리기마당, 클립아트

그리기 마당은 미리 그리기 조각이나 클립아트 그림을 만들어 등록해 두고 필요할 때마다 그리기 마당에서 개체를 선택하여 쉽고 빠르게 원하는 그림을 그리는 기능입니다. 그리기 마당을 사용하면 그림을 그리는데 드는 시간과 노력을 절약할 수 있습니다.

01

빈 문서에서 시작하겠습니다. 그리기 도구 상자에서 그리기마당(📷) 아이콘을 클릭하면 [그리기마당] 대화상자가 나타납니다. "바로 넣기"가 선택되어 있는 상태에서 [그리기 조각] 탭의 "전통(미풍양속)" 꾸러미를 선택하고 오른쪽에서 "닭싸움"을 선택합니다.

> **Note** "바로 넣기"가 선택되어 있으면 [그리기마당] 대화상자를 닫지 않고 편집 화면에 선택한 그리기 조각을 바로 삽입할 수 있습니다.

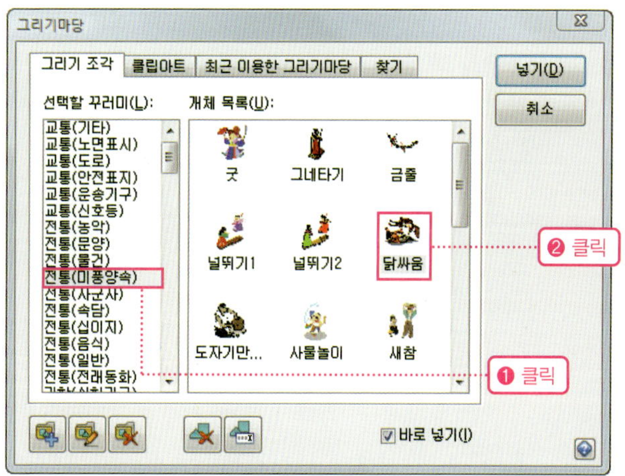

02

편집 화면에 마우스 왼쪽 버튼을 누른 채 원하는 크기만큼 드래그합니다.

> **Note** 마우스로 드래그하지 않고 바로 클릭하면 기본 크기로 그리기 조각이 삽입됩니다.

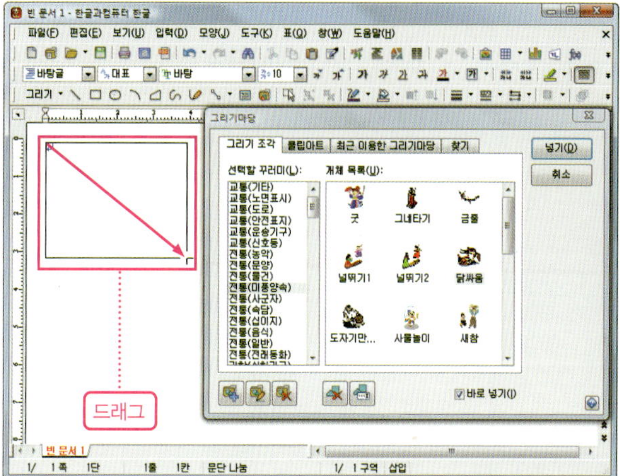

03 다음과 같이 선택한 그리기 조각이 편집 화면에 삽입됩니다. 아직 [그리기마당] 대화상자는 닫히지 않은 상태입니다.

Note 그리기 조각 주위에 표시된 작은 네모 점을 마우스로 드래그하여 그리기 조각의 크기를 변경할 수 있습니다.

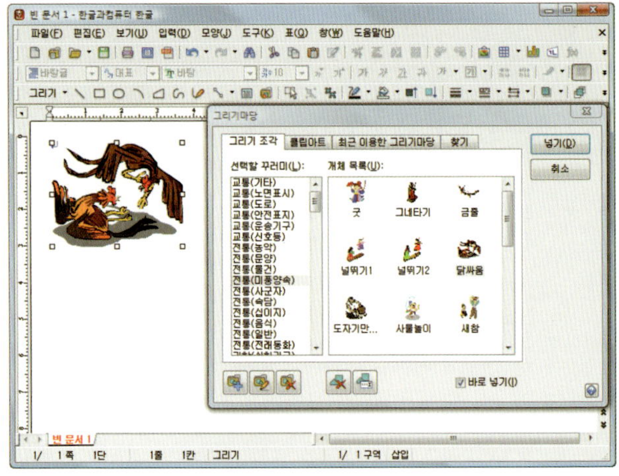

04 [그리기마당] 대화상자에서 "바로 넣기"를 클릭해서 선택을 해제한 다음 꾸러미를 "전통(전래동화)"로 변경합니다. "청개구리" 조각을 선택한 다음 [넣기] 버튼을 클릭합니다.

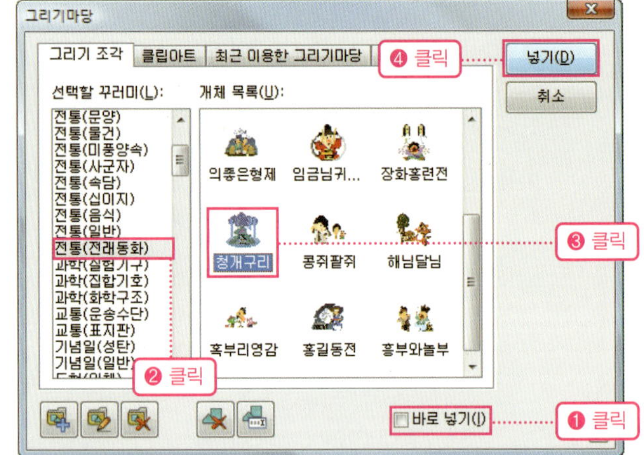

05 대화상자가 닫히면 편집 화면에서 마우스로 원하는 크기만큼 드래그하여 삽입합니다.

Note 그리기마당에 들어 있는 하나 하나의 그림을 그리기 조각이라고 합니다. 그리기 조각은 한글의 그리기 기능을 이용해서 그린 그림입니다.

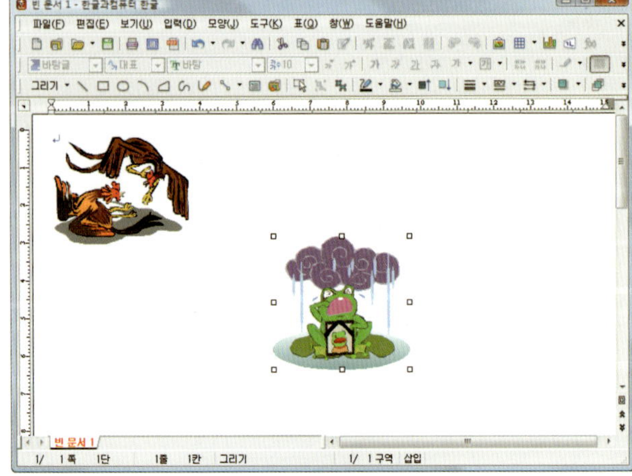

06 그리기마당() 아이콘을 클릭하고 [그리기마당] 대화상자의 [클립아트] 탭에서 "꽃(삽화)" 꾸러미를 선택합니다. "꽃8" 클립아트를 선택하고 [넣기] 버튼을 누릅니다.

> Note 클립아트는 외부에서 그려진 그림 파일입니다. "꽃" 꾸러미가 존재하지 않을 경우에는 다른 꾸러미에 있는 클립아트를 삽입하면 됩니다.

07 편집 화면에서 마우스로 드래그하여 그리기 조각과 똑같이 원하는 크기로 클립아트를 삽입할 수 있습니다.

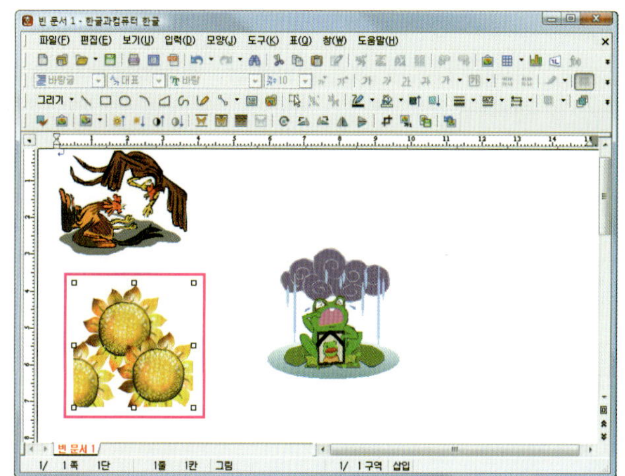

그림 찾기

그리기마당에는 많은 종류의 그리기 조각과 클립아트가 들어 있습니다. 여기에서 원하는 개체를 빠르게 찾아 삽입할 수 있습니다. [그리기마당] 대화상자의 [찾기] 탭에서 찾을 파일 상자에 개체를 찾을 때 사용할 키워드를 입력하고 [찾기] 버튼을 클릭합니다. 그러면 입력한 키워드가 들어있는 그리기 조각이나 클립아트가 표시됩니다. 여기에서 문서에 삽입할 개체를 선택하고 [넣기] 버튼을 클릭한 후 마우스로 드래그하여 개체를 삽입합니다.

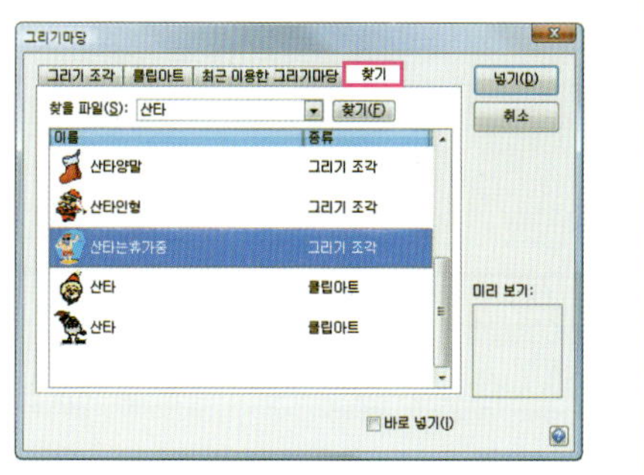

꾸러미 관리하기

• 키워드 : 그리기 조각, 꾸러미, 그리기마당에 등록
• 예제 파일 : 시작 파일\카드.hwp

그리기마당에서 같은 종류의 그리기 조각끼리 또는 같은 종류의 클립아트끼리 모아 놓은 것을 꾸러미라고 합니다. 사용자가 필요에 따라 꾸러미를 새로 만들어 그리기마당에 등록하거나 기존 꾸러미의 경로를 변경하고 지울 수 있습니다. 꾸러미를 관리하는 여러 방법에 대해 살펴보겠습니다.

01 예제 파일은 여러 개의 그리기 개체로 꾸며져 있습니다. 예제 파일을 열고 그리기마당(🖼) 아이콘을 클릭합니다.

02 [그리기마당] 대화상자의 [그리기 조각] 탭에 새 꾸러미를 만들어 보겠습니다. 새 꾸러미(🗐) 아이콘을 클릭합니다.

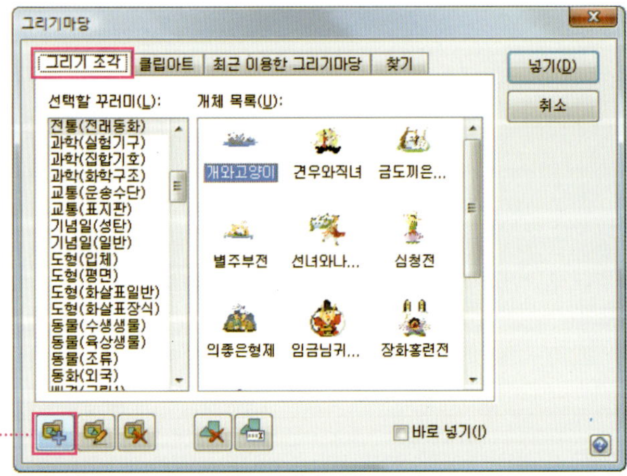

03 [새 꾸러미] 대화상자에서 꾸러미 이름을 "크리스마스"로 입력하고 "새 꾸러미 만들기" 옵션이 선택된 상태에서 [설정] 버튼을 클릭합니다.

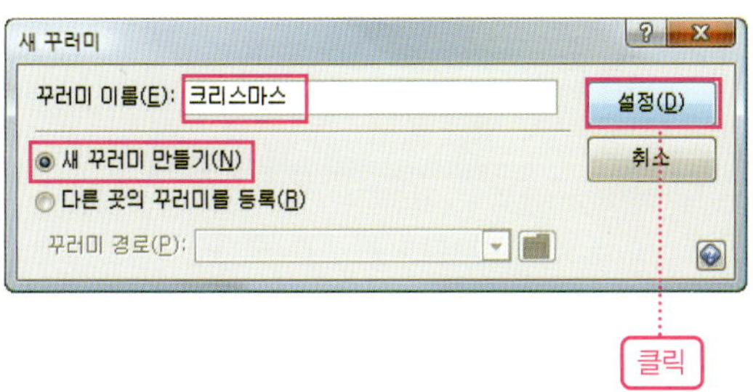

04 [그리기 조각] 탭에 "크리스마스" 꾸러미가 새로 만들어집니다. 지금은 꾸러미만 만들었기 때문에 그리기 조각은 나타나지 않습니다. [취소] 버튼을 클릭해서 대화상자를 닫습니다.

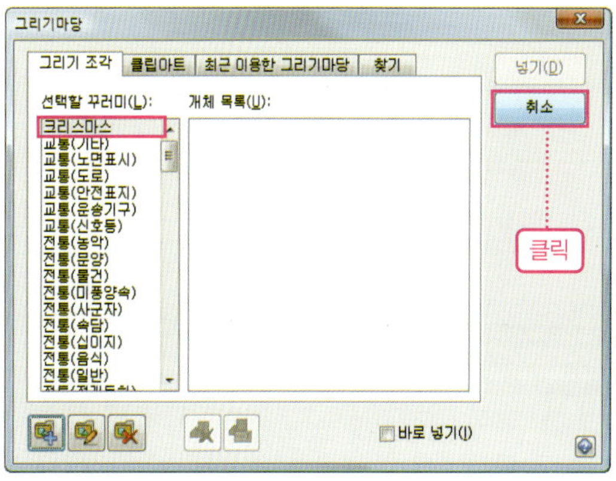

> **Note** 그리기 조각에 새 꾸러미를 만들면 \User\Shared\HwpTemplate\Draw 폴더 아래에 지정한 꾸러미 이름으로 새 폴더가 만들어집니다.

05 문서에 삽입한 그리기 개체를 꾸러미에 등록해 두고 나중에 필요할 때 다시 꺼내 쓸 수 있습니다. 문서에서 꾸러미에 등록할 그리기 개체를 선택한 다음 마우스 오른쪽 버튼을 누르고 [그리기마당에 등록] 메뉴를 선택합니다.

06 [그리기 조각 등록] 대화상자가 표시되면 등록할 꾸러미 목록에서 "크리스마스"를 선택합니다. 그리기 조각의 이름을 "장식종"으로 입력한 다음 [등록] 버튼을 클릭합니다.

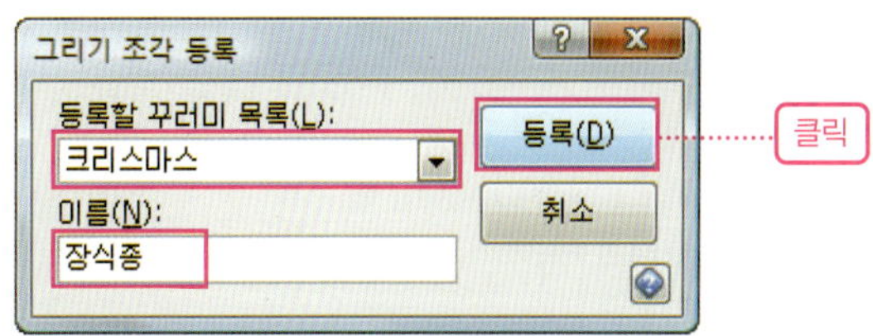

07 같은 방법으로 문서 왼쪽에 삽입되어 있는 산타 그림을 "크리스마스" 꾸러미에 "소녀산타"라는 이름으로 등록합니다.

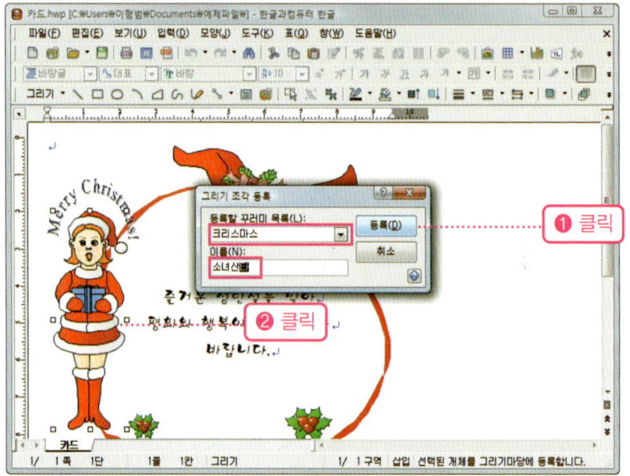

08 그리기마당( ) 아이콘을 클릭해서 [그리기마당] 대화상자를 나타낸 다음 [그리기 조각] 탭에서 "크리스마스" 꾸러미를 선택합니다. 오른쪽에 새로 등록한 그리기 조각이 표시됩니다. 이 그리기 조각은 다른 문서에서도 쉽게 가져다 쓸 수 있습니다.

Note 꾸러미를 선택하고 꾸러미 고치기( ) 아이콘을 클릭한 다음 선택한 꾸러미의 이름이나 경로를 변경합니다. 꾸러미를 선택하고 꾸러미 지우기( ) 아이콘을 클릭해서 선택한 꾸러미를 지울 수 있습니다.

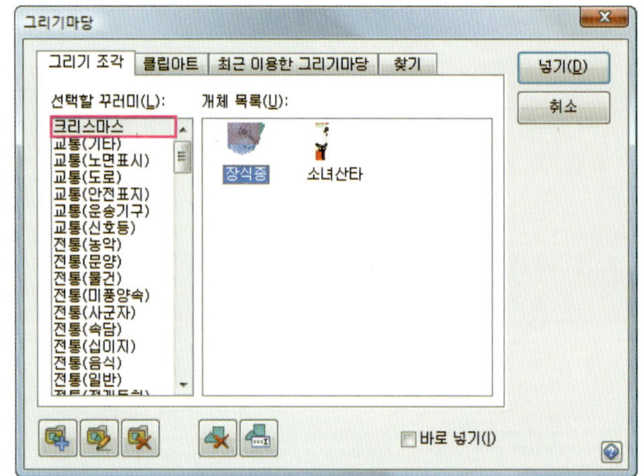

09 이번에는 [클립아트] 탭에 새 꾸러미를 만들어 보겠습니다. [클립아트] 탭에서 새 꾸러미( ) 아이콘을 클릭합니다.

10 [새 꾸러미] 대화상자에서 꾸러미 이름을 "내그림"으로 입력하고 "다른 곳의 꾸러미를 등록" 옵션을 선택합니다. 그런 다음 꾸러미 경로를 지정하기 위해 경로 지정(📁) 버튼을 클릭합니다.

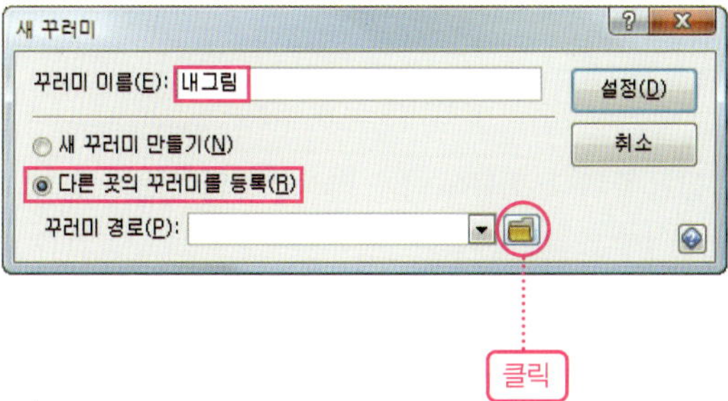

11 [경로] 대화상자에서 꾸러미로 등록할 폴더를 선택한 다음 [설정] 버튼을 클릭합니다.

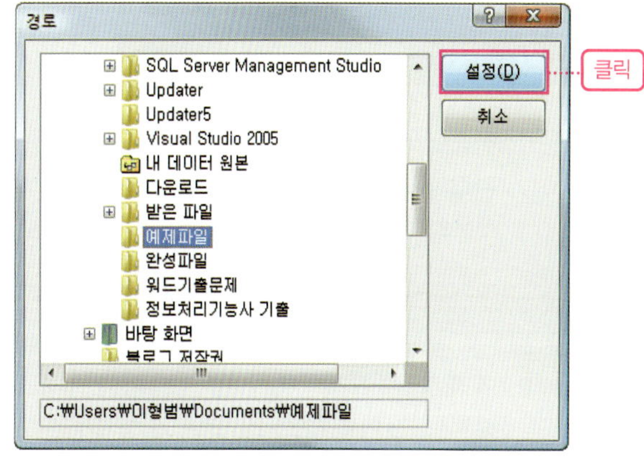

12 [새 꾸러미] 대화상자의 꾸러미 경로에 선택한 폴더의 전체 경로가 표시되면 [설정] 버튼을 클릭합니다.

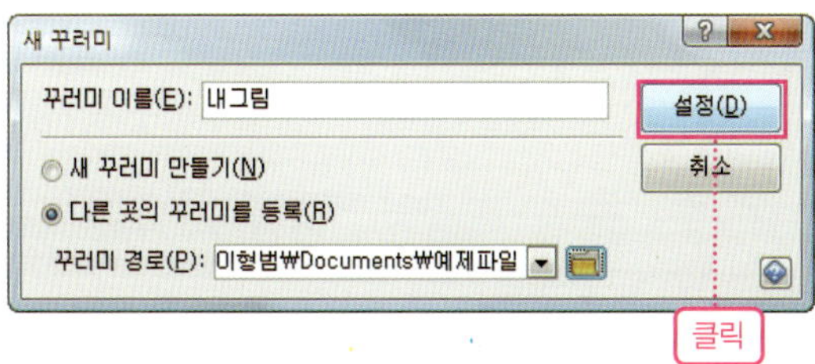

13 [클립아트] 탭에 선택한 폴더가 새 꾸러미로 등록되었습니다. 이렇게 해 두면 컴퓨터에 있는 특정 폴더에서 쉽고 빠르게 그림을 선택하여 문서에 삽입할 수 있게 됩니다.

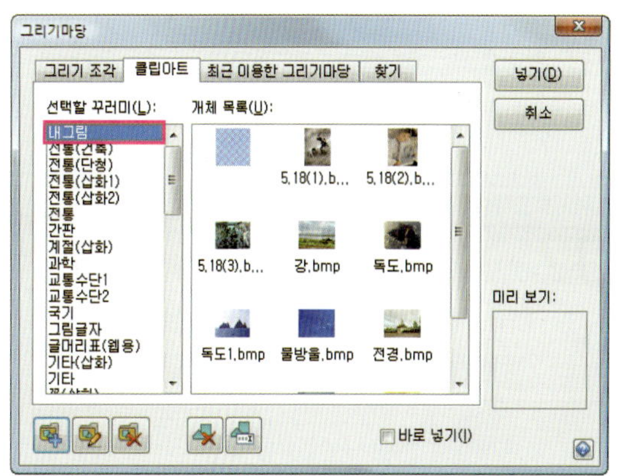

수식 만들기

• **키워드** : 수식, 수식 편집기, 분수 입력
• **예제 파일** : 시작 파일\방정식문제.hwp

한글의 수식 입력 기능을 사용하면 문서에 간단한 산술식부터 복잡한 수학식, 화학식 등을 편리하게 입력할 수 있습니다. 수식 편집기에서 제공하는 수식 템플릿과 수식용 예약어를 사용하여 수식을 손쉽게 작성할 수 있도록 도와줍니다. 수식 편집기를 사용하여 수식 개체를 삽입하는 과정을 살펴보겠습니다.

01 예제 파일에서 "(1)" 뒤에 커서를 놓고 [입력]–[개체]–[수식] 메뉴를 선택하거나 수식(🐟) 아이콘을 클릭합니다.

Note 단축키 Ctrl + N , M

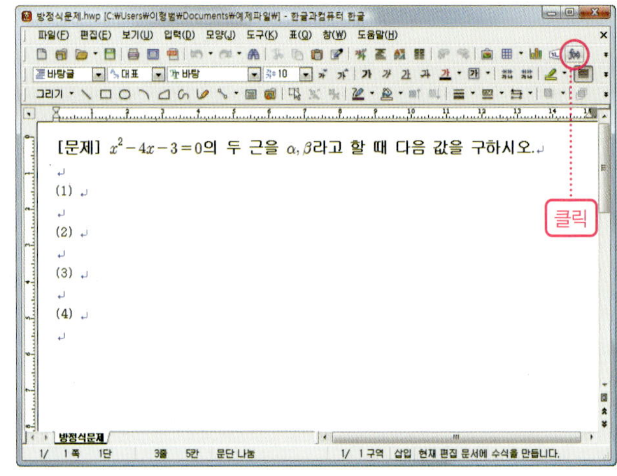

02 수식 편집기가 표시되고 수식 편집 영역의 빨간 네모에 커서가 나타납니다. 이 상태에서 수식 도구 상자의 분수(믐) 아이콘을 클릭합니다.

Note 수식 편집 영역이나 스크립트 입력 창에서 수식을 작성합니다. 스크립트 입력 창에는 약속된 수식 예약어나 명령어를 직접 입력하여 수식을 만들 때 사용하는 곳으로 한글 97의 수식 작성 방법에 더 익숙한 사용자를 위한 것입니다. 여기서는 수식 편집 영역에서 수식을 작성하는 방법으로 설명합니다.

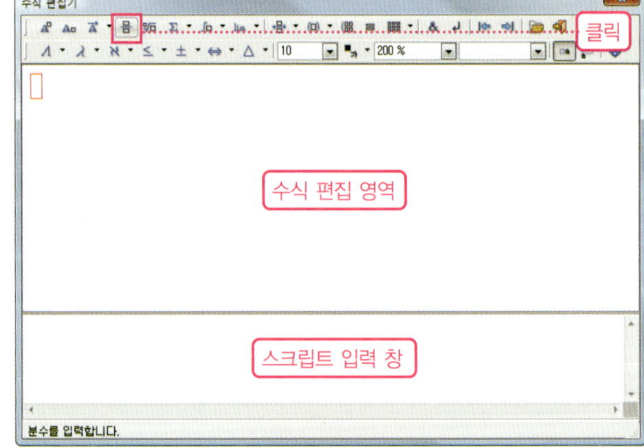

03 수식 편집 영역에 분수식이 표시되고 커서는 분자 입력 위치에 나타납니다.

> Note 수식 도구 상자에 있는 아이콘을 사용하면 수식 명령어를 입력하지 않고도 필요한 수식 템플릿을 표시하고 그 빈칸에 값을 입력하는 방식으로 쉽게 수식을 만들 수 있습니다.

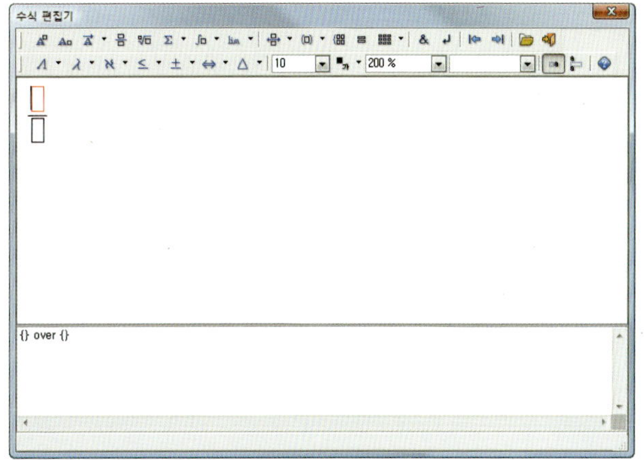

04 분자를 "1"로 입력한 다음 Tab 을 눌러 분모 칸으로 커서를 이동합니다. 그런 다음 수식 도구 상자에서 그리스 소문자(λ) 아이콘을 누르고 "α" 문자를 선택합니다.

> Note 수식 편집 영역에서 다음 항목으로 이동할 때는 Tab , 이전 항목으로 이동할 때는 Shift + Tab 을 누릅니다.

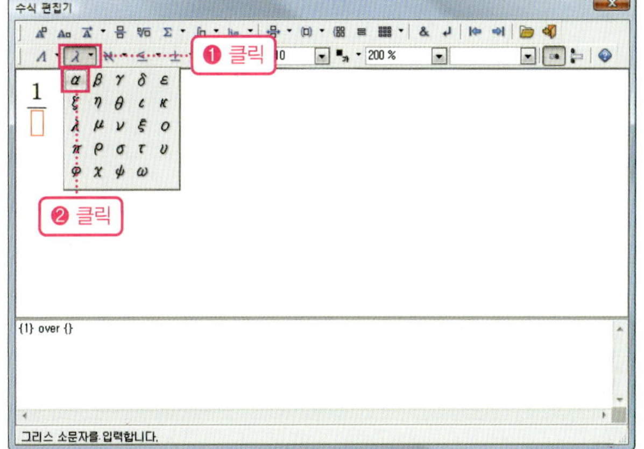

05 분자가 입력되면 Tab 을 누르고 "+"를 입력합니다. 그런 다음 앞에서와 같은 방법으로 분수(몸) 아이콘을 누르고 분자 "1"을 입력합니다. Tab 을 눌러 분모 칸으로 이동한 다음 그리스 소문자(λ) 아이콘을 누르고 "β"를 선택하여 입력합니다. 수식이 모두 완성되면 넣기(🔊) 아이콘을 클릭해서 수식 편집을 마칩니다.

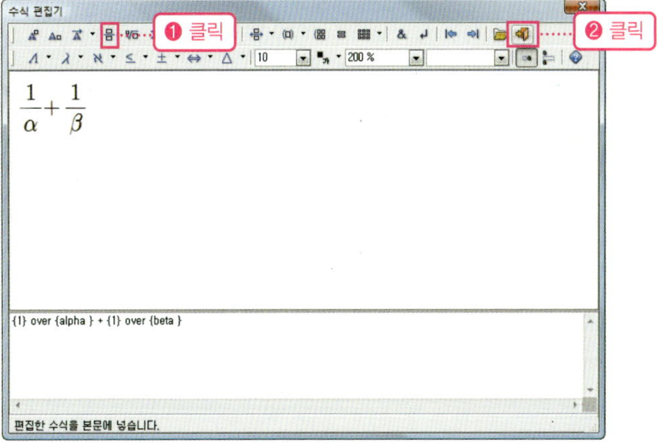

06 편집 화면의 커서 위치에 다음과 같이 수식 개체가 삽입됩니다. 이 수식을 더블클릭하여 수식 내용을 수정할 수 있습니다.

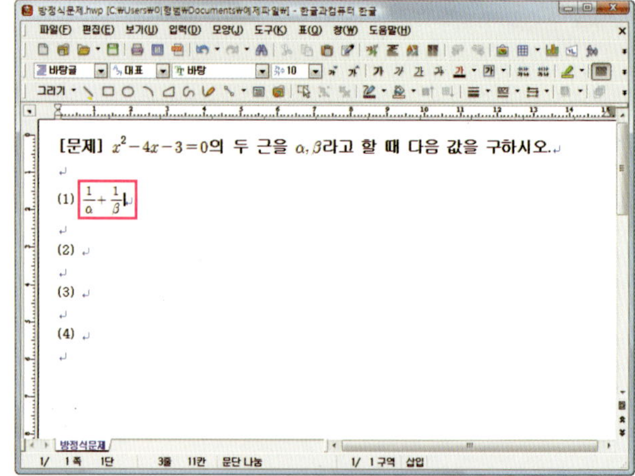

07 "(2)" 다음으로 커서를 이동하고 수식($f\infty$) 아이콘을 클릭합니다. 수식 편집기에서 분수(믐) 아이콘을 클릭한 후 분자와 분모를 각각 입력합니다. 그런 다음 위 첨자(A^b) 아이콘을 클릭합니다.

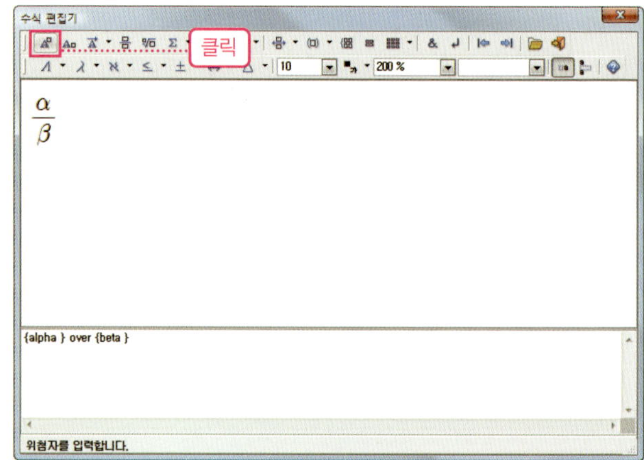

쌩초보 레벨업

수식 글꼴 설정

수식 편집기에서 영문을 입력하면 기본적으로 이탤릭체로 표시됩니다. 수식에 쓰이는 기본 함수들은 기울임 글꼴이 아니라 로만체로 표시됩니다. 수식 편집기에 입력하는 글꼴 속성을 전환하려면 입력하기 전에 명령어 입력(l ⌄) 아이콘을 누르고 글꼴 전환 명령어를 입력한 후 Enter 를 누릅니다. 그런 다음 수식 편집 영역에 글자를 입력합니다. 로만체나 볼드체로 입력하는 도중에 Tab 을 누르면 해당 속성이 해제됩니다. 다음 전환 명령어를 사용하여 글꼴 속성을 변경할 수 있습니다.

★ rm : 로만체로 전환
★ it : 로만체 입력 도중 이탤릭체로 전환
★ bold : 볼드체로 전환
★ boldrm : 볼드체+로만체로 전환

08 다음과 같이 분모에 위 첨자 칸이 표시됩니다.

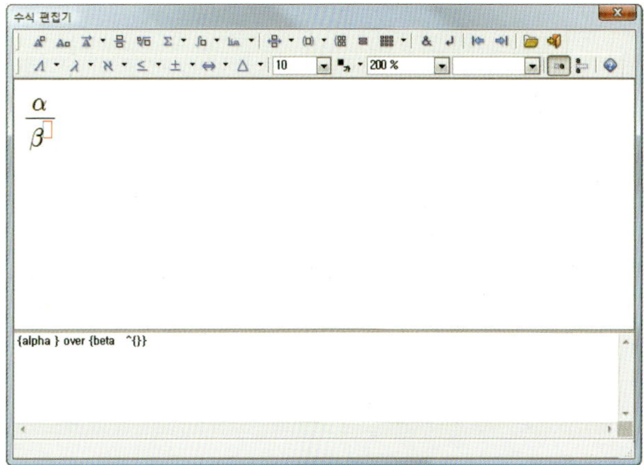

09 위 첨자 칸에 "2"를 입력한 다음 Tab 을 눌러 위첨자 입력을 마칩니다. Tab 을 다시 누르고 "+"를 입력합니다. 이전과 같은 방법으로 다음과 같이 수식을 만든 다음 넣기( ) 아이콘을 클릭합니다.

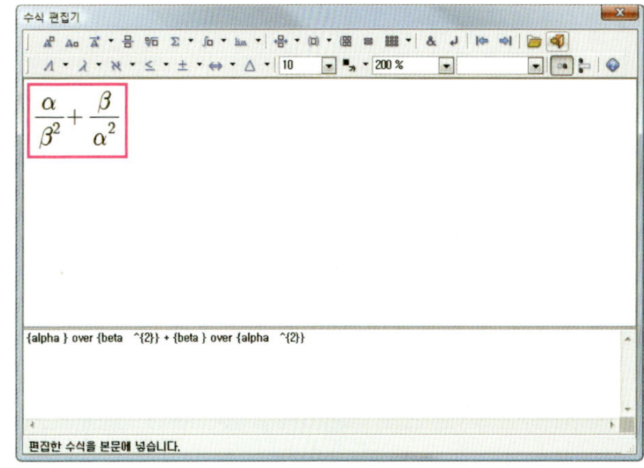

10 커서 위치에 작성한 수식 개체가 삽입됩니다. 같은 방법으로 나머지 수식도 만들어 문서에 삽입합니다.

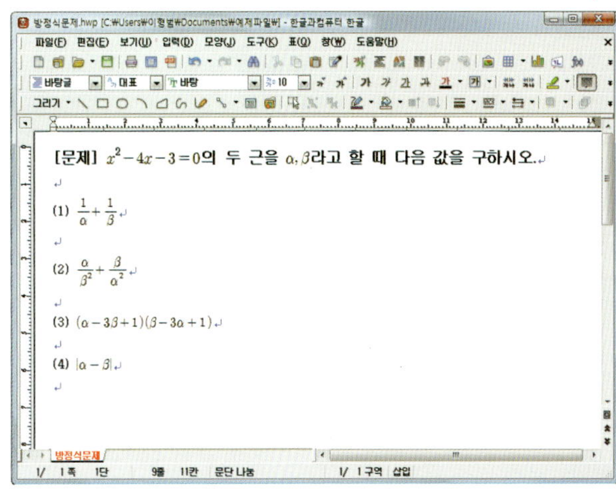

프레젠테이션하기

• 키워드 : 프레젠테이션, 화면 전환
• 예제 파일 : 시작 파일\수학공식.hwp

한글에서 작성한 문서를 이용하여 간단한 프레젠테이션을 실행할 수 있습니다. 프레젠테이션 기능을 이용하면 그림이나 그러데이션으로 배경 화면을 설정하고 화면 전환 효과나 효과음 등을 지정하여 전체 화면으로 문서 내용을 나타낼 수 있습니다.

01 예제 파일을 열고 [도구]–[프레젠테이션]–[프레젠테이션 설정] 메뉴를 선택합니다.

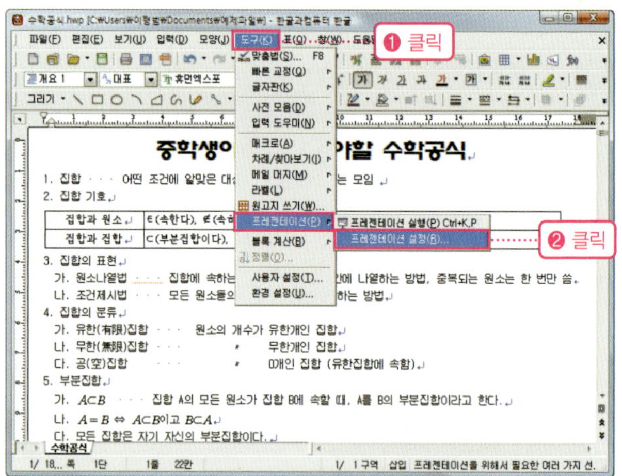

02 [프레젠테이션 설정] 대화상자의 [배경 화면] 탭에서 그러데이션 유형을 "클래식"으로 지정합니다. 다른 옵션은 기본적으로 설정된 값을 그대로 사용하였습니다.

Note 프레젠테이션의 배경 화면을 그림으로 채우려면 "그림" 항목을 클릭해서 선택한 다음 배경으로 사용할 그림 파일과 채우기 유형, 그림 효과 등을 지정합니다.

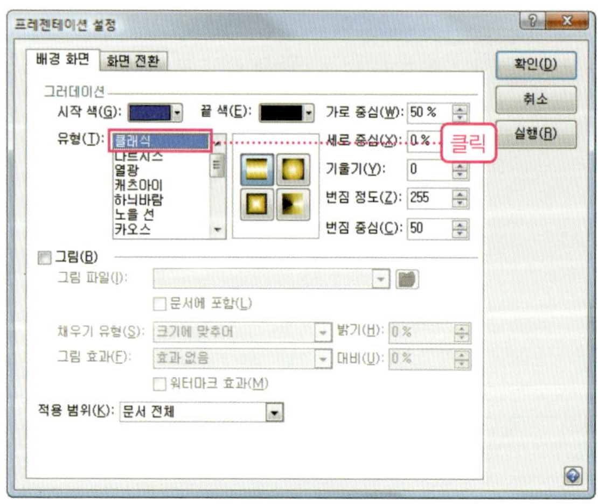

03 [화면 전환] 탭으로 이동한 다음 화면 전환 효과 목록
에서 "오른쪽 블라인드"를 선택합니다. 선택 사항에
서 "검은색 글자를 흰색으로"를 선택하고 "자동 시
연"을 선택한 다음 전환 시간을 "600 초"로 지정합
니다. 설정이 끝나면 [실행] 버튼을 클릭합니다.

Note 프레젠테이션 설정만 하고 바로 실행하지 않으려면 [확인] 버튼을 클릭
합니다. 나중에 [도구]-[프레젠테이션]-[프레젠테이션 실행] 메뉴를 선택
해서 프레젠테이션을 실행할 수 있습니다.

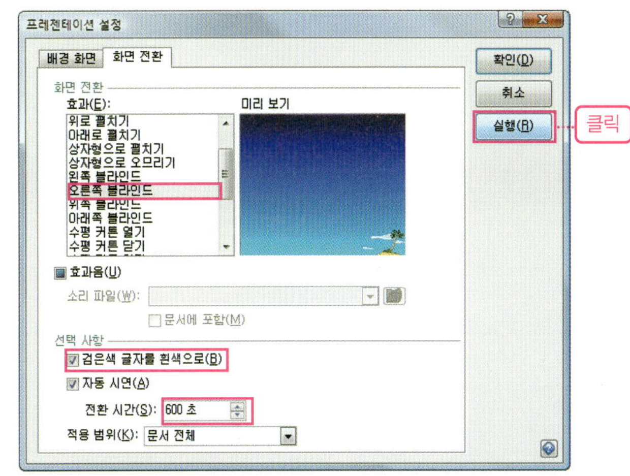

04 다음과 같이 전체 화면 상태로 프레젠테이션 설정에
서 지정한 배경 화면 위에 현재 문서의 내용이 표시
됩니다. 화면에서 마우스 오른쪽 버튼을 누른 다음
[11-17]-[15]를 클릭해서 이동할 쪽을 선택합니다.

Note [다음 쪽], [이전 쪽], [처음 쪽], [끝 쪽] 중에서 선택하거나 쪽 번호에서
선택해서 빠르게 원하는 쪽으로 이동할 수 있습니다. "자동 시연"이 설
정되어 있으면 [Page Down] 또는 [Page Up] 등을 이용해서 다음 쪽, 이전 쪽으로 이동
할 수 없습니다.

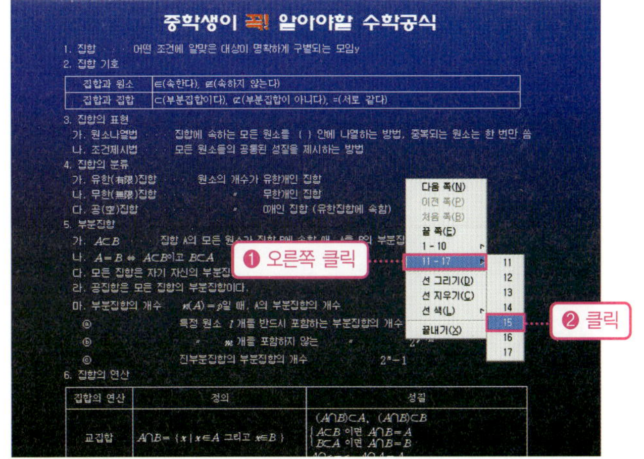

05 15쪽의 내용이 화면에 표시됩니다. 다시 마우스 오
른쪽 버튼을 누르고 [선 그리기] 메뉴를 선택합니다.

Note 기본적으로 지시선의 색은 빨간 색입니다. 마우스 오른쪽 버튼을 누르고
[선 색] 메뉴에서 지시선의 색을 바꿀 수 있습니다.

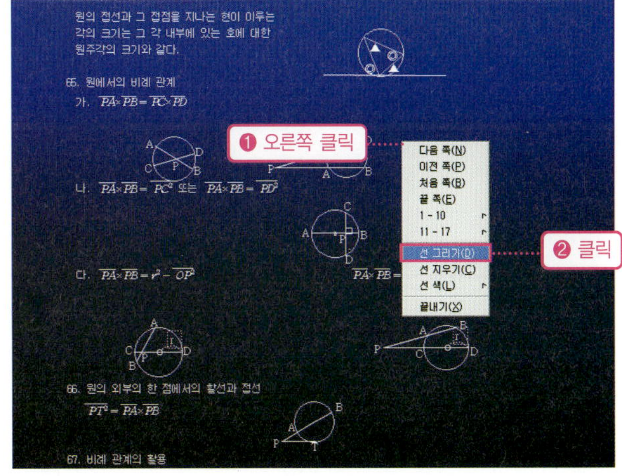

06 마우스 포인터의 모양이 연필 모양으로 바뀌면 마우스 왼쪽 버튼을 누른 채 드래그하여 특정 부분을 강조하기 위해 지시 선을 그릴 수 있습니다.

Note 화면에 그린 지시 선을 지우려면 마우스 오른쪽 버튼을 누르고 [선 지우기] 메뉴를 선택합니다. 프레젠테이션 상태에서 선 그리기로 그린 지시 선이 한꺼번에 지워집니다.

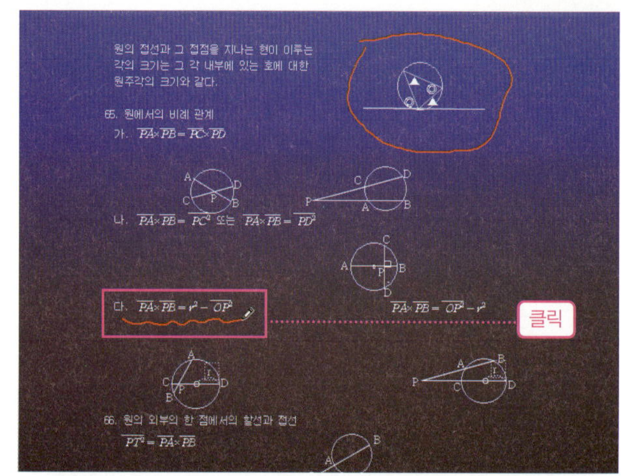

07 프레젠테이션을 종료하려면 마우스 오른쪽 버튼을 누르고 [끝내기] 메뉴를 선택하거나 Esc 를 누릅니다.

Note 프레젠테이션 설정에서 지정한 각 옵션들은 파일을 저장할 때 함께 저장됩니다.

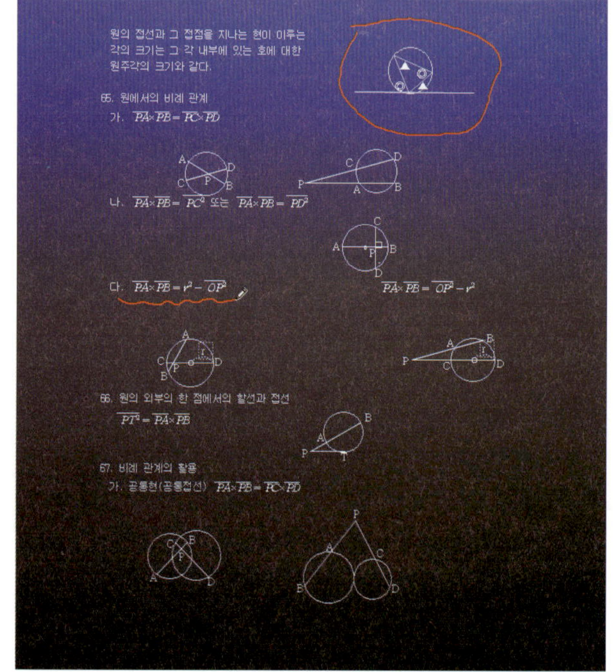

37

바탕쪽으로 일관성 있는 레이아웃 만들기

• 키워드 : 바탕쪽, 문단 띠
• 예제 파일 : 시작 파일\시장점유율 확대를 위한 마케팅 기획서.hwp

문서 전체에 공통적으로 적용되는 모양을 작성할 때 사용하는 기능으로 바탕쪽을 사용합니다. 바탕쪽은 홀수 쪽과 짝수 쪽을 따로 지정할 수 있고 장이나 절마다 다른 모양의 바탕쪽을 만들 수도 있습니다.

01 예제 파일을 불러온 후 [보기]–[쪽 윤곽], [보기]–[화면 확대]–[쪽 맞춤] 메뉴를 선택하고 [화면 확대] 대화상자가 나타나면 [설정] 버튼을 클릭합니다.

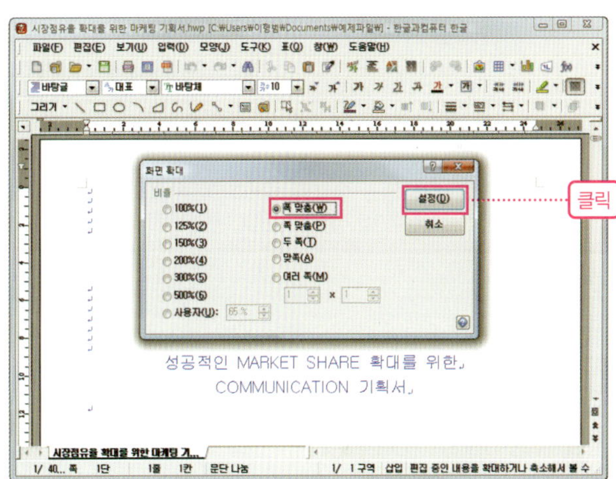

02 [모양]–[바탕쪽] 메뉴를 선택합니다. [양 쪽]과 [첫 구역부터]를 선택하고 [만들기] 버튼을 클릭합니다.

Note 바탕쪽이 만들어져 있을 경우 [모양]–[바탕쪽]을 선택하여 수정할 수 있습니다.

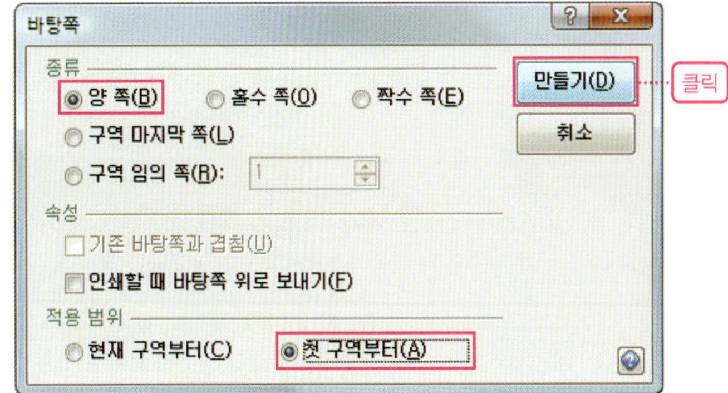

03 다음과 같이 바탕쪽을 만들 수 있는 편집 창이 표시됩니다.

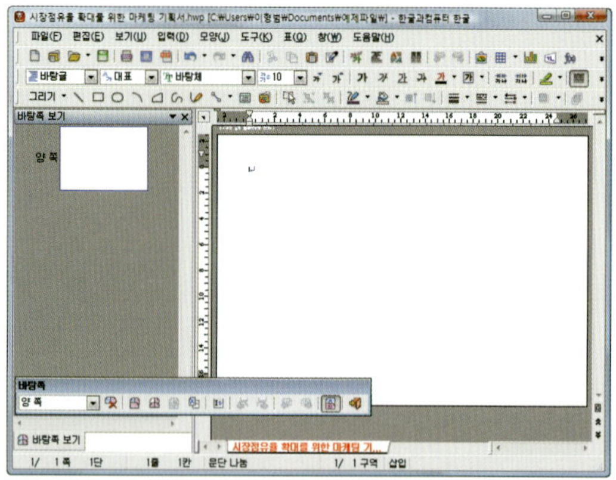

바탕쪽을 편집하는 화면에서도 글자 입력, 표 만들기, 그림 그리기 등 일반 편집화면에서 작업할 수 있는 대부분의 기능을 이용할 수 있습니다.

04 [입력]-[개체]-[문단 띠] 메뉴를 선택하거나 단축키 Ctrl+N, L을 눌러 선을 그립니다. [편집]-[고치기]를 선택하거나 단축키 Ctrl+N, K를 눌러 개체 속성 대화상자의 [기본] 탭에서 선의 크기, 선의 위치 등을 다음과 같이 설정합니다.

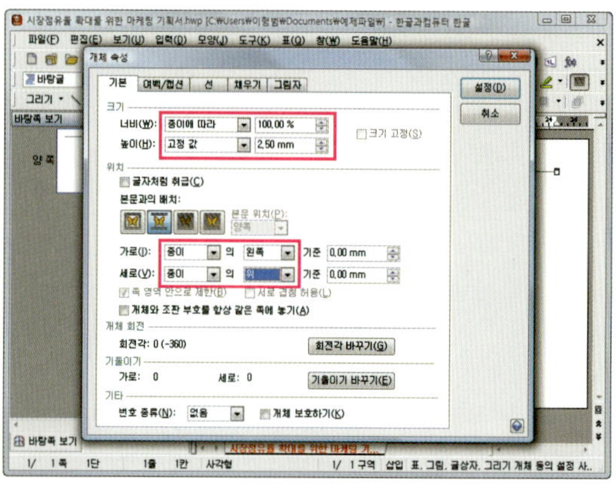

바탕쪽의 종류 및 적용 범위

★ **양쪽** : 홀수 쪽과 짝수 쪽 모두에 적용되는 바탕쪽을 만듭니다. 한 구역 안에 "양쪽" 바탕쪽과 "홀수 쪽" 바탕쪽을 만드는 경우 짝수 쪽에는 "양쪽" 바탕쪽이 나타나고 홀수 쪽에는 "홀수 쪽" 바탕쪽이 나타납니다.

★ **홀수 쪽** : 홀수 쪽에만 적용되는 바탕쪽을 만듭니다.

★ **짝수 쪽** : 짝수 쪽에만 적용되는 바탕쪽을 만듭니다.

★ **구역 마지막 쪽** : 현재 커서가 위치한 구역의 마지막 쪽에 바탕쪽을 만듭니다.

★ **구역 임의 쪽** : 현재 커서가 위치한 임의 쪽에 바탕쪽을 만듭니다.

★ **현재 구역부터** : 현재 커서가 위치한 이후부터 바탕쪽을 만듭니다.

★ **첫 구역부터** : 문서 전체에 대해 바탕쪽을 만듭니다.

05 [채우기] 탭에서 면색을 지정한 후 [설정] 버튼을 클릭합니다.

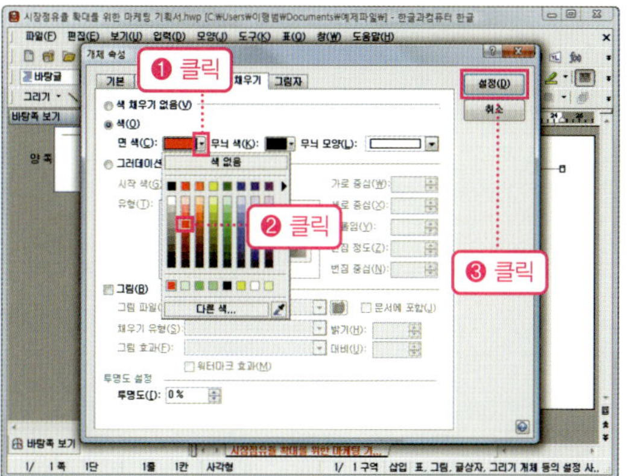

06 다음과 같이 종이 폭에 맞게 선이 그려집니다.

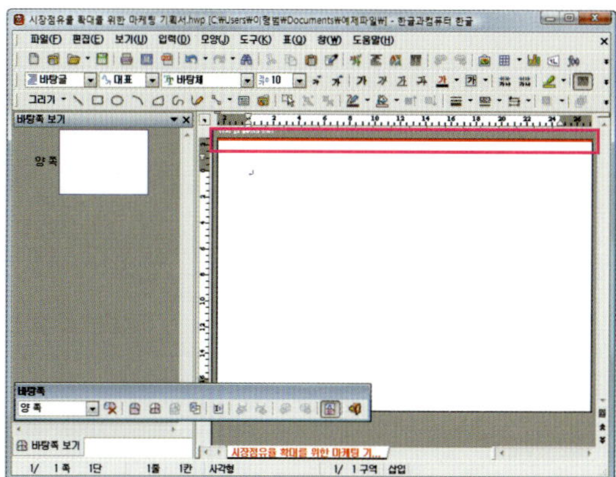

07 Ctrl 키를 누른 상태에서 선을 드래그하여 화면 하단에 복사합니다.

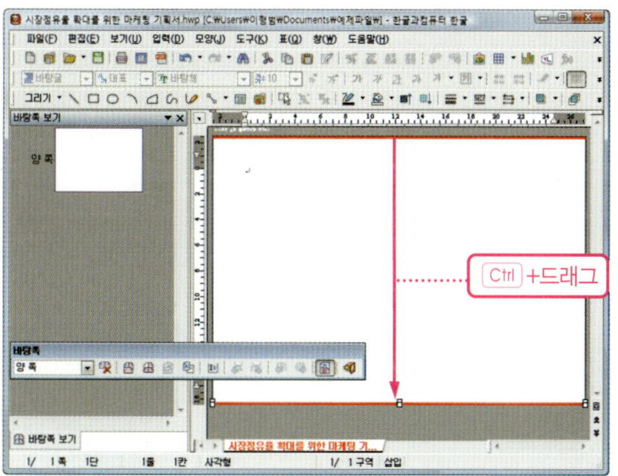

08 바탕쪽 도구 상자의 [닫기(　)] 아이콘을 클릭하거나 Shift + Esc 를 눌러 바탕쪽 편집을 마칩니다. 각 페이지를 확인해 보면 모두 바탕쪽이 적용되어 표시됩니다.

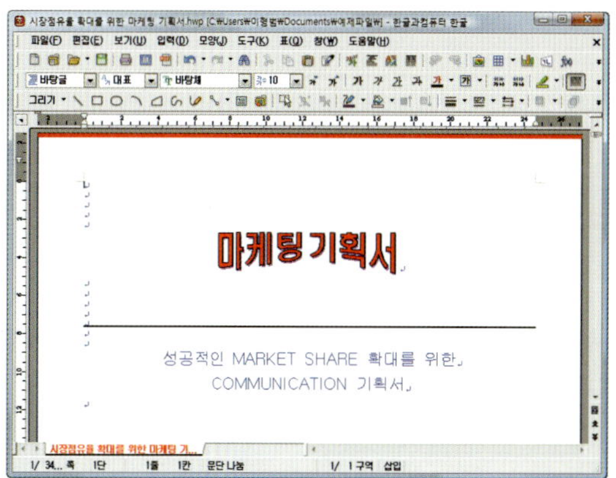

Note 특정 쪽의 바탕쪽이나 머리말, 꼬리말 등을 감추고자 할 때는 [모양]-[감추기]를 실행하여 감출 내용을 선택하면 됩니다.

38

머리말/꼬리말 만들기

• 키워드 : 머리말/꼬리말, 쪽 윤곽 보기
• 예제 파일 : 시작 파일\시장점유율 확대를 위한 마케팅 기획서1.hwp

페이지의 맨 위쪽과 아래쪽에 머리말/꼬리말 영역에 고정적으로 반복되는 내용을 넣는 기능입니다. 머리말과 꼬리말에는 책의 제목이나 장 제목, 쪽 번호 등을 주로 넣습니다. 한 문서에 여러 개의 머리말과 꼬리말이 있을 경우 다음 머리말이나 꼬리말을 만나기 전까지 이전의 머리말과 꼬리말을 표시합니다.

01 머리말/꼬리말이 처음 시작될 페이지로 이동하여 [모양]–[머리말/꼬리말]을 선택하거나 단축키 Ctrl +N, H 를 누릅니다. [머리말/꼬리말] 대화상자에 종류는 [머리말]로 위치는 [짝수 쪽]을 선택하고 [만들기] 버튼을 클릭합니다.

Note 짝수 쪽은 책을 펼쳤을 때 왼쪽에 홀수 쪽은 오른쪽에 위치합니다. 따라서 왼쪽에는 책 제목이나 장 제목을 오른쪽에는 소제목이나 절 제목을 주로 표시합니다.

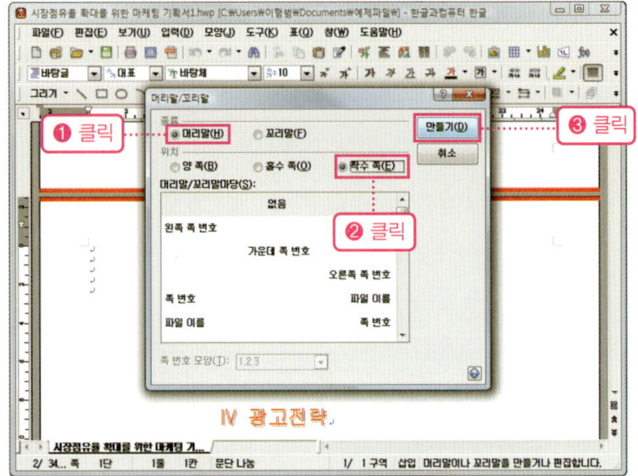

02 다음과 같이 머리말 짝수 쪽을 편집할 수 있는 화면이 표시됩니다. 머리말의 내용을 "시장점유율 확대를 위한 마케팅 기획서"로 입력하고 글꼴과 크기를 설정합니다. 글꼴은 "견명조", 크기는 "12", 글자 색을 빨강색으로 각각 지정했습니다.

Note 비율은 [보기]–[화면 확대]에서 "125%"로 지정했습니다.

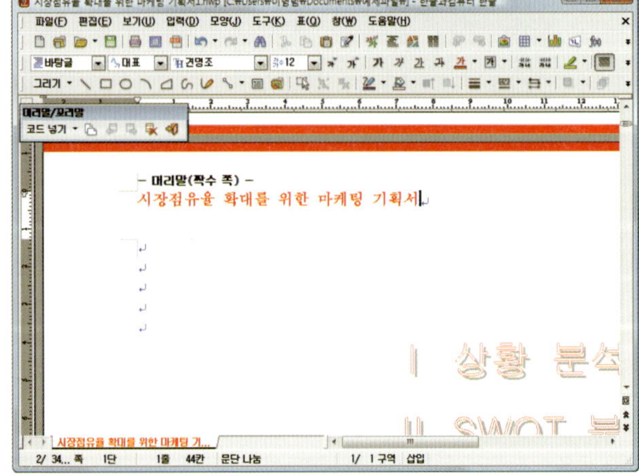

03 머리말/꼬리말 도구 상자의 닫기(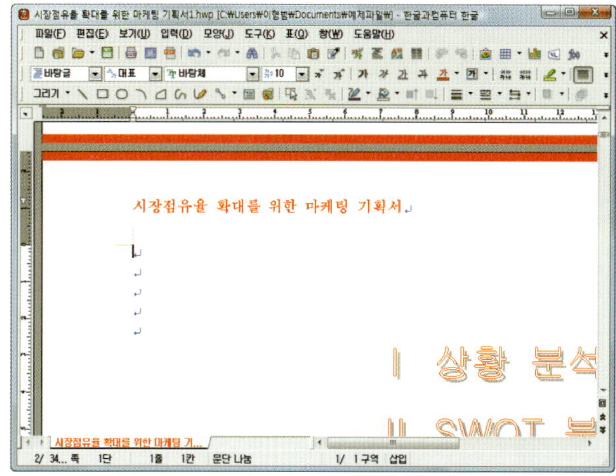) 아이콘을 클릭하거나 단축키 Shift + Esc 를 눌러 머리말 편집을 종료합니다.

Note 머리말/꼬리말이 표시된 부분을 더블클릭하면 머리말/꼬리말 편집 상태로 전환됩니다.

04 이번에는 홀수 쪽 머리말을 삽입해 봅니다. [모양]–[머리말/꼬리말]을 실행한 후 [홀수 쪽]을 선택하고 [만들기] 버튼을 클릭합니다. 다음과 같이 "1. 상황분석"을 입력한 후 글꼴은 "견명조", 크기는 "12", 글자색은 빨강색, 오른쪽으로 정렬합니다.

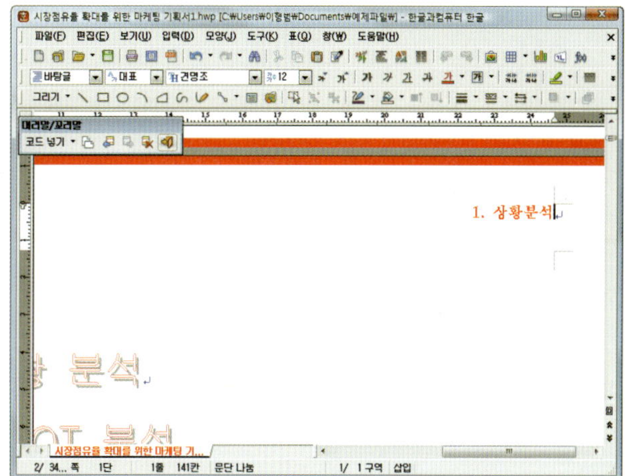

쌩초보
레벨업

자동으로 쪽 윤곽 켜짐

[머리말/꼬리말]을 입력할 수 있는 상태가 되면 자동으로 [보기–쪽 윤곽]이 켜져 [쪽 윤곽 보기] 상태가 됩니다. 그리고 머리말/꼬리말 편집을 끝내더라도 [쪽 윤곽 보기] 상태는 계속 유지되며, [쪽 윤곽 꺼짐] 상태로 되돌아가지 않습니다.

05 [Shift]+[Esc]를 눌러 머리말/꼬리말 편집을 종료하고 홀수 페이지로 이동하여 확인합니다.

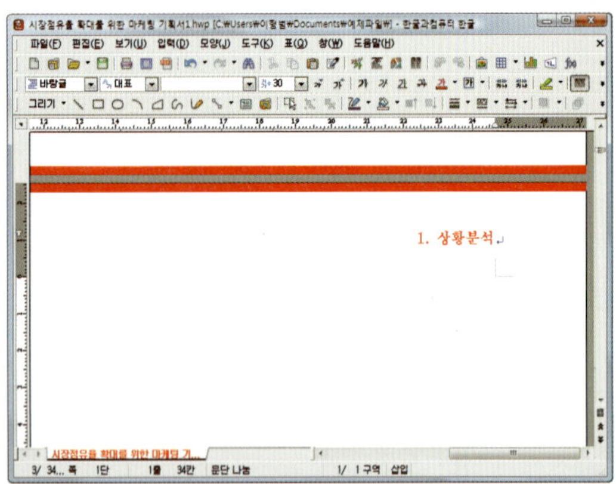

06 꼬리말의 짝수 쪽과 홀수 쪽에 페이지 번호를 넣어봅니다. 2쪽으로 이동하여 [모양]-[머리말/꼬리말]을 실행한 후 종류를 [꼬리말]로 위치는 [양쪽]으로 선택합니다. 그리고 머리말/꼬리말 마당에서 이미 만들어진 꼬리말의 종류를 선택하고 [만들기] 버튼을 클릭합니다.

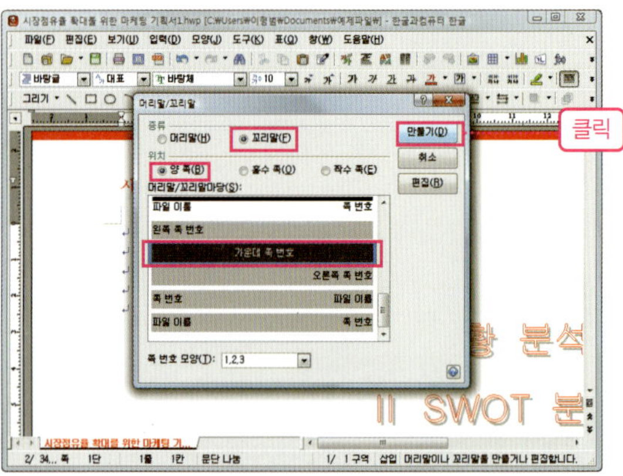

07 페이지 하단으로 이동해 보면 다음과 같이 머리말/꼬리말 마당에서 선택된 스타일로 바로 만들어 집니다.

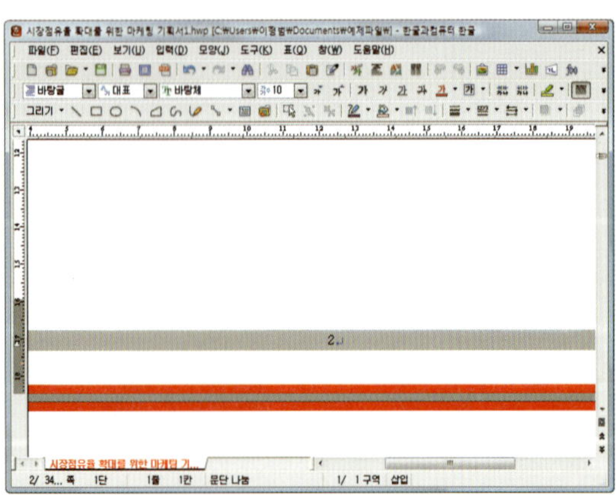

08 23쪽으로 이동해 보면 머리말의 내용과 해당 페이지에 입력된 장의 제목이 맞지 않습니다. [모양]-[머리말/꼬리말]을 선택하여 [머리말], [홀수쪽] 옵션을 선택하고 [만들기] 버튼을 클릭합니다. 다음과 같이 머리말을 새로 삽입하고 [Shift]+[Esc]를 눌러 머리말 편집을 종료합니다.

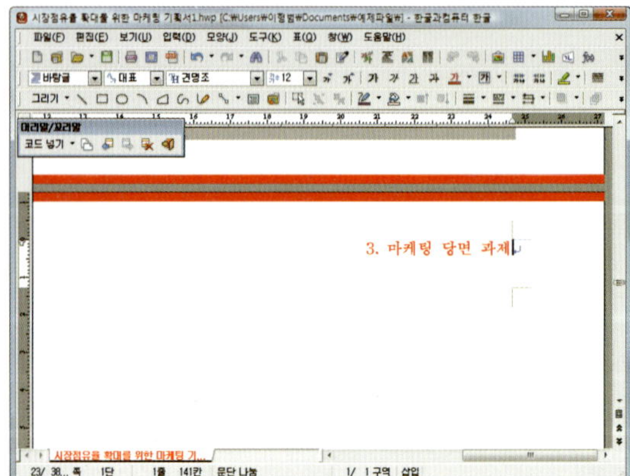

09 이와 같이 새로 시작할 머리말을 만들면 이후부터는 수정된 머리말/꼬리말로 적용됩니다. 25쪽도 같은 방법으로 "4. 광고전략"으로 수정하고 31쪽도 "5. 매체전략"으로 수정합니다.

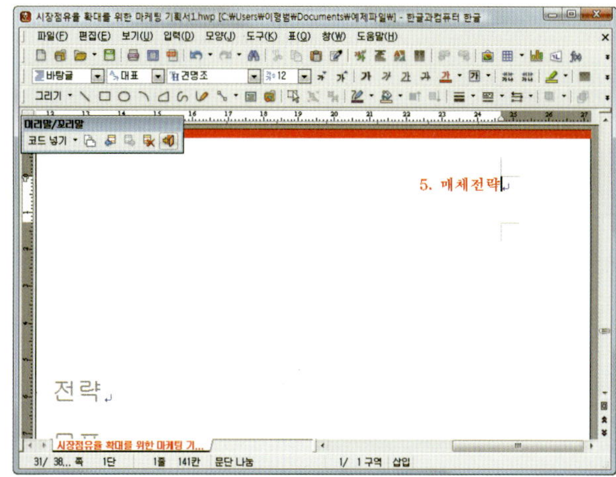

쌩초보
레벨업

머리말/꼬리말 도구 상자 및 기타 정보

★ 코드 넣기 : 머리말/꼬리말에 쪽 번호, 저장한 날짜/사람, 만든 날짜/사람, 문서 제목, 파일 이름, 현재 쪽/전체 쪽수 등을 자동으로 넣어줍니다.

★ 편집 용지( ) : 편집 용지의 여백을 설정할 수 있는 대화상자를 표시합니다.

★ 이전 머리말/꼬리말( ) : 현재 표시하고 있는 이전의 머리말/꼬리말로 이동합니다.

★ 다음 머리말/꼬리말( ) : 현재 표시하고 있는 다음 머리말/꼬리말로 이동합니다.

★ 머리말/꼬리말 지우기( ) : 현재 표시하고 있는 머리말/꼬리말을 삭제합니다.

★ 닫기( ) : 편집하고 있는 머리말/꼬리말 편집 창을 닫고 본문 편집 창으로 돌아갑니다.

★ [파일]−[인쇄] 대화상자의 [확장] 탭에서 머리말이나 꼬리말을 넣어 인쇄할 수 있습니다. 단, 인쇄용 머리말/꼬리말을 넣을 때는 정해진 내용만 넣을 수 있습니다.

★ 다단 편집에 머리말/꼬리말을 만들어도 머리말/꼬리말 영역은 1단으로 만들어집니다.

★ 머리말/꼬리말이 만들어진 위치를 찾아갈 때는 [편집]−[찾아가기] 메뉴를 실행한 후 머리말/꼬리말 조판부호를 찾아 이동할 수 있습니다.

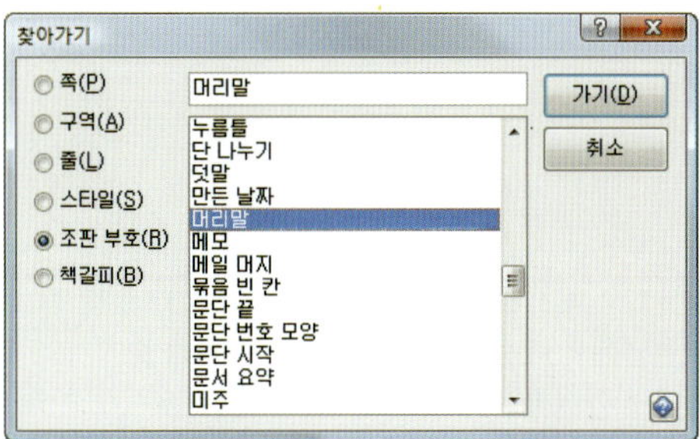

39

차례 만들기

• 키워드 : 차례 만들기, 제목 차례 표시, 차례 숨기기
• 예제 파일 : 시작 파일\시장점유율 확대를 위한 마케팅 기획서2.hwp

단행본 책이나 논문 작성에서 본문의 제목, 표, 그림, 수식 등이 삽입된 줄을 한 곳에 모아 어느 쪽에 위치하고 있는지 쪽 번호를 붙여주는 기능입니다. 사용자가 원하는 곳에 차례 표식을 붙여 만들 수 있고 스타일이나 개요가 적용된 문단만 모아서 만들 수 있습니다.

01 차례가 만들어질 제목이 있는 쪽으로 이동한 후 차례 표시를 삽입할 낱말 다음에 커서를 놓고 [도구]–[차례/찾아보기]–[제목 차례 표시]를 선택하거나 단축키 Ctrl+K, T를 누릅니다.

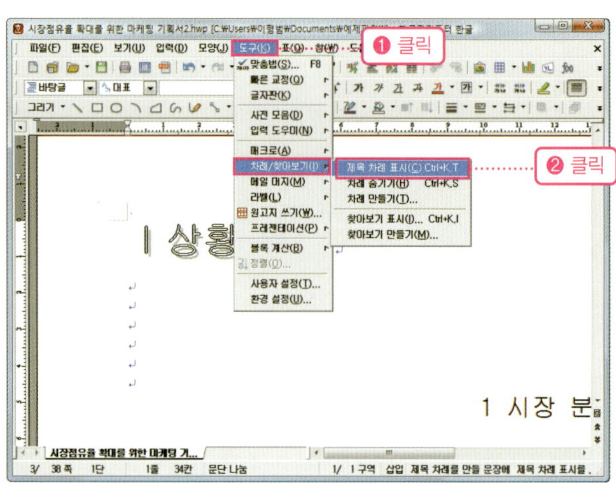

쌩초보 레벨 업

제목 차례 표시 지우기

★ 제목 차례 표시가 있는 문단 전체가 차례로 만들어 집니다.

★ [편집]–[찾아가기]를 실행한 후 [제목 차례] 조판 부호를 찾아 커서를 이동한 후 Delete 로 삭제할 수 있습니다.

★ 제목 차례 표시를 달아 놓고 특정 차례를 숨기고 싶을 경우 해당하는 문단에서 [도구]–[차례/찾아보기]–[차례 숨기기]나 단축키 Ctrl+K, S를 누릅니다. 차례 숨기기 표시 커서가 문단의 어느 곳에 있든 문단의 가장 앞에 [차례 숨기기] 코드가 삽입됩니다.

02 커서가 문단의 시작되는 위치에 있으면 상태 표시줄에서 제목 차례 표식을 확인할 수 있습니다.

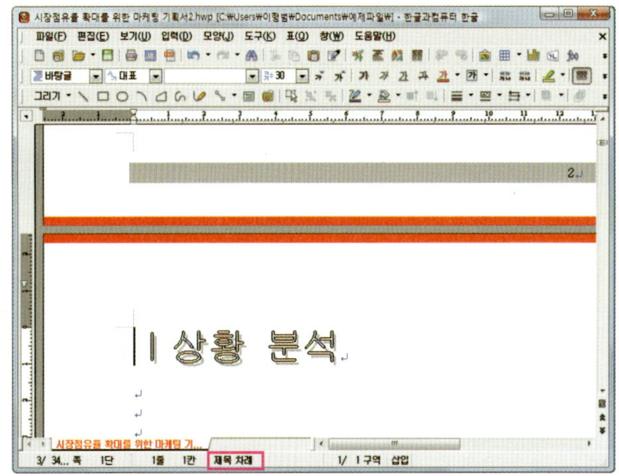

03 4쪽으로 이동하여 제목 차례 표시를 삽입하고, 5쪽으로 이동하여 제목 차례 표시를 삽입합니다. 같은 방법으로 제목 차례가 만들어질 본문에 제목 차례 표시를 삽입합니다.

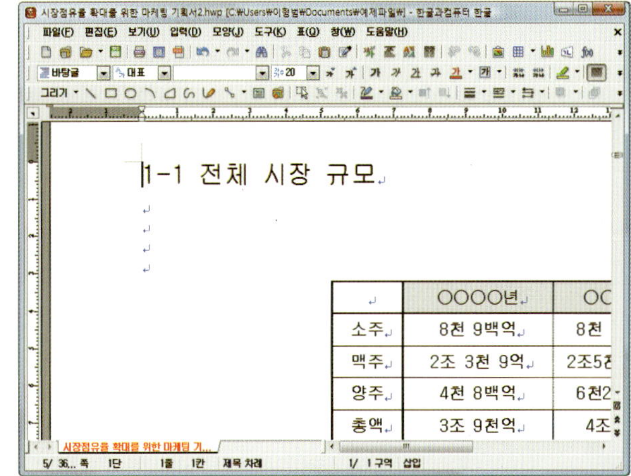

04 이와 같은 방법으로 제목 차례가 만들어질 곳에 제목 차례 표시를 모두 달고 [도구]-[차례/찾아보기]-[차례 만들기]를 선택합니다.

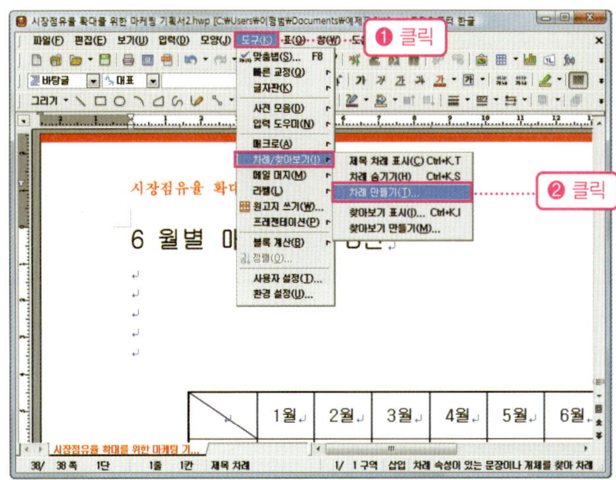

05 [차례 만들기] 대화상자에서 [차례 코드로 모으기] 항목을 선택하고 [표 차례], [그림 차례], [수식 차례] 옵션은 해제하고 [만들기] 버튼을 클릭합니다.

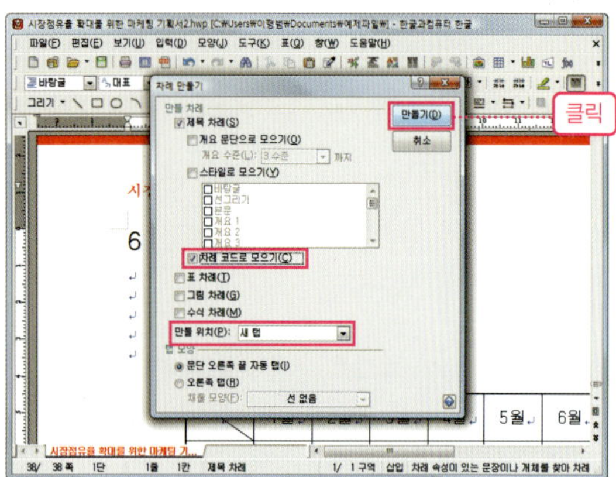

06 다음과 같이 제목 차례 표시가 붙은 문단만 새 탭에 차례로 만들어 집니다. 오른쪽 끝에는 차례에 해당하는 쪽 번호가 표시됩니다.

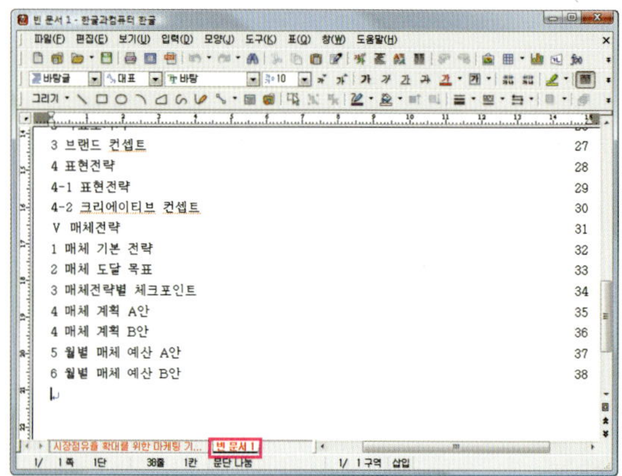

Note 차례를 만들 위치를 [새 탭]으로 선택하면 새로운 탭에 차례가 만들어지고 [현재 문서의 커서 위치]를 선택하면 커서가 놓인 위치부터 제목 차례를 만들 수 있습니다.

Note 제목 차례는 문서 편집이 모두 완료된 후 작성해야 제목 차례와 쪽 번호가 일치합니다.

쌩초보 레벨 업

개요나 스타일을 이용하여 차례 만들기

★ 문서에 개요 번호나 스타일을 이용하여 작성하였으면 차례에 필요한 개요 단계나 스타일을 선택하여 제목 차례를 쉽게 만들 수 있습니다.

★ 개요나 스타일을 이용하여 제목 차례를 만들 때는 제목 차례 표시를 넣을 필요가 없습니다.

표, 그림, 수식 차례 만들기

★ 문서에 표나 그림, 수식 등이 삽입되어 있을 경우 각각의 항목을 선택하여 차례를 만들 수 있습니다.

★ 표나 그림, 수식에 캡션이 없으면 표1, 표2 등으로 번호가 매겨지면서 차례를 만들고 캡션이 있다면 캡션을 제목으로 하여 차례를 만듭니다.

★ 탭 모양을 선택하여 문단의 오른쪽 끝에 쪽 번호를 삽입할 수 있고 채울 모양을 지정하여 쪽 번호를 넣을 수 있습니다.

★ 차례가 만들어진 후 편집하여 새로운 이름으로 저장하거나 문서의 앞쪽에 붙여 넣어 사용합니다.

40

찾아보기 만들기

• 키워드 : 찾아보기 표시, 찾아보기 만들기
• 예제 파일 : 시작 파일\개인과외교습자의 종합소득세 신고요령.hwp

찾아보기(Index, 색인)는 본문 내의 낱말을 책의 맨 뒤에 모아 책의 몇 쪽에 있는지 알려주는 기능입니다. 찾아보기는 보통 2단 이상으로 만들고 한글 2007에서는 찾아보기를 새 탭에 만들어 줍니다.

01 찾아보기를 표시할 낱말 뒤에 커서를 놓고 [도구]-[차례/찾아보기]-[찾아보기 표시]를 선택하거나 단축키 Ctrl+K, I를 누릅니다.

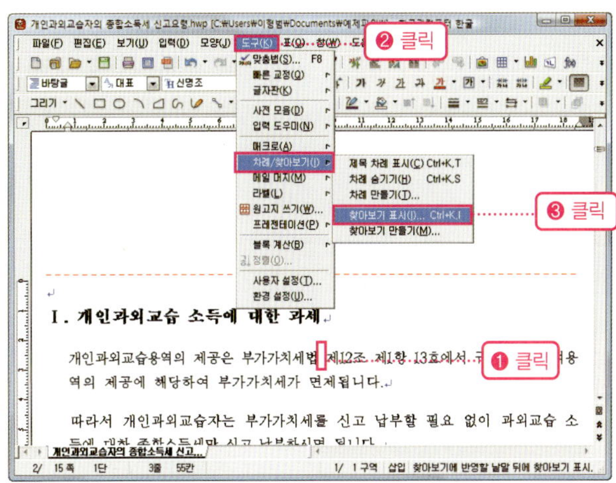

02 다음과 같이 [찾아보기 표시] 대화상자가 나타나고 첫 번째 낱말 입력 상자에 본문의 커서 앞에 있는 낱말이 자동으로 입력되어 있습니다. [넣기] 버튼을 클릭합니다.

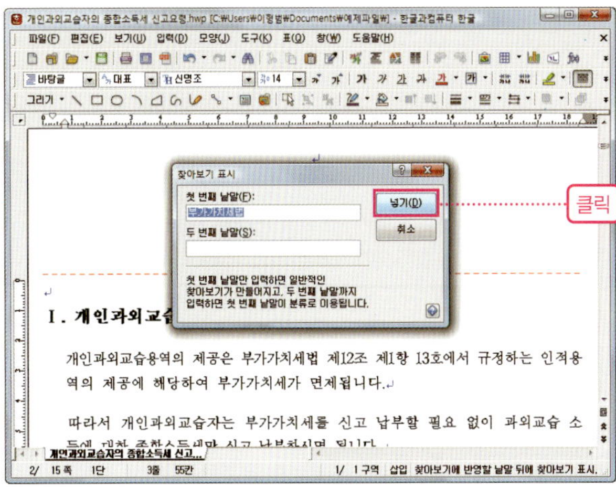

03 다음 찾아보기가 필요한 낱말에 대하여 찾아보기 표시를 넣습니다. 이와 같이 찾아보기 낱말이 필요한 모든 단어에 대하여 반복합니다.

 첫 번째 낱말 입력 대화상자에는 한 낱말 전체가 자동으로 입력됩니다. 즉, "확정신고후"까지 입력되면 "후"자는 지우고 넣을 수 있습니다.

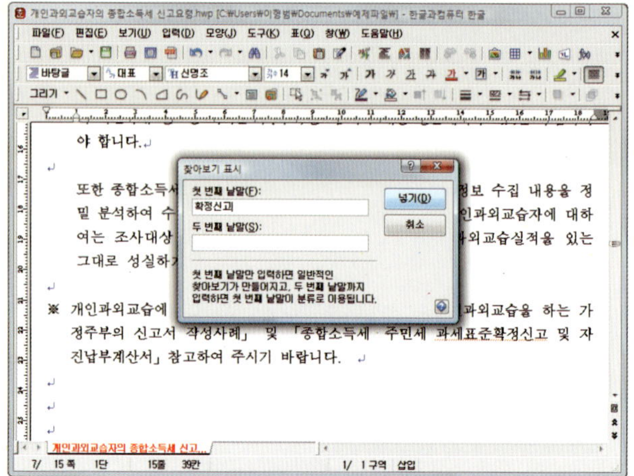

04 찾아보기 표시를 모두 달았으면 [도구]−[차례/찾아보기]−[찾아보기 만들기] 메뉴를 선택합니다. 다음과 같이 새 탭에 찾아보기가 만들어 집니다.

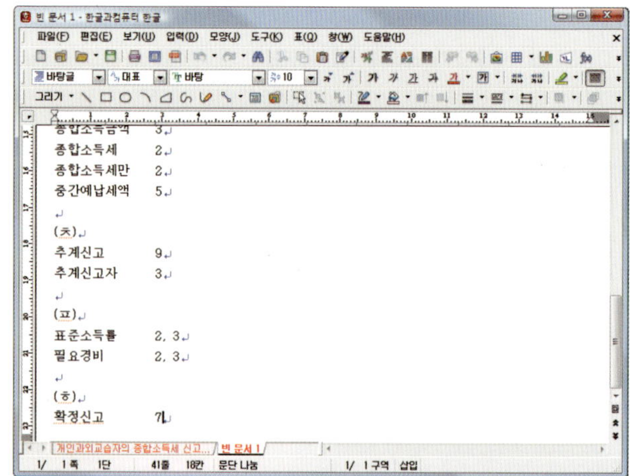

찾아보기 단계

★ 첫 번째 낱말만 입력하면 찾아볼 낱말을 가나다순으로 나열하여 그 낱말이 놓여 있는 본문의 쪽 번호를 붙여 놓는 것입니다. 즉, 일반적인 찾아보기가 만들어집니다.

★ 두 번째 낱말까지 입력하면 두 단계 찾아보기를 만들 수 있습니다. 즉, 첫 번째 낱말에는 두 번째 낱말이 속한 표제어를 입력하고 두 번째 낱말에는 해당하는 낱말 자체를 입력합니다.

★ 한 단계 찾아보기는 찾고자 하는 낱말이 가나다순으로 정렬되어 있어 그 낱말을 빠르게 찾을 수 있지만 두 단계 찾아보기는 낱말이 속한 표제어를 먼저 생각한 후 찾아야 하는 단점이 있습니다.

41

각주/미주 사용하기

• 키워드 : 주석, 각주, 미주, 각주/미주 저장
• 예제 파일 : 시작 파일\개인과외교습자의 종합소득세 신고요령1.hwp

본문에 사용된 특정 낱말에 대한 보충 자료를 구체적으로 설명하거나 인용한 자료의 출처 등을 밝히는 주석을 각주 형식으로 만드는 것입니다. 각주는 해당 낱말이 있는 쪽의 하단에 넣고 미주는 본문이 끝나는 마지막에 넣습니다.

01 본문에서 각주를 넣을 낱말 뒤에 커서를 놓고 [입력]-[주석]-[각주]를 선택하거나 단축키 Ctrl + N, N을 누릅니다.

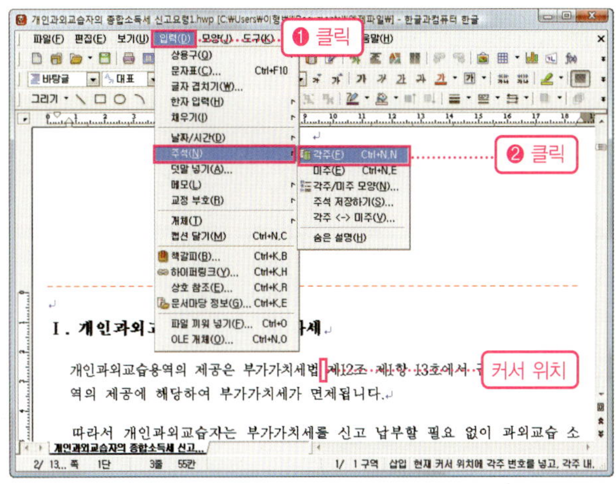

02 다음과 같이 화면 하단에 각주의 내용을 입력할 수 있는 창이 나타나면 부가 설명을 입력하고 Shift + Esc 를 누르거나 주석 도구 모음의 닫기( ) 아이콘을 클릭합니다.

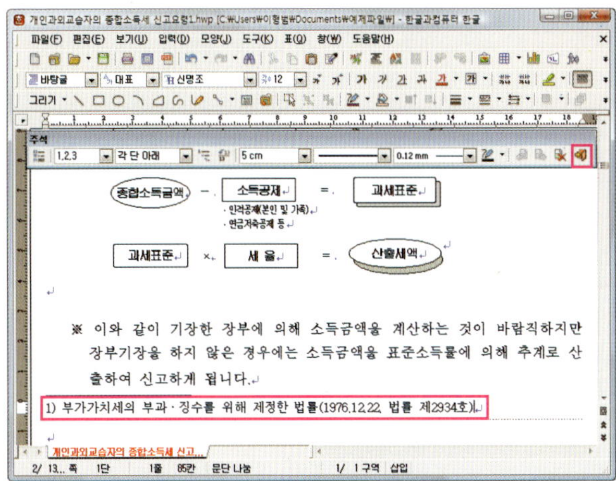

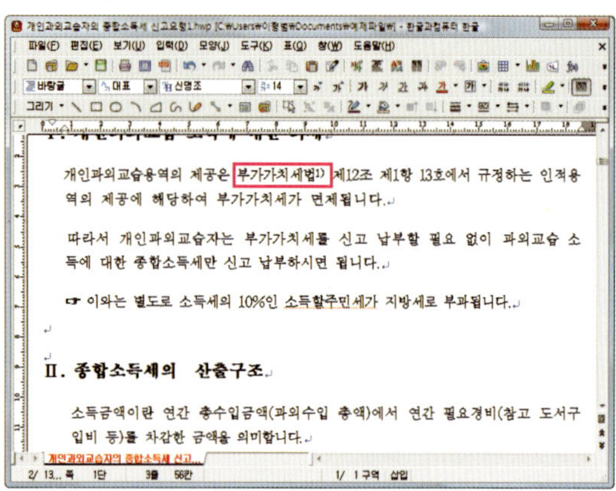

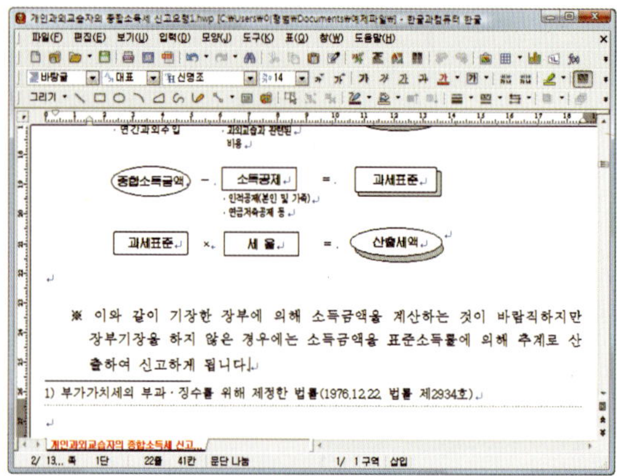

쌩초보 레벨업

주석 도구 모음 기능

★ 🔲 : 각주/미주의 번호 모양이나 본문과 각주/미주 사이의 구분선 등을 설정할 수 있도록 [주석 모양] 대화상자를 표시합니다.

★ 1,2,3 ▼ : 각주/미주 번호로 사용될 문자와 모양을 지정합니다. 미주 번호에는 기호 문자를 사용할 수 없습니다.

★ 각 단 아래 ▼ : 각주 내용이 있는 곳에서 다단 편집된 문서의 경우 각주 내용을 어느 단에 놓을지 지정합니다.

★ 🔢 : 각주/미주 내용 안의 번호를 보통 크기의 문자 또는 본문에서와 같이 위 첨자 크기의 문자로 지정합니다.

★ 🔣 : 사용자가 각주/미주 번호를 지웠을 경우 번호를 다시 입력할 때 사용합니다.

★ 5 cm ▼ : 본문과 각주/미주 내용 사이의 구분선 길이를 지정합니다.

★ ─── ▼ : 본문과 각주/미주 내용 사이 구분선의 종류를 지정합니다.

★ 0.12 mm ─── ▼ : 본문과 각주/미주 내용 사이의 구분선 굵기를 지정합니다.

★ 🖍 ▼ : 구분선의 색을 지정합니다.

★ 🔼 / 🔽 : 현재 편집 중인 각주/미주보다 앞 번호 또는 뒷 번호로 이동합니다.

★ 🔺 : 현재 편집 중인 각주/미주 번호와 내용을 모두 지우고 본문으로 돌아갑니다.

★ 🔙 : 각주/미주의 내용 편집을 끝내고 본문 편집 상태로 돌아갑니다.

05 같은 방법으로 "종합소득세"에 대해서도 각주의 내용을 입력합니다. 각주의 내용은 "개인에게 귀속되는 각종 소득을 종합하여 과세하는 소득세"로 입력하였습니다.

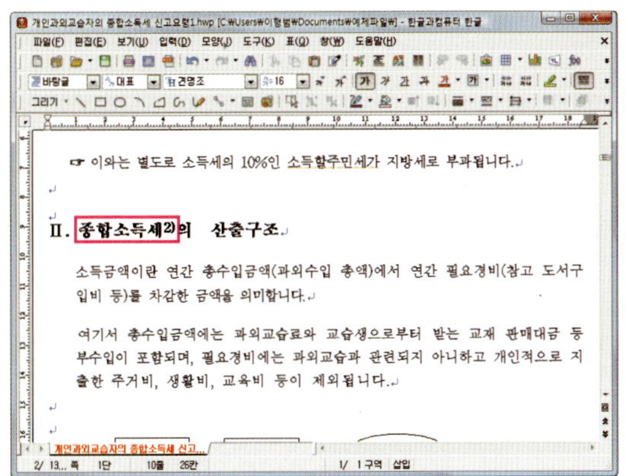

06 현재 편집하고 있는 문서의 각주를 미주로 바꾸고 미주는 각주로 바꿀 수 있습니다. [입력]-[주석]-[각주〈-〉미주]를 선택하고 [변환] 버튼을 클릭합니다.

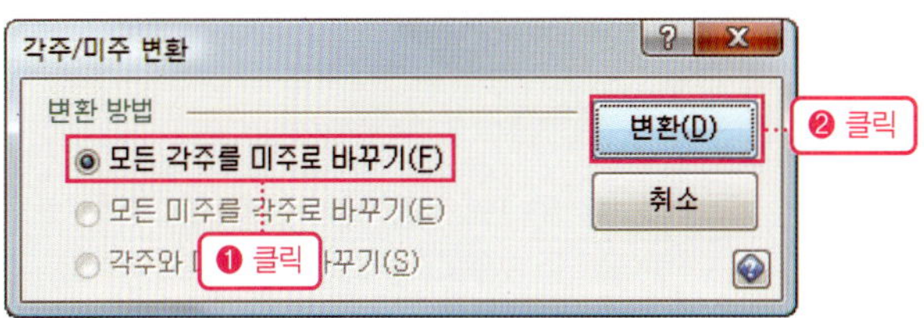

Note 본문에 각주만 있을 경우와 미주만 있을 경우, 각주와 미주가 모두 있을 경우 변환할 항목을 선택합니다.

07 모든 각주를 미주로 바꾼 후 문서의 가장 마지막 쪽으로 이동해 보면 다음과 같이 각주가 미주로 변경되어 마지막 쪽에 표시됩니다.

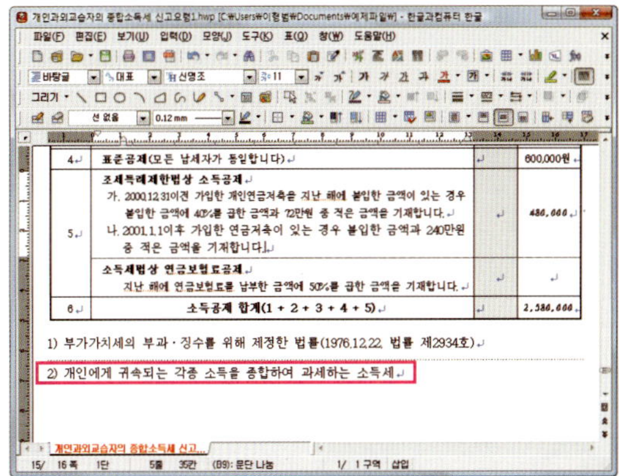

각주/미주 저장하기

★ 본문에 사용된 각주나 미주를 파일로 저장하여 주석의 내용을 한꺼번에 살펴볼 수 있습니다.
★ 주석의 내용을 파일로 저장하여 차후 참고 문헌 등으로 사용할 수 있습니다.
★ [입력]-[주석]-[주석 저장하기]를 선택하여 저장할 주석을 선택하고 저장할 파일명을 지정하여 [저장] 버튼을 클릭합니다.
★ 주석 저장하기 대화상자에서 각주만을 저장할 수도 있고 미주만을 저장할 수도 있으며 각주와 미주 모두를 저장할 수 있습니다.
★ 각주와 미주가 저장될 때는 각주와 미주를 구분하지 않고 주석이 삽입된 순서대로 모아서 저장됩니다.

42

다단 편집

• 키워드 : 다단 편집, 단 설정, 단 너비 동일하게
• 예제 파일 : 시작 파일\5.18민중항쟁.hwp

다단은 하나의 쪽을 세로 방향으로 여러 개 나누어 사용하는 기능입니다. 신문이나 잡지 등에서 다단으로 편집된 예를 쉽게 찾아볼 수 있습니다. 다단 기능을 사용하여 문서 내용을 새롭게 편집하는 과정을 살펴보겠습니다.

01 예제 파일을 열고 2쪽의 두 번째 줄로 커서를 이동합니다. 그런 다음 [모양]-[다단] 메뉴를 선택하거나 다단(▦) 아이콘을 클릭합니다.

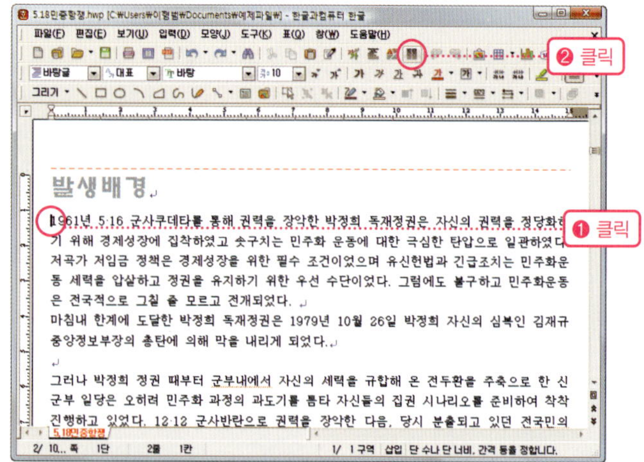

02 [단 설정] 대화상자가 나타나면 자주 쓰이는 모양에서 "셋"을 선택합니다. "구분선 넣기"를 선택하고 구분선의 종류와 굵기, 색 등을 지정합니다. 적용 범위를 "새 다단으로" 지정한 다음 [설정] 버튼을 클릭합니다.

Note "단 너비 동일하게" 옵션이 선택되어 있을 때 단 너비를 조절하면 모든 단의 너비가 똑같이 조절됩니다. "단 너비 동일하게"의 선택을 취소하고 단 너비를 조절하면 각 단의 너비를 서로 다르게 만들 수 있습니다.

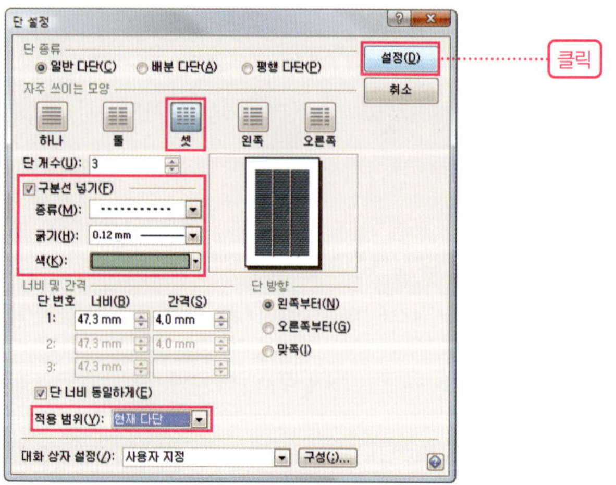

03 커서 위치 이후의 내용이 3단으로 나뉩니다. 적용 범위를 "새 다단으로" 지정하면 커서 위치부터 새로운 다단 설정을 적용하게 됩니다.

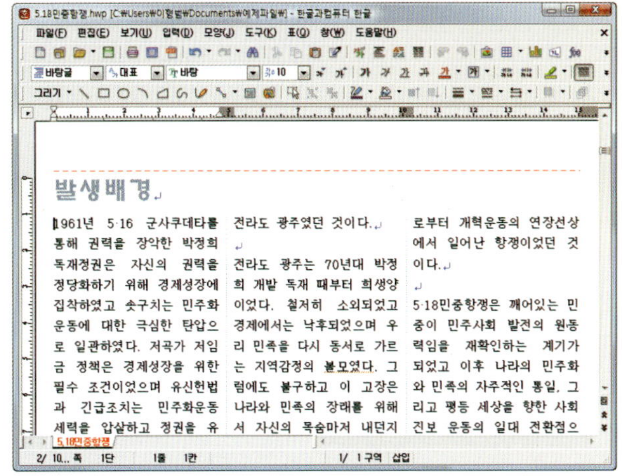

04 2쪽 2단에서 "항쟁의 의의" 앞으로 커서를 이동한 다음 [모양]–[다단] 메뉴를 선택하거나 다단(▤) 아이콘을 클릭합니다.

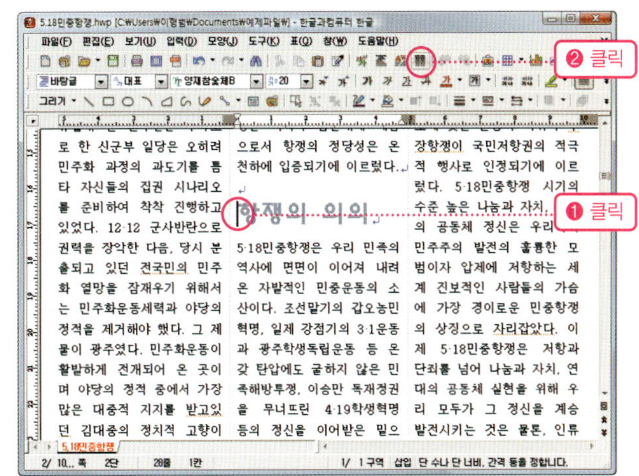

05 [단 설정] 대화상자에서 자주 쓰이는 모양을 "둘"로 선택하고 단 종류를 "배분 다단"으로 지정합니다. 구분선을 설정하고 적용 범위를 "새 쪽으로" 지정한 다음 [설정] 버튼을 클릭합니다.

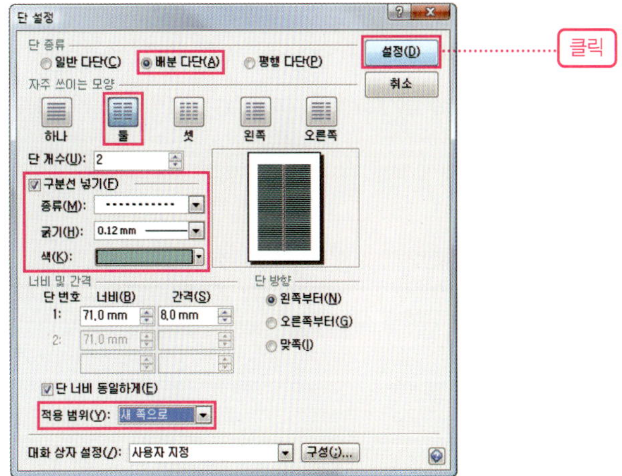

06 다음과 같이 커서 위치에서 쪽이 나누어지고 지정한 단 설정이 적용됩니다. 아직 "배분 다단"의 기능은 확인하지 않았습니다.

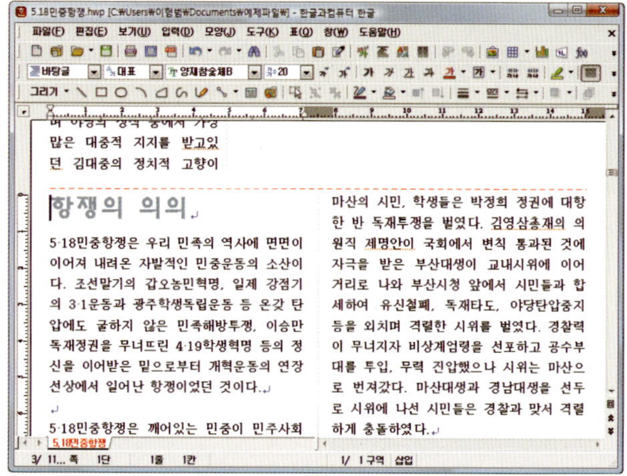

07 3쪽 1단에서 "전개과정" 앞으로 커서를 이동한 다음 [모양]-[다단] 메뉴를 선택하거나 다단(▦) 아이콘을 클릭합니다.

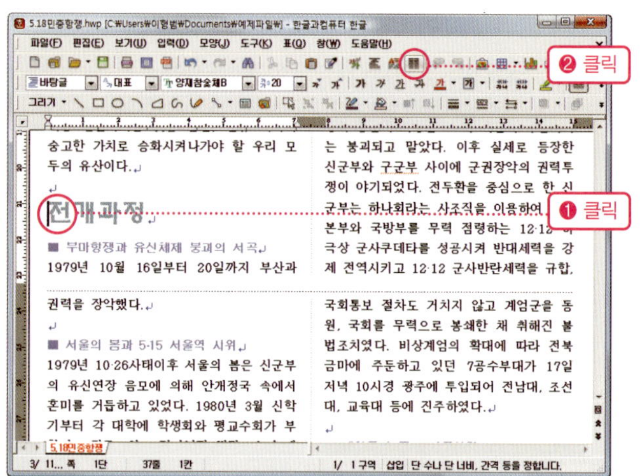

08 [단 설정] 대화상자에서 자주 쓰이는 모양을 "하나"로 지정하고 적용 범위를 "새 쪽으로" 지정한 다음 [설정] 버튼을 클릭합니다.

Note 단 개수가 "1"일 때는 구분선 넣기는 의미가 없어집니다.

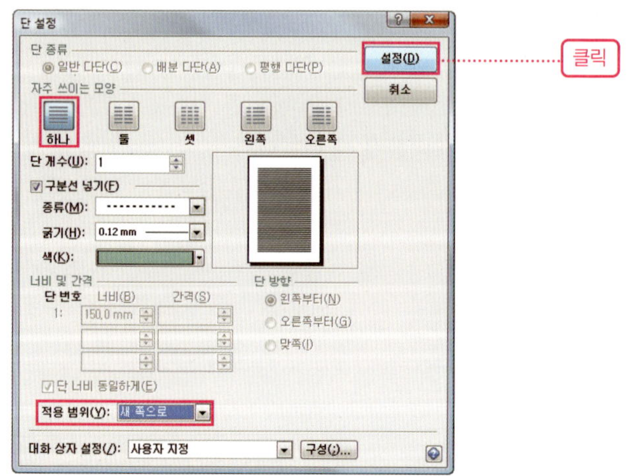

09 커서 위치에서 쪽이 나누어지고 다음과 같이 새로운 다단 설정이 적용됩니다.

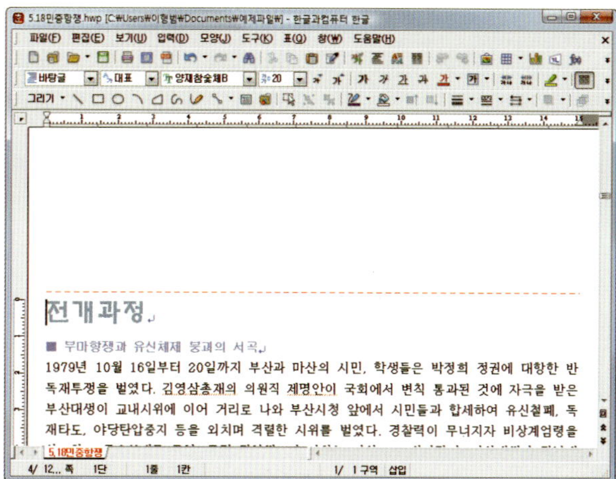

10 3쪽의 끝 부분으로 이동해서 "배분 다단"의 결과를 확인해 봅니다. 배분 다단은 마지막 쪽의 내용을 자동으로 조절해서 각 단의 높이를 같도록 맞춰 줍니다.

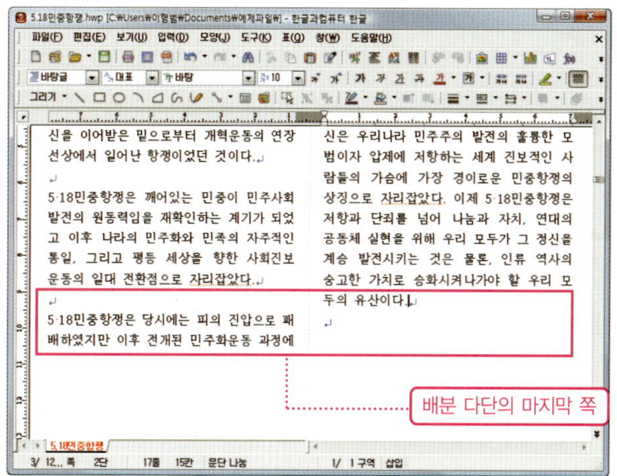

11 4쪽의 두 번째 줄로 커서를 이동한 다음 [모양]–[다단] 메뉴를 선택하거나 다단(▦) 아이콘을 클릭합니다.

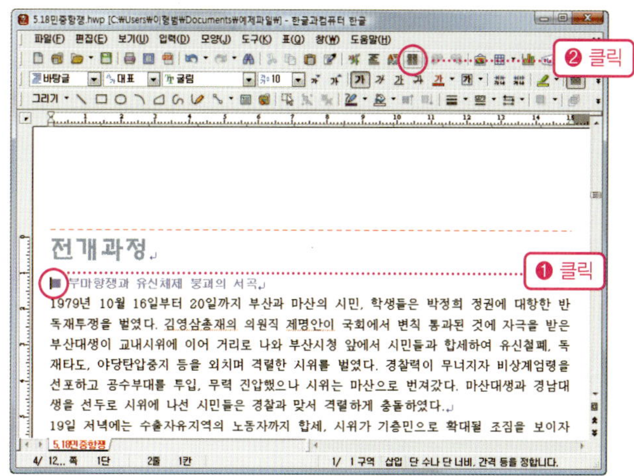

12 자주 쓰이는 모양에서 "왼쪽"을 선택한 다음 단 종류를 "평행 다단"으로 지정합니다. 구분선을 지정하고 적용 범위를 "새 다단으로" 지정한 다음 [설정] 버튼을 클릭합니다.

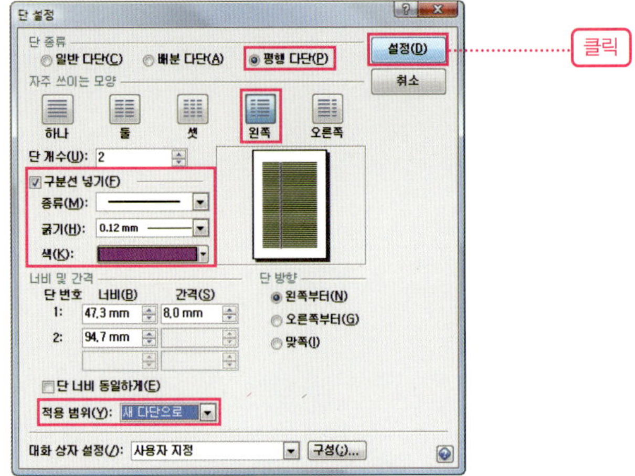

13 다음과 같이 커서 위치부터 새로운 단 설정이 적용됩니다. 커서를 다음 단으로 옮길 부분으로 이동한 다음 [모양]-[나누기]-[단 나누기] 메뉴를 선택하거나 단축키 Ctrl + Shift + Enter 를 누릅니다.

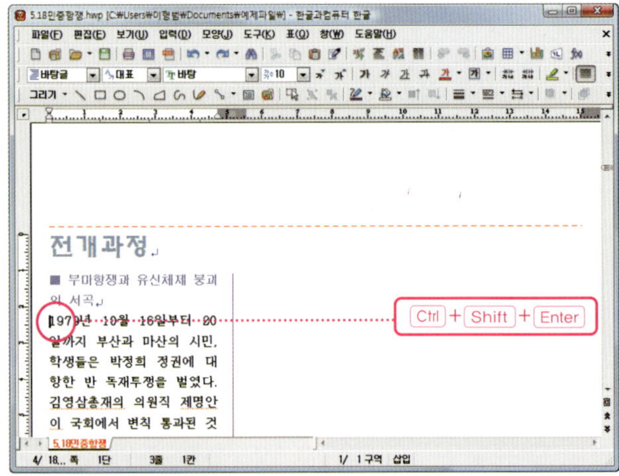

14 커서 이후의 내용이 다음 단으로 이동됩니다. 평행 다단은 이처럼 한 쪽 단에는 글의 제목이나 표제어를 입력하고 다른 쪽 단에는 그에 대한 자세한 내용이나 설명을 기록하는 형식의 문서를 작성할 때 사용합니다.

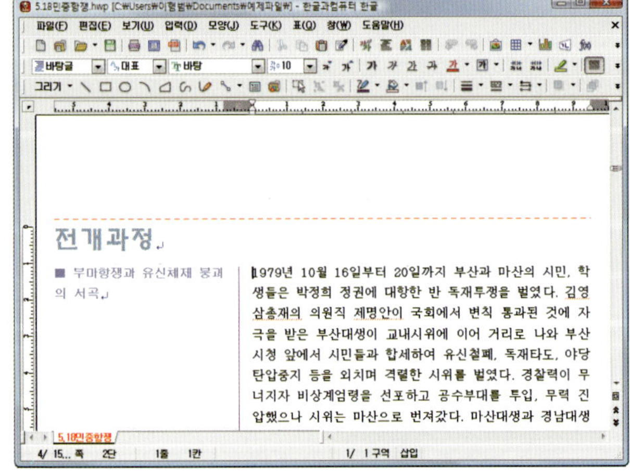

15 이후 내용에서도 다음과 같이 작은 제목 앞에서 [Ctrl] +[Shift]+[Enter]를 눌러 왼쪽 단으로 제목을 이동하고, 제목에 대한 내용 앞에서 다시 [Ctrl]+[Shift] +[Enter]를 눌러 오른쪽 단에 내용을 표시합니다.

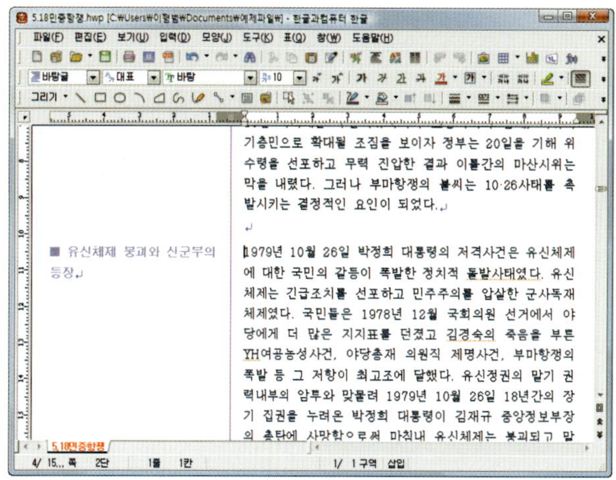

16 문서 편집이 끝나면 미리 보기(▦) 아이콘을 클릭하여 문서 내용을 확인해 봅니다. 다음 그림은 한 화면에 가로 4쪽, 세로 2쪽으로 여러 쪽 보기를 실행한 것입니다. 문서에서 다단이 어떻게 표시되는지 확인할 수 있습니다.

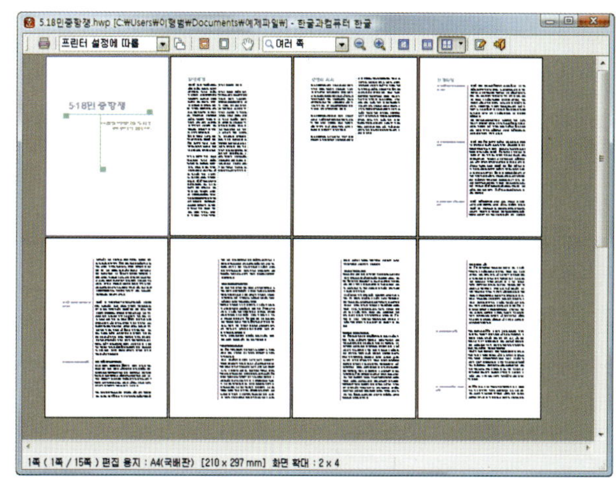

단 사이 이동과 표나 글상자에서의 다단

★ 단과 단 사이의 커서 이동은 마우스로 이동하려면 단을 누르거나 오른쪽 단에서 왼쪽 단으로 이동할 때는 [Ctrl]+[Alt]+[←]를, 왼쪽 단에서 오른쪽 단으로 이동할 때는 [Ctrl]+[Alt]+[→]를 누릅니다.

★ 표나 글상자 안에서 [모양]–[다단]을 실행하여 다단을 편집할 수 있습니다. 커서가 글상자나 표 안에 있을 때 [적용 범위]에서 "현재 셀" "새 다단으로", "모든 셀"을 선택하여 본문 편집에서와 같이 커서 위치부터 새로운 다단을 설정할 수 있습니다.

43

구역 이해하기

• 키워드 : 구역, 구역 속성
• 예제 파일 : 시작 파일\민주항쟁.hwp

구역은 하나의 문서를 여러 영역으로 나누는 방법입니다. 구역을 나눈 다음 각 구역마다 배경 그림과 테두리를 다르게 설정하거나 쪽 번호를 독립적으로 매기고 편집 용지의 크기와 여백 등을 다르게 설정할 수 있습니다. 각 구역마다 완전히 독립적인 여러 서식을 지정할 수 있게 됩니다.

01 문서는 처음에 모두 하나의 구역으로 되어 있습니다. "발생배경" 앞으로 커서를 이동한 다음 [모양]-[구역] 메뉴를 선택하거나 단축키 Ctrl+N, G를 누릅니다.

Note 상태 표시줄에 현재 구역 번호와 전체 구역수가 표시됩니다.

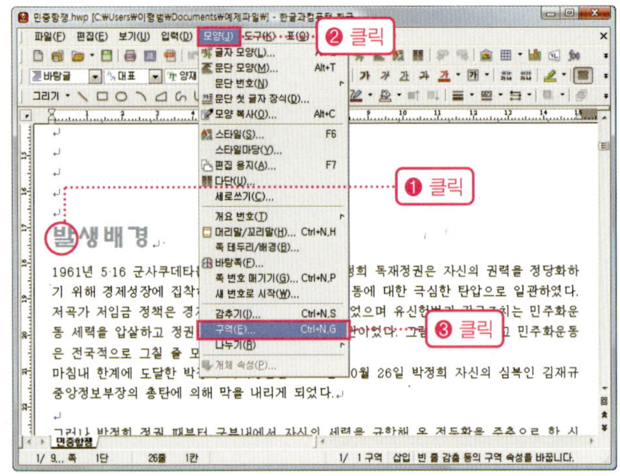

02 [구역] 대화상자에서 시작 쪽 번호의 종류를 "사용자"로 지정하고 입력 상자에 "1"을 입력합니다. 적용 범위를 "새 구역으로" 선택한 다음 [설정] 버튼을 클릭합니다.

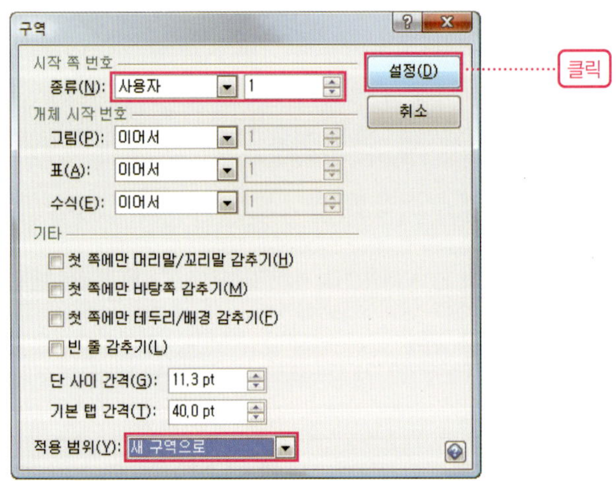

03 커서 위치에서 구역이 나눠지고 커서 이후의 내용이 새 쪽으로 만들어집니다. 상태 표시줄을 통해 현재 쪽 수와 구역이 2구역임을 확인할 수 있습니다.

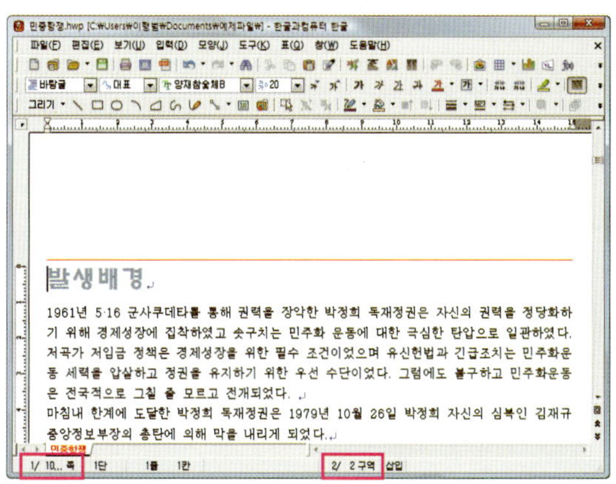

04 같은 방법으로 "항쟁의 의의" 앞에서 구역 나누기를 실행합니다. 그러면 "3구역"이 만들어집니다.

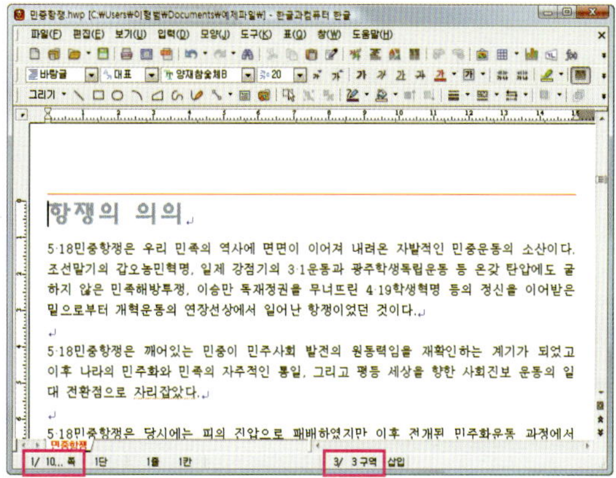

> **Note** 구역을 나눈 자리의 앞에서 Delete 를 누르거나 구역 바로 뒤에서 Back Space 를 눌러 구역 나누기 표시를 지우면 구역이 지워집니다. 이때 뒤 구역은 앞 구역의 모양을 그대로 따라갑니다.

쌩초보 레벨업

구역 속성

★ **시작 쪽 번호** : 새 구역의 쪽 번호를 다시 매기는 방식을 설정합니다. "이어서"는 이전 구역에 이어서 쪽 번호를 매깁니다. "홀수"는 그 쪽이 짝수 쪽이라도 하나 건너뛰어서 홀수 쪽 번호로 만들고 "짝수"는 짝수 쪽 번호로 만듭니다. "사용자"는 임의 값으로 시작 번호를 지정합니다.

★ **개체 시작 번호** : 그림, 표, 수식, 글상자 등의 시작 번호를 지정합니다.

★ **첫 쪽에만 머리말/꼬리말, 바탕쪽, 테두리/배경 감추기** : 각 구역을 시작하는 첫 쪽에서 머리말/꼬리말, 바탕쪽, 테두리/배경 등을 감출 것인지 여부를 지정합니다.

★ **빈 줄 감추기** : 각 쪽의 시작 위치에 빈 줄이 나오면 두 개의 빈 줄까지 없는 것처럼 처리하는 것으로 본문 내용을 두 줄 앞으로 당겨서 정돈합니다.

★ **단 사이 간격** : 다단을 지정할 때 단과 단 사이의 간격을 지정합니다.

★ **기본 탭 간격** : 기본 탭의 간격을 설정합니다.

05 다시 "전개과정" 앞에서 구역 나누기를 실행합니다. 이렇게 하면 문서가 모두 4개의 구역으로 나눠지게 됩니다.

 머리말/꼬리말, 각주/미주, 바탕쪽, 캡션, 표, 글상자 안에서는 구역을 나눌 수 없습니다.

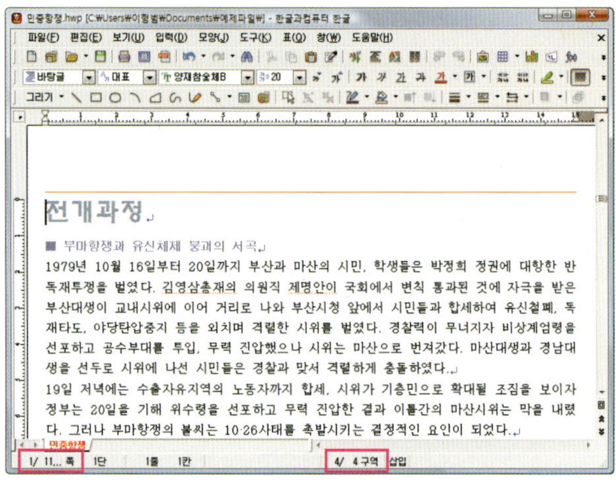

06 "4구역"에서 [모양]-[쪽 테두리/배경] 메뉴를 선택합니다. [쪽 테두리/배경] 대화상자의 [배경] 탭에서 "그림" 옵션을 선택합니다. 그림 파일을 지정하기 위해 그림 선택(■) 아이콘을 클릭합니다.

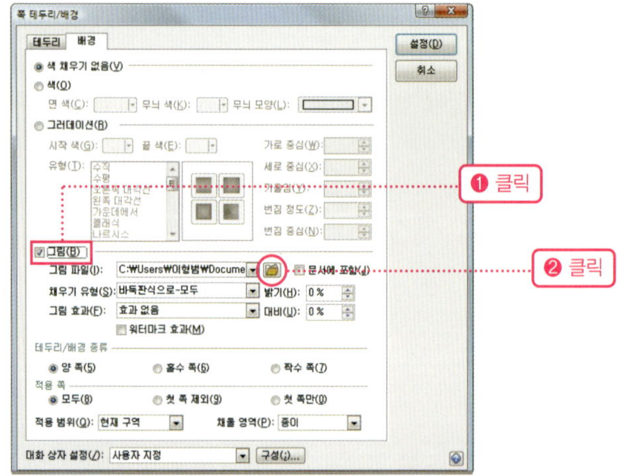

07 [그림 넣기] 대화상자가 나타나면 쪽 배경으로 사용할 그림 파일을 선택하고 [넣기] 버튼을 클릭합니다.

 여기서는 시작 파일 폴더에 있는 "5.18(2).bmp" 그림 파일을 사용하였습니다.

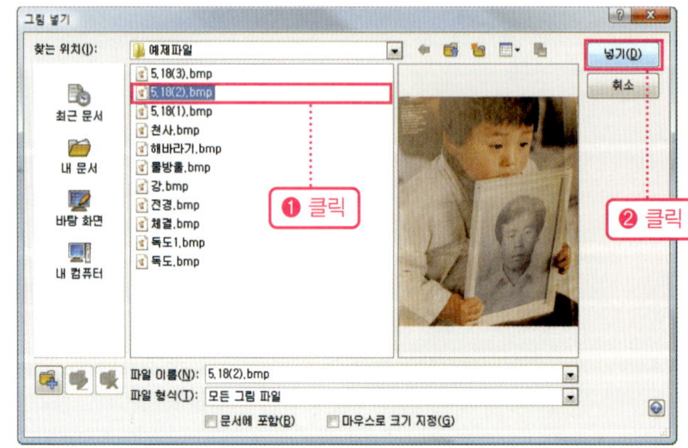

08 그림 파일을 지정했으면 채우기 유형과 그림 효과, 밝기, 대비, 워터마크 효과 등의 옵션을 설정합니다. 그런 다음 적용 범위를 "현재 구역"으로 선택하고 [설정] 버튼을 클릭합니다.

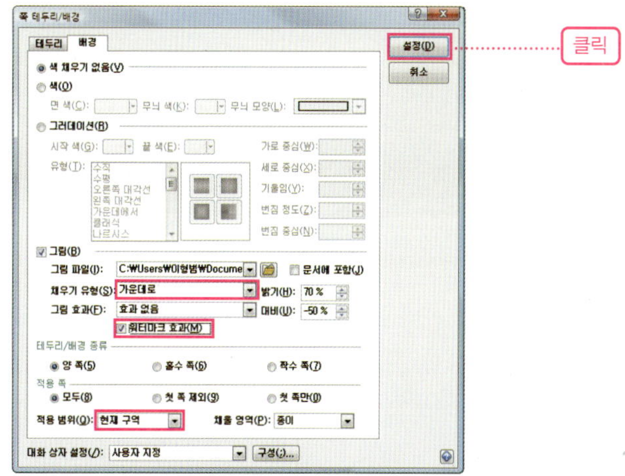

09 다음과 같이 "4구역"에만 쪽 배경으로 지정한 그림 이 나타납니다. 이렇게 구역을 나누면 각 구역마다 다른 모양을 설정해서 사용할 수 있습니다.

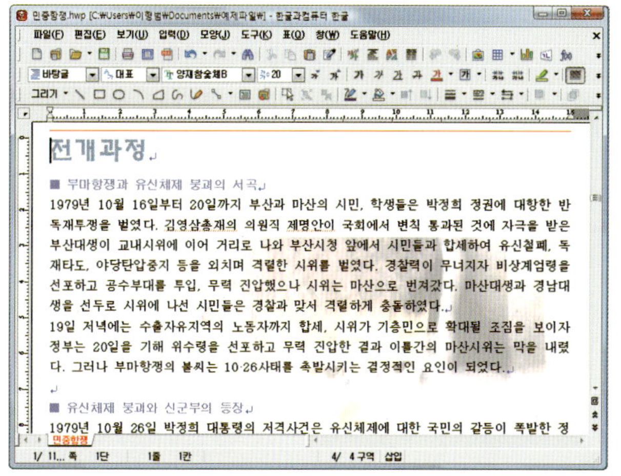

10 다음 그림은 미리 보기(▣) 아이콘을 클릭해서 화면 에 현재 문서의 인쇄 모양을 표시한 것입니다. 다른 구역에는 배경 그림이 표시되지 않고 "4구역"에만 배경 그림이 나타나는 것을 알 수 있습니다.

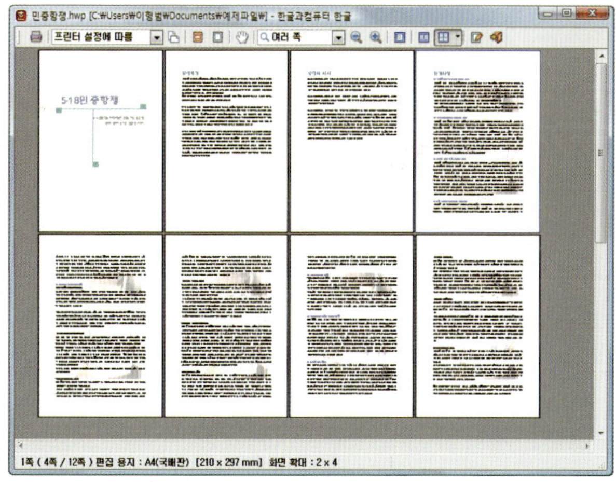

44

개요 번호로 문서 입력하기

• 키워드 : 개요 번호, 개요 번호 모양
• 예제 파일 : 시작 파일\서양미술사.hwp

"개요"란 문단 앞에 번호를 매겨가면서 문서를 작성하는 것을 말합니다. 개요 번호를 사용하여 문서를 작성하면 글의 순서를 바꾸거나 중간에 새로운 글을 추가 또는 삭제했을 때 자동으로 개요 번호가 편집 상황에 맞게 자동으로 매겨지므로 매우 편리합니다. 한글에서는 7수준까지 개요 번호를 매길 수 있습니다.

01 예제 파일은 2단으로 편집되어 있습니다. 오른쪽의 글은 개요 번호를 사용하지 않고 직접 숫자를 입력하여 작성한 것입니다. 이것과 똑같은 내용을 개요 번호를 이용해서 왼쪽 단에 작성할 것입니다. [모양]-[개요 번호]-[개요 번호 모양] 메뉴를 선택합니다.

Note 단축키 Ctrl + K , O

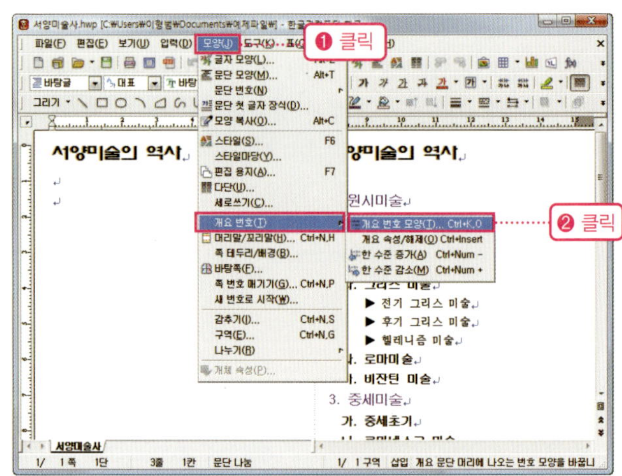

02 [개요 번호 모양] 대화상자에서 원하는 개요 번호 모양을 선택하고 [설정] 버튼을 클릭합니다.

Note 적용 범위를 "새 구역으로" 지정하면 커서 위치부터 새로운 구역으로 문서를 나누고 새로운 개요 번호 모양을 적용합니다.

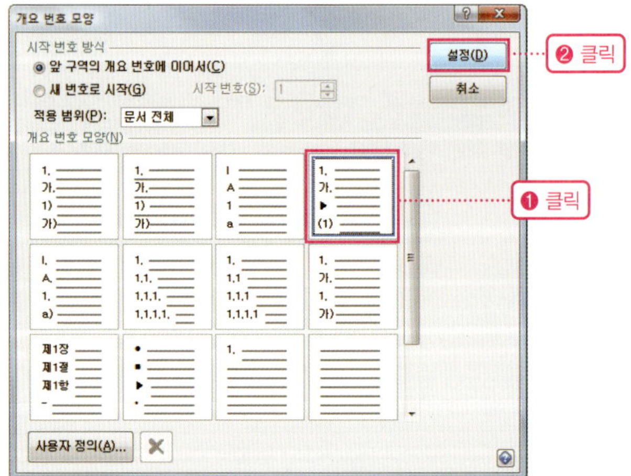

03 이제 개요 번호를 삽입하면서 문서를 작성해 보겠습니다. Ctrl+Insert를 누르면 현재 문단에 1 수준의 개요 번호가 삽입됩니다.

04 개요 번호 다음에 내용을 입력하고 Enter를 누르면 다음 문단에 개요 번호가 증가되어 삽입됩니다. 두 번째 내용을 입력하고 Enter를 누르면 다음 문단에 다시 개요 번호가 증가되어 삽입됩니다.

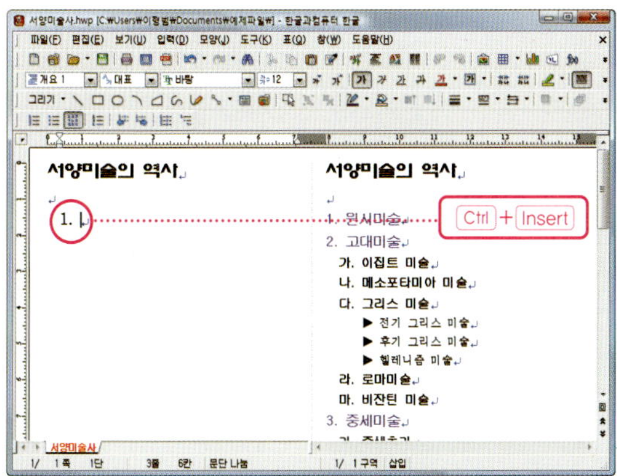

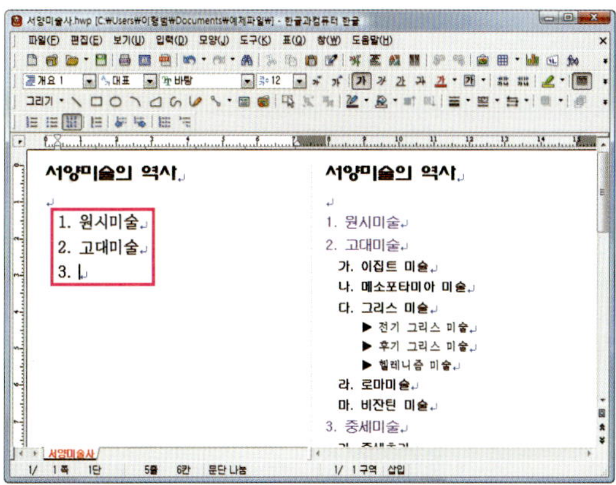

Note 개요 번호만 있고 내용이 없는 문단에서 Enter를 누르면 문단이 나뉘지 않고 현재 문단의 개요 번호가 해제되어 보통 문단으로 되돌아갑니다.

문단 모양에서 개요 번호 삽입하기

Ctrl+Insert를 눌러 개요 번호를 삽입하면 해당 문단에 "개요 1"과 같은 스타일이 설정되어 개요 번호 영역만큼 자동으로 내어쓰기가 설정됩니다. 개요 번호는 Back Space 또는 Delete로 삭제할 수 없으므로 삽입된 개요 번호를 지우려면 Ctrl+Insert를 눌러 개요 속성을 해제해야 합니다. 문단 스타일을 바꾸지 않고 개요 번호만 삽입하려면 Ctrl+Insert를 누르는 대신 문단 모양을 이용합니다. Alt+T를 눌러 [문단 모양] 대화상자를 나타낸 다음 [확장] 탭에서 문단 종류를 "개요 문단"으로 선택하고 수준을 지정한 다음 [설정] 버튼을 클릭합니다. 그러면 커서 위치에 지정한 수준의 개요 번호가 삽입됩니다.

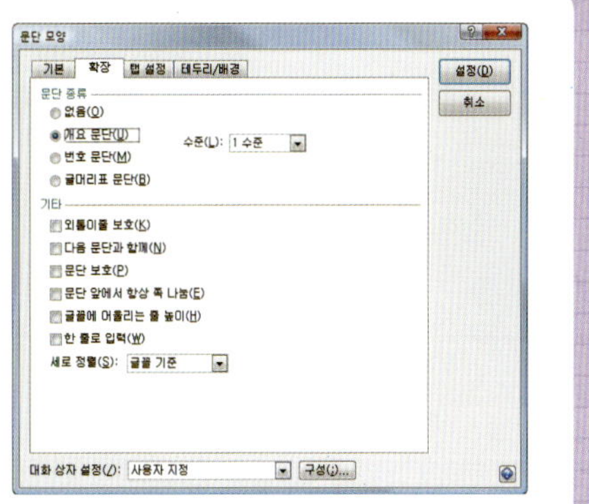

05 개요 번호가 있는 문단에서 [Ctrl]을 누르고 숫자 키 패드의 [+]를 누릅니다. 그러면 1수준 개요 번호가 2수준 개요 번호로 바뀝니다. 그런 다음 내용을 입력하고 [Enter]를 눌러 다음과 같이 작성합니다.

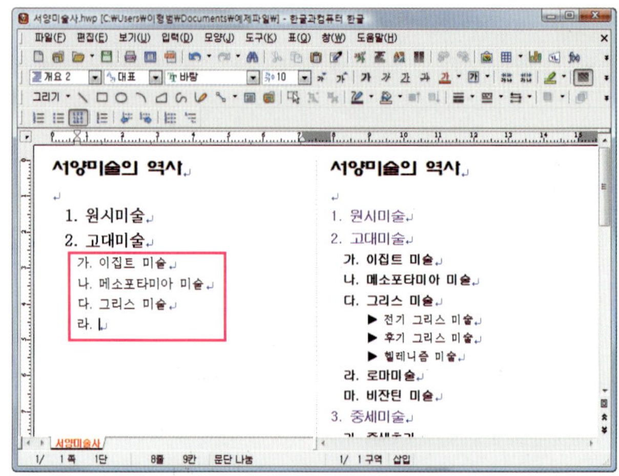

06 다시 [Ctrl]을 누르고 숫자 키 패드의 [+]를 누르면 2수준 개요 번호가 3수준 개요 번호로 바뀝니다. 그러면 다음과 같이 내용을 입력해서 3수준 문단을 작성합니다.

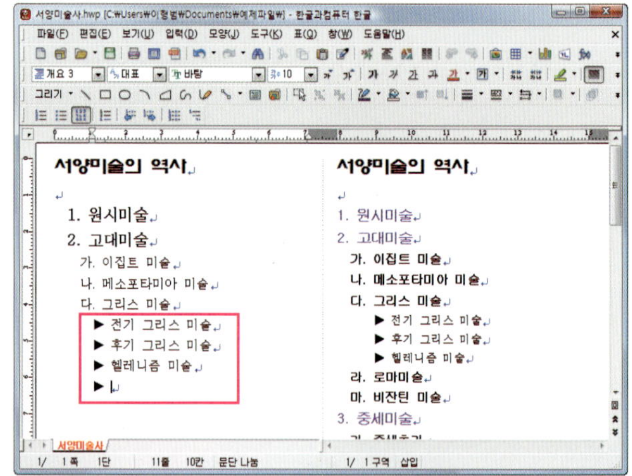

07 개요 번호를 감소시키려면 [Ctrl]을 누르고 숫자 키 패드의 [−]를 누릅니다. 이런 방법으로 개요 번호를 증가 또는 감소시키면서 다음과 같이 나머지 내용을 작성합니다.

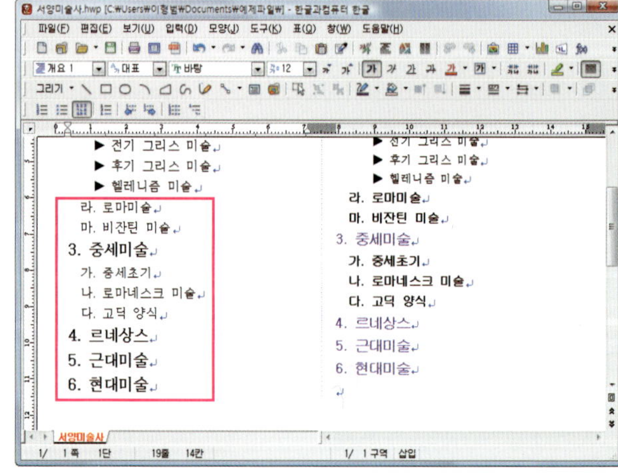

08 Ctrl+Insert를 눌러 개요 번호를 삽입하면 자동으로 개요 1, 개요 2, 개요 3과 같은 스타일이 문단에 적용됩니다. 개요 번호가 있는 문단의 문단 모양이나 글자 모양을 바꾸려면 스타일 기능을 이용하는 것이 편리합니다. 단축키 F6을 눌러 [스타일] 대화상자를 실행한 다음 스타일 목록에서 "개요 1"을 선택하고 스타일 편집하기(✎) 아이콘을 클릭합니다.

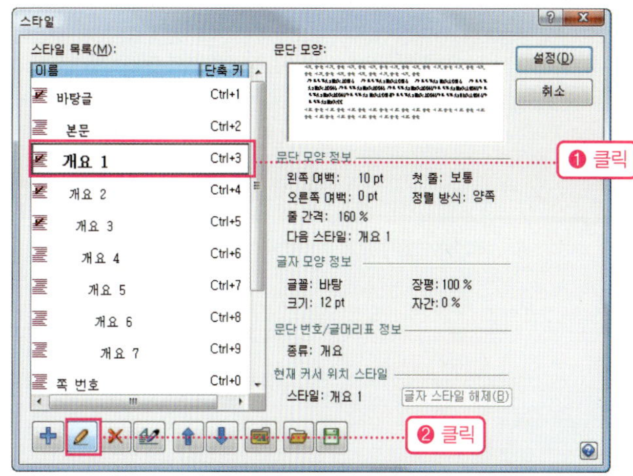

09 [스타일 편집하기] 대화상자에서 [문단 모양] 버튼을 클릭한 후 [문단 모양] 대화상자가 나타나면 "개요 1" 스타일의 문단 모양을 변경합니다. 그런 다음 [설정] 버튼을 클릭합니다.

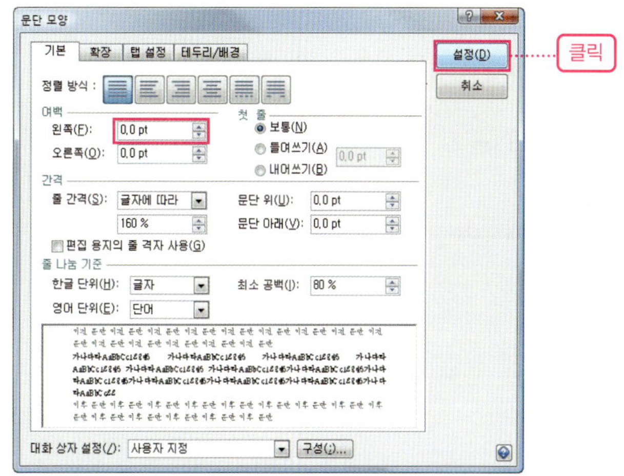

10 다시 [스타일 편집] 대화상자에서 [글자 모양] 버튼을 클릭합니다. [글자 모양] 대화상자에서 다음과 같이 글자 모양을 변경한 다음 [설정] 버튼을 클릭합니다.

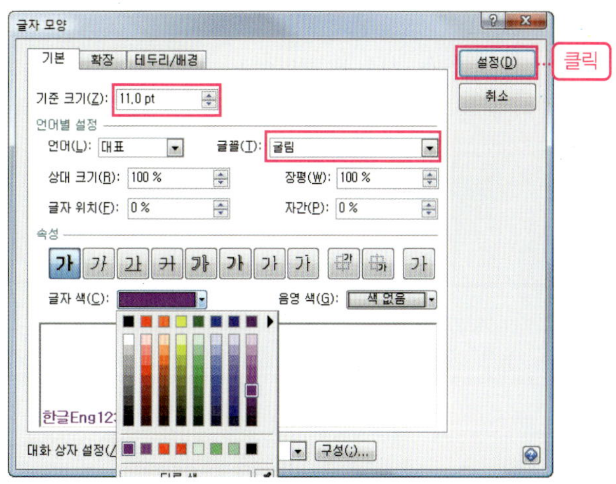

11 [스타일 편집] 대화상자에서 [설정] 버튼을 클릭하여
[스타일] 대화상자로 돌아옵니다. 다음과 같이 "개요 1"
스타일의 문단 모양과 글자 모양이 변경되었습니다.

Note   스타일 목록 오른쪽의 정보 표시 부분에서 선택한 스타일의 문단 모양과
글자 모양에 대한 정보를 확인할 수 있습니다.

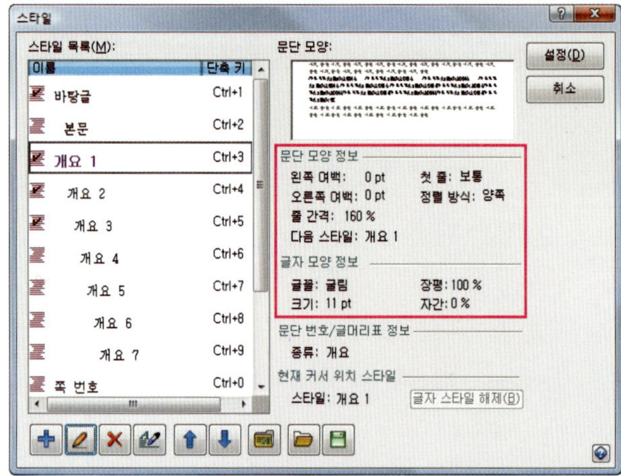

12 같은 방법으로 "개요 2" 스타일의 문단 모양과 글자
모양을 다음과 같이 변경합니다.

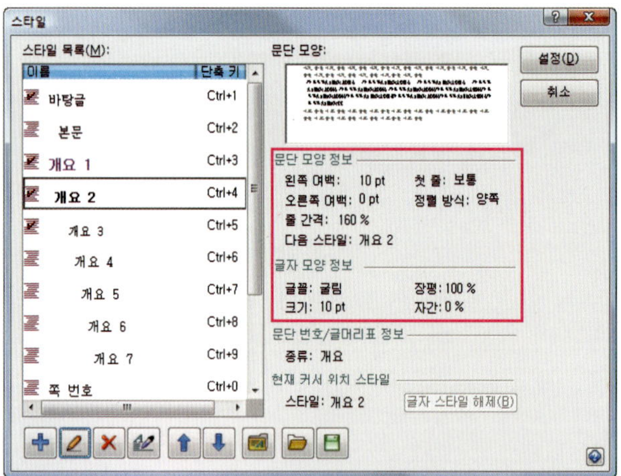

13 "개요 3" 스타일의 문단 모양과 글자 모양도 변경한
다음 [취소] 버튼을 클릭해서 대화상자를 닫습니다.

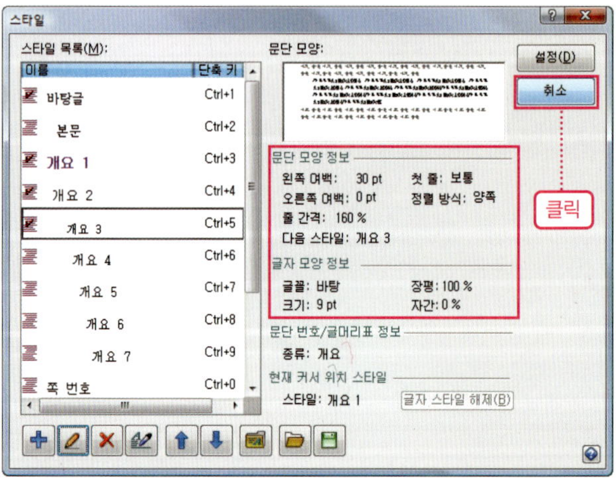

14 개요 번호가 있는 개요 문단의 스타일이 변경됨에 따라 다음과 같이 각 문단의 서식이 변경된 것을 확인할 수 있습니다.

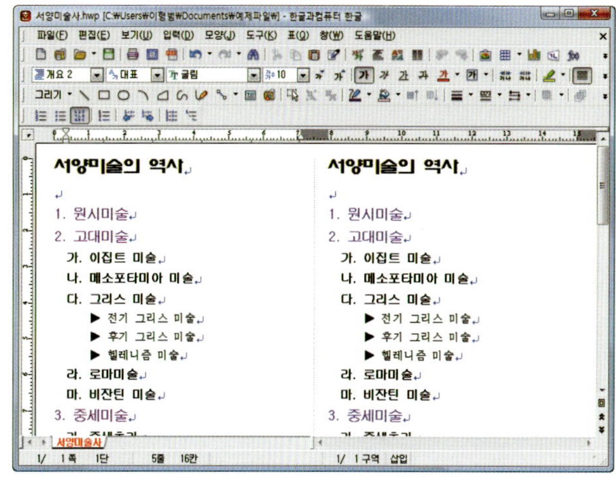

15 개요 번호 모양을 사용자가 직접 만들어 사용할 수도 있습니다. [모양]-[개요 번호]-[개요 번호 모양] 메뉴를 선택한 다음 [개요 번호 모양] 대화상자에서 [사용자 정의] 버튼을 클릭합니다.

Note 단축키 Ctrl + K , O

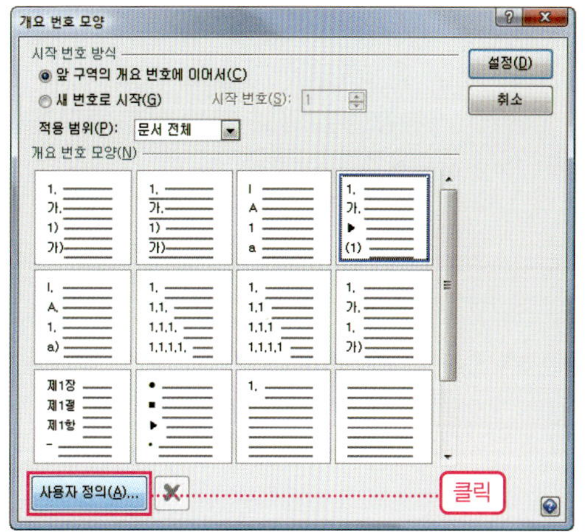

16 [개요 번호 사용자 정의 모양] 대화상자에서 수준을 "1 수준"으로 선택합니다. 현재 수준 번호 모양을 "A,B,C"로 변경하고 "글자 모양 지정"을 선택한 다음 [글자 모양] 버튼을 클릭합니다.

Note "글자 모양 지정"을 선택했을 때만 [글자 모양] 버튼을 사용할 수 있습니다. 여기서 지정하는 글자 모양은 1 수준의 개요 번호에 대한 글자 모양입니다.

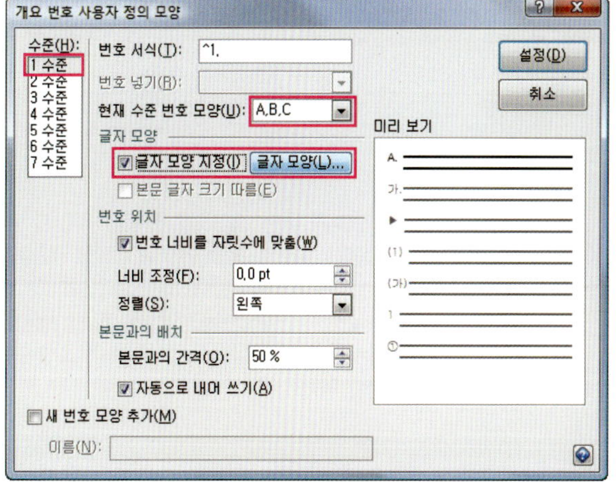

17 [글자 모양] 대화상자에서 개요 번호에 적용할 글자 모양을 다음과 같이 지정한 다음 [설정] 버튼을 클릭합니다.

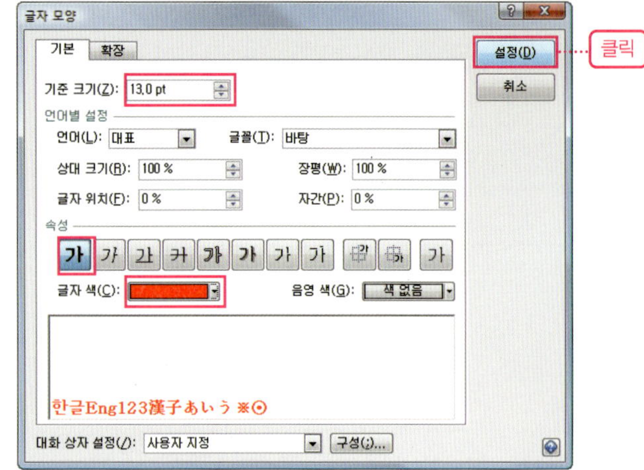

18 이번에는 수준을 "2 수준"으로 선택한 다음 번호 서식 상자에서 "^2." 앞에 커서를 놓고 번호 넣기에서 "1 수준"을 선택합니다. 그런 다음 번호 서식이 "^1-(^2)" 모양이 되도록 수정합니다.

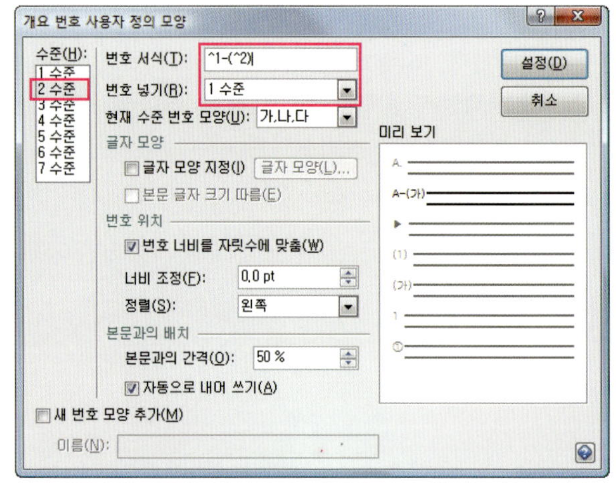

번호 서식

★ 선택한 수준의 번호를 어떤 모양으로 표시할 것인지 번호 앞뒤에 임의의 문자를 입력하여 번호 모양을 만듭니다. 번호 서식이 "제^1장"이면 1 수준의 개요 번호로 제1장, 제2장, 제3장, … 처럼 개요 번호가 매겨집니다. 여기서 "^" 기호는 번호를 자동 증가시키는 코드이므로 지우지 말아야 합니다.

★ 번호 넣기는 선택한 수준이 2 수준 이상일 때만 사용할 수 있습니다. 이것은 현재 수준의 개요 번호와 함께 상위 수준의 번호를 함께 표시할 때 사용합니다. 예를 들어 2 수준의 번호 서식을 "^1-^2"와 같이 만들면 2 수준의 개요 번호가 1-1, 1-2, 1-3, … 처럼 매겨집니다.

19 수준에서 "3 수준"을 선택한 다음 번호 서식에 있는 "▶" 문자를 지웁니다.

20 번호 서식 입력란에 커서가 위치된 상태에서 Ctrl + F10을 눌러 문자 영역의 "전각 기호(일반)"에서 "●" 문자를 선택하고 [넣기] 버튼을 클릭합니다.

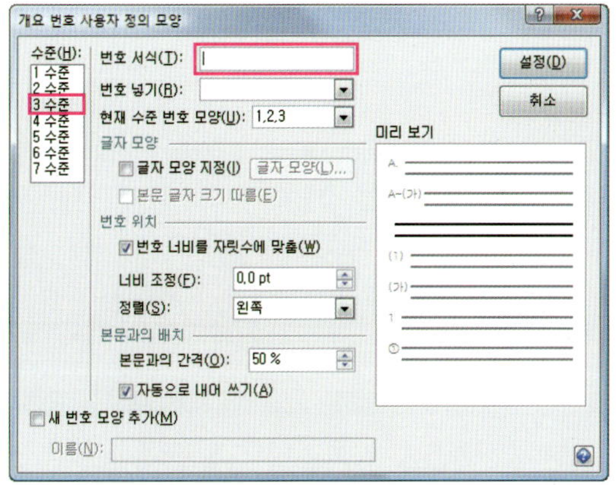

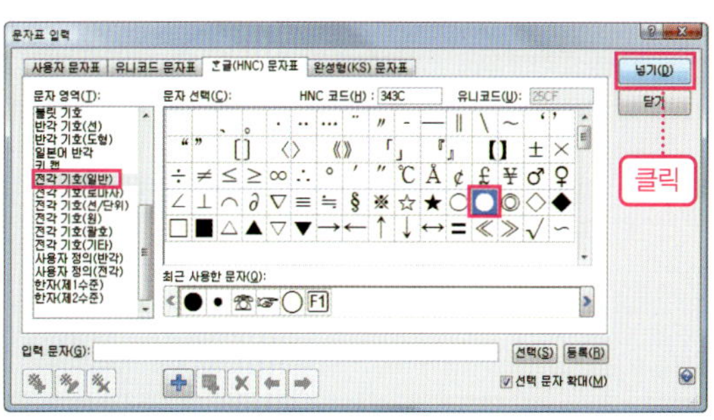

21 [개요 번호 사용자 정의 모양] 대화상자에서 [설정] 버튼을 클릭하고 [개요 번호 모양] 대화상자에서도 [설정] 버튼을 클릭합니다. 다음과 같이 개요 문단의 개요 번호 서식이 모두 변경됩니다.

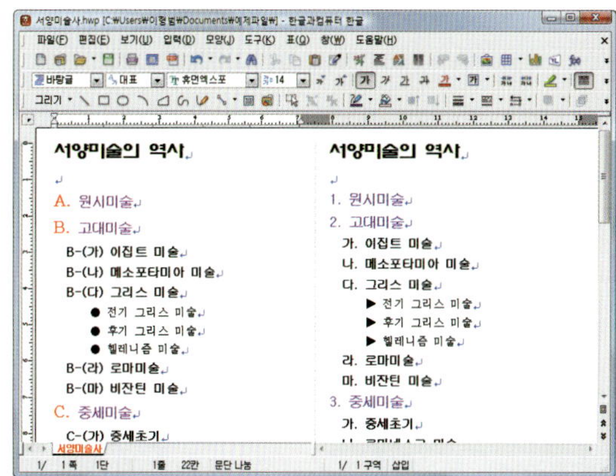

이전 판 한글의 개요

한글 97의 [개요]는 한글 2007의 [문단 번호]와 같습니다. 따라서 한글 97에서 [모양]–[개요 번호]로 삽입된 번호를 한글 2007에서 읽어오면 [문단 번호]로 바꾸어 읽어옵니다.

45

메일 머지 기능

• 키워드 : 메일 머지, 필드 만들기, 메일 머지 출력
• 예제 파일 : 시작 파일\초대장1.hwp / 회원목록.hwp

메일 머지는 같은 내용의 편지에 이름이나 주소, 직장, 직위 등 일부 내용만 다르게 하여 대량의 편지를 한꺼번에 만들기 위한 기능입니다. 내용문 파일에 데이터 파일의 내용을 끼워 넣는 방식으로 두 개의 파일을 결합하여 여러 통의 편지나 안내문 등을 손쉽게 만들 수 있습니다.

01 메일 머지를 사용하려면 데이터 파일과 내용문 파일이 필요합니다. 먼저 데이터 파일 "회원목록.hwp"를 엽니다. 데이터 파일의 첫 줄에는 필드(항목)의 개수를 입력해야 합니다. 다음 줄부터 필드의 개수 단위로 여러 개의 레코드를 입력합니다.

Note 여기서는 4개 필드로 하나의 레코드를 구성합니다. 각 필드는 이름, 전화, 소속, 직책을 의미합니다.

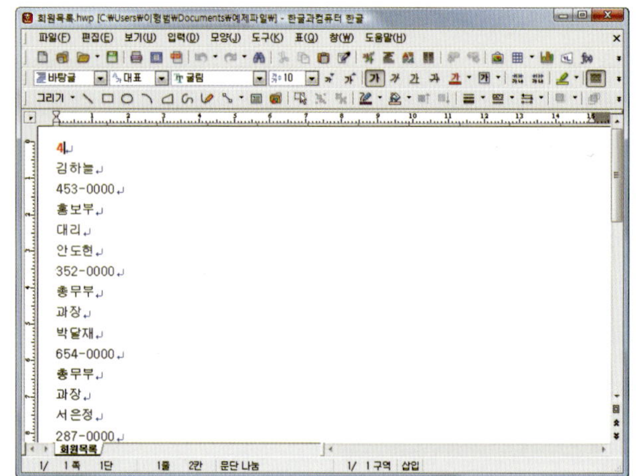

02 내용문 파일 "초대장1.hwp"를 엽니다. 받는 사람의 이름 다음으로 커서를 이동한 다음 [도구]–[메일 머지]–[메일 머지 표시 달기] 메뉴를 선택합니다.

Note 메일 머지 표시 달기 단축키 Ctrl + K , M

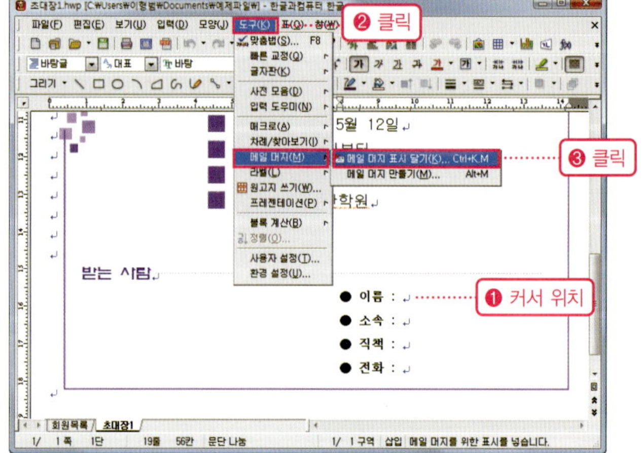

03 [메일 머지 표시 달기] 대화상자에서 [필드 만들기] 탭을 선택한 다음 필드 번호 "1"을 입력하고 [넣기] 버튼을 클릭합니다.

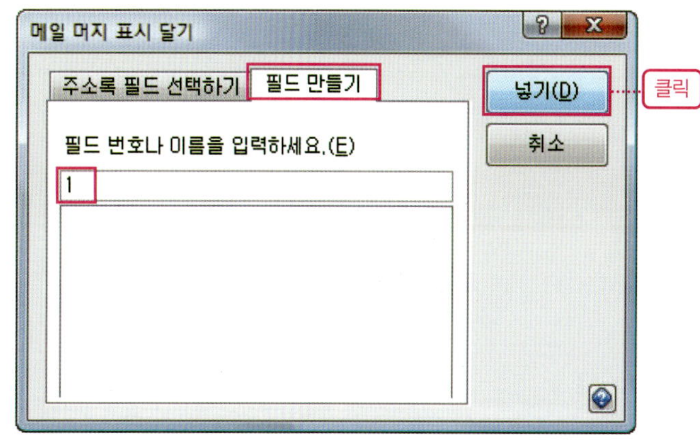

04 커서 위치에 {{1}} 형식으로 메일 머지 표시가 삽입됩니다. 이 표시는 메일 머지를 만들 때 데이터 파일의 각 레코드에서 1번 필드의 값을 가져와 표시하는 역할을 합니다.

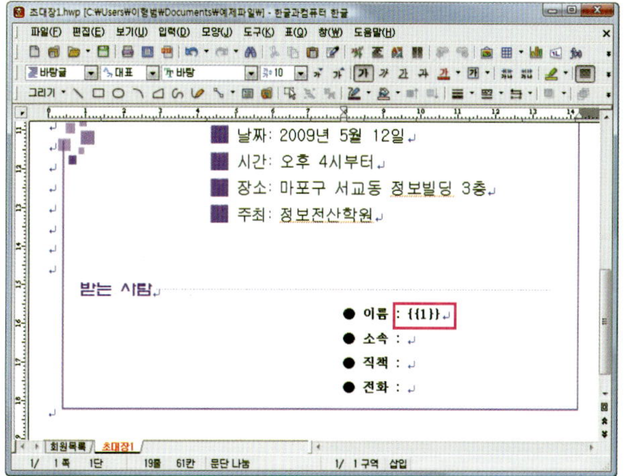

05 같은 방법으로 소속에는 "3"번 필드, 직책에는 "4"번 필드, 전화에는 "2"번 필드로 각각 메일 머지 표시를 달아줍니다. 이렇게 하면 내용문 파일이 완성됩니다.

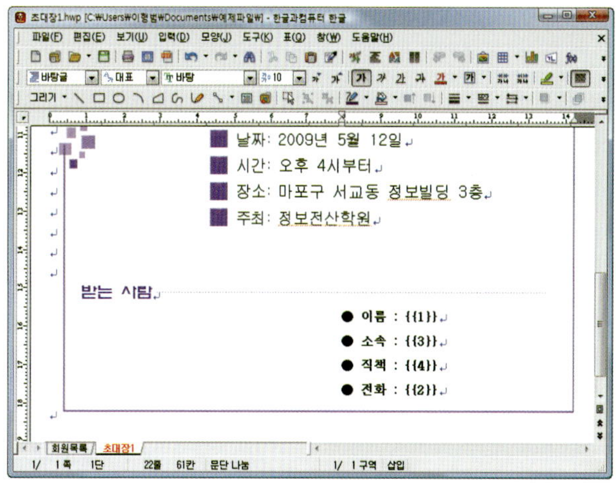

06 메일 머지를 만들 때는 내용문 파일에서 실행해야 합니다. 내용문 파일에서 [도구]-[메일 머지]-[메일 머지 만들기] 메뉴를 선택합니다.

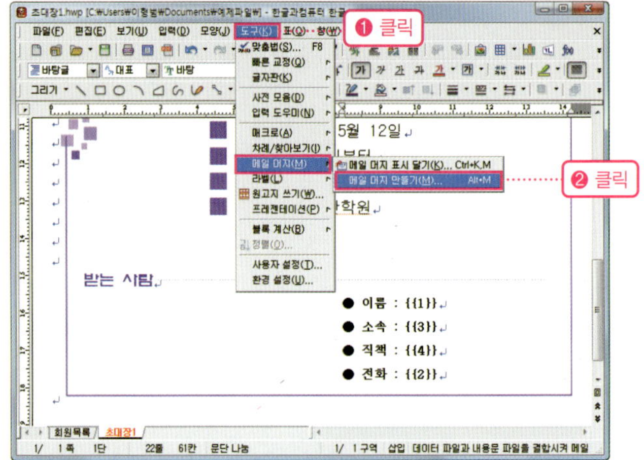

07 [메일 머지 만들기] 대화상자에서 자료 종류를 "한글 파일"로 선택하고 파일 선택(📁) 아이콘을 클릭합니다. 시작 파일 폴더에서 "회원목록.hwp"를 선택하여 [열기] 버튼을 클릭합니다. 다음과 같이 데이터 파일이 선택되었으면 출력 방향을 "화면"으로 선택한 다음 [확인] 버튼을 클릭합니다.

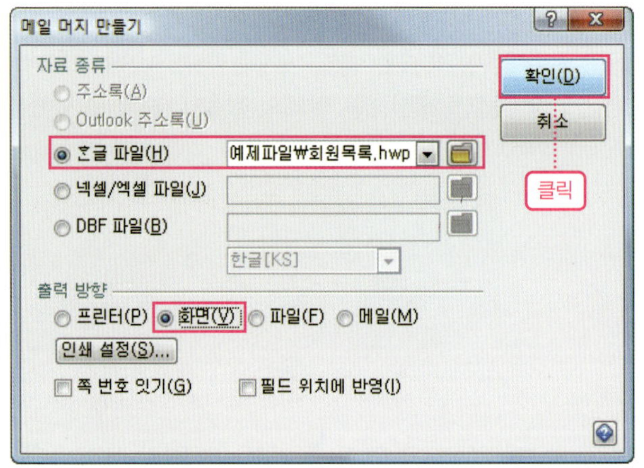

쌩초보 레벨업

메일 머지의 출력 방향

★ **프린터** : 메일 머지 결과를 프린터로 출력합니다. 인쇄 매수는 데이터 파일의 레코드 개수와 같게 됩니다. [인쇄 설정] 버튼을 누르고 인쇄 옵션을 변경할 수 있습니다.
★ **화면** : 미리 보기를 실행한 것처럼 화면으로 메일 머지 결과를 확인합니다.
★ **파일** : 메일 머지 결과를 한글 문서 파일(*.HWP)로 저장합니다. 이 옵션을 선택하면 저장할 파일 이름을 입력해야 합니다.
★ **메일** : 메일 머지 결과를 메일의 본문 내용으로 사용하거나 파일로 첨부해서 전자 우편을 보냅니다.

08 다음과 같이 메일 머지 결과가 화면으로 표시됩니다. 메일 머지 표시를 달아두었던 부분을 확인해 보면 첫 번째 레코드의 이름과 소속, 직책, 전화가 표시된 것을 알 수 있습니다.

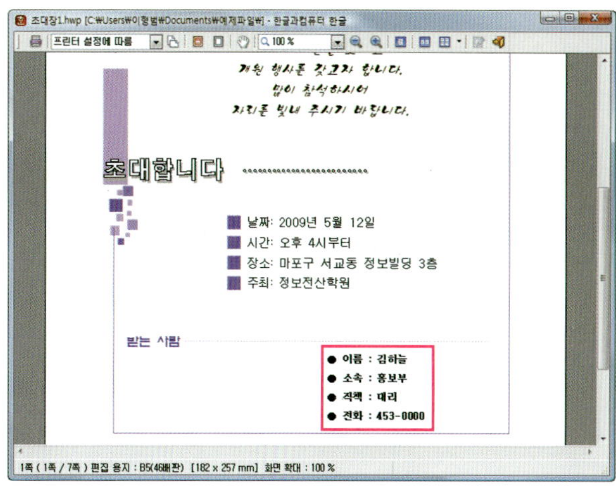

09 Page Down 을 눌러 다음 쪽으로 이동하고 메일 머지 표시 대신 두 번째 레코드의 필드 값이 삽입되었는지 확인합니다.

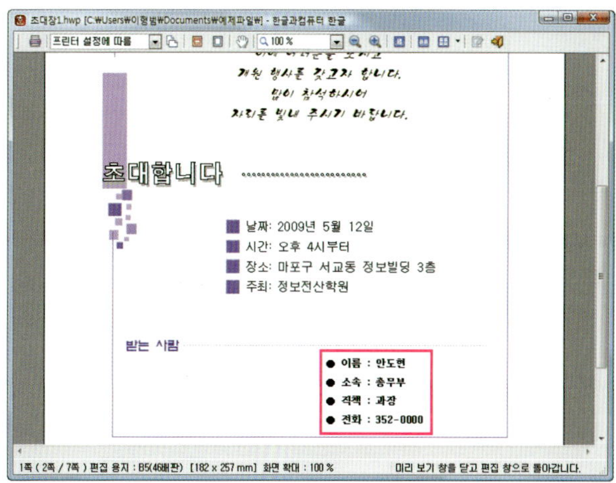

46

라벨 만들기

• 키워드 : 라벨, 주소라벨, 라벨 용지
• 예제 파일 : 시작 파일\회원주소록.hwp

CD, 디스켓, 서적, 비디오 등을 구분하기 위한 목적으로 달아 두는 간단한 이름표를 라벨이라고 합니다. 한글에서 라벨 문서 만들기 기능을 이용하면 이러한 라벨을 손쉽게 만들 수 있습니다. 라벨을 만들 때는 메일 머지 기능이 이용됩니다.

01 [도구]-[라벨]-[라벨 문서 만들기] 메뉴를 선택합니다.

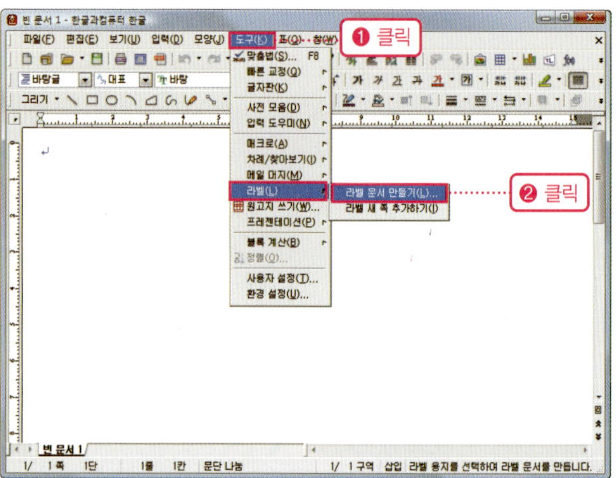

02 [라벨 문서 만들기] 대화상자의 [라벨 문서 꾸러미] 탭에서 "Formtec Standard"의 "3108-주소라벨(14칸)"을 선택한 다음 [열기] 버튼을 클릭합니다.

Note 왼쪽의 라벨 제조 회사 목록에서 제조 회사를 선택하면 오른쪽에 선택한 회사의 라벨 용지 목록이 표시됩니다.

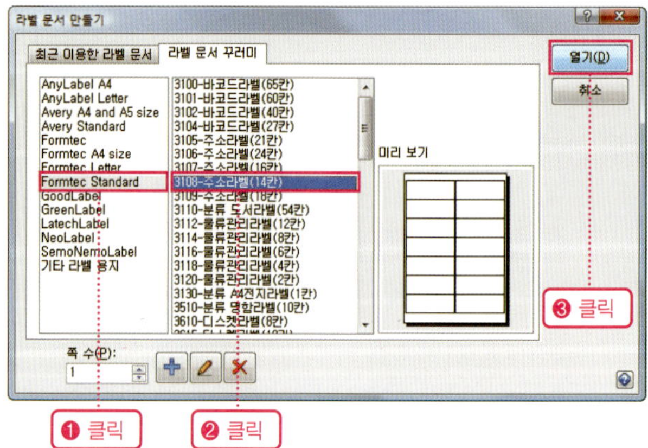

03 선택한 라벨 용지의 전체 모양이 빨간색 점선으로 표시됩니다. 여기서는 이렇게 만들어진 라벨 이름표와 메일 머지 기능을 이용해서 DM 발송용 주소 라벨을 만들어 보겠습니다.

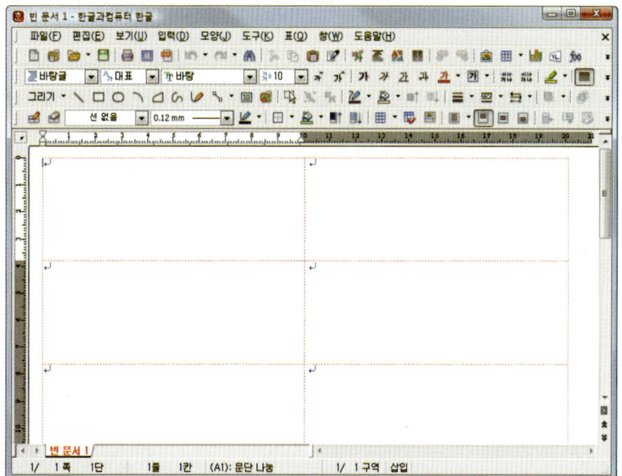

Note | 메일 머지를 사용하지 않고 각 라벨 이름표에 필요한 내용을 입력하고 글자 모양과 문단 모양 등을 설정해서 출력할 수 있습니다.

라벨 용지 만들기

★ 한글에서 제공하는 라벨 용지 규격 중 사용자가 원하는 것이 없으면 사용자가 직접 라벨 용지를 만들 수 있습니다.
① [도구]-[라벨]-[라벨 문서 만들기] 메뉴를 선택합니다.
② [라벨 문서 만들기] 대화상자의 [라벨 문서 꾸러미] 탭을 선택합니다.
③ 라벨 용지 만들기(➕) 아이콘을 클릭합니다.
④ [라벨 용지 만들기] 대화상자에서 라벨 용지의 이름을 입력하고 용지 종류, 용지 여백, 이름표 크기와 개수 등을 지정한 다음 [설정] 버튼을 클릭합니다.

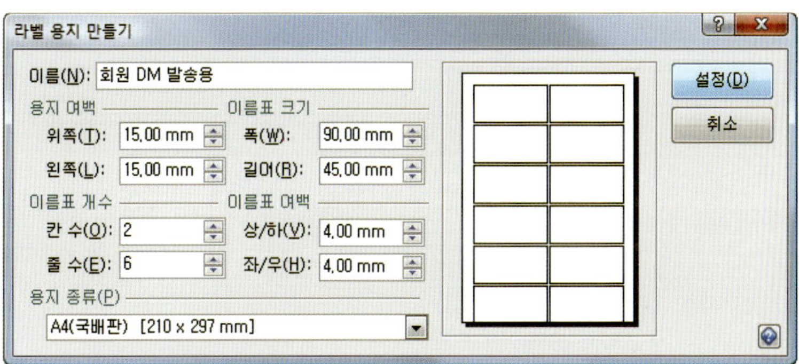

★ 라벨 용지를 선택하고 라벨 용지 고치기(✎) 아이콘을 클릭한 다음 이름과 용지 종류 및 여백, 이름표의 크기와 개수 및 여백 등을 수정할 수 있습니다.
★ 라벨 용지를 선택하고 라벨 용지 지우기(✖) 아이콘을 클릭하면 확인 메시지가 표시됩니다. 여기서 [지움] 버튼을 클릭하면 선택한 라벨 용지가 제거됩니다.

04 "회원주소록.hwp" 파일을 불어옵니다. 이 파일은 메일 머지에서 데이터 파일로 사용될 것입니다. 이 문서에는 3개 필드로 구성된 몇 개의 레코드가 입력되어 있습니다.

 메일 머지의 데이터 파일 첫 줄에는 레코드를 구성하는 필드 개수를 입력해야 합니다.

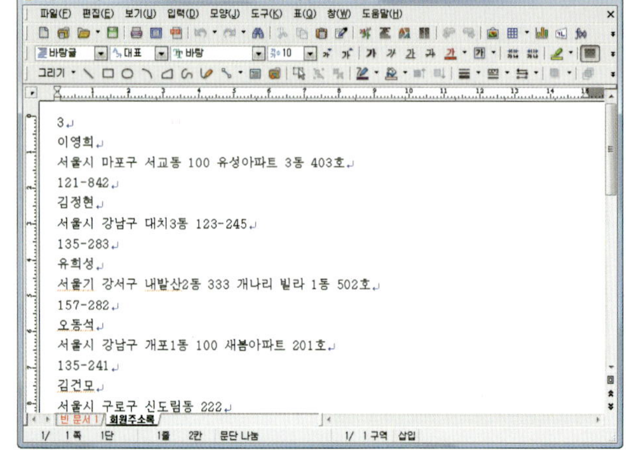

05 라벨 문서로 이동한 다음 첫 번째 라벨 이름표에서 [도구]−[메일 머지]−[메일 머지 표시 달기] 메뉴를 선택합니다. [메일 머지 표시 달기] 대화상자의 [필드 만들기] 탭에서 필드 번호 "2"를 입력하고 [넣기] 버튼을 클릭합니다.

 필드 번호가 이미 입력되어 있는 것은 이전 섹션에서 메일 머지 표시를 달았기 때문입니다.

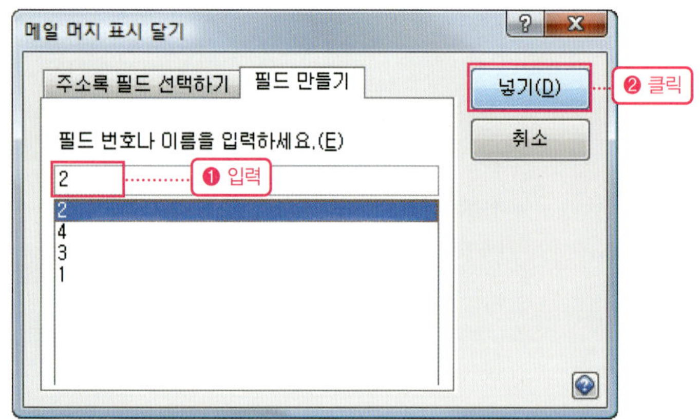

06 {{2}} 형식으로 메일 머지 표시가 삽입되면 [Enter]를 두 번 눌러 한 줄을 띄웁니다. 그런 다음 필드 번호 "1"을 삽입하고 뒤에 "귀하"를 입력합니다. 다시 [Enter]를 두 번 눌러 한 줄을 띄우고 필드 번호 "3"을 삽입합니다. 이렇게 해서 모두 세 개의 메일 머지 표시를 달면 다음과 같은 형태가 됩니다.

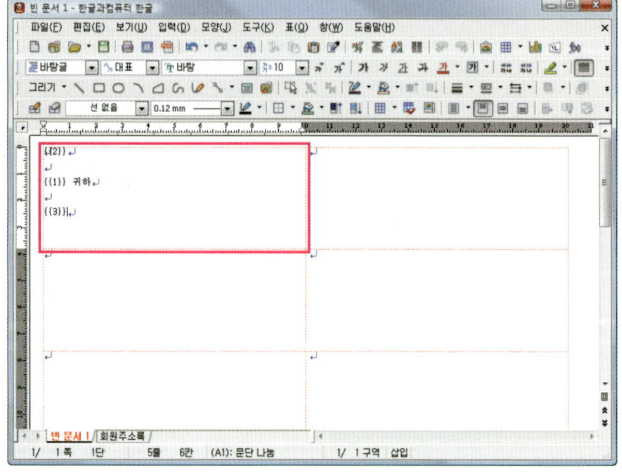

07 글자 모양과 문단 모양 등을 이용하여 다음과 같이 첫 번째 라벨 이름표의 모양을 지정합니다. 이 모양 대로 주소 라벨이 출력됩니다.

 메일 머지 결과를 라벨 용지에 인쇄할 때는 첫 번째 라벨 이름표에만 내용문 파일을 만들고 나머지 이름표는 모두 비워 두도록 합니다.

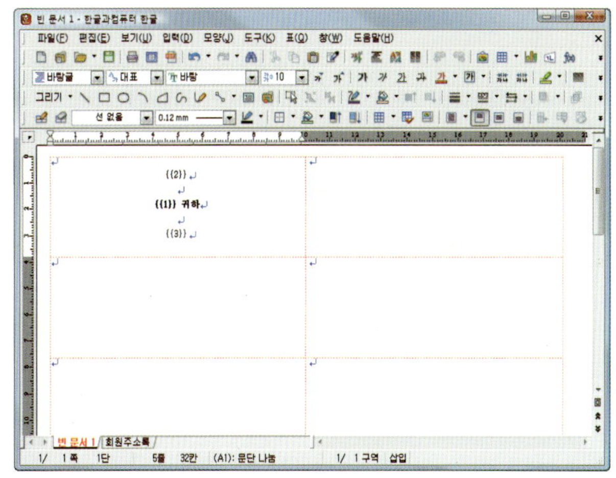

08 [도구]–[메일 머지]–[메일 머지 만들기] 메뉴를 선택합니다. [메일 머지 만들기] 대화상자에서 자료 종류를 "한글 파일"로 지정한 다음 시작 파일 폴더에서 "회원주소록.hwp"을 선택합니다. 출력 방향을 "화면"으로 지정한 다음 [확인] 버튼을 클릭합니다.

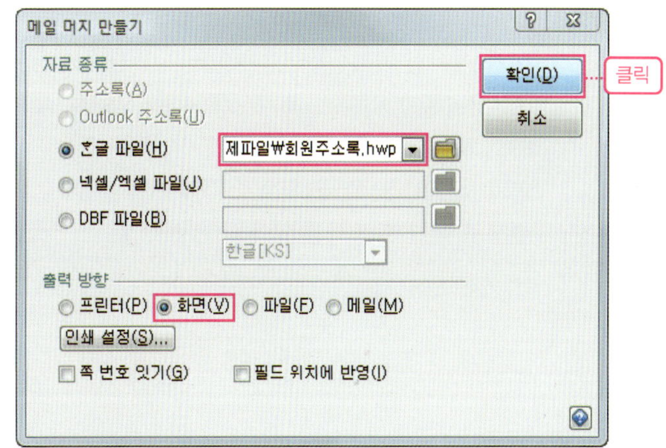

09 미리 보기가 실행되고 다음과 같이 메일 머지 결과가 화면으로 표시됩니다. 데이터 파일로 지정한 "회원주소록.hwp" 문서의 레코드 개수만큼 라벨 이름표가 인쇄됩니다.

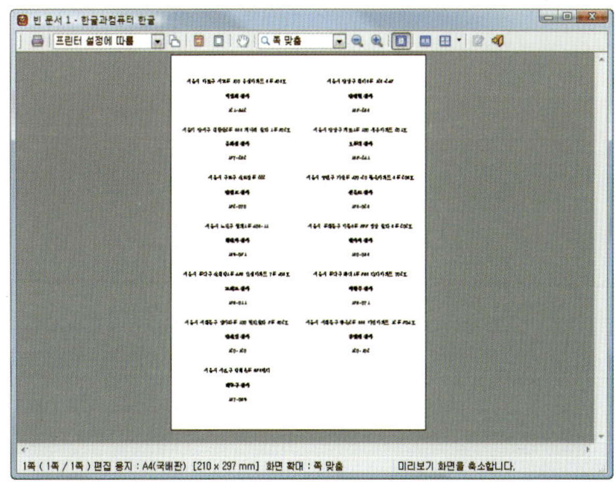

47 하이퍼링크로 연결하기

• 키워드 : 책갈피, 하이퍼링크
• 예제 파일 : 시작 파일\시장점유율 확대를 위한 마케팅 기획서.hwp

하이퍼링크는 인터넷이나 도움말 등에서 많이 사용되는 기능으로 본문 중 특정한 단어를 클릭하여 현재 문서의 다른 곳으로 이동하거나 다른 문서로 이동하는 기능입니다. 홈페이지 주소나 전자우편 주소 등을 연결하여 쉽게 참조하거나 이동할 수 있습니다.

01 하이퍼링크로 이동될 곳을 책갈피로 지정합니다. 문서의 3쪽 "1 상황 분석" 마지막에 커서를 이동한 후 [입력]-[책갈피]나 단축키 Ctrl + K , B 를 누릅니다. [책갈피] 대화 상자에 [넣기] 버튼을 클릭합니다. 22쪽, 23쪽, 24쪽, 31쪽으로 각각 이동한 후 같은 방법으로 책갈피 표시를 달아놓습니다.

Note 커서 앞의 내용이 책갈피 이름으로 자동으로 입력됩니다.

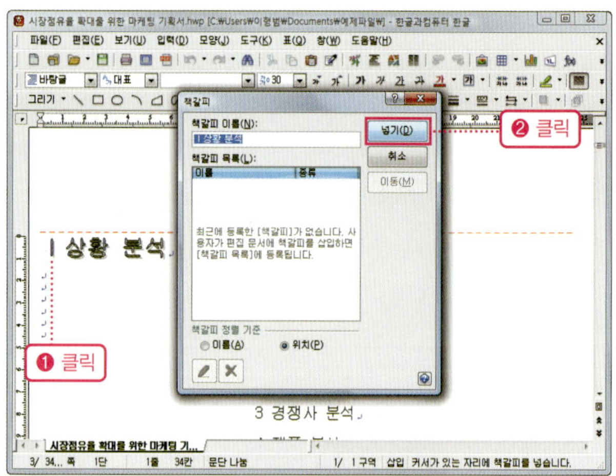

쌩초보 레벨 업

책갈피와 하이퍼링크

★ 본문 내의 특정 단어를 클릭하여 이동할 수 있는 하이퍼링크와 책갈피는 함께 사용됩니다.
★ 책갈피와 하이퍼링크를 함께 사용하면 특정 단어를 클릭하여 참조할 수 있는 곳으로 빠르게 이동할 수 있습니다.
★ 본문 내의 표나 그림, 수식, 개요 등의 목록은 보여주므로 하이퍼링크로 대상을 쉽게 선택할 수 있습니다.

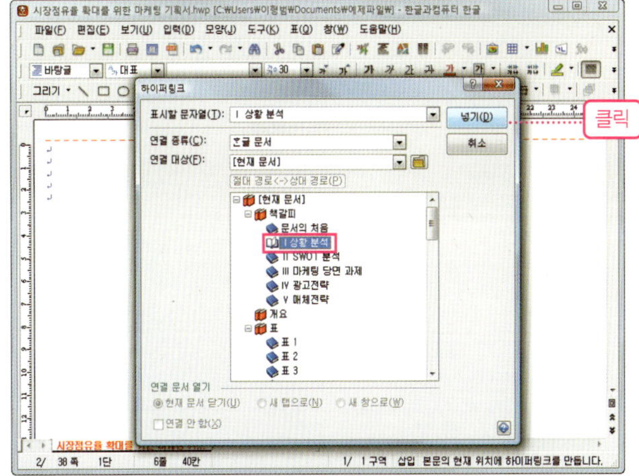

02 2쪽으로 이동한 후 "1 상황 분석"을 블록으로 설정한 후 [입력]-[하이퍼링크]를 선택하거나 단축키 Ctrl +K, H를 누릅니다. 이동할 곳을 책갈피에서 지정한 목록에서 선택하고 [넣기] 버튼을 클릭합니다.

Note 표시할 문자열의 입력란에는 블록으로 설정된 부분이 자동으로 입력됩니다.

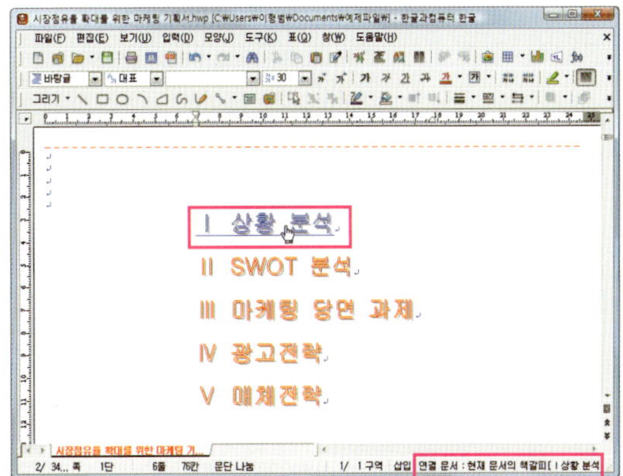

03 다음과 같이 하이퍼링크가 적용된 문자열에는 밑줄이 그어지고 글자 색상도 변경됩니다. 하이퍼링크로 연결된 곳으로 마우스 포인터를 이동해 보면 손가락으로 가리키는 모양으로 변경됩니다.

Note 하이퍼링크로 마우스 포인터를 이동하면 상황 표시줄에 연결된 대상이 표시됩니다.

쌩초보 레벨업

하이퍼링크 연결 종류

★ [연결 종류]에서 하이퍼링크로 연결할 문서 형식을 지정할 수 있습니다. 이동할 대상 문서가 한글 문서 형식인지 웹 주소인지 전자우편 주소인지 외부 애플리케이션 문서인지를 선택합니다.

★ 연결 종류에 따라 [연결 대상] 목록이 바뀌어 표시됩니다.

★ [연결 대상]에서 파일 선택(📁) 아이콘을 클릭하여 외부 문서를 선택해도 하이퍼링크로 연결할 수 있습니다.

★ 외부 문서를 선택하면 [연결 문서 열기] 그룹의 항목이 활성 되면서 현재 문서를 닫고 열거나 새 탭 또는 새 창을 선택하여 문서를 여는 방법을 지정할 수 있습니다.

★ 하이퍼링크로 연결된 문자의 속성을 없애려면 하이퍼링크 표시 내로 커서를 이동한 후 [편집]-[고치기]를 선택하여 [연결 안함] 항목을 선택하고 [넣기] 버튼을 클릭합니다.

04 같은 방법으로 다음과 같이 하이퍼링크로 연결합니다. "IV 광고전략"을 클릭해 보면 하이퍼링크로 연결된 곳으로 바로 이동됩니다.

[Note] 하이퍼링크로 설정된 링크를 열어보면 글자 색이 바뀝니다. 완성 파일은 "하이퍼링크.hwp"로 저장되었습니다.

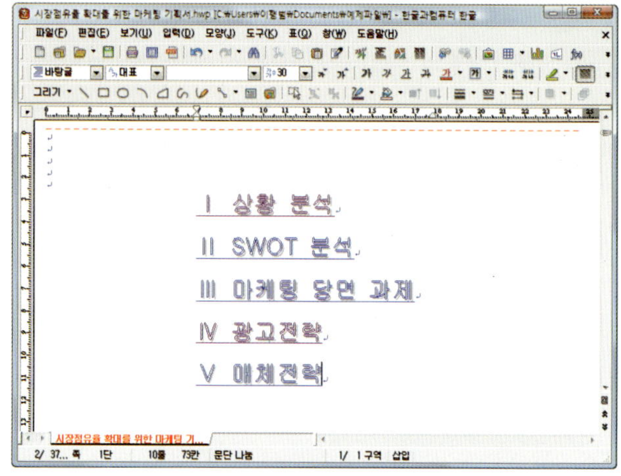

쌩초보 레벨업

하이퍼링크 글자 모양 변경하기

★ [도구]–[환경 설정] 메뉴를 선택한 후 [기타] 탭에서 변경합니다.

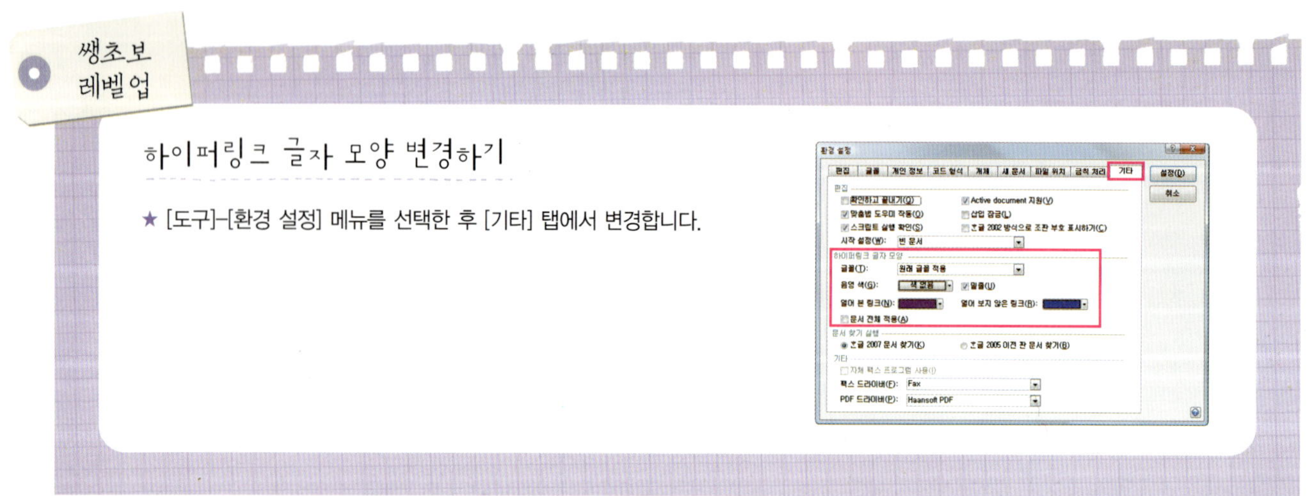

다른 곳을 참조하는 문서 만들기

• 키워드 : 상호 참조, 참조 내용
• 예제 파일 : 시작 파일\개인과외교습자의 종합소득세 신고요령2.hwp

특정 쪽에서 다른 쪽의 표 번호나 표가 있는 쪽 번호, 그림의 쪽 수나 그림 번호 등을 넣어 해당 쪽을 참조할 수 있도록 만드는 기능입니다. 이 기능을 이용하면 참조하고 있는 쪽 번호나 표 번호가 바뀌어도 자동으로 업데이트 됩니다.

01 4쪽 하단 부분의 "15쪽의"의 "쪽" 앞으로 커서를 이동하여 "15"를 삭제합니다. 상호 참조 번호를 넣게 되면 같은 쪽 번호가 표시되기 때문입니다. [입력]–[상호 참조]나 단축키 Ctrl + K, R 를 누릅니다. [참조 내용]에서 쪽 번호가 표시되도록 [표가 있는 쪽 번호]를 선택하고 참조 대상 목록 중에서 참조할 대상이 있는 표를 선택하고 [넣기] 버튼을 클릭합니다.

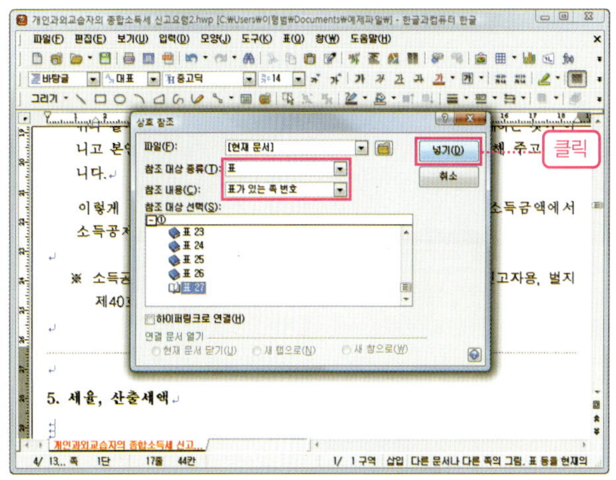

02 다음과 같이 "표 27"에 해당하는 쪽 번호를 삽입합니다. 편집 시 상호 참조한 쪽 번호에 변동이 생겼을 경우 문서를 저장하면 변동이 된 쪽 번호로 자동 갱신됩니다.

> **Note** 상호 참조 종류 및 표시할 내용
> • 파일 : 현재 문서나 외부의 문서 파일을 선택하여 참조할 대상을 선택할 수 있습니다.
> • 참조 대상 종류 : 참조할 대상으로 선택할 수 있는 종류를 표시합니다. 참조 대상 종류로는 표, 그림, 수식, 각주, 미주, 개요, 책갈피 등을 선택할 수 있습니다.
> • 참조 내용 : 상호 참조에 보여줄 정보를 선택합니다. 참조 대상 종류에 따라 참조 내용의 목록이 달라집니다.

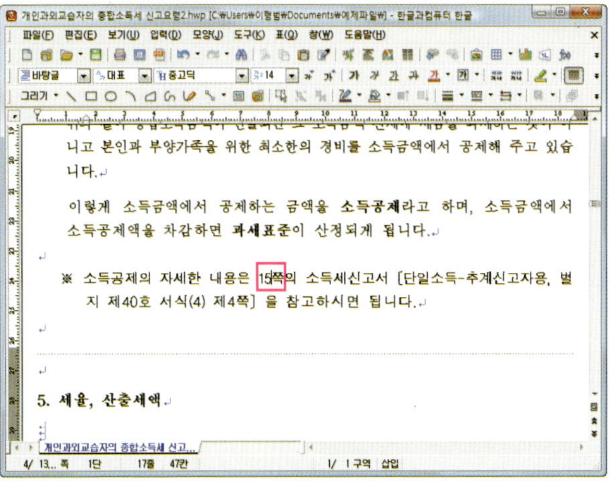

키 매크로 정의하기

• 키워드 : 매크로, 키 매크로, 매크로 실행
• 예제 파일 : 시작 파일\생활의 지혜.hwp

매크로는 사용자의 키보드 입력을 그대로 저장했다가 필요할 때마다 재생해서 사용하는 기능입니다. 단순하고 반복적인 작업을 매크로로 정의해 놓은 다음 매크로 재생 키를 눌러 언제든지 해당 작업을 다시 실행할 수 있습니다. 키 매크로는 Windows Vista에서 지원하지 않기 때문에 Windows XP에서 정의하고 실행하는 방법에 대해 살펴봅니다.

01 예제 파일에는 "문단 번호"가 설정되어 있는 제목이 있습니다. 이 문단을 찾아 텍스트를 블록으로 지정한 다음 글자 모양을 바꾸는 매크로를 정의하려고 합니다. 커서를 첫 번째 줄이나 두 번째 줄로 이동한 다음 [도구]-[매크로]-[키 매크로 정의] 메뉴를 선택하거나 단축키 Alt + B 를 누릅니다.

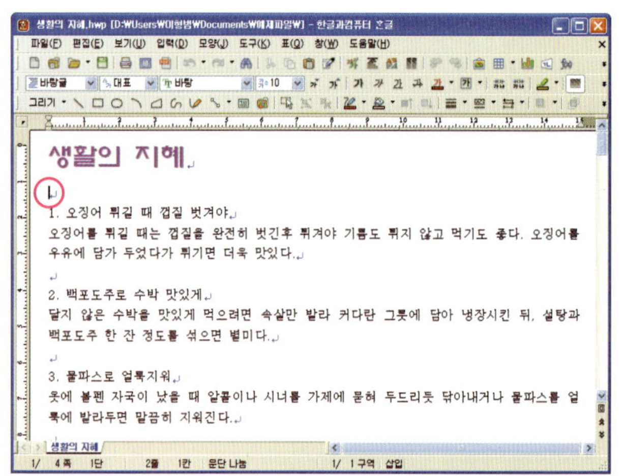

02 [키 매크로 정의] 대화상자에서 "Alt+4" 매크로를 선택하고 매크로 이름 상자에 "글자모양바꾸기"를 입력한 다음 [정의] 버튼을 클릭합니다.

> Note 매크로 정의로 만든 매크로를 실행할 때는 각 매크로에 할당된 단축키를 사용합니다. 매크로 목록에서 단축키가 "없음"에 정의한 매크로는 단축키로 실행할 수 없기 때문에 [도구]-[매크로]-[키 매크로 실행] 메뉴를 이용해서 실행해야 합니다.

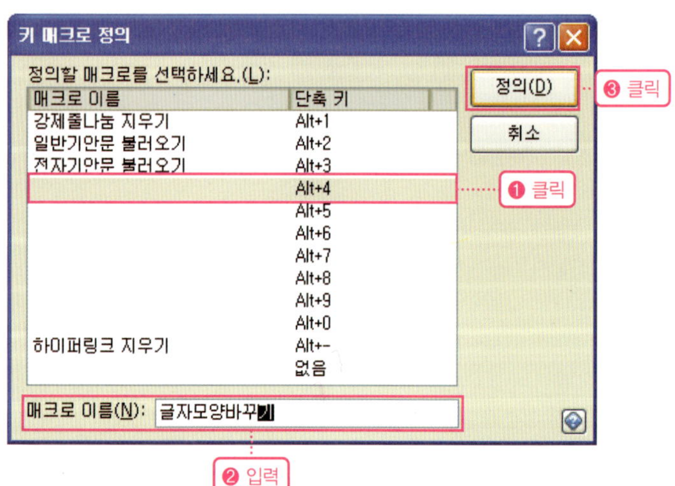

03 키 매크로 도구상자가 표시되면 지금부터 사용자의 키 입력 정보가 매크로에 저장됩니다. 매크로를 기록하는 중간에 매크로 기록을 잠시 멈추고 다른 작업을 수행하려면 일시 중지(◐) 아이콘을 클릭합니다. 눌려져 있는 일시 중지(◐) 아이콘을 다시 누를 때까지의 키 입력은 매크로에 기록되지 않습니다.

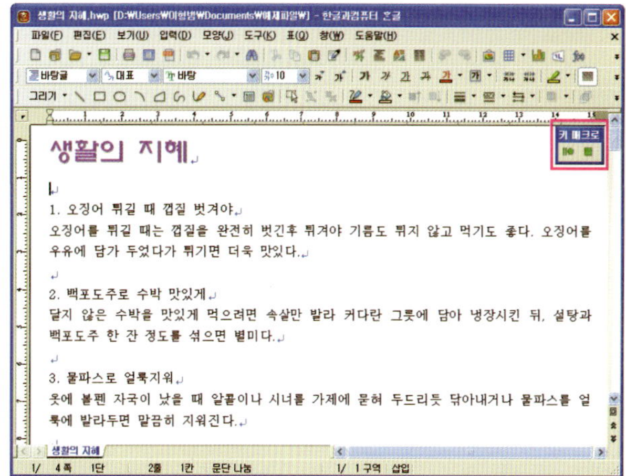

04 키 매크로는 키 입력만 기록하므로 단축키를 사용해서 명령을 실행해야 합니다. Alt + G 를 눌러 [찾아가기] 대화상자를 나타낸 다음 Alt + R 을 눌러 "조판 부호"를 선택합니다.

Note 대화상자에서 Alt 를 누르면 각 항목을 선택할 수 있는 키가 표시됩니다.

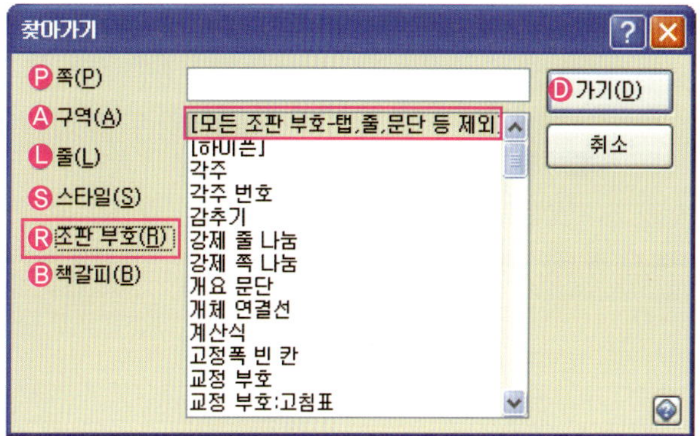

단축키 없는 명령 실행하기

단축키가 할당되어 있지 않은 명령을 실행하려면 메뉴를 이용해야 합니다. 하지만 마우스로 메뉴를 선택하면 키 매크로가 이것을 인식하지 못하므로 키보드를 이용해서 메뉴를 선택합니다. 예를 들어 [편집]-[찾아가기] 메뉴를 단축키가 아닌 메뉴를 불러서 선택하려면 다음과 같이 실행합니다.

① Alt 를 누른 상태에서 [편집] 메뉴 이름 옆에 쓰여 있는 E 를 누릅니다.
② [편집] 메뉴가 열리면 I 를 여러 번 눌러 [찾아가기] 메뉴로 이동합니다.
③ Enter 를 눌러 선택한 메뉴를 실행합니다.

05 "조판 부호"가 선택되면 Tab 을 두 번 눌러 조판 부호 목록으로 이동합니다. 그런 다음 Home 을 눌러 목록의 처음으로 이동하고 ↓ 를 여러 번 눌러 "문단 번호 모양"이 선택되도록 합니다.

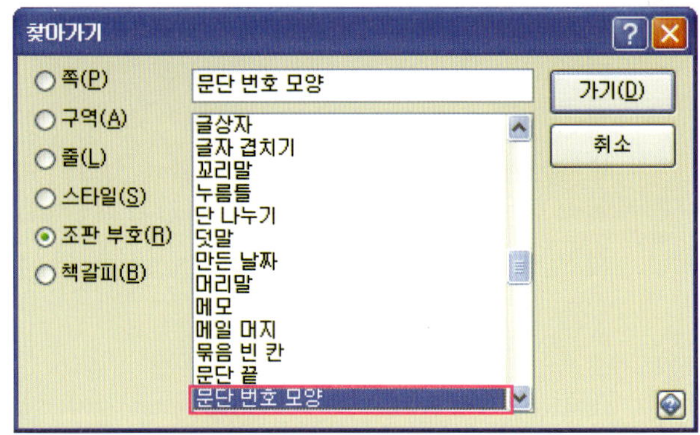

06 Alt 를 누른 상태에서 [가기] 버튼의 단축키인 D 를 누릅니다. 그러면 대화상자가 닫히면서 커서 위치에서 아래쪽으로 첫 번째 문단 번호 모양을 찾아 커서가 이동됩니다.

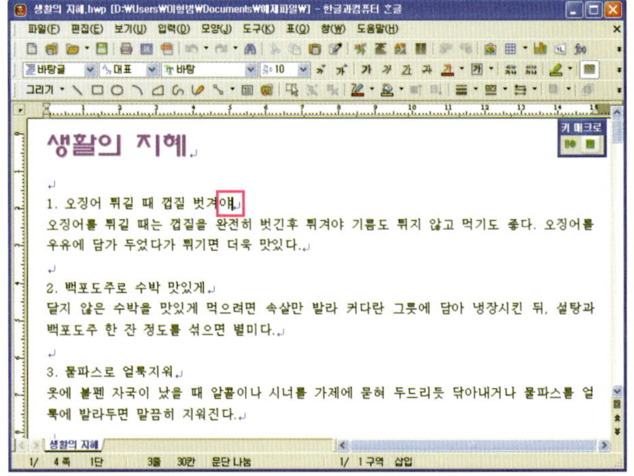

07 커서가 "문단 번호 모양"으로 이동되면 Home 을 눌러 문단 처음으로 커서를 이동합니다. 그리고 F3 을 눌러 블록을 시작하고 End 를 눌러 줄의 끝까지 블록을 지정합니다.

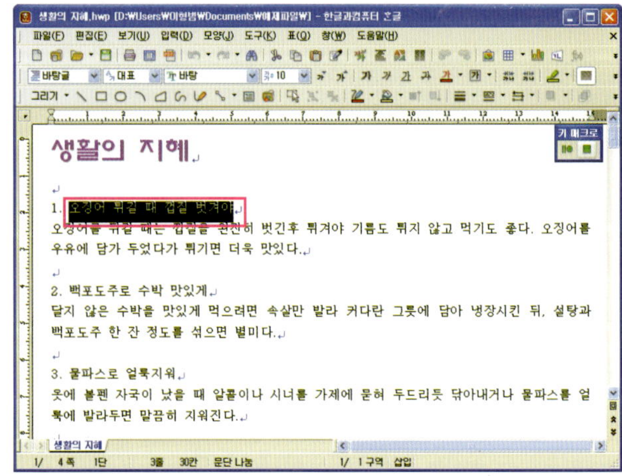

08 [Alt]+[L]을 눌러 [글자 모양] 대화상자를 표시합니다. [Ctrl]+[1]을 눌러 첫 번째 탭인 [기본] 탭을 선택합니다. [Alt]를 누른 상태에서 기준 크기의 단축키 [Z]을 누른 다음 "11"을 입력합니다.

[Note] 대화상자가 처음부터 [기본] 탭을 표시하고 있더라도 반드시 [Ctrl]+[1]을 누르는 동작을 매크로에 기록해야 합니다. 대화상자를 구성하는 탭으로 이동할 때는 [Ctrl]을 누른 상태에서 해당 탭의 순서 번호를 누르면 됩니다.

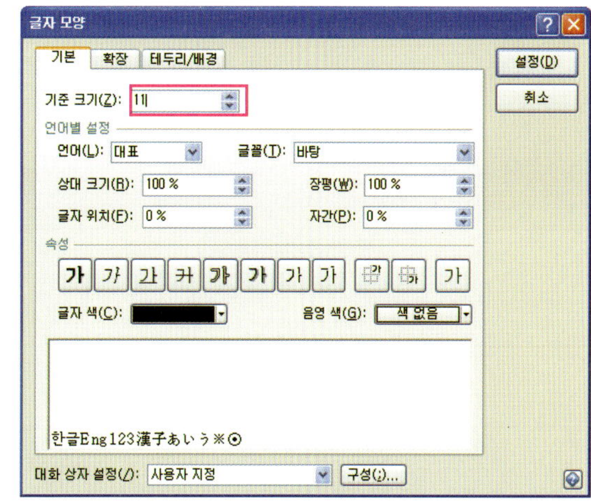

09 [Alt]+[T]를 누르면 글꼴을 선택할 수 있는 옵션으로 이동합니다. [↓]을 눌러 글꼴 목록을 펼치고 [Home]을 눌러 첫 번째 글꼴로 이동한 다음 [↓]를 이용하여 "굴림"을 선택하고 [Enter]를 누릅니다.

[Note] 키 매크로를 정의할 때는 키 입력만 기록되므로 목록에서 특정 항목을 선택하기 전에 반드시 [Home]을 눌러 첫 번째 항목으로 이동하는 과정을 포함시켜야 합니다. 이렇게 하지 않으면 현재 선택되어 있는 항목에 의해 매크로가 실행될 때 실제로 선택되는 항목이 달라질 수 있습니다.

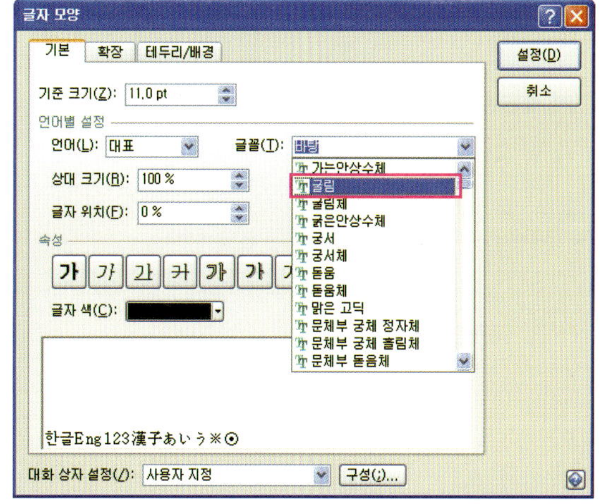

10 글꼴을 설정했으면 이번에는 [Alt]를 누른 상태에서 "진하게" 속성의 단축키인 [B]를 누릅니다.

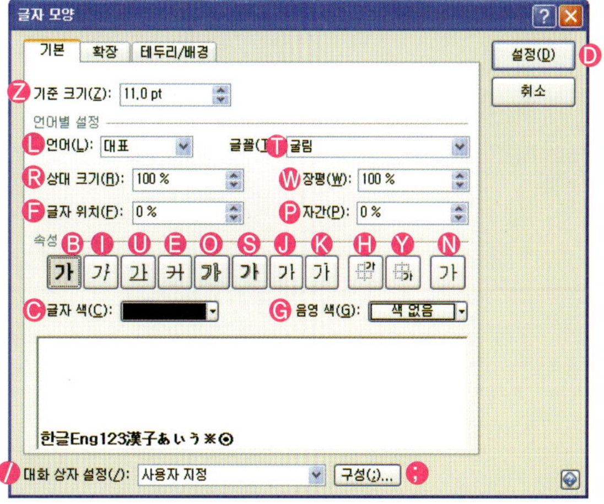

11 진하게 속성이 설정되면 이번에는 글자색을 변경하기 위해 Alt + C 를 누릅니다.

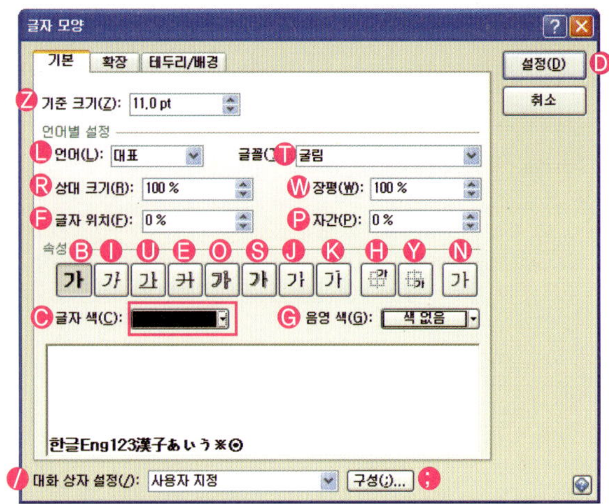

12 글자색에서 Space Bar 를 누르면 색 팔레트가 펼쳐집니다. 키보드의 화살표 방향키를 이용해서 원하는 글자색으로 이동한 다음 Enter 를 누릅니다.

Note
• 저장될 폴더를 먼저 선택한 후 저장하는 것이 바람직합니다.
• 위의 화면에서 저장될 폴더는 "내 문서"입니다. 따라서 문서를 다시 불러오려면 "내 문서"를 클릭하여 불러올 수 있습니다.

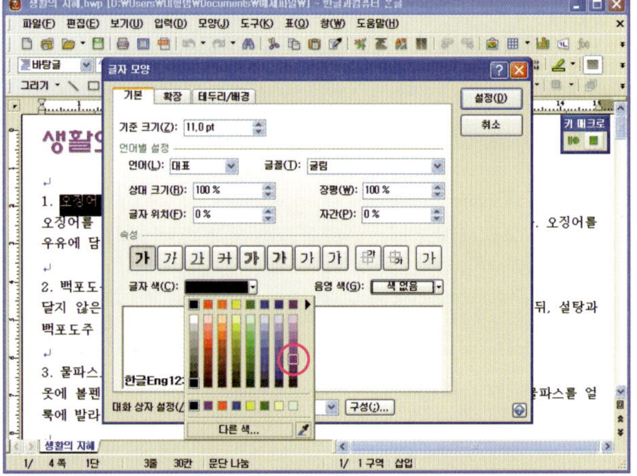

13 글자색까지 설정했으면 이제 [글자 모양] 대화상자를 닫기 위해 Alt 를 누른 상태에서 [설정] 버튼의 단축키 D 를 누릅니다. 그러면 대화상자가 닫힙니다.

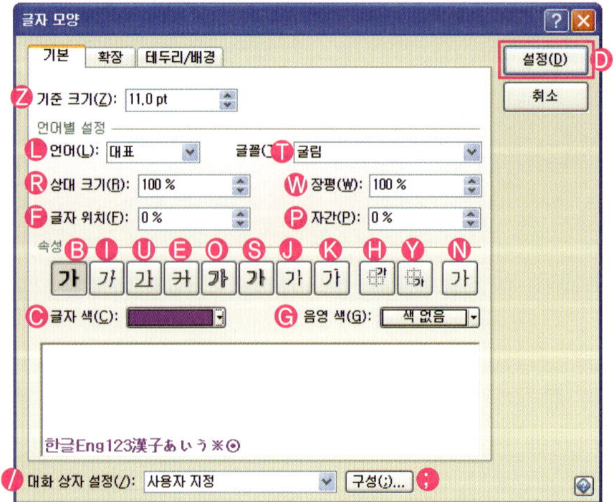

14 글자 모양이 바뀌면 [Esc]를 눌러 블록을 해제합니다. 그런 다음 [Alt]+[B]를 누르거나 키 매크로 도구 상자에서 중지(■) 아이콘을 클릭해서 키 매크로 정의를 종료합니다.

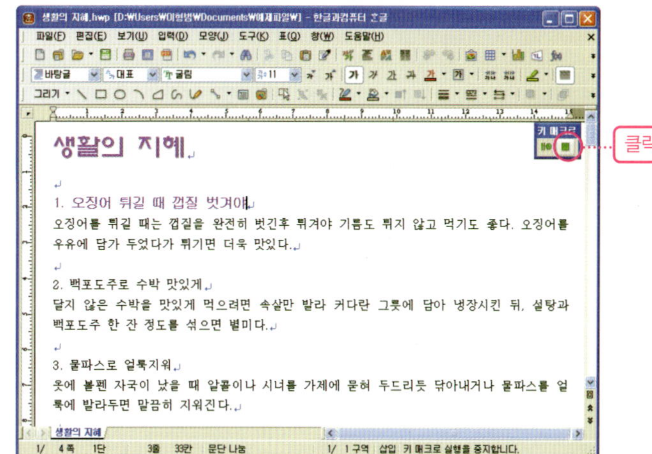

15 지금까지 정의한 "글자모양바꾸기" 매크로의 단축키는 [Alt]+[4]입니다. 단축키 [Alt]+[4]를 누르면 키 매크로가 실행되어 다음과 같이 두 번째로 문단 번호가 설정되어 있는 문단의 글자 모양이 변경됩니다.

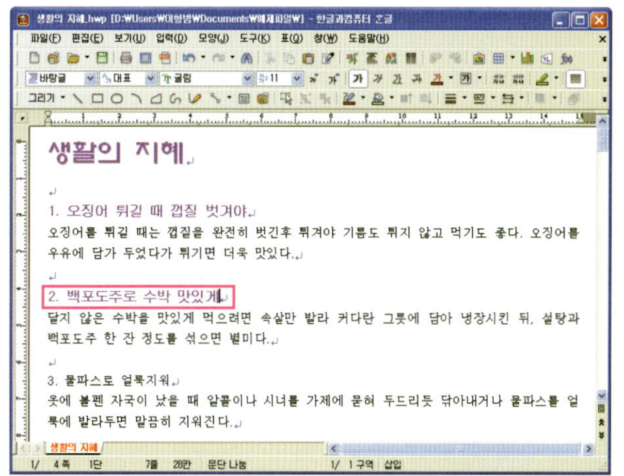

16 이번에는 매크로를 여러 번 반복해서 실행해 보겠습니다. [도구]-[매크로]-[키 매크로 실행] 메뉴를 선택한 다음 [키 매크로 실행] 대화상자에서 "글자모양바꾸기" 매크로를 선택합니다. 매크로 반복 횟수에 "28"을 입력하고 [실행] 버튼을 클릭합니다.

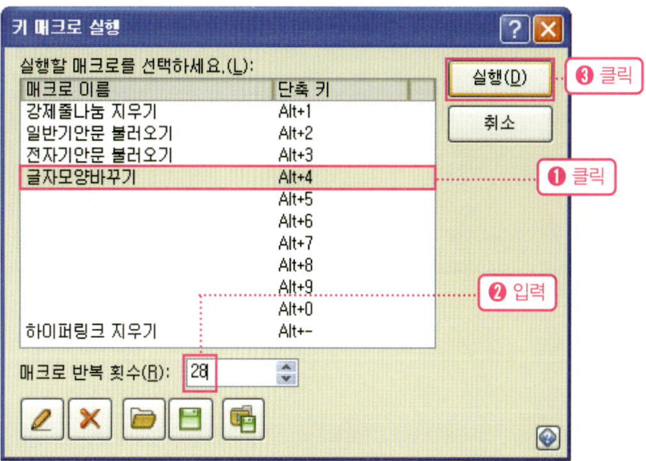

17 이제 잠깐 쉬면서 매크로가 실행되는 모습을 보면 됩니다.

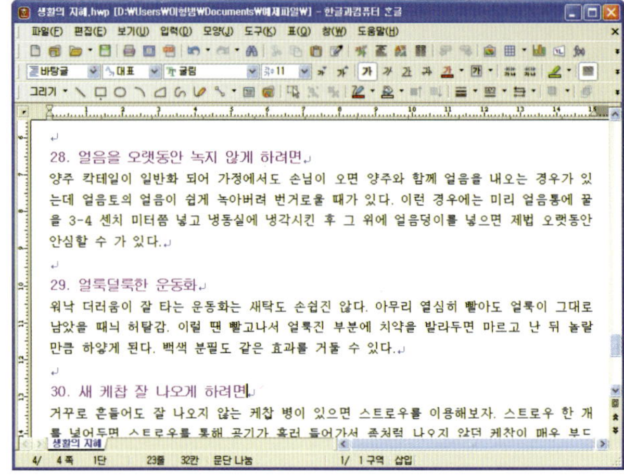

Note   매크로가 실행되는 도중에 Ctrl + Break 을 누르면 매크로 실행이 중지됩니다.

쌩초보
레벨업

키 매크로 편집하기

★ [도구]–[매크로]–[키 매크로 실행] 메뉴를 선택한 다음 [키 매크로 실행] 대화상자에서 편집할 매크로를 선택하고 키 매크로 편집(✎) 아이콘을 클릭합니다. [키 매크로 편집] 대화상자에서 매크로 이름이나 단축키, 기록 내용을 수정한 다음 [설정] 버튼을 클릭하여 키 매크로를 편집할 수 있습니다.

★ 기록 내용에 새로운 키 입력을 추가하려면 원하는 위치에서 기록 내용 추가(➕) 아이콘을 클릭합니다. 그런 다음 키보드에서 추가할 키를 누릅니다. 그러면 사용자가 누른 키 동작이 현재 위치에 추가됩니다. 추가가 모두 끝나면 기록 끝(■) 아이콘을 클릭해서 내용 추가를 종료합니다.

★ 기록 내용을 선택하고 기록 내용 지우기(✖) 아이콘을 클릭하면 선택한 키 입력이 매크로에서 제거됩니다.

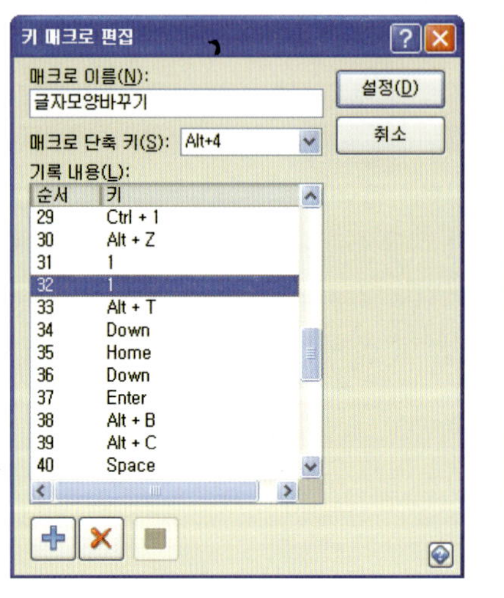

50

스크립트 매크로 정의하기

• 키워드 : 스크립트 매크로, 스크립트 매크로 실행
• 예제 파일 : 시작 파일\판매자료.hwp

스크립트 매크로는 사용자의 키 입력과 마우스 동작까지 모두 포함해서 매크로를 정의하고 실행하는 기능입니다. 키 매크로가 키 입력만 기록하고 마우스 동작은 전혀 기록하지 못한다는 단점을 스크립트 매크로로 극복할 수 있습니다. 스크립트 매크로를 정의하고 실행하는 과정을 살펴보겠습니다.

01 표에 입력되어 있는 내용에서 제품 분류가 "유제품" 인 행 전체를 블록으로 지정하여 셀 배경 색을 설정하는 과정을 스크립트 매크로로 정의해 보겠습니다. [도구]-[매크로]-[스크립트 매크로 정의] 메뉴를 선택합니다.

Note 단축키 Alt + Shift + H

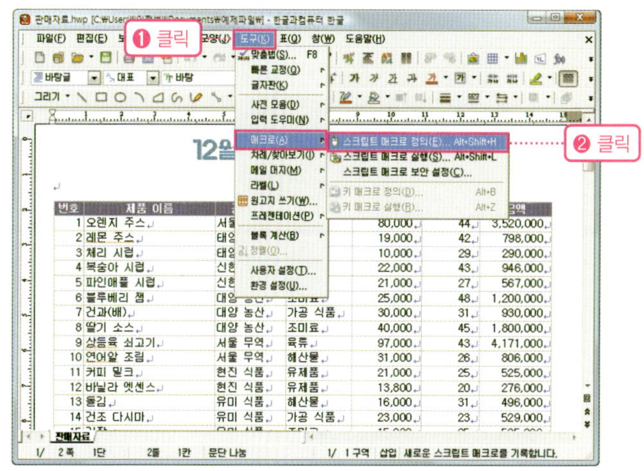

02 [스크립트 매크로 정의] 대화상자에서 " Alt + Shift + 3 " 매크로를 선택한 다음 이름과 설명을 입력하고 [정의] 버튼을 클릭합니다.

Note 스크립트 매크로 이름의 첫 글자는 반드시 영문이나 한글로 시작되어야 합니다.

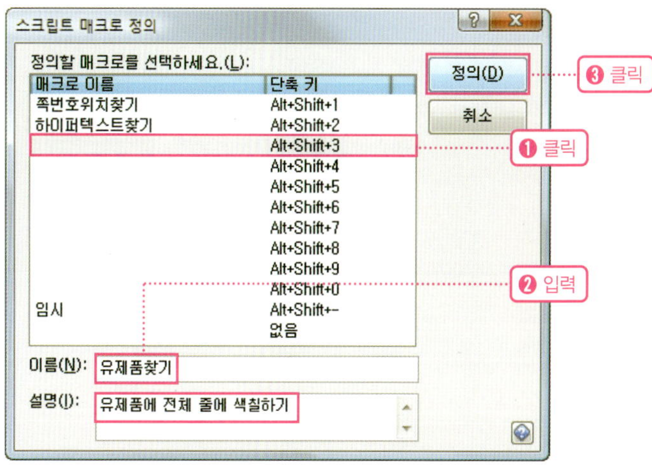

03 매크로 정의가 시작되면 [편집]-[찾기] 메뉴를 선택합니다. [찾기] 대화상자에서 찾을 내용에 "유제품"을 입력하고 찾을 방향을 "아래쪽"으로 지정한 다음 [찾기] 버튼을 클릭합니다. 그러면 문서에서 "유제품"을 찾아 블록이 설정됩니다.

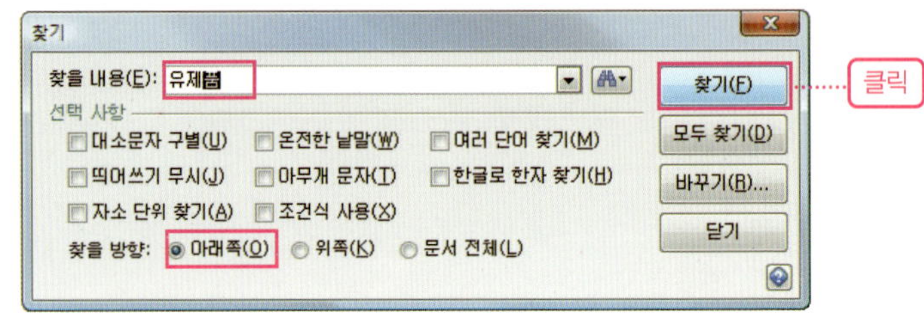

[Note] 스크립트 매크로는 마우스 동작까지 기록되므로 단축키를 사용하지 않고 마우스로 메뉴를 선택하고 옵션을 설정하는 모든 동작을 마우스로 실행해도 됩니다.

04 [찾기] 대화상자에서 [닫기] 버튼을 클릭하여 대화상자를 닫습니다. 그런 다음 F5를 누르고 F8을 눌러 "유제품"이 있는 행 전체를 블록으로 설정합니다.

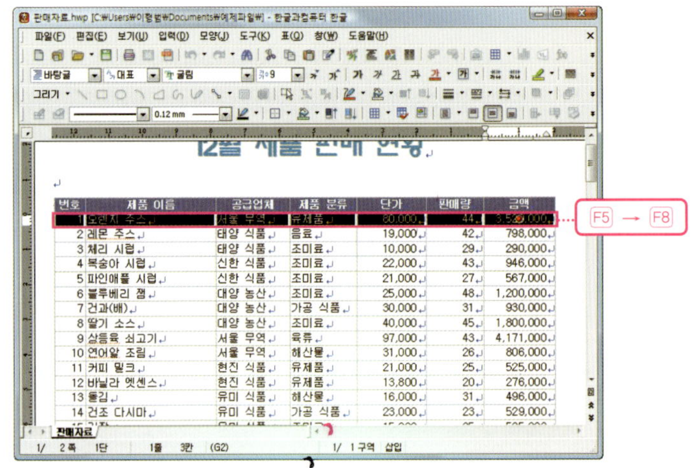

05 [표]-[셀 테두리/배경]-[각 셀마다 적용] 메뉴를 선택해서 [셀 테두리/배경] 대화상자를 실행합니다. [배경] 탭에서 "색" 옵션을 선택하고 면 색을 원하는 색으로 지정한 다음 [설정] 버튼을 클릭합니다.

06 블록으로 설정한 행의 배경 색이 변경되면 Esc 를 눌러 셀 블록을 해제합니다. 그런 다음 중지(■) 아이콘을 클릭해서 스크립트 매크로 기록을 종료합니다.

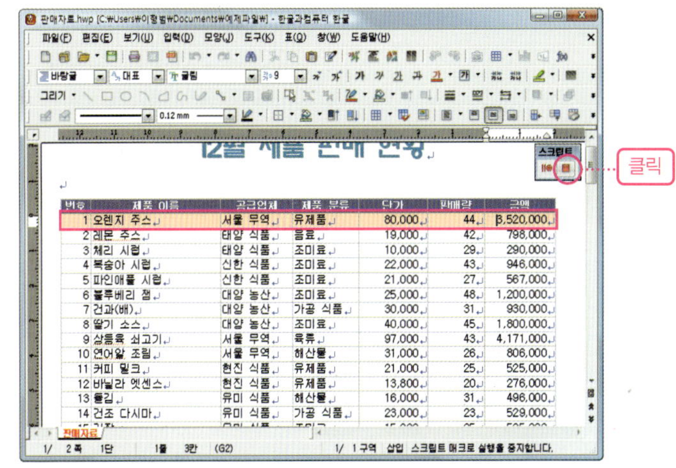

07 [도구]-[매크로]-[스크립트 매크로 실행] 메뉴를 선택합니다. [스크립트 매크로 실행] 대화상자에서 "유제품찾기" 매크로를 선택하고 [실행] 버튼을 클릭합니다. 그러면 두 번째로 "유제품"이 들어있는 행 전체의 셀 배경 색이 변경될 것입니다.

Note 키 매크로와 마찬가지로 매크로에 할당된 단축키를 눌러서 스크립트 매크로를 실행할 수 있습니다. [스크립트 매크로 실행] 대화상자에서 매크로 반복 횟수를 지정해서 같은 매크로를 여러 번 실행할 수 있습니다.

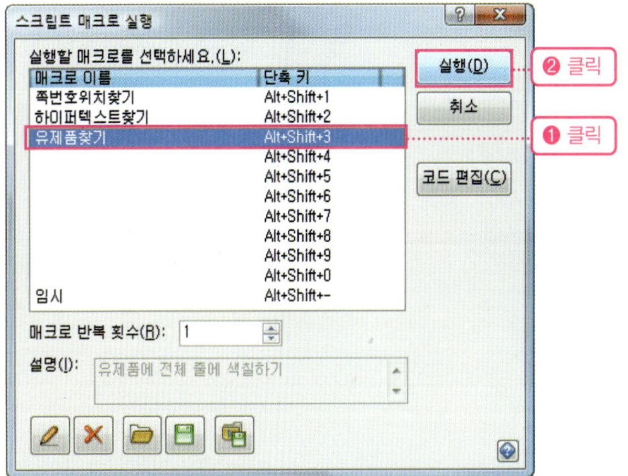

08 단축키를 이용하거나 [스크립트 매크로 실행] 대화상자를 이용해서 정의한 매크로를 여러 번 실행해 봅니다. 다음과 같이 표에서 "유제품"이 있는 행에 쉽고 간단하게 색을 지정할 수 있게 됩니다.

Note 스크립트 매크로를 여러 번 반복 실행하려면 스크립트 매크로 보안 설정을 [낮음]으로 설정해야 합니다.

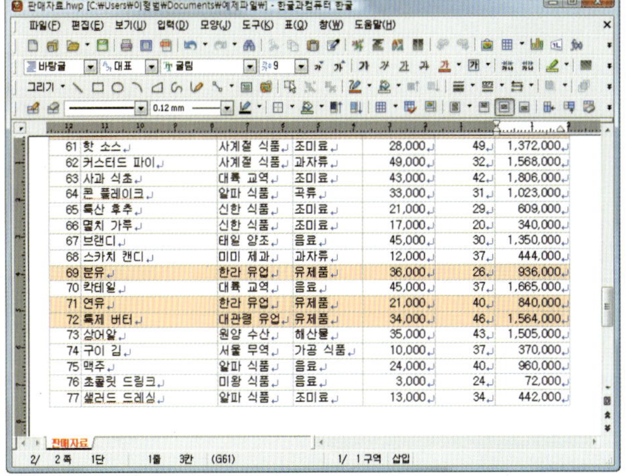

한글 2007의 특별한 기능 10가지

한글 2007과 한글 2005 버전은 한글 2002 이전 버전보다 훨씬 많은 기능이 추가되었습니다. 이번 파트에서는

한글 2007에 추가된 기능 중 문서를 작성하면서 많이 사용되는 편리한 기능 10가지를 소개합니다. 특히 대화상자의

설정 내용을 저장하고 나중에 설정한 내용을 다시 불러내어 사용할 수 있는 대화상자 설정 내용 저장하기 기능이나

작성한 표를 다른 형태로 변형시키는 방법, 한자로 작성된 문서를 한글로 찾는 방법 등에 대해 배워봅니다.

1
이것만 알아도
폼나게 쓸 수 있는
기본 50가지

2
한글의 재미가 쏠쏠 나는
활용 50가지

4
업무에 겁 없이 써먹는
실무 문서 10가지

버전 정보 저장하기

- **키워드** : 버전 정보/비교, 버전 정보 잠그기
- **예제 파일** : 시작 파일\신년사.hwp

문서를 작성하는 시점이나 저장할 때를 기준으로 날짜나 시간 정보를 삽입하여 이전 파일과 이후 파일의 내용을 비교해 볼 수 있습니다. 따라서 한 개의 파일을 작성하고 다른 사람을 통해 검증 받은 후 수정한 부분을 쉽게 확인할 수 있습니다.

01 문서를 불러온 후 필요한 부분을 수정합니다. 여기에서는 밑줄 그은 곳을 임의로 수정하였습니다.

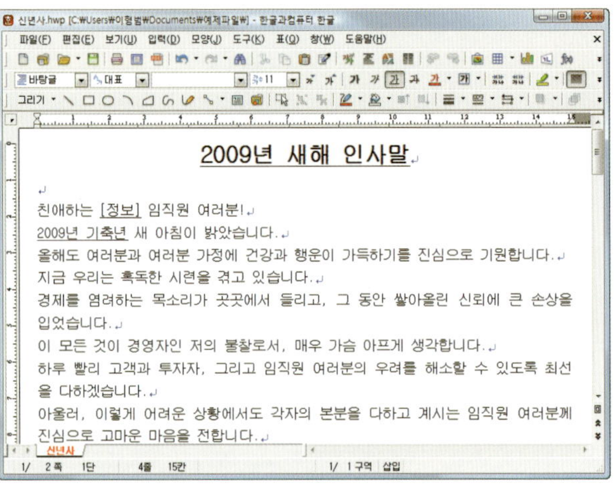

02 [파일]-[버전 정보/비교] 메뉴를 선택한 후 새 버전으로 저장(🖫) 아이콘을 클릭합니다. 새로 저장될 버전 정보의 설명란에 버전과 관련된 설명을 입력하고 [확인] 버튼을 누릅니다.

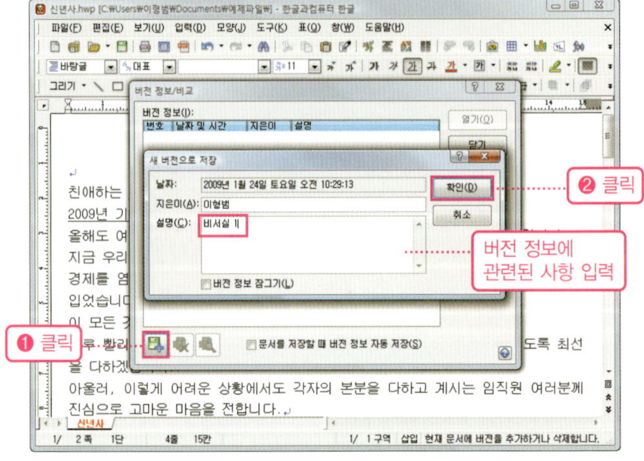

03 다음과 같이 새로운 버전 정보가 저장됩니다. [닫기] 버튼을 클릭하면 현재 편집하고 있는 "신년사"도 동시에 저장됩니다.

Note 이후부터 본서에서는 예제 파일 폴더에 버전 정보를 저장하지 않고 완성파일 폴더에 저장하는 것으로 진행합니다.

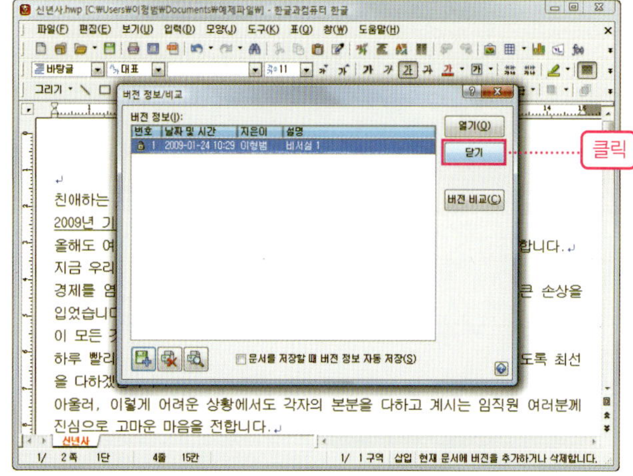

04 버전 정보를 저장한 후에 새로 수정된 사항이 없기 때문에 아직까지는 버전 정보의 기능을 알 수 없습니다. 따라서 다시 문서를 다음과 같이 수정한 후 버전 정보를 저장해 봅니다. 여기에서는 기울림체로 표시된 부분과 문단을 수정하였습니다.

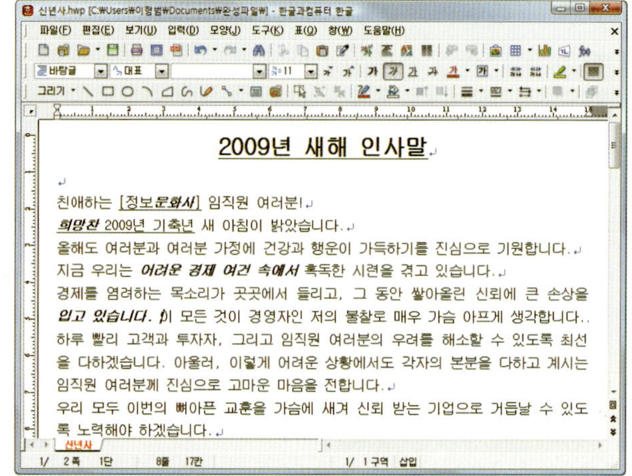

버전 정보의 항목

★ 새로운 버전으로 저장할 때 [날짜]는 현재 시스템의 날짜와 시간을 자동으로 표시합니다.

★ 지은이 : [도구]–[환경 설정]–[개인 정보] 탭에서 지정한 사용자 이름으로 자동 입력됩니다. 문서를 작성한 사람의 이름을 직접 입력할 수 있습니다.

★ 버전 정보 잠그기 : 이 확인란을 설정하고 버전 정보를 저장하면 입력한 내용을 수정할 수 없습니다.

05 [파일]–[버전 정보/비교]를 선택하여 새 버전으로 저장(📇) 아이콘을 클릭합니다. 버전 정보 설명을 입력한 후 [확인] 단추를 누릅니다.

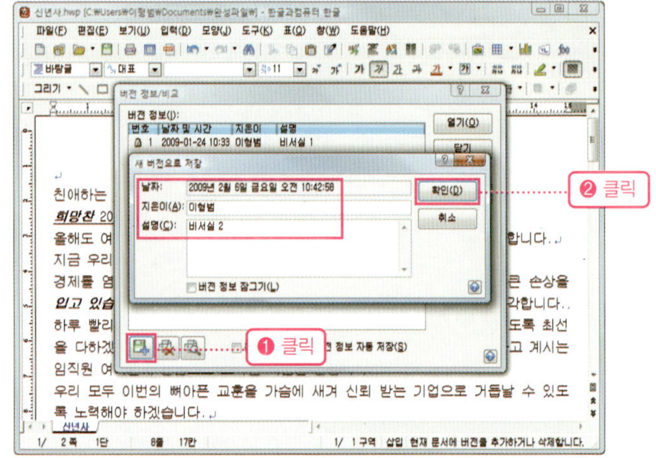

06 버전 정보가 저장되었습니다. 화면에서 두 번째로 저장된 것은 현재 편집 화면에 있는 내용과 같은 것이고 첫 번째로 저장된 것은 처음에 수정한 내용을 가지고 있습니다.

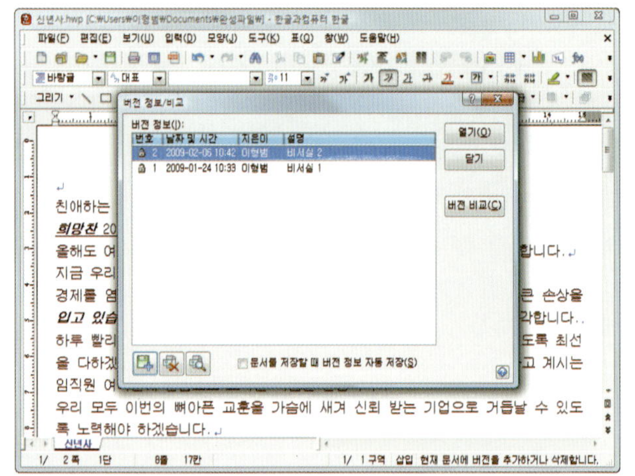

버전 정보 대화상자

★ **버전 비교** : 두 문서 이상이 존재할 때 활성됩니다.
★ **문서를 저장할 때 버전 정보 자동 저장** : [파일]–[버전 정보/비교]를 선택하여 버전 정보를 저장하지 않아도 [파일]–[저장하기]를 선택할 때마다 자동으로 버전 정보를 포함하여 저장합니다.

07 현재 편집 화면의 내용과 첫 번째 버전 정보 파일을 비교해 보려면 처음에 저장한 버전 정보를 선택한 후 [버전 비교] 버튼을 클릭합니다.

Note 버전 정보 대화상자에서 파일을 선택하여 비교하려면 Ctrl 을 이용하여 비교할 파일을 선택한 후 [버전 비교] 버튼을 누릅니다. 버전 비교는 두 개의 파일만 선택하여 비교할 수 있습니다.

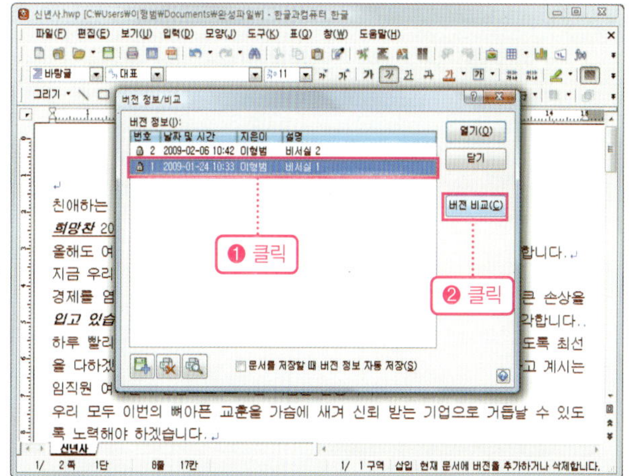

08 다음과 같이 이전 문서와 현재 문서가 표시되며 수정된 부분은 메모로 표시됩니다.

Note 스크롤바나 마우스 휠을 움직여 화면을 이동하면 왼쪽 화면과 오른쪽 화면이 함께 움직여 수정된 내용을 바로 확인할 수 있습니다.

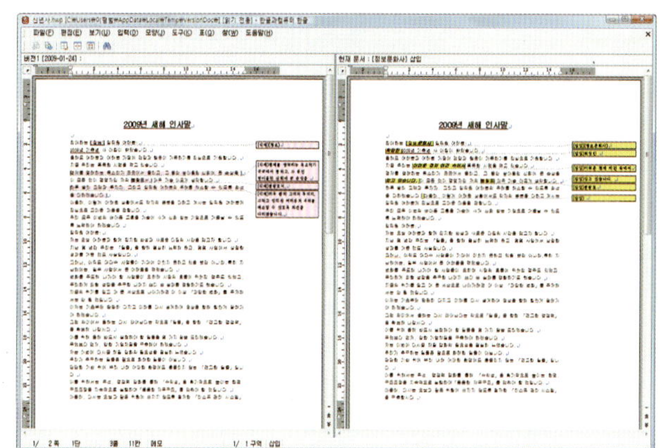

쌩초보 레벨업

버전 정보 삭제와 버전 설명 아이콘

★ 버전 지우기( ) : 선택한 버전 정보를 지웁니다. 한 번에 하나만 지울 수 있습니다.
★ 버전 설명 보기( ) : 버전 정보를 저장할 때 입력한 설명을 확인할 수 있습니다.

09 버전 비교 도구 상자의 창 가로/세로 바꾸기(▦) 아이콘을 클릭하여 창 배열 형태를 바꿉니다.

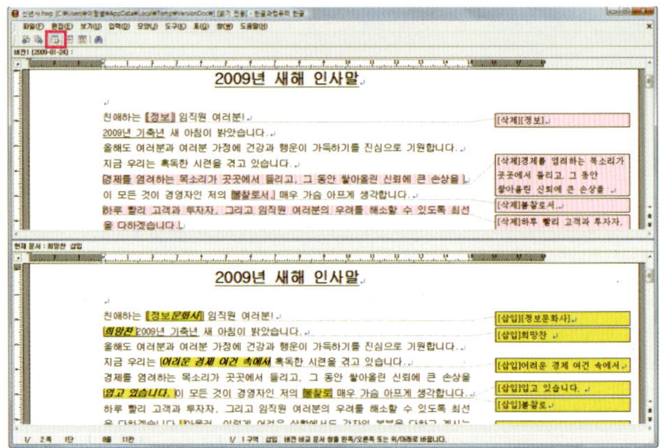

10 수정된 곳으로 마우스 포인터를 이동해 보면 어떤 상태로 변경되었는지 풍선 도움말 형태로 표시합니다.

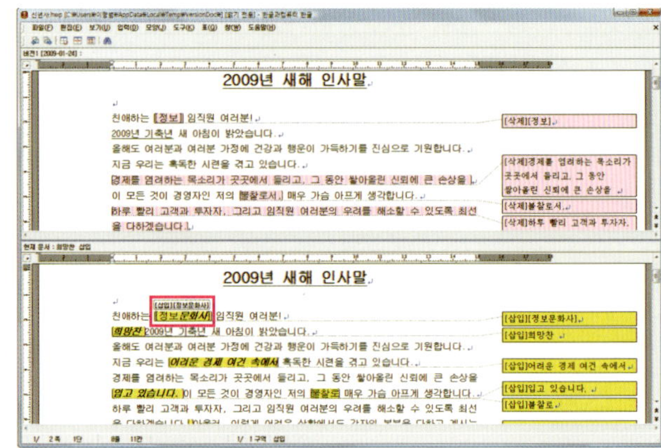

쌩초보 레벨업

버전 정보 화면의 도구 아이콘 기능

★ 이전/다음 비교 항목(▣/▣) : 비교할 항목으로 이동합니다.
★ 창 가로 세로 바꾸기(▦) : 배교할 창을 가로로 정렬하거나 세로로 정렬합니다.
★ 창 크기 맞춤(▣) : 비교할 창의 크기를 맞춥니다.
★ 나란히 이동(▥) : 왼쪽 창과 오른쪽 창이 함께 이동합니다.
★ 찾기(🔍) : 특정 문자열을 찾아줍니다.

02

대화상자 설정 내용 저장하기

한글 2007에서 각 대화상자에 설정한 내용을 저장해 두고 필요에 따라 선택하여 사용하는 기능입니다. 즉, 신문이나 잡지를 만들 때 편집 용지 대화상자에서 설정한 값을 저장해 두고 같은 문서를 편집할 때 대화상자에서 필요한 값을 입력하지 않고도 설정 값을 바꿀 수 있습니다.

01 [모양]–[편집 용지]나 단축키 F7 를 누릅니다. 대화상자 하단의 [대화상자 설정]의 확장부분을 클릭하여 "논문 용지(B5 46배판)"을 선택합니다.

Note 46배판은 "182×257" 사이즈로 일반적인 책 판형입니다. [편집 용지 초기 값]을 선택하여 기본으로 제공되는 값으로 변경할 수 있습니다.

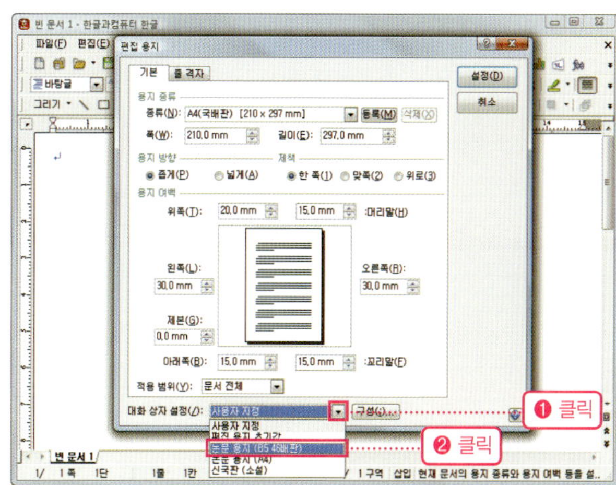

쌩초보 레벨 업

여러 탭이 포함된 대화상자

★ 하나의 대화상자에 여러 탭이 포함되어 설정된 경우 하나의 대화상자로 인식하여 저장됩니다.

★ 각 탭에서 원하는 값으로 지정한 후 저장할 수 있습니다.

★ 한글 2007에서는 인쇄, 편집 용지, 다단, 글자 모양, 문단 모양, 각주/미주 모양, 쪽 테두리/배경, 문단 첫 글자 장식, 표 속성 등 총 9개의 대화상자 설정 기능을 제공합니다.

02 선택한 "논문 용지(B5 46배판)"으로 용지 종류, 용지
방향, 용지 여백 등이 설정한 값으로 변경됩니다.

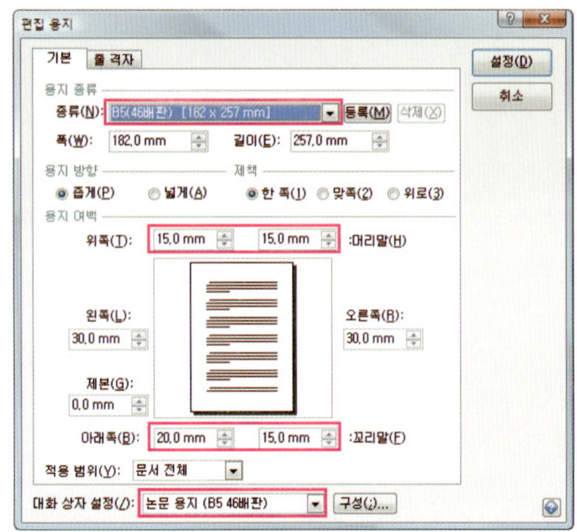

03 이제 대화상자에 저장할 값을 사용자가 직접 입력하
여 변경합니다.

04 [구성] 버튼을 클릭하면 [대화 상자 설정 구성] 대화
상자가 나타납니다. 대화상자 설정 추가하기(➕) 아
이콘을 클릭합니다. 저장할 대화상자 이름을 지정하
고 [설정] 버튼을 클릭합니다.

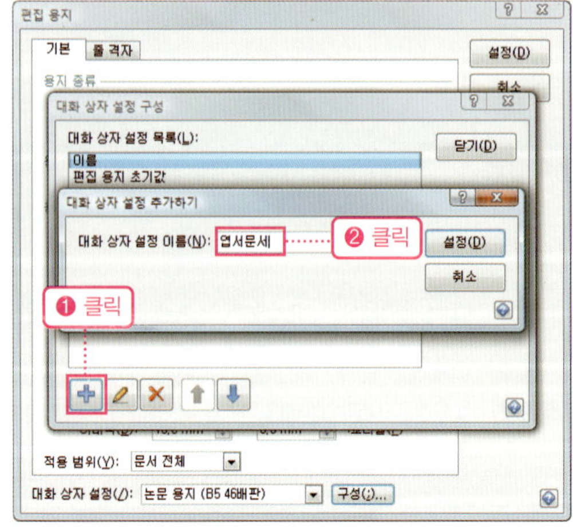

05 다음과 같이 대화상자 목록이 만들어졌습니다. [닫기] 버튼을 클릭합니다.

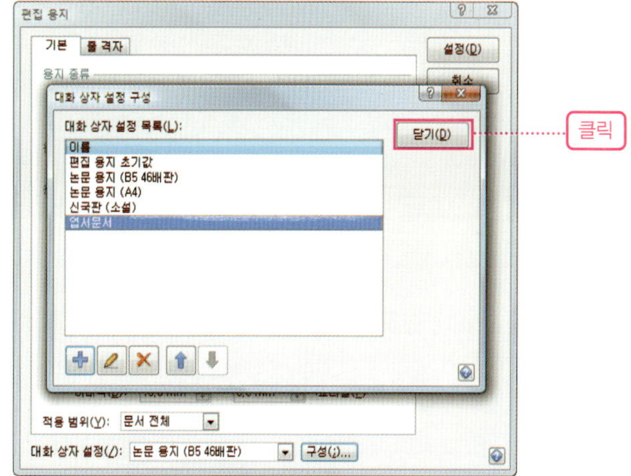

06 대화상자 설정 목록을 클릭해 보면 다음과 같이 새로 추가한 대화상자 구성이 나열됩니다. 원하는 설정 값을 클릭하여 바로 적용할 수 있습니다.

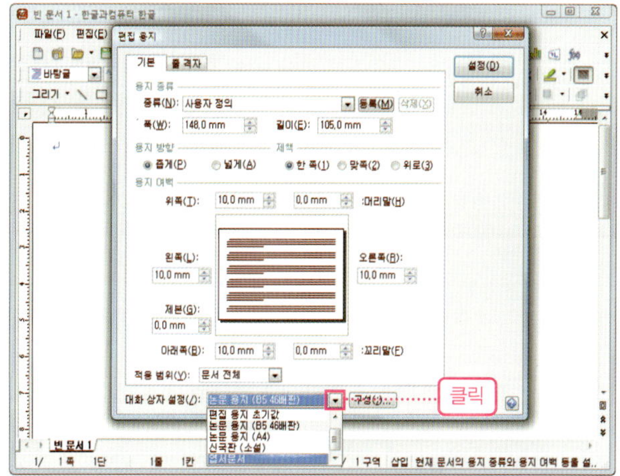

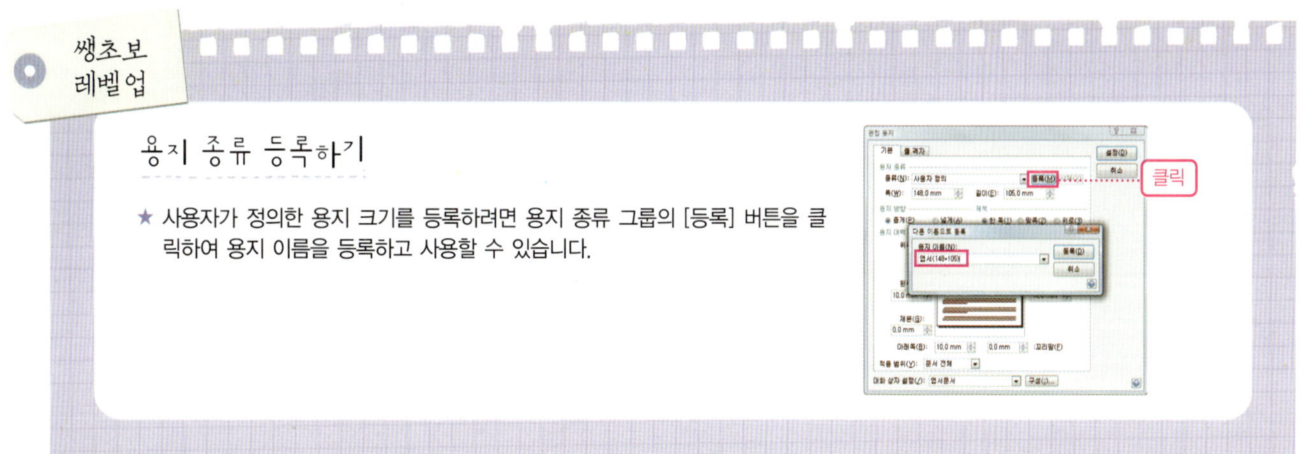

쌩초보 레벨업

용지 종류 등록하기

★ 사용자가 정의한 용지 크기를 등록하려면 용지 종류 그룹의 [등록] 버튼을 클릭하여 용지 이름을 등록하고 사용할 수 있습니다.

03

메모 기능

• **키워드** : 메모 넣기, 메모 표시 여부 설정
• **예제 파일** : 시작 파일\2009년 신년사.hwp

특정 단어나 블록으로 설정한 문자열에 기억해야 할 내용을 간단히 적어 입력할 수 있는 기능입니다. 즉 문서 본문에는 넣기 곤란하지만 내용에 관련된 내용일 때 메모를 삽입하여 기억할 수 있습니다.

01 본문 내용 중 메모를 삽입할 단어로 커서를 이동하고 [입력]–[메모]–[메모 넣기] 메뉴를 선택합니다. 여기에서는 "새해 인사말" 뒤에 커서를 위치시켰습니다.

02 메모 내용을 입력할 창이 생기면 메모 내용을 입력합니다.

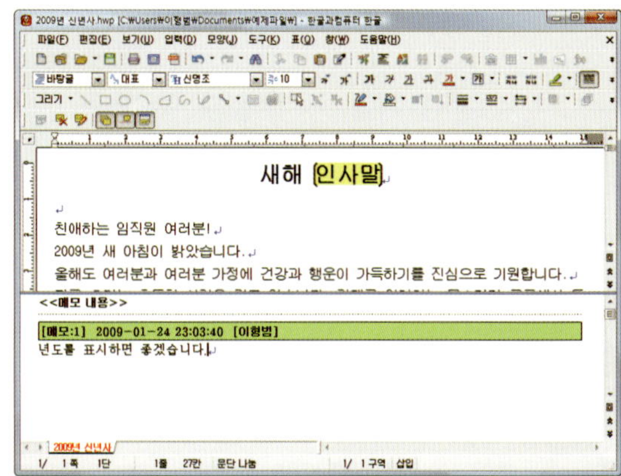

쌩초보 레벨 업

메모 표시 여부 지정하기

★ [보기]–[메모]–[메모 보이기/숨기기] : 메모가 입력된 단어에 배경색 표시 여부를 지정합니다.
★ [보기]–[메모]–[메모 안내선 표시] : [보기]–[쪽 윤곽]이 설정된 상태에서 메모 안내선 표시 여부를 지정합니다.
★ [보기]–[메모]–[메모 내용 보기] : 문서에 삽입된 메모 전체를 보여줍니다.

03 단축키 Shift+Esc를 눌러 메모 입력을 종료합니다. 메모가 입력된 단어에 배경색이 표시됩니다. 다음 단어에 메모를 삽입합니다.

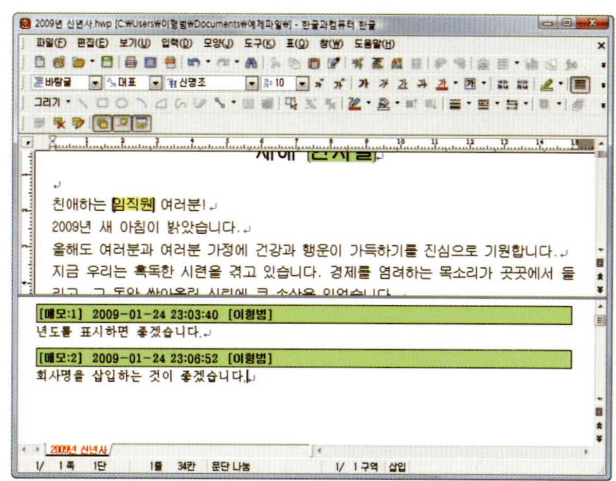

04 단축키 Shift+Esc를 눌러 메모 입력을 종료합니다. 같은 방법으로 메모가 필요한 곳에 메모를 삽입하면 됩니다. [보기]-[쪽 윤곽]을 선택하거나 단축키 Ctrl+G, L을 눌러 쪽 윤곽을 설정합니다.

Note 쪽 윤곽을 설정하면 메모가 입력된 곳에 메모 안내선과 메모 내용을 표시합니다.

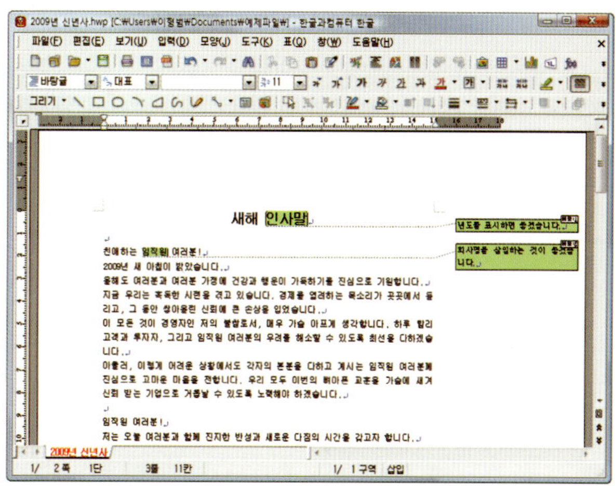

05 메모 내용을 수정하려면 수정할 메모를 클릭하여 직접 수정할 수 있습니다.

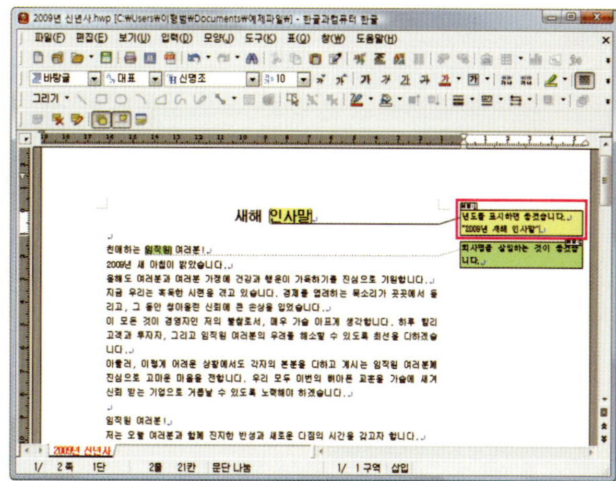

06 [보기]-[메모]-[메모 보이기/숨기기]를 선택하여 메모 표시 여부를 지정할 수 있습니다.

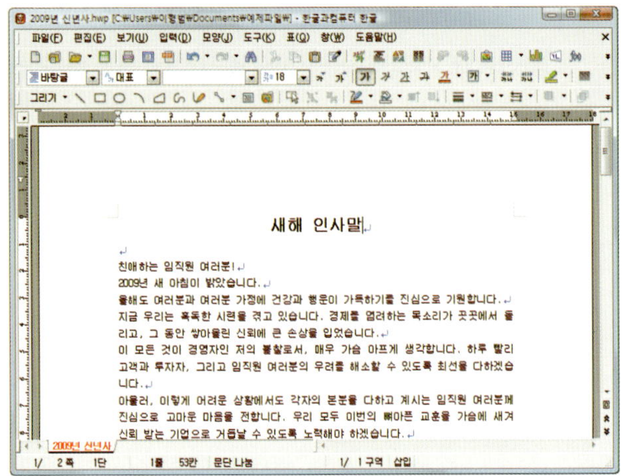

07 [보기]-[메모]-[메모 보이기/숨기기]를 선택하여 메모를 표시하고 [보기]-[메모]-[메모 안내선 표시]를 선택하면 안내선을 표시하지 않을 수도 있습니다.

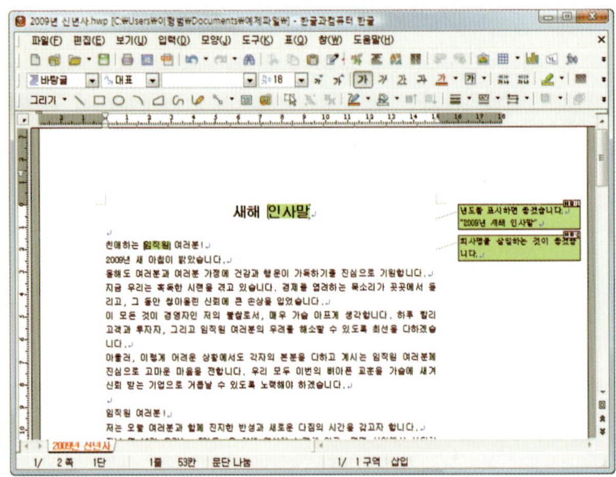

08 메모 안내선 표시를 다시 선택하고 [보기]-[메모]-[메모 내용 보기]를 선택합니다. 특정 메모를 삭제하려면 삭제할 메모 위에서 마우스 오른쪽 버튼을 눌러 [메모 지우기]를 선택합니다.

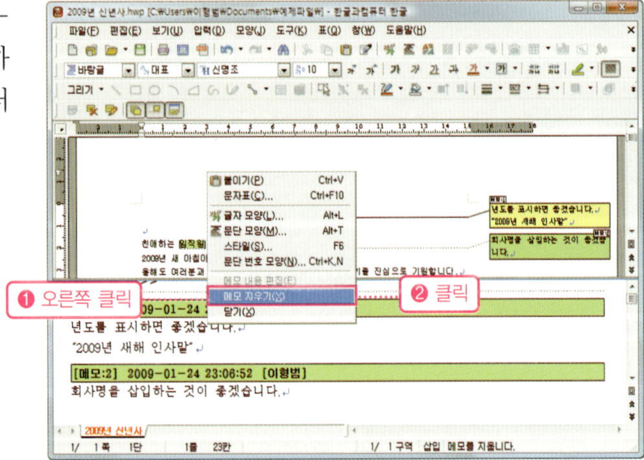

09 Shift + Esc 를 눌러 메모 편집을 닫습니다. 메모 안내선이나 메모 입력 상자의 너비, 테두리 색과 종류 등을 변경하려면 [입력]−[메모]−[메모 모양]을 선택합니다.

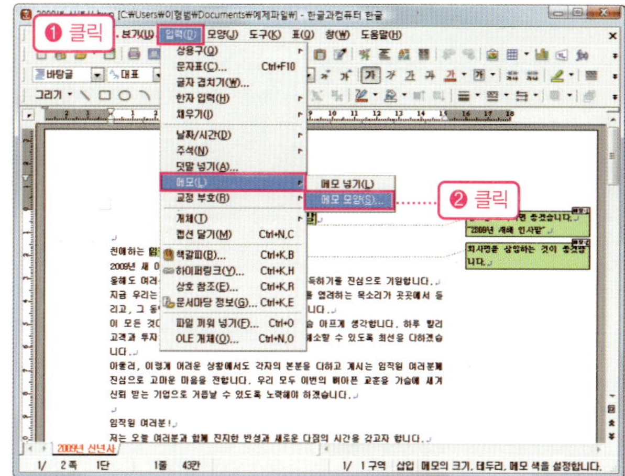

10 메모의 크기와 테두리 색, 종류, 굵기 등을 다음과 같이 변경한 후 [설정] 버튼을 클릭합니다.

Note 적용 범위를 [새 구역으로]로 선택하여 새로운 메모 모양을 적용할 수 있습니다.

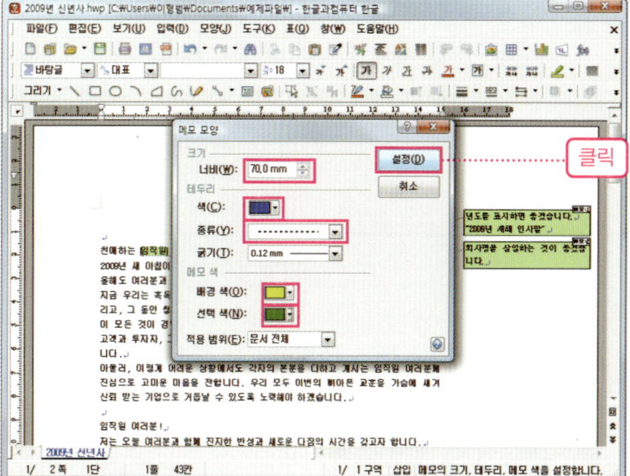

11 다음과 같이 메모 모양이 조정된 것을 확인할 수 있습니다.

Note 문서 인쇄 시 메모를 포함하여 인쇄하려면 [파일]−[인쇄]−[확장] 탭에서 [메모] 옵션을 선택한 다음 인쇄합니다.

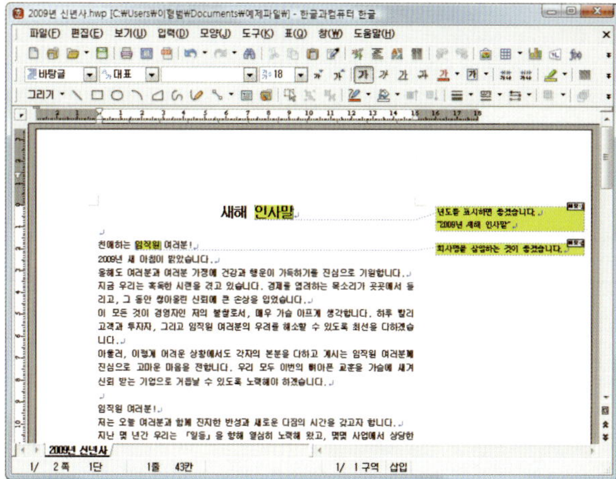

04

스크립트 매크로 보안 설정

- **키워드** : 스크립트 매크로 보안 수준
- **예제 파일** : 시작 파일\판매자료(스크립트 매크로).hwp

스크립트 매크로에서는 외부 프로그램을 한글에 호출하여 실행할 수 있습니다. 이때 예기치 않게 바이러스가 침투할 수 있는데 백신 프로그램과 함께 스크립트 매크로 보안 기능을 이용하여 시스템을 보호할 수 있습니다. 또한 보안 수준을 설정하여 스크립트 매크로를 여러 번 반복 실행할 수 있습니다.

01 예제 파일에는 "유제품"이 입력되어 있는 텍스트를 찾아 그 줄 전체를 구분할 수 있도록 색을 칠하는 스크립트 매크로가 포함되어 있습니다. [도구]-[매크로]-[스트립트 매크로 실행] 메뉴를 클릭합니다.

Note 스크립트 매크로가 정상적으로 실행되지 않을 경우 "파트 2-섹션 50"의 스크립트 매크로 정의 부분을 참고하여 정의하면 됩니다.

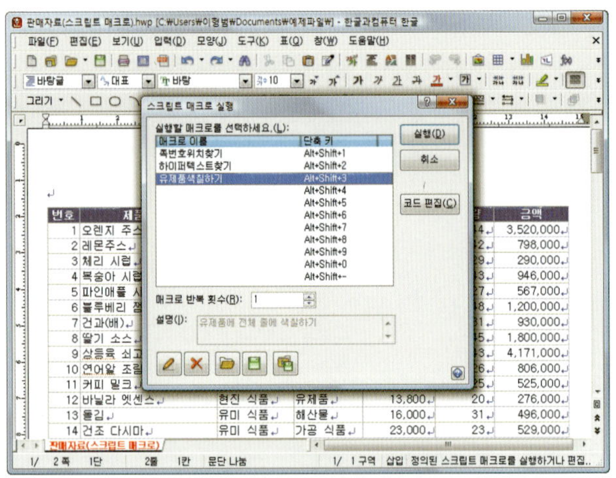

02 [스크립트 매크로 실행] 대화상자에서 실행할 스크립트 매크로를 선택한 후 [실행] 버튼을 클릭합니다.

Note 매크로 반복 횟수는 "1"이 입력된 상태에서 실행합니다.

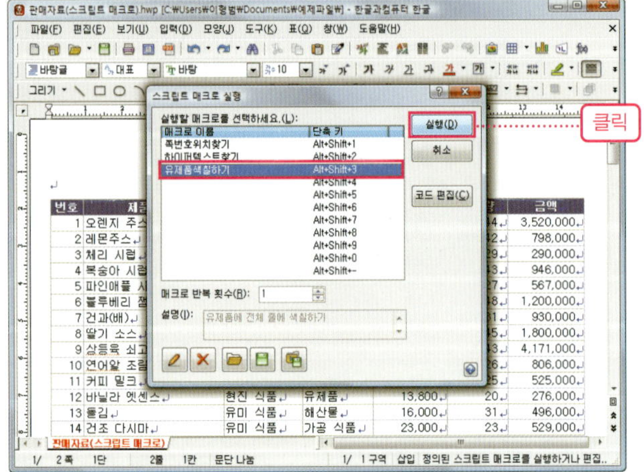

03 스크립트 매크로가 1회 실행되면 다음과 같이 첫 번째 유제품이 있는 줄을 찾아 색을 칠합니다.

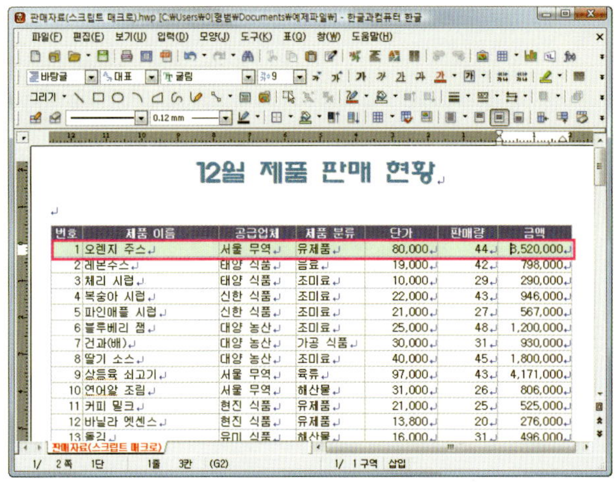

04 [도구]-[매크로]-[스크립트 매크로 실행] 메뉴를 선택하고 [스크립트 매크로 실행] 대화상자에서 "유제품색칠하기" 매크로를 선택하고 "매크로 반복 횟수"를 "10"으로 지정합니다. [실행] 버튼을 클릭합니다.

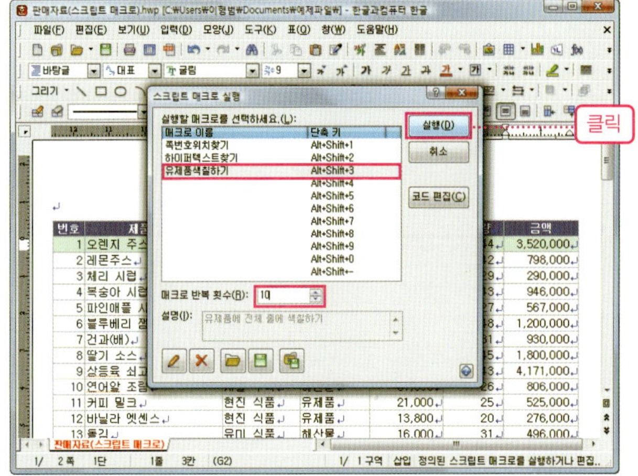

05 다음과 같이 스크립트 매크로 보안 수준이 [높음] 또는 [보통]으로 설정되었기 때문에 스크립트 매크로를 여러 번 반복할 수 없다는 메시지 상자가 나타납니다.

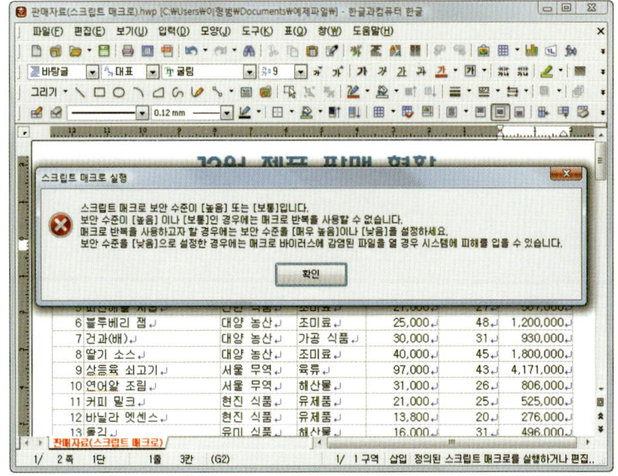

06 [확인] 버튼을 눌러 대화상자를 닫은 후 [도구]-[매크로]-[스크립트 매크로 보안 설정] 메뉴를 선택합니다.

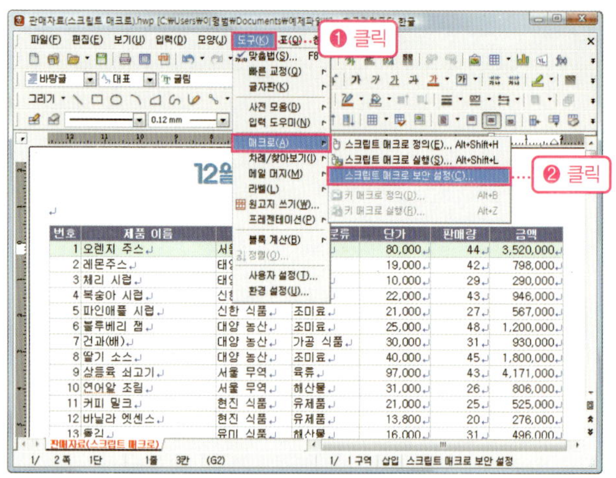

07 [스크립트 매크로 보안 설정] 대화상자에서 [낮음] 옵션을 선택하고 [설정] 버튼을 클릭합니다.

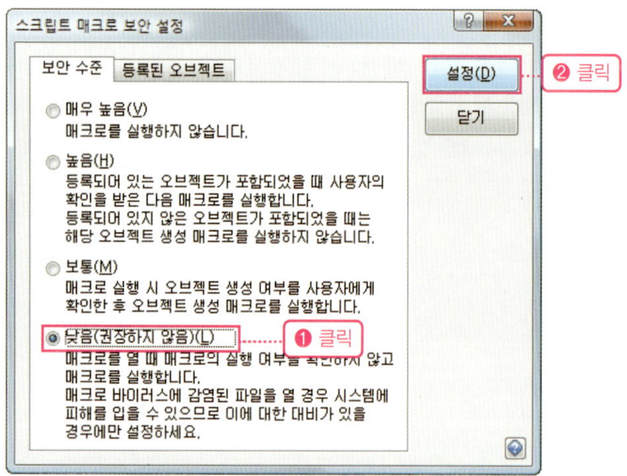

08 [도구]-[매크로]-[스크립트 매크로 실행] 메뉴를 선택하고 "유제품색칠하기" 매크로를 "10"회 반복 횟수로 지정한 후 [실행] 버튼을 클릭합니다. 다음과 같이 "유제품"이 입력된 모든 줄을 찾아 매크로가 실행됩니다.

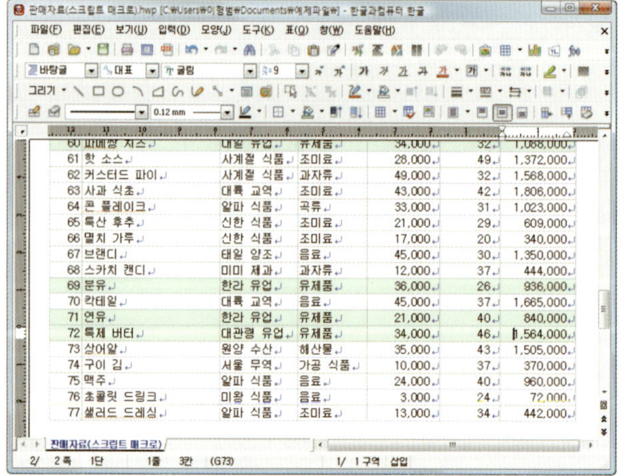

표 뒤집기

• 키워드 : 표 뒤집기, 줄/칸 기준 뒤집기
• 예제 파일 : 시작 파일\차량운행일지.hwp

이미 만들어진 표를 필요에 따라 줄이나 칸을 기준으로 뒤집으면 한 번에 여러 번의 편집 작업 없이 줄과 칸을 뒤집을 수 있어 편리하게 사용할 수 있습니다. 그러나 선택한 표가 크기 고정 상태이거나 개체 보호 상태일 때는 표 뒤집기 기능을 사용할 수 없습니다.

01 표 바깥쪽 테두리 위로 마우스 포인터를 이동합니다.

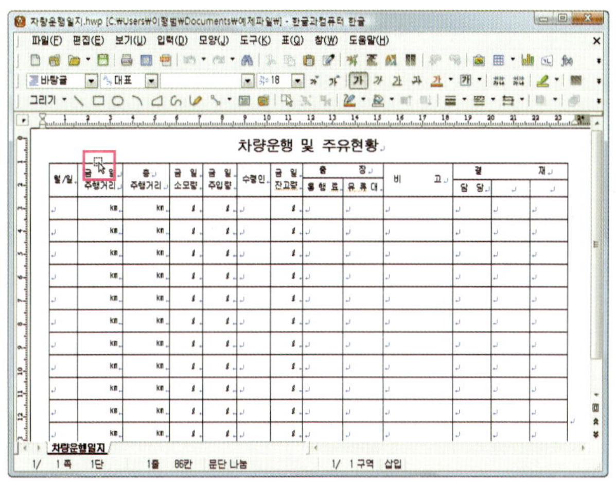

02 마우스 왼쪽 단추를 클릭하여 표를 선택한 상태에서 [표]-[표 뒤집기] 메뉴를 선택합니다.

Note 원하는 항목 위로 커서를 이동하면 표가 뒤집히는 방향이 애니메이션으로 보입니다. [여백 뒤집기] 항목을 선택하여 뒤집기를 실행하면 선택한 표를 대칭이나 회전시킬 때 표의 안쪽의 여백을 함께 뒤집습니다.

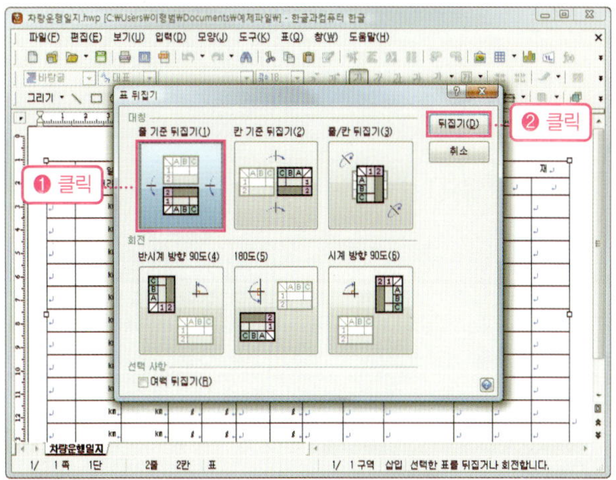

03 [줄 기준 뒤집기]를 선택하여 [뒤집기] 버튼을 클릭하면 다음과 같이 제목줄이 아래쪽으로 이동됩니다.

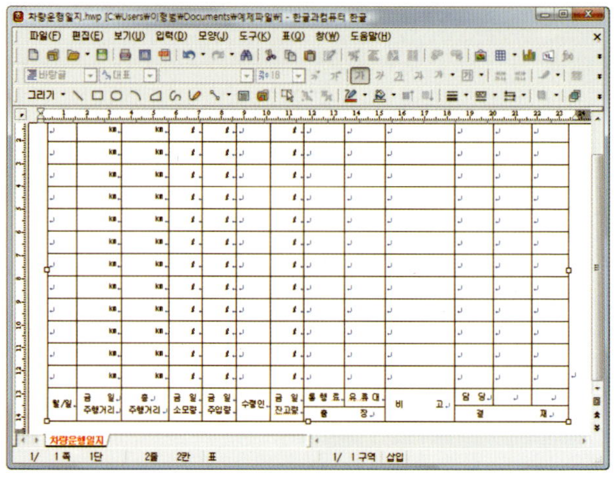

04 [칸 기준 뒤집기]를 선택하여 [뒤집기] 버튼을 클릭하면 왼쪽과 오른쪽이 서로 바뀌는 결과를 얻을 수 있습니다.

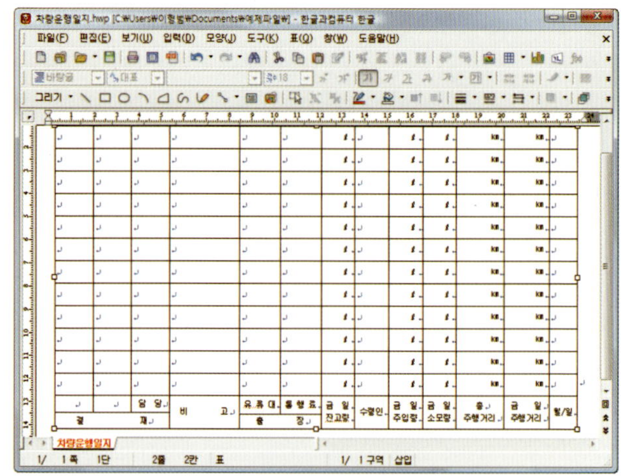

표 뒤집기 추가 정보

★ **여백 뒤집기** : 선택한 표를 [대칭]이나 [회전] 시킬 때 표의 안 여백을 함께 뒤집을 것인지 결정합니다.

★ **표의 기준 위치** : 표 뒤집기를 할 때 표의 위치는 [글자, 문단, 쪽, 종이]일 때 모두 사용할 수 있습니다.

★ **크기 고정, 개체 보호하기** : [표]-[표/셀 속성] 대화상자의 [기본] 탭에서 [크기 고정] 옵션이나 [개체 보호하기] 옵션이 선택된 상태일 때는 표 뒤집기 기능을 사용할 수 없습니다.

한글 인쇄 관리자

한글 2007을 실행하지 않고 Windows 탐색기나 폴더에서 선택한 한글 문서의 내용을 직접 프린터로 인쇄하는 기능입니다. 따라서 한글이 실행되지 않은 상태에서도 인쇄 대화상자를 띄워 선택한 문서가 프린터로 직접 출력됩니다.

01 인쇄할 파일이 저장되어 있는 폴더로 이동한 후 인쇄할 파일 위에서 마우스 오른쪽 버튼을 누릅니다. 바로 가기 메뉴에서 [한글 문서(Hwp) 인쇄]를 선택합니다.

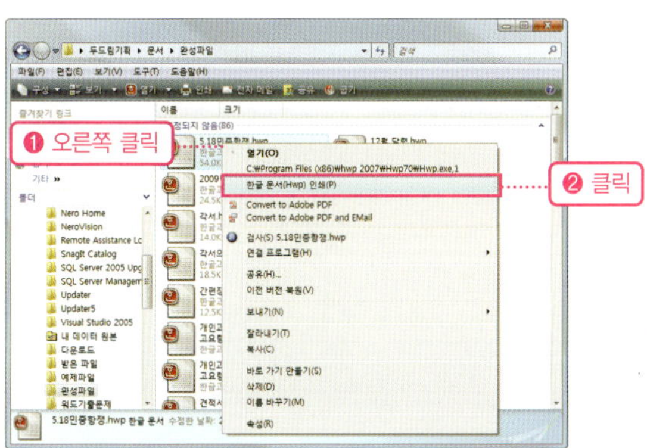

02 다음과 같이 한글 인쇄 관리자가 실행되면서 선택한 파일을 프린터로 보냅니다.

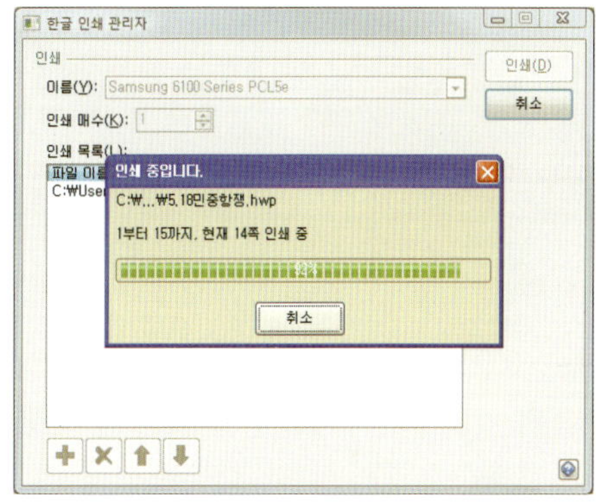

Note 선택한 파일이 인쇄되는 여백이나 종이는 한글 2007에서 편집할 때 설정한 상태 따릅니다.

쌩초보
레벨업

프린터 선택

★ [인쇄] 명령을 선택하면 기본 프린터로 설정된 프린터로 인쇄됩니다.
★ [시작]-[제어판]-[프린터]를 선택하여 인쇄에 사용될 기본 프린터를 설정할 수 있습니다.
★ 바로 가기의 [한글 문서(Hwp) 인쇄] 명령을 통해 인쇄할 때는 한글 2007이 실행되지 않고 바로 인쇄됩니다.
★ 파일의 종류(확장자)에 따라 [한글 문서(Hwp) 인쇄] 명령 시 그에 따른 마법사가 자동 실행됩니다.

작업창에 사전 검색 기능

한글2007은 한컴 사전 외에 작업 창에서도 사전 내용을 확인할 수 있습니다. 작업 창에서 사전 검색 기능을 사용하면 한컴 사전을 실행하지 않고도 필요한 단어를 찾아 참고할 수 있습니다.

01 [보기]-[작업 창]-[사전 검색]을 선택합니다. 다음과 같이 작업 창에 사전 검색 탭이 표시됩니다.

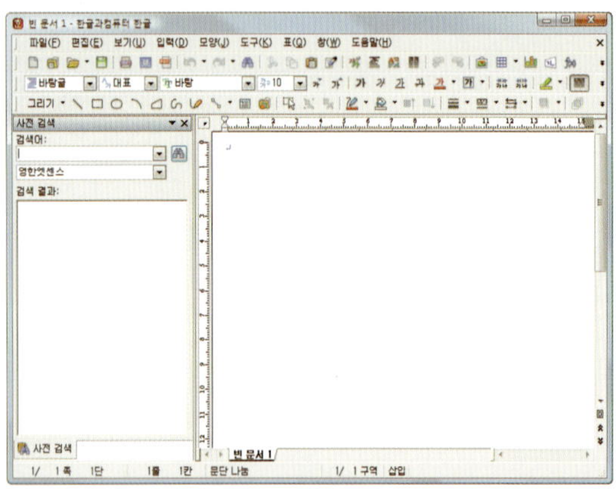

02 검색할 단어를 입력하고 Enter 를 누릅니다. 여기에서는 "confronts"를 입력했습니다.

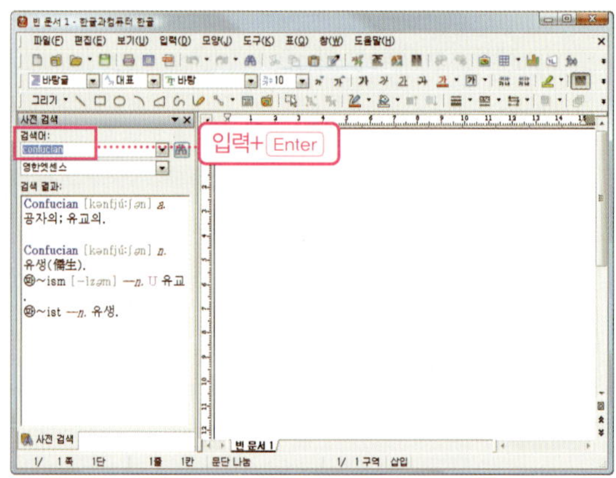

Note [도구]-[사전 모음]-[한글과컴퓨터 사전]이나 단축키 F12 를 실행하지 않고도 원하는 단어를 바로 찾아 볼 수 있습니다.

쌩초보 레벨업

검색할 사전 선택

★ 사전 선택란의 확장 버튼을 클릭하여 검색할 사전을 선택합니다.

★ 검색할 사전에 다른 사전을 추가하거나 제거하려면 [도구]-[사전 모음]-[한글과컴퓨터 사전]-[환경 설정]-[사전 설정] 탭에서 지정할 수 있습니다.

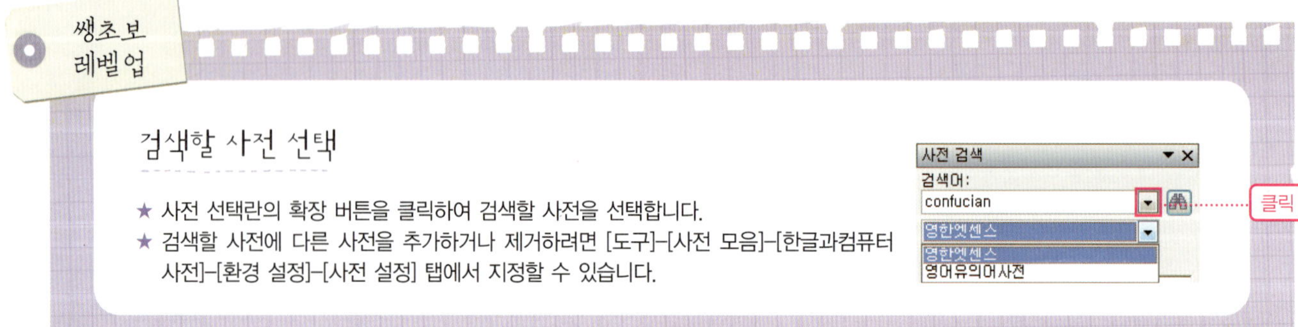

자소 단위 찾기

• 키워드 : 자소 단위 찾기
• 예제 파일 : 시작 파일\고용보험제도.hwp

한글의 찾기 기능에서 초성과 종성을 구별하여 자소 단위를 찾을 수 있는 기능입니다. 또한 조건식을 사용하여 찾고자 하는 단어를 더욱 세밀하게 찾을 수 있습니다. 단, 자소 단위 찾기와 조건식은 [찾기] 기능에서만 사용할 수 있습니다.

01 [편집]-[찾기]를 선택하거나 단축키 Ctrl+Q, F를 눌러 찾고자 하는 단어를 입력합니다.

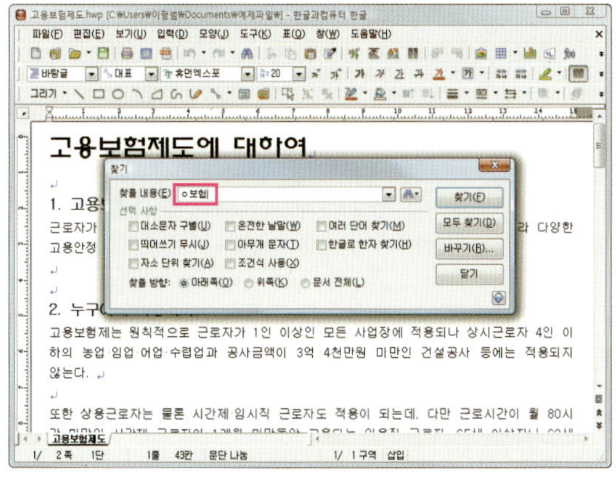

02 [찾기] 대화상자에서 [자소 단위 찾기]를 선택하고 [찾기] 버튼을 클릭하면 현재 커서 위치부터 찾습니다.

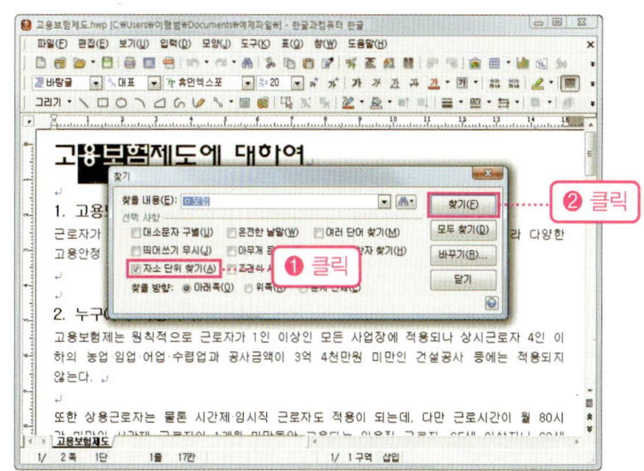

Note 이와 같이 입력하면 자소를 초성으로 인식하여 검색합니다. 종성으로 인식하여 검색하고자 할 때는 "~"를 앞에 붙여 입력합니다.

쌩초보 레벨업

중복 선택할 수 없는 항목

★ [자소 단위 찾기]와 [조건식 사용] 항목은 함께 선택하여 사용할 수 없습니다.
★ [조건식 사용]과 [아무개 문자], [한글로 한자 찾기], [여러 단어 찾기] 항목은 함께 선택하여 사용할 수 없습니다.

03 [찾기] 버튼을 한 번 더 누르면 다음 단어를 찾습니다. [닫기] 버튼을 클릭한 후 Ctrl+Page Up 을 눌러 커서를 문서 처음으로 이동합니다.

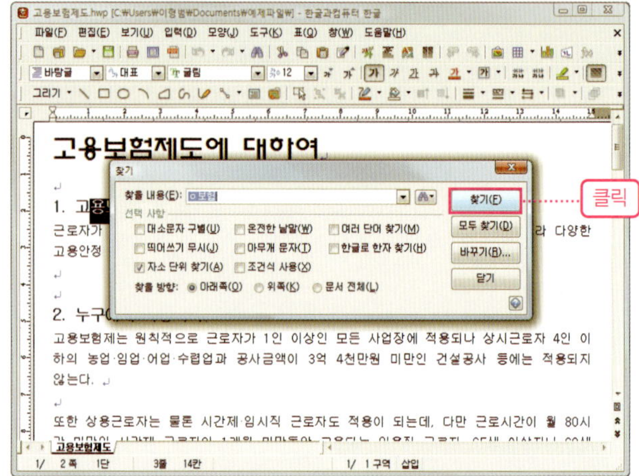

04 [편집]-[찾기]를 선택한 후 찾을 내용 입력란에 "~ㄷ을 수"를 입력하고 [찾기] 버튼을 누릅니다.

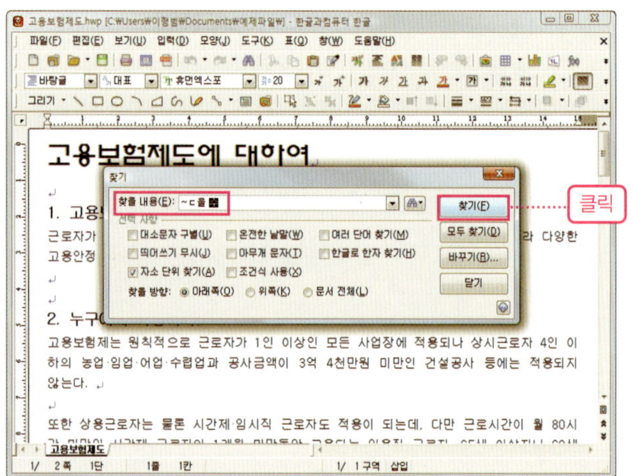

05 다음과 같이 자소 단위의 종성을 찾아 표시합니다.

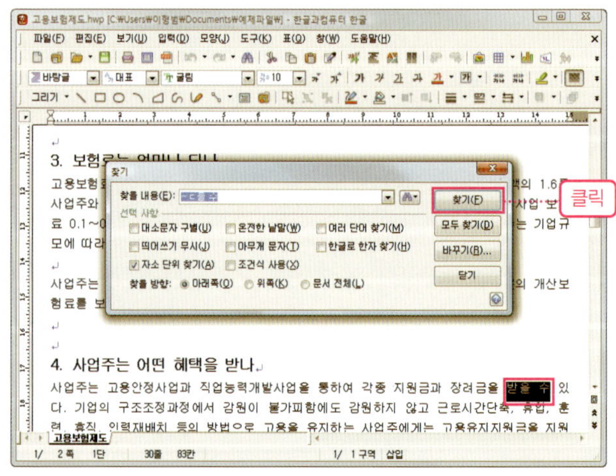

한글로 한자 찾기

• 키워드 : 한글로 한자 찾기
• 예제 파일 : 시작 파일\예제1.hwp

찾기 기능에서 한글 음으로 한자를 찾을 수 있는 기능입니다. 따라서 찾을 단어 입력란에 한자로 변환하는 번거로움을 덜 수 있습니다.

01 [편집]−[찾기]를 선택하거나 단축키 Ctrl + Q , F 를 눌러 찾을 단어에 "희망"을 입력합니다.

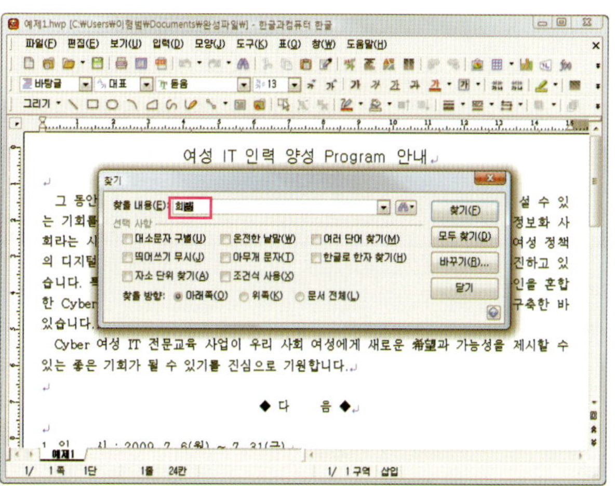

02 선택 사항 중 [한글로 한자 찾기]를 선택하고 [찾기] 버튼을 클릭합니다. 다음과 같이 한자로 된 "希望"을 찾아 표시합니다.

Note [한글로 한자 찾기] 항목을 선택하면 한자 단어와 한글 단어를 모두 찾아 줍니다. 또한 [편집]−[찾아 바꾸기]에서도 적용할 수 있습니다.

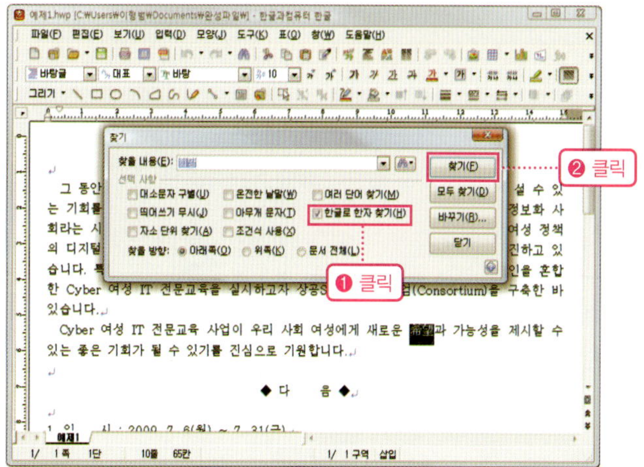

입력어 자동 실행

사용자가 문서를 작성하는 도중 입력한 문자열에 해당하는 명령이 있으면 자동으로 해당 명령을 실행시켜 주는 기능입니다. 등록할 수 있는 명령은 스타일 적용, 매크로 실행, 기능 실행 등이 있으며 사용자는 필요한 입력 명령을 직접 추가하거나 삭제할 수 있습니다.

01 [도구]-[빠른 교정]-[빠른 교정 내용]을 선택하거나 단축키 [Shift]+[F8]을 누릅니다. [빠른 교정 내용] 대화상자에서 [입력 자동 명령 사용자 사전] 탭을 선택합니다. 입력 자동 명령 추가하기(➕) 아이콘을 클릭하여 [명령] 탭을 선택합니다.

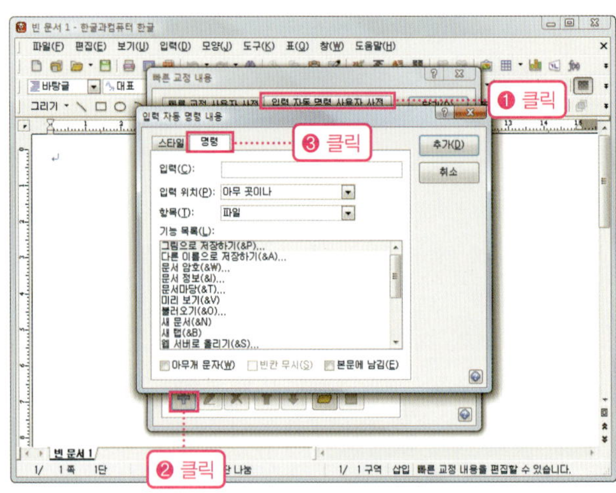

쌩초보 레벨업

입력 자동 명령 내용 대화상자의 기능

★ **[스타일] 탭** : 사용자가 정의한 스타일명으로 자동실행 명령을 정의합니다.
★ **[명령] 탭** : 한글 2007의 명령을 자동실행 명령으로 정의합니다.
★ **아무개 문자** : 적용시킬 입력 문자열의 일부분이 정확하지 않을 때 "?"나 "*"을 대신 입력하여 실행합니다.
★ **본문에 남김** : 입력된 명령이 일치하는 경우 본문에 입력된 내용이 지워지면서 명령을 자동 실행합니다. 그러나 이 항목을 선택하면 본문에 입력된 내용을 지우지 않고 연결된 기능을 실행합니다.

02 실행될 명령을 "글자모양"으로 입력하고 [입력 위치]
와 [항목]을 각각 지정합니다. [항목]에 따라 기능 목
록은 다르게 표시됩니다.

 입력 위치의 [아무 곳이나]는 편집되는 곳 어디에서든 해당 명령을 실행
합니다. [문단 처음]이나 [문단 끝]은 해당 명령이 문단 처음이나 끝에서
만 동작합니다.

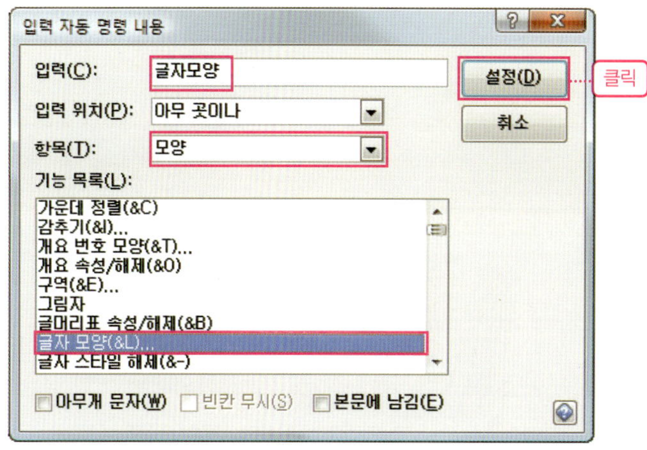

03 [추가] 버튼을 클릭하면 다음과 같이 입력 자동 명령
사용자 등록 낱말에 추가됩니다. [닫기] 버튼을 클릭
합니다.

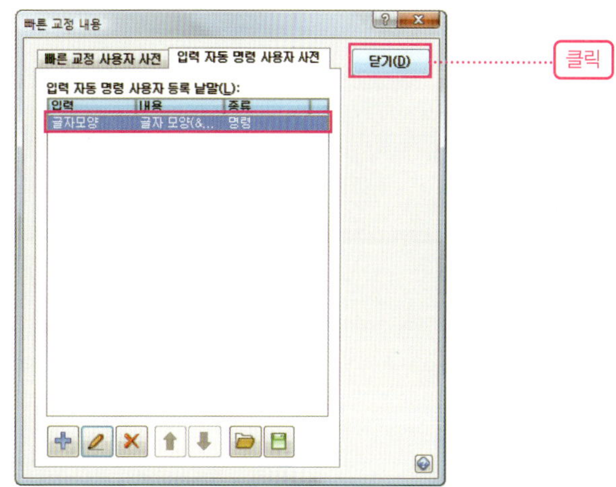

04 편집 화면에 "글자모양"을 입력한 후 Space Bar 나
Tab, Enter 를 누릅니다. 다음과 같이 [글자 모양]
대화상자가 자동으로 실행됩니다.

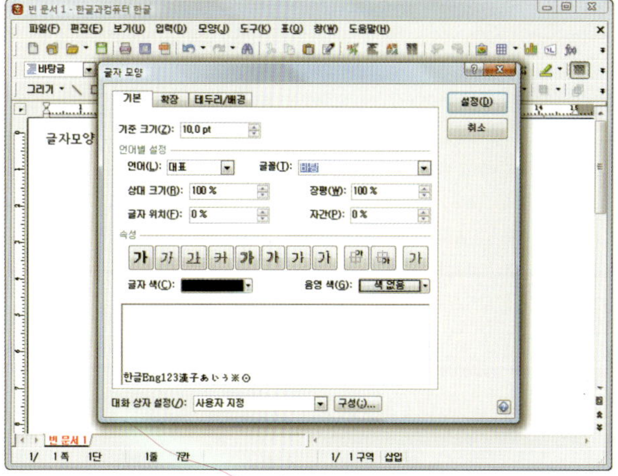

업무에
겁 없이 써먹는
실무 문서 10가지

이번 파트에서는 지금까지 배운 기본기능과 활용기능을 이용하여 실무에서 사용되는 서식을 만들어 보면서

한글 2007의 기능에 대한 실습을 마무리할 것입니다. 우선 표 기능을 이용하여 간편 장부나 이력서, 업무일지 등의

서식을 그려보고 계산 기능을 이용하여 견적서나 간이영수증, 지출결의서 등을 만들어봅니다.

1
이것만 알아도
폼나게 쓸 수 있는
기본 50가지

2
한글의 재미가 쏠쏠 나는
활용 50가지

3
한글 2007
특별한 기능 10가지

간편 장부 만들기

• 키워드 : 글자 모양, 표, 계산식
• 예제 파일 : 완성 파일\간편장부.hwp

간편 장부는 개인 사업자가 수입과 지출의 내용을 쉽게 작성할 수 있도록 만든 가계부 수준의 장부입니다. 이것은 1999년부터 신설된 규정으로 복식기장을 하기 어려운 일정규모 미만의 개인 사업자들을 위한 것입니다. 여기에서는 거래한 내역의 금액을 자동으로 계산하여 표시되도록 만들 것입니다.

중소기업 개인사업자를 위한

간 편 장 부

(2009년도)

정보문화사

날짜	거래내용	거래처	수입 (매출)		비용(원가관련 매입 포함)		고정자산증감 (매매)		비고
			금액	부가세	금액	부가세	금액	부가세	
소계			0	0	0	0	0	0	

01 빈 문서에서 [모양]–[편집 용지]를 선택하거나 단축키 F7 를 누릅니다. 편집 용지 대화상자에서 왼쪽, 오른쪽, 위쪽, 아래쪽 여백을 모두 "20"으로 지정하고, 머리말과 꼬리말 여백은 "0"으로 지정한 후 [설정] 단추를 누릅니다.

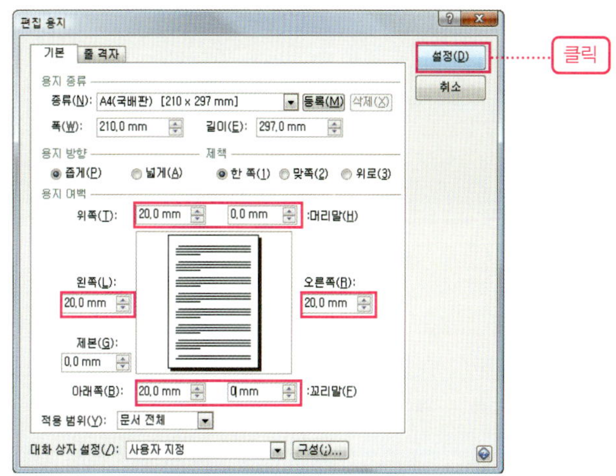

02 단축키 Alt + S 를 누르면 [다른 이름으로 저장하기] 대화상자가 나타납니다. 여기에 파일 이름을 "간편장부"로 입력하고 [저장] 단추를 누릅니다.

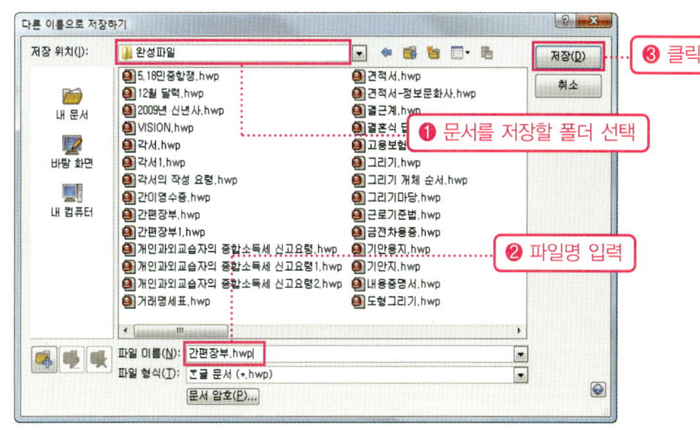

03 파일 이름이 설정되면 제목 표시줄에 지정한 파일 이름이 표시됩니다. 이후에는 문서를 작성하면서 수시로 Alt + S 를 눌러 변경된 내용을 저장하도록 합니다. [보기]–[화면 확대] 메뉴를 선택하고 "폭 맞춤" 옵션으로 화면 보기를 지정합니다.

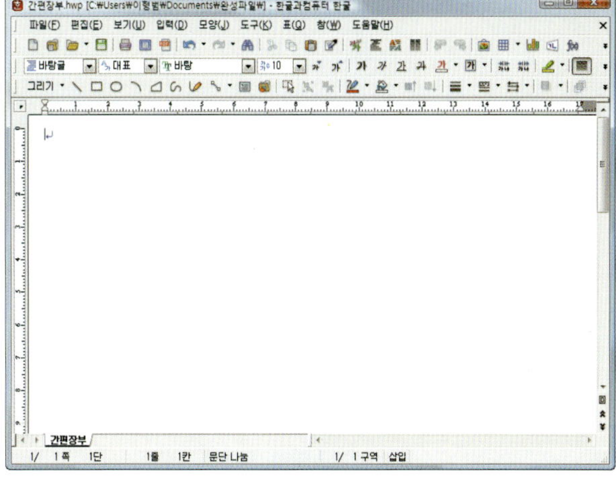

04 [입력]-[개체]-[글상자] 메뉴를 선택하여 그림과 같이 적당한 크기로 글상자를 그린 후 "개인사업자를 위한", "간편장부", "(2009년도)"를 입력합니다.

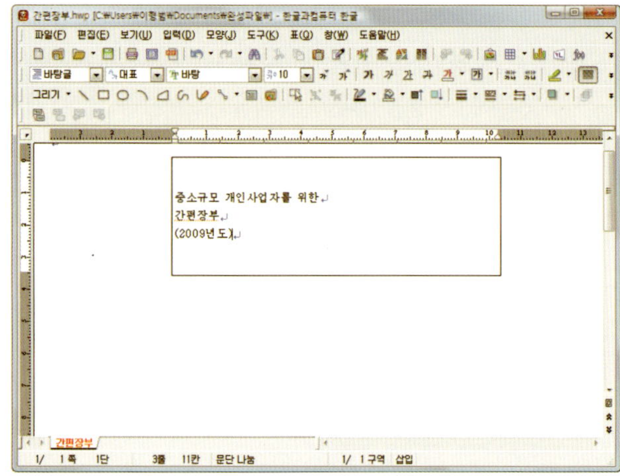

05 "중소규모 개인사업자를 위한"을 마우스로 드래그하여 블록을 지정하고 글꼴과 글꼴 크기, 정렬 방식을 설정합니다.

Note 견고딕, 20포인트, 가운데 정렬로 지정합니다.

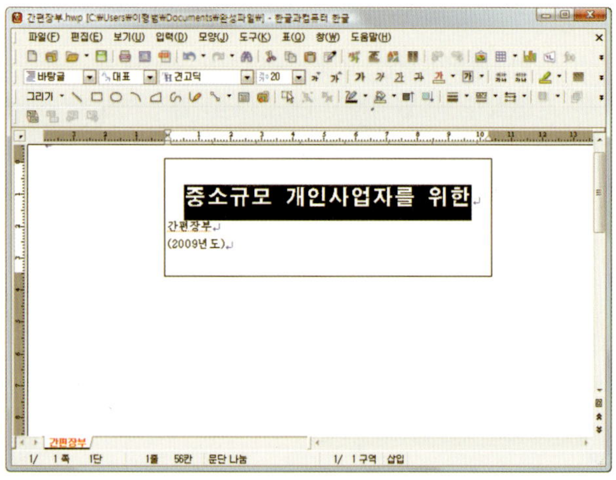

06 "간편장부"가 입력된 낱말을 더블클릭하여 블록으로 지정하고 서식 도구 상자에서 "견고딕", "48포인트"로 글자 모양을 지정합니다.

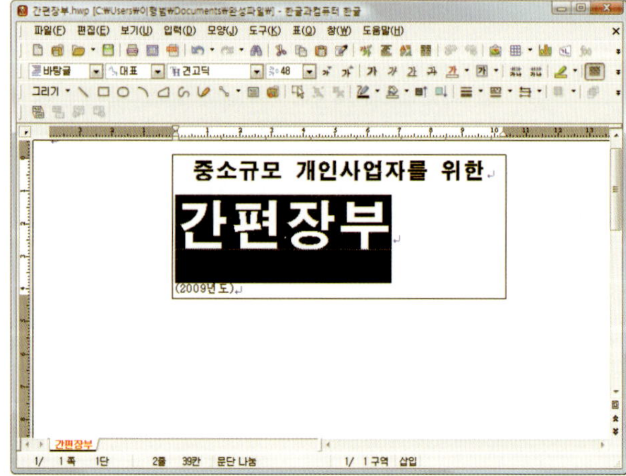

07 단축키 Alt + T 를 눌러 [문단 모양] 대화상자에서 "배분 정렬"을 선택하고 왼쪽과 오른쪽 여백을 각각 "35"로 지정합니다. 줄 간격은 "130"으로 지정하고 [설정] 버튼을 클릭합니다.

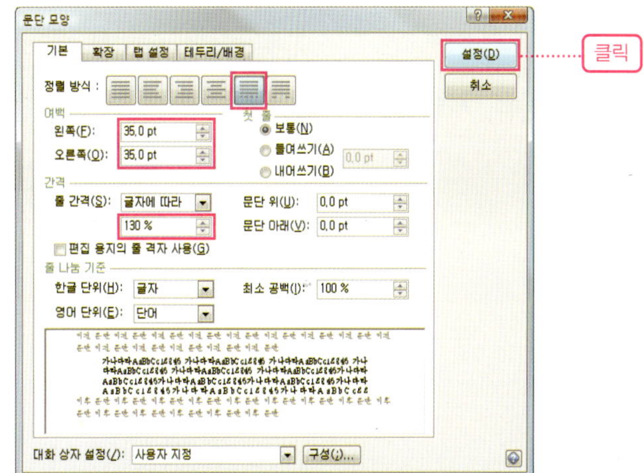

08 "간편장부"의 문단 모양이 다음과 같이 왼쪽과 오른쪽 여백을 띄어 놓고 배분 정렬됩니다.

Note "배분 정렬"은 글자 수에 상관없이 양쪽 맞춤으로 정렬하되 글자 사이를 일정하게 띄우는 정렬 방식입니다.

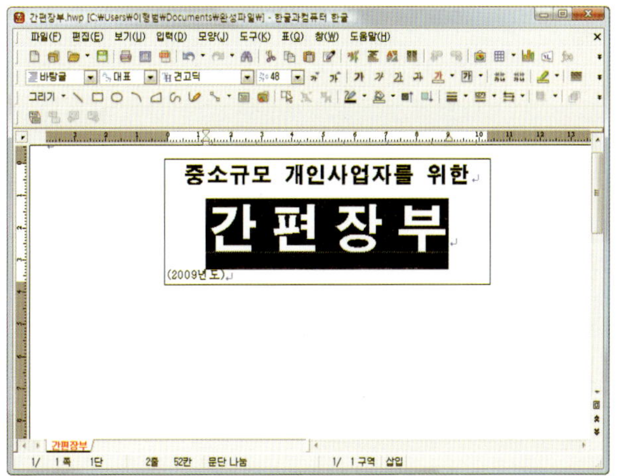

09 "(2009년도)"를 블록으로 지정하고 서식 도구 상자에서 "견고딕", "20포인트"로 글자 모양을 지정한 후 가운데 정렬합니다. Esc 를 눌러 블록을 해제합니다.

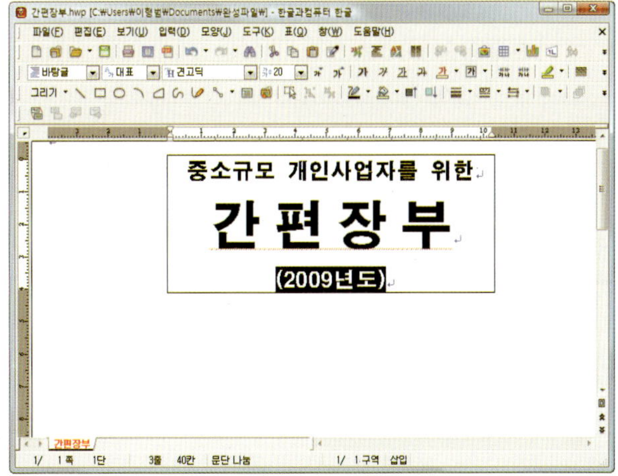

10 [모양]-[개체 속성] 메뉴를 선택합니다. [기본] 탭에서 가로 위치를 [쪽]으로 선택하고 [가운데]를 선택합니다. 세로 위치도 [쪽]으로 선택하고 [위]로 설정합니다.

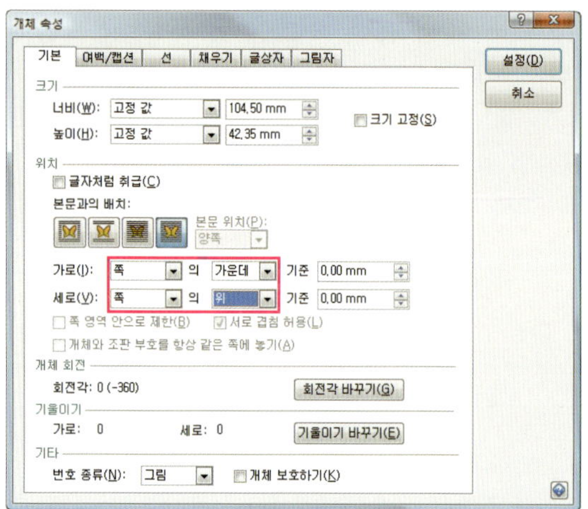

11 [선] 탭을 클릭한 후 [선 없음]으로 선택하고 [설정] 버튼을 클릭합니다.

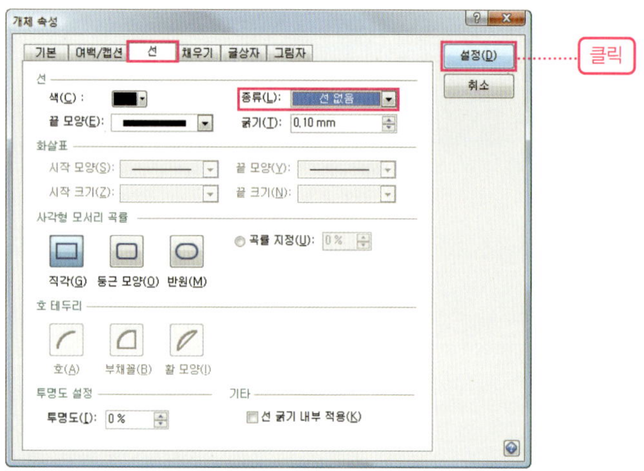

12 다음과 같이 편집 용지의 가운데 위쪽으로 글상자가 정렬됩니다.

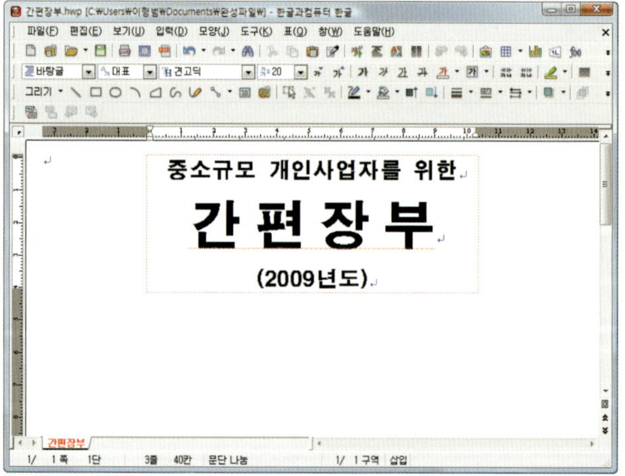

13 [입력]-[개체]-[글상자]를 선택하여 글상자를 하나
더 그린 후 "정보문화사"를 입력합니다.

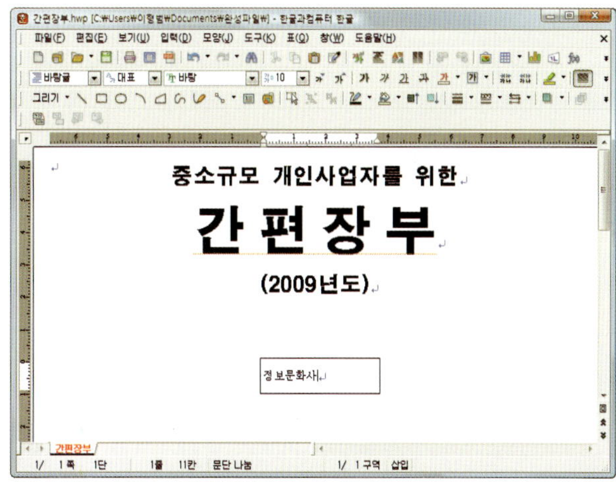

14 다음과 같이 블록으로 지정한 후 글꼴과 크기를 변경
하고 가운데 정렬합니다.

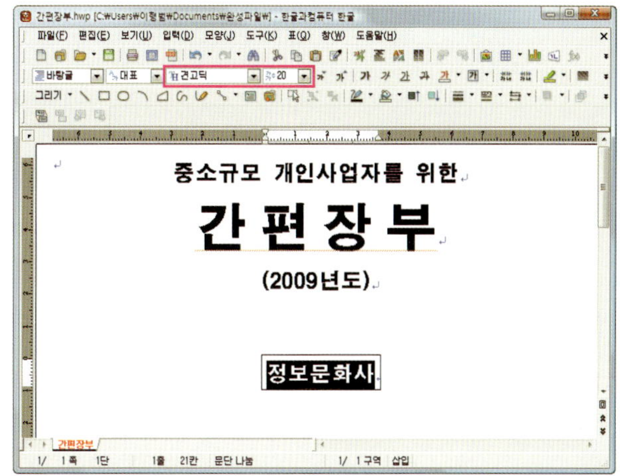

15 블록을 해제한 후 [모양]-[개체 속성] 메뉴를 선택하
여 가로 위치를 [쪽], [오른쪽]으로 선택하고, 세로 위
치도 [쪽], [아래]로 선택합니다.

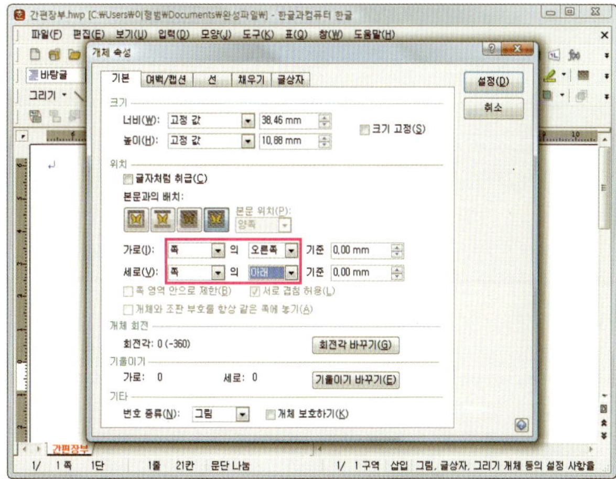

16 [선] 탭에서 [선 없음]으로 선택하고 [설정] 버튼을 클릭합니다.

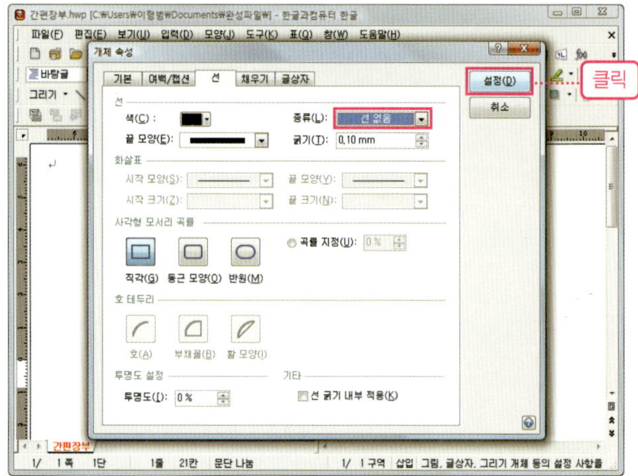

17 다음과 같이 쪽의 오른쪽 아래에 글상자가 배치됩니다.

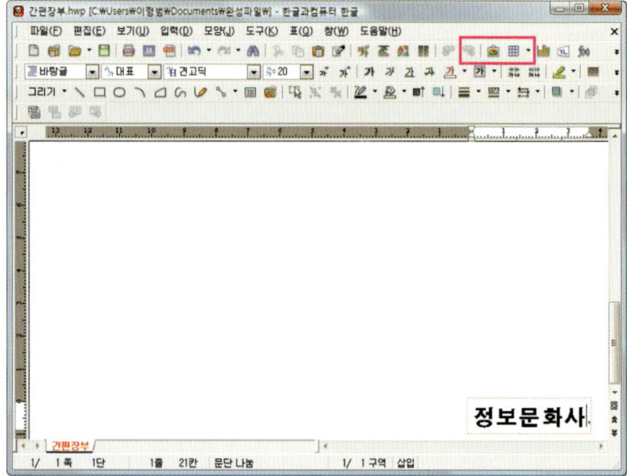

18 Shift + Esc 를 눌러 글상자 편집을 종료하고 Ctrl + Enter 를 눌러 강제로 쪽 나누기를 실행합니다.

Note 여기까지 진행한 후 Alt + S 를 눌러 변경된 내용을 저장합니다.

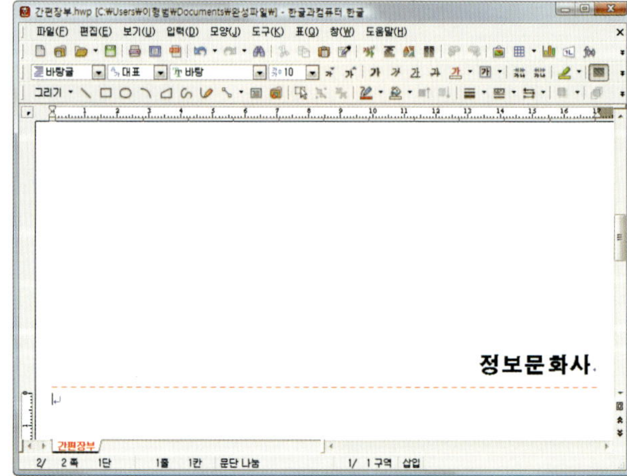

19 [표]–[표 만들기] 메뉴를 선택하고 대화상자에서 줄 수를 "32"로 칸 수를 "10"으로 지정한 후 [만들기] 단추를 누릅니다.

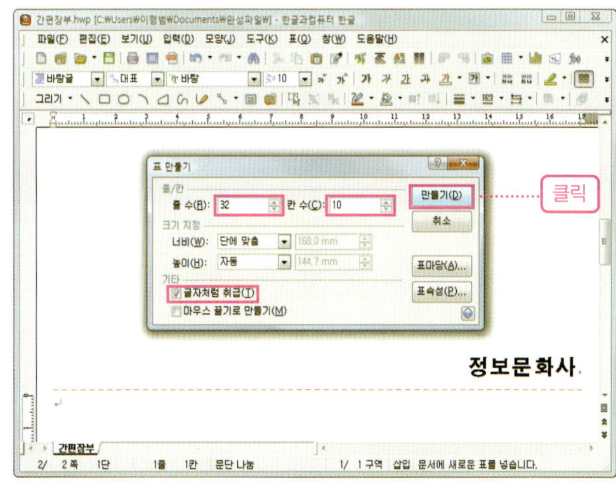

20 커서 위치에 다음과 같이 32줄 10칸으로 된 표가 만들어집니다.

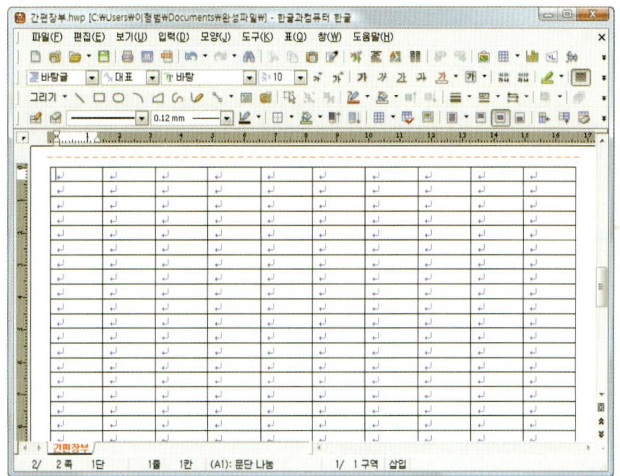

21 표의 첫 번째 셀부터 "날짜", "거래내용", "거래처"를 입력합니다.

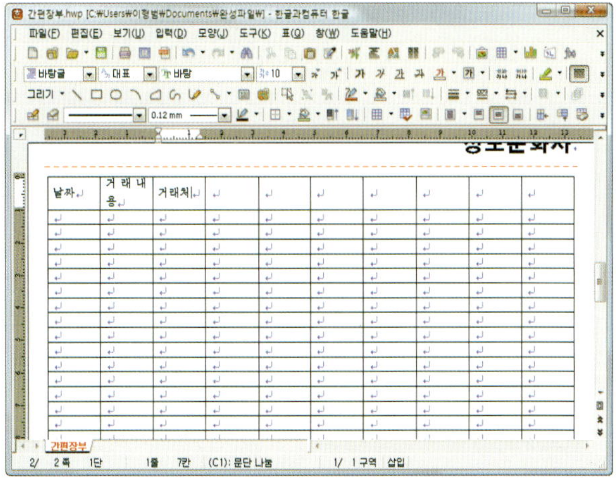

22 다음과 같이 마우스로 드래그하여 두 개의 셀을 블록으로 지정한 다음 마우스 오른쪽 버튼을 누르고 [셀 합치기]를 선택합니다.

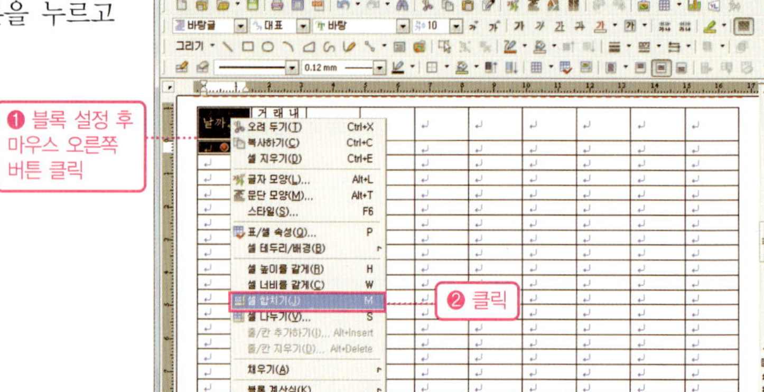

23 같은 방법으로 "거래내용"과 "거래처"가 입력된 셀도 아래 셀과 하나의 셀로 합치기를 실행합니다.

[Note] 두 개 이상의 셀을 블록으로 지정하고 M을 누르면 셀 합치기가 실행됩니다.

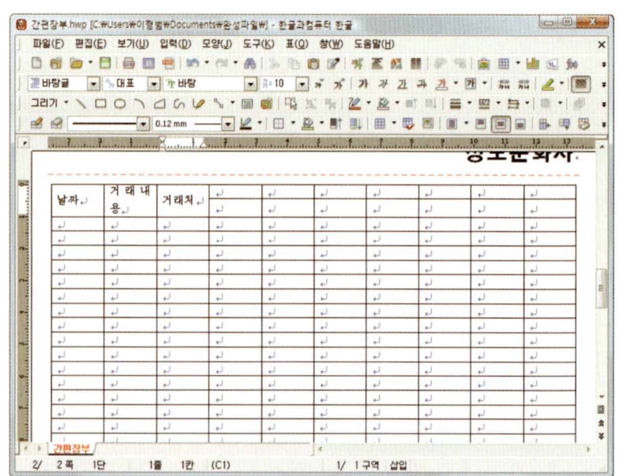

24 나머지 셀에도 셀 합치기를 실행하고 텍스트를 입력하여 다음과 같이 완성합니다.

25 F5를 세 번 연속해서 눌러 표 전체를 블록으로 설정한 후 "가운데 정렬"하고 글꼴을 "굴림", 크기는 "9pt"로 각각 지정합니다.

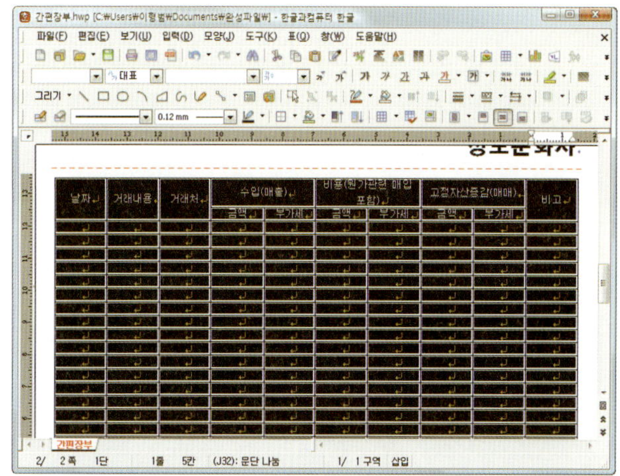

26 블록을 해제한 후 제목행의 행 높이와 제목 글자를 다음과 같이 수정합니다.

27 제목이 입력된 행을 제외하고 나머지 행의 첫 셀을 블록으로 지정한 다음 Ctrl을 누른 채 ↓를 세 번 눌러 행 높이를 늘려줍니다.

Note Ctrl을 누른 채 ↓을 누르면 이웃된 모든 셀의 높이가 변경됩니다. 또는 Ctrl을 누른 채 마우스로 선택한 셀의 아래쪽 경계선을 드래그하여 줄의 높이를 조정할 수 있습니다.

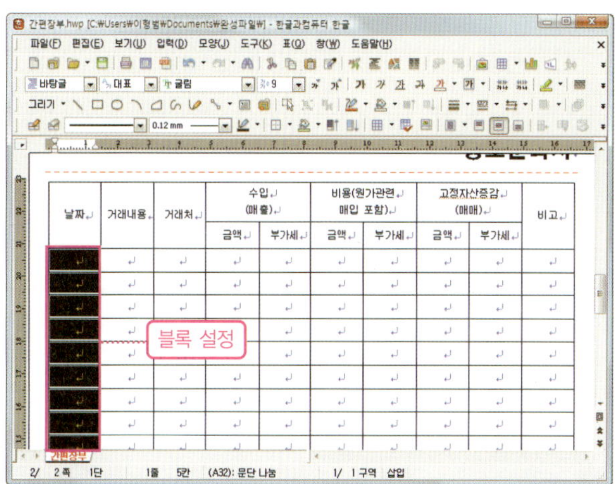

28 마지막 행의 첫 번째 셀에 "소계"를 입력한 다음 블록으로 선택하고 진하게(가) 아이콘을 클릭합니다.

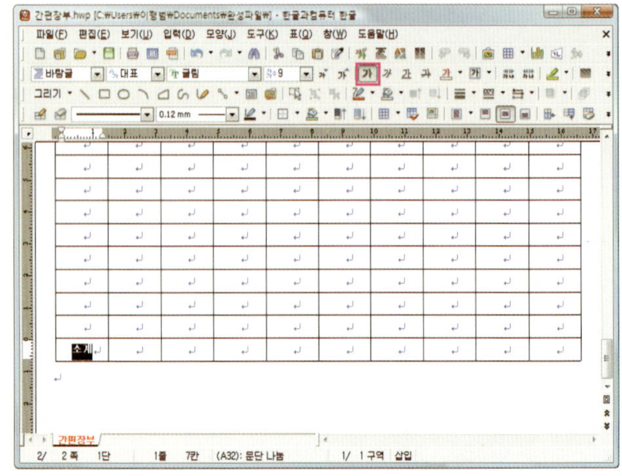

29 F5를 세 번 연속으로 눌러 표의 모든 셀을 블록으로 지정한 다음 [셀 테두리/배경] 대화상자를 나타내는 바로 가기 키 L을 누릅니다. [테두리] 탭에서 굵기를 "0.5 mm"로 지정하고 "바깥쪽 모두" 단추를 누른 다음 [설정] 버튼을 클릭합니다.

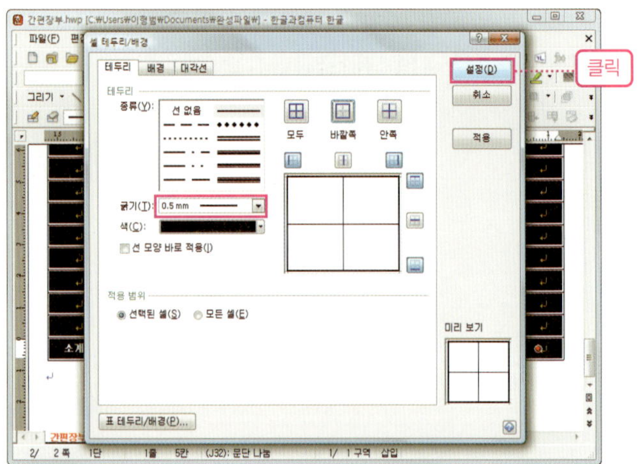

쌩초보 레벨 업

표 크기 조정하기

★ Ctrl+방향키 : 다른 셀의 크기에 영향을 주지 않으면서 줄이나 칸 전체의 크기를 조정합니다. 줄이나 칸의 크기를 바꾸는 만큼 표 전체의 크기도 변경됩니다.

★ Alt+방향키 : 표 전체의 크기를 그대로 유지하면서 줄이나 칸 전체의 크기를 조정합니다. 선택한 줄 또는 칸의 크기가 변하는 만큼 이웃해 있는 줄이나 칸의 크기가 영향을 받습니다.

★ Shift+방향키 : 표 전체의 크기를 그대로 유지하면서 선택한 셀 또는 셀 블록의 크기를 조정합니다. 선택한 셀이나 셀 블록의 크기가 변하는 만큼 이웃해 있는 셀의 크기가 영향을 받습니다. 줄이나 칸 전체의 크기가 조정하는 것이 아니라 셀의 크기만 조정할 때 사용하는 방법입니다.

30 제목이 입력되어 있는 셀을 드래그하여 블록으로 지정하고 ⓛ을 누른 다음 테두리 굵기를 "0.5 mm"로 지정하고 "아래" 단추를 누른 후 [설정] 단추를 누릅니다.

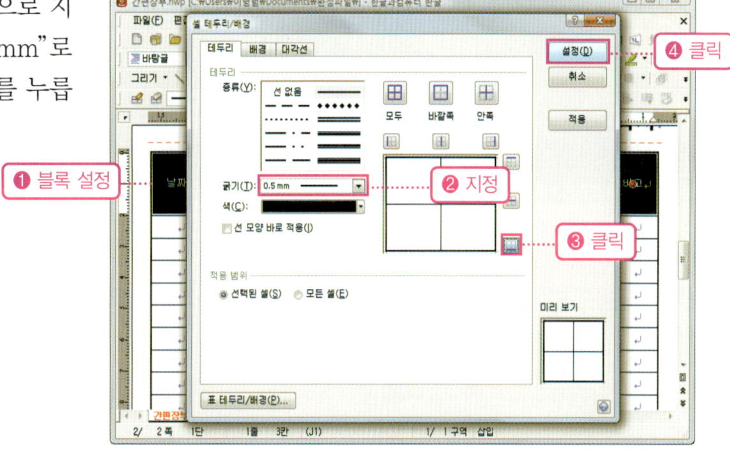

31 표의 가장 마지막 행 전체를 블록으로 지정하고 ⓛ을 누른 다음 테두리 굵기를 "0.5 mm"로 지정하고 "위" 단추를 누른 후 [설정] 단추를 누릅니다.

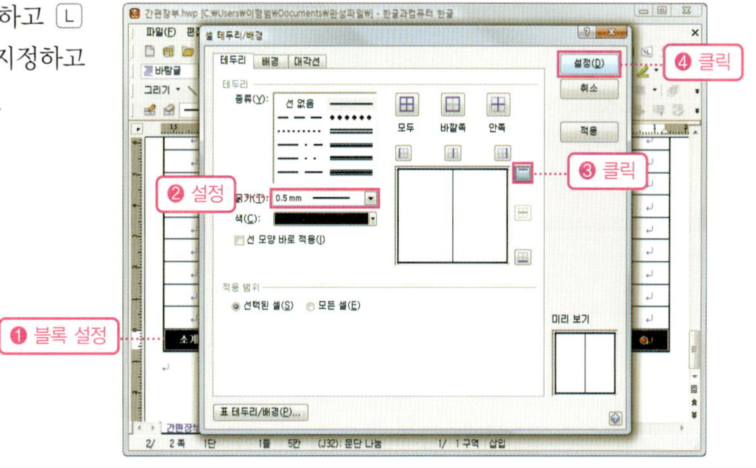

32 표의 마지막 행에서 4번째 셀로 커서를 이동한 다음 마우스 오른쪽 버튼을 누르고 [쉬운 계산식]-[세로 합계]를 선택합니다.

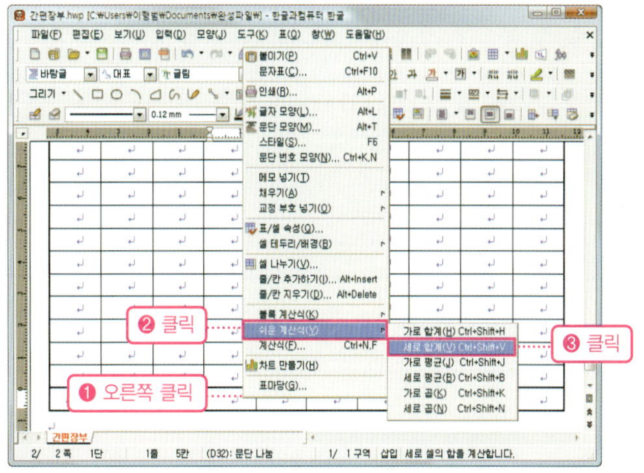

33 현재 셀의 맨 위부터 현재 셀의 바로 위 셀까지의 세로 합계를 계산하는 계산식이 입력됩니다. 지금은 아무 숫자도 입력되어 있지 않으므로 0으로 표시됩니다.

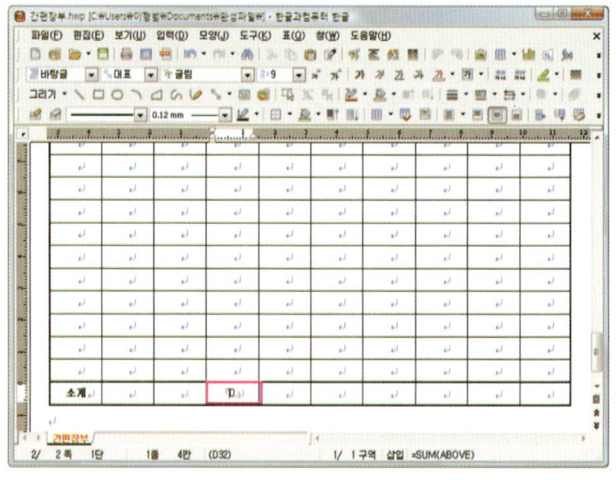

34 세로 합계 계산식이 입력되어 있는 곳에서 마우스를 더블클릭하여 계산식을 블록으로 지정합니다. 그리고 Ctrl+C를 눌러 대상을 복사하여 오른쪽 다른 셀에 Ctrl+V로 붙여 넣습니다.

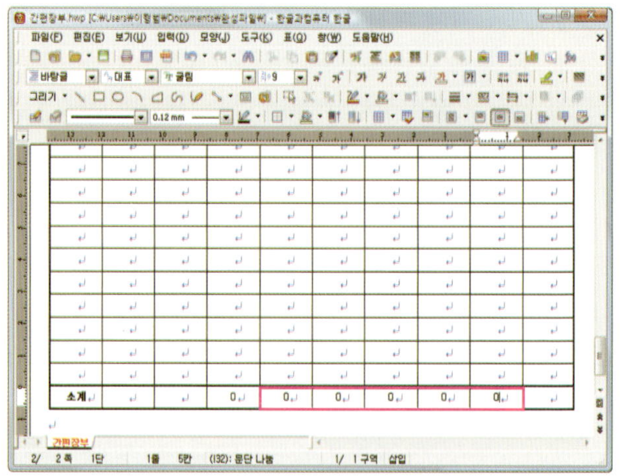

35 금액과 부가세를 입력하기 위한 셀 모두를 블록으로 지정한 다음 문단 모양(📋) 아이콘을 클릭합니다.

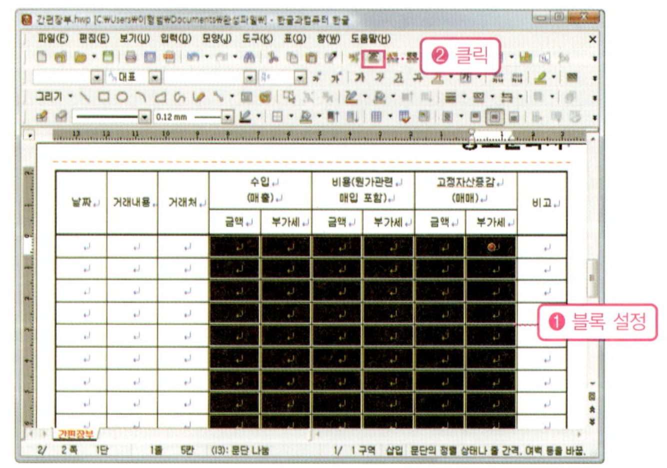

36 [문단 모양] 대화상자에서 정렬 방식을 "오른쪽 정렬"로 선택하고 오른쪽 여백을 "5pt"로 지정한 후 [설정] 단추를 누릅니다.

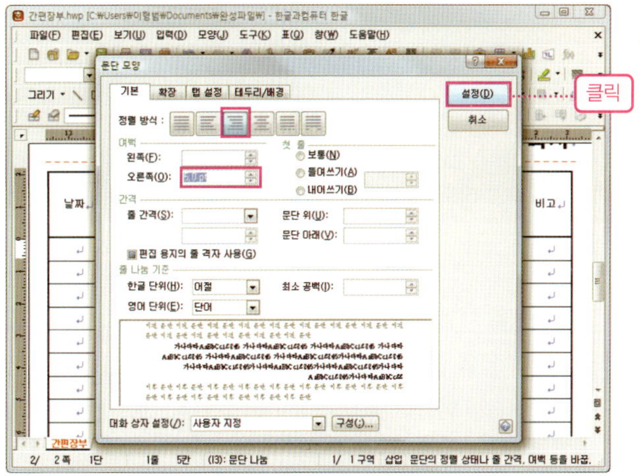

37 세로 합계 계산식의 계산 결과를 확인하기 위해 다음과 같이 임의로 금액과 부가세를 입력해 봅니다.

[Note] 금액과 부가세를 입력할 때 숫자 천 단위마다 쉼표가 자동으로 삽입되지 않으므로 직접 입력해야 합니다.

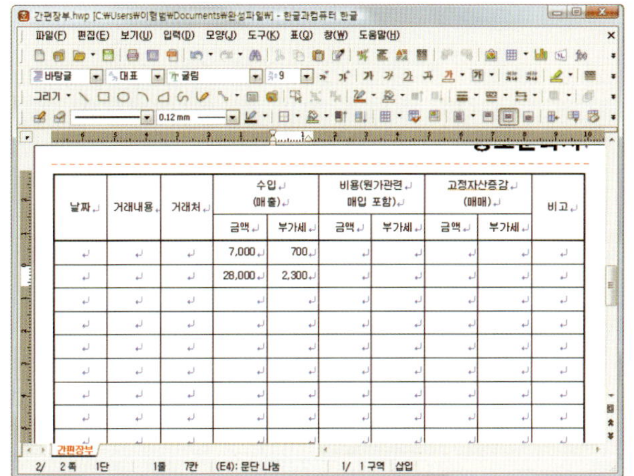

38 표 마지막 행에서 계산식이 입력되어 있는 셀의 결과를 확인하고 계산 값이 맞으면 입력한 내용을 지웁니다. 지금까지 작성한 내용을 저장한 다음 [파일]-[미리 보기] 메뉴를 통해 인쇄 모양을 확인해 봅니다.

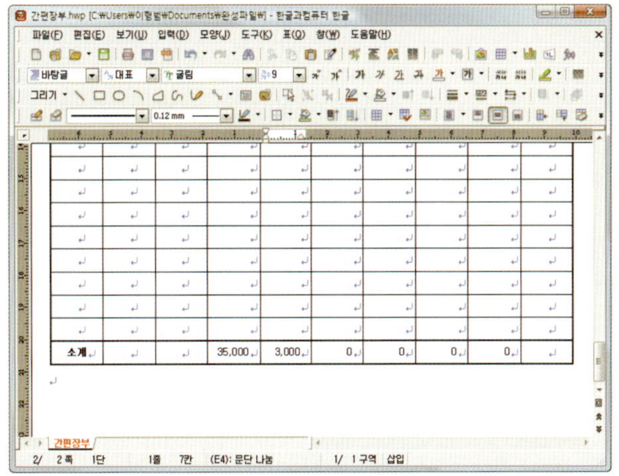

지출 결의서 만들기

• 키워드 : 셀 블록, 누름틀, 문서마당 정보
• 예제 파일 : 완성 파일\지출결의서.hwp

지출 결의서는 회사에서 어떤 용도로 얼마의 자금을 집행하겠다고 보고하여 자금 집행을 결정하는 서류입니다. 지출내역과 금액 등을 입력하면 자동으로 계산되고, 날짜 또한 오늘 날짜가 입력되도록 작성할 것입니다. 다양한 지출 결의서 양식이 있지만 여기서 만들어 볼 양식이 가장 일반적으로 사용되는 지출 결의서 양식입니다.

결재	담당	과장	부장	상무	전무	사장

지 출 결 의 서

일금 **₩ 0**

발 의		인		처리사항	
결 재		인		계정과목	
지 출		인			

내 역

적 요	금 액	비 고

위 금액을 영수(청구) 합니다.

2009년 5월 27일

영수자　　　　　　　　　　(인)

01 빈 문서에서 단축키 `Alt`+`S`를 눌러 파일 이름을 "지출결의서"로 입력하고 [저장] 단추를 누릅니다.

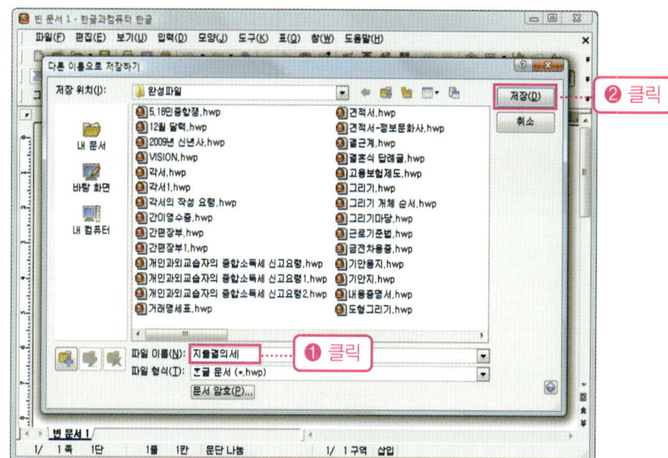

02 문서의 첫 번째 줄에서 `Ctrl`+`N`, `T`를 누른 다음 [표 만들기] 대화상자에서 줄 수 "21", 칸수 "1"로 지정하고 [글자처럼 취급]을 선택하고 [만들기] 단추를 누릅니다.

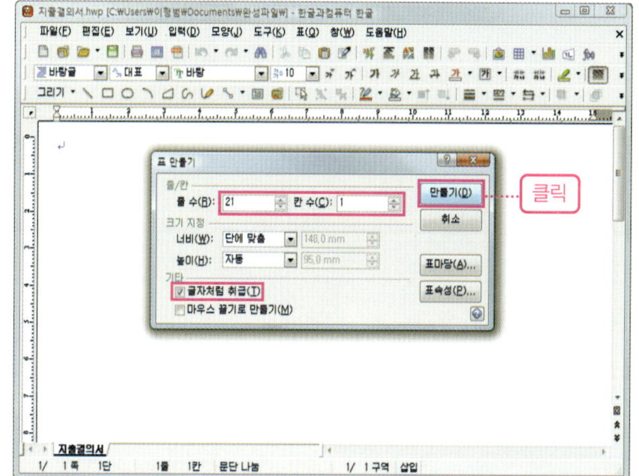

03 첫 번째 줄에서 `F5`를 누른 다음 `S`를 눌러 [셀 나누기]를 실행합니다. 칸 수를 "2"로 지정하고 [나누기] 단추를 누릅니다.

`Note` `F5`를 눌러 셀 편집 상태로 만든 다음에만 [셀 나누기]의 바로 가기 키 `S`를 사용할 수 있습니다.

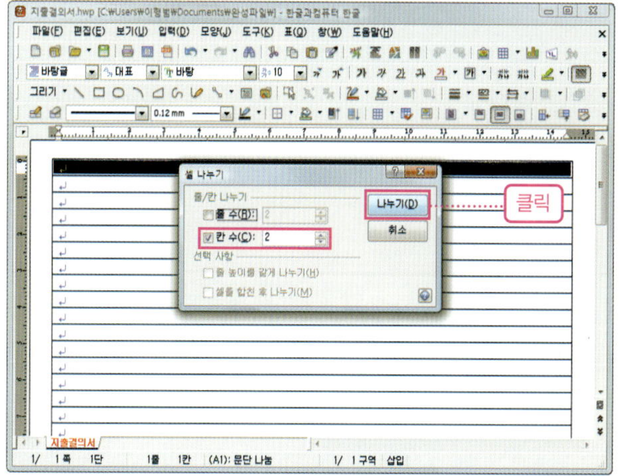

04 첫 번째 줄이 두 칸으로 나누어지면 경계선을 왼쪽으로 드래그하여 왼쪽 칸의 너비를 줄입니다.

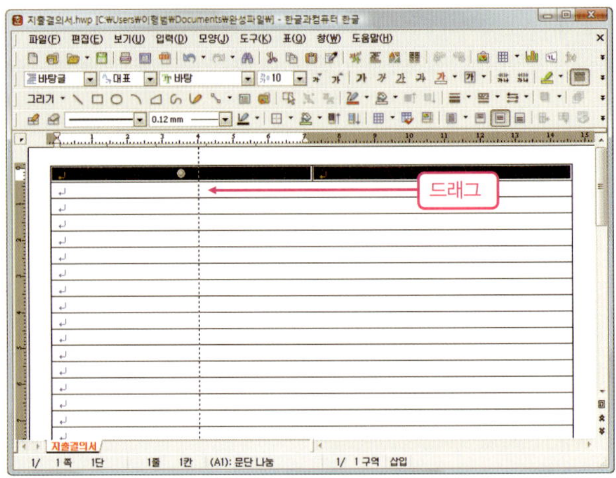

05 첫 번째 줄의 두 번째 칸을 클릭하여 ⑤를 누른 후 줄 수를 "2", 칸 수를 "7"로 지정하고 [나누기] 단추를 누릅니다.

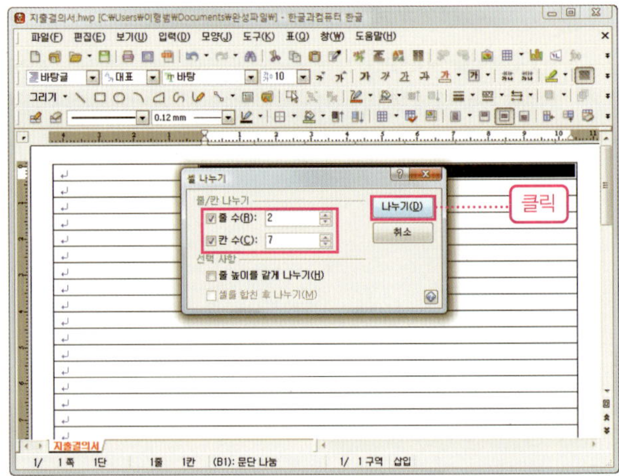

06 결재를 입력할 부분의 셀을 셀 블록으로 설정한 후 ⓜ을 눌러 합치고 각 셀에 다음과 같이 텍스트를 입력합니다.

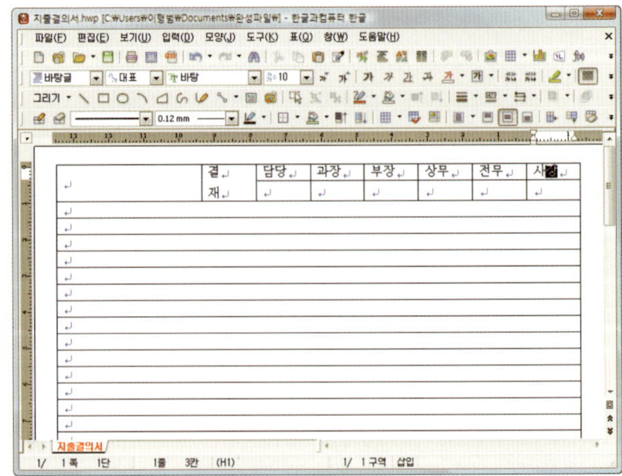

07 각 열의 너비와 행의 높이를 다음과 같이 적당히 조정하고 결재란의 모든 셀을 블록으로 지정한 후 "굴림", "11pt"로 글자 모양을 설정한 후 가운데 정렬합니다.

 첫 번째 셀에서 F5를 누른 후 Shift 키와 오른쪽 방향키를 눌러 결재란을 줄입니다.

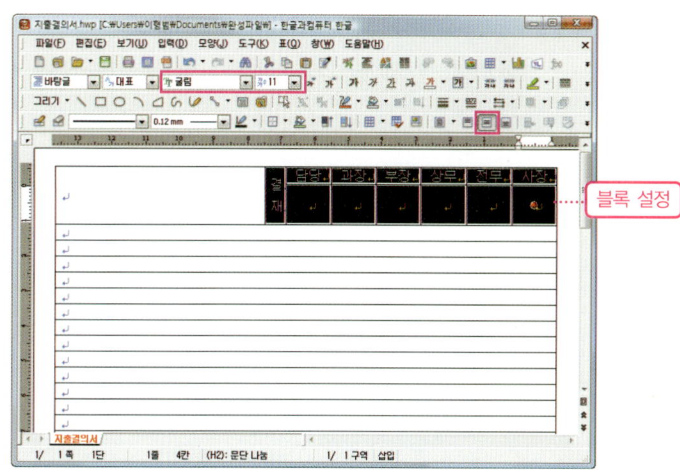

08 [표]-[표 지우개] 메뉴를 선택하고 첫 번째 셀의 왼쪽과 위쪽 테두리를 드래그하여 테두리를 지웁니다. 지우기가 끝나면 Esc를 누릅니다.

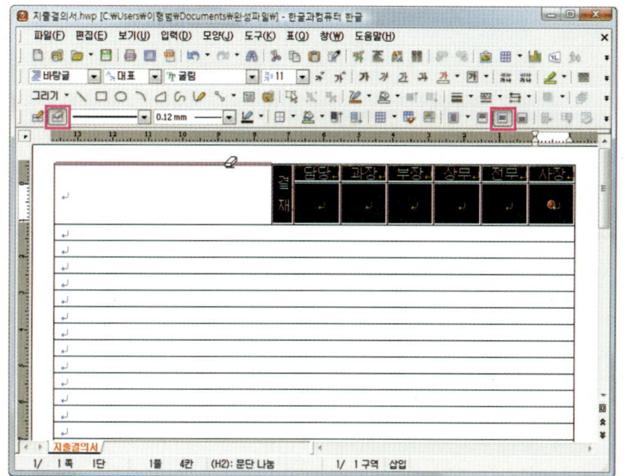

09 다음과 같이 "지 출 결 의 서"를 입력하고 F5를 누른 후 "굴림", "20pt"로 글자 모양을 지정하고 글자 속성은 "진하게", "가운데 정렬"로 설정합니다. Ctrl과 ↓를 이용하여 넓이를 조정합니다.

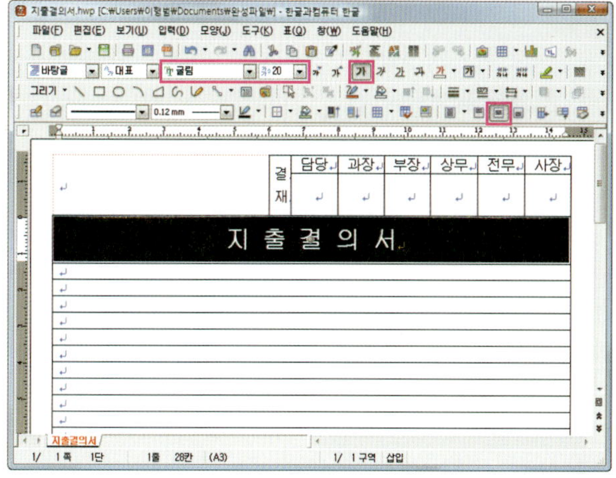

10 다음과 같이 세 개의 줄을 블록으로 지정한 후 ⑤를 눌러 칸 수를 "6"으로 지정하고 [나누기] 단추를 누릅니다.

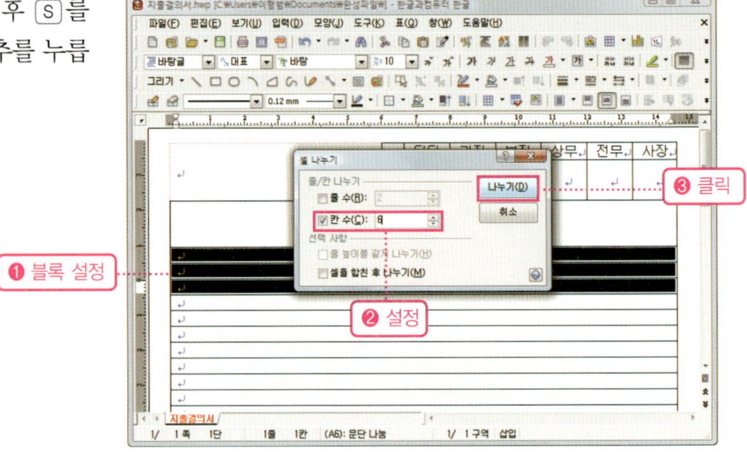

11 셀이 나눠지면 높이와 넓이를 다음과 같이 조정한 후 텍스트를 입력합니다. "계정과목"은 다음 칸과 셀 합치기를 실행하고 입력합니다.

> [Note] "발의"가 입력된 다음 셀에서 F5를 누른 후 Alt 키와 오른쪽 방향키를 이용하여 넓이를 조정합니다.

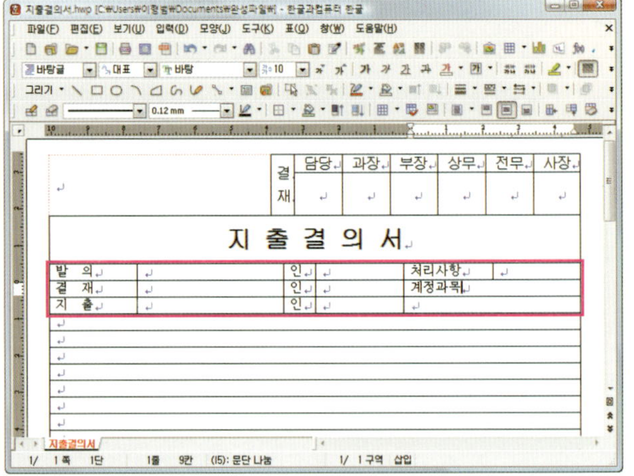

12 다음과 같이 셀 블록을 지정하고 "굴림", "11"로 글자 모양을 지정한 후 가운데 정렬한 뒤 폭을 위아래로 살짝 늘려줍니다.

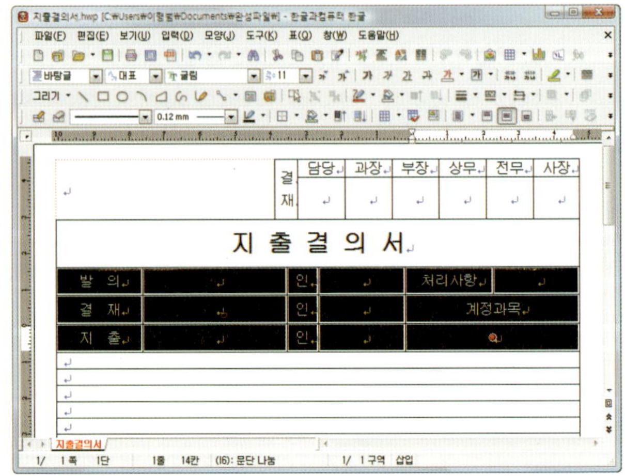

13 다음 줄에 "내   역"을 입력하고 F5 를 누른 후 "굴림", "12pt", "진하게", "가운데 정렬"을 클릭합니다. Ctrl 과 ↓ 를 이용하여 행 높이를 넓힙니다.

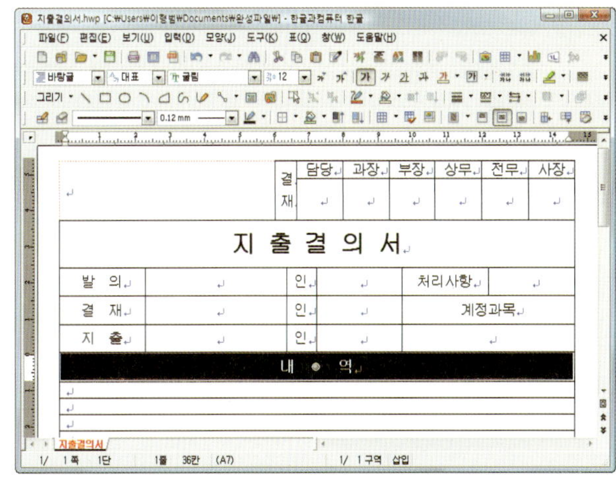

14 다음 11개의 줄을 블록으로 지정하고 S 를 누른 다음 칸 수를 "3"으로 지정하여 [나누기] 버튼을 클릭합니다.

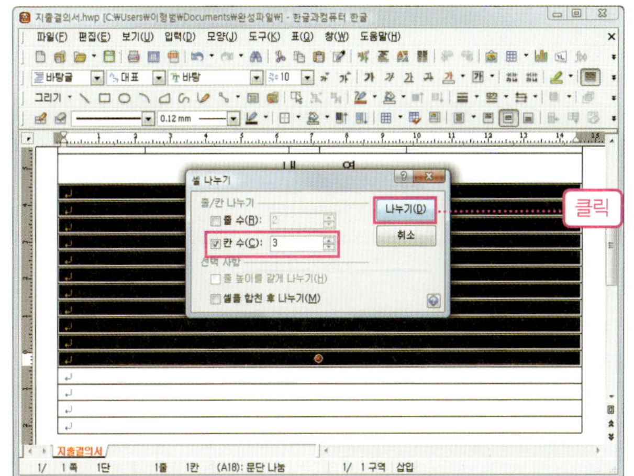

15 칸이 나눠지면 Ctrl 를 이용하여 줄의 높이를 적당히 늘리고 Alt , Shift 를 이용하여 칸의 넓이를 조절합니다. 텍스트를 입력한 후 "굴림", "11pt", 가운데 정렬합니다.

Note Alt 를 이용하여 칸의 넓이를 조절하면 이웃된 모든 셀에 영향을 미칩니다.

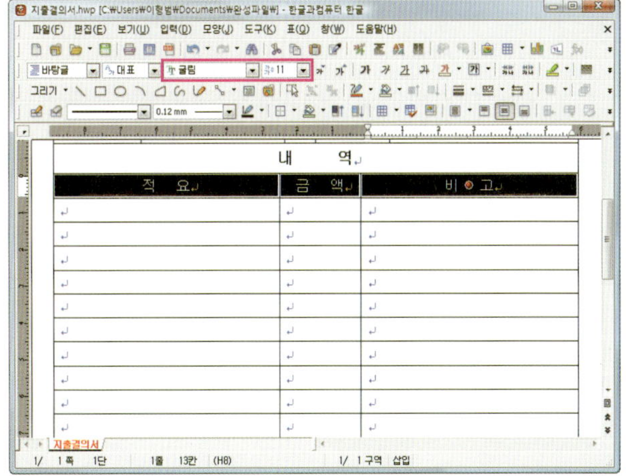

16 금액을 입력할 셀을 블록으로 지정하고 오른쪽 정렬한 다음 눈금자에서 오른쪽 여백 표시를 왼쪽으로 드래그하여 여백을 늘립니다.

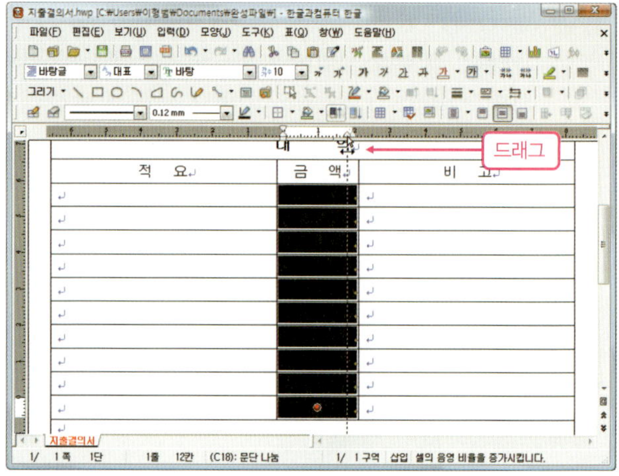

17 다음 그림과 같이 "위 금액을 영수(청구) 합니다."를 입력하고 다음 줄로 커서를 이동한 후 [입력]–[날짜/시간]–[날짜/시간 코드] 메뉴를 선택합니다.

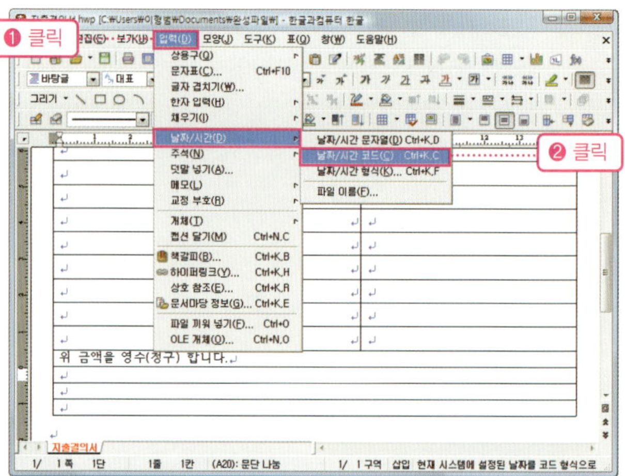

18 다음과 같이 커서 위치에 오늘의 날짜가 코드형식으로 입력됩니다. 차후 문서를 불러오면 당일의 날짜로 자동 변경되어 표시됩니다.

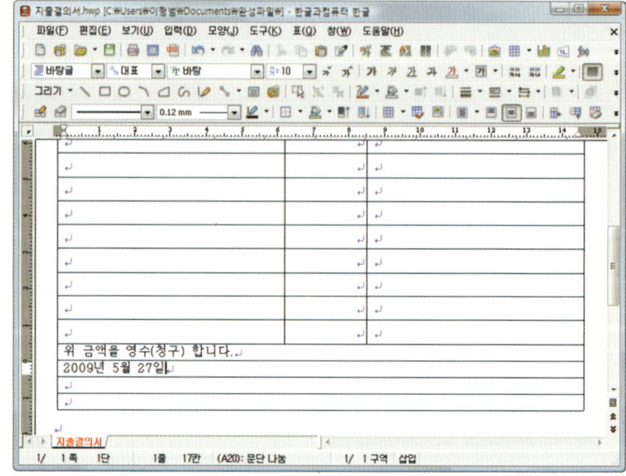

19 입력한 두 줄을 블록으로 설정한 후 "굴림", "11pt", "가운데 정렬"을 설정합니다. Ctrl+↓를 눌러 줄의 높이를 늘립니다.

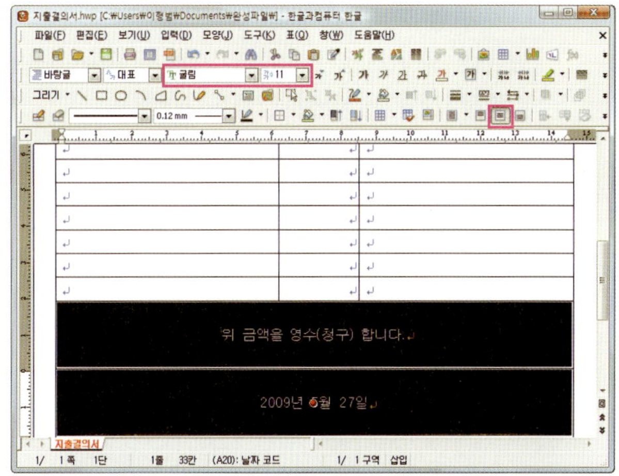

20 마지막 두 줄을 블록으로 지정한 후 S를 눌러 [셀 나누기] 대화상자가 나타나면 "칸 수"를 입력하고 "3"으로 "셀을 합친 후 나누기" 옵션을 선택하여 한 줄로 합친 후 칸을 나눕니다.

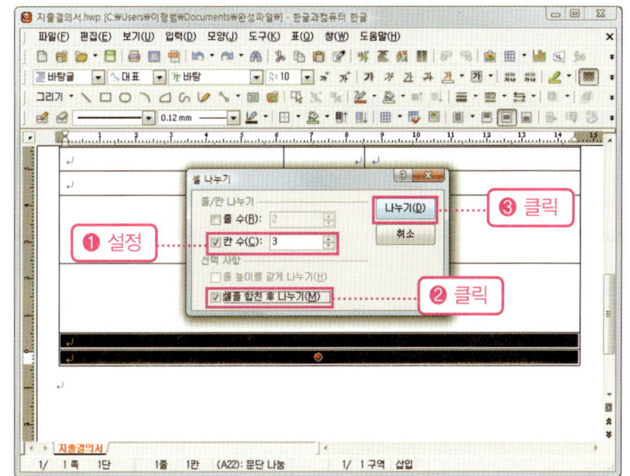

21 Ctrl+↓를 눌러 줄의 높이를 늘리고 "영수자"는 "오른쪽 정렬", 가운데 칸은 "가운데 정렬"로 설정한 후 마지막 칸에 "(인)"을 입력합니다. 셀 블록을 지정하고 "굴림", "11pt"로 설정합니다.

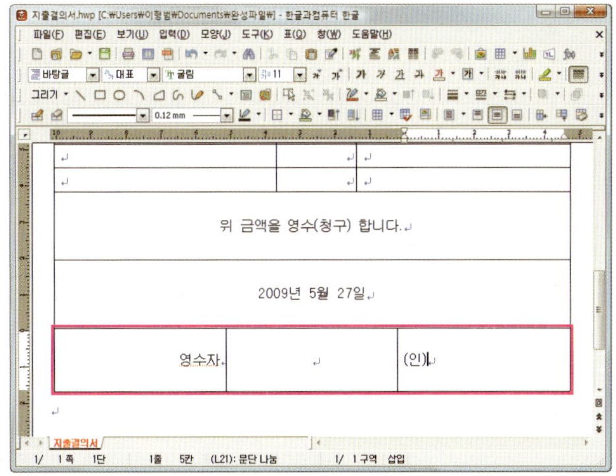

22 마지막 줄의 가운데 칸에서 [입력]–[문서마당 정보] 메뉴를 선택합니다. [누름틀] 탭에서 "이름 입력"을 입력하고 [넣기] 버튼을 클릭합니다.

Note "누름틀"을 입력하면 편집 화면에 빨간색의 기울임 글자 속성으로 안내문이 표시됩니다. 안내문을 마우스로 누르면 안내문이 사라지고 여기에 원하는 내용을 입력할 수 있습니다.

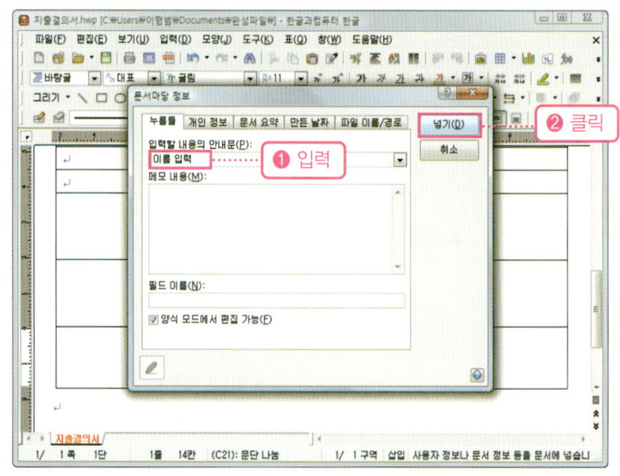

23 마지막 세 줄을 블록으로 지정하고 └을 누릅니다. 테두리 종류를 "선 없음"으로 지정한 후 "안쪽"을 선택하고 [설정]을 클릭합니다.

24 "지출결의서"가 입력된 줄에서 F5를 누른 후 S를 눌러 "줄 수"를 "2"로 지정하여 나눕니다.

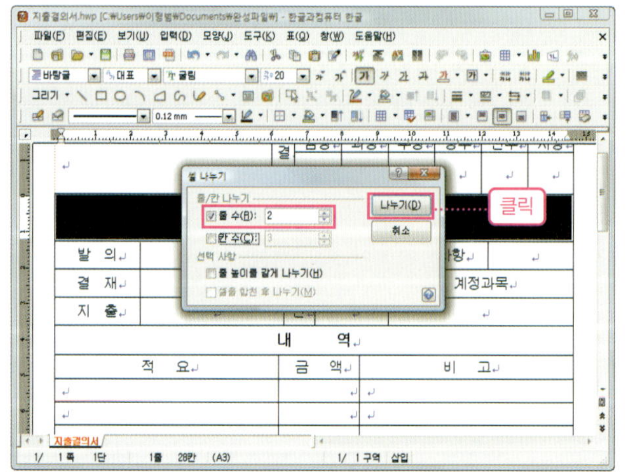

25 "지출결의서"가 입력된 줄을 적당히 늘리고 다음 줄을 클릭합니다. F5를 눌러 블록 설정한 후 S를 눌러 "칸 수"를 "2"로 나눕니다.

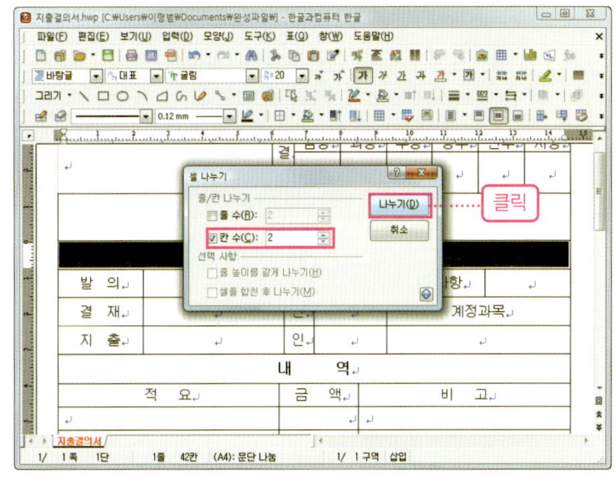

26 첫 번째 칸은 Shift+→로 칸 너비를 조절하고 Ctrl+↓을 눌러 줄 높이를 조정합니다. 첫 번째 칸에 "일금 "을 입력합니다.

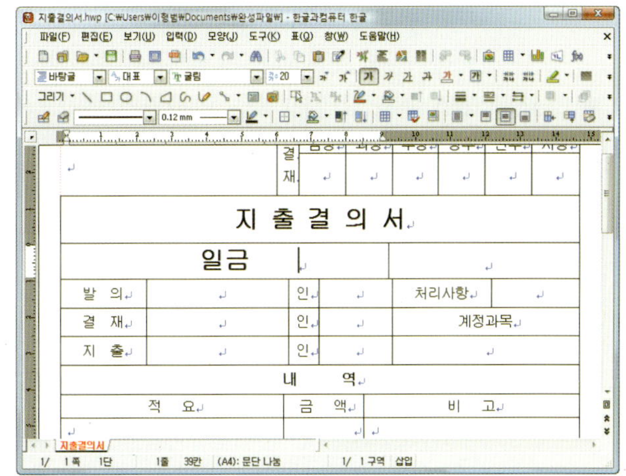

27 [입력]-[문서마당 정보] 메뉴를 선택하고 안내문을 "금액을 한글로 입력"으로 입력한 후 [넣기] 버튼을 클릭합니다.

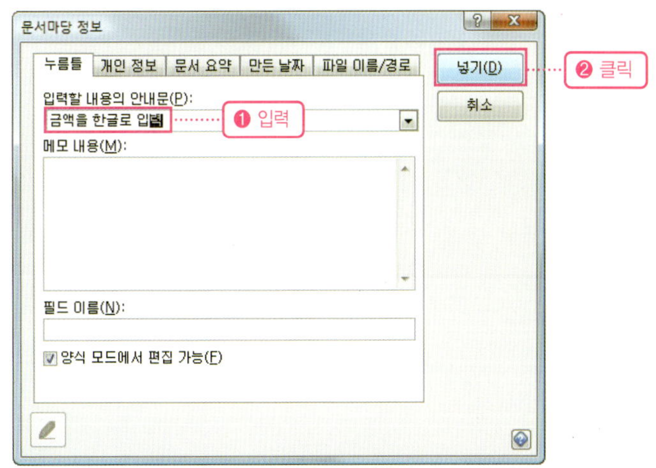

28 F5 를 누르고 "굴림", "11pt", "진하게", "밑줄", "오른쪽 정렬"로 서식을 지정합니다.

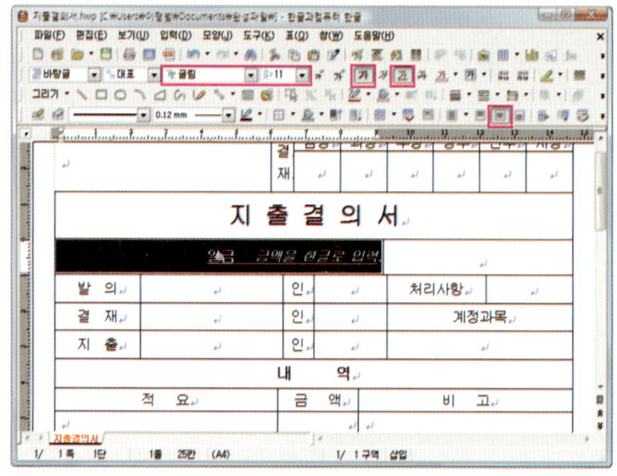

29 두 번째 칸에 "₩ "를 입력하고 [표]-[계산식] 메뉴를 선택하여 "SUM(E10:E19)"를 입력 후 [확인] 버튼을 누릅니다. 금액의 처음 셀 번호가 E10이고 마지막 셀 번호는 E19입니다.

Note 셀 번호는 표를 그리는 방법에 따라 혹은 사용자에 따라 다를 수 있습니다. 금액이 입력되는 셀을 클릭하여 상태 표시줄에서 셀 번호를 확인하면 됩니다.

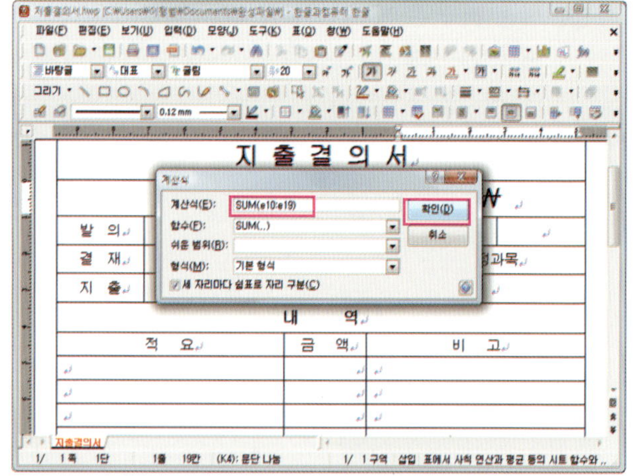

30 F5 를 누르고 "굴림", "11pt", "진하게", "밑줄", "왼쪽 정렬"을 설정한 후 Ctrl + Alt + F6 을 두 번 눌러 왼쪽 여백을 늘립니다.

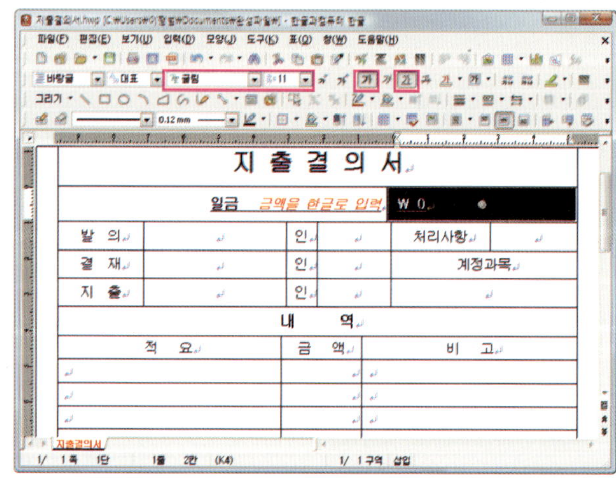

31 금액란에 임의로 금액을 입력하여 계산식의 결과가 바르게 표시되었는지 확인합니다. 결과가 맞으면 임의로 입력한 금액을 지웁니다.

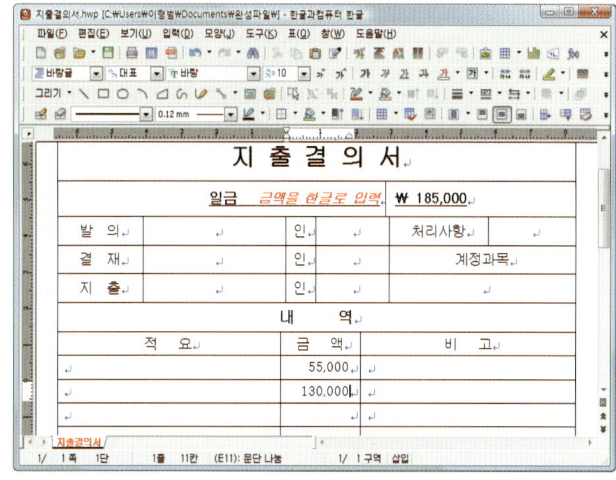

32 지출결의서와 합계를 입력하는 두 줄을 블록 지정합니다. 그 다음 ⓛ을 눌러 "선 없음"으로 안쪽 모두를 지정하고 [설정] 버튼을 클릭합니다. 완성된 문서를 저장하고 미리 보기로 확인합니다.

이력서 만들기

- **키워드** : 문단 모양, 셀 테두리/배경
- **예제 파일** : 완성 파일\이력서.hwp

이력서는 사회활동을 목적으로 개인 이력을 작성하여 제출하는 용도로 사용됩니다. 예전에는 부모와 본인의 성명, 호주와의 관계, 생년월일, 학력, 경력, 상벌 등을 기재하였으나 현재는 가로쓰기 이력서 용지가 사용되고 앞의 사항 외에 사진 첨부란, 주민등록번호 기입란, 경력 사항 등의 기입란이 있습니다.

이　력　서

작성일자 : 2009년 5월 21일

1. 기초자료

(사진)	성　　　명			
	주민등록번호			
	E-mail			
	전 화 번 호		휴 대 폰	
	우 편 번 호		팩 스 번 호	
	주　　　소			
호 적 관 계	호 주 성 명		호주와의관계	

2. 병역 및 보훈사항

병　　역	필/미필/면제/복무중		
군　　별	육군/해군/공군/기타	계　　급	
복무기간		보훈대상	보훈대상/보훈비대상

3. 신상자료

최종학력		결혼여부	결혼/미혼	종　교	기독교/불교/무
신　장	cm	체　중	kg	혈 액 형	A/B/AB/O
시　력			자 격 증		
취　미			특　기		

4. 가족사항

연번	관계	성명	연령	최종학력	직업	동거여부
1						
2						
3						
4						
5						
6						
7						
8						
9						
10						

5. 학력사항

년　월　일	학 교 명	학　과

6. 경력사항

기　간	회 사 명	부　서	직위/직급

위와 상위 없습니다.

○ ○ ○ （인）

01 문서를 작성하기 전에 저장하기(📁) 아이콘을 클릭하거나 단축키 Alt+S를 누릅니다. [다른 이름으로 저장하기] 대화상자에서 저장할 위치를 지정한 다음 파일 이름을 "이력서"로 입력하고 [저장] 합니다.

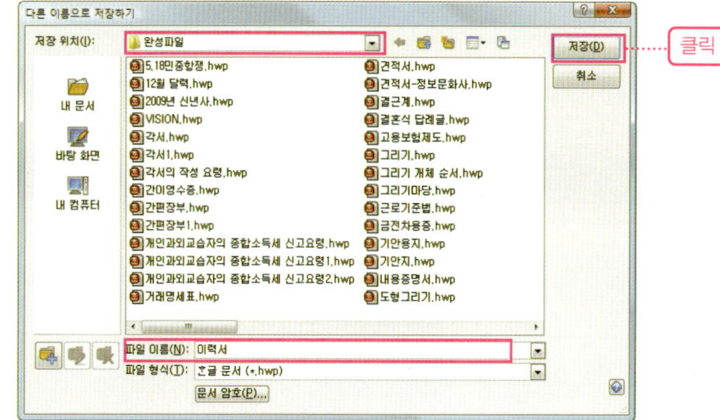

02 문서의 첫 번째 줄에 "이력서"를 입력하고 서식 도구 상자를 이용해서 글꼴과 크기 등을 지정한 후 제목은 가운데로 정렬합니다.

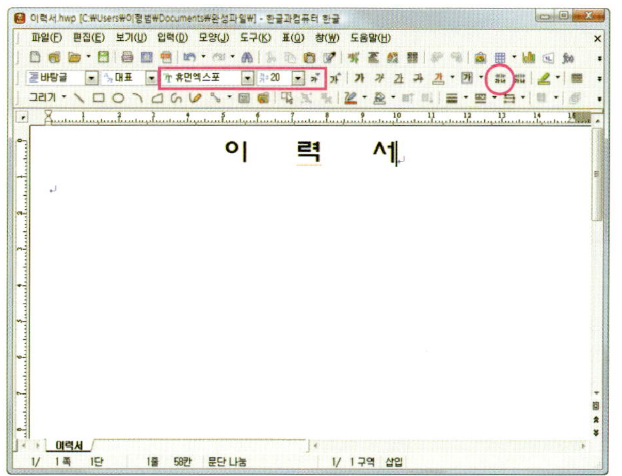

03 두 번째 줄에 작성일자를 입력하고 오른쪽으로 정렬합니다.

Note ┃ 오늘 날짜를 간편하게 입력하려면 [입력]–[날짜/시간]–[날짜/시간 문자열] 메뉴를 선택하거나 단축키 Ctrl+K, D를 누릅니다. 그러면 컴퓨터 시스템의 오늘 날짜가 문자열로 입력됩니다.

04 다음 줄에 첫 번째 표의 제목을 입력하고 글꼴과 크기, 진하게 속성 등을 지정합니다. 제목 아래에 표를 만들기 위해 단축키 Ctrl + N, T를 누릅니다.

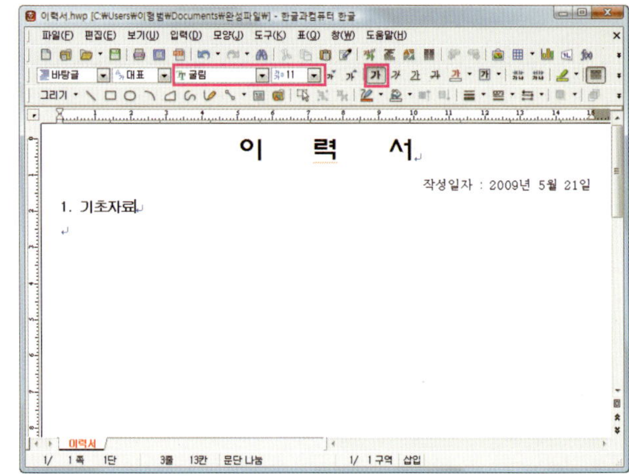

05 [표 만들기] 대화상자에서 줄 수를 "7", 칸 수를 "5"로 지정합니다. "글자처럼 취급"이 선택되어 있는 상태에서 [만들기] 버튼을 클릭합니다.

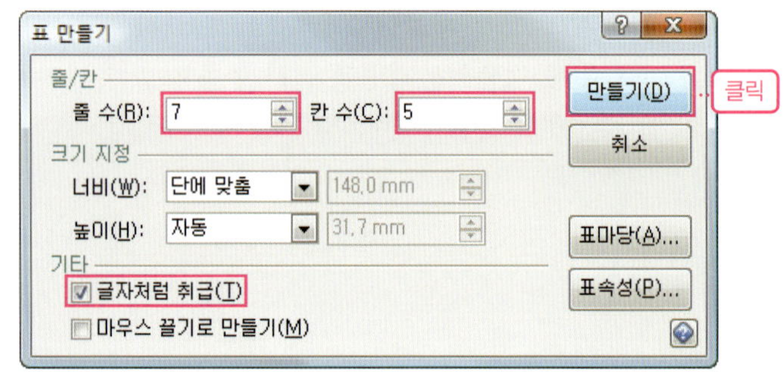

06 7줄 5칸의 표가 만들어지면 각 칸에 다음과 같이 필요한 내용을 입력합니다.

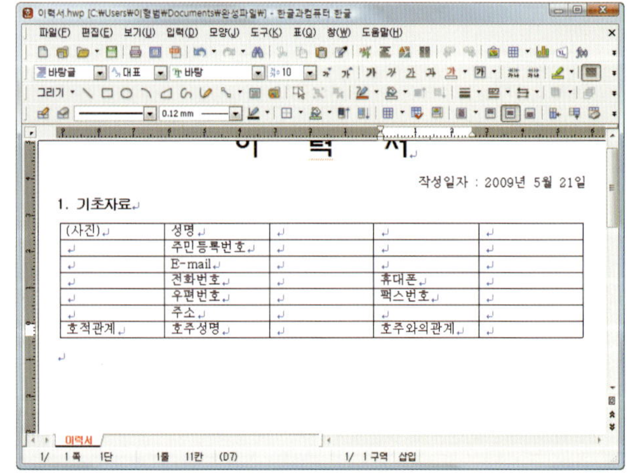

07 [Ctrl]을 누른 상태에서 마우스로 클릭하거나 드래그하여 다음 그림처럼 불연속적인 셀 블록을 지정한 후 문단 모양 아이콘을 클릭합니다.

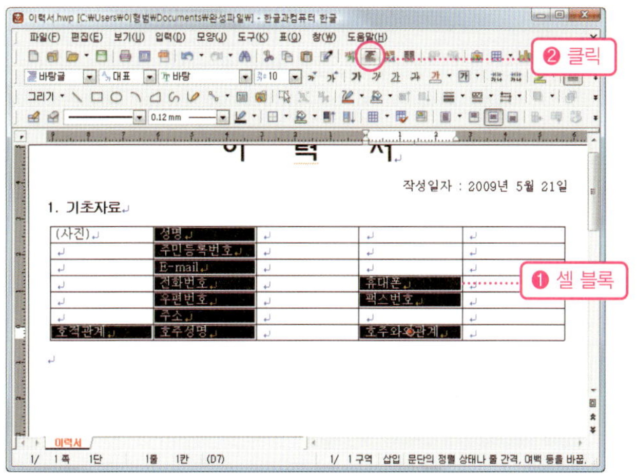

08 [문단 모양] 대화상자의 [기본] 탭에서 정렬 방식을 "배분 정렬"로 지정합니다. 왼쪽과 오른쪽 여백을 각각 "6" 포인트 정도로 지정한 다음 [설정]을 클릭합니다.

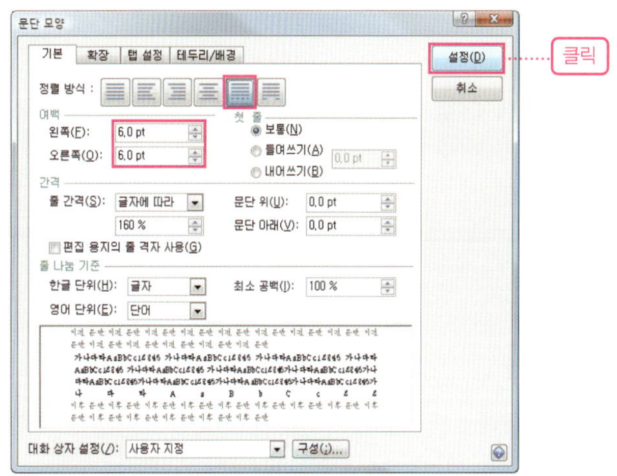

09 지정한 셀 문단 모양이 설정되면 표의 모든 셀을 블록으로 지정하여 글꼴을 "굴림"으로 변경합니다.

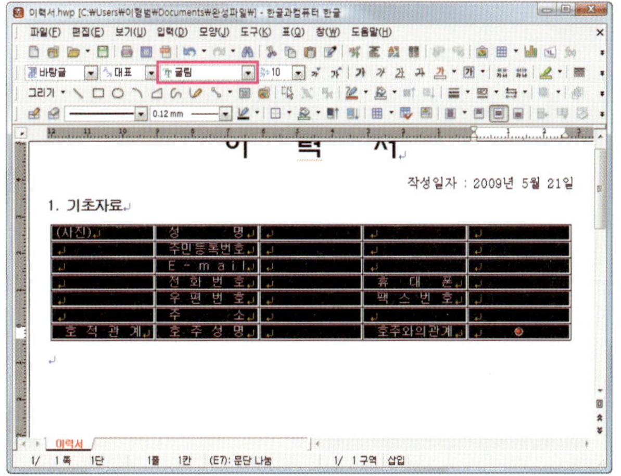

10 첫 번째 칸에서 6개의 셀을 블록으로 지정하고 단축키 M을 눌러 셀 합치기를 실행한 후 가운데 정렬합니다. 성명과 주민등록번호, E-mail, 주소를 입력하는 부분도 같은 방법으로 셀 합치기를 실행하여 다음과 같이 만듭니다.

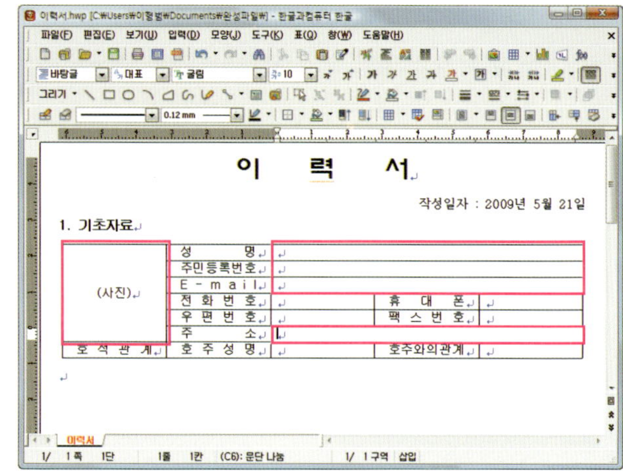

11 표의 모든 셀을 블록으로 지정한 다음 단축키 L을 누르면 [셀 테두리/배경] 대화상자가 표시됩니다. [테두리] 탭에서 테두리 굵기를 "0.5 mm"로 선택하고 "바깥쪽 모두"를 클릭해서 [설정] 버튼을 클릭합니다.

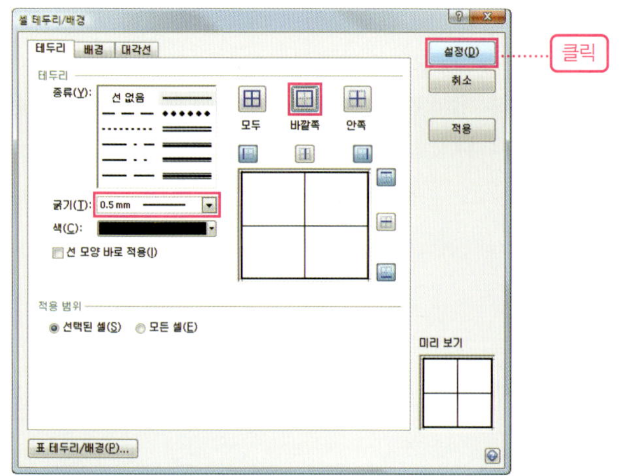

12 표의 바깥쪽 테두리가 굵은 선으로 변경되면 줄의 높이와 칸의 너비를 조정하여 다음과 같이 표를 완성합니다.

[Note] 표의 모든 셀을 블록으로 지정하고 Ctrl+↓를 눌러 줄 높이를 늘립니다. 칸의 너비는 칸 경계선을 마우스로 드래그하여 조정합니다.

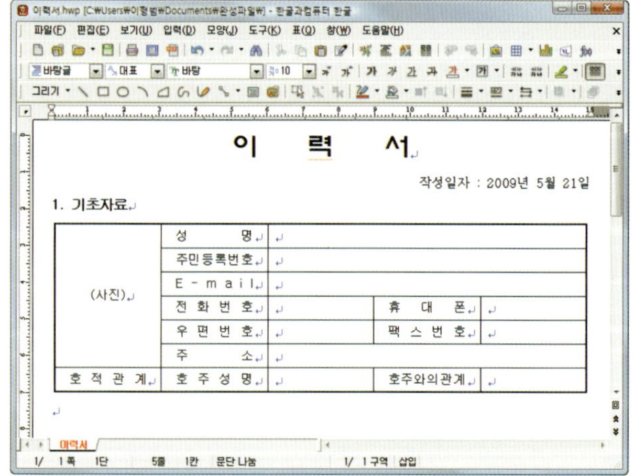

13 첫 번째 표 다음에 한 줄을 띄워 두 번째 제목을 입력하고 글자 모양을 지정합니다. 그리고 Ctrl+N, T를 눌러 3줄 4칸의 표를 작성합니다. 표의 모든 셀을 블록으로 지정하여 글꼴을 "굴림"으로 바꾼 다음, 각 셀에 다음의 내용을 입력 후 줄 높이와 칸 너비를 조정합니다.

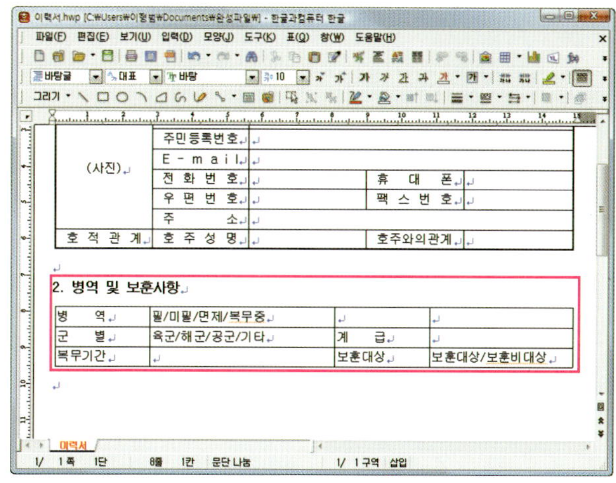

14 병역을 입력할 세 개의 셀을 블록으로 지정하고 M을 눌러 하나의 셀로 합칩니다. 각 항목의 제목은 가운데 정렬, 나머지 셀은 왼쪽 여백을 "10" 포인트 정도로 조정합니다. 표의 모든 셀을 블록으로 지정하고 단축키 L을 눌러 바깥쪽 테두리를 굵은 선으로 변경합니다.

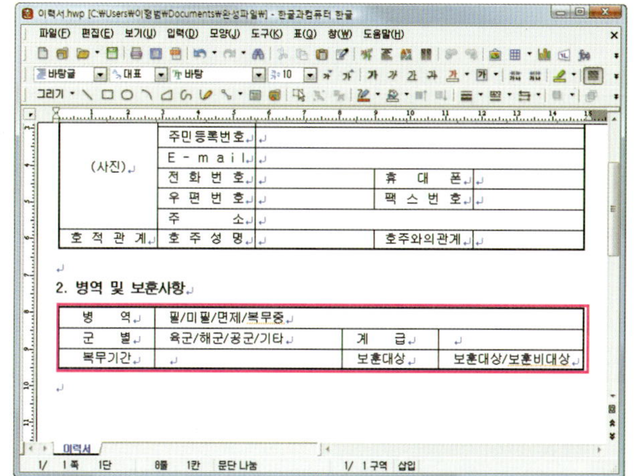

15 세 번째 제목을 입력하고 글자 모양을 지정한 다음 Ctrl+N, T를 눌러 4줄 6칸으로 표를 만듭니다. 글꼴을 "굴림"으로 변경하고 다음 각 셀에 다음과 같이 내용을 입력합니다.

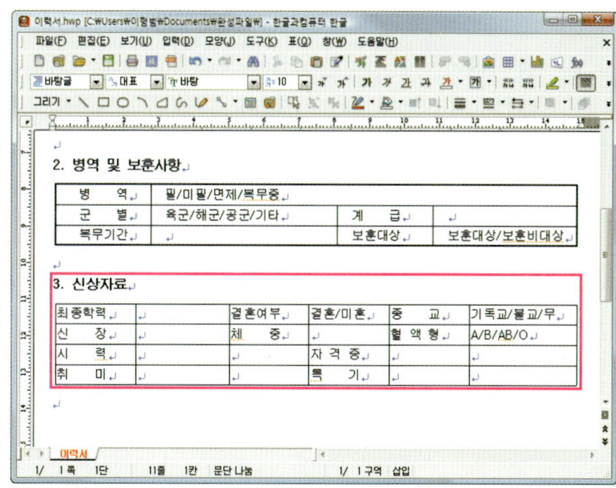

16 신장과 체중을 입력할 두 셀을 `Ctrl`을 누른 상태에서 셀 블록으로 지정한 다음 단축키 `S`를 눌러 셀을 나눕니다.

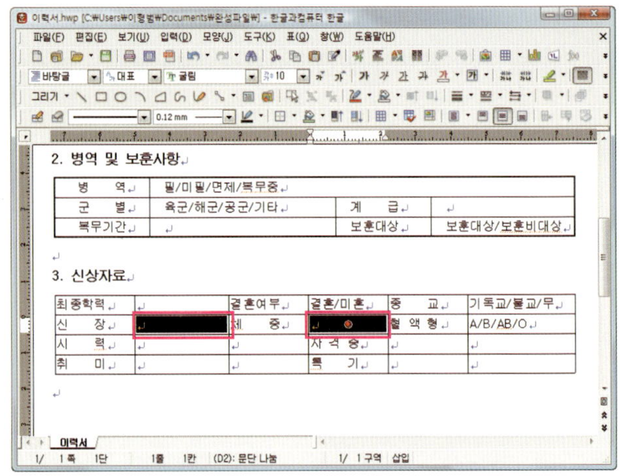

17 [셀 나누기] 대화상자에서 "줄 수"의 선택을 해제하고 "칸 수"만 선택합니다. 칸 수를 "2"로 지정한 다음 [나누기]를 클릭합니다.

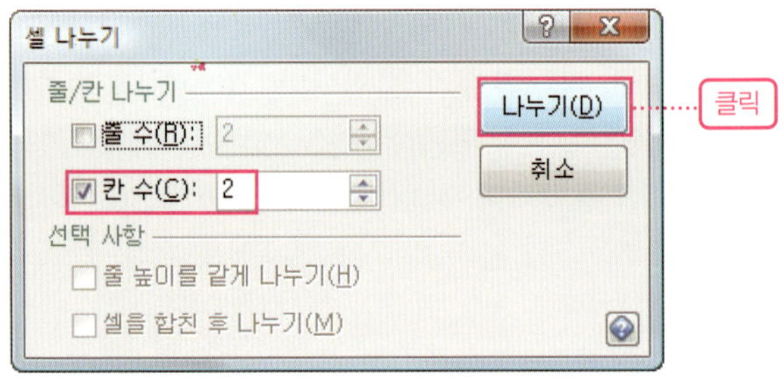

18 셀 나누기가 실행되면 마우스로 칸 너비를 조정하고 나누어진 두 번째 칸에 "cm"과 "kg"을 각각 입력합니다. 신장을 입력하기 위한 두 개의 셀을 셀 블록으로 지정하고 단축키 `L`을 누릅니다.

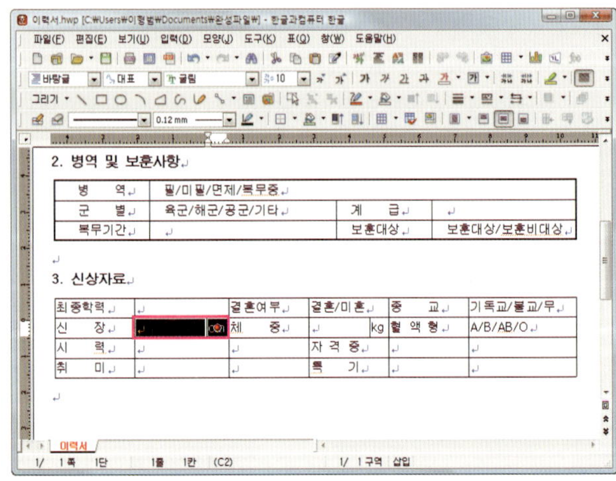

19 [셀 테두리/배경] 대화상자의 [테두리] 탭에서 테두리 종류를 "선 없음"으로 선택합니다. 그리고 안쪽 세로 버튼을 클릭해서 테두리를 투명 선으로 바꾸고 [설정]을 클릭합니다.

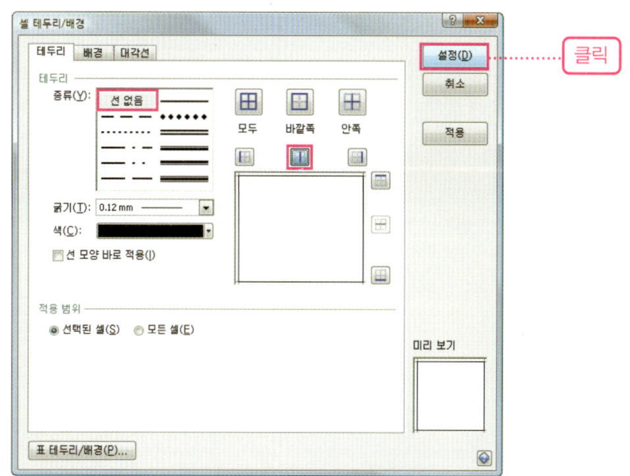

20 같은 방법으로 체중 오른쪽의 두 셀을 셀 블록으로 지정한 다음 단축키 ⌶을 누르고 안쪽 세로 선을 투명 선으로 변경해 줍니다.

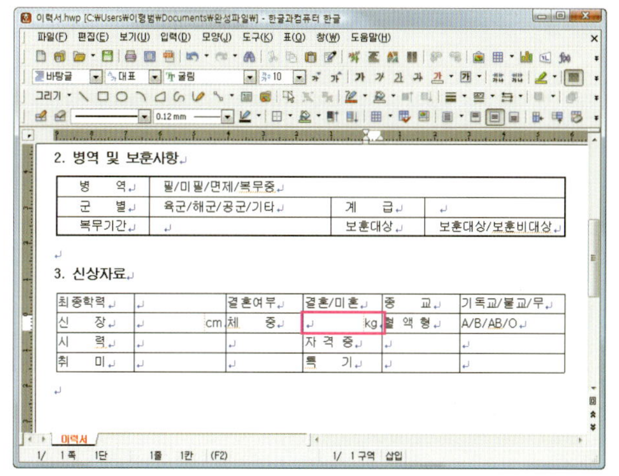

21 시력과 취미, 자격증, 특기를 입력할 부분을 각각 셀 블록으로 지정하고 단축키 ⓜ을 눌러 셀 합치기를 실행합니다. 그런 다음 각 항목의 제목 부분만 Ctrl 을 누른 상태에서 드래그하여 셀 블록으로 지정한 후 가운데 정렬합니다.

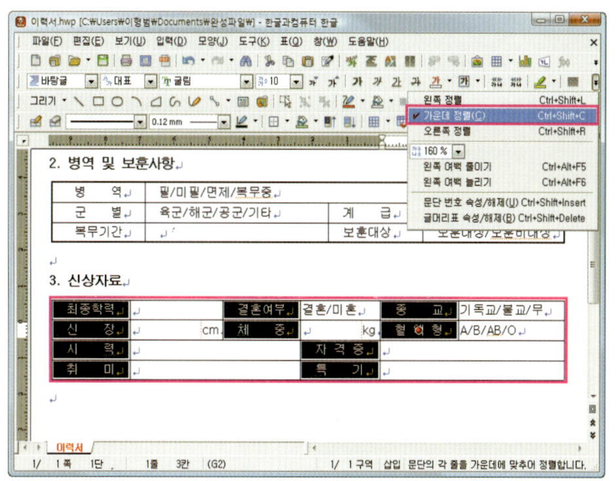

22 각 항목의 내용을 입력할 부분을 Ctrl 을 누른 상태에서 드래그하여 셀 블록으로 지정합니다. 그 다음 Alt + T 를 눌러 [문단 모양] 대화상자가 나타나면 왼쪽 여백을 "10" 포인트로 설정해 줍니다.

 가로 눈금자의 문단 왼쪽 여백 표시를 마우스로 드래그하여 여백을 조정할 수 있습니다.

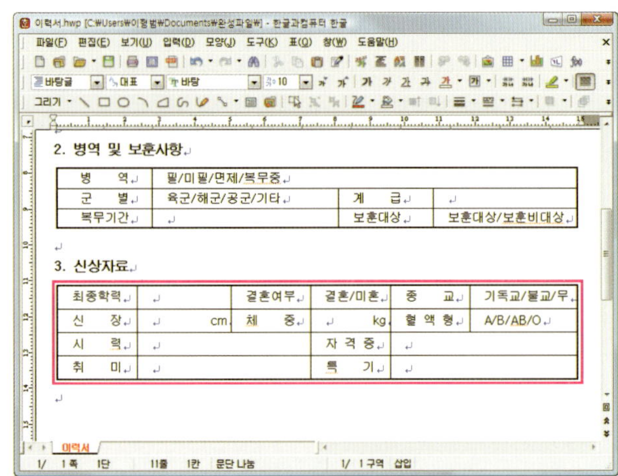

23 표의 모든 셀을 블록으로 지정하고 Ctrl + ↑ 를 눌러 줄 높이를 늘린 다음 단축키 L 을 눌러 바깥쪽 모든 테두리를 굵은 선으로 변경하면 다음과 같이 세 번째 표가 완성됩니다.

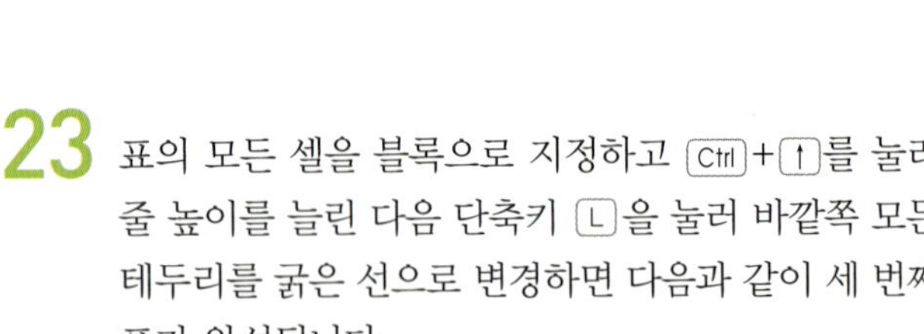

24 네 번째 표의 제목을 입력하고 글자 모양을 지정합니다. Ctrl + N , T 를 눌러 11줄 7칸의 표를 만들어 내용을 입력하고 글자 모양과 문단 모양, 줄 높이와 칸 너비, 테두리 등을 지정합니다.

 첫 번째 줄 전체를 블록 지정한 다음 단축키 C 를 누르고 [셀 배경/테두리] 대화상자의 [배경] 탭에서 면 색을 지정하여 셀 배경 색을 설정하였습니다.

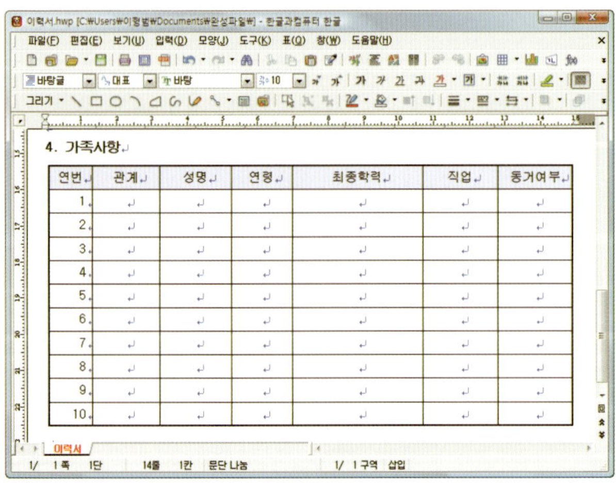

25 네 번째 표 다음 줄에서 [Ctrl]+[Enter]를 눌러 강제로 쪽을 나눕니다. 그 다음 표 제목을 입력하고 글자 모양을 지정합니다. 6줄 5칸으로 표를 만들어 내용을 입력하고 서식을 지정하여 다음과 같이 작성합니다.

[Note] 첫 번째 칸부터 세 번째 칸까지 모든 셀을 블록으로 지정하고 단축키 [L]을 누릅니다. 그리고 테두리 종류를 "선 없음"으로 선택하고 안쪽 세로 버튼을 클릭해서 투명 선으로 만들었습니다.

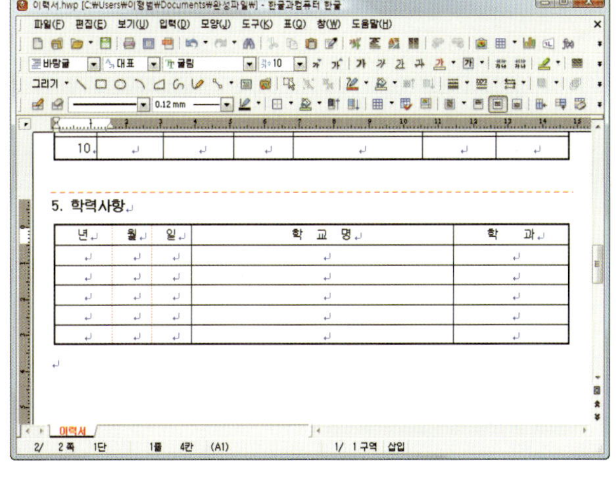

26 여섯 번째 표의 제목을 입력하고 글자 모양을 지정합니다. 6줄 4칸의 표를 만든 다음 내용을 입력하고 서식을 지정해서 다음과 같이 작성합니다.

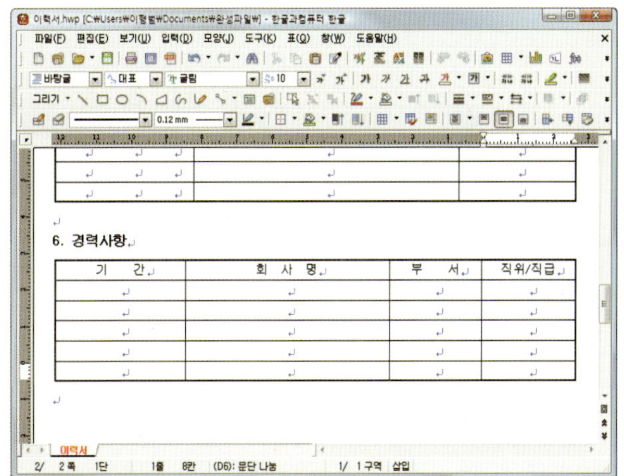

27 마지막 표 다음에 두 줄을 띄우고 다음과 같이 마지막 내용을 입력하고 글자 모양을 지정합니다. 여기서는 궁서, 15 포인트, 가운데 정렬을 사용하여 모양을 지정했습니다. 이력서 작성이 모두 끝나면 [Alt]+[S]를 눌러 저장합니다.

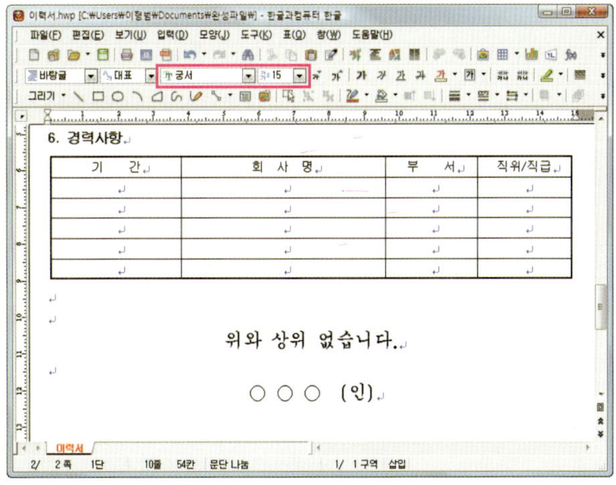

금전차용증 만들기

• 키워드 : 개체 속성, 개체 묶기, 글상자
• 예제 파일 : 완성 파일\금전차용증.hwp

차용증은 금전이나 물건을 빌려 쓰는 증거로 채무자와 보증인이 작성하여 날인하고 채권자가 보관하는 문서입니다. 일반적으로 차용원금, 이자비율, 이자 지급시기, 상환일자, 이자 및 상환기일, 불이행시의 불이익 등의 특약조항을 기재합니다. 차용증의 법적인 효력을 확실하게 하기 위해서는 공증사무소에서 공증을 받아 두는 것이 좋습니다.

금 전 차 용 증

1. 원   금 : 금 오천만원 (₩ 50,000,000)
2. 변 제 기 일 : 2009년 6월 30일
3. 이   자 : 연 15%
4. 이자 지급 시기 : 매월 25일
5. 기한의 이익 상실
   이자의 지급을 1회 이상 연체한 경우 채무자의 기한의 이익을 상실하고 채권자가 변제
   기일 이전에 원리금의 반환을 청구하면 이의 없이 변제하기로 한다.

채무자는 위와 같은 조건으로 위의 금액을 채권자로부터 차용하였으며, 연대보증인은 위와
같은 채무자의 채무 이행을 연대보증하기로 한다.

2009년 5월 22일

채 무 자 : 홍 길 동 (인)
주민등록번호 : 681215-*******
주   소 : 서울시 도봉구 방학1동 000번지

연대 보증인 : 이 순 신 (인)
주민등록번호 : 710820-*******
주   소 : 서울시 마포구 서교동 000번지

채 권 자 : 사 임 당 (인)
주민등록번호 : 650427-*******
주   소 : 서울시 은평구 갈현1동 000번지

채 권 자   사 임 당   귀 하

01 빈 문서를 "금전차용증.hwp"로 저장한 다음 시작합니다. 그리기 도구 상자에서 글상자(▦) 아이콘을 클릭하여 문서 제목을 입력할 크기만큼 드래그하여 글상자를 그립니다.

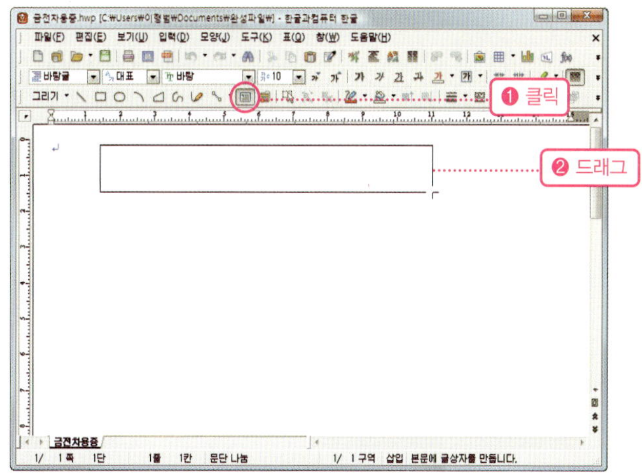

02 글상자에 제목을 입력하고 궁서, 24pt, 진하게, 가운데 정렬로 서식을 지정합니다. 글상자의 서식은 선 색(✐▾)은 검정, 면 색(▣▾)은 흰색, 선 굵기(▤▾)는 0.1 mm로 지정합니다.

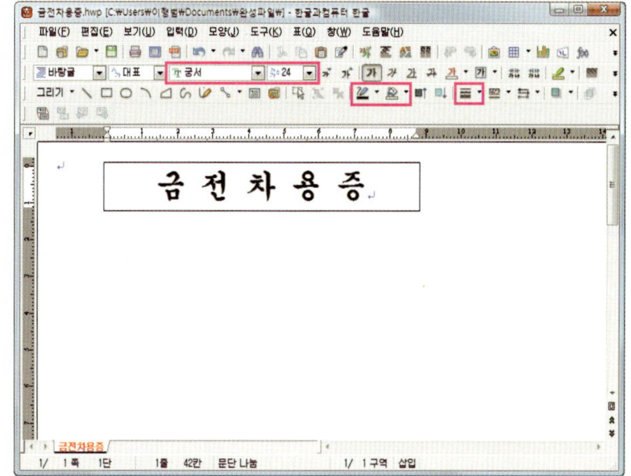

03 직사각형 그리기(▭) 아이콘을 선택하고 글상자보다 조금 오른쪽 아래에서 직사각형을 그립니다.

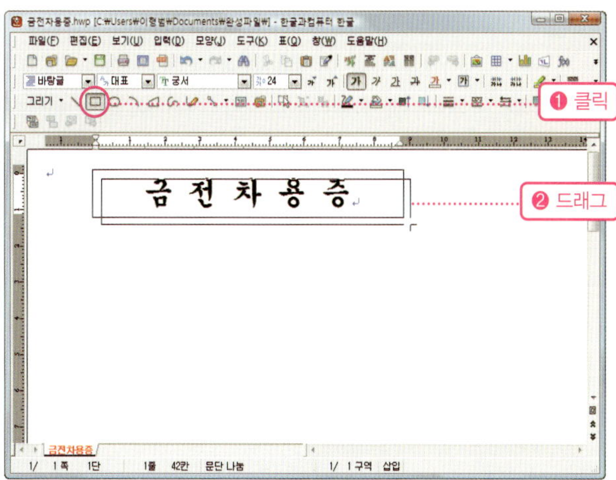

04 [모양]–[개체 속성]을 선택하여 [개체 속성] 대화상자의 [선] 탭에서 선 종류는 "선 없음"으로 [채우기] 탭에서 면 색은 "연한 회색"으로 지정하고 [설정] 버튼을 클릭합니다. 단축키 Shift + Page Down 을 눌러 맨 뒤로 순서를 이동합니다.

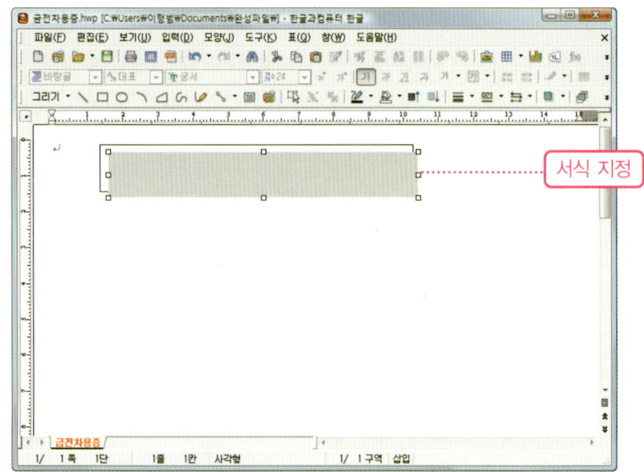

05 직사각형이 선택된 상태에서 Shift 를 누른 채 글상자를 클릭하면 두 개의 개체가 선택 상태가 됩니다. 그런 다음 개체 묶기( ) 아이콘을 클릭해서 하나의 개체로 묶습니다.

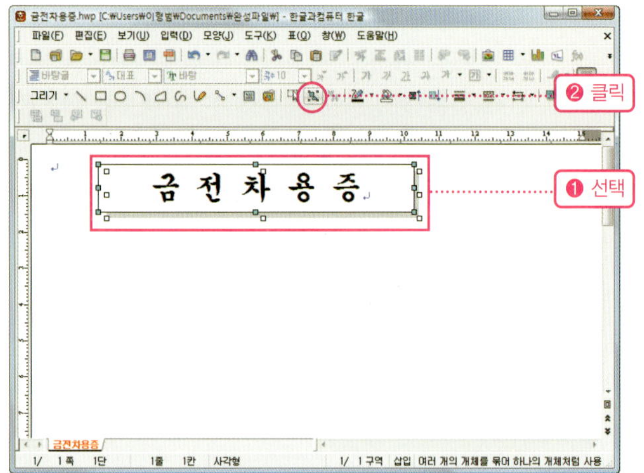

06 하나로 묶은 개체가 선택되어 있는 상태에서 Ctrl + N , K 를 누르면 [개체 속성] 대화상자가 열립니다. [기본] 탭에서 "글자처럼 취급"을 선택한 후 [설정] 버튼을 클릭합니다.

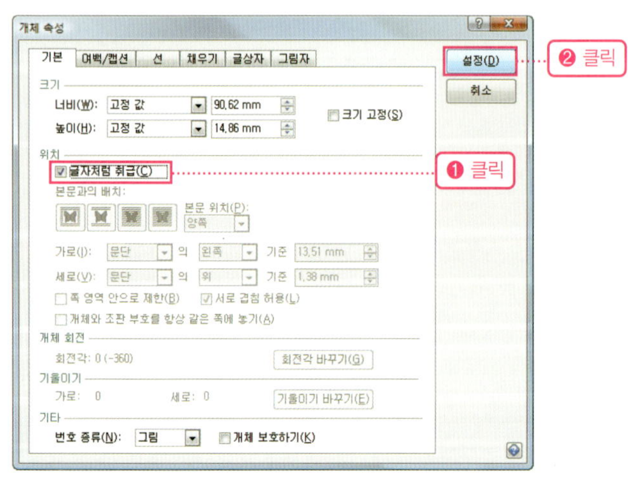

07 개체가 "글자처럼 취급"으로 설정되면 개체 뒤로 커서를 이동하고 개체를 문단 가운데로 정렬합니다.

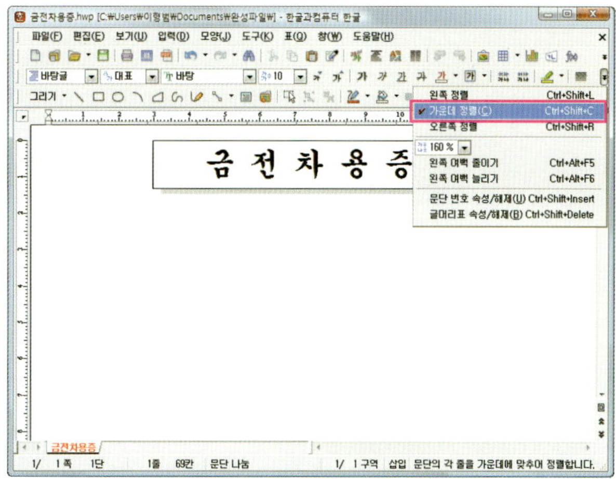

08 글상자 아래에 두 줄을 띄운 다음 원금, 변제기일, 이자 등에 대한 내용을 입력합니다. 5번 내용에 해당하는 문단에 커서가 있을 때 가로 눈금자에서 문단 왼쪽 여백 표시를 마우스로 드래그하여 왼쪽 여백을 지정해 줍니다.

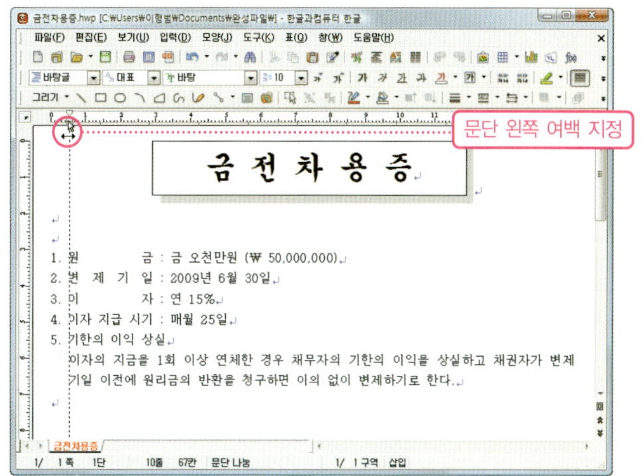

09 두 줄을 띄우고 나머지 내용을 다음과 같이 입력합니다. 날짜를 입력한 후 가운데로 정렬합니다.

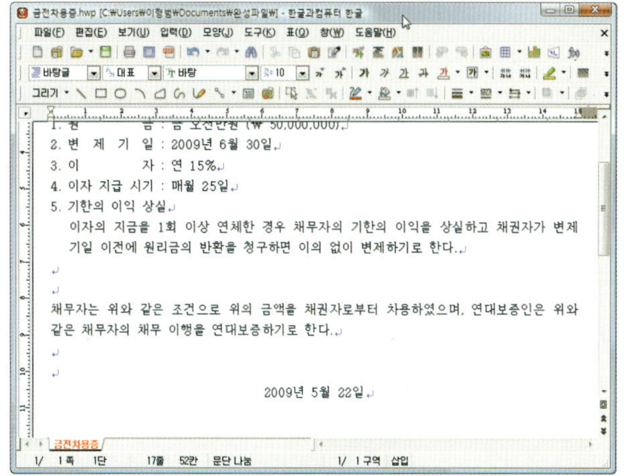

10 날짜 아래에 세 줄을 띄운 다음 Ctrl+N, T를 누르고 3줄 2칸의 표를 만듭니다. 첫 번째 칸의 너비를 줄인 다음 각 셀에 다음과 같이 채무자에 대한 내용을 입력합니다.

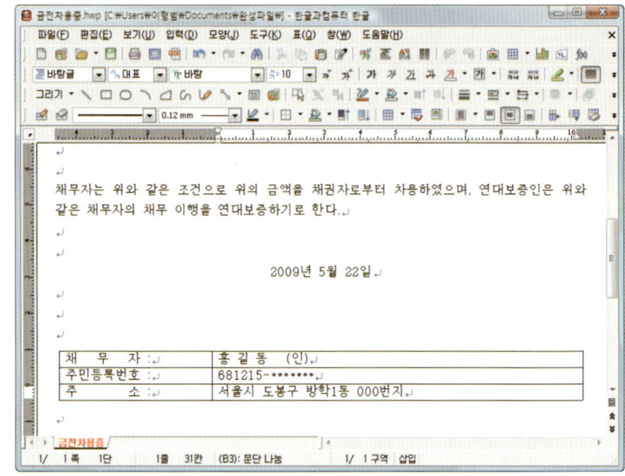

11 첫 번째 칸의 모든 셀을 블록으로 지정하고 가운데로 정렬합니다. 표의 오른쪽 테두리를 마우스로 드래그하여 칸의 너비를 다음과 같이 줄입니다. 줄 높이도 Ctrl+↓를 눌러 적당히 늘립니다.

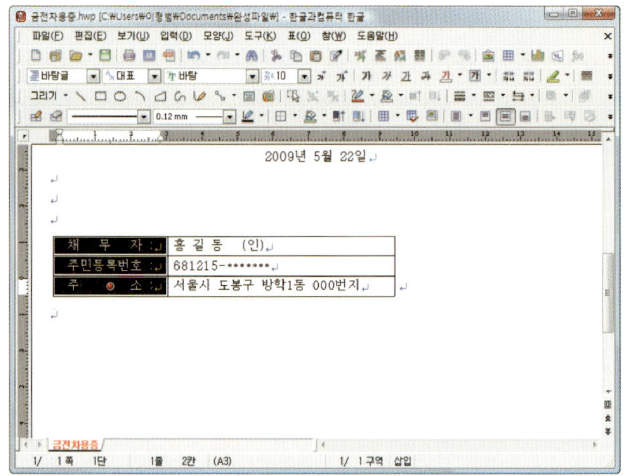

12 표의 모든 셀을 블록으로 지정하고 단축키 L을 눌러 [셀 테두리/배경] 대화상자를 나타냅니다. [테두리] 탭에서 테두리 종류를 "선 없음"으로 지정한 다음 "모두" 버튼을 클릭해서 테두리를 투명하게 만들고 [설정] 버튼을 클릭합니다.

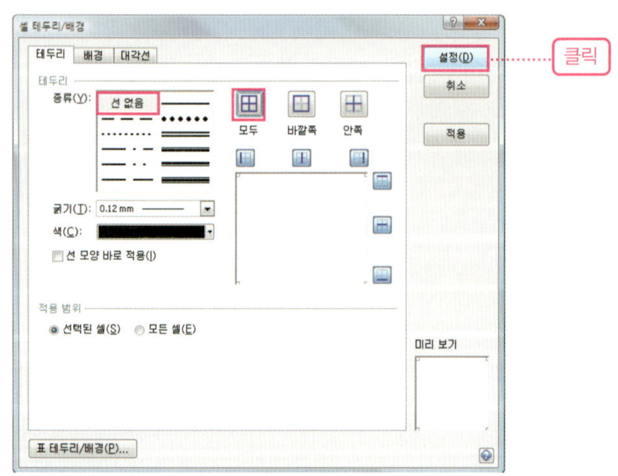

13 표 테두리가 투명하게 바뀌면 커서를 표 바깥으로 이동하고 오른쪽 정렬합니다. 그러면 다음과 같이 표 전체가 오른쪽으로 정렬됩니다.

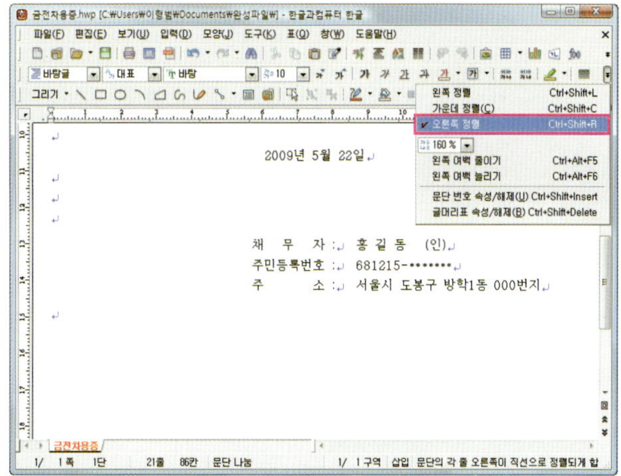

14 작성한 표의 왼쪽 여백을 클릭해서 표 전체를 블록으로 설정한 다음 Ctrl+C를 눌러 복사합니다. 다음 줄에서 Ctrl+V를 두 번 눌러 두 개의 표를 복사한 후 셀 내용을 연대 보증인과 채권자에 대한 것으로 수정합니다.

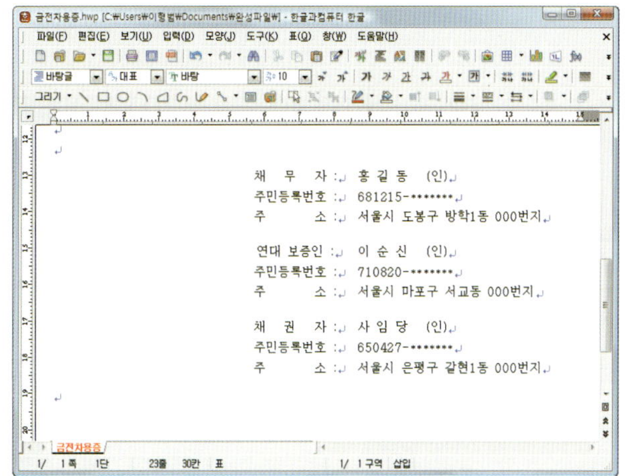

15 마지막 표 아래에 세 줄을 띄운 다음 마지막 내용을 입력하고 글자 모양을 "궁서, 20pt"로 지정한 후 가운데 정렬합니다. 이렇게 문서가 완성되면 Alt+S 를 눌러 저장합니다.

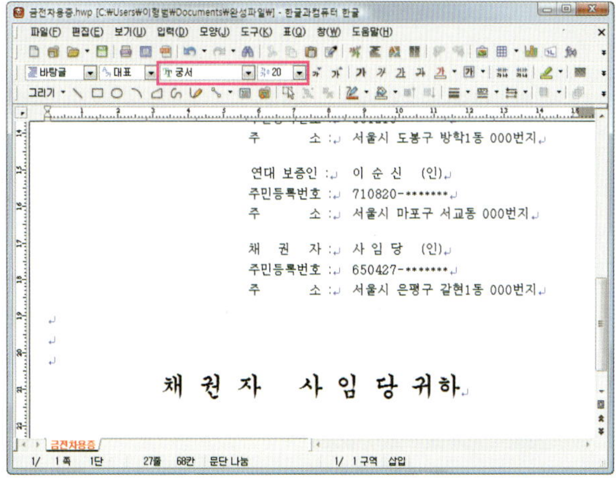

업무일지 만들기

• **키워드** : 셀 나누기, 문자표 입력, 인쇄 미리보기
• **예제 파일** : 완성 파일\업무일지.hwp

업무일지는 금일 업무 사항과 진행, 예정 사항 등의 내용을 기재하는 양식입니다. 업무일지는 날마다 작성하는 일일 업무일지와 주간 단위로 작성하는 주간 업무일지가 있습니다. 여기에서는 일일 업무일지를 만들어 보고 금일 근무 중 특이사항이나 업무개선에 대한 아이디어 등도 기재할 수 있도록 작성해 보겠습니다.

업 무 일 지

2009년 5월 25일 월요일

결재	담당	부서장	임원	사장

근무자	일 근	야 근	숙 직	근무시간	비 고

인계인수사항	실시사항(진행사항)	예 정 사 항	기상 (8:00 현재)	
			온도	실내
				실외
			실내습도	
			강 우 량	
			적 설 량	
			천　기	
			수 화 자	

● 물자소모내역

지 시 사 항	보 고 사 항	제품명	단위	수량	적　요

특기사항

01 빈 문서를 "업무일지.hwp" 파일로 저장합니다. [Ctrl] +[N], [T]를 눌러 다음과 같이 4줄 6칸의 표를 만듭니다.

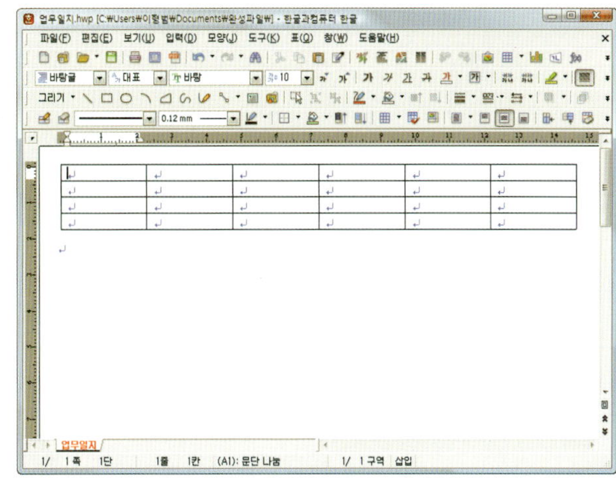

02 표의 각 셀에 다음과 같이 내용을 입력하고 모든 셀을 블록으로 지정한 다음 가운데 정렬합니다. "결재" 와 "근무자" 칸은 각각 2줄의 칸을 셀 블록으로 지정하고 [M]을 눌러 셀 합치기를 실행한 것입니다.

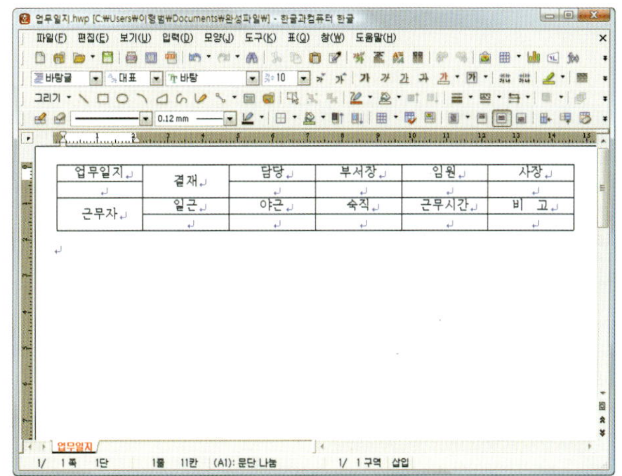

03 [Ctrl]을 누른 채 "결재" 아래쪽 테두리와 마지막 줄 아래쪽 테두리를 드래그하여 줄 높이를 조정합니다. [Ctrl]을 누른 채 "결재"와 "근무자" 칸을 각각 클릭해서 블록 지정한 다음 마우스 오른쪽 버튼을 누르고 [표/셀 속성] 메뉴를 선택합니다.

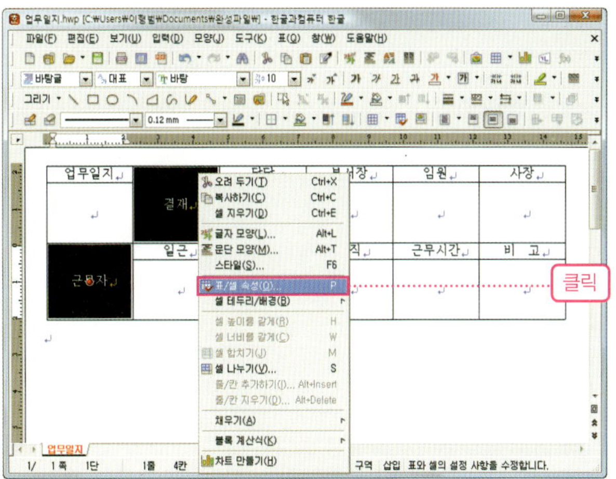

04 [표/셀 속성] 대화상자의 [셀] 탭에서 "세로쓰기"를
클릭한 다음 [설정] 버튼을 클릭합니다.

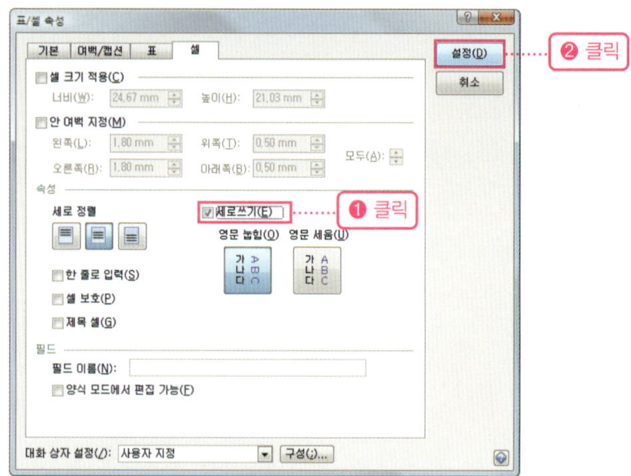

05 "근무자" 칸을 클릭한 후 [Shift]를 누른 상태에서 오
른쪽 테두리를 왼쪽으로 드래그하여 셀 블록으로 지
정한 셀의 너비를 줄입니다.

[Note] [Shift]를 누른 상태에서 테두리를 드래그하면 현재 셀이나 셀 블록으로
지정한 부분의 크기만 조정됩니다.

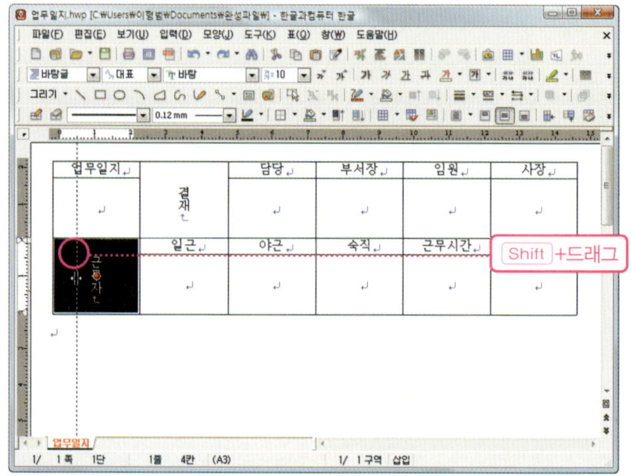

06 "근무자" 칸의 너비가 조정되면 3줄과 4줄의 나머지
부분을 셀 블록으로 지정한 다음 [셀 너비를 같게]를
클릭하여 똑같이 조정합니다.

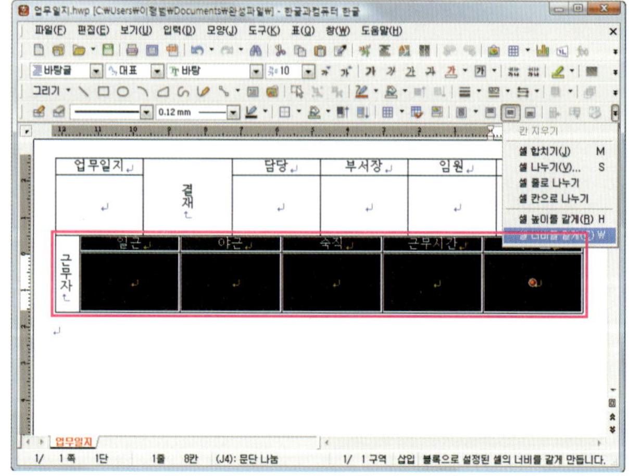

07 같은 방법으로 [Shift]를 이용하여 1줄과 2줄의 칸 너비를 조정하고 "담당, 부서장, 임원, 사장" 부분을 블록으로 지정하여 셀 너비를 같게 조정합니다. 다음 그림과 비슷하게 만들어야 합니다.

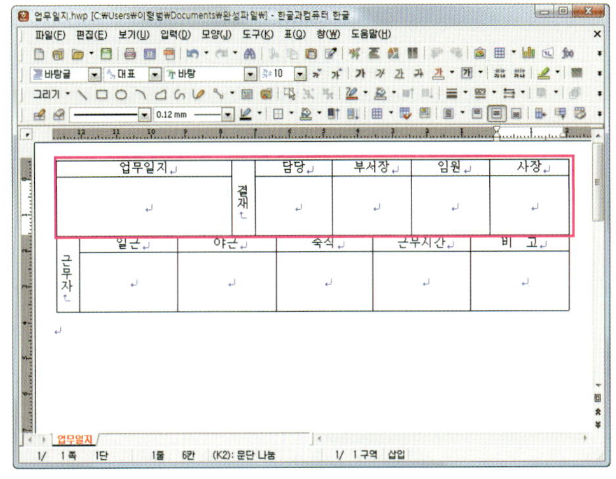

08 첫 번째 셀의 줄 높이를 [Shift]를 이용해서 늘려준 다음 글자 모양과 문단 모양을 다음과 같이 지정합니다. 2줄의 첫 번째 칸에는 날짜를 입력합니다.

[Note] 여기서는 제목의 글자 모양을 궁서, 20pt, 굵게로 지정했습니다. 문단 모양은 배분 정렬, 왼쪽과 오른쪽 여백을 각각 20pt로 지정했습니다.

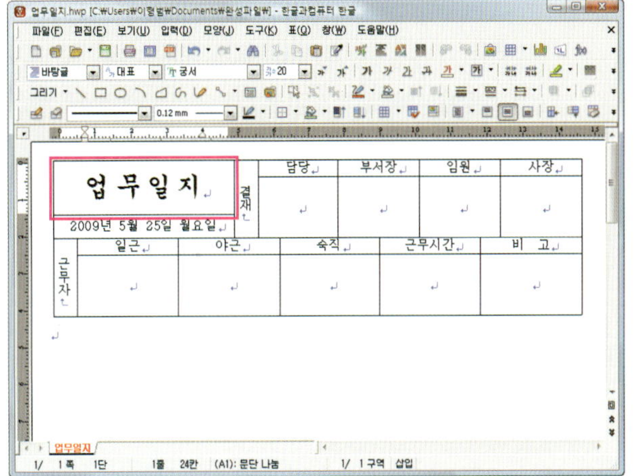

09 문서 제목과 날짜를 입력한 두 개의 셀을 셀 블록으로 지정한 다음 단축키 [L]을 누릅니다. [셀 테두리/배경] 대화상자의 [테두리] 탭에서 테두리 종류를 "선 없음"으로 지정합니다. 그런 다음 왼쪽, 위, 안쪽 가로 버튼을 차례로 클릭해서 투명선으로 만들고 [설정] 버튼을 클릭합니다.

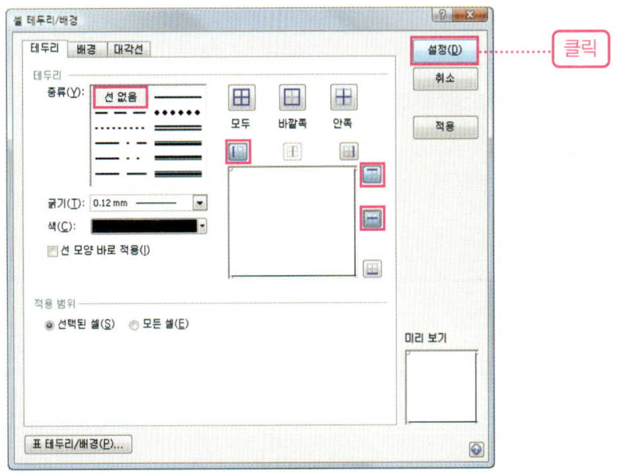

10 첫 번째 표 아래에서 Ctrl+N, T를 누르고 8줄 4칸의 표를 만든 다음 칸 너비와 줄 높이를 조정합니다. 마지막 칸에서 첫 번째 셀을 제외한 나머지 셀을 모두 블록으로 지정하고 셀 나누기 단축키 S를 누릅니다.

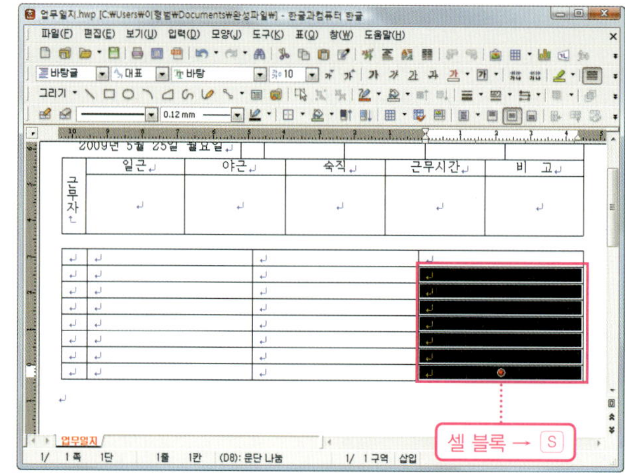

11 [셀 나누기] 대화상자에서 "칸 수"를 선택하고 "2"로 지정한 다음 [나누기] 버튼을 클릭합니다.

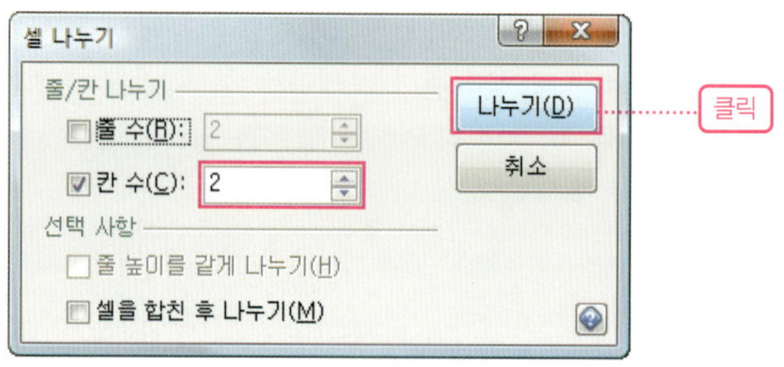

12 셀 블록으로 지정한 셀이 모두 2칸으로 나누어지면 다시 2줄과 3줄의 2칸을 셀 블록으로 지정하고 2칸으로 셀 나누기를 실행하여 다음과 같이 작성합니다.

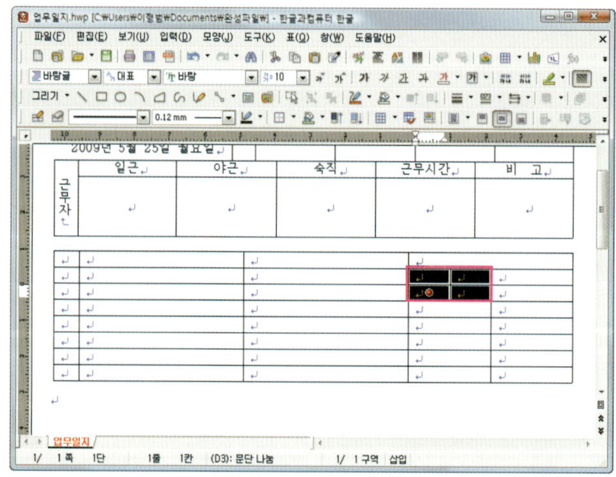

13 첫 번째 칸의 모든 셀을 블록으로 지정하고 셀 합치기 단축키 M을 눌러 하나로 합칩니다. 같은 방법으로 2줄과 3줄의 2칸을 셀 블록으로 지정하여 하나의 셀로 합칩니다.

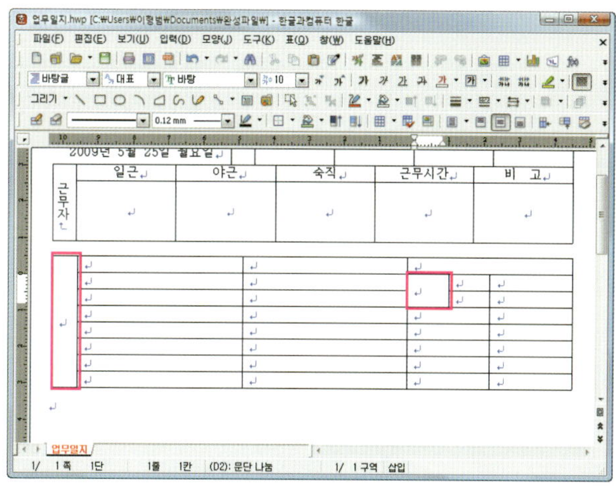

14 표의 각 셀에 다음과 같이 내용을 입력하고 모든 셀을 가운데 정렬로 지정합니다. 이어서 2칸과 3칸에서 첫 번째 셀을 제외한 나머지 셀을 블록으로 지정해서 양쪽 정렬합니다.

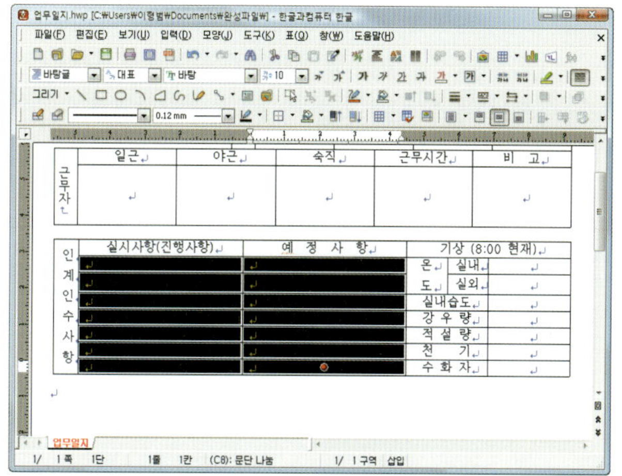

15 2칸과 3칸이 셀 블록으로 지정된 상태에서 단축키 L을 눌러 안쪽 가로 테두리를 "선 없음"으로 지정합니다.

 [셀 테두리/배경] 대화상자의 [테두리] 탭에서 테두리 종류를 "선 없음"으로 지정한 다음 안쪽 가로 버튼을 클릭하고 [설정] 버튼을 누르면 테두리가 투명 선으로 설정됩니다.

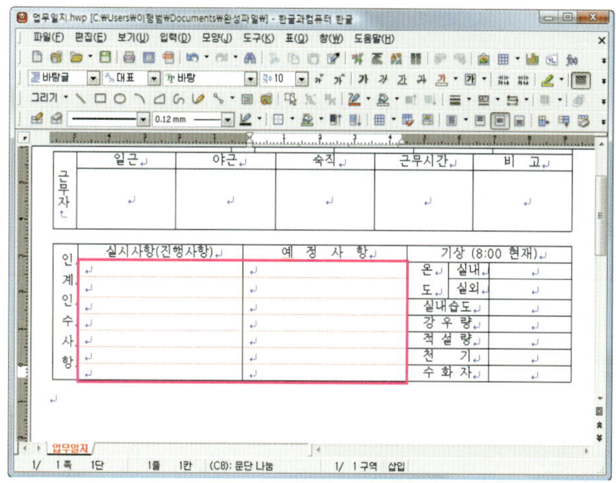

16 두 번째 표 아래에 한 줄을 띄우고 세 번째 표의 제목을 입력합니다. 다음 줄에서 8줄 6칸의 표를 만들고 칸 너비와 줄 높이를 조정한 다음 내용을 입력합니다. 표의 첫 번째 줄은 모든 셀을 가운데로 정렬합니다.

Note "●" 문자는 Ctrl + F10 을 누르고 [문자표 입력] 대화상자를 이용해서 입력합니다.

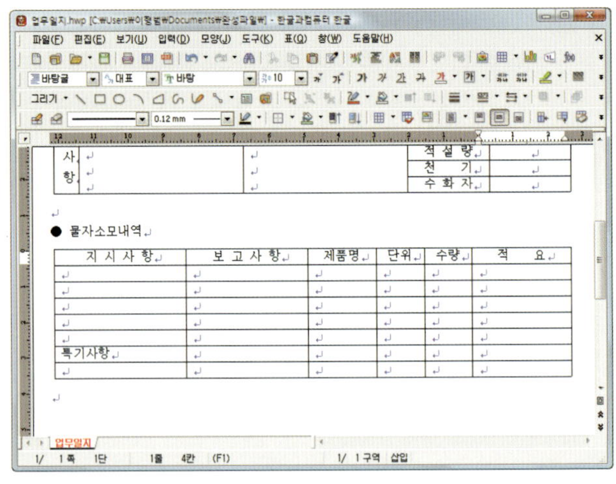

17 지시 사항을 입력할 부분을 모두 셀 블록으로 지정하고 M 을 눌러 셀 합치기를 실행합니다. 같은 방법으로 보고 사항을 입력할 부분과 특기사항을 입력할 부분에서 각각 셀 합치기를 실행하여 다음과 같이 작성합니다.

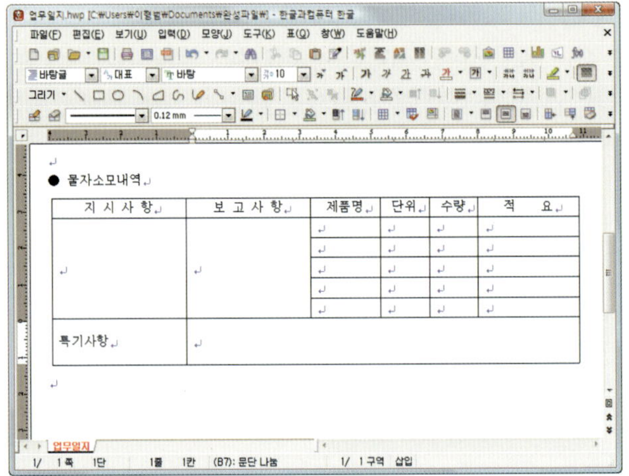

18 "특기사항" 앞에서 Enter 를 눌러 빈 줄을 삽입하고 블록으로 지정한 후 Alt + Shift + U 를 눌러 밑줄을 칩니다. 그 다음 Shift 를 누른 채 마우스를 이용하여 너비를 조정합니다.

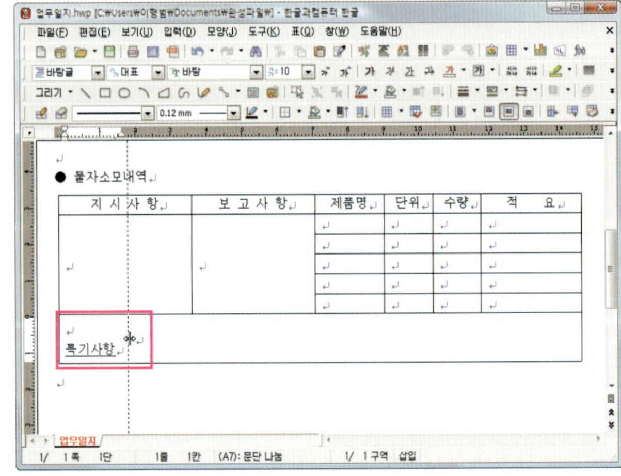

19 Ctrl을 누르고 셀을 클릭한 다음 단축키 L을 눌러 오른쪽 테두리를 "선 없음"으로 지정합니다. 표 도구 상자에서 정렬 방식(▤▾) 아이콘을 누르고 [셀 가운데 위 정렬]을 선택합니다.

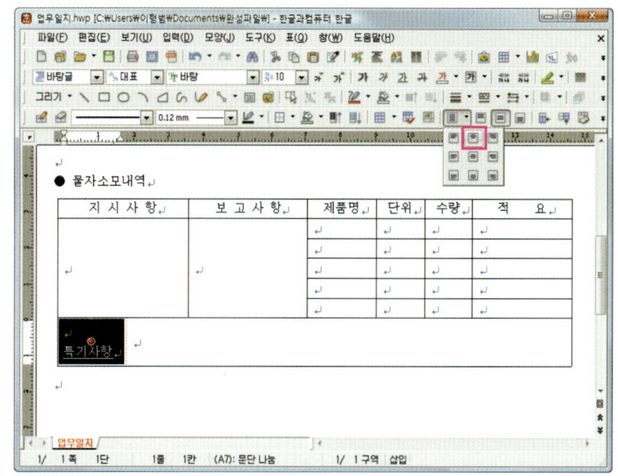

20 표의 아래쪽 테두리를 드래그하여 줄 높이를 충분히 늘려줍니다. 표가 다음 쪽으로 넘어가지 않을 정도로만 조정하면 됩니다.

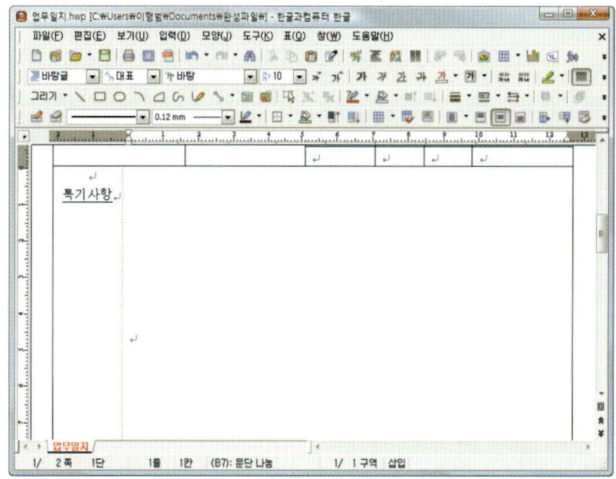

21 미리 보기(▣) 아이콘을 클릭하면 지금까지 작성한 문서의 인쇄 모양을 화면으로 확인할 수 있습니다. 확인 후 Alt + S를 눌러 문서를 저장합니다.

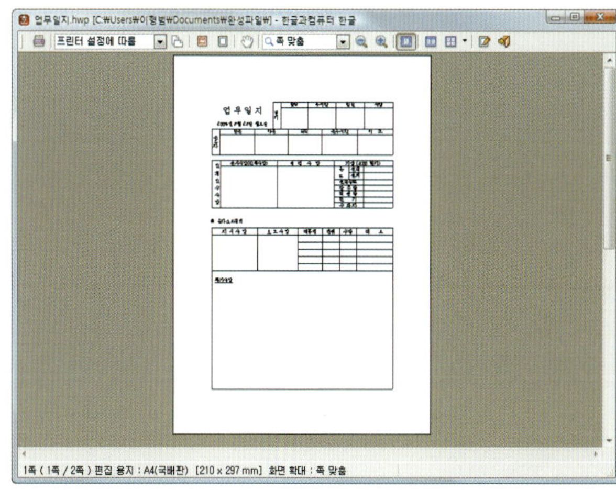

재직(경력) 증명서 만들기

• 키워드 : 표 만들기, 배분 정렬, 셀 블록
• 예제 파일 : 완성 파일\재직(경력)증명서

재직증명서는 본인이 회사에 소속되어 근무를 하고 있다는 것을 증명하는 서류로서 신원을 확인하는 용도로 사용되고 있습니다. 재직증명서와 경력증명서는 거의 비슷한 양식으로 사용되므로 여기에서는 재직증명서를 기준으로 작성할 것입니다. 재직자의 인적사항과 소속, 직위, 재직기간 등의 재직 사항 그리고 사용 용도 항목이 기재되어 있어야 합니다.

재직(경력) 증명서

부　서		직　위	
성　명		생 년 월 일	
입 사 일 자		주민등록번호	
주　소			
용　도			
제 출 처		수　량	

재 직 및 경 력 사 항

재 직 기 간	부터	
	까지	
담 당 업 무		

위 사실이 이상 없음을 확인합니다.

2009년 5월 24일

확　인	

(주)두드림기획　대표이사 이 재 원

01 빈 문서를 "재직(경력)증명서.hwp" 파일로 저장하고 시작합니다. 문서의 제목을 입력한 다음 글자 모양을 지정하고 가운데로 정렬합니다. 직선(＼) 아이콘을 선택하고 [Shift]를 누른 상태에서 마우스로 드래그하여 제목 아래에 선을 그린 다음 선 색과 굵기 등을 지정합니다.

[Note] 선 색은 검정, 선 굵기는 0.2mm로 지정하였습니다.

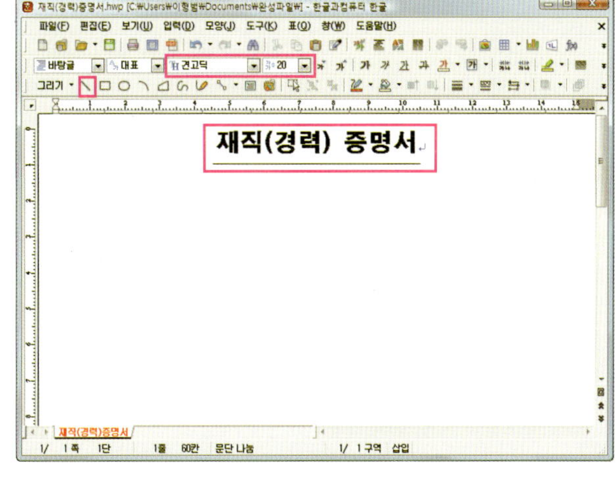

02 제목 아래에 한 줄을 띄운 다음 12줄 4칸의 표를 만들고 다음과 같이 각 셀에 내용을 입력합니다.

[Note] 표 만들기 단축키 [Ctrl]+[N], [T]

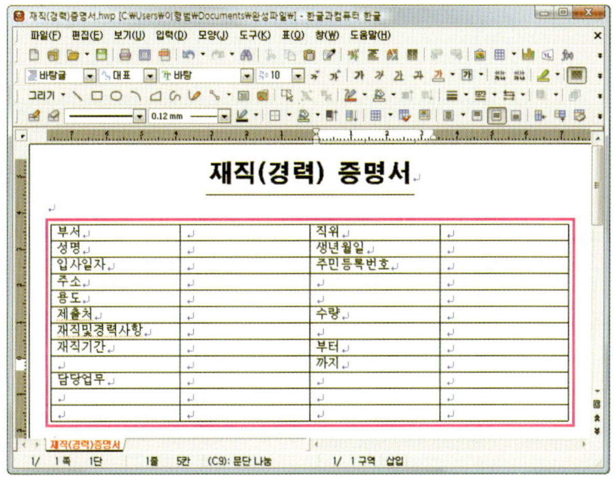

03 "주소"를 입력할 부분을 만들기 위해 세 개의 셀을 블록으로 지정한 다음 [M]을 눌러 셀 합치기를 실행합니다. 같은 방법으로 "용도, 재직및경력사항, 재직기간, 담당업무" 부분과 11번째 줄을 각각 셀 합치기로 다음과 같이 작성합니다.

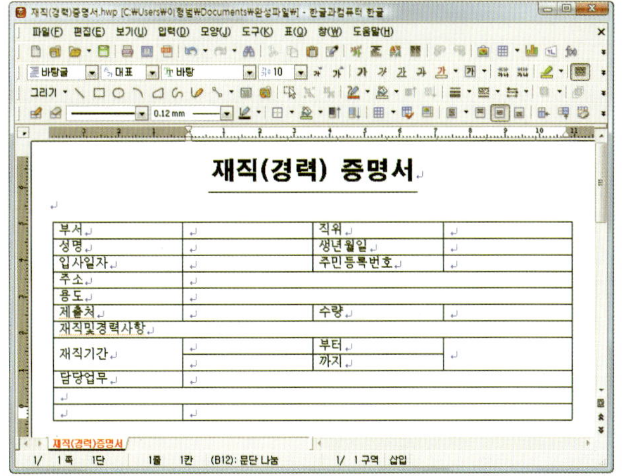

04 [Ctrl]을 누른 상태에서 드래그하여 다음과 같이 각 항목의 셀을 블록으로 지정한 다음 문단 모양(▤) 아이콘을 클릭합니다.

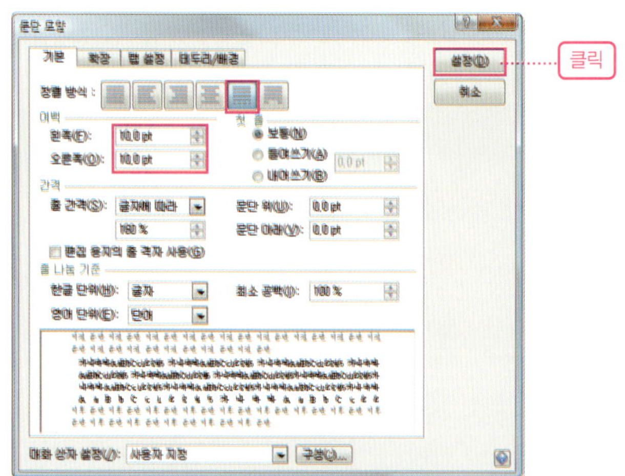

05 [문단 모양] 대화상자에서 정렬 방식을 "배분 정렬"로 선택하고 왼쪽과 오른쪽 여백을 지정한 후 [설정] 버튼을 클릭합니다.

06 "재직및경력사항"이 입력되어 있는 셀을 클릭하고 배분 정렬과 왼쪽 및 오른쪽 여백을 설정합니다. 여기서는 왼쪽 및 오른쪽 여백을 모두 100pt로 지정했습니다.

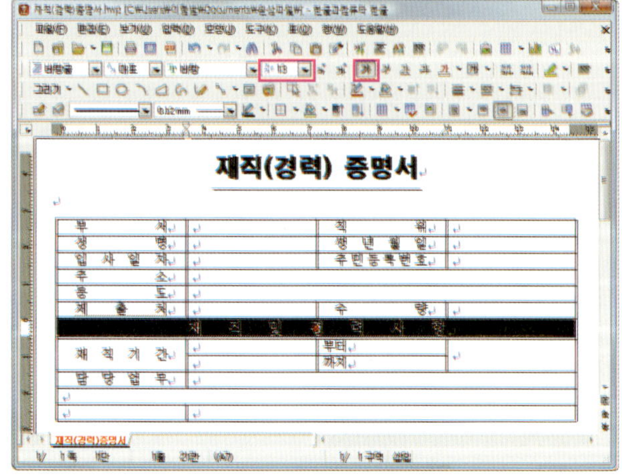

07 각 항목이 입력된 경계선을 클릭한 채 [Alt]를 누르고 드래그하여 다음과 같이 너비를 조절합니다. 그리고 실제 내용이 입력될 셀을 모두 블록으로 지정한 다음 가로 눈금자의 문단 왼쪽 여백 표시를 드래그하여 왼쪽 여백을 설정합니다.

[Note] 실제 내용이 셀의 왼쪽 테두리에 붙어서 입력되지 않도록 하기 위해서입니다.

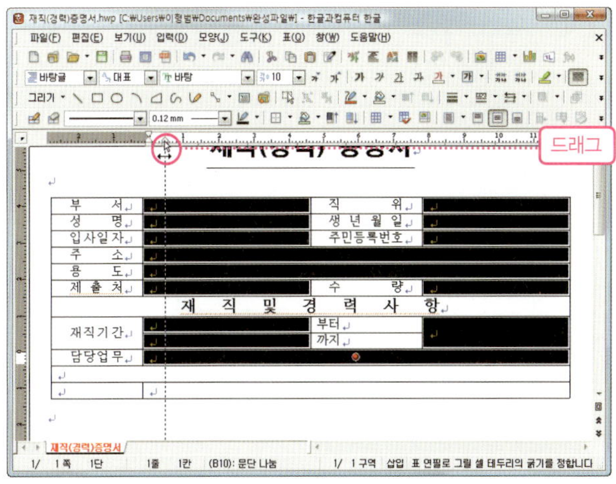

08 11번째 줄에 다음과 같이 내용을 입력하고 가운데로 정렬합니다.

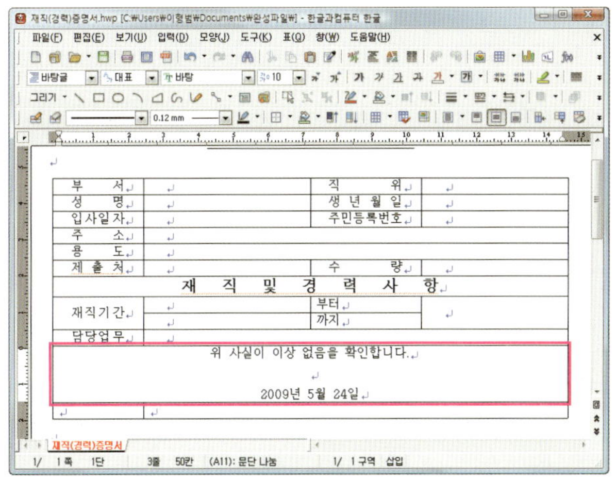

09 마지막 줄의 첫 번째 칸에서 [F5]를 누른 다음 [S]를 누릅니다. [셀 나누기] 대화상자에서 줄 수를 "2"로 지정하고 [나누기] 버튼을 클릭합니다.

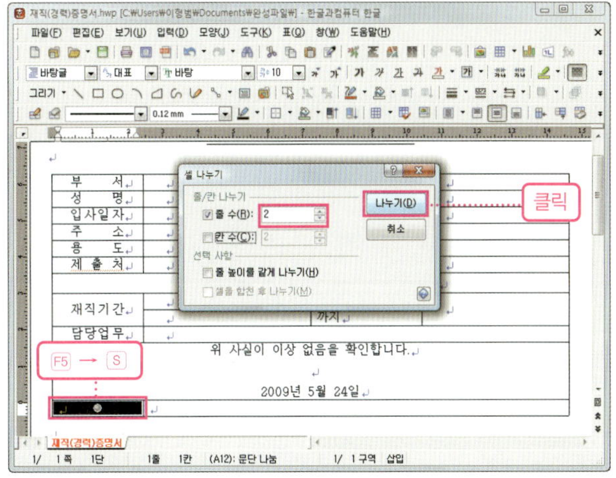

10 셀이 두 줄로 나뉘면 첫 번째 줄에 "확 인"을 입력하고 가운데로 정렬합니다.

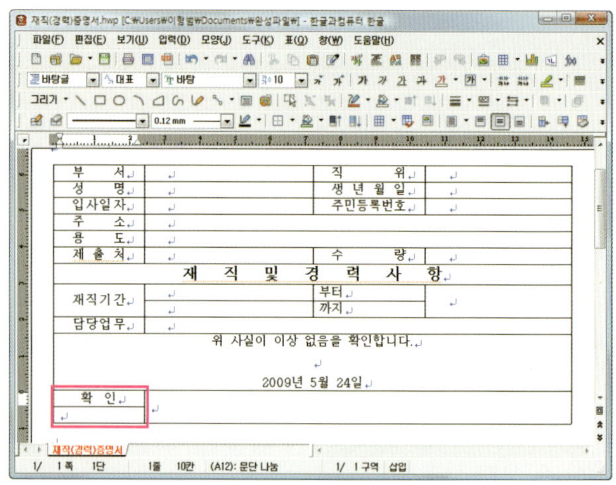

11 마지막 줄의 두 번째 칸에 회사 이름과 대표 이름을 입력하고 글자 모양을 지정한 후 가운데로 정렬합니다.

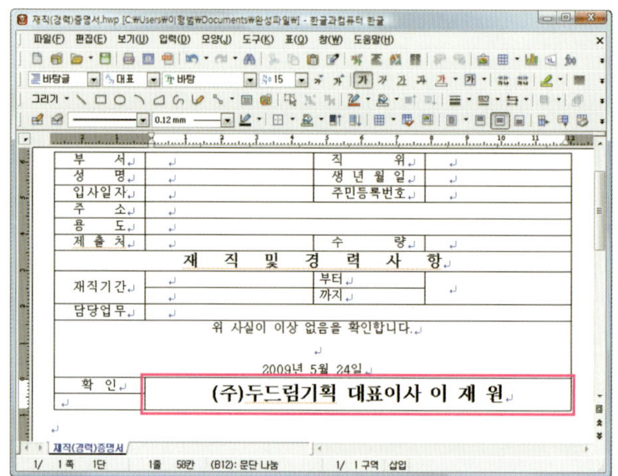

12 재직기간의 입력 부분을 셀 블록으로 지정한 다음 단축키 ⓛ을 누릅니다.

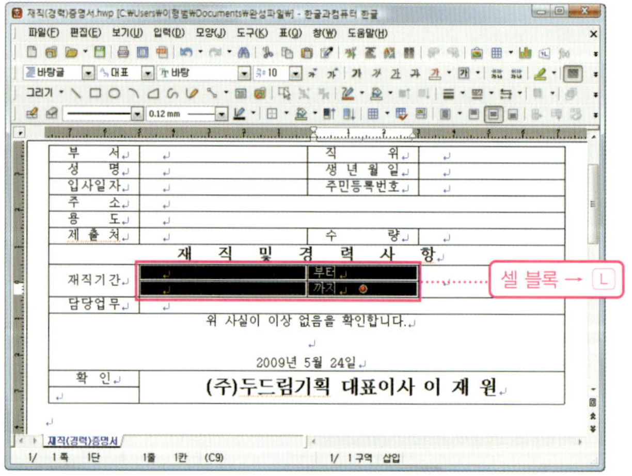

13 [셀 테두리/배경] 대화상자의 [테두리] 탭에서 테두리 종류를 "선 없음"으로 지정한 다음 "안쪽" 모두 버튼을 클릭하고 [설정] 버튼을 클릭합니다.

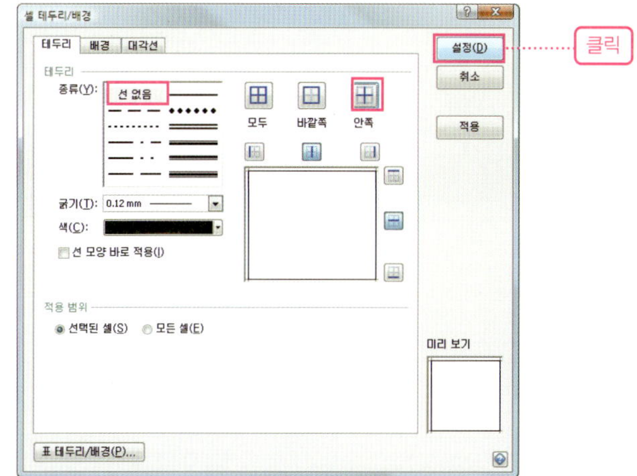

14 같은 방법으로 "위 사실이…" 셀의 아래쪽 테두리를 "선 없음"으로 만든 다음 "확인" 셀의 위쪽 테두리에 실선을 지정하여 다음과 같이 작성합니다.

Note 11줄과 12줄의 셀이 서로 다른 형태이기 때문에 11줄의 아래쪽 테두리를 먼저 투명하게 만든 다음 "확인"의 위쪽에 테두리를 표시해야 합니다.

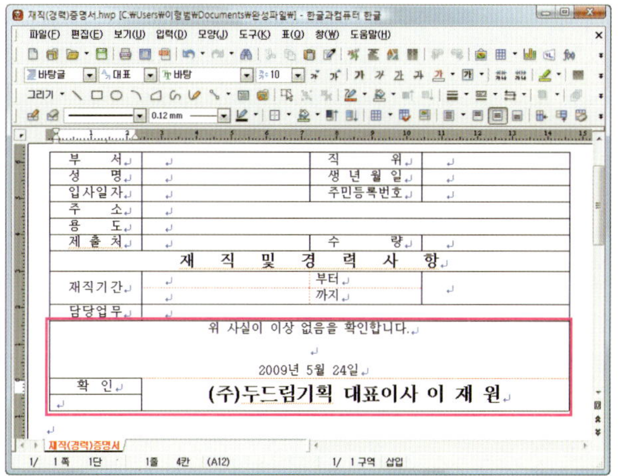

15 표 안에서 F5를 연속해서 세 번 누르면 모든 셀이 셀 블록으로 지정됩니다. 단축키 L을 누르고 [셀 테두리/배경] 대화상자의 [테두리] 탭에서 테두리 굵기를 "0.5 mm"로 지정하고 "바깥쪽" 모두 버튼을 클릭해서 테두리를 그립니다. 그런 다음 [설정] 버튼을 클릭합니다.

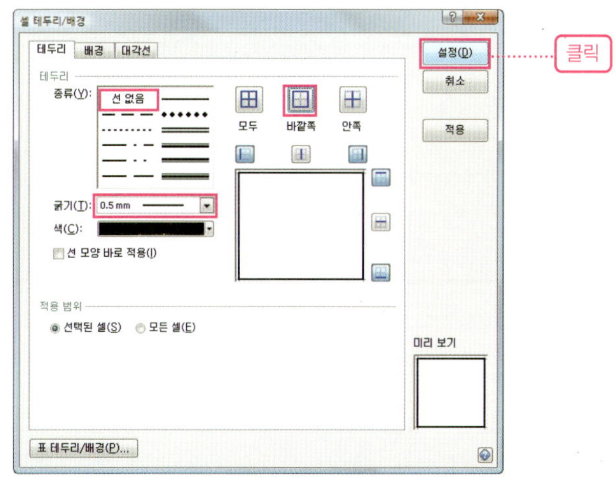

16 각 항목의 제목이 입력되어 있는 셀을 [Ctrl]을 이용해서 셀 블록으로 지정합니다. 그런 다음 셀 배경 색 ([🎨▼]) 아이콘을 누르고 셀 배경으로 사용할 색을 선택합니다.

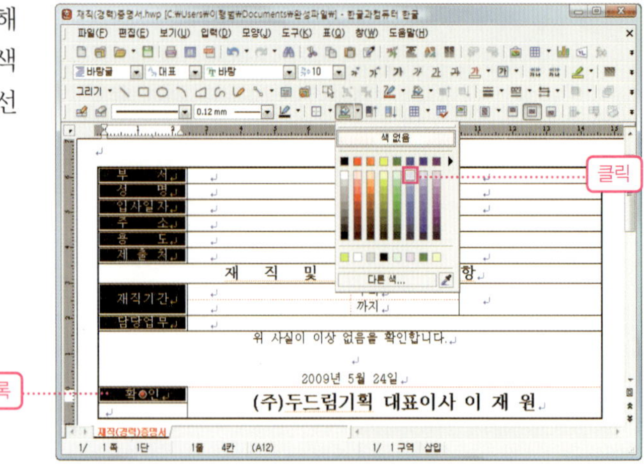

17 이제 각 줄의 높이를 한 쪽 분량에 맞추어 늘려줍니다. 이렇게 하면 재직증명서가 완성됩니다.

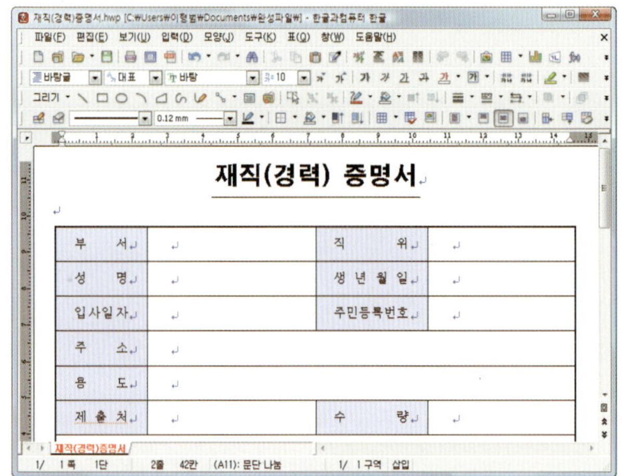

18 미리 보기([🔲]) 아이콘을 클릭해서 작성한 문서 모양을 확인하면 다음과 같습니다. 미리 보기를 종료한 다음 [Alt]+[S]를 눌러 문서를 저장합니다.

[Note] 앞 단계에서 줄 높이를 조정할 때 미리 보기 화면의 문서 모양을 참고하기 바랍니다.

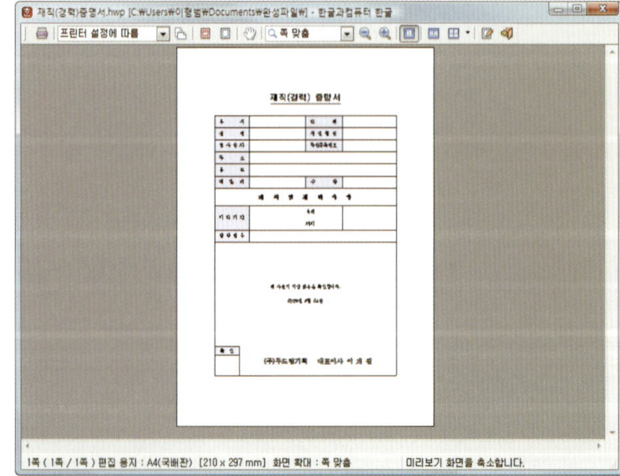

07 거래명세표 만들기

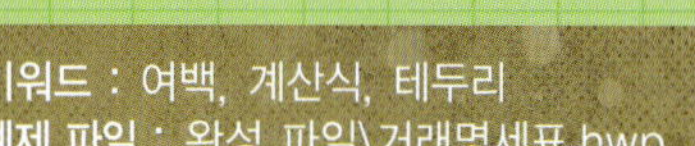

거래명세표나 거래명세서는 물품이나 서비스 공급에 따른 품목, 규격, 수량, 단가, 금액 등의 거래내역을 기록하는 서식입니다. 이중 거래명세서는 거래처에 제출하는 양식으로, 여기에서는 날짜 및 품목 등을 입력하고 수량이나 단가, 금액은 자동으로 계산되도록 만들어 볼 것입니다.

거 래 명 세 표

2009년 5월 25일

______________________ 귀하

아래와 같습니다.

공급자	등록번호			
	상 호		성 명	
	주 소			
	업 태		종 목	

합계금액 :　　　　　　　　　　　　　　　(₩)

품 명	규 격	단위	수량	단 가	공급가액	비 고

특기사항	

01 빈 문서를 "거래명세표.hwp" 파일로 저장합니다. 첫 번째 줄에 문서 제목을 입력하고 글자 모양을 지정한 다음 가운데로 정렬합니다. 제목 다음 줄에서 4줄 7칸의 표를 만들어 다음과 같이 내용을 입력하고 가운데 정렬을 지정합니다. 칸 너비를 조절하고 필요한 곳에서 셀 합치기를 실행해야 합니다.

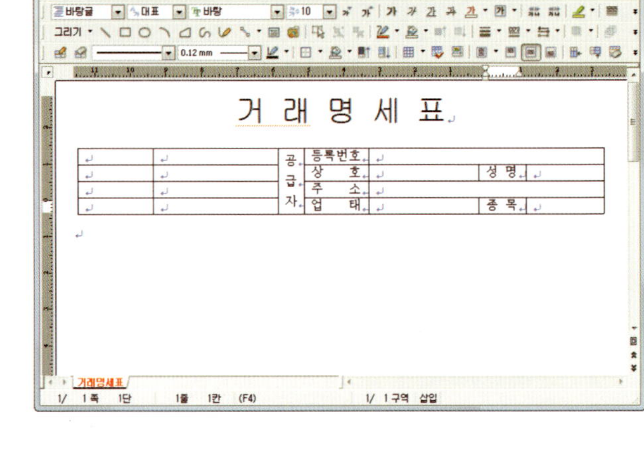

02 두 번째 칸의 너비를 줄인 다음 첫 번째 칸의 각 셀에 내용을 입력하고 가운데로 정렬합니다. 두 번째 줄에서는 F5 를 누르고 S 를 누른 다음 2칸으로 셀 나누기를 실행하고 칸 너비를 조정한 후 내용을 입력해야 합니다.

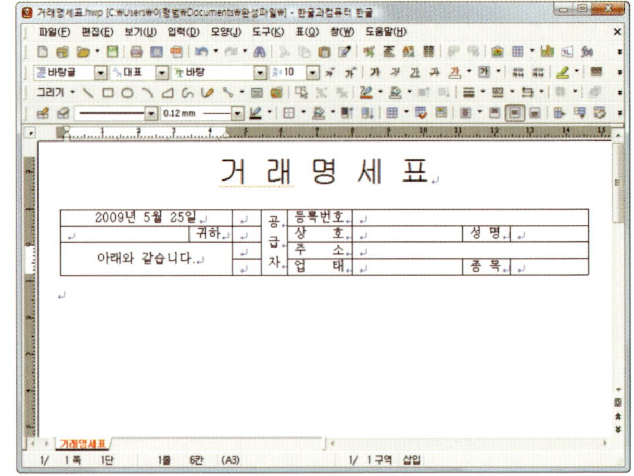

03 작성한 표에서 셀 블록을 지정한 후 L 을 눌러 다음과 같이 테두리를 설정합니다.

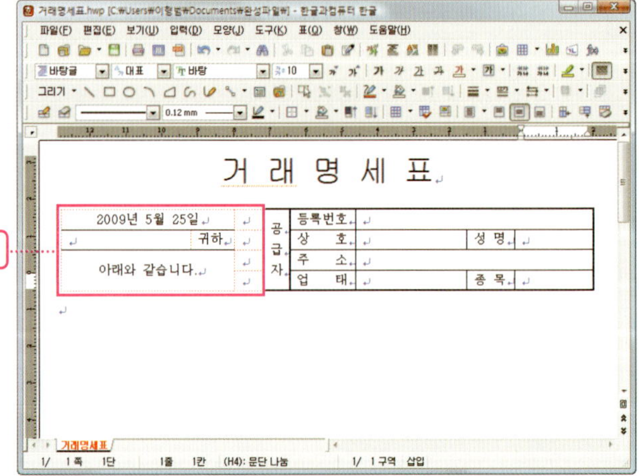

04 첫 번째 표 아래에 23줄 7칸의 표를 만든 다음 첫 번째 줄과 두 번째 줄에 다음과 같이 내용을 입력하고 가운데로 정렬합니다.

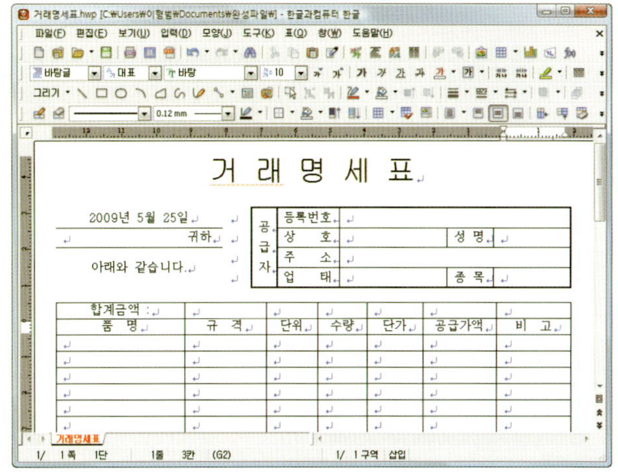

05 첫 번째 줄 2칸부터 5칸까지 셀 블록으로 지정하고 M을 눌러 셀 합치기를 실행합니다. 다시 6칸과 7칸의 셀을 블록으로 지정하고 M을 눌러 셀 합치기를 실행합니다. 그런 다음 첫 번째 줄 전체를 셀 블록으로 지정하고 L을 눌러 안쪽 세로 테두리를 투명하게 만듭니다.

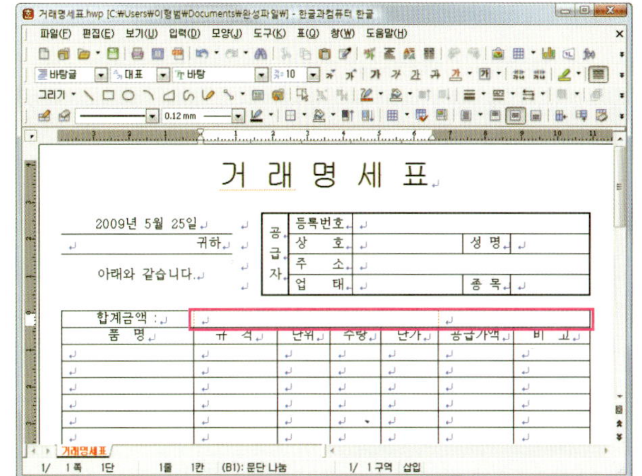

06 규격과 단위, 비고가 입력될 셀은 가운데로 정렬하고 수량, 단가, 공급가액은 오른쪽으로 정렬한 다음 오른쪽 여백을 설정합니다. 두 번째 표의 마지막 줄은 이 작업에서 제외시켜야 합니다.

Note 왼쪽 여백이나 오른쪽 여백은 셀 블록을 지정한 후 가로 눈금자를 사용하면 편리합니다.

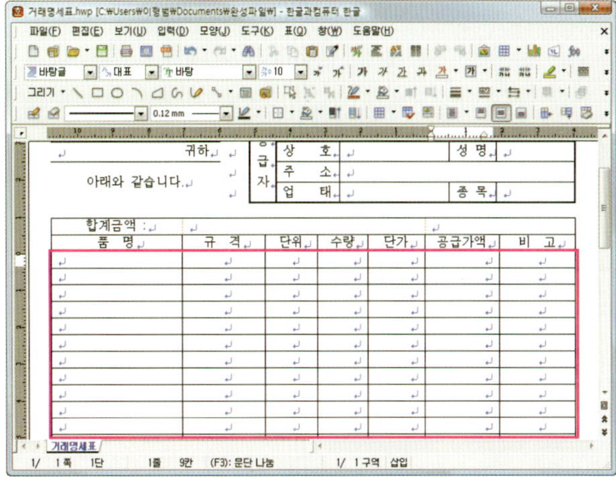

07 공급가액을 계산식을 사용해서 입력해 보겠습니다. 수량과 단가를 임의로 몇 개 입력한 다음 첫 번째 공급가액을 구할 셀로 커서를 이동하고 [표]-[계산식] 메뉴를 선택합니다.

Note | 계산식 단축키 Ctrl + N , F

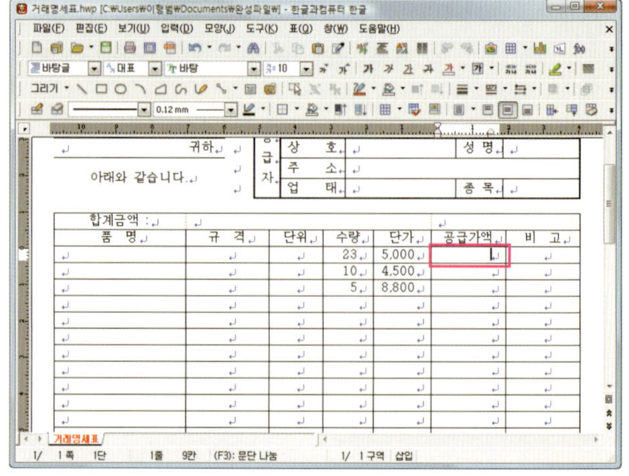

08 [계산식] 대화상자에서 계산식 상자에 "=D?*E?"를 입력한 다음 [확인] 버튼을 클릭합니다.

Note | "=D?*E?"는 현재 줄에서 D열(4번째 칸)의 셀과 E열(5번째 칸)의 셀에 입력된 숫자를 서로 곱하는 계산식입니다. 여기서 물음표(?)는 현재 줄에 있는 셀을 가리킵니다.

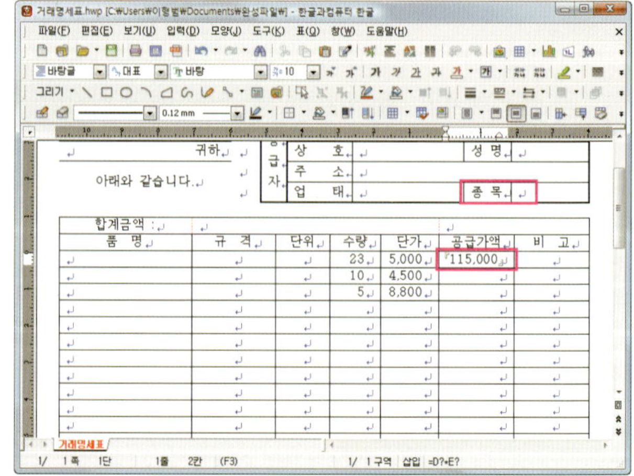

09 셀에 계산식이 입력되고 수량과 단가를 곱한 결과가 표시됩니다. 만약에 수량과 단가가 변경되면 공급가액은 자동으로 변경된 값으로 계산한 결과를 표시하게 됩니다.

Note | 계산식을 고치려면 계산식에 커서를 놓고 Ctrl + N , K 를 누릅니다.

10 첫 번째 공급가액을 계산할 셀을 더블클릭해서 계산식 전체를 블록으로 지정한 다음 [Ctrl]+[C]를 눌러 복사합니다. 이어서 다음 셀로 커서를 이동해 [Ctrl]+[V]를 누릅니다. 이런 방법으로 나머지 줄에서 수량과 단가를 계산할 수 있습니다.

[Note] 계산식에서 셀 주소를 지정할 때 물음표(?)를 사용했기 때문에 계산식을 아래로 복사하면 현재 줄에 있는 값으로 계산됩니다.

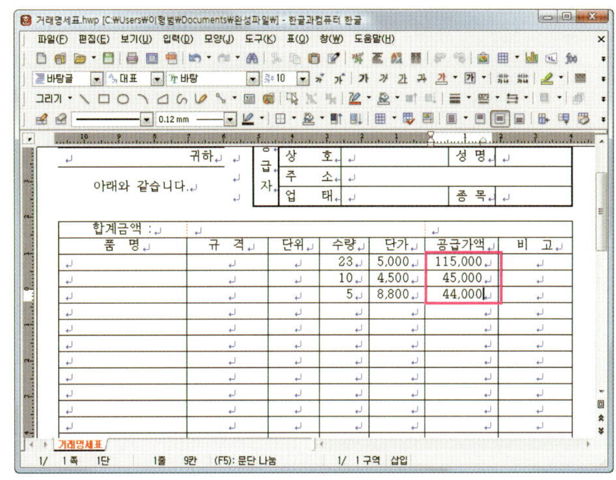

11 첫 번째 줄의 마지막 칸에 "(₩)"를 입력한 다음 커서를 "₩" 다음으로 이동하고 [표]-[계산식] 메뉴를 선택합니다. 여기에 공급가액의 합계를 계산할 것입니다.

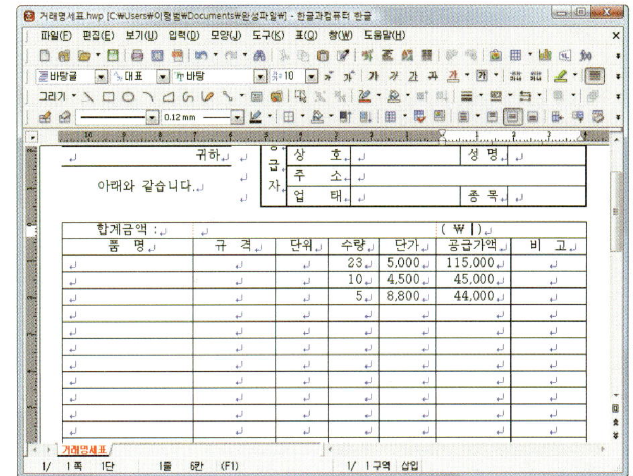

12 [계산식] 대화상자가 나타나면 계산식 상자에서 "=" 다음으로 커서를 이동한 다음 함수에서 "SUM(..)"을 선택합니다. 계산식이 "=SUM()" 형태로 입력되면 괄호 안에 "F3:F22"를 입력합니다. 계산식이 "=SUM(F3:F22)" 형태가 되면 [확인] 버튼을 클릭합니다.

[Note] 계산식에서 "F3:F22"는 공급가액이 입력되는 부분의 셀 주소입니다.

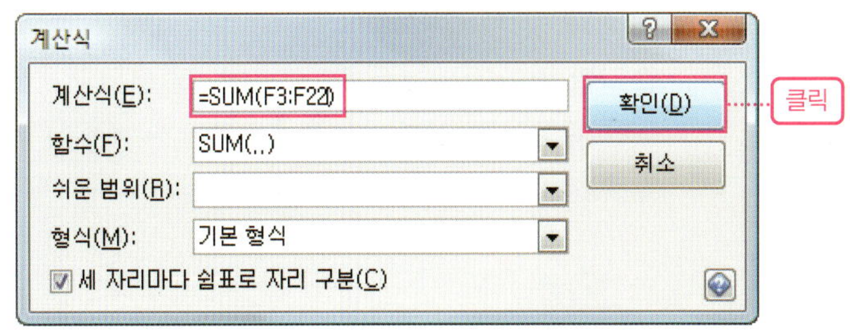

13 커서 위치에 계산식이 입력되고 계산 결과가 나타납니다. 공급가액의 계산 결과가 변경되면 이 합계도 자동으로 변경됩니다.

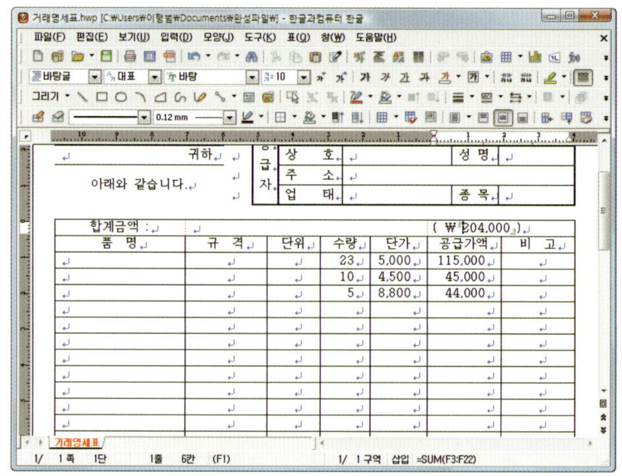

14 마지막 줄에서 첫 번째 칸의 너비를 줄이고 "특기사항"을 줄을 바꿔가면서 입력합니다. 그런 다음 가운데로 정렬합니다. 나머지 칸의 모든 셀은 블록으로 지정한 다음 Ⓜ을 눌러 하나의 셀로 합칩니다.

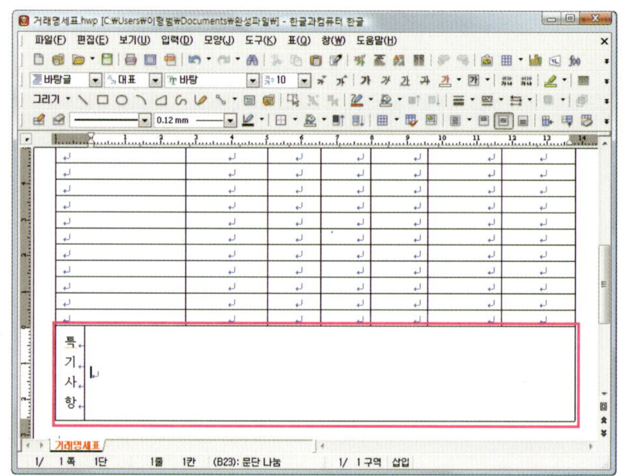

15 두 번째 표 안에서 F5를 세 번 연속해서 눌러 모든 셀을 블록으로 지정한 다음 Ⓛ을 누릅니다. [셀 테두리/배경] 대화상자의 [테두리] 탭에서 테두리 굵기를 "0.5 mm"로 지정한 다음 "바깥쪽 모두" 버튼을 클릭해서 테두리를 그립니다. 그런 다음 [설정] 버튼을 클릭합니다.

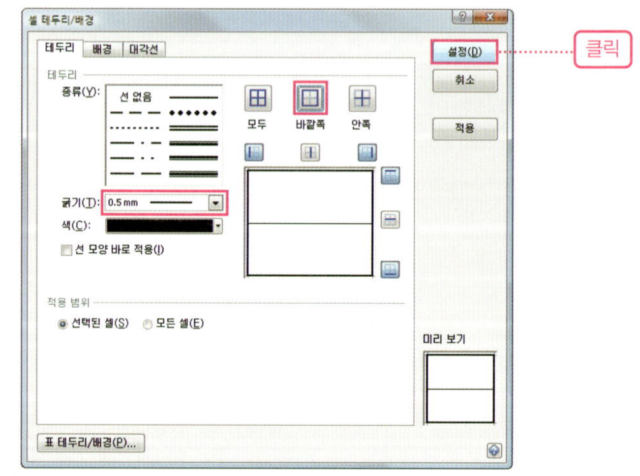

16 마지막으로 표의 줄 높이를 조정합니다. 줄 높이는 문서 전체가 한 쪽을 넘지 않는 범위에서 늘려주면 됩니다.

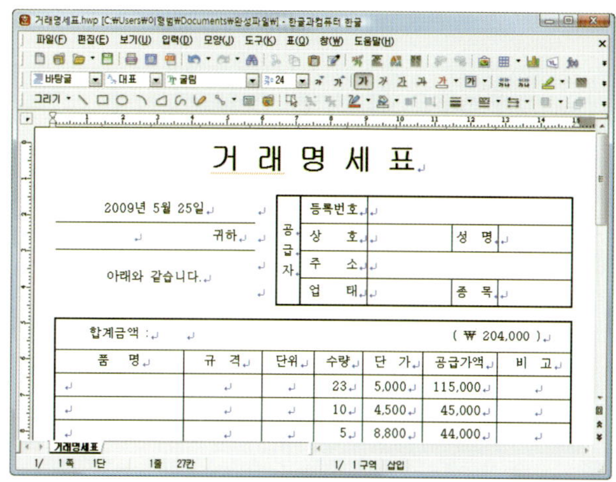

17 미리 보기(▣) 아이콘을 클릭해서 작성한 문서의 모양을 화면으로 확인하면 다음과 같습니다. 미리 보기를 종료한 다음 Alt+S 를 눌러 문서를 저장합니다.

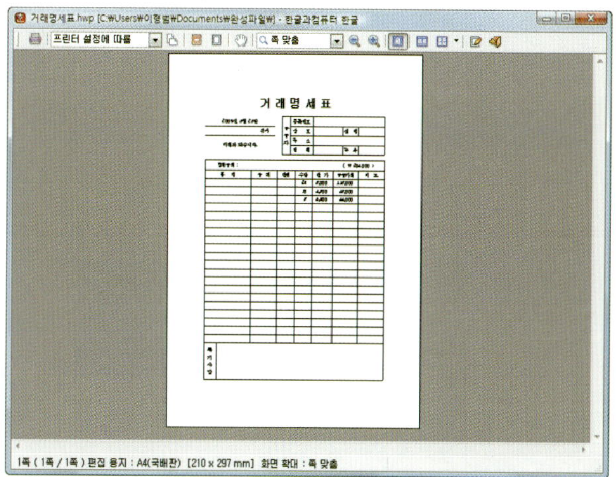

08

기안 용지 만들기

• 키워드 : 선 종류, 셀 합치기, 표 지우개 도구
• 예제 파일 : 완성 파일\기안용지.hwp

기안이란 어떤 하나의 안건을 처리하기 위하여 정해진 기안 양식에 문안을 작성하는 것을 말합니다. 기안의 내용은 간단명료하게 1면만으로 처리할 수 있도록 작성해야 하며, 내용이 길어지면 첨부나 뒷면을 이용하면 됩니다.

기 안 용 지

분류기호 및 문서번호					위임전결실행기준표 직책:　　　성명:		예 의거 전결
기안부서	대 리	과 장	차 장	부 장	이 사	이 사	사 장
	/	/	/	/	/	/	/
기 안 자　이형범		협조부서	대 리	과 장	차 장	부 장	감 사
기안일자　년 월 일							
시행일자　년 월 일			/	/	/	/	/
경 유			발 신	통 제	처리기한	보존년한	
수 신							
참 조							
제 목							

(본문 영역: 정서 / 날인 / 발송 칸 포함)

01 편집 용지의 여백을 지정하기 위해 F7을 누릅니다. 위쪽, 아래쪽, 왼쪽, 오른쪽 여백을 각각 "27"로 지정하고 머리말과 꼬리말 여백을 "5"로 지정한 후 [설정] 버튼을 클릭합니다.

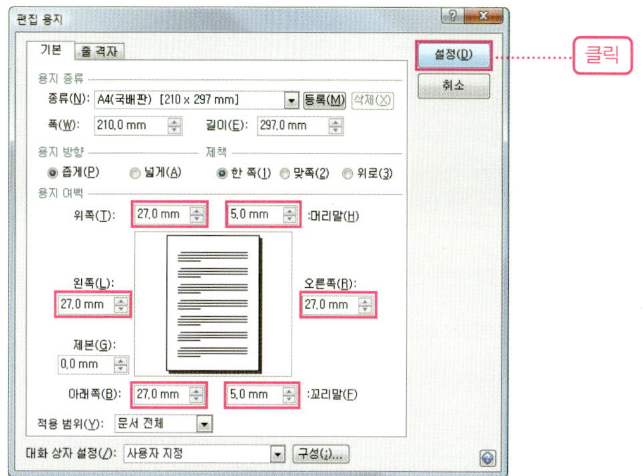

02 [표]-[표 만들기] 메뉴를 선택하여 줄 수는 "26", 칸 수는 "9"로 지정하고 [글자처럼 취급] 항목을 선택한 후 [만들기] 버튼을 클릭합니다.

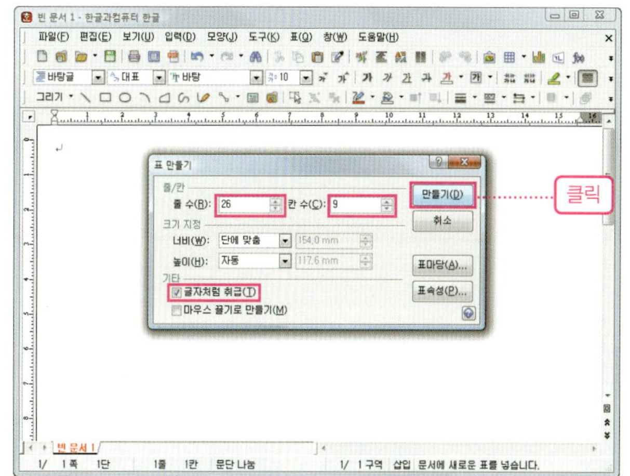

03 Alt + S 를 누르고 파일 이름을 "기안용지"로 지정하여 [저장] 버튼을 클릭합니다.

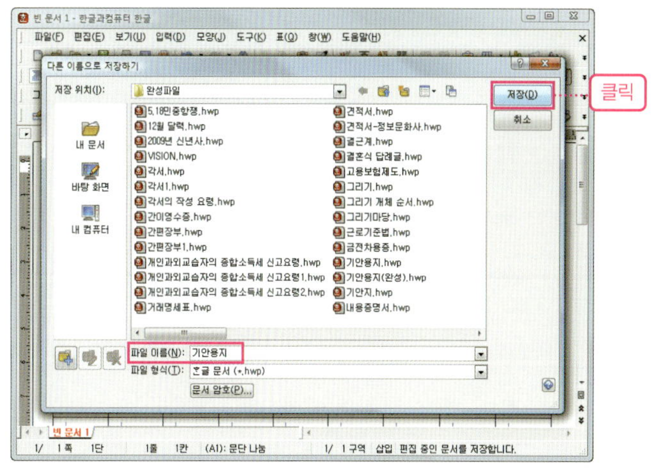

04 첫 행에 커서를 놓고 F5 를 누른 후 F8 을 눌러 첫 행 전체를 블록으로 지정하고 [표]–[셀 합치기] 메뉴를 선택하거나 단축키 M 을 누릅니다.

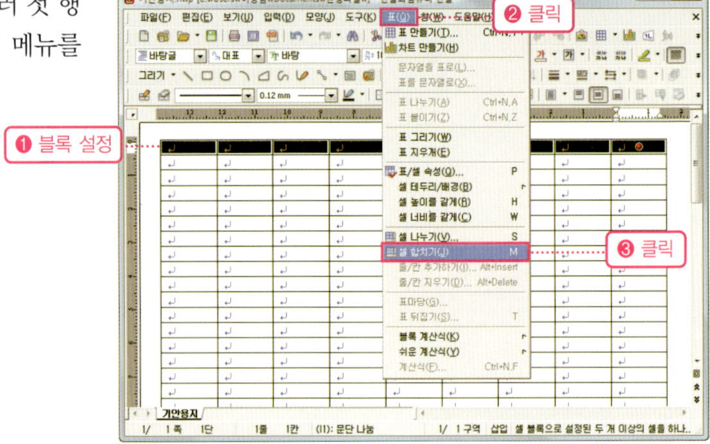

05 F5 를 눌러 셀 블록으로 설정하고 Ctrl + ↓ 을 눌러 높이를 늘리고 "기 안 용 지"를 입력합니다. 이어서 "중고딕", "15pt", "가운데 정렬"로 서식을 설정합니다.

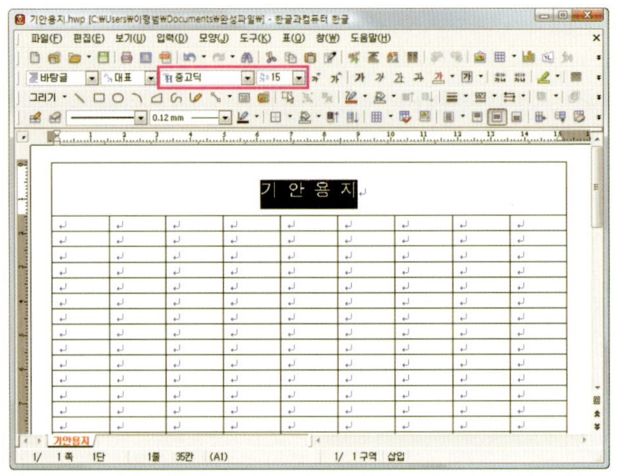

06 선 종류( ) 아이콘을 클릭하여 두 줄 선을 선택하고 선 굵기( ) 아이콘을 클릭하여 "1mm"를 선택합니다. 직선 그리기( ) 아이콘을 클릭한 후 입력한 기안용지 아래에 선을 그립니다.

Note 기안용지를 입력한 뒤에 커서를 놓고 Enter 를 쳐서 위쪽으로 입력한 내용을 보냅니다. 직선을 그릴 때는 Shift 를 누른 상태에서 그리면 편리합니다.

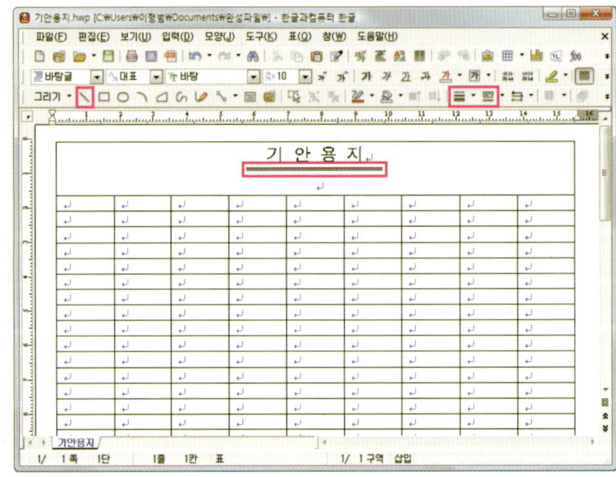

07 다음과 같이 두 번째 행부터 마지막까지 블록으로 설정합니다.

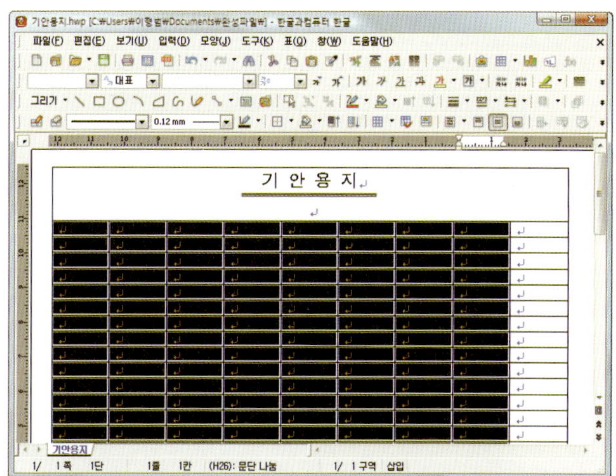

08 단축키 ⌊을 눌러 테두리 선의 종류와 굵기를 선택하고 "바깥쪽 모두" 버튼을 선택하고 [설정] 버튼을 클릭합니다.

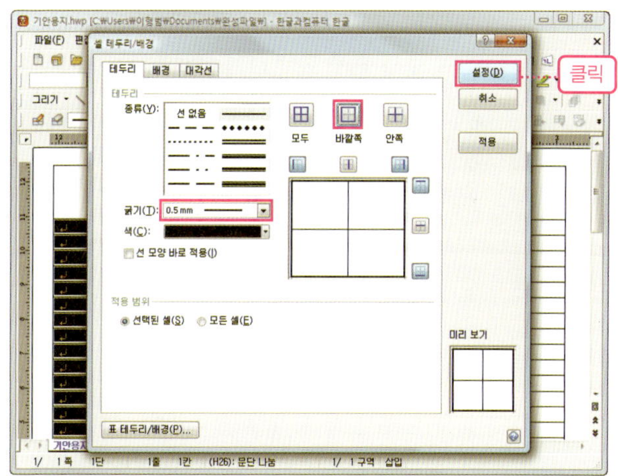

09 바깥쪽 테두리선의 굵기가 변경되었으면 Ctrl+↓을 3회 눌러 높이를 변경합니다.

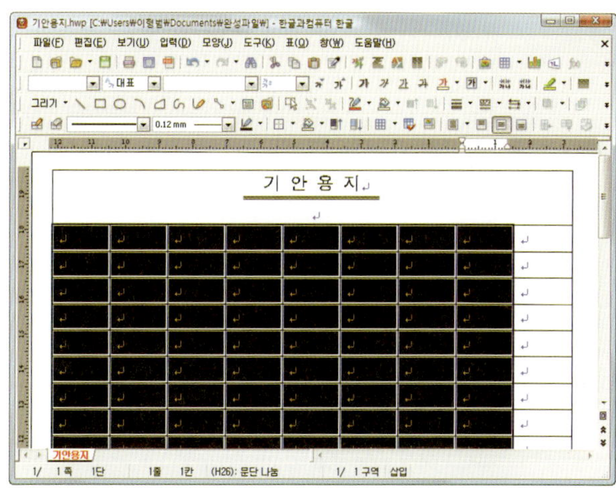

10 "분류기호 및 문서번호"를 입력한 후 F5 를 눌러 셀 블록으로 설정하고 Alt + → 을 눌러 넓이를 조절합니다.

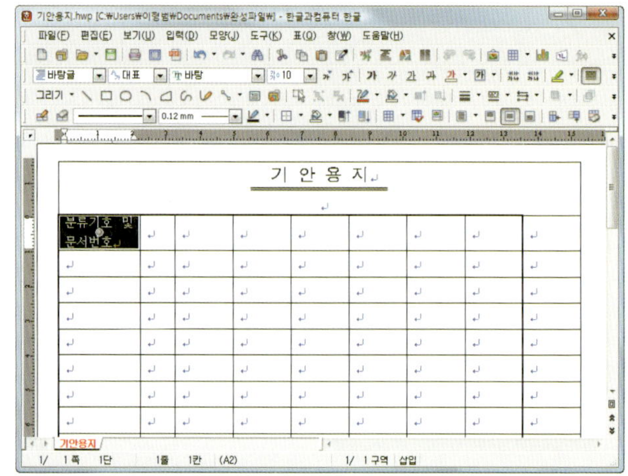

11 다음과 블록을 지정한 후 M 을 눌러 셀을 합칩니다.

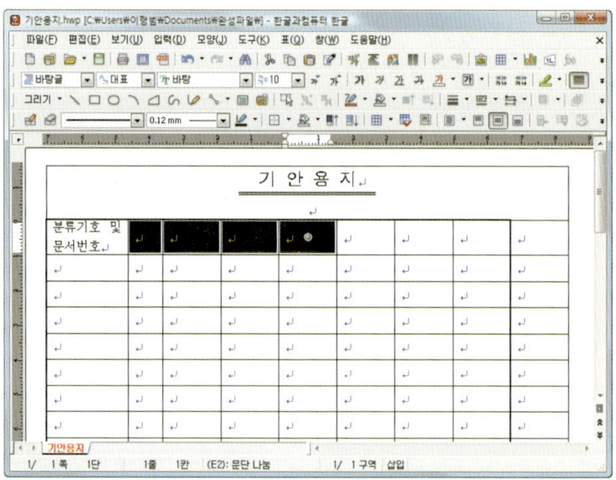

12 옆의 셀도 블록을 지정한 후 M 을 눌러 합칩니다.

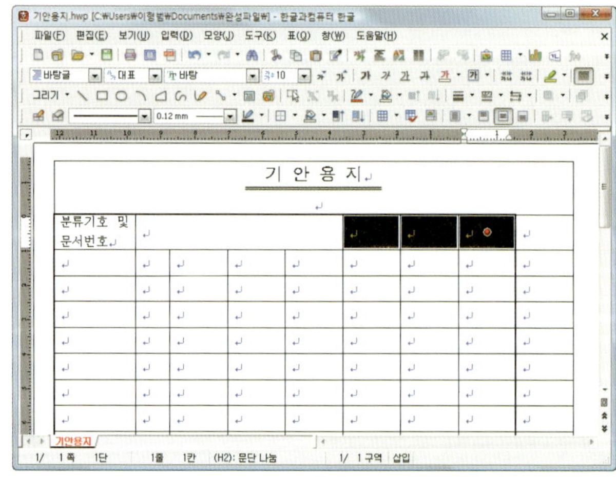

13 다음과 같이 텍스트를 셀의 넓이에 맞게 입력합니다.

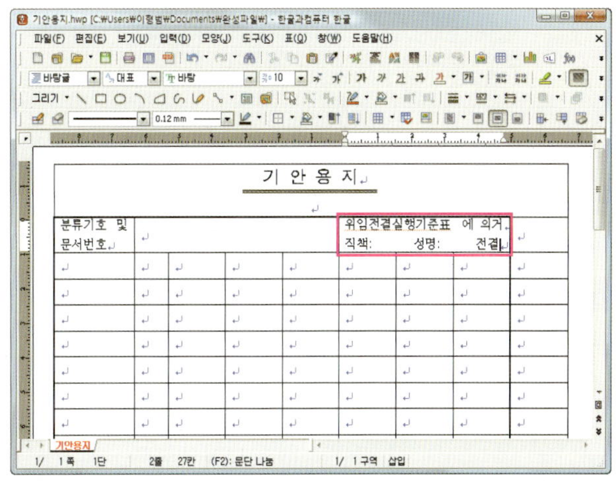

14 다음 줄에 텍스트를 입력한 후 블록을 지정하여 가운데 정렬합니다. Ctrl+↑를 이용하여 셀의 높이를 줄입니다.

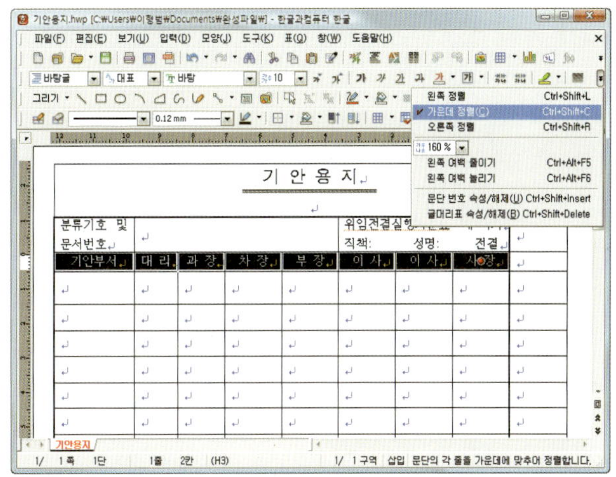

15 다음 행을 클릭한 후 Ctrl+↓을 이용하여 높이를 변경합니다.

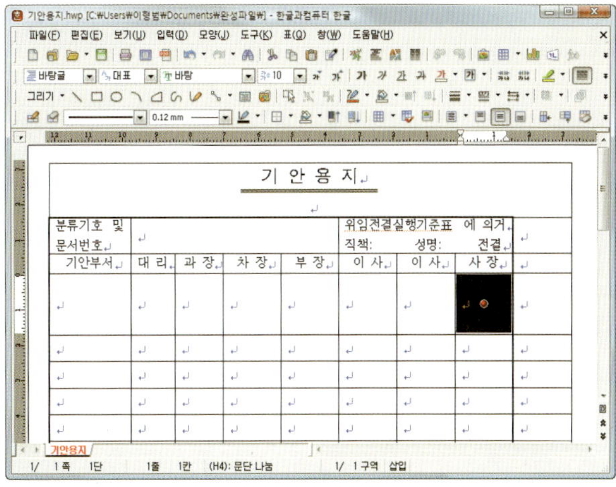

16 다음 행의 각 셀에 "/"을 입력한 후 행 전체를 블록으로 지정하여 가운데 정렬합니다.

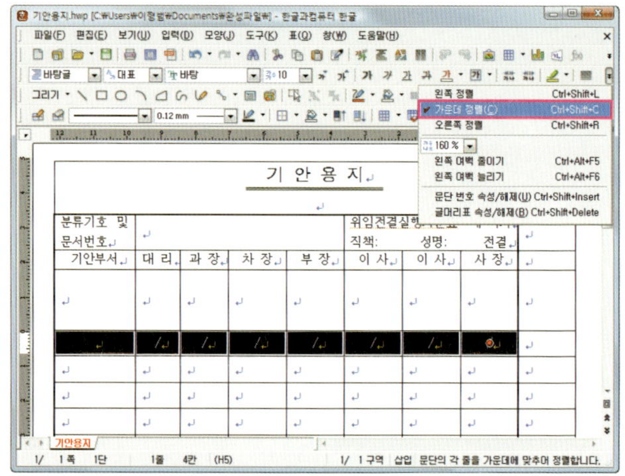

17 "기 안 자", "기안일자", "시행일자"를 입력하고 옆 셀을 다음과 같이 블록으로 지정한 후 Ⓜ을 누릅니다.

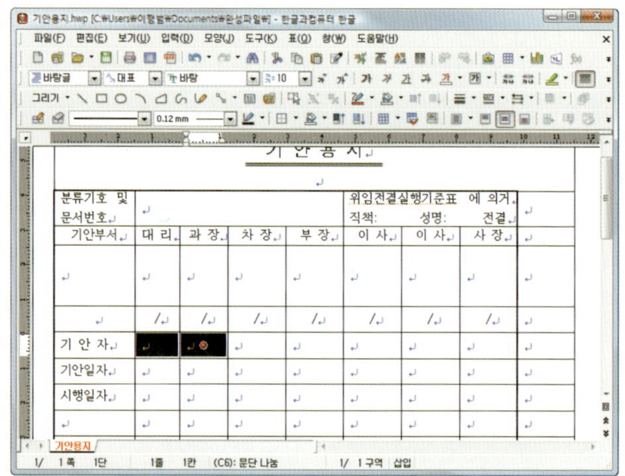

18 기안일자, 시행일자의 옆 셀도 합친 후 다음과 같이 블록을 지정하여 가운데 정렬합니다.

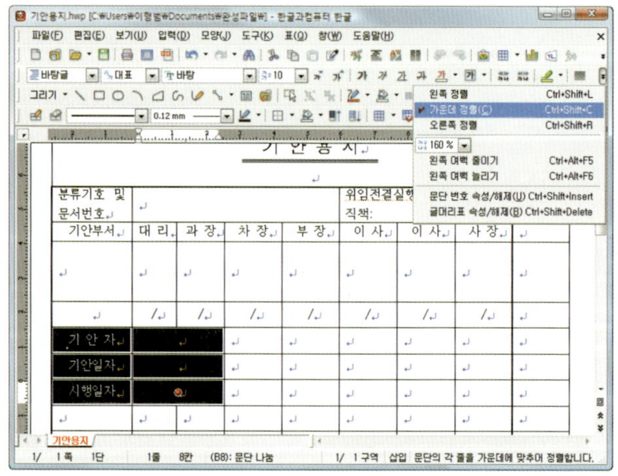

19 다음 셀을 블록으로 설정하고 ⓜ을 눌러 셀을 합칩니다.

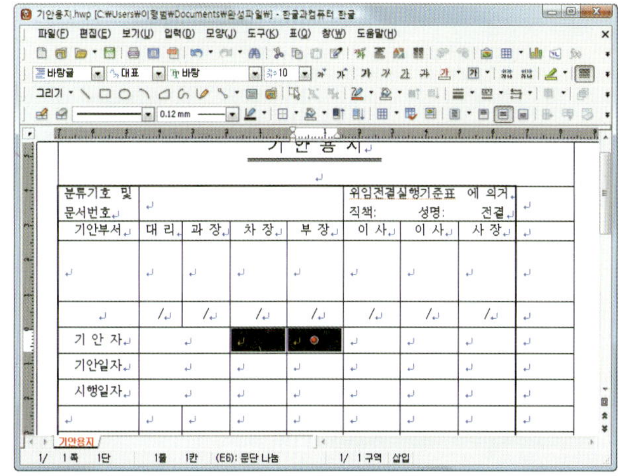

20 "협조부서"를 입력하고 다음 행을 블록으로 지정하고 ⓜ을 눌러 셀을 합칩니다.

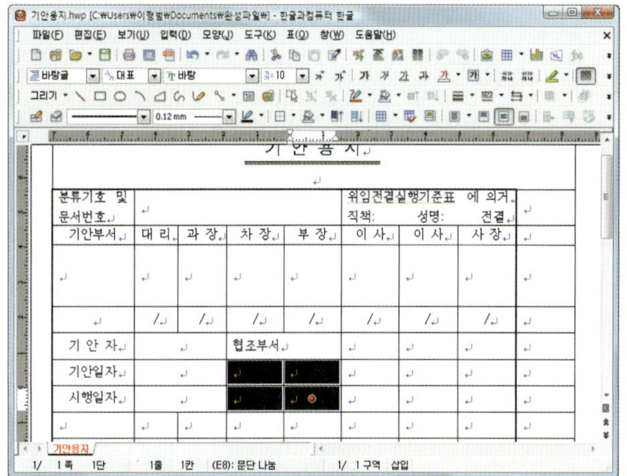

21 다음과 같이 블록으로 지정하고 ⓢ를 누릅니다.

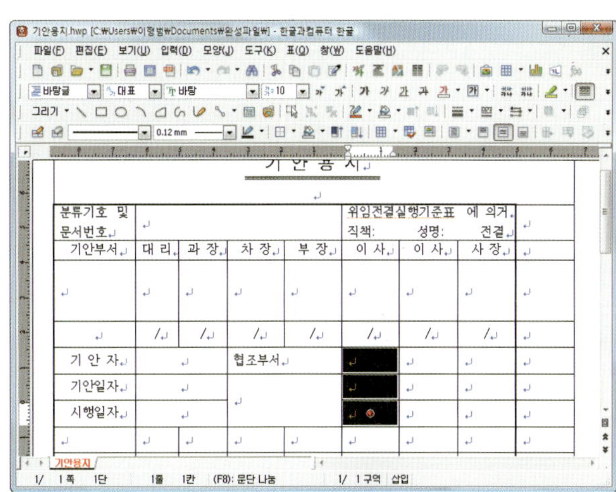

22 [셀 나누기] 대화상자에서 칸 수를 "2"로 지정하고 [나누기] 버튼을 클릭합니다.

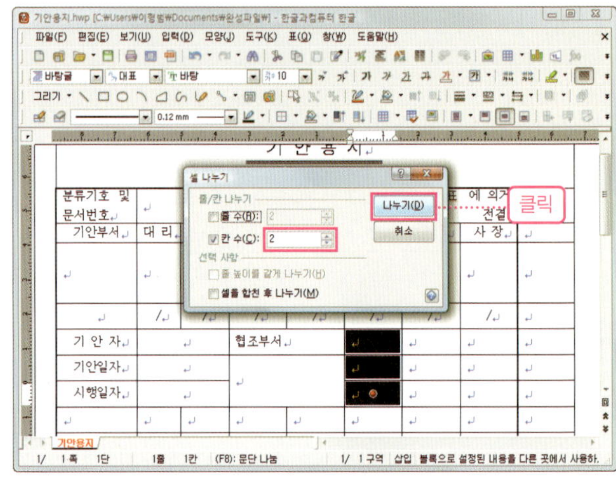

23 다음과 같이 블록으로 지정하고 S를 눌러 칸을 2개로 나눕니다.

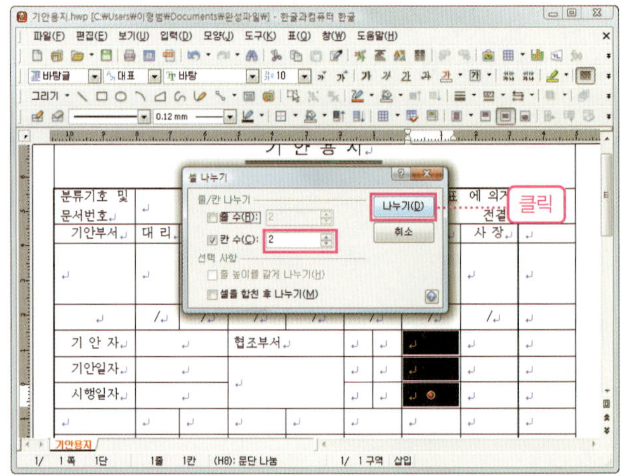

24 다음과 같이 블록으로 지정하고 S를 눌러 칸을 2개로 나눕니다.

Note 여러 셀을 블록으로 지정하여 한꺼번에 셀 나누기를 지정할 수 있습니다.

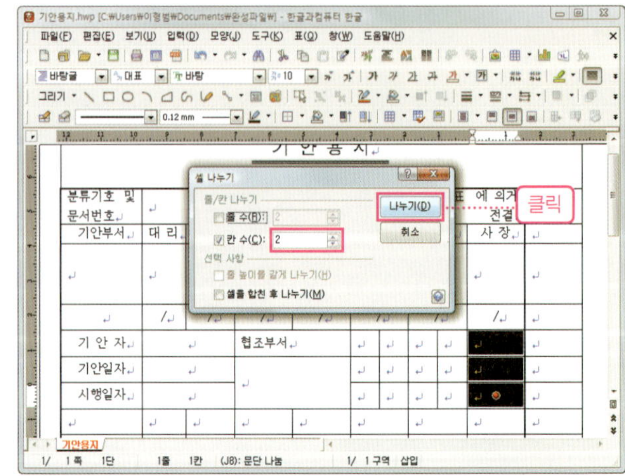

25 나누어진 셀의 일부를 다음과 같이 블록으로 지정한 후 [표]-[셀 합치기]를 선택합니다.

Note 나누어진 셀의 오른쪽에 선 속성이 굵게 되어 있으면 F5를 누른 후 L 를 눌러 선의 굵기를 변경합니다.

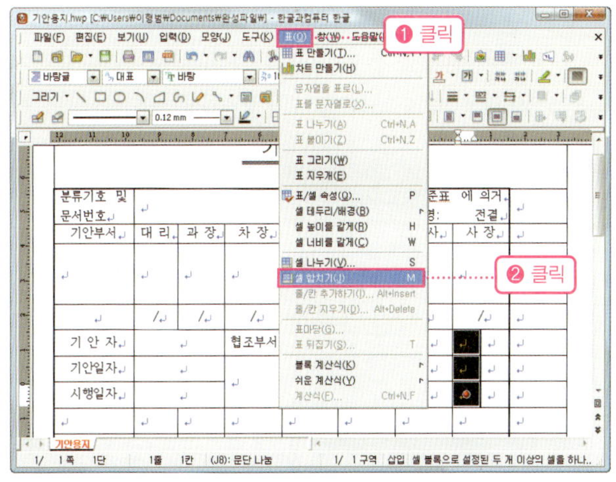

26 나누어진 셀의 일부를 다음과 같이 블록으로 지정하고 [표]-[셀 합치기] 메뉴를 선택합니다.

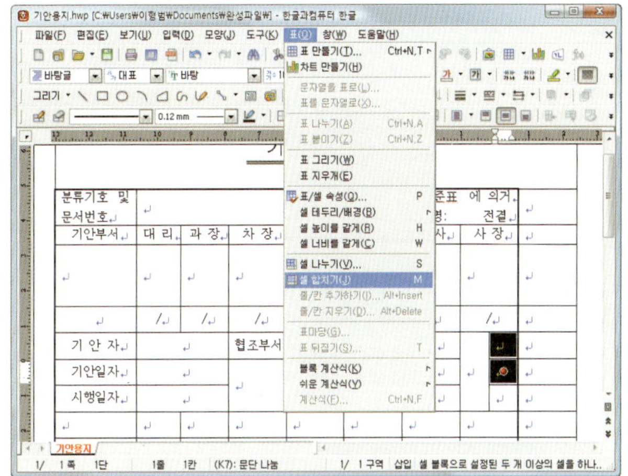

27 텍스트를 입력하고 블록으로 지정하여 가운데 정렬합니다.

Note 대리, 과장, 차장, 부장이 두 줄로 입력되면 셀 블록으로 지정한 후 P 를 눌러 [표] 탭에서 셀의 안쪽 여백을 "0"으로 설정합니다.

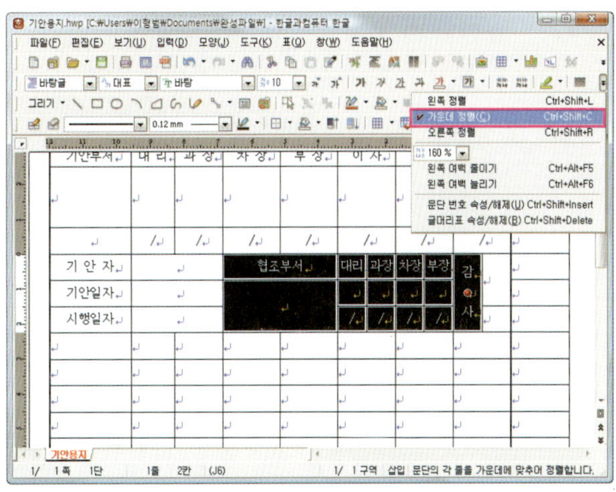

28 "기안자"가 입력될 셀을 클릭하고 [입력]–[문서마당
정보] 메뉴를 선택합니다. [개인 정보] 탭을 클릭한 후
사용자 이름을 선택하고 [넣기] 버튼을 클릭합니다.

 [개인 정보] 탭에 표시되는 내용은 [도구]–[환경 설정]–[개인 정보]에서
입력한 내용이 표시됩니다.

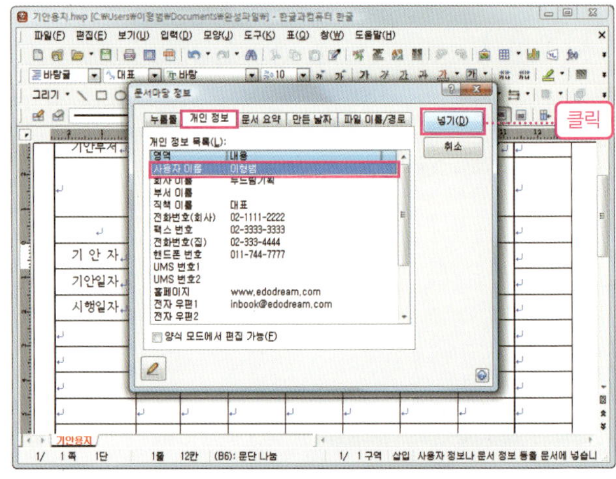

29 "기안일자"와 "시행일자"가 입력될 곳에 "년 월 일"
을 각각 입력합니다.

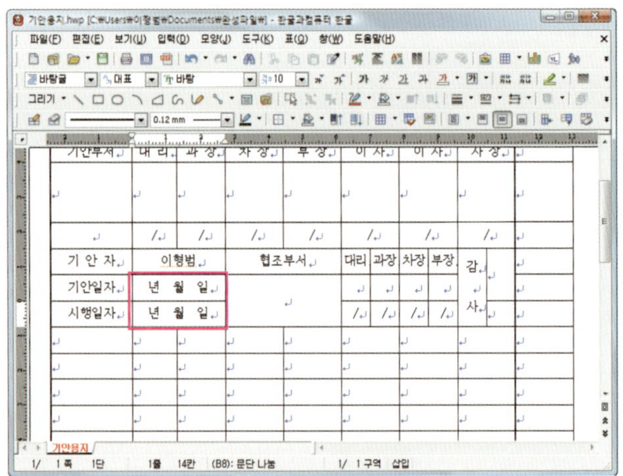

30 다음과 같이 입력하고 블록을 설정한 후 ⓜ을 눌러
셀을 합칩니다.

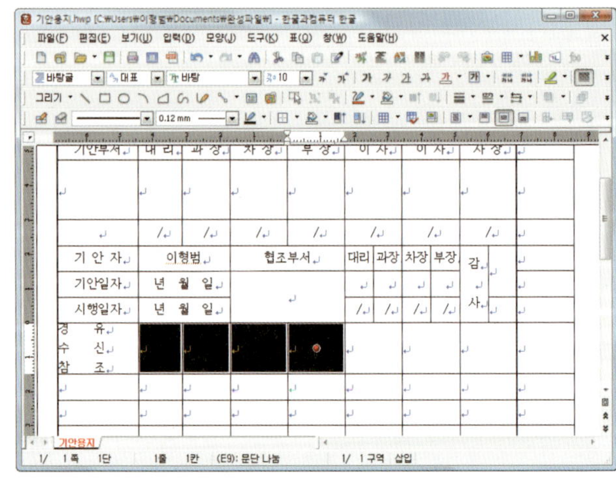

31 다음과 같이 블록을 설정한 후 ⑤를 눌러 줄 수를 "2"로 입력하고 [나누기] 버튼을 클릭합니다.

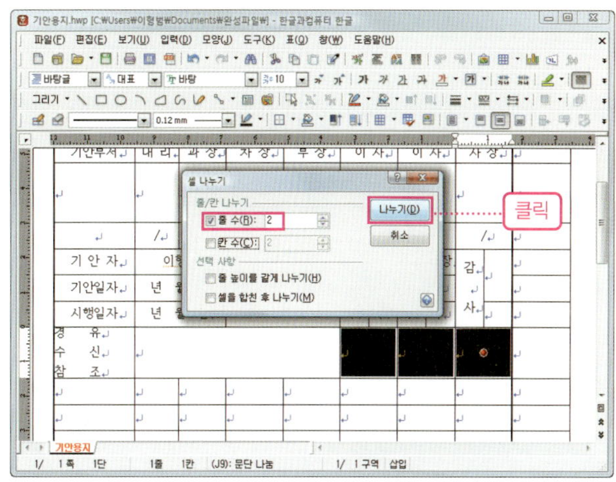

32 입력할 칸이 모자라므로 칸을 하나 더 만듭니다. 다음과 같이 블록을 지정하고 ⑤를 누른 후 칸 수를 "2"로 지정하여 [나누기]합니다.

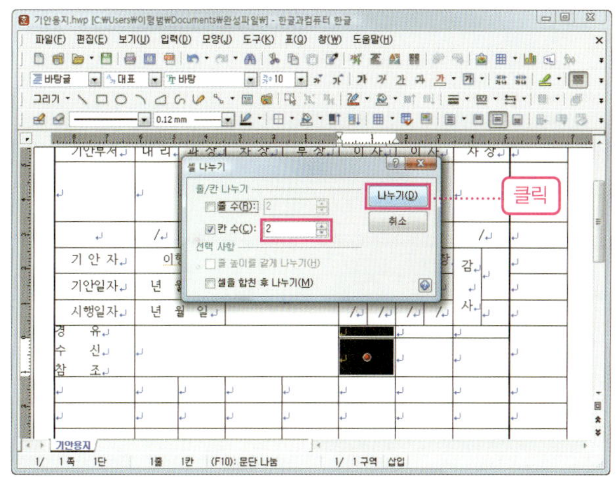

33 나누어진 셀은 크기가 일정하지 않으므로 다음과 같이 셀 블록으로 설정하고 ⑩를 누릅니다.

Note [표]-[셀 너비를 같게] 메뉴를 선택해도 됩니다.

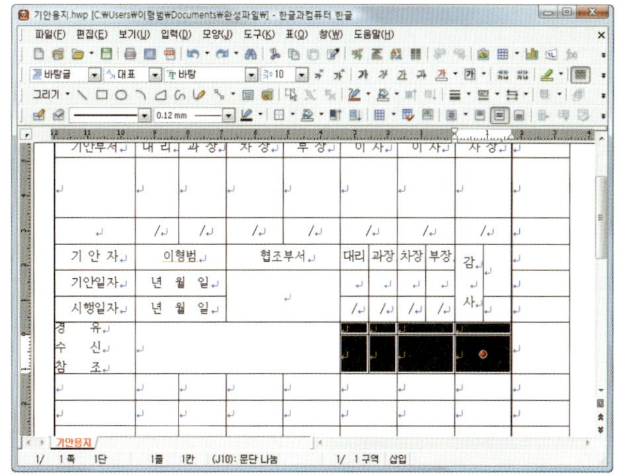

34 다음과 같이 셀 너비가 일정하게 변경됩니다.

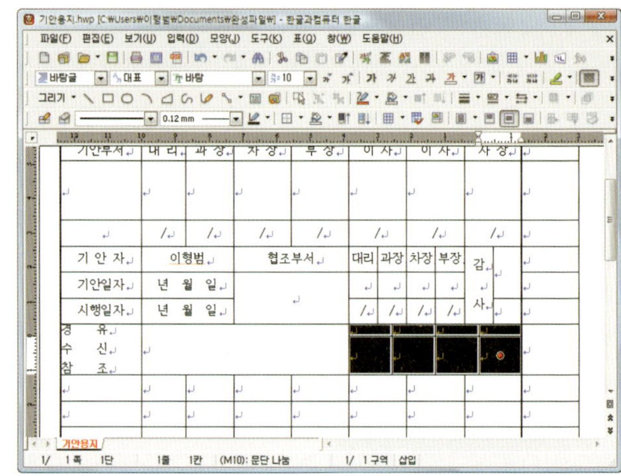

35 필요한 텍스트를 입력하고 블록을 지정한 상태에서 가운데 정렬합니다.

Note 너비가 좁아 두 줄로 입력되면 너비와 높이도 적당히 조정합니다.

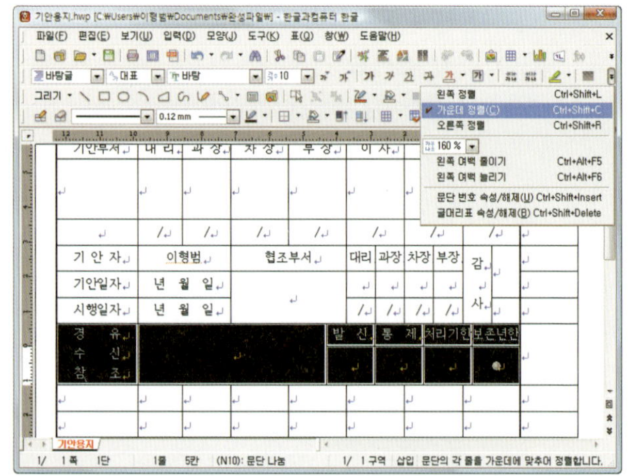

36 다음 행에 "제목"을 입력하고 다음과 같이 블록을 지정하고 M을 눌러 셀을 합칩니다.

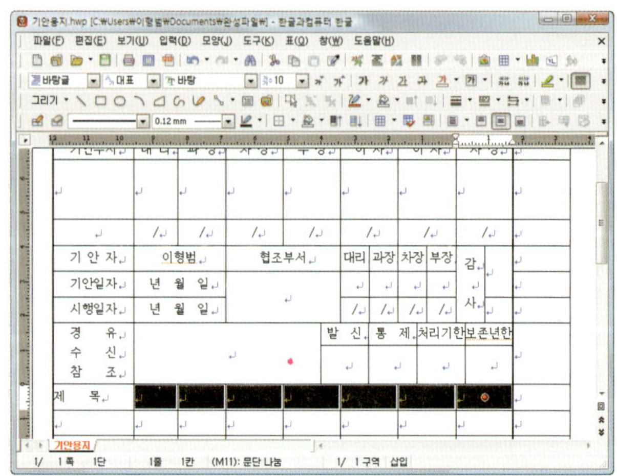

37 제목 행을 블록으로 설정한 후 가운데 정렬합니다.

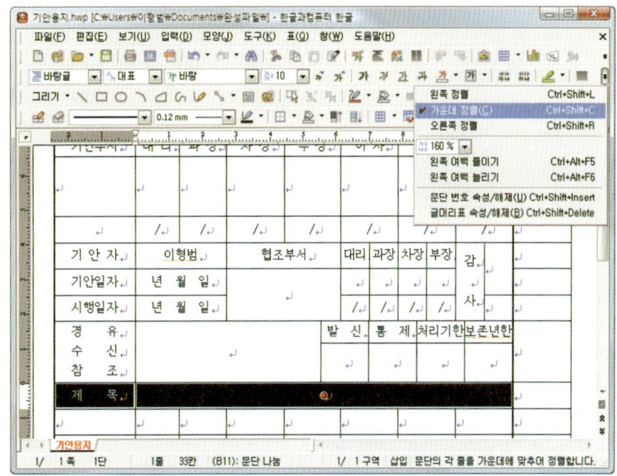

38 내용이 입력될 곳의 각 행을 블록으로 설정한 후 M 을 눌러 셀을 합칩니다.

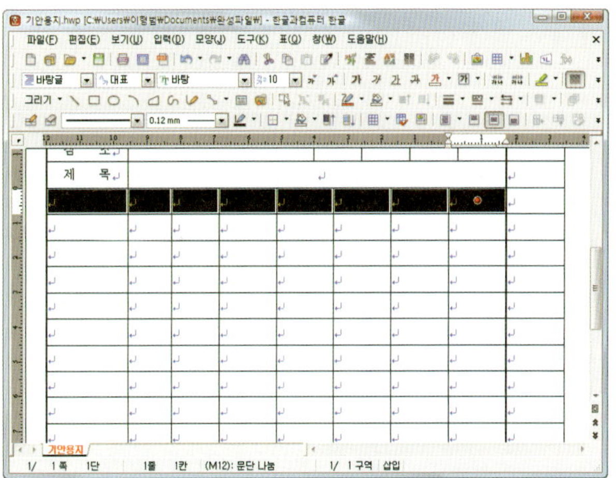

39 마지막 행까지 셀을 합치고 오른쪽 일부 12개 셀을 블록으로 설정합니다. 그런 다음 L 을 눌러 바깥 테두리선의 굵기를 "0.5mm"로 지정하여 그립니다.

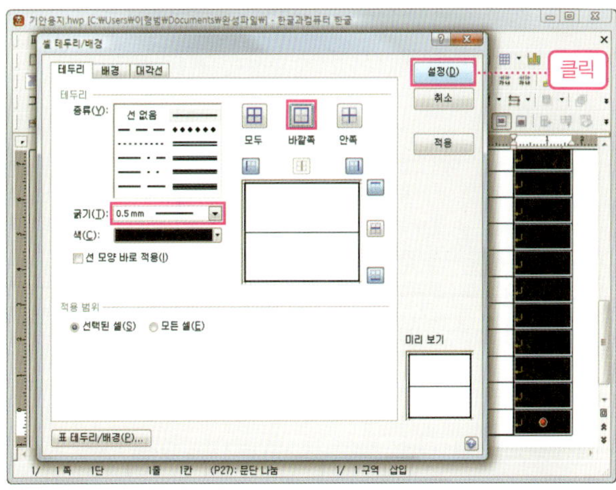

40 다음과 같이 텍스트를 입력하고 블록으로 지정하고 가운데 정렬합니다. 이어서 Ctrl+← 를 눌러 너비를 적당히 줄입니다.

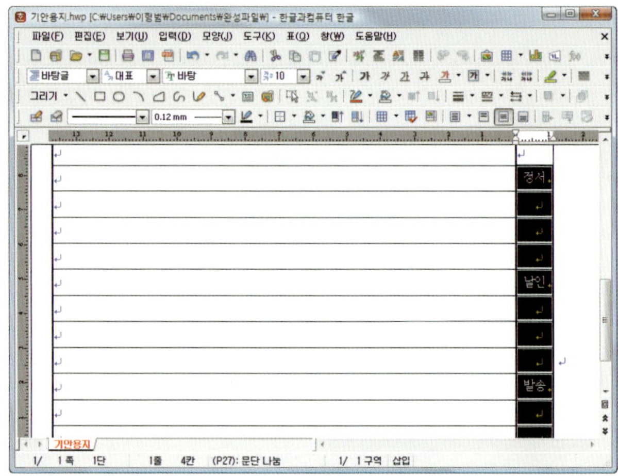

41 "정서", "날인", "발송"이 입력될 아래쪽 3칸을 셀 블록으로 지정한 후 M을 눌러 합칩니다.

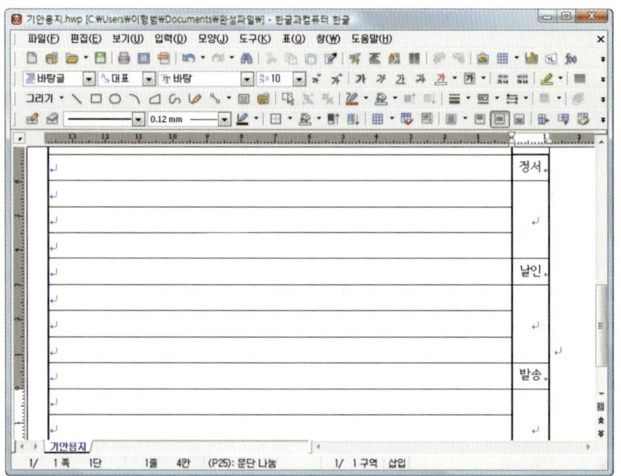

42 표 도구상자의 표 지우개(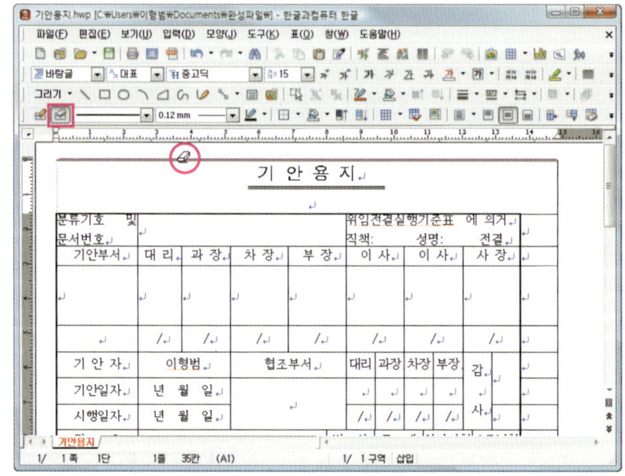) 도구를 선택하여 선이 필요 없는 부분을 드래그하여 선을 지웁니다.

43 칸의 너비가 일정하지 않은 셀을 블록으로 지정한 후 W를 눌러 셀 너비를 같게 합니다.

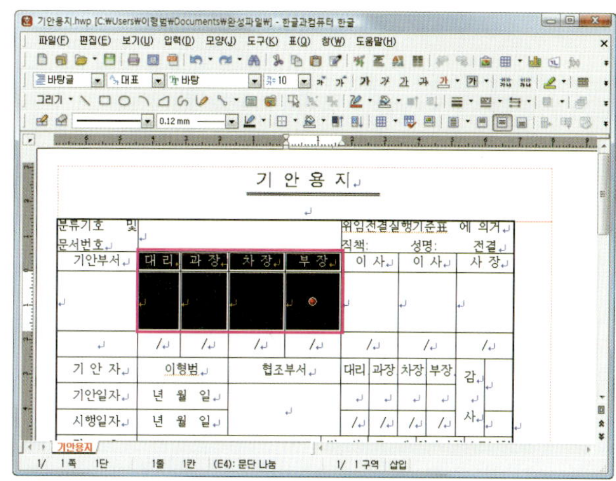

44 다음과 같이 결재란의 너비가 변경됩니다.

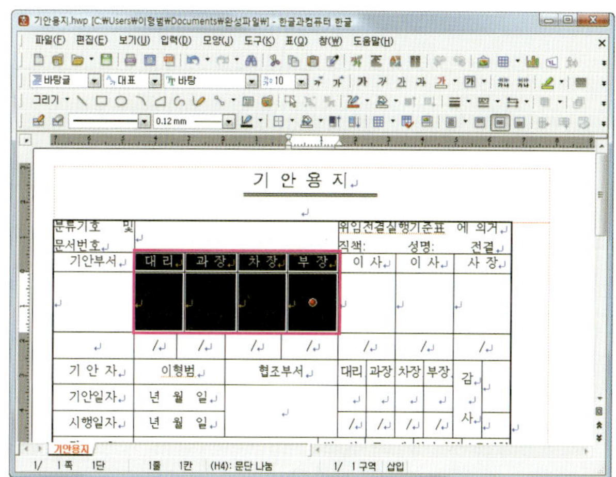

45 [파일]-[미리 보기] 메뉴를 선택하여 인쇄될 모양을 확인하고 저장합니다.

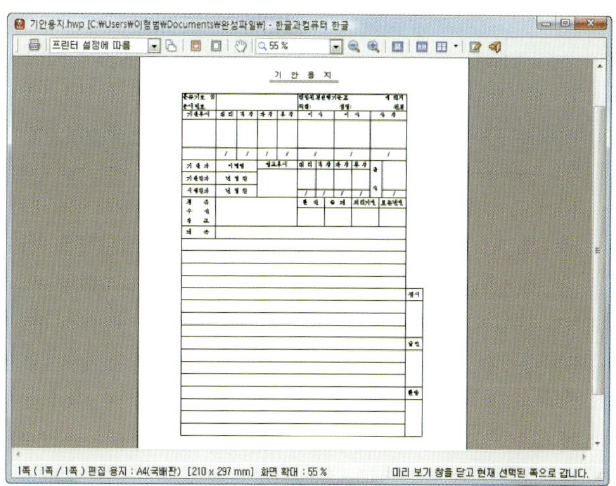

09

견적서 만들기

- **키워드** : 날짜/시간 코드, HNC 코드 입력
- **예제 파일** : 완성 파일\견적서.hwp

견적서는 차후의 거래를 위하여 재화나 용역을 공급하고자 하는 쪽에서 각종 경비를 포함시켜 그 가격을 미리 산출하고 내용을 구체적으로 기재하여 잠재 고객에게 제시하는 제안 서식입니다. 이번에 작성할 견적서 서식은 거래할 품목과 단가, 금액 등을 입력하면 자동으로 합계가 계산되도록 만들어 보겠습니다.

견 적 서

No.

2009년 1월 30일

귀하

아래와 같이 견적합니다.

공급자		
등록번호		
상호(법인명)	성명	㉑
사업장주소		
업 태	종목	
전화번호		

합 계 금 액
(공급가액+ 세액) 원整(₩ 0)

품 명	규 격	수 량	단 가	공 급 가 액	세 액	비 고
계			0	0	0	0

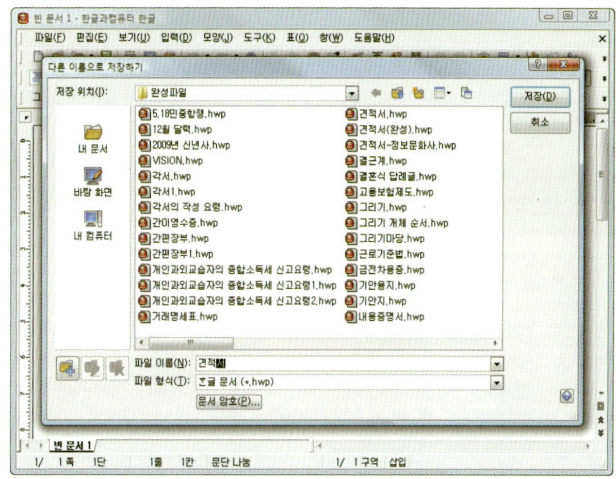

01 새 창에서 단축키 `Alt`+`S`를 눌러 "견적서"로 저장합니다.

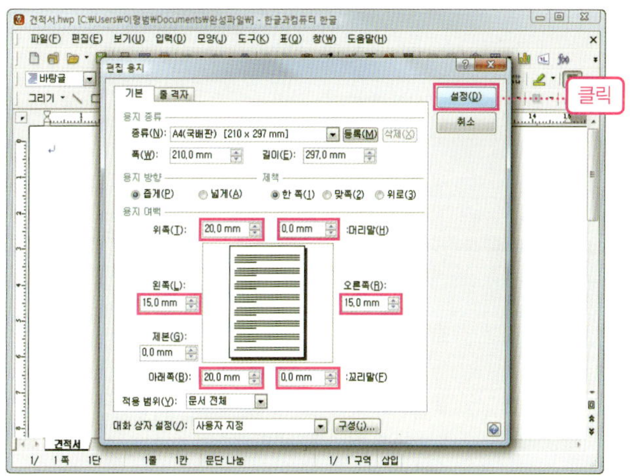

02 단축키 `F7`을 눌러 용지 여백을 위쪽, 아래쪽은 "20"으로 왼쪽과 오른쪽은 "15"로 머리말과 꼬리말은 "0"으로 지정하고 [설정] 버튼을 클릭합니다.

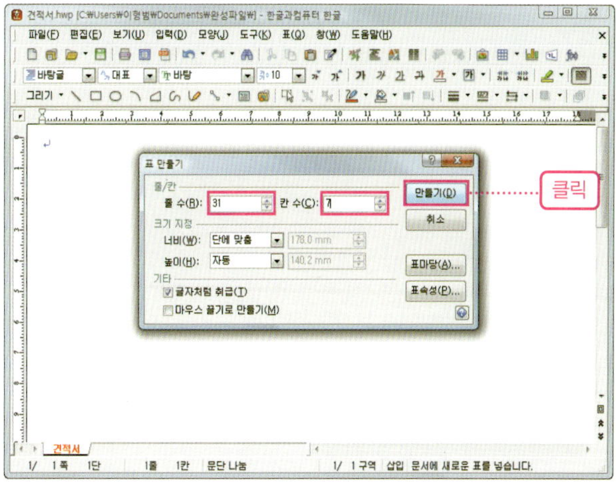

03 [표]-[표 만들기] 메뉴를 선택하고 줄 수는 "31" 칸 수는 "7"을 입력하고 [만들기] 버튼을 클릭합니다.

04 F5를 연속으로 세 번 눌러 표 전체를 블록으로 지정합니다. L을 눌러 테두리의 종류를 선택하고 "바깥쪽 모두" 아이콘을 선택한 후 [설정] 버튼을 클릭합니다.

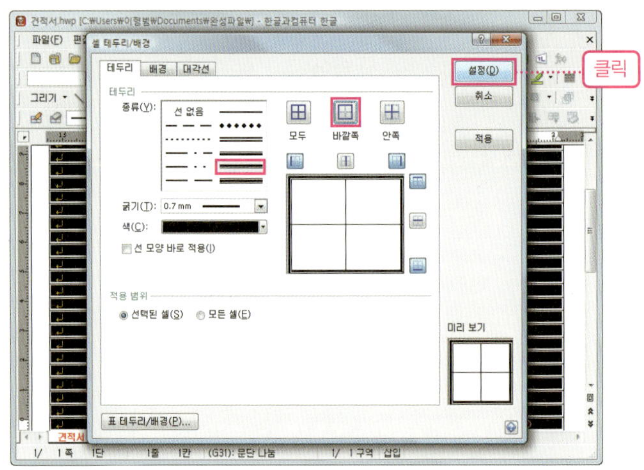

05 첫 행을 블록으로 지정하고 M을 눌러 셀을 합칩니다.

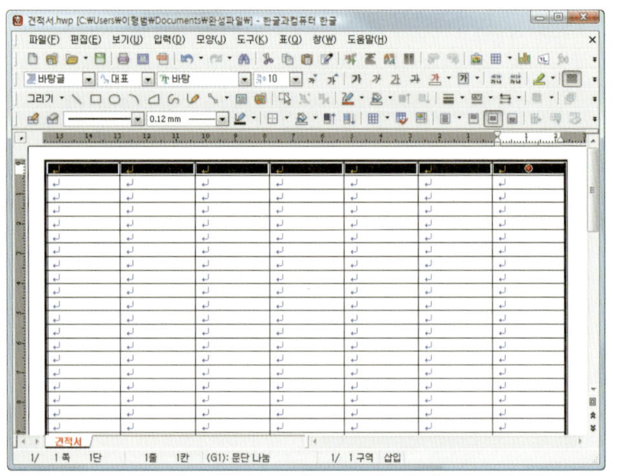

06 다음과 같이 텍스트와 빈칸을 입력한 후 블록을 설정하여 기울임과 밑줄 서식을 적용합니다.

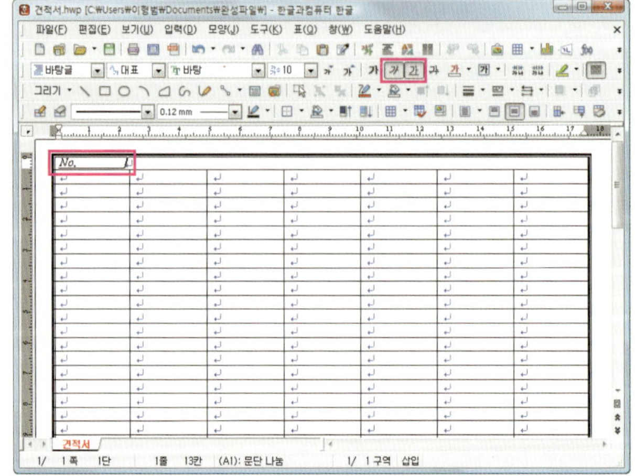

07 Enter 를 눌러 다음 줄에 "견 적 서"를 입력하고 블록을 지정한 상태에서 Alt + L 을 누릅니다. 글자 크기를 "25pt", 글꼴은 "HY견명조"를 선택하고 "밑줄" 아이콘을 클릭합니다.

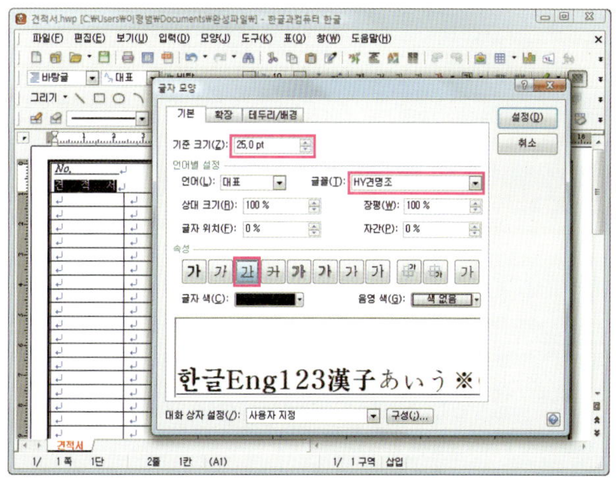

08 [확장] 탭을 클릭한 후 밑줄 모양을 두 줄로 하고 [설정] 버튼을 클릭합니다. 그리고 가운데 정렬합니다.

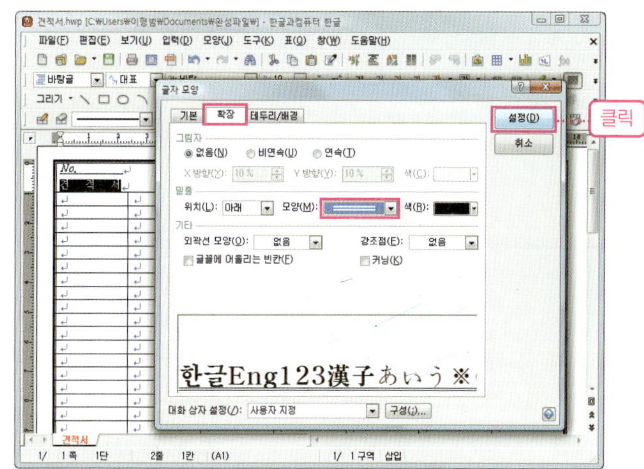

09 F5 를 눌러 블록을 설정한 후 Ctrl + ↓ 을 11회 눌러 행 높이를 넓힙니다.

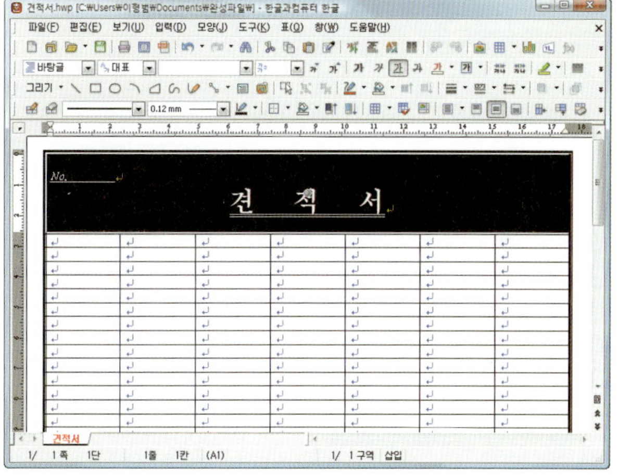

10 다음과 같이 블록을 지정하고 M을 눌러 셀을 합칩
니다.

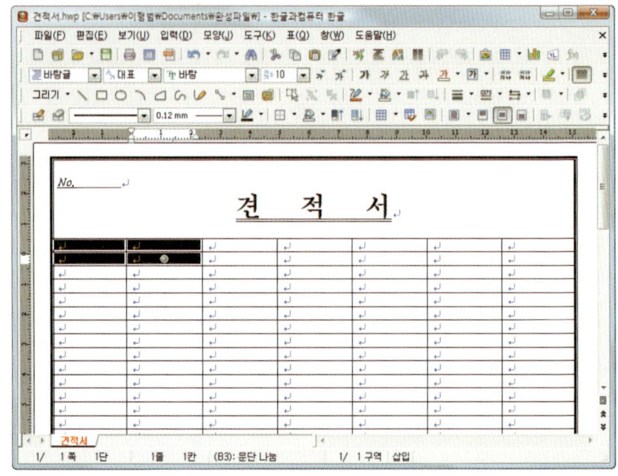

11 같은 방법으로 텍스트가 입력될 부분의 셀을 합칩
니다.

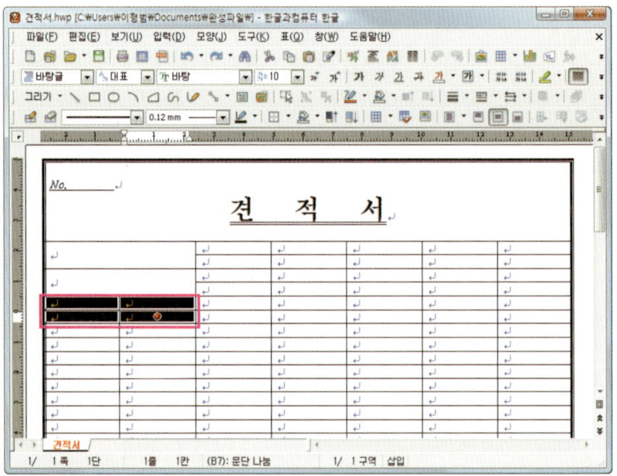

12 "귀하"를 입력할 부분의 셀을 블록으로 지정한 후
M을 눌러 셀을 합칩니다.

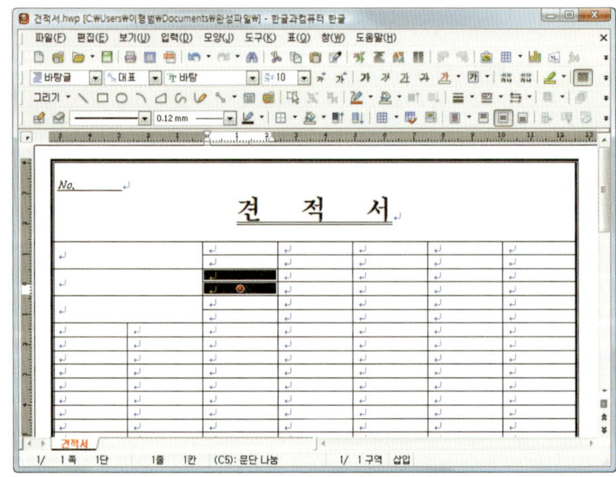

13 다음과 같이 블록을 지정한 후 가로 눈금자의 첫 줄 시작 위치를 마우스로 드래그하여 조절합니다.

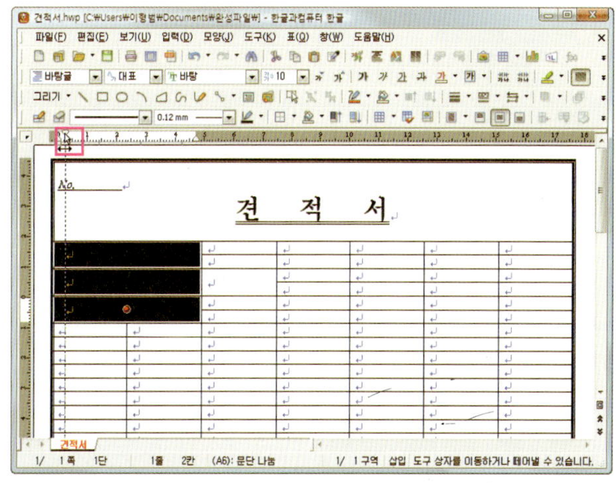

14 다음과 같이 블록을 지정한 후 M을 눌러 셀을 합칩니다.

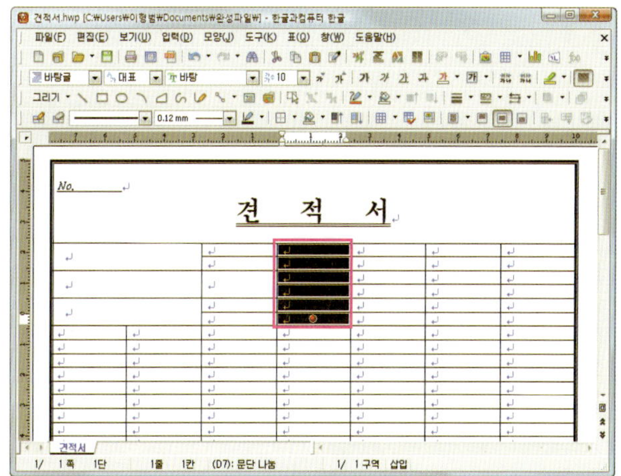

15 "공급자"를 입력할 부분을 만들기 위해 다음과 같이 블록을 지정한 후 S를 눌러 칸 수를 "2"로 입력하고 [나누기] 버튼을 클릭합니다.

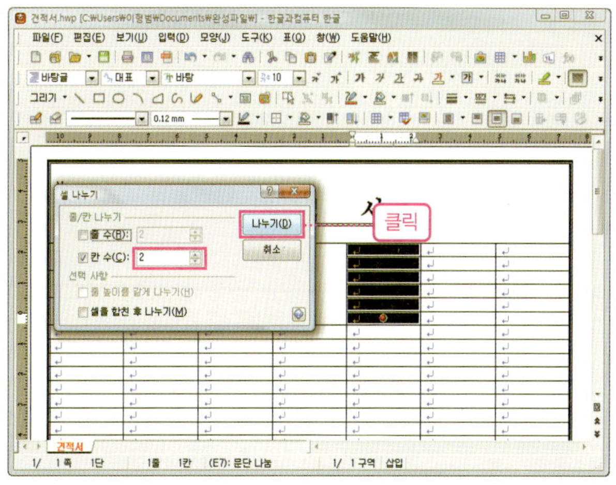

16 칸을 나눈 후 다음과 같이 블록을 지정하고 M을 눌러 셀을 합칩니다.

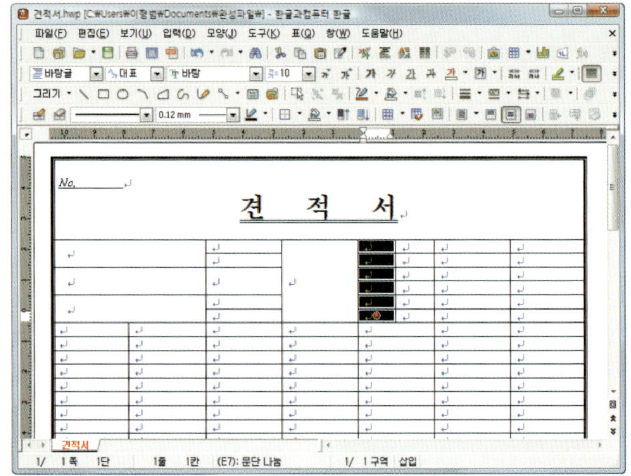

17 Shift와 방향키를 이용하여 셀의 넓이를 다음과 같이 조절합니다.

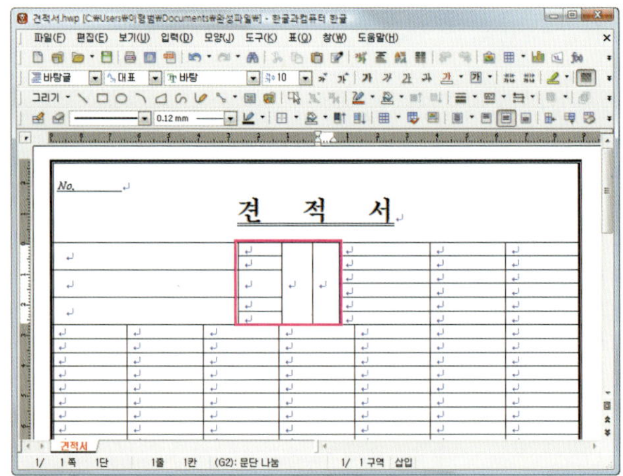

18 등록번호가 입력될 부분을 블록으로 지정하고 M을 눌러 셀을 합칩니다.

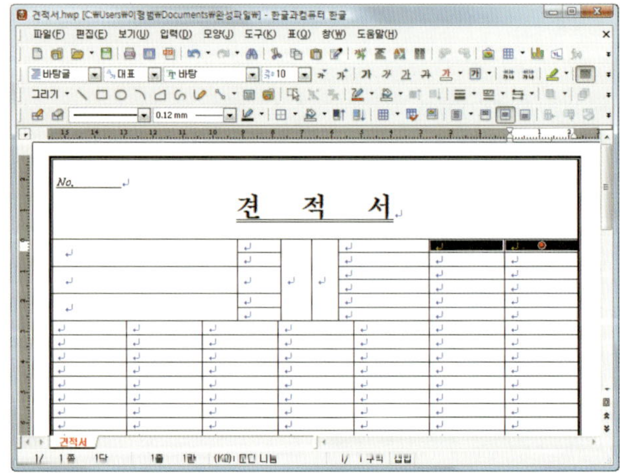

19 이름이 입력될 란을 만들기 위해 다음과 같이 블록을 지정합니다. ⑤를 눌러 칸 수를 "2"로 입력하고 [나누기] 버튼을 클릭합니다.

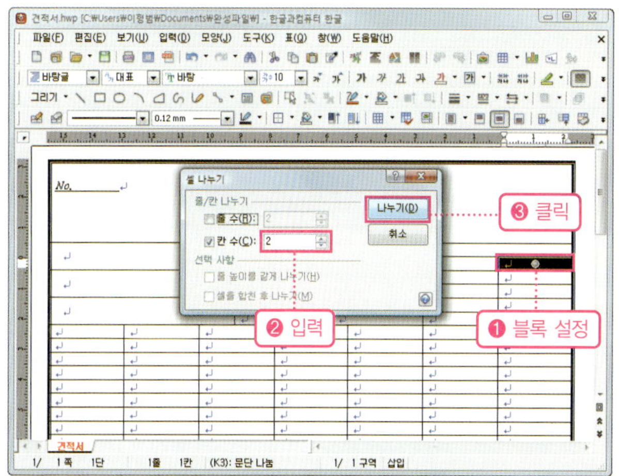

20 Shift 와 방향키를 이용하여 칸의 넓이를 조절합니다.

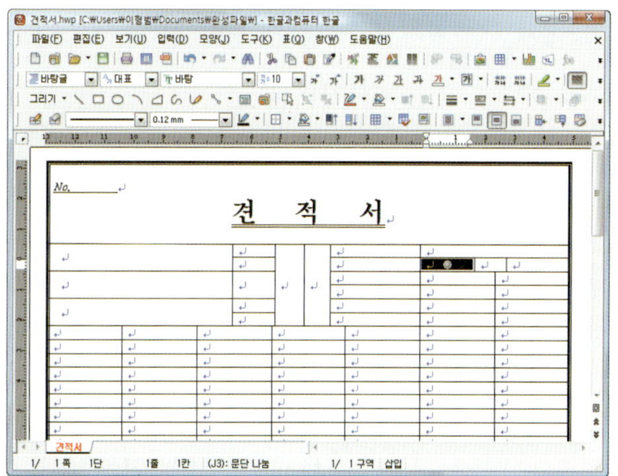

21 위와 같은 방법으로 사업장 주소 입력란과 업태, 종목란을 만듭니다.

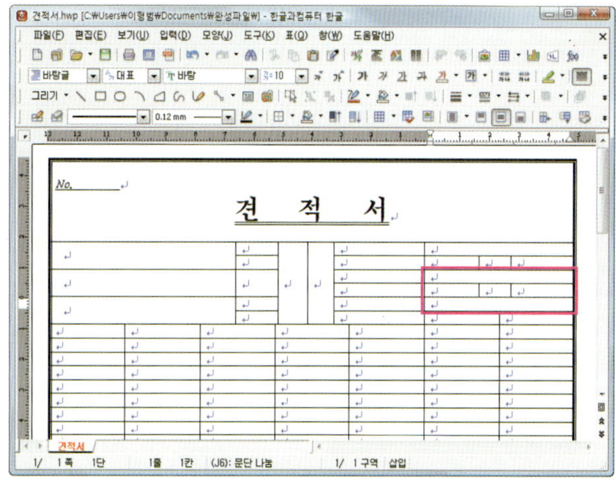

22 전화번호가 입력될 셀을 다음과 같이 블록으로 지정
하여 합칩니다.

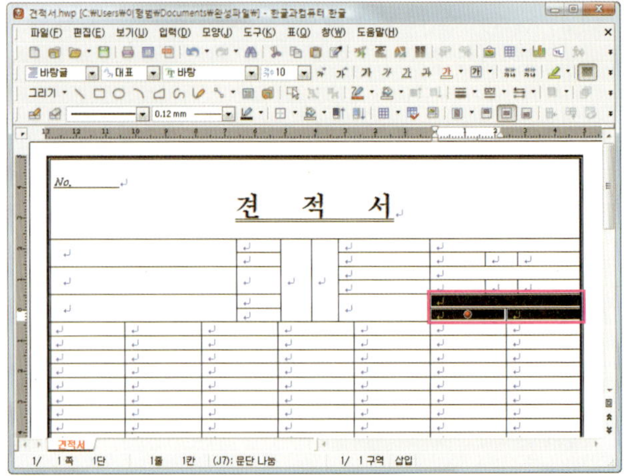

23 다음과 같이 셀 블록으로 지정한 후 H를 눌러 셀 높
이를 같게 합니다.

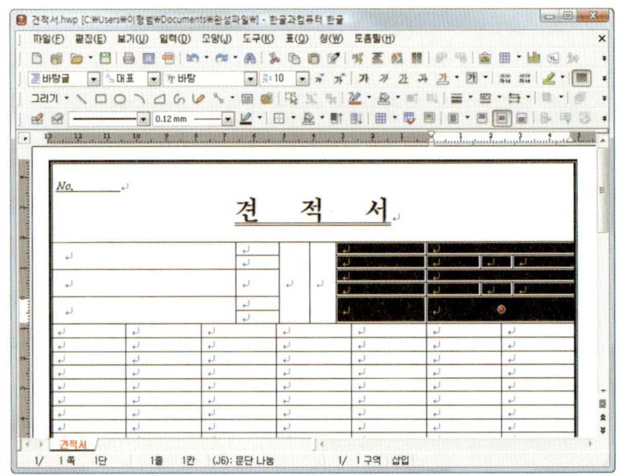

24 "귀하"가 입력된 셀을 중심으로 위쪽과 아래쪽 셀을
블록으로 지정한 후 M을 눌러 합칩니다.

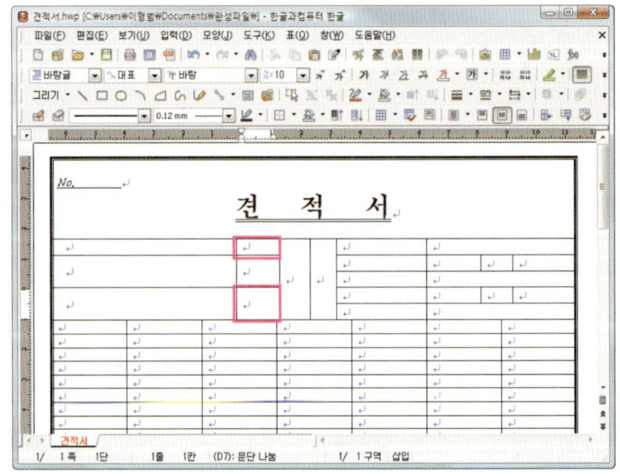

25 다음과 같이 블록을 지정하고 H를 눌러 셀 높이를 같게 합니다.

 [표]-[셀 높이를 같게]/[셀 너비를 같게] 메뉴는 블록으로 지정한 셀을 일정한 너비로 자동 조절합니다.

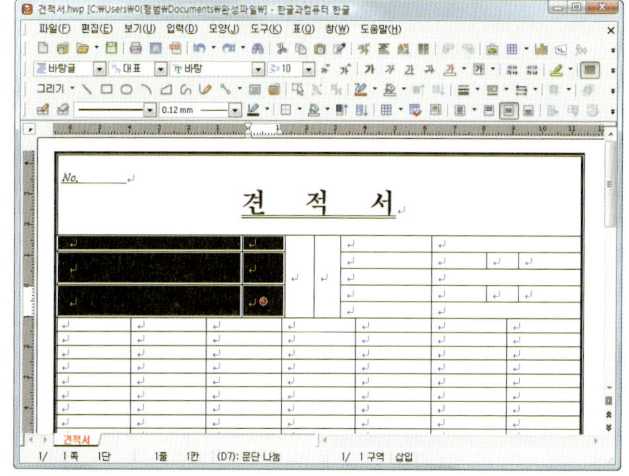

26 날짜가 입력될 셀을 블록 설정한 후 [입력]-[날짜/시간]-[날짜/시간 코드] 메뉴를 선택합니다. 자동으로 컴퓨터가 가지고 있는 날짜가 입력됩니다.

 날짜와 시간이 입력되는 형식은 [입력]-[날짜/시간]-[날짜/시간 형식] 메뉴를 클릭하여 선택할 수 있습니다.

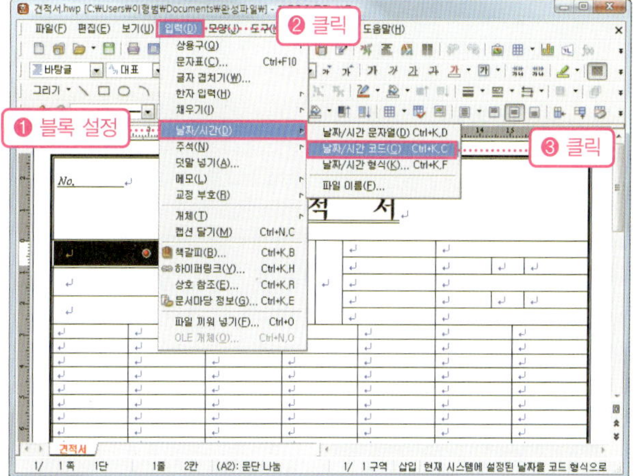

27 필요한 텍스트를 다음과 같이 입력합니다. "귀하"는 블록으로 지정한 후 진하게, 가운데 정렬합니다.

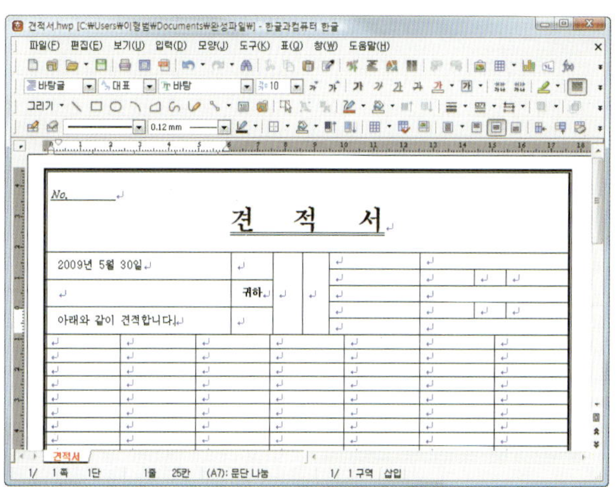

28 공급자 정보가 입력될 곳을 블록으로 지정한 후 ⓒ 를 누릅니다.

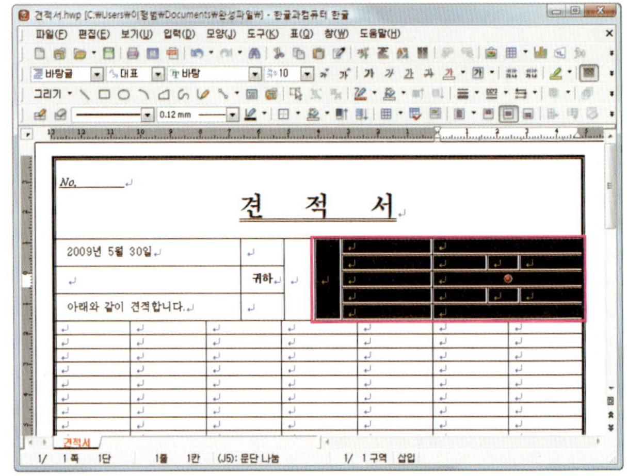

29 [셀 테두리/배경] 대화상자의 [배경] 탭에서 면 색을 지정합니다.

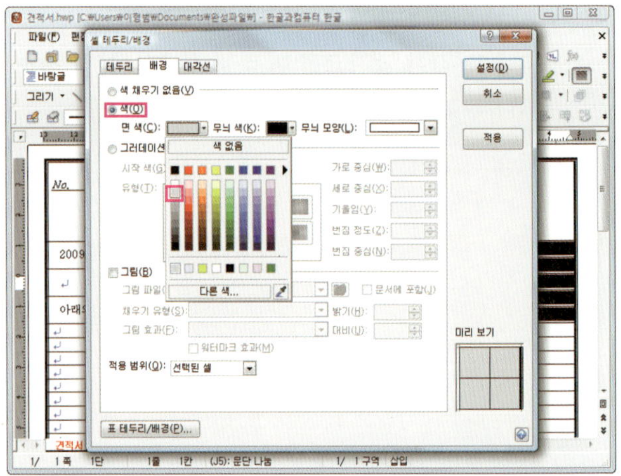

30 [테두리] 탭에서 선의 굵기를 선택하고 왼쪽, 위쪽, 아래쪽 테두리를 지정하고 [설정] 버튼을 클릭합니다.

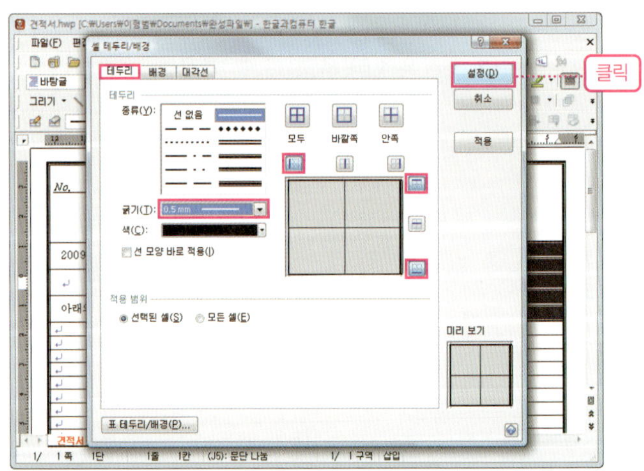

31 텍스트를 입력한 후 [Ctrl]과 마우스를 이용하여 다음
과 같이 블록을 지정하고 가운데 정렬합니다.

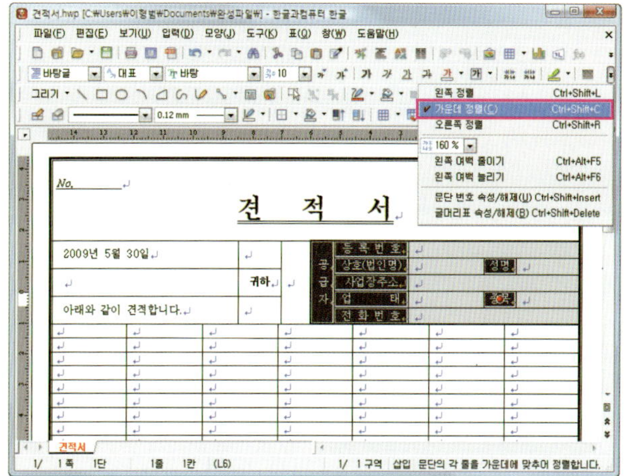

32 날짜가 입력된 셀과 이름이 입력될 셀의 아래쪽 선만
다음과 같이 남기고 주변 테두리 선을 없앱니다.

[Note] 날짜가 입력된 위쪽 선을 없애기 위해서는 "견적서"가 입력된 셀의 아래
쪽 선을 없앤 후 "공급자" 정보의 위쪽 선을 다시 그려야 합니다.

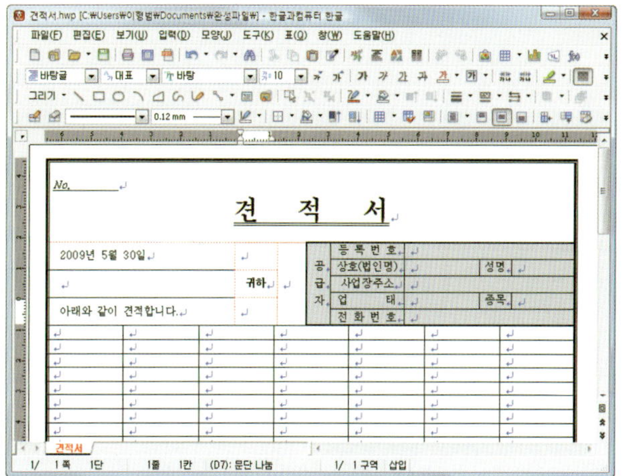

33 이름이 입력될 셀로 커서를 이동하여 [Ctrl]+[F10]을
눌러 "인"을 입력하고 가운데 정렬합니다.

[Note] HNC 코드 입력란에 "25f5"를 입력하면 원하는 문자표로 바로 이동합
니다.

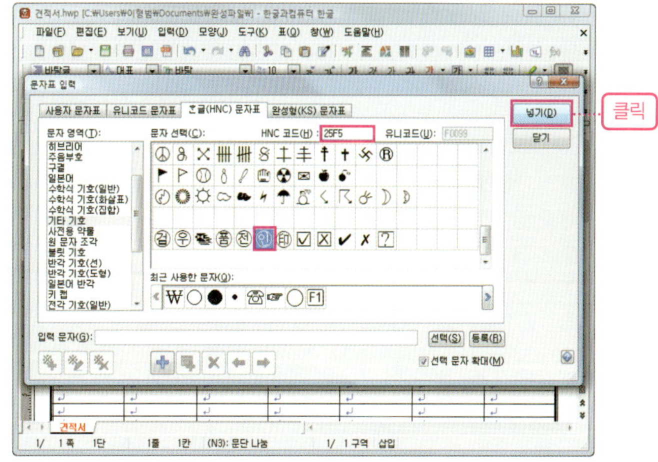

34 "합계금액"이 입력될 부분을 만들기 위해 F5를 눌러 블록을 지정한 후 Ctrl+↓을 눌러 높이를 조절합니다. 다음과 같이 블록을 지정하고 M을 눌러 셀을 합칩니다.

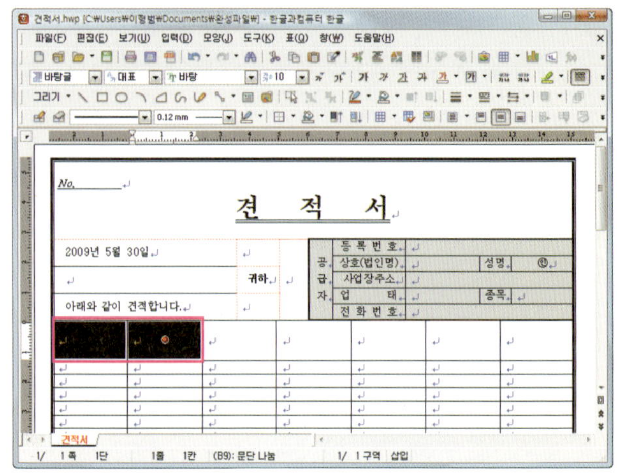

35 금액을 입력할 셀도 블록으로 지정하여 M을 눌러 합칩니다.

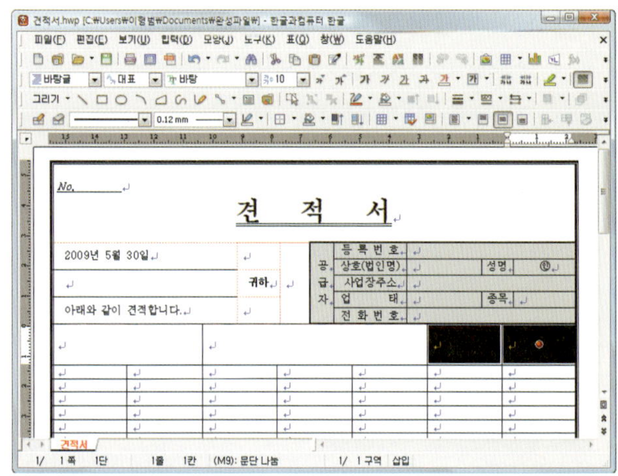

36 다음과 같이 텍스트를 입력하고 필요한 항목을 글자 크기 "12pt, 진하게, 가운데 정렬 또는 오른쪽 정렬"로 지정합니다. 금액이 입력될 행을 모두 블록으로 지정하고 L을 눌러 안쪽 모두를 "선 없음"으로 설정합니다.

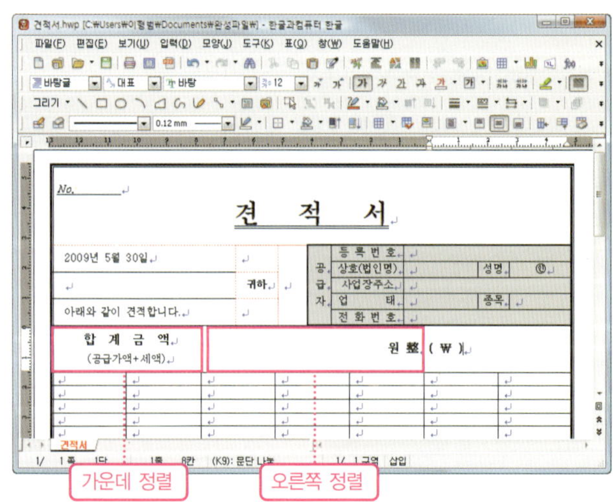

37 품명, 규격, 수량... 등을 입력하고 셀을 블록으로 지정한 후 [Shift]와 방향키를 이용하여 다음과 같이 조절합니다.

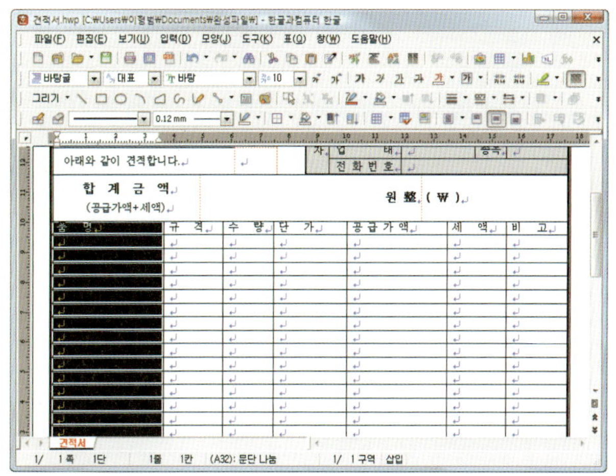

38 다음과 같이 제목이 입력된 셀을 블록으로 지정하고 ⓒ를 눌러 면색을 지정합니다.

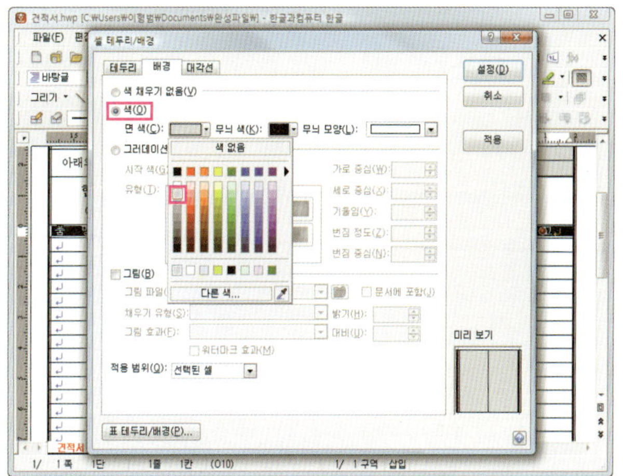

39 [테두리] 탭으로 이동하여 선의 종류와 굵기를 지정하고 위쪽과 아래쪽을 선택하여 [설정] 버튼을 클릭합니다.

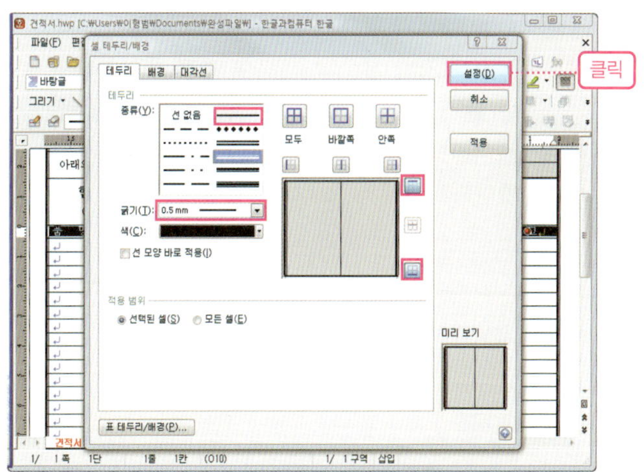

40 [Ctrl]+[↓]를 눌러 줄 높이를 늘리고 가운데 정렬한 후 [Esc]를 눌러 셀 블록을 해제합니다. 다음과 같이 셀의 면색과 선의 굵기가 변경된 것을 확인할 수 있습니다.

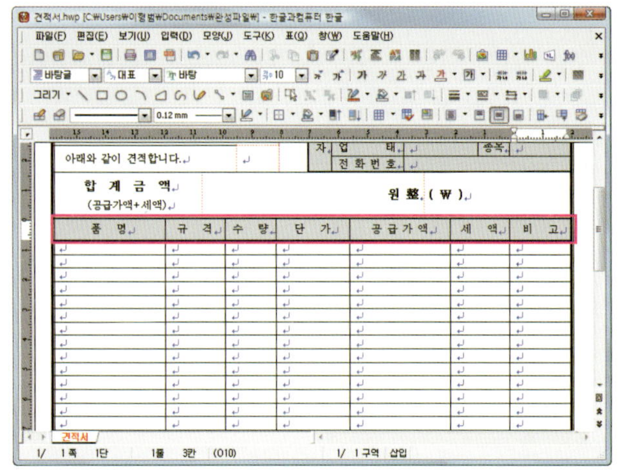

41 "품명", "규격", "수량" 등이 입력된 아래쪽 모든 셀을 블록으로 설정하고 [Ctrl]+[↓]을 눌러 적당하게 줄 높이를 늘립니다. 그리고 수량의 합계를 계산하기 위해 커서를 수량의 맨 아래 셀로 이동한 후 [표]-[쉬운 계산식]-[세로 합계] 메뉴를 선택합니다.

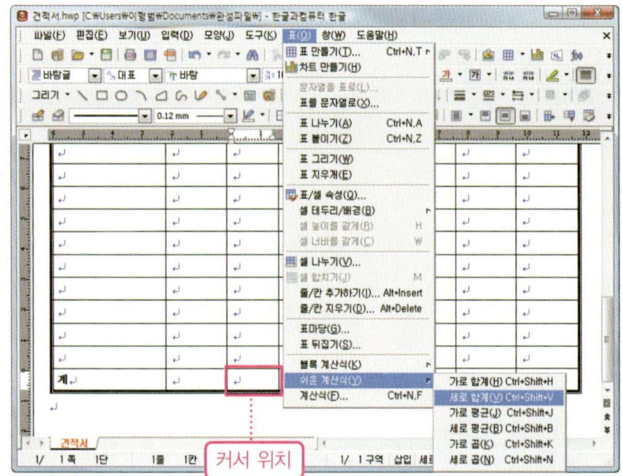

42 수량 합계가 구해지면 마우스로 더블클릭하여 블록으로 지정한 후 [Ctrl]+[C]를 눌러 복사합니다. 그 다음 단가, 공급가액, 세액 등의 합계가 입력될 자리로 각각 이동하여 [Ctrl]+[V]를 눌러 붙이기를 실행합니다.

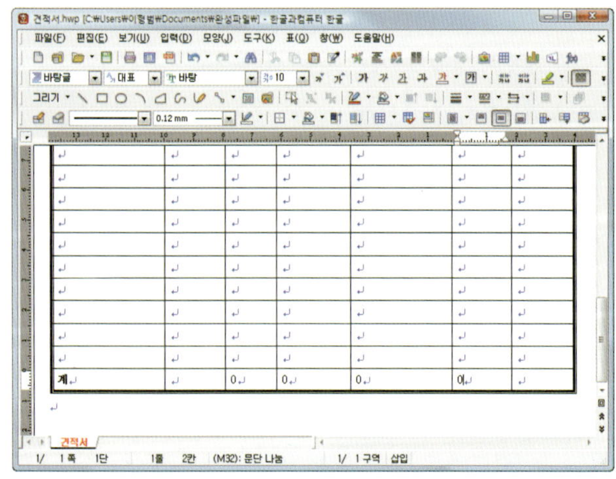

43 품명, 규격, 비고가 입력될 행을 블록으로 지정한 후 가운데 정렬하고 숫자가 입력되는 셀을 블록으로 지정하여 오른쪽 정렬합니다.

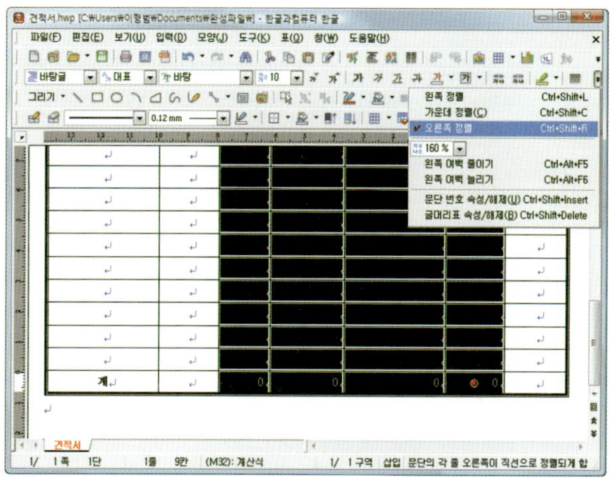

44 가로 눈금자를 이용하여 오른쪽 문단 여백을 지정합니다.

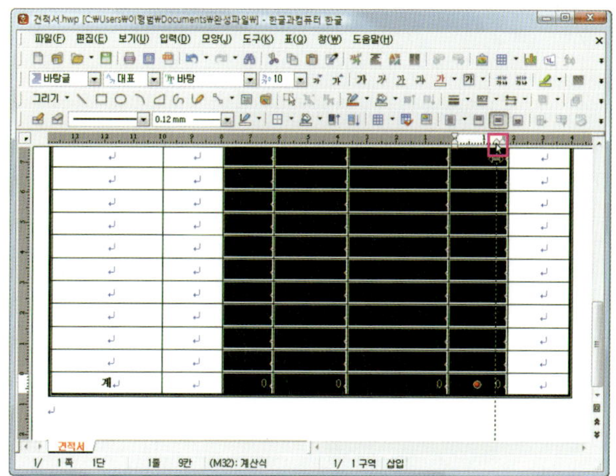

45 합계가 입력되는 행을 모두 블록으로 지정한 후 C를 눌러 면 색을 선택하고 [설정] 버튼을 클릭합니다.

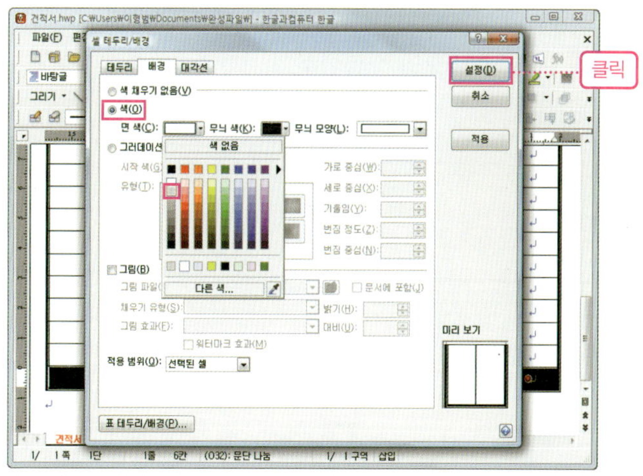

46 공급가액과 세액의 합계를 구하기 위해 커서를 "₩" 이 입력된 다음으로 이동하여 [표]-[계산식] 메뉴를 선택합니다. 계산식을 "=SUM(J32:M32)"으로 입력하고 [확인] 버튼을 클릭합니다.

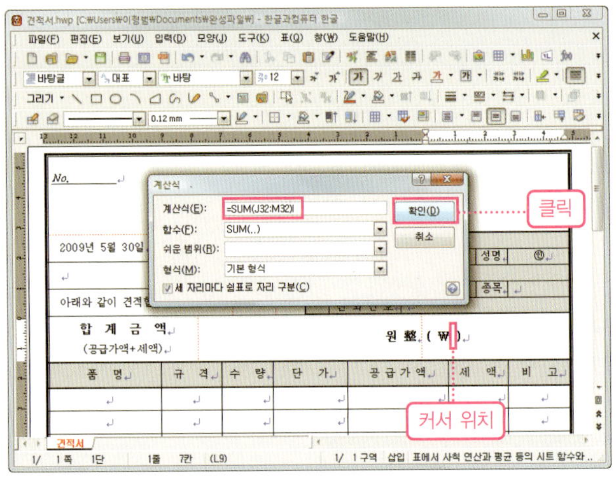

47 임의의 숫자를 공급가액과 세액에 입력하여 합계금 액이 맞는지 확인하고 입력한 숫자를 지웁니다.

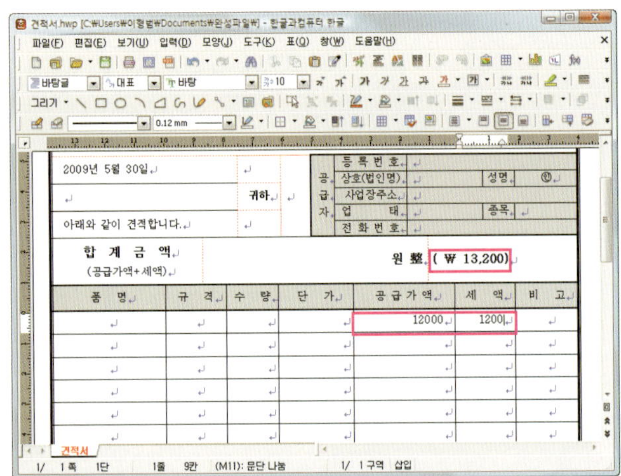

48 표준 도구상자의 미리 보기(▣) 아이콘을 클릭하여 인쇄될 모양을 확인하고 저장합니다.

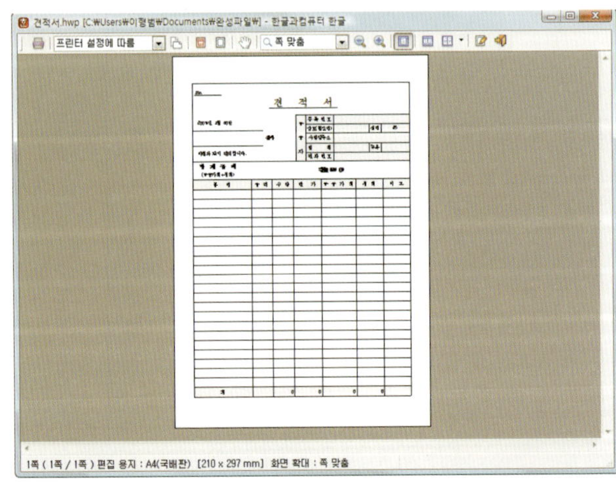

간이영수증 만들기

• 키워드 : 문자표 입력, 표/셀 속성
• 예제 파일 : 완성 파일\간이영수증.hwp

간이영수증은 비용 증빙자료로 사용할 수 있는 서식으로 공급받는 자용과 공급자용으로 2장이 필요합니다. 사업의 업태나 종목에 따라 사용할 수도 있고 사용하지 않을 수도 있습니다. 계산서의 작성 능력이 부족하거나 작성의 필요성이 크게 요구되지 않는 경우 사용할 수 있도록 간편하게 사용되는 서식입니다.

01 단축키 `Alt` + `N` 을 눌러 빈 문서를 만든 후 "간이영 수증"으로 저장합니다.

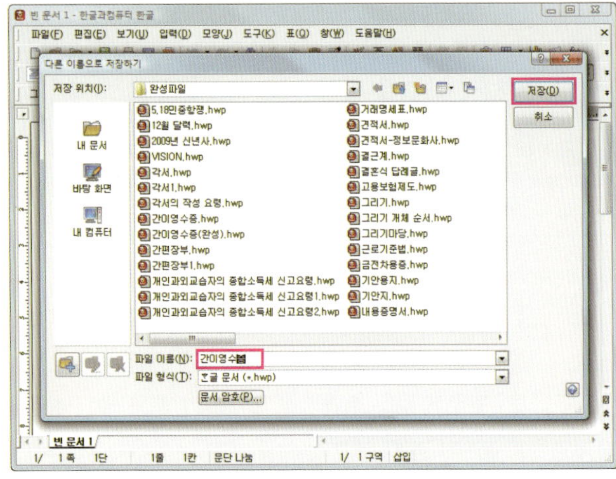

02 [표]-[표 만들기] 메뉴를 선택하여 줄 수 "14", 칸 수 "5"를 입력하고 [만들기] 버튼을 클릭합니다.

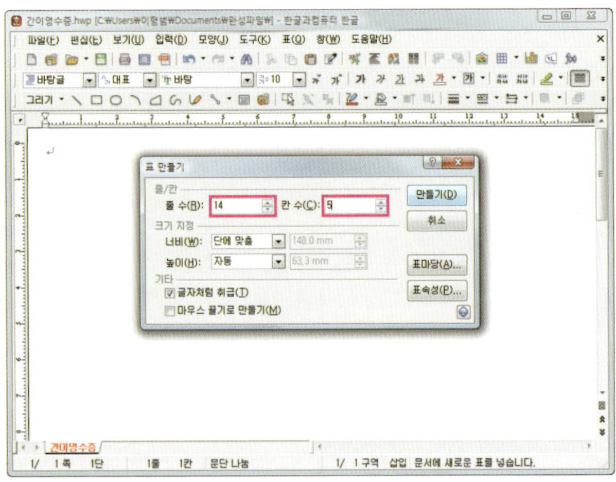

03 `F5`를 연속으로 세 번 눌러 표 전체를 블록으로 지정한 후 `Ctrl` + `←`를 이용하여 크기를 조절합니다.

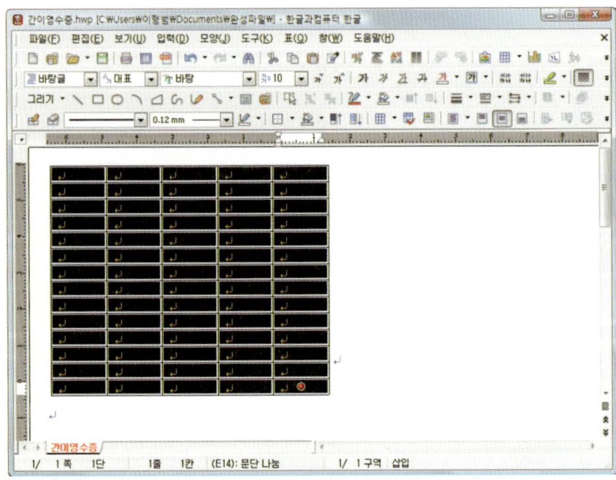

04 셀 블록이 설정된 상태에서 ⌐을 눌러 테두리의 종류와 굵기를 선택하고 바깥쪽 모두 버튼을 클릭하고 [설정] 버튼을 클릭합니다.

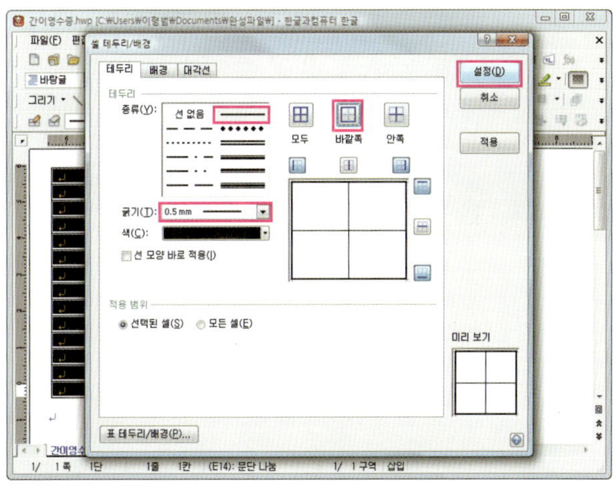

05 첫 행을 셀 블록으로 설정한 후 ⓜ을 눌러 셀을 합칩니다.

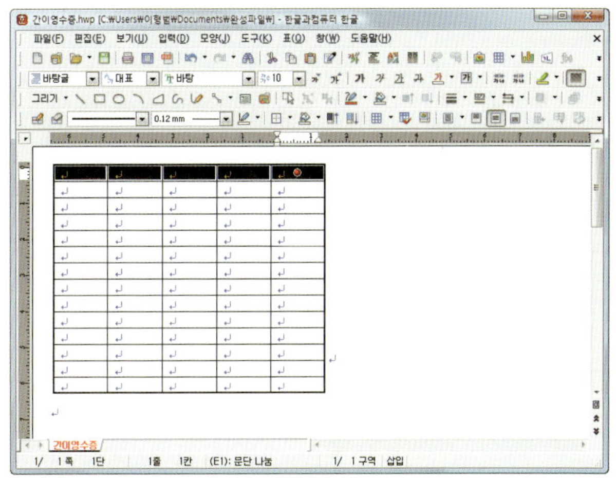

06 다음과 같이 텍스트를 입력하고 "영수증"을 블록 설정하여 "굴림", "14pt", "굵게", "가운데 정렬"을 합니다.

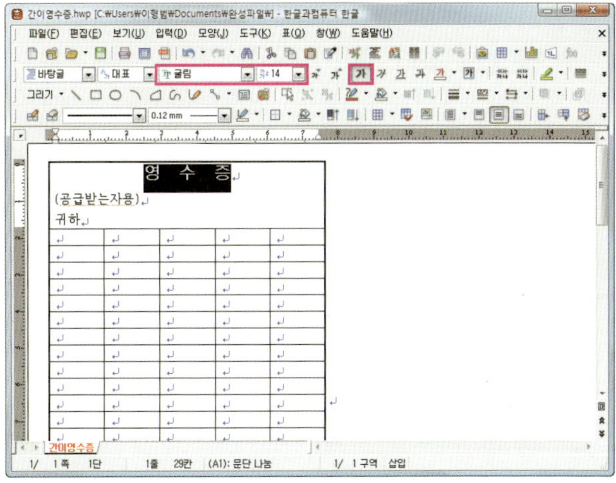

07 "(공급받는자용)"을 블록으로 지정하여 글꼴은 "굴림", 크기는 "7pt", "가운데 정렬"을 합니다.

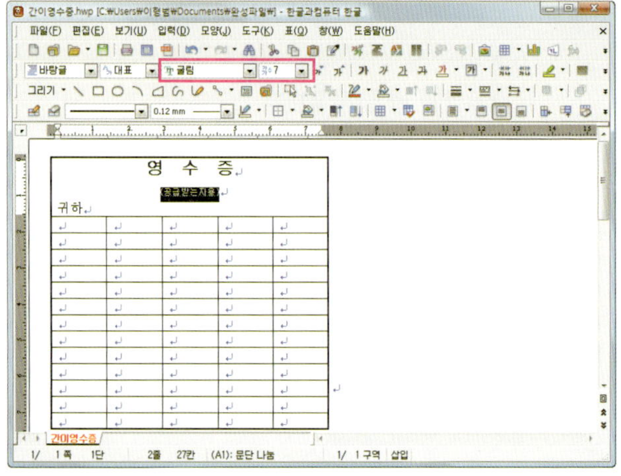

08 "귀하"를 블록으로 지정하여 글꼴과 크기를 지정하고 오른쪽 정렬합니다. 가로 눈금자의 오른쪽 여백을 드래그하여 여백을 적당히 설정합니다.

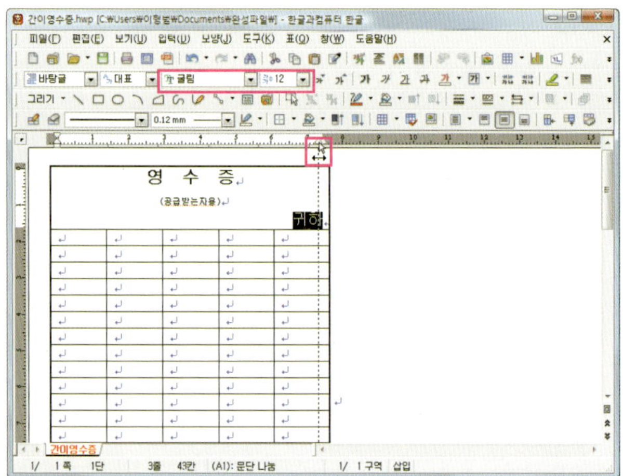

09 "영수증"이 입력된 곳으로 커서를 이동한 후 [Alt]+[T]를 눌러 줄 간격을 "120"으로 입력하고 [설정] 버튼을 클릭합니다.

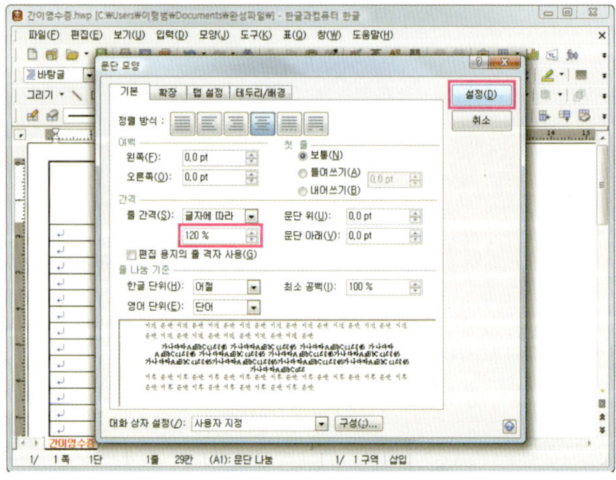

10 다음과 같이 블록을 지정하여 `Shift`+`←`를 눌러 넓이를 조절하고 `M`을 눌러 셀을 합칩니다. 합쳐진 셀에 "공급자"를 입력합니다.

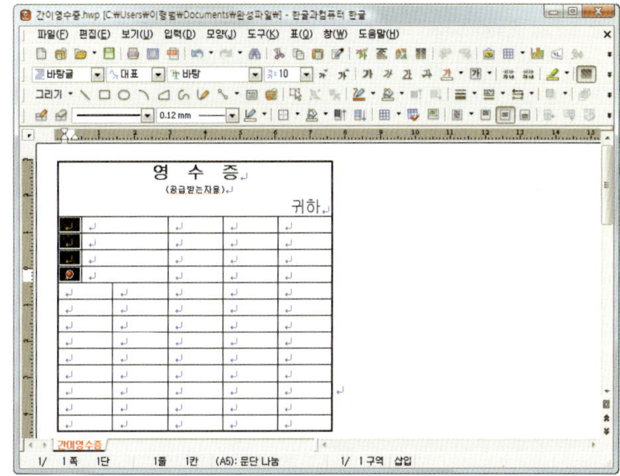

11 다음과 같이 블록을 지정하고 `Shift`+`←`를 눌러 넓이를 조절합니다.

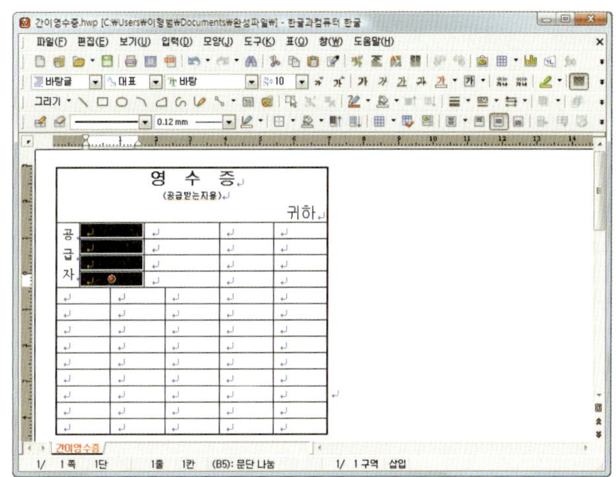

12 다음과 같이 텍스트를 입력하고 `Ctrl`을 이용하여 각 셀을 블록으로 지정합니다. `Ctrl`+`↓`를 눌러 셀의 높이를 조절합니다.

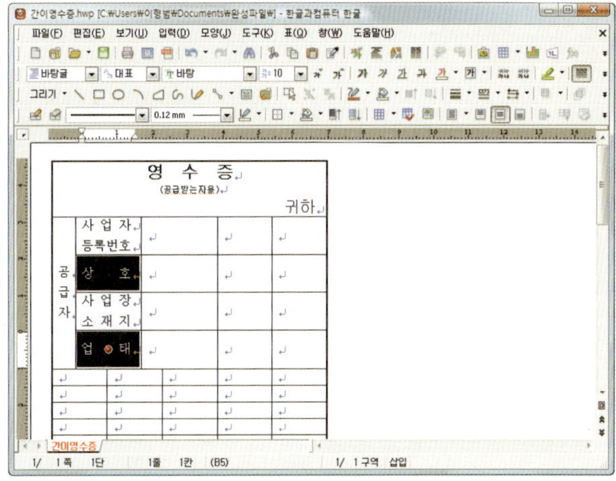

13 사업자 등록번호가 입력될 셀과 사업장 소재지가 입력될 셀을 각각 블록으로 설정하고 Ⓜ을 눌러 합칩니다.

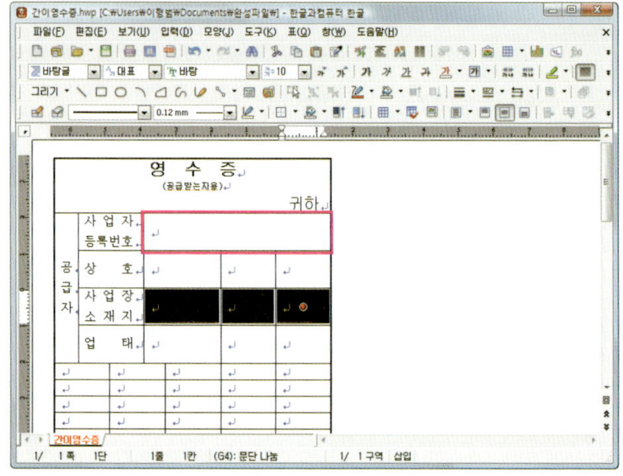

14 Ctrl 을 이용하여 각각 블록을 지정한 후 Shift + ← 를 이용하여 넓이를 조절합니다.

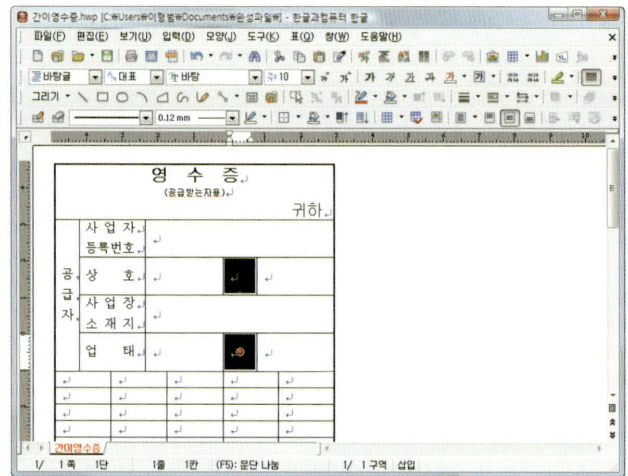

15 "성명"과 "종목"을 입력합니다.

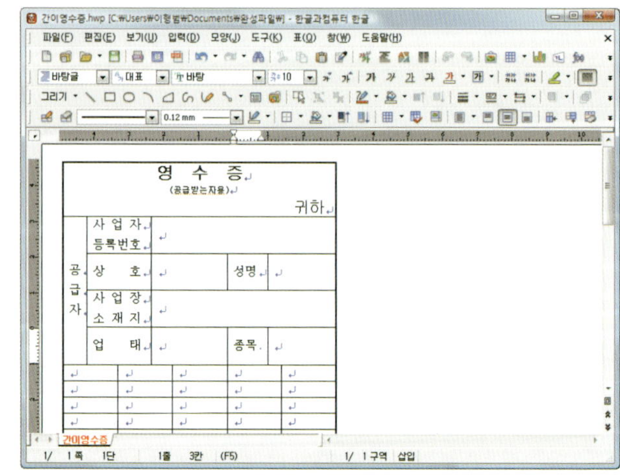

16 성명이 입력될 곳으로 커서를 이동한 후 `Ctrl`+`F10`을 눌러 [문자표 입력] 대화상자에서 [한글(HNC) 문자표] 탭을 선택합니다. "HNC 코드" 입력란에 "25F5"를 입력하고 "㉮"이 선택되면 [넣기] 버튼을 클릭합니다.

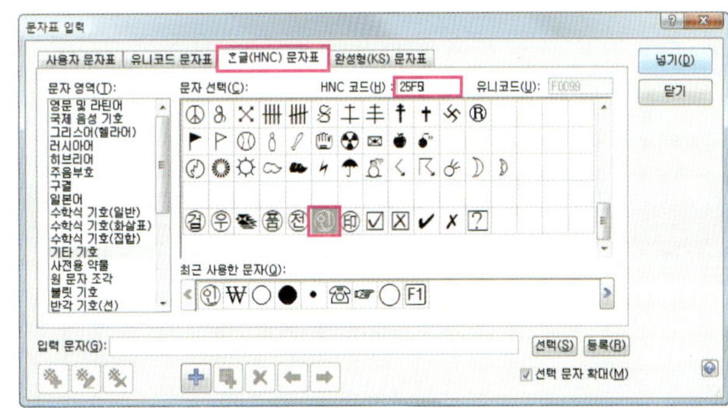

17 오른쪽으로 정렬하고 가로 눈금자의 오른쪽 여백 조절자를 드래그하여 여백을 조절합니다.

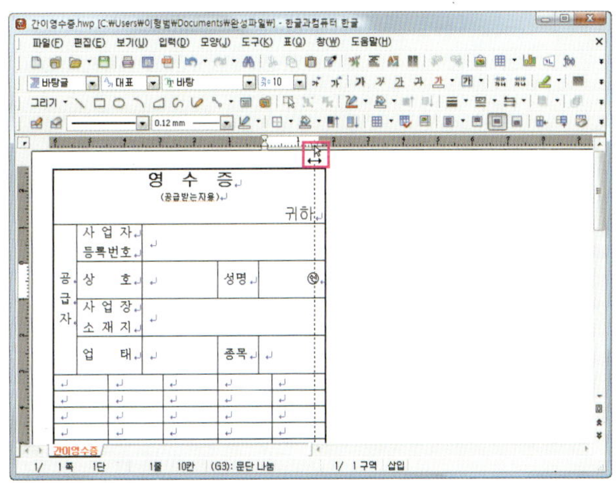

18 날짜와 금액이 입력될 부분을 각각 블록으로 지정하고 `M`을 눌러 셀을 합칩니다.

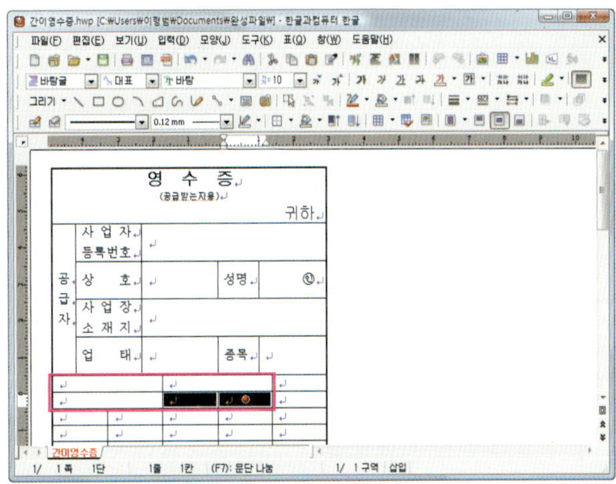

19 텍스트를 입력하고 다음과 같이 블록을 지정한 후 Shift + ← 를 눌러 넓이를 조절합니다.

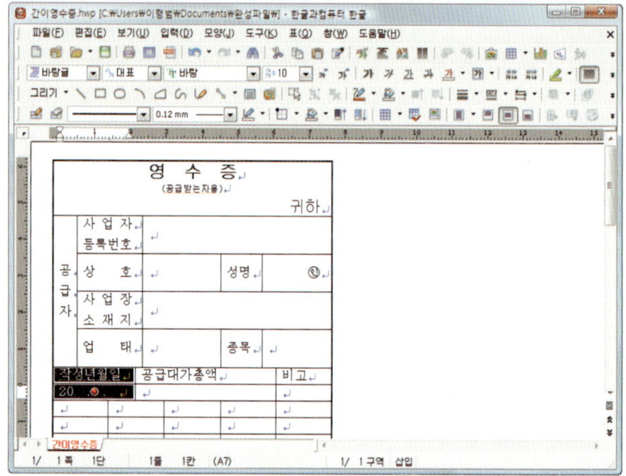

20 공급대가총액이 입력될 셀로 커서를 이동한 후 Ctrl + F10 을 눌러 "₩"을 선택하고 [넣기] 버튼을 클릭합니다.

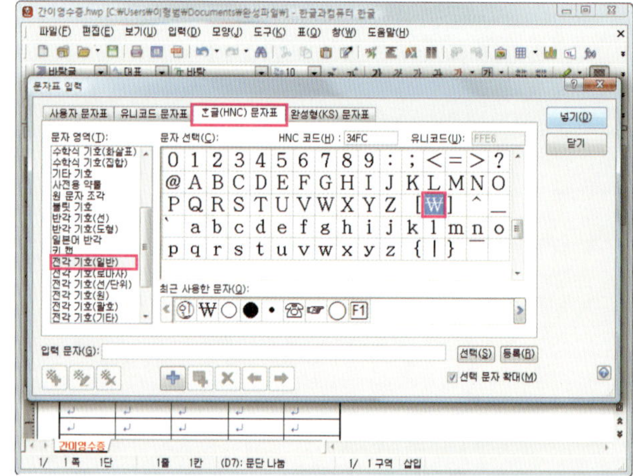

21 다음과 같이 블록을 지정하고 Shift + ← 를 이용하여 넓이를 조절한 후 L 을 누릅니다.

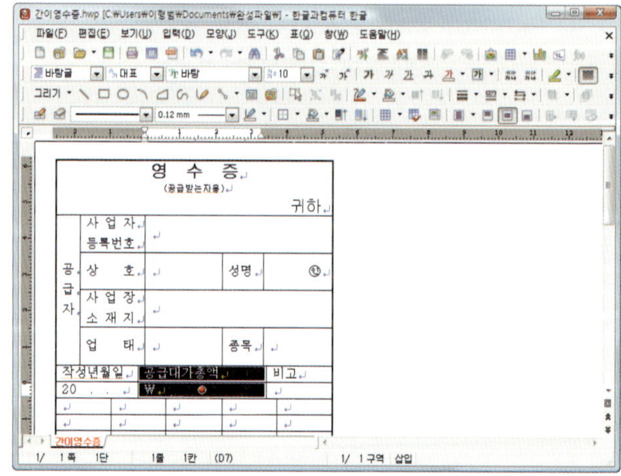

22 테두리의 종류와 굵기, 바깥쪽 전체 아이콘을 선택하고 [설정] 버튼을 클릭합니다. 그리고 "₩"이 입력된 셀을 클릭하고 Ctrl + ↓ 을 5회 정도 눌러 셀 높이를 넓힙니다.

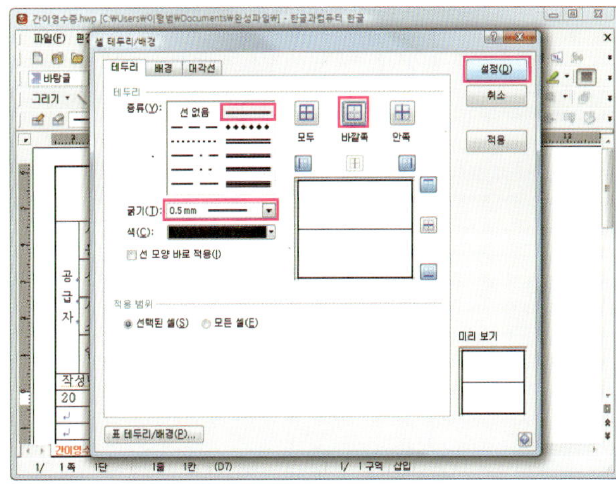

23 다음과 같이 블록을 지정하여 글꼴은 "굴림"으로 크기는 "9pt"로 설정합니다.

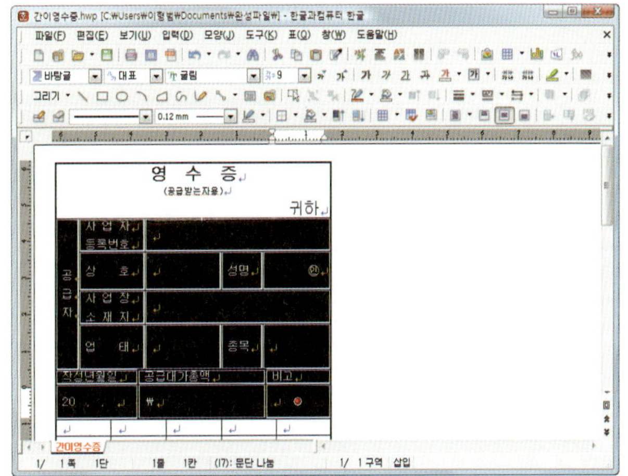

24 Ctrl 을 누른 채 성명 입력란과 금액 입력란을 클릭하여 블록을 해제하고 가운데 정렬합니다.

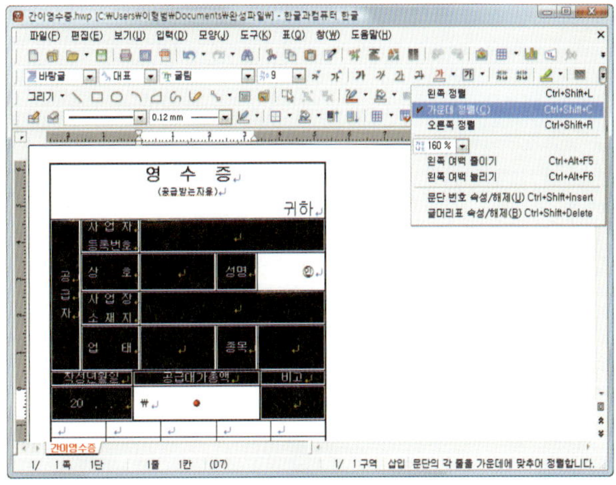

25 다음 행 전체를 합친 후 텍스트를 입력하고 F5를 눌러 글자 크기를 "8"로 지정하여 가운데 정렬합니다. Ctrl+↓을 3회 정도 눌러 셀 높이를 넓힙니다.

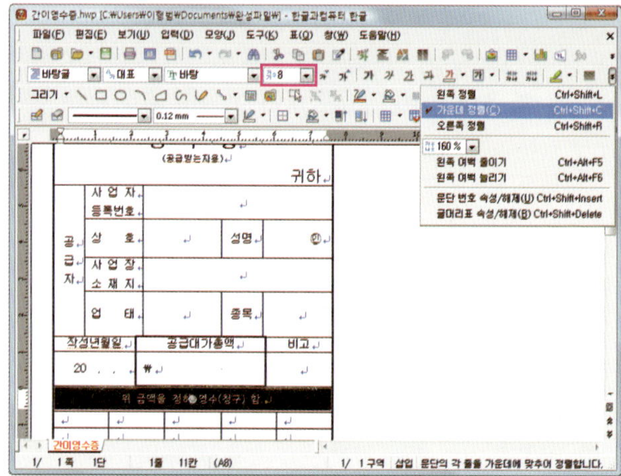

26 다음과 같이 블록을 설정한 후 글꼴은 "굴림", 크기는 "9pt"로 지정합니다.

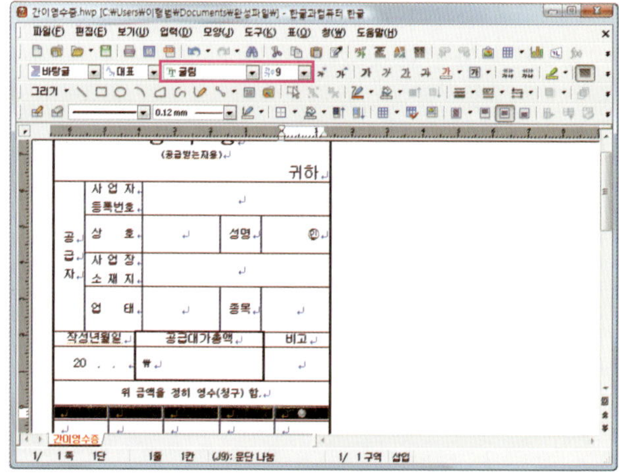

27 텍스트를 입력한 후 Shift와 방향키를 이용하여 넓이를 조절합니다.

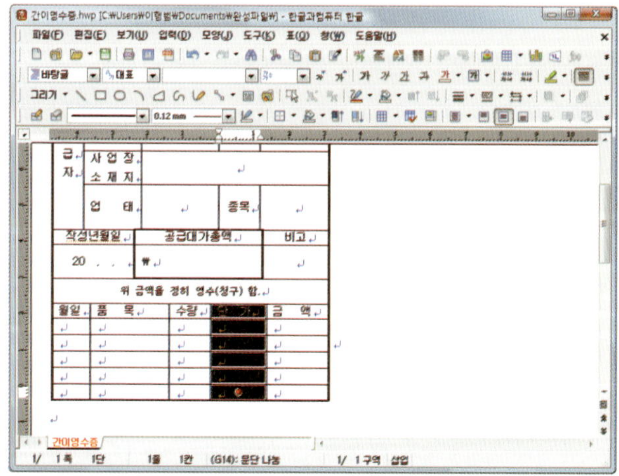

28 제목이 입력된 행을 블록으로 지정하고 가운데 정렬합니다.

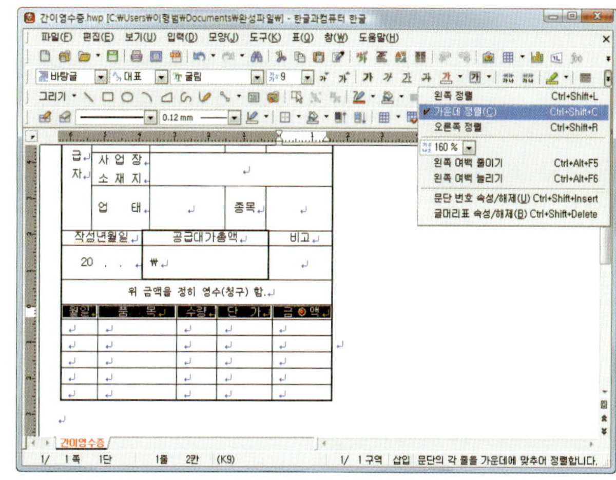

29 다음과 같이 월일이 입력될 셀을 블록으로 설정하고 ⓛ을 눌러 [대각선] 탭을 클릭합니다. 대각선 모양을 선택하고 [설정] 버튼을 클릭합니다.

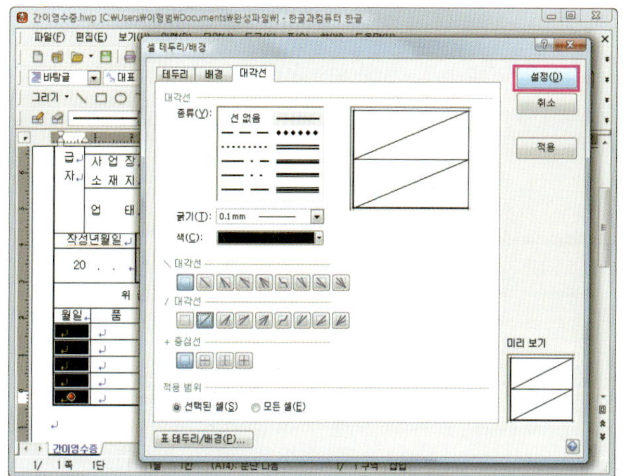

30 다음과 같이 블록을 지정하고 Ctrl + C 를 눌러 복사합니다.

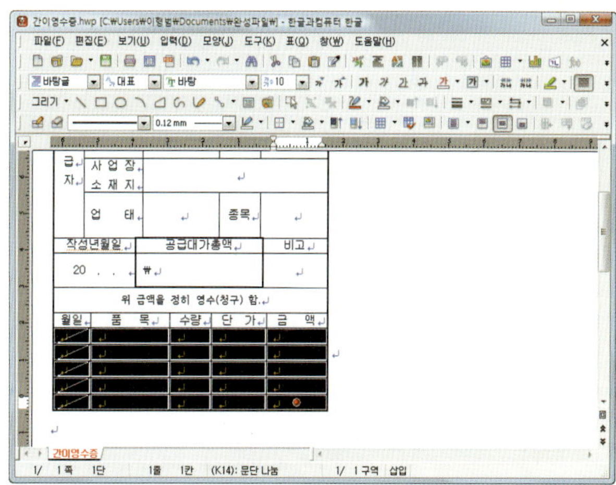

31 가장 아래쪽의 행을 클릭한 후 `Ctrl`+`V`를 누릅니다. [셀 붙이기] 대화상자에서 [아래쪽에 끼워 넣기] 아이콘을 클릭하고 [붙이기] 버튼을 클릭합니다.

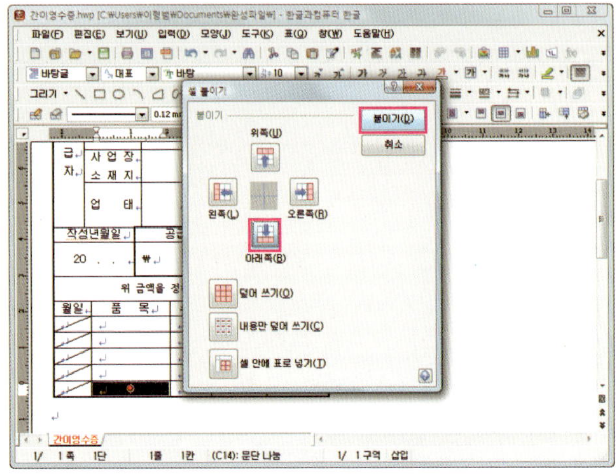

32 다음과 같이 아래쪽에 블록으로 복사한 내용이 붙여집니다.

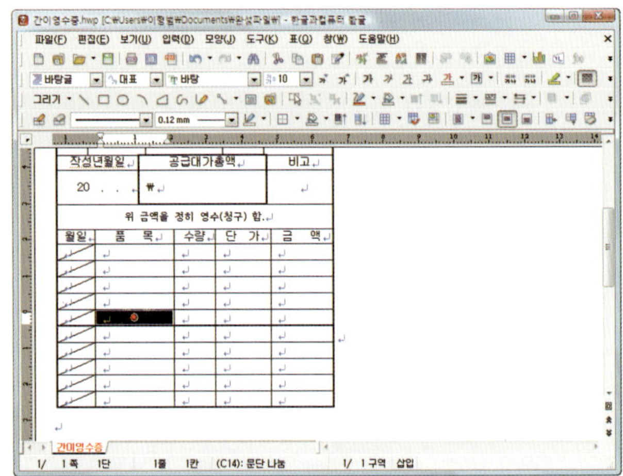

33 `Ctrl`+`V`를 3회 더 눌러 아래쪽에 복사한 내용을 끼워 넣습니다.

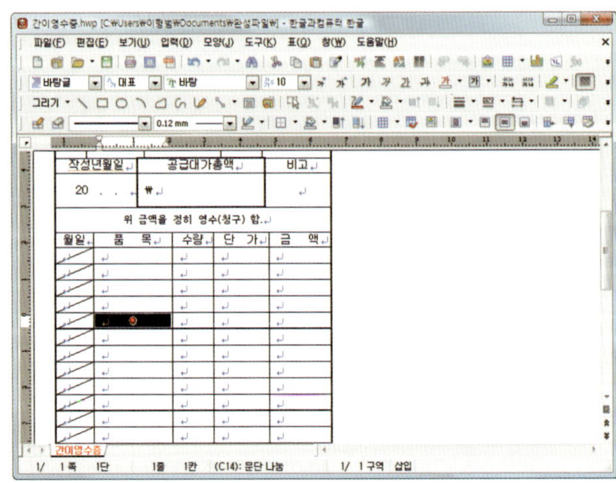

34 [표]-[표/셀 속성] 메뉴를 선택하여 [표/셀 속성] 대화상자의 [기본] 탭에서 [글자처럼 취급]을 해제합니다. 그리고 가로와 세로 위치를 "종이"의 "가운데"로 지정하고 [설정] 버튼을 클릭합니다.

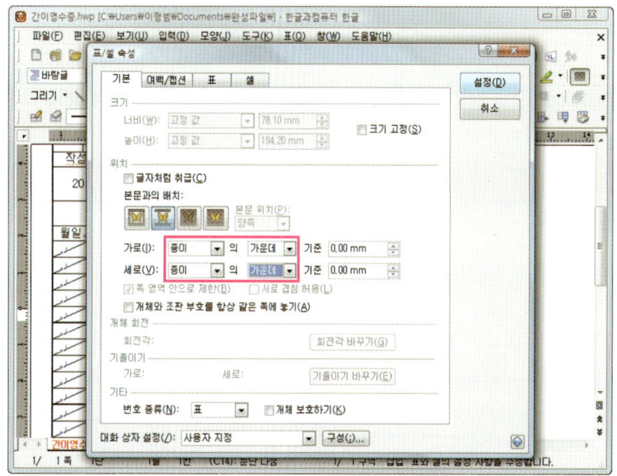

35 다음과 같이 간이영수증이 가로와 세로의 가운데로 정렬됩니다. Esc 를 눌러 셀 블록을 해제합니다.

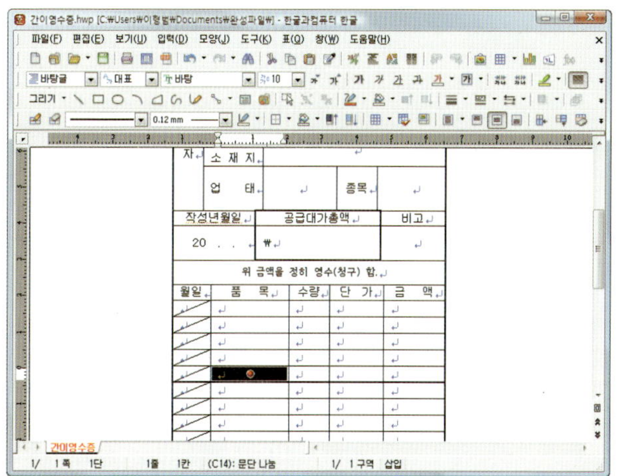

36 [파일]-[미리 보기] 메뉴를 선택하여 확인하고 저장합니다.

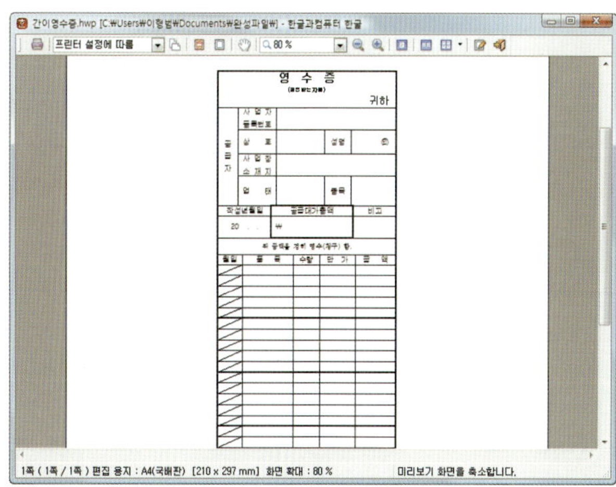